일러두기

- 이 책에서는 개역개정 성경을 인용하였습니다.
- 성경을 인용할 때, 절의 전체를 인용한 경우에는 큰따옴표(" ")로,
  절의 일부를 인용한 경우에는 작은따옴표(' ')로 표기하였으나
  대화의 경우나 대화체로 각색한 경우에는 큰따옴표(" ")로 처리하기도 하였습니다.
- 본문에 《 》로 표기된 것은 도서를, 〈 〉로 표기된 것은 도서 외 작품을 가리킵니다.

박영선의
다시 보는
요한복음

2022년 10월 19일 초판 1쇄 발행
2024년 6월 19일 초판 2쇄 발행

지은이 박영선
펴낸이 최태준
펴낸곳 무근검
주소 서울특별시 송파구 올림픽로 4길 17 A동 301호
홈페이지 lampbooks.com **전화** 02-420-3155 **팩스** 02-419-8997
등록 2014. 2. 21. 제2014-000020호
ISBN 979-11-87506-87-4 (03230)

무근검은 '하나님의 영광은 무겁고 오래된 칼과 같다'라는 뜻입니다.

다시 보는 요한복음

박영선 지음

무근검

말씀이 육신이 되어 우리 가운데 거하시매 우리가 그의 영광을 보니

아버지의 독생자의 영광이요 은혜와 진리가 충만하더라

요 1:14

머리말

복음서는 창조주 하나님의 아들이 인간을 찾아오시고 인간의 현실과 갈등에 개입하신 역사를 보여 줍니다. 그분은 인간의 절망과 무지를 자신의 생명으로 깨뜨리셨고, 이제 인간 존재와 운명에는 소망을 담아 주셨습니다.

예수의 많은 기적과 교훈은 그저 현실 문제에 대한 해결책으로 남겨진 것이 아닙니다. 여기에는 인간 존재의 가치와 인생의 진리가 담겨 있습니다. 다만 신자는 운명을 기다리는 삶을 살지 않습니다. 예수 안에서 허락된 복과 소망에 참여하는 위대한 영광의 기회를 운명으로 갖고 삽니다.

예수의 생애가 절망의 세계를 뒤집어 소망의 세계를 만들었다면, 신자들은 이제 인생이라는 실제 현실 속에서 그 능력과 영광의 증인이 될 수 있습니다. 성육신의 신비와 능력이 성도의 생애에 이어지고 있다는 사실이 신자인 우리가 처한 현실을 감사로 결실하는 기회로 바꾸어 놓을 것입니다.

이 책을 내는 데 많은 수고를 해 준 이성민 편집자와 무근검 직원들의 노고에 감사드립니다.

2022년 가을

박 영선

1부
그리스도의 성육신

2부
그리스도의 사역

3부

그리스도의 교훈

4부

그리스도의 수난과 부활

1

그리스도의 성육신

1.
이 말씀은 곧 하나님이시니라

---

1 태초에 말씀이 계시니라 이 말씀이 하나님과 함께 계셨으니 이 말씀
은 곧 하나님이시니라 2 그가 태초에 하나님과 함께 계셨고 3 만물이
그로 말미암아 지은 바 되었으니 지은 것이 하나도 그가 없이는 된 것
이 없느니라 4 그 안에 생명이 있었으니 이 생명은 사람들의 빛이라
5 빛이 어둠에 비치되 어둠이 깨닫지 못하더라 6 하나님께로부터 보내
심을 받은 사람이 있으니 그의 이름은 요한이라 7 그가 증언하러 왔으
니 곧 빛에 대하여 증언하고 모든 사람이 자기로 말미암아 믿게 하려
함이라 8 그는 이 빛이 아니요 이 빛에 대하여 증언하러 온 자라 9 참
빛 곧 세상에 와서 각 사람에게 비추는 빛이 있었나니 10 그가 세상에
계셨으며 세상은 그로 말미암아 지은 바 되었으되 세상이 그를 알지 못
하였고 …… (요 1:1-16)

신약성경에는 네 개의 복음서 곧 마태복음, 마가복음, 누가복음, 요한복음이 있습니다. 그중에 요한복음은 예수님의 열두 제자 가운데 하나인 요한이 기록한 책입니다. 복음은 말 그대로 복된 소식입니다. 그리고 기독교에서 말하는 복음은 예수를 가리킵니다. 별다른 설명 없이 한 인격, 한 존재에 '복음'이라는 말을 붙였습니다. 복음의 내용과 의미, 가치, 운명이 그분께 담겨 있습니다.

오직 이것을 기록함은

요한복음은 스물한 장으로 되어 있는데, 예수님의 공생애부터 기록하고 있습니다. 다른 세 복음서는 예수님의 출생부터 부활까지 연대기적으로 다루는 데 비해, 요한복음은 좀 더 독특하고 중요한 내용을 다룹니다. 그래서 '태초', '말씀', '하나님', '창조', '생명', '빛', '성육신', '믿음', '영광', '은혜와 진리' 같은 단어나 개념이 등장합니다. 이런 굉장한 단어들은 신자들에게는 말이 되든 안 되든 다 은혜입니다만, 예수를 믿지 않는 사람들이 보면 말이 안 되는 단어들의 나열입니다. 보물창고를 열었지만, 보물인지 알아볼 재간은 없는 것입니다.

사도 요한이 이 복음서를 어떤 목적으로 기록했는지, 또 어떻게 우리에게 내용을 전달하고 싶었는지는 요한복음 20장 마지막 구절들을 보면 알 수 있습니다.

예수께서 제자들 앞에서 이 책에 기록되지 아니한 다른 표적도 많

> 이 행하셨으나 오직 이것을 기록함은 너희로 예수께서 하나님의 아들 그리스도이심을 믿게 하려 함이요 또 너희로 믿고 그 이름을 힘입어 생명을 얻게 하려 함이니라 (요 20:30-31)

이는 믿는 사람들에게는 너무나 당연한 말씀입니다. 하지만 이러한 결론이 나오게 되는 정황이나 문맥은 우리의 기대와 사뭇 다릅니다.

이 앞에 나오는 요한복음 20장 24-29절은 도마가 예수님의 부활을 확인하는 장면입니다. 도마는 예수님의 열두 제자 중 하나입니다. 다른 제자들이 부활하신 예수님을 만났을 때 도마는 그 자리에 함께 있지 않았습니다. 다른 제자들이 도마에게 "우리가 주를 보았노라"라고 이르자, 도마는 "내가 그의 손의 못 자국을 보며 내 손가락을 그 못 자국에 넣으며 내 손을 그 옆구리에 넣어 보지 않고는 믿지 아니하겠노라"라고 말했습니다. 그러다가 여드레를 지나 제자들과 도마가 같이 있는 자리에 예수님이 나타나셔서 도마에게 "네 손가락을 이리 내밀어 내 손을 보고 네 손을 내밀어 내 옆구리에 넣어 보라 그리하여 믿음 없는 자가 되지 말고 믿는 자가 되라"고 하셨습니다. 이러한 이야기 끝에 도마가 예수께 "나의 주님이시요 나의 하나님이시니이다"라고 고백합니다. 이 고백 뒤에 '예수께서 하나님의 아들 그리스도이심을 믿게 하려 함이요 또 너희로 믿고 그 이름을 힘입어 생명을 얻게 하려 함'(요 20:31)이라는 이 책의 목적이 나온 것입니다.

부활을 몰랐던 제자들

도마가 "나는 예수님을 만져 봐야 믿겠다"고 한 것은 그 전에는 부활을 믿지 않았기 때문입니다. 그것은 도마만의 문제가 아니라 다른 제자들도 동일했습니다. 가룟 유다는 예수님을 팔았습니다. 그리고 베드로는 기드론 시내 건너편 동산에서 군인들과 경비병들에게 잡혀가신 주를 쫓아갔다가 대제사장의 집 뜰에서 주를 세 번 부인했습니다.

누가복음 24장에는 서로 이야기를 나누며 엠마오로 가던 두 제자가 길에서 예수님을 만나는 장면이 등장합니다. 부활하신 예수님이 두 제자의 이야기에 끼어들어 물으십니다.

"당신들이 길에서 서로 주고받은 이야기가 무엇이요?"

"당신은 예루살렘에서 근자에 일어난 일을 모른단 말입니까?"

"무슨 일이요?"

"예수라는 분이 계셨소. 우리는 그분이 구세주 곧 하나님인 줄 알았는데, 그만 십자가에 달려 돌아가셨소."

그러자 예수님이 그들을 이렇게 꾸짖습니다.

"이 미련하고 믿음 없는 자들아, 그리스도가 이런 고난을 받고 자기의 영광에 들어가야 한다고 하지 않았느냐?"

그러자 엠마오로 가던 제자들의 눈이 밝아져 예수를 알아보고 예루살렘으로 돌아와 열한 제자 및 그들과 함께한 자들에게 예수를 만난 이야기를 전한 것으로 누가복음이 끝납니다.

이렇게 제자들도 예수님의 부활을 직접 보기 전까지는 부활을 기대하지 않았습니다. 그분을 따르면서도, 그들은 죽음 자체를 생각하지 않았습니다. 그들은 이스라엘 민족의 역사 내내 하나님의 구원, 곧 적들을 물리치는 정치적·사회적 승리와 복을 기대했습니다. 그랬기 때문에 예수님의 제자가 되어 그분의 수많은 기적을 보았음에도 불구하고 그 기적들이 부활로 연결되는 표적이라고는 전혀 생각하지 않았습니다. 그래서 마가복음 10장 35절 이하에 이러한 이야기가 나옵니다.

> 세베대의 아들 야고보와 요한이 주께 나아와 여짜오되 선생님이여 무엇이든지 우리가 구하는 바를 우리에게 하여 주시기를 원하옵나이다 이르시되 너희에게 무엇을 하여 주기를 원하느냐 여짜오되 주의 영광중에서 우리를 하나는 주의 우편에, 하나는 좌편에 앉게 하여 주옵소서 예수께서 이르시되 너희는 너희가 구하는 것을 알지 못하는도다 내가 마시는 잔을 너희가 마실 수 있으며 내가 받는 세례를 너희가 받을 수 있느냐 그들이 말하되 할 수 있나이다 예수께서 이르시되 너희는 내가 마시는 잔을 마시며 내가 받는 세례를 받으려니와 내 좌우편에 앉는 것은 내가 줄 것이 아니라 누구를 위하여 준비되었든지 그들이 얻을 것이니라 열 제자가 듣고 야고보와 요한에 대하여 화를 내거늘 예수께서 불러다가 이르시되 이방인의 집권자들이 그들을 임의로 주관하고 그 고관들이 그들에게 권세를 부리는 줄을 너희가 알거니와 너희 중에는 그렇지 않을지니 너희 중에 누구든지 크고자 하는 자는 너희를 섬기는 자가 되고 너희 중에 누구든지 으뜸이 되고자 하는 자는 모든 사람의 종이 되어야 하리라 (막 10:35-44)

야고보와 요한이 예수께 무엇을 구했다고요? "주의 영광 중에 우리를 좌우에 앉게 해 주십시오. 혁명이 성공하여 새로운 나라를 세울 때 하나는 우의정, 하나는 좌의정 자리에 앉혀 주십시오"라고 구하자 나머지 제자들이 그들에게 다 화를 냈습니다. 이에 예수님이 "내가 마시는 잔을 너희가 마실 수 있으며, 내가 받는 세례를 받을 수 있느냐?"라고 묻습니다. 그러자 그들이 "할 수 있나이다"라고 답했습니다. 다시 예수님이 "너희는 내가 마시는 잔을 마시며 내가 받는 세례를 받으려니와 내 좌우편에 앉는 것은 내가 줄 것이 아니라 누구를 위하여 준비되었든지 그들이 얻을 것이니라"라고 말씀하십니다. 더불어 "인자가 온 것은 섬김을 받으려 함이 아니라 도리어 섬기려 하고 자기 목숨을 많은 사람의 대속물로 주려 함이니라"라고 이르십니다.

십자가 위 두 행악자

죽음이 끝인 줄 알았던 도마처럼, 사도 요한도 부활하신 예수를 만난 후 자신의 생각을 돌이켜 예수의 생애를 처음부터 다시 씁니다. 요한의 그 심정을 누가복음 23장을 통해 짐작해 볼 수 있습니다.

> 달린 행악자 중 하나는 비방하여 이르되 네가 그리스도가 아니냐 너와 우리를 구원하라 하되 하나는 그 사람을 꾸짖어 이르되 네가 동일한 정죄를 받고서도 하나님을 두려워하지 아니하느냐 우리는 우리가 행한 일에 상당한 보응을 받는 것이니 이에 당연하거니와

> 이 사람이 행한 것은 옳지 않은 것이 없느니라 하고 이르되 예수여 당신의 나라에 임하실 때에 나를 기억하소서 하니 예수께서 이르시되 내가 진실로 네게 이르노니 오늘 네가 나와 함께 낙원에 있으리라 하시니라 (눅 23:39-43)

이 말씀은 어떤 의미를 담고 있을까요? 예수님과 함께 십자가에 달려 있는 두 행악자는 회개한 행악자와 그렇지 않은 행악자로 대조됩니다. 이 말씀은 예수님이 야고보와 요한에게 한 대답, "내 좌우편에 앉는 것은 내가 주는 것이 아니라 내 아버지께서 누구를 위하여 예비하셨든지 그들이 얻을 것이니라"(마 20:23)에 나온 '좌우'를 연상케 합니다.

예수님의 영광은 십자가에 있습니다. 십자가는 처형의 자리가 아니라 구원을 완성하는 자리입니다. 부활은 구원의 완성으로 만들어지는 당연한 결과입니다. 구원 완성의 절정은 바로 주께서 십자가에 달려 우리를 위해 죽으시는 것입니다. 주께서 십자가에서 하신 마지막 말씀도 '다 이루었다'(요 19:30)입니다.

그 구원 절정의 '좌우'에 달린 행악자 중 하나가 이런 발언을 하는 것입니다. "당신이 구원자이고 신이라면 십자가에서 내려와 보시오. 왜 이렇게 비참하게 죽는 거요?" 이 발언이 우리 모두의 질문 아닙니까? 신자로 사는 우리도 이런 질문을 합니다. "천지를 만드시고 못할 것이 없으신 하나님, 게다가 우리를 사랑해서 그 아들도 주신 하나님이 우리를 왜 이렇게 고되게 살게 하십니까?" 이러한 질문은 신자의 인생 내내 쫓아다닙니다.

한편 다른 행악자는 그를 꾸짖으며 "당신은 하나님이 두렵지 않소? 우리는 우리가 행한 일에 대한 대가를 받는 것이고 이분이 하신 일은 다 옳소. 이분은 죄가 없소. 예수여, 당신의 나라에 임하실 때에 나를 기억하소서"라고 했습니다. 예수님은 "그래, 네가 나와 함께 낙원에 있으리라"고 대답하십니다. 이 말씀은 또 무슨 소리입니까? 함께 낙원에 있게 하실 수 있는 분이 왜 십자가에 달리십니까? 기독교가 하고 싶은 이야기가 여기에 담겨 있습니다.

'신이라면 신 노릇 하라'는 것은 세상에서 말하는 권력에 불과합니다. 보이는 승리일 뿐입니다. 그 승리는 상대를 꺾어 이기는 것입니다. 신이라면 십자가의 굴욕을 받을 필요 없이 인간을 짓밟고 서면 됩니다.

어떤 사람이 저에게 이렇게 물어봤습니다.

"부활을 믿으세요?"

"그럼요."

"그렇다면 부활하신 예수님은 왜 빌라도에게 나타나지 않으셨을까요?"

"그 사람은 아무짝에도 쓸모없어서요."

"빌라도를 만나도 그렇게 말씀하실 수 있어요?"

"왜 그렇게 말하겠어요. 예의범절이 있지."

주님은 우리에게 세상이 '신이라면 신 노릇 하라'고 한 것을 이렇게 답변하시는 것입니다. "이것이 신 노릇이다. 나는 너희 하나님이고, 너희는 내 자식이다. 내가 죽은 것은 너희를 만들고 너희를 위하고 너희를 사랑하는 하나님이 누구인지를 너희에게 보이는 최선의 방법이란다."

야고보와 요한이 예수께 "주의 영광중에서 우리를 하나는 주의 우편에, 하나는 좌편에 앉게 하여 주옵소서”(막 10:37)라고 요구한 그 자리를 주님은 그들에게 주지 않고 행악자, 곧 날강도에게 줬습니다. 이게 얼마나 큰 복음인 줄 아십니까? ‘내가 지금은 쓸모없을지 몰라도 중요한 역할을 맡을 수 있다. 내 인생이 사소할 리가 없다. 나를 위해 예수께서 돌아가셨다. 내가 그 날강도보다 나은 역할을 할 것이다. 죽는 게 끝이고 절망이고 심판에 불과한 자에게도 하나님이 영광을 드러내셨는데, 나는 이 행악자보다 더한 역할을 할 수 있지 않겠는가?’ 라는 생각을 마땅히 해야 합니다. 빌립보서 2장 1절 이하를 봅시다.

> 그러므로 그리스도 안에 무슨 권면이나 사랑의 무슨 위로나 성령의 무슨 교제나 긍휼이나 자비가 있거든 마음을 같이하여 같은 사랑을 가지고 뜻을 합하며 한마음을 품어 아무 일에든지 다툼이나 허영으로 하지 말고 오직 겸손한 마음으로 각각 자기보다 남을 낫게 여기고 각각 자기 일을 돌볼뿐더러 또한 각각 다른 사람들의 일을 돌보아 나의 기쁨을 충만하게 하라 너희 안에 이 마음을 품으라 곧 그리스도 예수의 마음이니 그는 근본 하나님의 본체시나 하나님과 동등됨을 취할 것으로 여기지 아니하시고 오히려 자기를 비워 종의 형체를 가지사 사람들과 같이 되셨고 사람의 모양으로 나타나사 자기를 낮추시고 죽기까지 복종하셨으니 곧 십자가에 죽으심이라 이러므로 하나님이 그를 지극히 높여 모든 이름 위에 뛰어난 이름을 주사 하늘에 있는 자들과 땅에 있는 자들과 땅 아래에 있는 자들로 모든 무릎을 예수의 이름에 꿇게 하시고 모든 입으로 예수 그리스도를 주라 시인하여 하나님 아버지께 영광을 돌리게

하셨느니라 (빌 2:1-11)

이것이 하나님의 자랑입니다. 우리는 이런 신을 믿는 것입니다. 예수께서 가장 처참하고 비극적인 자리까지 내려가 무엇을 담아내고 누구를 살려 내는 것은 하나님의 영광과 그분의 속성에 속하는 일입니다.

세상은 끊임없이 '양보하지 마라, 짓밟아라, 죽여라' 합니다. 이러한 세상의 소리에 젖어 있던 예수님의 제자들도 예수님의 공생애 내내 쫓아다니면서 '이분을 따라다니면 기적도 맛보고, 병도 낫고, 좋은 일도 생기고, 결국 로마 제국을 뒤엎고 승리할 것이다. 그때 우리는 한자리씩 꿰찰 것이다'라는 생각밖에 하지 못했습니다. 우리도 마찬가지로 여전히 그 자리를 벗어나지 못하고 있습니다. 예수를 믿지만, 그분을 믿는다는 것이 현실에서 어떻게 구체화되고, 어떤 임무가 주어졌고, 어떤 기회가 주어졌는지를 제대로 모릅니다. 억지로 명분을 가지고 '겸손해라, 섬겨라, 도와주어라'고 말하는 것이 아닙니다. 예수님은 폭력과 공포밖에 없는 세상에 오셔서 희망과 기적과 승리와 영광의 문을 열어 놓으셨습니다. 우리는 그분의 길을 가라고 초대받은 자들입니다.

그러므로 요한복음 1장을 시작하면서 이런 거대한 단어들을 동원합니다. "빛이 어둠에 비치되 어둠이 깨닫지 못하더라"라고 합니다. 그러나 "영접하는 자 곧 그 이름을 믿는 자들에게는 하나님의 자녀가 되는 권세를 주셨으니"와 같은 구절로 '믿음'이라는 것을 도입합니다. 이는 자기가 행한 대로 결과를 얻는 것이 유일한 법칙인 세상 속에서, 믿음으로 영원한 복된 운명을 만들어 내는 세상으로 부름받은 것입니다. 예수님의 제자들도 그때는 몰랐습니다. 그리고 이제 이렇게 사도 요한처럼 다시 쓰는 것입니다.

네가 누구인지 알라

우리는 무엇을 보든지 우리 이해의 한계 또는 상상력의 한계 내에서 봅니다. 예수님의 생애도 그런 한계를 갖고 볼 수밖에 없습니다. 결국 우리는 예수님이 우리의 기대와 다른 길로 가는 것을 이기적으로 이해하거나 왜곡하거나 대조하면서 나란히 가고 있습니다. 그리고 하나님은 우리의 현실적 소원 곧 '하나님께서 오늘도 내 기도에 응답해 주시고, 형통하게 살게 해 주시고, 자존심을 세워 주시옵소서'에서, '그것은 세상 사람이 구하는 것이다. 네가 누군지 모르겠느냐? 너는 내 형상으로 만든 내 자녀다. 너는 나와 믿음과 사랑을 나눌 대상이다. 내가 너를 그렇게 헛된 삶을 살도록 놔둘 수 없다. 이리 와서 공부하자'라는, 우리 모두가 싫어하는 자리로 이끄십니다. 우리는 복음서를 읽으면서 이 엄청난 단어를 자기에게 좋게 갖다 쓸 뿐 그 안에 담긴 긴장과 모순, 역설, 은혜, 기적, 영광을 알아보지 못하고 있습니다. 그러니 예수를 믿어 모였어도 믿지 않는 사람들의 모임이나 별반 차이가 없습니다.

예수님이 지금 우리에게 무엇을 허락하시는지, 무엇을 하라고 하시는지, 그것이 얼마나 복되고 영광된 것인지를 대조하는 시간을 우리 모두를 위해 주십니다.

복된 기회, 위대한 결론

살아서 후회하십시오. 잘못해서 억울해 하십시오. 완벽하려고 애쓰지 마십시오. 예수님이 우리를 위해 모범을 보이시고 일상을 다 담으셨습니다. 예수님은 우리가 겪는 현실을 다 경험하셨습니다. 그분은 낮고 천한 자리에 임했습니다. 머리 둘 곳조차 없었습니다. 목수의 아들이셨습니다. 사람들에게 오해도 받았습니다. 그분은 늘 그렇게 시달리셨습니다.

사람들은 이 위대한 결론, 곧 이 복된 기회에 대해서는 별 관심이 없습니다. 그저 '병을 고쳐 주세요, 배가 고픕니다' 외에는 주께 요구할 것이 없습니다. 그러나 주님은 하실 수 있는 것 다 해 주시고 더 큰 일을 향해 가셨습니다.

주님은 제자들이 자신을 버릴 것을 이미 알고 계셨습니다. 제자들에게 설명하지 않으시고 꾸짖지도 않으셨습니다. 그러나 결과에 따라 새로운 문이 열렸습니다. 예수와 함께했던 열두 제자는 순교해서 죽습니다. 지극하게 열정을 다한 믿음의 삶을 살았다는 의미가 아닙니다. 세상은 그들에게 죽음밖에 줄 것이 없습니다. 그들은 죽음을 극복한 영생과 영광이 예수 안에 있고, 그들을 그곳으로 인도하는 것이 예수와 복음의 핵심이라고 증언하는 것입니다. 우리는 이 진리를 이해하고 믿은 것이 아닙니다. 빛이 세상에 왔으나 세상은 이를 알지 못할 뿐 아니라 받아들이지 않았습니다. 이 문제에 대한 아주 좋은 예가 있습니다. 마태복음 13장에 나오는 씨 뿌리는 비유입니다.

> 제자들이 예수께 나아와 이르되 어찌하여 그들에게 비유로 말씀하시나이까 대답하여 이르시되 천국의 비밀을 아는 것이 너희에게는 허락되었으나 그들에게는 아니되었나니 무릇 있는 자는 받아 넉넉하게 되되 없는 자는 그 있는 것도 빼앗기리라 그러므로 내가 그들에게 비유로 말하는 것은 그들이 보아도 보지 못하며 들어도 듣지 못하며 깨닫지 못함이니라 이사야의 예언이 그들에게 이루어졌으니 일렀으되 너희가 듣기는 들어도 깨닫지 못할 것이요 보기는 보아도 알지 못하리라 이 백성들의 마음이 완악하여져서 그 귀는 듣기에 둔하고 눈은 감았으니 이는 눈으로 보고 귀로 듣고 마음으로 깨달아 돌이켜 내게 고침을 받을까 두려워함이라 하였느니라 그러나 너희 눈은 봄으로, 너희 귀는 들음으로 복이 있도다 내가 진실로 너희에게 이르노니 많은 선지자와 의인이 너희가 보는 것들을 보고자 하여도 보지 못하였고 너희가 듣는 것들을 듣고자 하여도 듣지 못하였느니라 (마 13:10-17)

이 비유는 정말 쉽습니다. 씨를 뿌리는 자가 나가서 씨를 뿌렸습니다. 그런데 길가에 떨어진 씨는 새들이 와서 먹어 열매를 맺을 틈이 없었습니다. 흙이 얕은 돌밭에 떨어진 씨는 흙이 깊지 않아 뿌리를 내릴 수 없어 열매를 맺지 못했습니다. 가시떨기 위에 떨어진 씨는 가시가 너무 왕성해서 자라지 못해 열매를 맺지 못했습니다. 좋은 땅에 떨어진 씨는 많은 열매를 맺었습니다. 얼마나 쉬운 비유입니까? 그러나 이 비유에 대한 예수님의 설명은 말이 맞지 않습니다. 예수님은 "이 비유가 어려운 것은 들어도 아무도 모르기 때문이다"라고 말씀하셨습니다. 이해할 수 없기 때문에 모른답니다. '돌밭이 되지 말고 좋은 땅이 되자'는 것을 누가 이해 못하겠습니까.

씨 뿌리는 비유에 대한 설명에서 예수님이 하신 말씀은 이사야가 한 예언이기도 합니다. 이사야서 6장 1-9절에는 선지자가 하나님의 보좌를 보는 장면이 나옵니다. 하나님이 "내가 누구를 보내며 누가 우리를 위하여 갈꼬"라고 하시며 안타까워하십니다. 그러자 이사야가 "내가 여기 있나이다 나를 보내소서"라고 합니다. 여호와께서 이를 허락하시면서 백성에게 가서 "너희가 듣기는 들어도 깨닫지 못할 것이요 보기는 보아도 알지 못하리라"라고 말하라고 하십니다. 이사야는 이렇게 하나님께 이상한 소명을 받습니다.

예수님이 이를 말씀하신 것입니다. "내가 왔다. 그러나 아무도 알아보지 못하고 아무도 이해하지 못한다. 그렇다 해도 중요한 것은 내가 온 것이다. 너희가 이해하지 못하며, 할 수 없는 것을 내가 하려고 왔다. 너희는 씨를 뿌려도 결실할 수 없는 밭들이다. 하지만 내가 와서 너희 밭이 결실할 수 있도록 너희 밭을 뒤집어 놓겠다."

절정을 향하여

지금 우리는 예수를 만나 그분을 믿고 있습니다. 어떻게 믿었는지는 기억이 나지 않을 뿐 아니라 이해할 수도 없습니다. 하지만 그분을 믿는다고 그것으로 끝이 아닙니다. 우리는 "주여, 이게 뭡니까?"를 고민해야 합니다. 제자들도 3년간 예수님을 좇아다니다가 그분이 십자가에서 돌아가시자 다 도망갔습니다. 그런데 이것이 절정이었습니다. '믿었는데, 이게 뭐냐?'의 시간이 헛되지 않습니다. 이해할 수 없는 이것, 곧 나의 애절함과 원통함이 같이 가고 있습니다. '왜 예수를 믿는데, 우리에게 영생과 기쁨과 자랑이 없습니까?'와 같이 가야 합니다.

우리의 인생과 실존 안에서 하나님이 절정을 만드시는 날이 옵니다. 문맥의 전후가 없으면 절정이라는 것은 나오지 않습니다. 명분만 나올 뿐입니다. 앞뒤 없는 옳은 소리는 아무런 감동도 줄 수 없고, 우리 각각의 실존에 영향을 줄 수도 없으며, 우리의 소유나 실력이 될 수도 없습니다.

하나님은 이미 오래전에 우리를 부르셨습니다. 수십 년간 아무것도 아닌 인생을 산 것이 아닙니다. 하나님은 절정을 향하여 우리를 인도하고 계시고, 그래서 지금 이 자리까지 와 있다고, 앞으로 절정이 남아 있다고 기대하면 됩니다. 이런 믿음을 가지고 앞으로 우리의 삶을 살아 내기를 바랍니다. 그리고 앞으로 그런 힘을 얻는 말씀, 곧 요한복음을 나누는 시간이 되기를 바랍니다.

기 도

하나님 아버지, 하나님은 일하고 계십니다. 우리를 사랑하셔서 그 아들도 주셨습니다. 우리는 부활 생명과 약속 가운데 있습니다. 우리가 한숨 쉬는 오늘은 하나님이 일하시는 하루입니다. 우리는 클 것입니다. 감격과 기쁨의 찬송을 부르는 날이 올 것입니다. 그 과정을 믿음을 가지고 탄식과 절망과 체념과 자폭을 이겨 내게 하옵소서. 예수님 이름으로 기도합니다. 아멘.

2.
성령으로 세례를 베푸는 이

---

19 유대인들이 예루살렘에서 제사장들과 레위인들을 요한에게 보내
어 네가 누구냐 물을 때에 요한의 증언이 이러하니라 20 요한이 드러
내어 말하고 숨기지 아니하니 드러내어 하는 말이 나는 그리스도가 아
니라 한대 21 또 묻되 그러면 누구냐 네가 엘리야냐 이르되 나는 아니
라 또 묻되 네가 그 선지자냐 대답하되 아니라 22 또 말하되 누구냐 우
리를 보낸 이들에게 대답하게 하라 너는 네게 대하여 무엇이라 하느냐
23 이르되 나는 선지자 이사야의 말과 같이 주의 길을 곧게 하라고 광
야에서 외치는 자의 소리로라 하니라 24 그들은 바리새인들이 보낸 자
라 25 또 물어 이르되 네가 만일 그리스도도 아니요 엘리야도 아니요
그 선지자도 아닐진대 어찌하여 세례를 베푸느냐 …… (요 1:19-34)

요한복음은 시작부터 예수를 창조주이시고 말씀이시고 생명이시고 빛이시고 은혜와 진리가 충만한 영광의 주라고 소개하고 있습니다. 첫 설교에서도 언급한 바와 같이, 요한복음은 결과를 이미 알고 과거의 오해와 왜곡을 넘어서서 정리한 말씀입니다. 또한 사망의 세계를 영생의 세계로 만드신 주, 창조를 인간의 타락과 실패로 끝내지 않으시고 회복을 통해 창조의 본래 목적대로 구원하기 위해 이 땅에 오신 예수와 그분이 하신 일을 새삼스럽게 되짚어 보는 말씀입니다.

복음서가 전하는 것

따지고 보면 우리는 모두 이상하게 예수를 믿었습니다. 여기서 '이상하게'라는 것은 이해할 수 없는 사건이나 경우가 아니더라도 어느 날부터 나도 모르게 예수를 믿게 되었다는 의미입니다. 누군가에게는 분명한 사건이 있었을지도 모르지만, 많은 사람들은 어쩌다 예수를 믿게 되었습니다.

우리는 많은 단어나 여러 경우를 갖고 신앙생활을 시작합니다. 믿음, 기적, 영생, 천국, 순종, 사랑, 기쁨 등과 같은 단어들을 가지고 신앙생활을 해 보면, 그런 단어들은 그냥 명분일 때가 많습니다. 그런 단어들은 우리 삶에 전혀 적용되지 않아 실천할 수 없고 맛도 볼 수 없는, 그런 현실을 사는 것이 사실입니다. 복음서는 그런 현실이 어떤 의미를 갖고 있는지 알려 주고 있습니다.

예수님은 이 땅에 오셔서 부활로 새로운 세상을 우리에게 소개하셨습니다. 이러한 소망과 믿음을 갖게 하는 과정은 어찌 보면 없어도 될 것 같아 보입니다. 과정 없이 빨리 결과가 나오면 좋을 것 같습니다. 하나님은 왜 이런 막막하고 불안에 떠는 삶, 또는 제자들이 다 도망가는 부끄러운 과정들을 요구하셨을까요?

사실 복음서는 이러한 과정을 담은 책입니다. 예수께서 우리의 막막한 현실 가운데 찾아오셔서 우리로 당신을 믿게 하시고 우리를 새로운 운명으로 옮겨 놓으신 일, 곧 '믿는다는 것이 무엇이고, 어떻게 작동하며, 어떤 가치가 있는지'를 현실에서 경험하게 하고 설명하는 것이 복음서입니다.

하나님의 경계

그런 면에서 세례 요한이 등장하여 예수를 소개하는 장면은 대단히 놀랍습니다. 유대인들이 예루살렘에서 제사장들과 레위인들을 세례 요한에게 보내어 여러 질문을 합니다. "네가 누구냐? 네가 그리스도냐?" 이는 '네가 그리스도, 다시 말해 특별하게 지정된 하나님의 종이냐?'라는 질문입니다. 그리스도는 우리에게 익숙한 표현인 '메시아'라는 말입니다.

"네가 메시아냐?"

"아니다."

"그럼, 네가 그 선지자냐?"

"아니다."

"그럼 왜 네가 세례를 베푸느냐?"

이런 대화를 나눴습니다. 요한이 왜 세례를 줄까요? 회개하라고 주는 것입니다. "회개하라. 너희가 잘못됐다. 회개하라"라는 말은 선지자만이 할 수 있는 것입니다. 선지자가 와서 "회개하라"라고 한다면 단순히 어떤 죄인들에게 하는 얘기가 아닙니다. 그 시대의 모든 백성과 온 나라를 향하여 전하는 하나님의 경계(警戒)입니다.

물세례와 성령세례

그 당시 정치와 종교 지도자들은 자신들이 잘못한 것이 무엇인지 확인하고 싶었을 것입니다. 이를 확인하기 위해서는 선지자가 한 말이 진짜인지가 중요합니다. 요한은 "나는 그리스도 곧 메시아도 아니고 선지자도 아니다. 이사야 선지자의 말과 같이 주의 길을 곧게 하라고 광야에서 외치는 자의 소리다"라고 말합니다. 누구와 비교하고 있습니까? '내 뒤에 오시는 그'와 비교합니다. "내 뒤에 오시는 그이라 나는 그의 신발끈을 풀기도 감당하지 못하겠노라"(요 1:27)라고 하며 자신의 존재가 그 앞에서는 존재일 수도 없는 소리일 뿐이라고 자신을 낮춥니다. 겸손해서 그러는 것이 아닙니다. 상대적으로 자신을 그냥 한숨이나 비명 같은 것이라고 표현한 것입니다. 그런데 여기서 중요한 것은 세례 요한이 물로 세례를 베풀고 그분은 성령으로 세례를 준다는 점입니다. 사실 요한복음에는 성령으로 세례를 준다는 말이 나오지 않습니다. 공관복음서에서 '성령으로 세례를'(막 1:8), '성령과 불로 …… 세례를'(마 3:11, 눅 3:16)이라고 표현합니다. 이를 볼 때, 세례 요한은 자신은 물로 세례를 주는 사람, 예수님은 성령으로 세례를 주시는 분으로 소개한다고 볼 수 있습니다. 여기서 우리는 물세례와 성령세례의 차이점과 우리와 성령세례의 연관성에 대해 살펴봐야 합니다. 로마서 5장을 보십시다.

> 그러므로 한 사람으로 말미암아 죄가 세상에 들어오고 죄로 말미암아 사망이 들어왔나니 이와 같이 모든 사람이 죄를 지었으므로 사망이 모든 사람에게 이르렀느니라 죄가 율법 있기 전에도 세상에 있었으나 율법이 없었을 때에는 죄를 죄로 여기지 아니하였느니라 그러나 아담으로부터 모세까지 아담의 범죄와 같은 죄를 짓지 아니한 자들까지도 사망이 왕 노릇 하였나니 아담은 오실 자의 모형이라 그러나 이 은사는 그 범죄와 같지 아니하니 곧 한 사람의 범죄를 인하여 많은 사람이 죽었은즉 더욱 하나님의 은혜와 또한 한 사람 예수 그리스도의 은혜로 말미암은 선물은 많은 사람에게 넘쳤느니라 또 이 선물은 범죄한 한 사람으로 말미암은 것과 같지 아니하니 심판은 한 사람으로 말미암아 정죄에 이르렀으나 은사는 많은 범죄로 말미암아 의롭다 하심에 이름이니라 한 사람의 범죄로 말미암아 사망이 그 한 사람을 통하여 왕 노릇 하였은즉 더욱 은혜와 의의 선물을 넘치게 받는 자들은 한 분 예수 그리스도를 통하여 생명 안에서 왕 노릇 하리로다 그런즉 한 범죄로 많은 사람이 정죄에 이른 것 같이 한 의로운 행위로 말미암아 많은 사람이 의롭다 하심을 받아 생명에 이르렀느니라 한 사람이 순종하지 아니함

> 으로 많은 사람이 죄인 된 것 같이 한 사람이 순종하심으로 많은 사람이 의인이 되리라 율법이 들어온 것은 범죄를 더하게 하려 함이라 그러나 죄가 더한 곳에 은혜가 더욱 넘쳤나니 이는 죄가 사망 안에서 왕 노릇 한 것 같이 은혜도 또한 의로 말미암아 왕 노릇 하여 우리 주 예수 그리스도로 말미암아 영생에 이르게 하려 함이라 (롬 5:12-21)

예수를 소개하는 데 있어서 아담은 중요한 대조 인물입니다. 아담은 오실 자의 표상입니다. 아담과 예수를 대조하는 이유는 이렇습니다. 우리 모두가 죄인이 된 것은 인류의 조상인 아담이 죄를 지었기 때문입니다. 그의 죄가 자손의 운명을 결정지어 버렸습니다. 아담 자신이 죄인이 되자 그의 후손들도 다 죄인으로 태어나게 되었습니다. 후손들은 법을 어겨 죄인이 된 것이 아니라 죄인의 후손이기에 죄인이 된 것입니다. 이에 대한 가장 분명한 증거는 율법을 주기 전, 곧 모세 이전 시대에도 사람들은 죽었다는 점입니다. 정죄를 받을 법적 기준이 없을 때에도 사람들은 죽었습니다. 죄인이라서 죽었습니다. 그런데 아담으로 인해 그의 후손이 모두 죄인이 되고 사망 아래 있는 것같이, 예수께서 두 번째 아담 곧 인류의 새로운 조상으로 오셔서 그의 후손이 사망 아래 있지 않게 되었습니다. 그분은 사망을 폐하셨습니다. 그분이 죽고 부활하심으로써, 운명으로 받아들여야 했던 사망이 운명이지 않은 세상, 부활 즉 영생이 운명인 세상을 여신 것입니다. 그러므로 아담이 잘못한 것을 가지고 그 후손 모두가 정죄 받고 사망 아래 있었다면, 하나님이 직접 오셔서 이루신 두 번째 세상, 곧 구원의 세상은 아담이 그 후손에게 끼친 영향보다 더더욱 대단할 것입니다. 그것이 영생입니다.

성령세례의 강점

신자인 우리는 '예수 믿으면 천국 가고, 예수 믿지 않으면 지옥 간다'는 사실을 알고 있습니다. 그러나 이 사실은 우리의 삶에 그리 큰 영향을 미치지 않습니다. 현실적으로 천국에 쉽고 빠르게 갈 수 없기 때문입니다. 살아 있는 동안 천국 비슷한 뭔가가 있어야 하는데, 성가대 외에 그런 비슷한 곳은 없습니다. 그래서 우리는 '내가 구원받은 게 맞나? 예수 믿는 게 맞나? 하나님이 약속하신 게 맞나?'라는 생각이 듭니다. 우리의 현실은 이렇게 막막합니다.

그런 면에서 성령세례의 강점이 무엇인지 살펴봅시다. 로마서 8장입니다.

> 그러므로 형제들아 우리가 빚진 자로되 육신에게 져서 육신대로 살 것이 아니니라 너희가 육신대로 살면 반드시 죽을 것이로되 영으로써 몸의 행실을 죽이면 살리니 무릇 하나님의 영으로 인도함을 받는 사람은 곧 하나님의 아들이라 너희는 다시 무서워하는 종의 영을 받지 아니하고 양자의 영을 받았으므로 우리가 아빠 아버지라고 부르짖느니라 성령이 친히 우리의 영과 더불어 우리가 하나님의 자녀인 것을 증언하시나니 자녀이면 또한 상속자 곧 하나

> 님의 상속자요 그리스도와 함께 한 상속자니 우리가 그와 함께 영광을 받기 위하여 고난도 함께 받아야 할 것이라 (롬 8:12-17)

성령이 '친히' 우리 안에 들어오셨습니다. 또한 성령은 '이미' 우리 안에 들어오셔서 우리 영과 더불어 우리가 하나님의 자녀인 것을 증언하십니다. 여기서 '이미'란 천국 가기 전인 '지금'을 말합니다. 고단하고 막막한 지금, 실망스럽고 후회스러운 지금 우리는 하나님의 자녀로 서 있습니다.

17절을 보십시오. "자녀이면 또한 상속자 곧 하나님의 상속자요 그리스도와 함께 한 상속자니 우리가 그와 함께 영광을 받기 위하여 고난도 함께 받아야 할 것이라"라고 되어 있습니다. 영광을 위하여 고난받는 것은 당연한 과정입니다.

성령이 우리 안에 있다는 것은 무엇으로 확인할 수 있을까요? 고린도전서 12장 3절에는 "성령으로 아니하고는 누구든지 예수를 주시라 할 수 없느니라"라고 나와 있습니다. 이렇기 때문에 예수를 믿는 것은 한 사람의 분별이나 판단이나 선택으로 할 수 있는 것이 아닙니다. 그보다 훨씬 큰 것입니다.

제가 극단적인 예를 들어 보겠습니다. 신자인 우리가 믿지 않으려고 한번 애써 보십시오. 사실 천국 가는 것이 전부 만족스럽고 대충 대기하다가 들어가는 것이라면 대기실에서 수다나 떨고 있으면 됩니다. 그러나 그렇게 하면 마음이 불편합니다. '이런 시간을 보낼 리 없다. 예수 믿는데 겨우 이런 꼴이라니'라는 마음이 우리한테 매일 다가오는 도전일 것입니다. 로마서 6장으로 가 봅시다.

그런즉 우리가 무슨 말을 하리요 은혜를 더하게 하려고 죄에 거하겠느냐 그럴 수 없느니라 죄에 대하여 죽은 우리가 어찌 그 가운데 더 살리요 무릇 그리스도 예수와 합하여 세례를 받은 우리는 그의 죽으심과 합하여 세례를 받은 줄을 알지 못하느냐 그러므로 우리가 그의 죽으심과 합하여 세례를 받음으로 그와 함께 장사되었나니 이는 아버지의 영광으로 말미암아 그리스도를 죽은 자 가운데서 살리심과 같이 우리로 또한 새 생명 가운데서 행하게 하려 함이라 만일 우리가 그의 죽으심과 같은 모양으로 연합한 자가 되었으면 또한 그의 부활과 같은 모양으로 연합한 자도 되리라 우리가 알거니와 우리의 옛 사람이 예수와 함께 십자가에 못 박힌 것은 죄의 몸이 죽어 다시는 우리가 죄에게 종 노릇 하지 아니하려 함이니 이는 죽은 자가 죄에서 벗어나 의롭다 하심을 얻었음이라 만일 우리가 그리스도와 함께 죽었으면 또한 그와 함께 살 줄을 믿노니 이는 그리스도께서 죽은 자 가운데서 살아나셨으매 다시 죽지 아니하시고 사망이 다시 그를 주장하지 못할 줄을 앎이로라 그가 죽으심은 죄에 대하여 단번에 죽으심이요 그가 살아 계심은 하나님께 대하여 살아 계심이니 이와 같이 너희도 너희 자신을 죄에 대하여는 죽은 자요 그리스도 예수 안에서 하나님께 대하여는 살아 있는 자로 여길지어다 그러므로 너희는 죄가 너희 죽을 몸을 지배하지 못하게 하여 몸의 사욕에 순종하지 말고 또한 너희 지체를 불의의 무기로 죄에게 내주지 말고 오직 너희 자신을 죽은 자 가운데서 다시 살아난 자 같이 하나님께 드리며 너희 지체를 의의 무기로 하나님께 드리라 죄가 너희를 주장하지 못하리니 이는 너희가 법 아래에

있지 아니하고 은혜 아래에 있음이라 (롬 6:1-14)

'성령께서 우리 안에 계시고 우리가 천국에 가는 것이 확정되어 있으며 우리의 운명과 하나님의 약속이 변치 않는다는 것이 사실이라면, 무엇 때문에 이렇게 열심히 사는가? 치열하게 신앙생활을 할 필요가 있는가?' 이에 대해 로마서 6장은 이렇게 답변합니다. '그것은 명예에 관한 문제다. 너희가 예전에는 법 안에서 잘했느냐 못했느냐에 잡혀 있었다. 그때는 잘한 것을 율법이 담아내지 못하고 잘못한 것을 정죄하는 것밖에 없었다. 죄를 안 짓는 게 전부였다. 그러나 이제는 예수로 말미암아 죄를 지었느냐 안 지었느냐의 문제가 아니라 명예로운 자인가 명예를 외면한 자인가로 나뉜다.' 세상이 바뀐 것입니다. 예수를 믿으면 주님을 믿으며 명예롭게 사는 자와 그렇지 못하고 못난 짓을 하는 자가 있을 뿐입니다.

죄를 묻지 않습니다. 죄를 묻지 않는다는 것은 우리가 지옥에 가거나 사망으로 끝나지 않는다는 것입니다. 우리는 영생으로 갈 수밖에 없는 운명입니다. 이것이 로마서 6장이 말하는 큰 가치입니다. '예수님이 공생애를 그렇게 사셨듯이, 예수 부활의 증거로 얻은 구원으로 너희 인생을 명예롭게 살아라. 죄가 너희 몸을 지배하지 못하게 하여라. 너희 몸을 하나님께 바쳐라.' 그러나 이것은 율법적 강요가 아닙니다. 명예롭고 영광된 인간 창조의 목적을 회복하는 것이기 때문에 안다고 해서 당장 할 수 있는 것도 아닙니다. 많은 연습이 필요합니다.

세상은 계속 우리를 위협합니다. 세상이 위협하는 근거는 사망입니다. '당신은 죽는다. 모두가 죽는다. 그러나 살아 있는 동안 당신이 할 수 있는 최선의 길을 가라. 악바리로 살아라. 양보할 것 없다. 한 번에 끝나는 인생이다. 양보하면 지는 거다.' 이러한 위협과 공포에서 '져도 된다. 이 기회에 세상에서 멋있게 굴어라. 당신의 운명은 영생이고 영광이다. 그런데 지금 육신을 입고 세상의 위협이 아직도 판을 치는 속에서 예수께서 하신 것처럼 하나님의 자녀라는 영광을 누려 봐라. 세상을 구하라는 말이 아니며 영웅이 되라는 말이 아니다'라고 전하는 것입니다.

새사람에게 준 지침

그렇다면 무엇을 해야 합니까? 에베소서 4장에 가면 이에 대한 구체적 지침이 나옵니다. 17절 이하를 봅시다.

> 그러므로 내가 이것을 말하며 주 안에서 증언하노니 이제부터 너희는 이방인이 그 마음의 허망한 것으로 행함 같이 행하지 말라 그들의 총명이 어두워지고 그들 가운데 있는 무지함과 그들의 마음이 굳어짐으로 말미암아 하나님의 생명에서 떠나 있도다 그들이 감각 없는 자가 되어 자신을 방탕에 방임하여 모든 더러운 것을 욕심으로 행하되 오직 너희는 그리스도를 그같이 배우지 아니하였느니라 진리가 예수 안에 있는 것 같이 너희가 참으로 그에게서 듣고 또한 그 안에서 가르침을 받았을진대 너희는 유혹의 욕심을 따라 썩어져 가는 구습을 따르는 옛 사람을 벗어 버리고 오직 너희의 심

령이 새롭게 되어 하나님을 따라 의와 진리의 거룩함으로 지으심을 받은 새 사람을 입으라 (엡 4:17-24)

이 말씀에서 '새사람'이라는 단어가 나옵니다. '새사람'은 예수로 말미암아 다시 만들어진 사람입니다. 영생을 목적으로, 운명으로, 속성으로 가진 사람입니다. 그래서 인간성의 명예와 영광을 증언하고 누리는 자를 말합니다. 예수를 모르거나 믿지 않는 자는 어떻게 삽니까? 허망하고 방탕하게 삽니다. 하나님의 자녀에게 완벽한 도덕성을 심어주기 위해 이 과정이 있는 것이 아닙니다. 하나님의 자녀에게 도덕성은 당연한 것이기 때문입니다. 잘잘못을 따지는 것은 하나님의 자녀를 자라게 하지 못합니다. 잘하는 것은 잘못하지 않게 하거나 잘못을 지적하는 데까지만 갑니다. 기독교에서 요구하는 것은 더 가는 것입니다. 그분의 자녀에게 영광과 명예를 입히려는 것입니다. 정직, 희생, 헌신, 용서, 인내, 사랑 등 이런 것들은 세상에는 없습니다. 혹 있더라도 이러한 것들은 자기주장을 펼 때 끌어다 쓰는 명분에 불과합니다.

사랑은 상대를 위하는 것입니다. 세상은 그렇게 살 수 없습니다. 우리도 세상이 그렇게 살 수 없다는 것을 잘 압니다. 우리만 사랑을 가지고 있습니다. 하루에도 수백 번씩 사랑할 기회가 옵니다. 우리는 하루 종일 도전과 시험과 버거움에 시달립니다. 자식 기르느라, 돈벌이하느라, 여러 관계를 맺느라 온종일 시달립니다. 모든 것이 걱정이고 근심 없이 지내는 날이 없습니다. 그런 날들 속에서 우리만이 죄와 사망과 악랄함이 가치가 없다는 것을 유일하게 압니다.

예수님은 빛으로 오셨습니다. 그분께서 우리에게 '너희는 세상의 빛'(마 5:14)이라고 말씀하셨습니다. 그러므로 우리는 권력을 가지지 않습니다. 그 가운데 우리만이 이웃에게 웃을 수 있고 용서할 수 있으며 반가워할 수 있습니다. 이것이 우리의 몫입니다. 동창들을 만날 때에는 그들의 이야기를 들어 주고 편들어 주시면 됩니다. "너 예수 믿어? 안 믿으면 지옥 가"라는 말은 하지 마십시오. 그 말은 누군가가 할 것입니다. 우리는 그들에게 넉넉함을 보여 주어야 합니다.

내적 충만

우리는 '성령 충만'이라는 말을 잘못 이해하는 경향이 있습니다. 성령 충만의 외적 증거들(외적 충만)이 한국 교회에 너무 우월하게 작용했기 때문에, 성령 충만의 내적 증거들(내적 충만)에 대해서는 상대적으로 약한 것 같습니다. 에베소서 5장을 살펴봅시다.

> 그런즉 너희가 어떻게 행할지를 자세히 주의하여 지혜 없는 자 같이 하지 말고 오직 지혜 있는 자 같이 하여 세월을 아끼라 때가 악하니라 그러므로 어리석은 자가 되지 말고 오직 주의 뜻이 무엇인가 이해하라 술 취하지 말라 이는 방탕한 것이니 오직 성령으로 충만함을 받으라 시와 찬송과 신령한 노래들로 서로 화답하며 너희의 마음으로 주께 노래하며 찬송하며 범사에 우리 주 예수 그리스도의 이름으로 항상 아버지 하나님께 감사하며 그리스도를 경외함으로 피차 복종하라 (엡 5:15-21)

'피차 복종하라'는 '피차 존중하라'는 말보다 더 강한 표현입니다. 앞서 언급했지만 감사, 찬송, 기쁨 등은 우리에게만 있습니다. 세상은 누군가를 밟아서 기뻐합니다. 누군가를 보복해서 기뻐합니다. 보복을 통해 얻은 기쁨은 진정한 기쁨이 아닙니다. 이는 절망이고 공포입니다. 하지만 우리는 그렇지 않습니다. 우리는 두려울 것이 없습니다. 내게서 뺏어 갈 수 있는 게 없기 때문입니다.

예수를 믿으면 우리는 하나님 나라의 통치를 받는 시민이 됩니다. 이와 같은 조건에서 하나님 나라의 시민이 된다는 것은 명예의 기회이기 때문입니다. 우리가 멋있을 수 있는 기회이기 때문입니다. 드라마 주인공도 여러 역경을 극복하면서 잘나야지, 완벽한 조건에서 주문만 외워서 모든 것이 척척 해결된다면 멋있지 않습니다. 그런데 우리는 역경을 극복하며 잘나지기를 싫어합니다. 그러한 과정이 고통스럽기 때문입니다.

히브리서 5장 8-9절을 보면, 예수님에 대해 '그가 아들이시면서도 받으신 고난으로 순종함을 배워서 온전하게 되셨은즉'이라고 설명되어 있습니다. 고난이 하는 일이 있고, 순종이 하는 일이 있습니다. '내가 예수 믿는 사람으로서 성령 충만한 인생을 산다'는 것은 우리가 경험한 단순하고 즉각적이고 놀라운 외적 증거가 아닙니다. 매일 더 많이 준비하고 실패하고 후회하는 가운데 치러야 하는 일들, 그 후의 갈등들이 일을 합니다. 쉽게 얻는 것은 아무 일도 하지 않습니다. 고난과 순종이 하나님의 지혜이고 권능입니다. 사람은 고난과 순종으로 위대해집니다. 하나님은 이 과정을 우리에게 주고 싶어 하십니다.

이삭의 가치

그러지 말고 쉽게 해 주시면 안 될까요? 이삭이 이 일에 대해 증언합니다. 이삭이 이 일의 증인이라는 게 놀랍지 않습니까? 우리는 구약성경에서 '아브라함과 이삭과 야곱의 하나님'이라고 후렴처럼 반복되는 표현을 보았을 것입니다. 이때 아브라함과 야곱에 대해서는 그 명성을 인정하더라도 이삭의 명성에 대해서는 대개 이해하지 못하는 것 같습니다.

이삭의 가치는 무엇일까요? 그는 없어도 되는 자입니다. 그는 아브라함과 사라가 자녀를 낳을 수 없을 때 태어났습니다. 아브라함이 백 세 때 그를 낳았고, 귀한 아들로 잘 지내다가 하나님의 명으로 아버지의 손에 죽게 되었습니다. 칼날이 그의 가슴에 닿기 전, 여호와의 사자가 나타나 이를 막습니다. 그리고 하나님의 사자가 아브라함에게 이렇게 말씀하십니다.

> …… 네가 네 아들 네 독자까지도 내게 아끼지 아니하였으니 내가 이제야 네가 하나님을 경외하는 줄을 아노라 …… 내가 나를 가리켜 맹세하노니 네가 이같이 행하여 네 아들 네 독자도 아끼지 아니하였은즉 내가 네게 큰 복을 주고 네 씨가 크게 번성하여 하늘의 별과 같고 바닷가의 모래와 같게 하리니 네 씨가 그 대적의 성문을 차지하리라 (창 22:12-17)

이 부분에서 아브라함의 믿음을 확인할 수 있습니까? 아닙니다. 여기에서는 이삭의 가치를 확인할 수 있습니다. 하나님이 아브라함에게 하신 언약은 그와 처음 맺었던 약속과 동일합니다. '내가 네게 큰 복을 주고 네 씨가 크게 번성하여 하늘의 별과 같고 바닷가의 모래와 같게 하리니'(창 22:17)는 창세기 15장에서 하나님이 아브라함과 약속하신 '하늘을 우러러 뭇별을 셀 수 있나 보라 또 그에게 이르시되 네 자손이 이와 같으리라'(창 15:5)를 반복하신 것입니다. 이삭을 번제로 드리라는 장면에서 왜 이 말씀이 나올까요? 아브라함이 결정적 지위와 정도에 올라왔기에 하나님이 그에게 베푼 보상이 아니라는 것을 이삭을 통해 말해 주기 위해서입니다.

하나님은 이삭이 없어도 아브라함의 후손을 하늘의 별같이 바다의 모래같이 만드실 수 있습니다. 아브라함이 믿는 하나님은 없는 것을 있게 하시고 죽은 자를 살리시는 분입니다. 이삭은 없어도 되는 자의 실체입니다.

우리가 없어도 하나님은 하나님이실 수밖에 없습니다. 그분은 무엇이든지 하실 수 있습니다. 그런데 하나님은 우리가 없어도 하실 수 있는 일을 우리와 함께하자고 하십니다. 이것이 우리의 존재이고 인생입니다. 고마우신 하나님이십니다.

예전에 제가 성가대 오디션을 봤습니다. 저는 당연히 안 될 줄 알았습니다. 그런데 성가대에 들어갔습니다. 그리고 어느 날 예배 시간에 이런 광고를 하더군요. "여러분, 성가대에 많이 지원해 주십시오. 저기 박 선생도 합니다." 이 얼마나 고마운 역할인가요?

우리가 누구인지 아시겠습니까? 하나님의 통치 가운데 이 세상을 회복하시고 새 하늘과 새 땅을 만드실 때, 우리는 하나님을 찬송하고 영광을 돌릴 그 자리에 가는 일에 함께할 동료로 부르셨습니다. 하나님은 우리와 함께 하루를 일하십니다. 이러한 것이 우리 인생의 운명이고, 자리이며, 자랑입니다. 천국은 나중에 가는 곳이 아닙니다. 우리는 이미 천국에 들어섰고 완성된 그날에는 모든 것의 결과를 보는 기쁨이 클 것입니다. 하지만 지금은 명예와 위대함을 끼칠 기회이고 시간입니다. 우리가 그 인생을 살아 내기를 바랍니다.

기 도

하나님 아버지, 우리는 하나님의 자녀이고, 성령 하나님과 함께하고 있습니다. 성령 충만하기를 원합니다. 우리 모두가 고민하고 후회하고 울고 기도하여 한 걸음씩 크게 해 주십시오. 그리고 하루 종일 더 많이, 한 번 더 하나님의 사람으로 살아가겠습니다. 우리를 붙들어 승리하게 하옵소서. 예수님 이름으로 기도합니다. 아멘.

3.
그의 영광을 나타내시매

---

1 사흘째 되던 날 갈릴리 가나에 혼례가 있어 예수의 어머니도 거기 계
시고 2 예수와 그 제자들도 혼례에 청함을 받았더니 3 포도주가 떨어
진지라 예수의 어머니가 예수에게 이르되 저들에게 포도주가 없다 하
니 4 예수께서 이르시되 여자여 나와 무슨 상관이 있나이까 내 때가
아직 이르지 아니하였나이다 5 그의 어머니가 하인들에게 이르되 너
희에게 무슨 말씀을 하시든지 그대로 하라 하니라 6 거기에 유대인의
정결 예식을 따라 두세 통 드는 돌항아리 여섯이 놓였는지라 7 예수께
서 그들에게 이르시되 항아리에 물을 채우라 하신즉 아귀까지 채우니
8 이제는 떠서 연회장에게 갖다 주라 하시매 갖다 주었더니 9 연회장
은 물로 된 포도주를 맛보고도 어디서 났는지 알지 못하되 물 떠온 하
인들은 알더라 …… (요 2:1-11)

요한복음을 시작하면서, 우리는 예수님에 대한 묘사나 증거가 말씀, 빛, 생명, 진리, 은혜 등의 단어로 표현된 것을 보았습니다. 그리고 세례 요한은 예수 그리스도를 증언하는 자로서, 예수를 성령으로 세례를 주시는 분이라고 설명했습니다. 그리고 2장에 와서 예수님은 혼인 잔치에서 그 첫행보를 떼셨습니다.

예수님은 포도주가 떨어진 혼인 잔치에서 물로 포도주를 만들어 기쁨을 충만하게 하는 일로 사역을 시작하셨습니다. 성경은 이를 "예수께서 이 첫 표적을 갈릴리 가나에서 행하여 그의 영광을 나타내시매 제자들이 그를 믿으니라"(요 2:11)라고 기록했습니다. 이 영광은 우리가 흔히 생각하는 경쟁적 승리에서 오는 영광과는 다릅니다. 이는 혼인 잔치를 기쁨으로 채우시는 '예수님은 누구신가?' 하는 부분에 대하여 문을 처음 여는 장면입니다.

첫 표적의 가치

우리가 모두 살면서 경험하듯, 우리가 사는 세상은 결국 죽고 마는 세상입니다. 그래서 인생의 끝자락에 가면 대부분 '열심히 살아 봤자야'라는 후회를 하곤 합니다. 제 동창들도 공부 잘한 순서로 진급을 했고, 먼저 진급한 순서대로 옷을 벗더군요. 동창들이 다 같이 모이면 "공부 잘해서 뭐해?"라고 말을 건넵니다. 그럼, 저는 이렇게 말합니다. "공부 잘하지 않으면 뭘 해?" 결국 세상은 모든 것이 후회가 되고 헛되며 답이 없는 것처럼 삽니다. 요즘 젊은이들은 '결혼해서 뭐해? 애는 길러서 뭐해? 그게 무슨 소용이 있어? 괜히 서로 못할 짓만 하는 게 인생 아냐? 그냥 내 인생 스스로 알아서 책임지며 조용히 있다 가지 뭐'라고 합니다.

예수님은 포도주가 떨어진 혼인 잔치, 곧 웃을 일이 없는 혼인 잔치에 오셔서 기쁨을 주시는 분으로, 당신이 우리의 운명과 어떤 관계가 있는지를 알 수 있도록 하셨습니다. 세상은 결국 사망이 끝이기 때문에 공포와 분노의 현실을 살아야 합니다. 하지만 예수로 말미암아 기쁨과 승리와 영광된 운명의 장을 열게 되었습니다. 이것이 가나 혼인 잔치, 곧 첫 표적의 가치입니다.

예수님은 우리가 알던 세상을 바꿔 놓으셨습니다. 절망과 비극의 인생이 아니라 소망을 가질 수 있는 문을 여셨습니다. 그래서 예수님이 영광을 받으시는 것입니다.

새사람, 새 세상

복음서를 좀 더 살펴보면 예수님이 하시는 일이 우리가 사는 현실을 어떻게 변화시키는지를 알 수 있겠지만, 이번 본문 말씀은 그 첫 문을 열었다는 데 가치가 있습니다. 그런데 왜 하필 혼인 잔치일까요? 거기서부터 풀려야 되기 때문입니다. 에베소서 5장 8절 이하로 가 봅시다.

> 너희가 전에는 어둠이더니 이제는 주 안에서 빛이라 빛의 자녀들처럼 행하라 빛의 열매는 모든 착함과 의로움과 진실함에 있느니

라 주를 기쁘시게 할 것이 무엇인가 시험하여 보라 너희는 열매 없는 어둠의 일에 참여하지 말고 도리어 책망하라 그들이 은밀히 행하는 것들은 말하기도 부끄러운 것들이라 그러나 책망을 받는 모든 것은 빛으로 말미암아 드러나나니 드러나는 것마다 빛이니라 그러므로 이르시기를 잠자는 자여 깨어서 죽은 자들 가운데서 일어나라 그리스도께서 너에게 비추이시리라 하셨느니라 (엡 5:8-14)

이 말씀은 무슨 의미일까요? 이 말씀은 강요도 아니고 책임을 논하는 것도 아닙니다. 너희는 더 이상 어둠이 아니고 빛이라고 이야기합니다. 예수로 말미암아 우리는 신분과 존재와 운명이 바뀌었습니다. '그런즉 누구든지 그리스도 안에 있으면 새로운 피조물이라 이전 것은 지나갔으니 보라 새 것이 되었'(고후 5:17)습니다. 우리는 대개 앞엣것만 알고 있습니다. '예수를 믿으면 새사람이 된다. 새로운 존재가 된다. 새로운 운명을 가진다'만 있는 게 아닙니다. 예수 안에서 세상도 바뀌었습니다. 나만 바뀐 게 아니라 세상이 바뀐 것입니다. 어떻게 바뀌었습니까? 죽음이 전부인 세상에서 승리만이 있는 세상으로 바뀐 것입니다.

그렇다면 왜 아직도 고된 현실이 있을까요? 그 현실이 가장 유용하기 때문입니다. 지금의 고난과 눈물이 필요하기 때문입니다. 우리는 이 말을 납득하기 어려울 것입니다. 그렇다면 사도 바울이 고린도교회에 보낸 그의 첫 번째 편지, 첫 장에 밝힌 내용을 살펴봅시다. 고린도전서 1장입니다.

> 십자가의 도가 멸망하는 자들에게는 미련한 것이요 구원을 받는 우리에게는 하나님의 능력이라 (고전 1:18)

'너희는 너무 잘난 척하지 마라. 다른 사람보다 우월하기 때문에 예수를 믿게 된 것처럼 말하지 마라. 십자가의 도가 믿지 않는 자들에게는 미련한 것이지만, 믿는 우리에게는 하나님의 능력이시다'라는 의미입니다. 그러므로 우리 인생에서 벌어지는 어떤 고난과 장애도 하나님의 능력으로 우리에게 요구되는 과정입니다. 이 과정이 없으면 개구리가 되지 않고 그냥 팔뚝만 한 올챙이같이 되는 것입니다. 하나님은 그런 올챙이는 원하지 않으십니다.

하나님이 우리를 닦달하시는 게 아닙니다. 예수님의 구원 방법이 우리로서는 이해할 수 없습니다. 신이 우리에게 모욕을 받고 저주를 받으며 우리 손에 죽는 방법이 부활을 만들어 내고 영광과 승리를 증언합니다. 이처럼 그분의 영광이나 승리는 우리가 아는 개념과 다릅니다.

그리스도에게 하듯 복종하라

예수님이 가나 혼인 잔치에서 물로 포도주를 만든 것은 초월적 사건에 초점이 맞춰진 것이 아니라 예수님이 어떤 목적으로 그 이적을 행하셨는가에 초점이 맞춰져 있습니다. 주님은 우리에게 혼인의 기쁨을 회복하고 삶의 기쁨을 회복하여 각각의 일상에서 기쁨과 감사로 살도록 그 길을 여셨습니다. 정말일까요? 다시 한번 에베소서 5장을 살펴보겠습니다.

> 아내들이여 자기 남편에게 복종하기를 주께 하듯 하라 이는 남편이 아내의 머리 됨이 그리스도께서 교회의 머리 됨과 같음이니 그가 바로 몸의 구주시니라 그러므로 교회가 그리스도에게 하듯 아내들도 범사에 자기 남편에게 복종할지니라 (엡 5:22-24)

예수를 믿는 여성분들이 싫어하는 본문입니다. '복종할지니라'라는 말을 오해해서 그렇습니다. 여기서 '복종하라'는 것은 '지도를 따라가라'는 말입니다. '여기 있는 흙탕물을 마시지 말고, 이 생수를 마셔라'와 같은 의미입니다. '네 남편은 너에게 있어서 복과 기쁨과 기적과 승리의 주인공이다. 그러니 남편에게 복종하라'는 의미입니다. 물론 현실은 그렇지 않습니다. 그러나 이것이 하나님의 방법입니다.

'예수를 믿어라'라는 말에 어떤 철학자가 이런 표현을 했습니다. "어떻게 십자가에 달려 죽은 신을 믿으라는 것인가?" 맞는 말입니다. 십자가 처형을 면할 힘도 없는 신을 어떻게 믿으라는 겁니까? '오직 성령이 말할 수 없는 탄식으로 우리를 위하여 친히 간구하시느니라'(롬 8:26)라고 하는데, 탄식하는 신이 어떻게 인간을 위해 기도할 수 있습니까? 우리가 직접 빌어야 하는 거 아닌가요.

우리는 뒤틀려 있습니다. 죄는 거짓이고 왜곡이며 부패입니다. 죄 자체는 자기 내용을 갖고 있지 않습니다. 진리와 생명을 왜곡하거나 거짓말을 만들거나 부패시킬 뿐입니다. 우리의 생명과 삶과 현실과 정황은 다 왜곡되어 있습니다. 우리는 자폭하도록 시험을 받는 현실을 살고 있습니다. 그런 우리에게 예수님이 오셔서 우리를 믿음의 세계로 이끄십니다.

"영접하는 자 곧 그 이름을 믿는 자들에게는 하나님의 자녀가 되는 권세를 주셨으니"(요 1:12)라는 말씀에서 믿음은 조건이 아닙니다. 믿음은 새로운 세상의 원리입니다. 그동안은 자기 자신이 한 대로 받을 뿐입니다. 자기 실력만큼 보상받고, 그렇게 살다가 결국 사망으로 인생을 끝냅니다. 스스로를 원망할 수밖에 없습니다.

자신을 주심같이 사랑하라

이제 예수님이 믿음의 세계를 열어 놓으셨습니다. 믿음의 세계는 원인과 결과의 법칙을 넘어섭니다. 하나님이 우리를 향한 목적과 의지를 가지고 복과 승리와 기쁨을 약속하는 길로 우리를 초대하십니다. 그래서 남편에게 복종하라고 하며, 우리에게 믿음을 가지라고 하는 것입니다. 남편이 하나님의 능력이라는 게 믿어지지 않으시죠? 성경은 똑같이 남편에게도 전합니다.

> 남편들아 아내 사랑하기를 그리스도께서 교회를 사랑하시고 그 교회를 위하여 자신을 주심 같이 하라 (엡 5:25)

예수님은 우리를 자신보다 더 가치 있게 여기시며 십자가에서 죽으셨습니다. 누군가 상대를 위해서 죽는다면 상대가 자기보다 더 가치 있다는 것입니다. 이렇게 사랑할 수 있나요? 없습니다. 우리가 알고 있는 세상의 법칙으로는 이해하거나 납득할 수 없습니다. 그러나 이제 예수께서 오셔서 문을 여셨습니다. '너희가 사는 세상의 기본 질서가 무엇이냐? 공포와 절망과 분노와 원망이다. 나는 다른 세상을 열었다. 이제 너희는 그런 것들에 사로잡혀 있을 필요가 없다. 너희를 창조한 하나님, 나를 보내신 하나님은 그 목적이 너희의 찬송과 항복이다. 여기에는 믿음의 원리가 작동한다. 여기에는 기적이 있다. 여기에는 은혜가 넘친다. 이런 하나님이 권능으로 일하신다. 너희는 하나님을 잊을지라도 하나님은 너희를 잊는 순간도, 너희를 외면하는 순간도 없다.' 이것이 복음입니다. 우리는 하나님이 우리에게 이러한 복음의 내용을 가지고 현실을 살라고 요구하신다고 믿어야 하고, 이것이 하나님의 지혜요, 능력이라고 수긍해야 합니다.

그렇지 않으면 어떻게 될까요? 다시금 원망으로 돌아가고, 다시금 분노로 돌아갑니다. 화를 내면 얻는 게 없습니다. 화를 낸다고 상대방이 항복하지 않습니다. 화를 내면 고스란히 자기가 결과를 뒤집어써야 합니다. 화를 내면 상대방의 얼굴을 보기가 민망합니다. 보복이나 분노를 하지 않는 이유는 그게 명분이거나 멋있는 일이기 때문이 아니라, 보복과 분노가 결과를 얻는 방법이 아니기 때문입니다. 사람은 화를 내는 사람 앞에서 같이 화를 내지 꼬리를 내리지 않습니다. 무서워서 꼬리를 내리는 것은 강아지가 하는 것이지 사람은 강아지처럼 항복하지 않습니다. 우리 자신을 한번 살펴보십시오. 자신도 하지 않으려는 것을 우리는 다른 사람들에게 받아 내려 합니다. 왜일까요?

불안하기 때문입니다. 현실에서 일어나는 일이 이대로 가면 망할 것처럼 보이기 때문입니다.

복음이 우리에게 들어옵니다. 예수를 믿는다는 말은 지금 우리가 사는 세상에 빛이, 생명이, 진리가, 약속이 들어왔다는 의미입니다. 우리는 여기에 속한 자들입니다. 그렇기 때문에 멋있게 굴어야 합니다. 위대하게 살아야 합니다. 예수님도 당신의 생애를 웃고 살지 않으셨습니다. 예수님이 웃으셨다는 기록은 어디에도 없다고 하더군요. 왜 그러셨을까요? 힘드셨기 때문입니다. 예수님도 힘드셨을 때 할 수 있는 최선은 침묵이었던 것을 기억합시다.

> 그가 곤욕을 당하여 괴로울 때에도 그의 입을 열지 아니하였음이며 마치 도수장으로 끌려 가는 어린 양과 털 깎는 자 앞에서 잠잠한 양 같이 그의 입을 열지 아니하였도다 (사 53:7)

누군가를 납득시키기 위해 설명을 하거나, 누군가를 원망하는 것은 아무것도 만들지 못합니다. 우리가 잘 참으면 화를 낸 사람이 집니다. 상대방이 한 짓이 얼마나 헛된 것인지를 설명하지 말고 가만히 있으면 자기 발로 와서 자수를 합니다. 이런 행동은 신자인 우리만이 할 수 있는 행동입니다. 이는 처세술이 아닙니다. 한 사람을 항복시키기 위한 술수가 아닙니다. 이는 우리만 알고 있는 것입니다. 이를 두고 '세월을 아끼라'(엡 5:16), '오직 성령으로 충만함을 받으라'(엡 5:18)라고 한 것입니다. 이는 하나님이 원하시는 방법이기 때문에 우리가 필수로 통과해야 하는 과정입니다.

분노와 자폭을 지나는 사랑

그렇다면 어떻게 통과해야 합니까? 우리 모두 어떻게 부부로 살게 되었는지를 살펴봅시다. 부부의 조건, 관계의 공통분모가 무엇입니까? 콩깍지입니다. 그땐 이럴 줄 몰랐죠. 그때 뭔가 씌었죠. 하나님이 인도하셨기 때문입니다. 성경은 이 부분을 이야기하는 것입니다. 왜 에베소서에서 "아내들이여 자기 남편에게 복종하기를 주께 하듯 하라 …… 남편들아 아내 사랑하기를 그리스도께서 교회를 사랑하시고 그 교회를 위하여 자신을 주심 같이 하라"(엡 5:22-25)라고 다짜고짜 큰 소리칠까요? 강제가 아니기 때문입니다. 하나님이 계획하시고, 우리를 지명하여 짝지어 주셨기 때문입니다. 그분이 우리 인생을 책임져 주십니다. 우리의 운명은 하나님께 달려 있습니다. 그러니 걱정하지 마십시오.

우리는 부부가 된 이유를 사랑이라고 합니다. 그러나 성경은 사랑을 부부가 된 이유라고 하지 않습니다. 사랑은 부부가 당연히 가져야 하는 공통 조건이지만, 우리가 아는 것과 다릅니다. 고린도전서 13장에서는 사랑을 이렇게 설명합니다.

> 내가 사람의 방언과 천사의 말을 할지라도 사랑이 없으면 소리 나는 구리와 울리는 꽹과리가 되고 내가 예언하는 능력이 있어 모든 비밀과 모든 지식을 알고 또 산을 옮길 만한 모든 믿음이 있을지라도 사랑이 없으면 내가 아무 것도 아니요 내가 내게 있는 모든 것으로 구제하고 또 내 몸을 불사르게 내줄지라도 사랑이 없으면 내

> 게 아무 유익이 없느니라 사랑은 오래 참고 …… (고전 13:1-4)

사랑은 환상이 아닙니다. 천사의 말을 하는 게 아닙니다. 산을 옮길 만한 능력이 아닙니다. 자기 몸을 불사르게 내어 주는 정열이 아닙니다. 사랑은 오랜 고통이고 오래 참는 것이며 시간이 걸리는 것입니다. 모든 것을 참아야 합니다. 어떻게 참습니까?

> …… 사랑은 온유하며 시기하지 아니하며 사랑은 자랑하지 아니하며 교만하지 아니하며 무례히 행하지 아니하며 자기의 유익을 구하지 아니하며 성내지 아니하며 악한 것을 생각하지 아니하며 불의를 기뻐하지 아니하며 진리와 함께 기뻐하고 모든 것을 참으며 모든 것을 믿으며 모든 것을 바라며 모든 것을 견디느니라 (고전 13:4-7)

'모든 것을 믿으며'라는 것은 무엇을 믿는 것일까요? 하나님이 승리를 주시리라는 확신입니다. 이를 붙들고 사는 것이 사랑입니다. 그러므로 사랑은 믿음 위에서만 작동합니다. '하나님이 이 사람을 나에게 주셨어. 내 인생을 하나님이 붙들고 계셔'라는 믿음 위에서 사랑이 작동합니다. "아, 옛날로 돌아갈 수만 있다면, 난 다른 사람을 고를 거야"라는 말은 안 하는 겁니다. 다른 사람을 골라도 마찬가지입니다. 하나님이 주신 사람과 함께 내가 무엇을 만들지가 우리의 숙제일 뿐입니다. 좋은 조건의 사람을 고른다고 더 나은 인생이 되는 것이 아닙니다.

그러므로 우리 각자가 다 이 명령 아래 있습니다. 남편이 남편 노릇

하고 아내가 아내 노릇해야 하는데, 이는 하루아침에 되는 게 아니라는 것을 서로 인정해야 합니다. 서로 맞불을 놓지 마십시오. 한 사람이 화를 내면 한 사람은 참으십시오. 화가 나서 물건을 던지더라도 너무 값진 물건은 던지지 마십시오. 그렇게 시작하는 것입니다. 그리고 이를 명심하십시오. '화를 내고 돌아서서 또 화를 내고, 절망하고'를 반복하는 속에 하나님이 일을 하신다는 것을. 그 가운데 우리는 자기 분노와 자기 성질을 고칠 수 있습니다.

옛날 어니스트 톰슨 시튼이 쓴《늑대 왕 로보》라는 책을 아시나요? 늑대 로보가 꽤 명석해서, 사냥꾼들이 로보를 잡기 위해 여기저기 덫을 놓고 덫에 걸리도록 이리저리 몰아도 다 피해 갔다고 합니다. 그런 늑대 로보를 어떻게 잡는지 아십니까? 로보의 암컷을 이용해서 잡습니다. 로보의 말을 잘 듣지 않는 암컷이 있었습니다. 늑대도 자기 짝을 강제할 수 없습니다. 암컷이 먼저 덫에 걸리는 바람에 로보가 덫에 걸리고 맙니다. 멋있죠? 늑대도 목숨 걸고 자기 짝을 사랑합니다.

모든 남자는 아내 때문에 철이 듭니다. 이는 진실입니다. 그리고 모든 아내는 자식 때문에 철이 듭니다. 하나님은 공평하십니다. 우리는 분노와 자폭을 지나옵니다. 철이 없을 때는 '오늘만 살고 만다' 하며 자폭을 하는 법입니다. 나이가 들면 그렇지 않습니다. 믿지 않는 사람들은 이를 어떻게 견디는지 모르겠습니다.

사랑은 확장하고 연합하는 것

우리의 인생은 헛되지 않습니다. 오늘 분명히 끝난 것 같지만, 운명은 능력대로 보상받지 않습니다. 예수께서 십자가에 죽으심으로 승리를 약속하셨기 때문에 우리는 내일을 기약하고 하루를 마무리하며 잠자리에 들 수 있습니다. 이를 확장해야 합니다.

바리새인들이 모인 무리 중에 한 율법사가 예수님을 시험하여 묻습니다.

> 선생님 율법 중에 어느 계명이 크니이까 예수께서 이르시되 네 마음을 다하고 목숨을 다하고 뜻을 다하여 주 너의 하나님을 사랑하라 하셨으니 이것이 크고 첫째 되는 계명이요 둘째도 그와 같으니 네 이웃을 네 자신 같이 사랑하라 하셨으니 (마 22:36-39)

이 말씀을 확장하는 것입니다. 부부, 부모 자식, 이웃 등으로 관계를 확장하는 것입니다. 이것이 위대한 것입니다. 이는 신자인 우리만 할 수 있습니다. 스스로를 위해서 하셔야 합니다. 하나님 나라의 확장과 현실성을 보여 주기 위해 우리도 선지자로, 제사장으로, 왕으로 서 있습니다.

우리는 '나 하나 죽으면 그만이지, 나 하나쯤 어때?'라고 도망갈 수 없습니다. 예수님은 우리에게 '너희가 땅에서 매면 하늘에서도 매일 것이요 무엇이든지 땅에서 풀면 하늘에서도 풀리리라'(마 18:18)라고 말씀하셨습니다. 우리 모두에게 주신 것입니다. 그래서 에베소서는 이 연합을 이렇게 계속 강조하고 있습니다.

> 우리가 다 하나님의 아들을 믿는 것과 아는 일에 하나가 되어 온전한 사람을 이루어 그리스도의 장성한 분량이 충만한 데까지 이르리니 이는 우리가 이제부터 어린 아이가 되지 아니하여 사람의 속임수와 간사한 유혹에 빠져 온갖 교훈의 풍조에 밀려 요동하지 않게 하려 함이라 오직 사랑 안에서 참된 것을 하여 범사에 그에게까지 자랄지라 그는 머리니 곧 그리스도라 (엡 4:13-15)

우리는 사랑, 충만, 자라남과 같은 것들을 현실에 적용해야 합니다. 하지만 실제 현실에서는 명분, 완벽, 보상 같은 것들이 먼저 다가오고, 원망, 분노, 보복, 절망, 외면 같은 것들에 집니다. 그러지 마십시오. 더 나아가십시오. 에베소서 3장 14절 이하에 이런 기도가 나옵니다.

> 이러므로 내가 하늘과 땅에 있는 각 족속에게 이름을 주신 아버지 앞에 무릎을 꿇고 비노니 그의 영광의 풍성함을 따라 그의 성령으로 말미암아 너희 속사람을 능력으로 강건하게 하시오며 믿음으로 말미암아 그리스도께서 너희 마음에 계시게 하시옵고 너희가 사랑 가운데서 뿌리가 박히고 터가 굳어져서 능히 모든 성도와 함께 지식에 넘치는 그리스도의 사랑을 알고 그 너비와 길이와 높이와 깊이가 어떠함을 깨달아 하나님의 모든 충만하신 것으로 너희에게 충만하게 하시기를 구하노라 우리 가운데서 역사하시는 능력대로 우리가 구하거나 생각하는 모든 것에 더 넘치도록 능히 하실 이에

게 교회 안에서와 그리스도 예수 안에서 영광이 대대로 영원무궁 하기를 원하노라 아멘 (엡 3:14-21)

이것이 우리입니다. 이것이 교회입니다. 이것이 인생입니다. 이것이 우리가 걷는 현실입니다. 하나님은 우리가 구하는 것보다 더 넉넉하게 우리와 우리의 현실을 통해 영광을 받기 원하십니다.

기 도

하나님 아버지, 은혜를 감사합니다. 우리가 하나님의 자녀이고 하나님 영광의 증언이고 하나님 기적의 손길입니다. 우리의 현실이 우리에게 복이라는 사실을 인정합니다. 우리가 더 순종하고, 더 믿으며, 이 약속들의 위대함을 품고 살게 하옵소서. 그 가운데 하나님이 영광을 받아 주시옵소서. 예수님 이름으로 기도합니다. 아멘.

4.
죽은 자 가운데서 살아나신 후에야

---

13 유대인의 유월절이 가까운지라 예수께서 예루살렘으로 올라가셨더
니 14 성전 안에서 소와 양과 비둘기 파는 사람들과 돈 바꾸는 사람들
이 앉아 있는 것을 보시고 15 노끈으로 채찍을 만드사 양이나 소를 다
성전에서 내쫓으시고 돈 바꾸는 사람들의 돈을 쏟으시며 상을 엎으시
고 16 비둘기 파는 사람들에게 이르시되 이것을 여기서 가져가라 내
아버지의 집으로 장사하는 집을 만들지 말라 하시니 17 제자들이 성경
말씀에 주의 전을 사모하는 열심이 나를 삼키리라 한 것을 기억하더라
18 이에 유대인들이 대답하여 예수께 말하기를 네가 이런 일을 행하니
무슨 표적을 우리에게 보이겠느냐 19 예수께서 대답하여 이르시되 너
희가 이 성전을 헐라 내가 사흘 동안에 일으키리라 …… (요 2:13-22)

예수님의 첫 번째 이적은 가나 혼인 잔치에서 포도주를 만드신 사건입니다. 이는 하나님이 인류와 인생을 기쁨으로 채우시겠다는 선언이었습니다. 본문 말씀은 예수께서 성전에 가셔서 장사꾼들과 돈 바꾸는 사람들을 다 내쫓으신 사건을 소개하는 내용입니다.

요한복음은 이 사건을 서두에 두었지만, 다른 복음서는 이 사건의 위치가 요한복음과 다릅니다(참고. 마 21:12-13, 막 11:15-17, 눅 19:45-46). 사도 요한이 이 사건을 서두에 두어야 한다고 생각한 이유는 무엇일까요?

도덕적 편견을 넘어

보통 이 사건은 장사꾼들과 돈 바꾸는 사람들이 성전을 어지럽히고 더럽혀 예수님이 그들을 내쫓으시고 성전을 청결하게 함으로 거룩함을 요구하신 사건이라고 이해됩니다. 그러나 요한복음에서는 이를 달리 이해합니다. 이 복음서가 달리 이해한다고 보는 까닭은 유대인들의 질문이 다르게 나오기 때문입니다. 유대인들이 예수께 “네가 이런 일을 행하니 무슨 표적을 우리에게 보이겠느냐”라고 말합니다. 그들이 한 말은 “네가 이런 일을 할 자격이 있느냐? 만약 자격이 있다면 표적을 보여라. 너는 우리가 지금 하고 있는 제사가 잘못됐다고 하는데, 제사 제도를 허물어 버릴 만한 무슨 권한이 있느냐?”라고 묻는 것입니다. 그러자 예수님은 “너희가 이 성전을 헐라 내가 사흘 동안에 일으키리라”라고 답하십니다. 이는 “성전은 이렇게 제사나 드리는 곳이 아니다. 내가 새 성전을 지어 너희가 직접 하나님을 만나게 하겠다"라고 답하시는 것입니다.

성경을 대할 때, 도덕적 편견을 가지고 쉽게 읽으면 안 됩니다. 예수님이 장사꾼을 쫓아내 성전의 거룩함을 지켜 내셨다는 식으로 이 본문을 읽으면, 성경의 원래 의도를 파악하기 어렵습니다. 그러한 의도나 이해가 어디에서 비롯되는지는 요한복음 11장에서 볼 수 있습니다. 29절 이하, 예수님이 나사로를 살리시는 장면입니다.

> 마리아가 이 말을 듣고 급히 일어나 예수께 나아가매 예수는 아직 마을로 들어오지 아니하시고 마르다가 맞이했던 곳에 그대로 계시더라 마리아와 함께 집에 있어 위로하던 유대인들은 그가 급히 일어나 나가는 것을 보고 곡하러 무덤에 가는 줄로 생각하고 따라가더니 마리아가 예수 계신 곳에 가서 뵈옵고 그 발 앞에 엎드리어 이르되 주께서 여기 계셨더라면 내 오라버니가 죽지 아니하였겠나이다 하더라 예수께서 그가 우는 것과 또 함께 온 유대인들이 우는 것을 보시고 심령에 비통히 여기시고 불쌍히 여기사 이르시되 그를 어디 두었느냐 이르되 주여 와서 보옵소서 하니 예수께서 눈물을 흘리시더라 (요 11:29-35)

예수님이 마리아와 함께 온 유대인들이 우는 것을 보시고 심히 비통히 여기시고 불쌍히 여기신 것은 그들이 예수님을 일찍 부르지 않았기 때문에, 일찍 이 소식을 알려 주지 않았기 때문에가 아닙니다. 예수님이 비통해 하신 것은 하나님이 사람의 인생을 이렇게 값없이 죽도록 만들지 않으셨기 때문입니다. 하나님이 인간을 만드실 때, 이렇게 속절없이 살다가 사라지는 존재로 짓지 않으셨습니다. 그런데 인간은 비참하게 살고 있기 때문에 예수님은 우십니다. 그러한 가운데 예수님은 나사로를 살리십니다. 나사로를 살리신 것은 '이렇게 끝나는 것이 아니다'를 우리에게 증명하시기 위해서입니다.

그런 면에서 성전 사건도 똑같습니다. 예수님은 유대인들에게 "이게 뭐하는 짓이냐?"라고 꾸중하시는 게 아닙니다. 성전은 요식행위를 위한, 책임을 면하기 위한 어떤 수단을 만들어 내는 곳이 아닙니다. 하나님이 그분의 백성을 만나는 곳입니다. 하나님이 그들의 아버지가 되어 그들이 하나님을 아버지라 부르라고 만든 곳입니다. 예수님은 그렇지 않은 장소가 된 성전을 보시고 화를 내신 것입니다. 예수님이 내신 화는 폭력도 공포도 아닙니다.

죄의 실체

그렇다면 도대체 어디가 잘못된 것일까요? 예수님이 이 일을 분히 여기시는 바로 이것, 보통 우리가 이야기하는 죄의 실체, 핵심, 정체가 무엇일까요? 로마서 7장입니다.

> 전에 율법을 깨닫지 못했을 때에는 내가 살았더니 계명이 이르매 죄는 살아나고 나는 죽었도다 생명에 이르게 할 그 계명이 내게 대하여 도리어 사망에 이르게 하는 것이 되었도다 죄가 기회를 타서

계명으로 말미암아 나를 속이고 그것으로 나를 죽였는지라 이로 보건대 율법은 거룩하고 계명도 거룩하고 의로우며 선하도다 그런즉 선한 것이 내게 사망이 되었느냐 그럴 수 없느니라 오직 죄가 죄로 드러나기 위하여 선한 그것으로 말미암아 나를 죽게 만들었으니 이는 계명으로 말미암아 죄로 심히 죄 되게 하려 함이라 우리가 율법은 신령한 줄 알거니와 나는 육신에 속하여 죄 아래에 팔렸도다 내가 행하는 것을 내가 알지 못하노니 곧 내가 원하는 것은 행하지 아니하고 도리어 미워하는 것을 행함이라 만일 내가 원하지 아니하는 그것을 행하면 내가 이로써 율법이 선한 것을 시인하노니 이제는 그것을 행하는 자가 내가 아니요 내 속에 거하는 죄니라 내 속 곧 내 육신에 선한 것이 거하지 아니하는 줄을 아노니 원함은 내게 있으나 선을 행하는 것은 없노라 내가 원하는 바 선은 행하지 아니하고 도리어 원하지 아니하는 바 악을 행하는도다 만일 내가 원하지 아니하는 그것을 하면 이를 행하는 자는 내가 아니요 내 속에 거하는 죄니라 그러므로 내가 한 법을 깨달았노니 곧 선을 행하기 원하는 나에게 악이 함께 있는 것이로다 내 속사람으로는 하나님의 법을 즐거워하되 내 지체 속에서 한 다른 법이 내 마음의 법과 싸워 내 지체 속에 있는 죄의 법으로 나를 사로잡는 것을 보는도다 오호라 나는 곤고한 사람이로다 이 사망의 몸에서 누가 나를 건져내랴 (롬 7:9-24)

하나님은 이스라엘 백성에게 율법을 주셨습니다. 그러나 이스라엘 백성은 그 율법을 제대로 이해하지 못합니다. 마태복음 22장을 보면, 바리새인들 중 한 율법사가 예수님을 시험하여 묻자 예수님이 다음과 같이 답하셨습니다.

> 선생님 율법 중에서 어느 계명이 크니이까 예수께서 이르시되 네 마음을 다하고 목숨을 다하고 뜻을 다하여 주 너의 하나님을 사랑하라 하셨으니 이것이 크고 첫째 되는 계명이요 둘째도 그와 같으니 네 이웃을 네 자신 같이 사랑하라 하셨으니 이 두 계명이 온 율법과 선지자의 강령이니라 (마 22:36-39)

다시 말해, 사랑입니다. 그런데 율법을 지키려고 하면 결국 사랑이 되지 않고 정죄가 된다는 사실입니다. 놀랍지 않습니까?

세상에서도 보십시오. 온 세상이 죄 아래 있다는 것이 무엇일까요? 세상은 정의를 행하려고 하면 폭력을 써야 하거나 살인을 해야 합니다. 정직을 논하면 비난이 되지, 정직한 사람이 나오지 않습니다. 아무것도 하지 않은 사람만 잘못이 없습니다. 그렇기 때문에 아무것도 안 해야 됩니다. 명분은 알고 있으나 이를 적극적으로 활용할 수 없습니다. 명분을 사용하는 순간 명분은 언제나 공포가 되고 심판이 될 뿐 사람을 살려 내지 못합니다. 여기에 바로 '오호라 나는 곤고한 사람이로다'가 있습니다. 옳은 일을 하고 싶지만 이를 하기만 하면 왜 거기에 보복이, 분노가, 비극이 생길까요? 이것이 놀라운 사실입니다.

교회는 세상보다 명분이 강한 곳입니다. 그래서 교회는 어렵습니다. 완벽을 더 요구하기 때문에 비난이 더 큽니다. 누가 울고 있으면, "내가 너 새벽 기도 안 나올 때부터 그럴 줄 알았다"라고 그럽니다.

“어려운 일을 겪었구나. 얼마나 속상하니. 나한테 말해 봐. 내가 네 편 들어줄게”라는 말을 못합니다. 이런 위로의 말은 우리가 구원을 받고 예수를 알고 중생을 해야 드디어 건넬 수 있다는 것을 모릅니다. 그러므로 끝없이 명분만 내세우기 위해 날이 서 있고, 점점 이상과 신념은 커지고, 할 수 있는 것도 사라집니다.

그런데 하나님이 우리를 구원하셔서 이런 고민을 할 필요 없는 곳으로 데려가셨다면 일은 쉬울 텐데, 그분은 그렇게 하지 않으십니다. 아직도 명분만 있고 실력은 없는, 진리와 생명이 없는 세상에 우리를 놔두셨기 때문에 우리의 고민은 더 클 수밖에 없습니다. ‘예수를 믿었는데도 왜 이렇게 힘드나?’가 되었습니다.

왜 신앙이 좋으면 신앙이 좋지 않은 사람보다 더 어려울까요? ‘세상에서도 그 정도는 넘어가 준다. 그런데 교회는 왜 이렇게 심하게 하냐?’라는 표현이 교회 내에서 나온다면, 이는 굉장히 무서운 말인 동시에 가슴 아픈 말입니다. 세상에서도 그 정도는 넘어가 주는 관용, 이해, 포용이 교회에는 없을 수 있습니다. 더 잘하려고 해서 더 큰 공포를 만들어 냈기 때문입니다.

성전 청결 사건의 의미

성전 청결 사건은 예수님이 분노하시거나 심판하시려는 이야기가 아니라 분하게 여기신 사건입니다. 하나님이 우리에게 성전을 허락한 이유와 율법을 허락한 이유, 교회를 세운 이유는 우리를 더 위대하고 복되게 하기 위해서입니다.

그렇다면 '오호라 나는 곤고한 사람이로다'(롬 7:24)에 대한 답은 무엇입니까? "우리 주 예수 그리스도로 말미암아 하나님께 감사하리로다 그런즉 내 자신이 마음으로는 하나님의 법을 육신으로는 죄의 법을 섬기노라"(롬 7:25)입니다. 우리는 이 갈등 속에 있습니다.

그동안 한국 교회는 '하나님의 법을 알고 실천하면 된다'고 늘 가르쳤습니다. 명분으로 윽박질렀습니다. '해! 하면 되지, 왜 못해?'라는 식으로 말이죠. 세상 사람들은 죄밖에 지을 수 없습니다. 비난과 폭력밖에 쓸 수 없습니다. 하지만 우리는 구원받아 다른 선택이 있다는 걸 알게 되었습니다. 기독교에만 용서가 있고, 회복이 있고, 부활이 있습니다. '나를 믿는 자는 죽어도 살겠고'(요 11:25)는 믿으면 안 죽는 게 아니라 죽어도 살겠다는 뜻입니다. 이렇게 죽음에 부활을 담아내듯이 우리도 절망에 빠진 자를 기다려 주고, 우리 자신에 대해서도 과거의 잘못으로 겪은 실패는 절대로 우리의 미래에 영향을 줄 수 없다는 믿음을 가져야 합니다. 이것이 기독교 신앙입니다. 그래서 바울은 로마서 8장에서 이렇게 정리합니다.

> 그러므로 이제 그리스도 예수 안에 있는 자에게는 결코 정죄함이 없나니 이는 그리스도 예수 안에 있는 생명의 성령의 법이 죄와 사망의 법에서 너를 해방하였음이라 (롬 8:1-2)

우리는 더 이상 공포와 심판과 절망과 보복으로 갈 이유가 없습니다. 우리가 예수를 믿고 난 후 과거를 되돌아보면 감사할 것뿐입니다.

"그때 내가 잘못되는 바람에 예수를 믿게 되었지, 그 바람에 내가 기도했었지"라는 고백은 누구나 한 번쯤 했을 것입니다. 잘못했기 때문에 좋은 결과를 맺은 것이 아니라, 잘못한 자리에서도 하나님이 좋은 결과를 내실 수 있다는 사실을 깨달아야 합니다. 누구나 실수를 합니다. 그러나 실수로 끝나지 않습니다.

물론 잘하는 것은 복이고 명예입니다. 그러나 잘못하여 후회하고 절망한 것에서도 일을 하게 해야 합니다. 언제나 우리는 오늘이라는 자리에 있습니다. 그러므로 과거의 모든 것이 일을 하게 해야 합니다. 성경은 '생명의 성령의 법이 죄와 사망의 법에서 너를 해방하였'(롬 8:2)기 때문에 '너에게 절망이란 없다. 살아 있는 한 다시 일어나라'고 이야기하고 있습니다.

'과거에 내가 어떻게 은혜를 받았을까? 이전에 내가 어떻게 절망하고 있었을까?'가 오늘 내게 유익한 것은 예수 안에서 허락된 부활 때문입니다. 우리는 이를 기억하고 인생을 살아야 합니다. 예수를 믿었지만 그분의 말씀을 제대로 몰라 거역하고 자책하며 살 수밖에 없던 자가 하나님의 편을 드는 사람으로 크는 실제 인생을 살아 보게 하는 곳, 그 자리가 바로 현실입니다. 그러나 우리는 이러한 현실을 오해했습니다. '내가 뭘 잘못해서 내 인생이 이리 고달픈가?'라고 하지 말고, '이런 삶에서 내가 어떻게 하나님의 사람 노릇을 할 수 있는가?'를 고민하며 하나님이 주신 기회를 한 단계씩 올라가야 합니다.

고난과 도전이 없으면

드라마에 나오는 주인공은 모든 것을 가질 수 없습니다. 왜 그럴까요? 고난과 도전이 없으면 진정한 가치가 생겨날 수 없기 때문입니다. 다시 일어나는 것, 한 번 더 해 보는 것, 낙심하지 않는 것 등 이러한 것들은 다 위기와 절망이라는 현실적 도전 앞에서야 비로소 피워내는 꽃입니다. 드라마에 등장하는 주인공이 전지전능하다면, 그 드라마는 아이들이 보는 판타지에 불과합니다. 어른이 보는 드라마는 아닙니다. 주인공이 잘되기를 바라지 말고, 그가 얼마나 위대한지, 그가 어떻게 위대해졌는지, 그가 무엇을 담아냈는지를 봐야 합니다.

우리가 이렇게 해야 합니다. 우리는 세상의 빛입니다. 우리가 생명이고 진리입니다. 완벽해야 한다는 말이 아닙니다. 완벽에 속지 마십시오. 우리는 완벽에 붙잡혀서 스스로 해야 할 일을 제대로 하지 못합니다. 대개 우리는 훌륭한 사람 이야기를 함으로써 둘째 자리를 꿰차려고 합니다. 둘째 자리를 차지해서 상대방을 누르려고 합니다. 베토벤과 같은 사람에 대해 흠 없는 치장과 설명으로 그의 훌륭함을 이야기합니다. '나는 최소한 이 정도는 알며 소망하는 사람이고 당신은 아니다'라는 것을 알리기 위해서 그의 위대함을 낱낱이 전하는 것입니다. 이런 위대한 말을 하거나 신념과 이상을 이야기하면 수상한 겁니다. 상대방이 그런 이야기를 하면 나를 비난하려고 꺼낸 말일 수 있습니다. 그러한 위인들 이야기를 알고 외우는 게 중요한 것이 아닙니다. 한 걸음 더 나아가 좋은 표정을 짓는 것이 우리가 해야 할 일입니다. 완벽함이 한 걸음 더 나아가는 일을 막도록 허용하면 안 됩니다.

새로운 창조물, 새로운 존재, 새로운 세상

명분이 폭력을 불러오는 현실에서, 자신이 아는 것으로 상대방에게 공갈과 협박을 가하지 않는 것이 우리의 신앙생활이요, 기회요, 명예요, 책임이요, 영광입니다. 히브리서 9장은 예수님에 의한 구원이 현실적으로 우리에게 어떤 기회이고 명예가 될 수 있는지를 소개합니다. '이 성전을 헐라'(요 2:19)와 같은 이야기가 나옵니다. 7절부터 봅시다.

> 오직 둘째 장막은 대제사장이 홀로 일 년에 한 번 들어가되 자기와 백성의 허물을 위하여 드리는 피 없이는 아니하나니 성령이 이로써 보이신 것은 첫 장막이 서 있을 동안에는 성소에 들어가는 길이 아직 나타나지 아니한 것이라 이 장막은 현재까지의 비유니 이에 따라 드리는 예물과 제사는 섬기는 자를 그 양심상 온전하게 할 수 없나니 이런 것은 먹고 마시는 것과 여러 가지 씻는 것과 함께 육체의 예법일 뿐이며 개혁할 때까지 맡겨 둔 것이니라 그리스도께서는 장래 좋은 일의 대제사장으로 오사 손으로 짓지 아니한 것 곧 이 창조에 속하지 아니한 더 크고 온전한 장막으로 말미암아 염소와 송아지의 피로 하지 아니하고 오직 자기의 피로 영원한 속죄를 이루사 단번에 성소에 들어가셨느니라 (히 9:7-12)

여기서 나오는 '성소'는 '하나님 앞에'라고 읽으면 이해하기가 쉽습니다. 예전에는 하나님과 멀리 떨어진 곳에서 부들부들 떨면서 자기 죄를 고백하고 예물을 바쳐야 했습니다. 하지만 이제는 우리가 예수로 말미암아 단번에 하나님 존전에 들어갈 수 있게 되었습니다. 여기서 '단번에'라는 말은 '예수로 인하여 영원히 허락된, 다른 절차를 거칠 필요도 없고 횟수가 제한되지도 않고 필요하면 아무 때나 언제든 원할 때마다'를 의미합니다. 이를 11절에서는 '그리스도께서는 장래 좋은 일의 대제사장으로 오사 손으로 짓지 아니한 것 곧 이 창조에 속하지 아니한 더 크고 온전한 장막'이라고 표현했습니다. 이 세상이 행할 수 있는 최선의 제도나 방법이 아닌 더 큰 길로 예수님이 우리를 불러내셨습니다.

그러므로 우리가 예수를 믿는다는 것은 고린도후서 5장 17절에 나온 것과 같이, '그런즉 누구든지 그리스도 안에 있으면 새로운 피조물이라 이전 것은 지나갔으니 보라 새 것이 되었도다'라는 의미입니다. '새로운 창조물이며 새로운 존재이며 새로운 세상에 들어왔다'는 뜻입니다.

새로운 세상이 무엇을 할 수 있을까요? 새로운 세상은 우리가 하나님의 자녀가 되어 명분만 가지고 실제로 하지 못했던 것을 할 수 있는 곳입니다. 또한 하나님의 자녀로서의 진정한 정체성을 드러낼 수 있는 자리입니다. '하나님은 우리를 말로만, 소원으로만 하고 실제로는 아무것도 할 수 없는 모습으로 만들지 않으셨다'는 예수님의 분노와 안타까워하심을 성전 사건과 나사로의 죽음과 율법에서 보았습니다. 우리는 이제 우리 안에 생명의 성령의 법이 작동하기 때문에 그 법으로 매일을 살아야 하는 자리에 있습니다.

빛을 깨닫지 못하는 어둠

세상은 '해 봐야 아무 소용 없다'라는 범위에 우리를 묶습니다. 단번에 온 세상을 변화시키려고 하니까 안 되었던 것입니다. 예수 믿는 사람이 인생의 자리에서 마주한 여러 경우에 따라 할 수 있는 반응은 얼마든지 있습니다. 성경에서 예를 들면, '섬김을 받으려 함이 아니라 섬기려 하고'(마 20:28, 막 10:45, 행 17:25)라는 말씀이 있습니다. 율법은 사랑을 목적으로 두고 있습니다. 이는 매우 두려운 것입니다. 우리가 하는 사랑은 집념과 욕심에 불과합니다. '내가 당신을 사랑하니까 내 마음에 들게 하라'는 게 전부입니다. 이는 신앙에서도 똑같이 나타납니다. 배우자를 얻기 위해 기도하는 상대방에게 '내가 기도 많이 해 봤는데, 당신 이번 결혼은 아니래'와 같은 말을 건네는 경우가 있습니다. 하나님은 '너 이 사람을 사랑하니? 같이 잘 살아 볼래?'라고 하시지, '얘는 네 짝이 아니다'와 같은 응답은 주시지 않습니다. 그러나 우리는 상대방에게 강제력을 행사하려고 하죠. 사랑도, 기도도, 신앙도, 신념도, 믿음도 시퍼런 칼이 되고 맙니다. 옆에서 일어나는 모든 일에, 진심이라는 이름으로 '나 좋게 해라'가 됩니다.

고집을 부리는 사람들이 하는 자기변명의 근거가 무엇입니까? '사심이 없다, 난 진심이다'입니다. 사심이 없고 진심으로 하는 말이라면, 무능하거나 무지하면 안 됩니다. 아무것도 모르면서 '나는 진심이다'라는 것이 제일 골치 아픈 겁니다. 어디를 가는지, 여기가 어딘지도 모르는데 열심히 가는 것이 제일 골치 아픈 겁니다. 사심이 없이 진심이기에 그냥 다른 사람의 말을 안 듣고 가기 때문입니다.

요한복음 서론에서 본 것이 무엇인가요?

> 태초에 말씀이 계시니라 이 말씀이 하나님과 함께 계셨으니 이 말씀은 곧 하나님이시니라 그가 태초에 하나님과 함께 계셨고 만물이 그로 말미암아 지은 바 되었으니 지은 것이 하나도 그가 없이는 된 것이 없느니라 그 안에 생명이 있었으니 이 생명은 사람들의 빛이라 빛이 어둠에 비치되 어둠이 깨닫지 못하더라 (요 1:1-5)

그분이 세상에 왔으나 백성들이 알아보지 못하고 영접도 하지 않습니다. 창조주가 왔는데, 몰라봅니다. 자식이 부모를 몰라볼 수는 있어도 피조물이 창조주를 몰라본다는 것은 말이 안 됩니다. 창조주의 영광을, 그분의 무게를, 그분의 존재론적 위엄을 몰라봅니다. 어떻게 그분을 십자가에 매달 수가 있습니까? 우리가 얼마나 어리석고 무식하며 영적 감각이 없으면 그분을 몰라봅니까? "빛이 어둠에 비치되 어둠이 깨닫지 못하더라"(요 1:5)라고 합니다.

그래서 누가 왔습니까? 그분을 증언하기 위해 세례 요한이 옵니다. 세례 요한은 빛을 증언하러 왔습니다. 빛을 어떻게 증언합니까? 색깔로 예를 들어 봅시다. 날 때부터 볼 수 없는 자에게 빨간색을 뭐라고 설명할 수 있을까요? 시각 장애인에게 "잘 봐. 이게 빨간색이야. 빨간색을 만지면 불이 나는 것 같아"라고 말할 수 없습니다. 세례 요한은 우리가 시각 장애인과 같다고 합니다. 우리도 그 옛날 제자들이나 이스라엘 백성들처럼 예수를 알아보지 못합니다. 그러고는 느닷없이 "영접하는 자 곧 그 이름을 믿는 자들에게는 하나님의 자녀가 되는 권세를 주셨으니"(요 1:12)라는 말씀이 나옵니다. 우리는 밤낮 이 부분에 속습니다. 믿음은 조건과 자격이 아닙니다. 창조주가 왔는데 알아보지 못하고 빛이 어둠에 비치되 깨닫지 못하는 자들이 무엇을 믿을 수가 있겠습니까? 믿음을 조건과 자격으로 생각하는 것은 성경이 하고 싶은 말을 뒤집는 것과 같습니다.

자기를 내어 주는 사랑

눈을 떠야 알 수 있습니다. 눈을 떠 비로소 봤을 때, 외울 수 있습니다. 이것은 초록색이고 이것은 노란색이라고, 보고 외워야 이야기를 할 수 있습니다. 예수님은 믿음의 길을 열어 새로운 세상에 우리를 데려가려고 오신 것입니다. 요한복음은 이 부분을 우리에게 전하려고 한 것입니다.

이는 현실적으로 우리에게도 적용될 것입니다. 우리는 자신이 진 짐, 곧 해결되지 않은 조건 속에서 예수님이 누구신지 알고 있습니다. 그리고 그분은 우리에게 하나님 자녀가 누릴 영광을 되찾게 하고 싶어 하십니다. 그 영광은 예수님에게서 본 사랑이었습니다. 자기를 내어 주는 사랑, 그 사랑이 우리를 모두 죽여서 이기는 승리보다 크다는 것을 우리는 압니다. 그러나 우리는 그 사랑을 가진 후에도 스스로에게, 이웃에게, 세상에게 다시 칼질을 합니다.

'예수 안 믿으면 지옥 간다'라는 말은 맞지만, 우리는 세상에 나가서 그 이야기를 무섭게 전하면 안 됩니다. 자신을 그런 공포로만 증명할 수밖에 없다면 그건 가난한 것입니다. 그럼 어떻게 전해야 할까요? 출근길은 피해야 합니다. 그 복잡한 길에 마주서서 고함을 지르면 안 됩니다. 그렇게 하려는 열심은 이해가 되지만, 그것보다 고급해져야 합니다. 일상과 현실과 내 인생에서 할 수 있어야 합니다. 노방전도 나가지 마시고 자식들한테 잘하세요. 부모와 자식 중에 누가 참아야 합니까? 부모가 참아야 합니다. 부모가 무엇을 참아야 합니까? 포기하려는 걸 참아야 합니다. 저녁에 꾸중하고 아침에는 다시 웃으셔야죠. 자식이 집에 안 들어올까 봐 걱정되면, 회사에 가서 잡아 오세요. 이것이 우리의 현실에서 할 수 있는 것입니다. 그래서 로마서 14장에 이런 말이 나옵니다.

> 믿음을 따라 하지 아니하는 것은 다 죄니라 (롬 14:23)

굉장하죠. 도덕적이지 않습니다. 완벽을 구하지 않습니다. 하나님이 예수 안에서 우리에게 허락한 이 생명의 세계에서 믿음으로 하지 않는 것은 다 죄입니다. '하나님이 누구신지, 왜 예수께서 우리에게 오셔서 십자가를 지셔야 했는지'로 깨우친 세계관과 정체성을 가지고 하지 않는 말과 생각과 행동은 다 죄입니다. 열 번의 성경 통독과 수없는 철야 기도로는 핑계 댈 수 없습니다. 그런 것들 때문에 예수님이 성전에 오셔서 분노하시고 모든 장사꾼과 돈 바꾸는 사람들을 내쫓으셨습니다. 예수님은 '고작 이 정도의 행위로 더 깊은 영광으로 가는 길을 막지 말아라'라고 외치셨습니다. 당신이 직접 성전이 되겠다고 하십니다. 우리는 그 구원을 받은 사람입니다. 우리의 생애는 그렇게 위대합니다. 지는 인생을 살지 마십시오. 우리의 인생 속에서 하나님의 영광인 자신을 확인하는 기적이 있기를 바랍니다.

기 도

하나님 아버지, 은혜를 감사합니다. 우리의 진짜 싸움은 무엇일까요? 위대한 약속과 기회를 스스로 핑계 대는 것이겠지요. 하나님께 원망과 변명을 하는 게 전부인 그런 인생에서 일어서게 하옵소서. 내 괴로움이나 억울함을 호소하는 것이 십자가의 길이 아닙니다. 거기서 믿음을 지켜 내는 것이 십자가의 길인 것을 알게 하옵소서. 이렇게 하면 하나님이 나와 내 이웃을 구원하시고, 이 세상에 그분의 평강을 주신다는 것을 아는 자 되게 하옵소서. 그러한 삶을 살아 내는 우리가 되게 하옵소서. 예수님 이름으로 기도합니다. 아멘.

5.
물과 성령으로 나지 아니하면

---

1 그런데 바리새인 중에 니고데모라 하는 사람이 있으니 유대인의 지
도자라 2 그가 밤에 예수께 와서 이르되 랍비여 우리가 당신은 하나님
께로부터 오신 선생인 줄 아나이다 하나님이 함께 하시지 아니하시면
당신이 행하시는 이 표적을 아무도 할 수 없음이니이다 3 예수께서 대
답하여 이르시되 진실로 진실로 네게 이르노니 사람이 거듭나지 아니
하면 하나님의 나라를 볼 수 없느니라 4 니고데모가 이르되 사람이 늙
으면 어떻게 날 수 있사옵나이까 두 번째 모태에 들어갔다가 날 수 있
사옵나이까 5 예수께서 대답하시되 진실로 진실로 네게 이르노니 사
람이 물과 성령으로 나지 아니하면 하나님의 나라에 들어갈 수 없느니
라 6 육으로 난 것은 육이요 영으로 난 것은 영이니 7 내가 네게 거듭
나야 하겠다 하는 말을 놀랍게 여기지 말라 …… (요 3:1-15)

본문은 니고데모가 예수님을 찾아와서 대화를 나누는 장면입니다. 니고데모는 오늘날 입법부와 사법부를 합쳐 놓은 것 같은 산헤드린 공회의 회원입니다. 그는 이스라엘 민족의 지도자 중에서 높은 지위에 있는 사람인데, 예수님이 하시는 일을 보고 찾아온 것입니다. 우리도 잘 알다시피 예수님은 많은 기적을 행하셨습니다. 요한복음 마지막 부분을 보면, "예수께서 행하신 일이 이 외에도 많으니 만일 낱낱이 기록된다면 이 세상이라도 이 기록된 책을 두기에 부족할 줄 아노라"(요 21:25)라고 할 정도였으니까요. 본문에는 동문서답 같은 대화가 나옵니다. 그러고 난 후 예수님이 "너는 이스라엘의 선생으로서 이러한 것들을 알지 못하느냐"라고 니고데모를 꾸중하십니다.

물과 성령

산헤드린 공회원인 니고데모가 예수님을 찾아와서 "랍비여 우리가 당신은 하나님께로부터 오신 선생인 줄 아나이다 하나님이 함께 하시지 아니하시면 당신이 행하시는 이 표적을 아무도 할 수 없음이니이다"라고 인사말을 전했습니다. 이 인사말은 '선생님이야말로 구약 내내, 이스라엘 역사 내내 약속했던 민족의 해방을 가져올 메시아입니다. 그래서 하늘로부터 받은 초월적이고 기적적인 능력으로 이런 일들을 행하신 줄을 기대합니다'라는 중요 내용을 담고 있습니다.

그러자 예수님이 "진실로 진실로 네게 이르노니 사람이 거듭나지 아니하면 하나님의 나라를 볼 수 없느니라"라고 대답하십니다. 이러한 예수님의 답변에 니고데모가 "사람이 늙으면 어떻게 날 수 있사옵나이까 두 번째 모태에 들어갔다가 날 수 있사옵나이까"라고 다시 묻습니다. 이에 예수님이 "진실로 진실로 네게 이르노니 사람이 물과 성령으로 나지 아니하면 하나님의 나라에 들어갈 수 없느니라"라고 말씀하셨습니다.

'물과 성령'은 물세례와 성령세례를 말합니다. 물세례는 죽는 것을 의미합니다. 물세례는 원래 사람을 강으로 데리고 가서 머리를 비롯하여 온몸을 물에 담그는 의식입니다. 물에 온몸을 담그는 행위는 '죽었다'는 의미를 나타냅니다. 그런 후, 물에서 몸을 바로 세우면 이는 '다시 살아났다'는 의미입니다. 그러니까 죽었다가 다시 살아났다는 것인데, 여기서 '다시 살아났다'는 것은 '새로운 사람이 되었다'는 뜻입니다. 하나님이 예수로 말미암아 옛사람을 죽이고 새로운 종족으로 만드셨다는 내용을 담고 있습니다. 물세례에는 이처럼 죽는 쪽이 더 강조되어 있고, 성령세례는 새사람이 갖는 하나님의 영으로 물세례와 구별하려는 것이 본문의 핵심입니다.

옛 세상, 새 세상

예수께서 "모세가 광야에서 뱀을 든 것 같이 인자도 들려야 하리니"(요 3:14)라고 하신 말씀을 십자가로 연상하고 이해하는 것이 맞습니다. 그런데 그 들려짐이 우리가 아는 '십자가=구원'이라는 간단한 등식보다 조금 더 깊다는 것을 요한복음 3장은 전하고 있습니다. 중생, 구원 그다음은 무엇입니까? 거듭나고 구원받으면 천국에 갑니다. 그러나 당장 우리가 천국에 가지는 않기 때문에 '구원받고 천국 가기 전 그 사이는 뭔가?'라는 의문이 모든 성도가 현실을 살면서 당황해 하는 부분입니다.

대개 우리는 천국에 갈 때까지 흠 없이 잘 버텨야 되는 것으로 이해합니다. 도덕적 결함이나 윤리적 결함을 드러내지 않거나, 결함이 드러나더라도 지우려 하거나, 점수를 따기 위해 적극적으로 전도나 봉사나 구제를 함으로써 우리가 얻은 구원을 지켜 내려고 합니다. 현실에서 천국 가는 것이 무효되지 않기를 바랍니다. 우리는 이렇게 부정적이고 소극적인 차원에서의 구원 현실을 갖고 있습니다. 이는 편견입니다.

예수님은 그분의 백성들이 구원을 통해 옛 세상에서 사는 옛사람이 죽고, 새 세상에서 새사람으로 태어나도록 하셨습니다. 또한 천국에 갈 때까지 이 세상에서 천국 백성으로 살도록 하셨습니다. 새사람으로 산다는 것을 성령세례로, 그리고 이를 옛 세상과 대조하는 것으로 우리를 이해시키십니다.

옛 세상은 사망이 왕 노릇 하는 세상입니다. 판단 잣대가 잘잘못인 세상을 말합니다. 하지만 예수님으로 인해 우리에게 허락된 새로운 세상은 영생의 세상입니다. 여기서 영생이란 죽음과 반대되는 정도가 아니라 생명이 끝없이 무성하여 영광의 세상으로 나아가는 삶입니다. 잘잘못의 세상이 아니라, 잘하고 더 잘하고 기쁘고 더 기쁜 세상입니다. 이 둘을 대조하는 것이 '모세가 광야에서 뱀을 든 것 같이'(요 3:14)를 인용한 이유입니다.

이제 우리가 가진 구원관, 즉 '예수를 믿었는데 현실은 왜 이러냐? 어디에서 이렇게 어긋난 것이냐?'를 바로잡아야 합니다. 십자가 다음에 바로 천국이 있는 것이 아니라 십자가와 천국 사이에 많은 시간과 기회가 있다는 사실을 이해해야 합니다. 그것이 우리의 현실이고, 우리 모두를 살게 하는 것입니다. 또한 그곳이 도대체 죽음의 세계와 어떻게 다른지를 이해하는 것이 이번 장의 주제입니다. 서론이 이렇게 어려우니 본론을 따라오기가 힘들겠지요. 그러나 중요한 것은 현실이 그렇다는 사실입니다.

홍해를 건너는 기적

누군가 신자인 우리에게 "당신은 구원받았습니까?"라고 묻는다면, 모두가 "네"라고 대답할 것입니다. "어떻게 구원을 받았습니까?"라고 묻는다면, "예수를 믿었거든요"라고 답할 것입니다. 그러고는 다시 "확신이 있습니까?"라고 묻는다면, 그때는 애매하죠.

한층 더 나아가 "당신은 의인이라고 생각하십니까? 죄인이라고 생각하십니까?"라고 묻는다면, 우리는 뭐라고 대답할 것 같습니까? 의인입니까? 죄인입니까? 고민이 될 것입니다. 한국 교회의 분위기와 이해는 대개 죄인에 손을 듭니다. 유명한 분들이 거의 죄인이라고 답했거든요. 한경직 목사님도, 박윤선 목사님도 자신을 다 죄인이라고 했습니다. 그 말은 '완벽하지 않다'는 뜻이었습니다. 그런데 완벽하지 않다는 부정적 개념으로 현실을 이해하는 것이 우리 발목을 잡고 있습니다.

사실, 의인이라는 말은 완벽하다는 개념이 아닙니다. '사망이 권력을 잡은 세상의 시민에서 영생이 권력을 잡은 세상의 시민이 됐다'는 의미입니다. 가만 있어도 본전입니다. 그런데 더 잘할 기회가 우리의 현실과 인생에 주어졌습니다. 이를 좀 더 소상히 이야기해서 우리 모두가 힘을 얻기를 바랍니다.

출애굽 기사는 구원에 관한 역사요 소설입니다. 여기서 소설이라는 말은 스토리가 있다는 의미입니다. 역사를 각색했다거나 역사가 허구라는 의미가 아닙니다. 출애굽 기사는 노예였던 이스라엘 백성이 하나님의 크신 권능으로 구원을 받은 역사 스토리입니다. 이스라엘 백성이 애굽을 나오고, 애굽을 떠난 것이 구원입니다. 그들은 애굽에서는 종이었습니다. 그런 그들이 애굽에서 나오는 구원을 받아 자유인이 됩니다. 그리고 애굽을 벗어났는데 큰 장애물인 홍해를 맞닥뜨립니다. 이스라엘 백성이 애굽을 나올 때, 애굽 군대가 그들을 쫓았습니다. 이스라엘 백성이 애굽 군대에 쫓기다 결국 홍해 앞에 섰습니다. 하나님이 홍해를 갈라 이스라엘 백성을 그 갈라진 홍해로 들어가 건너게 하셨습니다. 그들이 홍해를 건넌 것은 기적입니다.

왜 하나님은 홍해를 건넌 기적을 성경에 기록하게 하셨을까요? 기왕에 기적을 행하시려면 홍해를 날아서 건너게 하시지, 왜 하나님은 물을 가르시고 그 가른 물을 벽으로 세워 백성들을 걸어서 건너게 하셨을까요? '홍해를 건넜다'는 것은 이스라엘 백성이 홍해에 들어가서 죽었다는 의미입니다. 이스라엘 백성 전체가 물세례를 받은 것입니다. 홍해에서 나오면서 새 종족, 새 인류가 된 것입니다. 이것이 홍해의 기적입니다.

이런 관점에서 보면, "모세가 광야에서 뱀을 든 것 같이 인자도 들려야 하리니"(요 3:14)라는 구절은 선뜻 이해가 잘 되지 않습니다. 예수님이 "홍해를 건넌 것같이 내가 십자가를 져야 한다"라고 말씀하셨으면 우리가 이해할 수 있었을 것입니다. 그런데 예수님은 '모세가 광야에서 뱀을 든 것 같이'라고 놋뱀 사건을 언급하시며, "내가 십자가를 져야 된다"고 하셨습니다. 그런데 왜 십자가가 뱀인지, 그것도 굉장하지 않나요? 예수님은 왜 하필 그 사건을 인용하셨을까요?

책임을 묻는 자리, 십자가

이스라엘 백성이 애굽을 나와서 자유인이 되었지만 가나안 땅으로 곧바로 들어가지는 못했습니다. 그들은 먼저 시내산에서 율법을 받습니다. 이처럼 하나님의 백성이 받은 첫 번째 은혜는 율법입니다. 이스라엘 백성은 애굽에서는 종이었습니다. 그들은 애굽의 권력과 횡포 아래 신음했습니다. 그런데 애굽을 나와 광야 가운데 있는 시내산에서는 자유인이 가지는 법을 받았습니다. 그 율법의 핵심은 '하나님을 사랑하고 이웃을 사랑하라'입니다.

애굽에서는 자유인의 법인 사랑을 할 수 없었습니다. 사랑은 본인이 자유와 책임을 가지고 있지 않고는 할 수가 없습니다. 그러므로 하나님이 이스라엘 백성을 애굽에서 나오게 하시고 광야에서 그들에게 맨 처음 준 것은 우리가 무섭게 생각하는 도덕법, 곧 율법이었습니다. 하지만 예수님은 우리에게 '네 마음을 다하고 목숨을 다하고 뜻을 다하여 주 너의 하나님을 사랑하라 하셨으니 이것이 크고 첫째 되는 계명이요 둘째도 그와 같으니 네 이웃을 네 자신 같이 사랑하라'(마 22:37-39)라는 율법을 가르쳐 주셨습니다. 말하자면 예수님도 출애굽을 한 이스라엘 백성이 시내산에서 하나님께 받은 사랑의 율법처럼, 하나님의 백성에게 '사랑'을 가르쳐 주신 것입니다. 이처럼 출애굽은 이스라엘 백성의 신분과 지위를 달라지게 한 사건입니다.

열 가지 재앙, 갈라진 홍해, 만나와 메추라기, 구름기둥과 불기둥 같은 것은 하나님이 다 주관하시고 이스라엘 백성에게 책임을 묻지 않으십니다. 그러나 가나안 땅에 들어가는 것만큼은 이스라엘 백성에게 책임을 물으십니다. 민수기 13장을 보면, '가데스바네아'라는 곳에서 하나님이 모세에게 명하여 이스라엘 백성 가운데 몇몇을 가나안 땅으로 정탐하도록 보내셨습니다. 정탐꾼이 40일 동안 가나안 땅을 정탐하고 돌아와 온 회중 앞에 나아와 보고를 합니다. 그 땅의 과일을 보이고는 "그 땅 거주민은 강하고 성읍은 견고하고 심히 클 뿐 아니라 …… 그 백성을 치지 못하리라 그들은 우리보다 강하니라"(민 13:28-31)라고 합니다. 이를 들은 온 회중이 소리 높여 부르짖으며 밤새도록 통곡합니다. 이스라엘 자손들이 모세와 아론을 원망하고 "애굽 땅에서 죽었거나 이 광야에서 죽었으면 좋았을 것을 어찌하여 여호와가 우리를 그 땅으로 인도하여 칼에 쓰러지게 하려 하는가 우리 처자가 사로잡히리니 애굽으로 돌아가는 것이 낫지 아니하랴"라며, 모세와 아론, 여호수아, 갈렙을 돌로 치려고 합니다. 이때 하나님이 나타나셔서 이스라엘 자손에게 가나안 땅에 들어가지 못하고 광야에서 죽는 벌을 내리십니다.

여기서 핵심은 이스라엘 자손이 광야에서 하나님께 벌을 받았지만, 애굽으로 다시 돌아가지는 않았다는 것입니다. 이것이 중요합니다. 홍해도 다시 들어갈 수 없습니다. 다시 홍해가 갈라져야 들어갈 수 있습니다. 이처럼 십자가로 말미암은 구원은 단번에 이뤄집니다. 그런데 그 십자가를 홍해에서 단번에 일어난 사건으로 다루지 않고 왜 놋뱀 사건을 인용해서 십자가를 설명했을까요? 책임을 묻는 자리까지가 십자가가 하는 일이기 때문입니다.

십자가를 다시 생각합시다. 예수님의 제자들도 예수님이 부활하시기 전에는 십자가의 의미를 제대로 몰랐습니다. 심지어 예수님이 십자가 처형을 당하셨을 때, 제자들은 다 도망갔습니다. 그렇다면 제자들은 십자가를 언제 이해했습니까? 요한복음을 쓴 사도 요한은 어느 시점에 십자가를 이해했을까요? 예수의 부활을 보자 십자가를 이해했습니다.

십자가는 옛 시대를 멸하는 것입니다. 우리를 새 시대로 보내기 위해서 옛 시대를 멸하는 것이 십자가입니다. 우리를 부활로 보내기 위해서는 십자가가 있어야 합니다. 그리고 십자가가 왜 옛 세상을 허무는지를 이해하려면 놋뱀 사건을 이해해야 합니다.

가데스바네아에서 일어난 사건으로 홍해를 건너온 이스라엘 자손 중 20세 이상의 사람들은 다 죽을 때까지 광야를 맴돌았습니다. 그들이 다 죽고 난 후에 그다음 세대가 가나안 땅에 들어갑니다. 민수기 21장에서는 놋뱀으로 죽음을 면한 백성들이 오랜 방랑 생활로 고되자 드디어 화를 냅니다.

> 백성이 호르 산에서 출발하여 홍해 길을 따라 에돔 땅을 우회하려 하였다가 길로 말미암아 백성이 마음이 상하니라 백성이 하나님과 모세를 향하여 원망하되 어찌하여 우리를 애굽에서 인도해 내어 이 광야에서 죽게 하는가 이 곳에는 먹을 것도 없고 물도 없도다 우리 마음이 이 하찮은 음식을 싫어하노라 하매 (민 21:4-5)

백성들이 언제나 후렴처럼 하던 이러한 원망을 하나님과 모세에게 뱉었습니다.

십자가를 놓고 생각해 봅시다. 우리는 '구원받았는데, 이게 사는 건가? 이럴 줄 알았으면 죽기 5초 전에 믿을 걸'이라고 생각할 수 있습니다. 이 이야기는 부흥 시대에 가장 유명했던 말입니다. 당시에는 '일찍 믿으면 손해다. 고단한 인생, 예수를 믿으면 오히려 짐만 크다. 죽기 바로 전에 믿어서 금방 천국에서 눈 뜨자'라는 게 모두의 소원이었습니다. 천국을 기다리는 운명으로 여기는 것은 맞습니다만, 그 사이를 설명하는 데에는 턱없이 부족했습니다.

놋뱀이 무엇입니까? 광야에서의 원망입니다. 이스라엘 백성은 자신들이 얻은 구원이 무엇을 만드는지를 모르기 때문에, '이럴 바에는 왜 구원을 받았는가?'가 되었던 것입니다. 구원받은 지위와 책임을 이해하지 못하면, 구원받은 게 고단해집니다. 그렇다고 이스라엘 백성처럼 하나님께 원망하고 대들면, 하나님은 불뱀을 보내십니다. 이스라엘 백성이 불뱀에 물려 고통이 극심해지니 이제는 고통 때문에 모세에게 울부짖습니다.

> …… 우리가 여호와와 당신을 향하여 원망함으로 범죄하였사오니 여호와께 기도하여 이 뱀들을 우리에게서 떠나게 하소서 (민 21:7)

모세는 백성들이 울부짖자 그들을 위하여 하나님께 기도합니다. 하나님은 모세의 기도를 들어주십니다. 그런데 하나님이 어떻게 들어주시냐면, "불뱀을 만들어 장대 위에 매달아라 물린 자마다 그것을 보면 살리라"라고 하십니다. 이 하나님의 명을 따라 모세가 놋뱀을 만들어 장대에 매달았습니다. 모세가 그렇게 한 것처럼 예수님도 십자가에 달려서 "이를 보면 다 산다"라고 말씀하신다는 겁니다. 그래서 예수님이 니고데모에게 "모세가 광야에서 뱀을 든 것 같이 인자도 들려야 하리니"(요 3:14)라고 하신 것입니다.

순종과 믿음

우리는 십자가를 믿는 것이 구원을 얻는 것이라고 이해합니다. 그러나 우리는 '놋뱀을 쳐다본즉 모두 살더라'(민 21:9)라는 말씀까지 더 나아가야 합니다. 예수님은 십자가를 설명하는 데 왜 뱀을 인용했을까요? 성경에서 뱀은 좋은 역할로 등장할 수 없는 이미지입니다. 히브리서 2장을 봅시다.

> 자녀들은 혈과 육에 속하였으매 그도 또한 같은 모양으로 혈과 육을 함께 지니심은 죽음을 통하여 죽음의 세력을 잡은 자 곧 마귀

> 를 멸하시며 또 죽기를 무서워하므로 한평생 매여 종 노릇 하는 모든 자들을 놓아 주려 하심이니 이는 확실히 천사들을 붙들어 주려 하심이 아니요 오직 아브라함의 자손을 붙들어 주려 하심이라 (히 2:14-16)

무엇을 했다고 합니까? 죄에 종노릇하는 자들을 풀어 주려고 사망 권세를 가진 마귀를 멸했다고 합니다. 이제는 사망 권세라는 것이 사라졌습니다. 옛 세상은 사망 권세가 최고 권력입니다. 죽인다고 하는데 당해 낼 자는 없습니다. 예수님이 하신 일은 십자가에서 죽음을 맞으시고 부활하심으로 죽음이 최종 권위가 아니라는 것을 나타내신 것입니다.

무엇 때문에 예수님은 그 죽음을 맞으셔야만 했습니까? 사망 권세는 사라졌지만, 옛 세상과 같은 세상 속에서 우리를 하나님의 자녀로 거듭나게 하기 위해서입니다. 거듭난 하나님의 자녀로 살아도 여전히 사망이 권세를 갖고 있는 것 같은 위협과 공포가 있습니다. 세상에서 하는 공갈은 '너 죽을래'입니다. 아무리 선한 것 곧 정의, 구제, 이상을 갖다 붙여도 결국은 다 죽음뿐입니다. 예수님은 세상 권세가 결국 죽음밖에 만들어 내지 못한다는 것을 증명하십니다. 예수님은 우리가 구원받은 새 종족이 되었으나 아직 사망이 권력을 갖고 있는 세상에서 부활의 권위 아래에 있는 자로 살면서 결국 천국에 가는 자라는 하나님의 목적을 이해시키려고 하셨습니다. 이는 가데스바네아에서 일어난, 가나안에 들어가지 말자는 싸움에서 본 것입니다. 히브리서 3장을 다시 봅시다.

> 성경에 일렀으되 오늘 너희가 그의 음성을 듣거든 격노하시게 하던 것 같이 너희 마음을 완고하게 하지 말라 하였으니 듣고 격노하시게 하던 자가 누구냐 모세를 따라 애굽에서 나온 모든 사람이 아니냐 또 하나님이 사십 년 동안 누구에게 노하셨느냐 그들의 시체가 광야에 엎드러진 범죄한 자들에게가 아니냐 또 하나님이 누구에게 맹세하사 그의 안식에 들어오지 못하리라 하셨느냐 곧 순종하지 아니하던 자들에게가 아니냐 이로 보건대 그들이 믿지 아니하므로 능히 들어가지 못한 것이라 (히 3:15-19)

앞서 하나님은 출애굽 사건의 모든 것을 담당하셨지만, 가나안 입국은 우리에게 책임을 묻는다고 했습니다. 히브리서 3장 15-19절에 나오는 단어는 '순종'과 '믿음'입니다. 우리는 구원받아 순종과 믿음을 만들어 내는 자리에 와 있습니다. 우리에게 매 사건마다 어떻게 할 것인지 묻습니다. 죽음이 최종 권세라는 폭력으로 다가올 때마다 우리는 도전을 해야 합니다.

우리는 모두 예수를 믿는 삶이 죽을 것 같다는 생각이 들 때가 있습니다. 믿는 대로 산다는 것이 힘듭니다. 그런데 도전을 받아들이고 힘들어도 믿는 법을 언제 배우게 됩니까? 나이 들면 배웁니다. 어차피 죽을 거니까 믿음으로 사는 쪽에 다 걸게 됩니다. 세상은 죽음이 끝이거든요. 죽음은 공포, 두려움, 의심, 비겁함, 더러움의 증상으로 나타납니다. 사망 권세가 이런 증상을 만듭니다. 우리를 떨게 하고 비겁하고 치사하게 만듭니다.

실패와 절망이 일을 한다

성경은 신자인 우리의 길이 사망으로 가는 것이 아님을 전합니다. 성경은 우리가 명예, 위대함, 책임, 자유, 자랑, 기쁨, 사랑 같은 것을 선택할 수 있는 자리에 들어와 있다는 것을 알려 줍니다. 하지만 우리는 이 둘의 싸움에서 거의 집니다. 그러나 예수님은 당신의 십자가 때문에 우리의 인생이 지는 걸로 끝나지 않는다고 하십니다. 주님은 이러한 약속을 놋뱀 사건으로 인용하시면서 우리에게 설명하십니다. 놋뱀 사건이 우리에게 주는 교훈은 '이스라엘 백성이 애굽에서 구출되었으나 광야에서 순종하지 않아서 죽었다'라는 것입니다. 이스라엘 백성이 구원을 못 받았다는 것을 설명하려는 게 아닙니다. 구원받은 인생을 제대로 살지 못한 자로, 실패자로 그려져 있을 뿐입니다. 그들의 역사는 구원받은 자가 현실적 기회와 위대함을 누리지 못한 자의 본보기로 남아 있습니다. 그러니 우리는 이러한 이스라엘의 역사를 보고 더 나아가야 합니다. 어떻게요?

이스라엘 백성들이 뱀에게 물려서 아우성을 칠 때, 하나님이 모세에게 하신 말씀을 기억해 보십시오.

> …… 불뱀을 만들어 장대 위에 매달아라 물린 자마다 그것을 보면 살리라 (민 21:8)

우리말로 '본다'라는 말의 의미를 파악하는 것은 굉장히 어렵습니다. 예를 들어, '손보다'라는 말은 '손금을 본다'라는 의미가 아닙니다. 결점이 없도록 잘 매만지고 보살피는 것을 말합니다. 이런 면을 고려하여 '본다'의 의미를 살펴보면, 십자가를 볼 때마다 잘 생각해 보라는 것입니다. 사망은 죽었고, 사망은 우리에게 영향력을 미칠 수 없으며, 사망은 우리에게 겁을 주려고 하지만, 우리에게 아무것도 할 수 없습니다. 우리는 영생 가운데 있습니다. 우리는 자신의 잘못을 되뇌기보다 할 수 있는 것을 하나씩 더해 가는 인생을 살도록 되어 있습니다. 우리는 많은 실수를 하며 살 것입니다. 그러나 그 실수가 우리를 만듭니다. 왜 그렇습니까? 우리가 있는 곳은 영생이 있기 때문입니다. 여기에는 실패가 없기 때문입니다. 하나님이 우리의 실패를 가지고 우리에게 은혜와 유익을 담으시기 때문입니다.

누가 겸손해집니까? 실패한 자들이 겸손해집니다. 누가 믿음이 좋아집니까? 절망했던 사람들이 믿음이 좋아집니다. 탄탄대로를 가는 사람들은 아무것도 할 수 없고 가질 수도 없습니다. 하나님은 사람을 평탄하게 쓰지 않으십니다. 편안한 인생을 사는 사람은 어디에도 없습니다. 우리 인생 자체가 버겁습니다. 하루를 사는 게 얼마나 어렵습니까? 하나님은 우리에게 하루에 한 번이라도 '그래, 나는 영생으로 부름받은 자다'라는 멋있는 말을 힘든 자리에서 해 보며 웃으라고 하십니다. 그렇게 하는 것은 어렵죠. 우리나라 정서에서는 괜히 웃으면 정신 나간 사람 취급합니다. 교회는 이러한 인식과 문화를 깨야 합니다. '저 사람이 나에게 사기를 치려고 그러나? 갑자기 왜 아첨을 떨지?'라는 말을 삼가야 합니다. 웃는 것을 반갑게 여기십시오. 아니 속으면 어떡하냐고요? 속으면 되죠. 예수님도 다 겪으셨잖아요. 속으시고 배신당하시고 이런 모든 것을 다 끌어 담으셨습니다.

죽음에 담는 부활

우리가 겪는 모든 것은 사망에 속한 것, 옛 세상에 속한 것입니다. 예수님은 십자가에서 죽으시고 부활하심으로 죽음을 공개적으로 드러내시어 우리에게 세상의 운명이 무엇인지 정확히 가르치셨습니다. 이를 분명하게 밝힌 것이 골로새서 2장입니다.

> 너희가 세례로 그리스도와 함께 장사되고 또 죽은 자들 가운데서 그를 일으키신 하나님의 역사를 믿음으로 말미암아 그 안에서 함께 일으키심을 받았느니라 또 범죄와 육체의 무할례로 죽었던 너희를 하나님이 그와 함께 살리시고 우리의 모든 죄를 사하시고 우리를 거스르고 불리하게 하는 법조문으로 쓴 증서를 지우시고 제하여 버리사 십자가에 못 박으시고 통치자들과 권세들을 무력화하여 드러내어 구경거리로 삼으시고 십자가로 그들을 이기셨느니라 (골 2:12-15)

예수님은 세상 권력의 정체를 밝히셨습니다. 당시 유대인들 가운데 종교 지도자들과 정치가들이, 빌라도가, 로마 정권이 예수님을 정죄하고 십자가에서 처형했습니다. 그분에게 죄가 없는 줄 알면서도 정죄했습니다. 세상 권력은 정의가 없고, 긍휼과 자비라는 건 더더욱 없습니다. 그래서 신을 죽입니다. 구원하러 오신 구세주까지 죽입니다. 이는 세상 권력이 얼마나 잘못된 것인지 알 수 있는 대목입니다. 잘할 수 있는데 잘못한 것이 아닙니다. 하나님 외에는 존재의 부요함과 아름다움과 영원한 존속을 만들 수 없습니다. 죄는 부패한 것입니다. 죄는 모든 것을 소멸시키는 것이고 헛되게 만드는 것입니다. 영생 곧 부활 생명은 우리가 지금 이 조건 가운데 영생의 삶을 살도록 해 줍니다. 어떤 특혜나 보상을 받지 못할 수 있습니다. 그러나 우리 자신이 위대해집니다.

학교에는 학생들에게 반말하는 선생님과 존댓말을 하는 선생님이 있습니다. 어느 쪽이 셀까요? 존댓말 하는 선생님이 센 겁니다. 반말은 세지 않습니다. 존댓말을 하는 이유는 상대를 존중하는 것 이상으로 본인이 존중받을 실력이 있기에 그렇게 할 수 있습니다. 그렇기 때문에 이 세상에서 손해 보고 질 수 있고 웃을 수 있으며 용서할 수 있는 자는 신자인 우리밖에 없습니다. 우리가 약해서 그렇게 하는 것이 아닙니다. 우리가 더 세기 때문에 그럴 수 있습니다. 우리에게는 생명이 있기 때문에 더 센 것입니다. 생명에는 용서가 있습니다. 회복이 있습니다. 기다림이 있습니다. 그리고 다시 손을 내밀어 줄 용기와 힘이 있습니다.

성경은 "너희는 포기하지 마라. 보라, 놋뱀이 달렸다. 예수께서 십자가에 못 박혔다. 사망 곧 세상 권력은 죽음으로밖에 못 갔다. 그러나 예수는 이 세상을 폐하고 부활을 만들어 냈다. 죽음에 부활을 담을 수 있다. 부활은 성실하고 능력 있는 사람에게 주는 보상이, 훈장이 아니다. 실패하고 헛되고 그만인 것에 부활을 만들 수 있다"고 전합니다. 그렇기 때문에 우리는 자폭과 체념을 능히 견뎌야 합니다.

어떤 실패에도 십자가를 보고 생각해 봅시다. 예수께서 왜 십자가에서 돌아가셨는가? 주님은 무엇을 위해 돌아가셨는가? 그분은 어디로 우리를 인도하시는가? 예수님은 우리를 부활로 인도하시는 겁니다. 옛 세상에 사로잡혀 사망에 지지 마십시오. 늘 잘하라는 말이 아닙니다. 주님이 인도하시는 곳은 도덕적 완벽을 요구하는 자리가 아닙니다. 해 보고 멋있어지고 위대해지는 자리입니다. 포기하지 마십시오. 우리 모두가 이 현실 속에 있습니다. 이 광야 속에 있습니다. 우리 모두가 예수를 믿어서 나온 자리입니다. 종 되었던 자리가 아닙니다. 우리가 선택하고 결정하고 책임질 수 있는 위대한 자리입니다.

하루하루가 얼마나 굉장한지 보십시오. 우리가 부정적으로 이야기하면 결국 밀리고 밀려서 사망의 권세 아래로 쫓겨나 자폭하거나 체념하게 됩니다. "그냥 믿어"는 안 됩니다. 그렇게 말하는 것은 십자가와 구원과 신자의 현실을, 하나님이 왜 우리를 아직도 이 세상에서 고생하도록 두시면서 일하시는지에 대해 깨닫는 기회를 잃는 것입니다. 절망이 소망이 되고, 눈물이 기적이 되고, 한숨이 영광이 되며, 넘어진 자리가 훈장이 되는 길을 사는 우리 모두가 되기를 바랍니다.

기 도

하나님 아버지, 우리는 위대한 자리에 서 있습니다. 주께서 십자가로 우리를 이 자리에 세우셨습니다. 우리가 사망에 지지 않게 하여 주옵소서. 믿음을 가지고 십자가를 바라보고 우리에게 주신 영광된 현실을 승리하게 하옵소서. 예수님 이름으로 기도합니다. 아멘.

6.
그 아들을 세상에 보내신 것은

---

16 하나님이 세상을 이처럼 사랑하사 독생자를 주셨으니 이는 그를 믿
는 자마다 멸망하지 않고 영생을 얻게 하려 하심이라 17 하나님이 그
아들을 세상에 보내신 것은 세상을 심판하려 하심이 아니요 그로 말미
암아 세상이 구원을 받게 하려 하심이라 18 그를 믿는 자는 심판을 받
지 아니하는 것이요 믿지 아니하는 자는 하나님의 독생자의 이름을 믿
지 아니하므로 벌써 심판을 받은 것이니라 19 그 정죄는 이것이니 곧
빛이 세상에 왔으되 사람들이 자기 행위가 악하므로 빛보다 어둠을 더
사랑한 것이니라 20 악을 행하는 자마다 빛을 미워하여 빛으로 오지
아니하나니 이는 그 행위가 드러날까 함이요 21 진리를 따르는 자는
빛으로 오나니 이는 그 행위가 하나님 안에서 행한 것임을 나타내려 함
이라 하시니라 (요 3:16-21)

본문에 나오는 요한복음 3장 16절은 예수를 믿는 사람들이라면 거의 누구나 외울 정도로 익숙한 구절입니다. 특히 16절과 17절은 성부 하나님이 구원을 선포하신 목적, 그 구원을 베푸시기 위해 보내신 성자 하나님을 향한 목적을 우리가 생각하는 것보다 더 큰 스케일로 이야기하고 있음을 살펴볼 필요가 있습니다.

구원, 인류와 창조 세계의 회복

하나님은 세상을 사랑하셔서 구원을 베풀기 원하셨습니다. 17절에서 보듯이 '하나님이 그 아들을 세상에 보내신 것은 세상을 심판하려 하심이 아니요 그로 말미암아 세상이 구원을 받게 하려 하심'입니다. 한 개인의 구원 문제가 아니라 인류와 창조 세계의 회복이라는 훨씬 큰 구원을 제시하고 있습니다. 그래서 우리는 '결국에는 하나님이 세상 모든 사람을 구원할 것'이라는 '보편적 구원론'을 주장합니다. 이를 다른 말로 '만인 구원론'이라고도 합니다. 결국 우리는 다 구원을 받을 것입니다. 이처럼 보편적 구원론은 구원의 범위를 극대화하는 면에서는 타당합니다. 하나님의 구원은 우리가 생각하는 구원보다 훨씬 클 것입니다. 그러나 이와 같은 주장에는 문제가 있습니다. 극대화된 구원의 범위와 크기를 반대하는 것이 아니라 구원이 너무 쉬워져서 구원의 진지함과 진정성 등이 약화되는 것이 문제입니다. 이럴 때에는 인간의 책임이 없기 때문에 대강 살아도 되는 것처럼 여길 수 있습니다.

우리가 인생을 살다 보면, 무언가 부족해서 문제가 되기보다 갈증을 채울 다른 답이 없기 때문에 문제가 되는 경우가 많습니다. 영혼의 갈증을 해소할 답이 없기에 우리 모두가 두려워하고 분노하는 것입니다. 우리가 잘못한 누군가를 처벌한다고 해서 만족을 느낄 수 있는 것이 아닙니다. 그것이 인간 영혼과 존재의 가장 중요한 답입니다. 이렇게 만인 구원론은 너무 쉬운 구원을 이야기함으로써 인간의 존재와 인생을 값없이 보이게 만드는 약점이 있습니다.

보편적 구원론의 반대되는 개념은 '배타적 구원론'입니다. '책임 있게 행동해야 한다. 예수를 믿어야 된다'라는 주장입니다. 그중에 '예수를 믿어야 된다'라는 말을 굉장히 배타적으로 씁니다. 하나님이 우리에게 구원을 베풀기 위해 예수님을 보내신 것을 강조하기보다 우리가 믿어야 한다는 당위를 강조합니다. 인간은 구원에서 자신의 정체성과 운명과 실존에 대해 깊은 반응을 해야 합니다. 그러나 이 주장에는 은혜와 실존이 없어지는 문제가 있습니다. 은혜는 우리 책임보다 더 커야 맞고 또 현실에서 해결을 주어야 맞습니다. 그런데 배타적 구원론에서 현실적으로 만족하는 신자는 없습니다. 이 배타적 구원론에 빠진 신자는 구원받은 정체성과 운명을 '난 믿었고, 넌 안 믿었다. 그래서 넌 지옥 가고 난 천국 간다'로 써먹을 뿐입니다.

우리가 제일 많이 당한 검문 중에 '당신은 구원의 확신이 있습니까?'가 있습니다. 신앙생활을 하면서 한 번쯤 이런 검문을 당해 보셨을 겁니다. 이 검문에서는 '언제, 어디서, 어떻게 구원받았는지, 신자 신분증 좀 보실까요?'가 매우 중요한 질문이었습니다. 이 질문은 우리에게 구원이 영생의 문제이며, 운명의 문제임을 가르쳐 줬습니다.

그런데 우리가 결국 가 있지 않은 현실을 살아 내야 한다는 문제에는 답을 못했습니다. 우리는 우리의 운명을 확인하기 위해서만 구원의 확신을 논하는 게 아니라, 믿지 않는 자들을 필요 이상으로 비난함으로써 구원에 대해 우리를 안심시키는 수밖에 없었습니다. 그렇기 때문에 우리는 '예수 천당, 불신 지옥'을 외치며 전도를 했습니다. '예수 천당'은 좋습니다. 그런데 이 구호의 강조점은 '불신 지옥'에 있었습니다. '너 안 믿으면 죽어'가 훨씬 강했습니다. 우리는 '하나님은 아실 거야'라는 자기변명과 자기 안심으로 지내기에 바빴습니다. 이게 무슨 말일까요? 지금은 알려 주지 않는 거죠. 그래서 이렇게 미룰 수밖에 없는 현실을 살게 되었다는 것이 어떻게 오해되고 있는지 그 부분을 이번 장에서 풀어야 합니다.

기독교 세계관

기독교 종말론은 영혼만 구원받는 게 아니라 육체도 부활하여 완성된다고 믿습니다. 하나님은 우리를 구원하시기 위해 아들을 이 땅에 보내십니다. 그분의 아들은 육체를 입고 오셨습니다. 굉장하죠? 그리고 예수님은 역사의 중간에 오십니다. 과거와 미래의 역사 한복판에 오셔서 인류를 구원하셨습니다. 예수님은 존재들을 구원하시는데 과거의 존재, 지금의 존재, 앞으로의 존재까지 구원하십니다. 예수님은 과거와 미래 사이에 오셨기에 과거와 미래는 살아 보지 않으셨습니다. 그뿐 아니라 유대 땅에 태어나셔서 헤롯을 피해 애굽에 간 것 외에 다른 나라는 가 본 적도 없으십니다. 십자가에 달리시기 전까지 그곳에서 자신의 생애를 보내셨습니다. 어떤 의미에서 예수님은 역사와 공간 속에 잡혀 계셨습니다.

예수님이 무언가를 하시려면 역사의 시간보다 더 큰 바깥에서 뒤집으셔야 하는데, 그 한계에 들어오셔서 시간과 공간과 운명을 결정해 버리셨습니다. '어떻게 그런 일이 있느냐?'의 문제가 아니라 그렇게 하셨습니다. 예수님은 시간과 공간에 육체로 오셔서 그 당시의 말과 행동으로 하나님의 구원과 목적을 우리에게 전하면서 그 일을 이루셨습니다. 우리는 이를 성육신의 교리요, 십자가 신학이요, 부활 소망이라고 합니다.

그러므로 우리가 예수를 믿는다고 할 때, '오늘 죽어도 천국에 갈 것인가?'는 현실적 질문이 아닙니다. 우리는 결국 천국에 갈 사람으로서 '현실에서 왜 이렇게 힘들게 살아야 되는가? 신자에게 약속만 있고 현실에서는 약속이 이루어지지 않는 이 정황을 어떻게 이해해야 하는가? 신자인 우리는 무엇을 할 수 있는가? 예수 믿는 자는 무엇이 다른가?'를 물어야 합니다. 그런데 우리 모두는 천국으로 도망가 버렸습니다. 현실을 살고 있는데 답은 천국이기 때문에 "죽으면 천국 간다. 천국에 가면 너는 없을지도 모른다"라는 말밖에 할 게 없습니다.

천국에 갈 사람은 낙관할 수 없는 상태에서도 살아 내야 하는 현실, 이 외면할 수 없는 현실을 예수를 믿으면 어떻게 이해하고 뭐라고 답을 해야 하는지 그 책임을 지면서 살아야 합니다. 이를 기독교 세계관이라고 합니다. 기독교 세계관에서는 하나님의 일하심이 우리가 보고 경험하는 인류의 모든 것, 시간과 공간과 경우를 포함하고 있습니다. 그래서 그 안에서 일어난 모든 일이 하나님의 지혜와 능력과 계획과 뜻을 이루는 하나님의 방법이라고 이해합니다.

이 세상의 세계관은 '자연주의' 곧 생로병사입니다. 그리고 다른 종교들은 현실적 필요에 대한 울부짖음밖에 없습니다. '언제 이사할까요?' '어디로 이사할까요?' '병을 고쳐 주세요' 같은 필요들을 다룰 뿐이고, 울부짖을 대상을 모르니까 '비나이다, 비나이다'만 하는 겁니다. 누구라도 좋으니까 나의 정성에 감동해 달라고 구걸하는 게 전부입니다. 그것이 율법화되었든 형식화되었든 말이죠.

우리는 기도할 때 명확한 대상이 있습니다. 그 대상은 우리에게 뜻을 품으시고, 계획을 갖고 계십니다. 때로는 간섭하시고 붙드시고 약속하시고 운명을 선언하십니다. 그분이 이러한 일들 곧 구원을 위해 자신의 아들에게 인간의 육체를 갖게 하시고 시공간 속에 보내신 것처럼, 우리 각 사람도 한 시대와 인생 속에 살게 하셨습니다. 우리는 '하나님의 뜻을 이룬다'는 것이 우리의 역사요, 시간이요, 현실이요, 경우요, 자리요, 책임이라는 것을 이해해야 합니다.

《성경은 드라마다》라는 책이 있습니다. 이 책은 기독교 세계관에 대해 쉽게 설명합니다. 인류 역사를 '창조, 타락, 구속의 시작, 구속의 성취, 교회의 선교, 구속의 완성' 이렇게 여섯 시대로 나눈 다음, 이 여섯 시대의 구분을 연극의 막처럼 사용하여 하나님의 이야기를 전합니다. 또한 이 여섯 막의 이야기가 인류 역사 전체라고도 전합니다. 다시 말해, 전 인류 역사가 하나님이 창조하신 세계를 회복하고 완성하는 일을 위해 전개되고 있다고 합니다. 그 일에 우리 인류는 그냥 어떤 존재에 불과한 것이 아니라 상대이고 목적으로 대접을 받습니다. 하나님이 우리에게 죄를 지을 기회까지 주셨기 때문입니다. 하나님은 이 모든 것이 살아 있는 우리에게 반응이 되고 책임이 되고 자랑이 되도록 일하십니다.

이에 대한 대표 성경 구절은 "십자가의 도가 멸망하는 자들에게는 미련한 것이요 구원을 받는 우리에게는 하나님의 능력이라"(고전 1:18)입니다. 이와 같은 말을 하려면, 현실에서 할 수 있어야 합니다. 이 말씀은 예수를 믿었지만 어떤 보상도 받지 못한 사람과 말다툼을 하거나 그를 놀릴 때, 또는 그들에게 원망스러운 보복을 할 수 없는 시점에서 '넌 몰라도 하나님은 아셔'라고 써먹으라고 준 것이 아닙니다. 성경은 '왜 내가 이 고생을 해야 되는가? 이게 뭔가?'에 대하여 이해와 책임과 기회로 보아야 한다고 우리에게 가르치고 있습니다. 우리가 얼마나 큰 확신을 가졌느냐의 문제가 아닙니다. 우리가 서 있는 자리, 즉 수많은 교훈이 담긴 인류의 긴 역사 속에서 예수를 믿은 지금, 오늘의 대한민국 정치·경제·사회·문화·교육·국방의 모든 유산, 국민적·민족적 정서 등을 다 포함하여 우리가 사는 오늘에서 내 인생을 어떻게 이해하고, 어디로 가야 하고, 책임이 무엇이며, 기회가 무엇인지에 반응하는 문제입니다.

이러한 이해와 반응 없이 '난 믿어'라고 말만 하는 것은 도망가는 것에 불과합니다. "이 문제 풀어 봐"라고 했을 때, "난 예수 믿는다니까"라고 말하는 것과 똑같습니다. 신학교에서는 실제로 그런 답안지가 많이 나옵니다. '목사님, 지난 주간에 우리 교회에 부흥회가 있어서 공부할 틈이 없었습니다. 헤아려 주십시오.' 그럼 A+ 주죠. 내가 무슨 사법시험 감독관도 아니고 암행어사도 아닌데 뭘 못 주겠어요. 제가 다시 신학교에 돌아가서 학생들을 가르친다면, A+가 아니라 A++도 줄 수 있습니다. 각자의 생애를 열심히 사는 데 격려가 된다면요. 자기 현실에서 자신의 일을 하는 게 중요합니다.

십자가, 하나님이 사랑을 붓는 방식

영화 〈벤허〉 하면 떠오르는 최고의 장면은 무엇입니까? 마케도니아 전함의 공격을 받아 물에 빠진 퀸투스 아리우스 집정관을 벤허가 구하고, 그 공로로 벤허는 퀸투스의 양자가 됩니다. 해전에서 승리를 거둔 퀸투스 아리우스는 로마에 가서 개선 행진을 하면서 황제 앞에 상을 받으러 올라갑니다. 이때 마차에 서 있는 벤허를 볼 때가 제일 기분이 좋습니다. 그때는 우리 모두 아무 근심거리가 없습니다. 우리 다 주인공 편이니까 무슨 긴장이 있겠으며, 무슨 두려움과 불안이 있겠습니까. 그래서 그 장면을 제일 좋아합니다. 그런데 영화가 그 상태에서 끝나면 안 됩니다. 그렇게 끝이 나면 영화 〈벤허〉가 대박을 터뜨릴 수 없을 뿐 아니라 본문을 담을 수도 없습니다.

그다음 우리가 좋아하는 장면은 전차 경주입니다. 아슬아슬하고 긴장됩니다. 전차 전복으로 부상을 입은 정적 메살라를 죽였는데, 답이 나오지 않습니다. 그러면서 절정으로 갑니다. 예수님이 잡히는 장면입니다. 벤허가 자기 어머니와 여동생을 나병환자 굴에서 꺼내 돌아오다가 예루살렘 성에 들어갔는데, 사람들이 없습니다. 벤허가 지나가던 어떤 사람에게 묻습니다. "왜 이렇게 사람들이 없소?" 그러자 이러한 답변이 돌아옵니다. "당신은 오늘 위대한 랍비가 재판을 받는 날이라는 걸 모르시오?"

사람들이 재판하는 곳에 모여 있습니다. 예수님은 재판정에 죄인으로 머리를 푼 채 가시관을 쓰고 서 있습니다. 빌라도가 손을 씻습니다. 대사는 없습니다. 그리고 채찍에 맞으며 십자가를 지고 계단을 오르는 예수가 나옵니다. 그 장면이 아주 길게 나옵니다. 우리는 그 시간을 싫어합니다. 예수님이 십자가를 지셔서 우리의 죄를 사하시고 구원해 주시는 것은 좋지만, 이렇게 민망하게 끌려가는 예수님의 모습은 보기 싫기 때문입니다. 사람들에게 조롱받는 예수님의 모습, 사람들이 주님의 옷을 나누어 가지는 모습, 예수님이 십자가에 못 박히시고 "엘리 엘리 라마 사박다니"라고 부르짖는 장면은 영화에서는 생략되어 있지만 우리는 어느 정도 그 흐름을 알고 있습니다.

이 장면은 영화 〈벤허〉를 만든 사람들의 최고 수준을 보여 줍니다. 하나님은 예수님이 십자가를 지시는 장면에서 결코 폭력으로 개입하시지 않습니다. 그 장면을 얼른 지나가게도 하지 않으십니다. 예수님은 십자가를 지고 한 걸음씩 가야 합니다. 우리가 예수님을 동정하거나 그 자리에 있던 사람들을 '바보'라고 욕하는 걸로 넘어가는 것은 신앙생활이 무엇인지 모르는 행동입니다. 하나님은 그걸 하십니다. 천둥이 칩니다. 하늘이 깜깜해집니다. 하늘도 울었으나 하나님은 개입하시지 않습니다. 하나님은 그 자리에 공포로 들어오시지 않습니다. 사랑이 사망과 공포를 이기는 것을 보여 줍니다. 예수님의 사랑은 신파극이 아닙니다. 그분은 끝까지 공포로 개입하지 않으십니다.

우리가 우리의 인생 속에서 요구하는 것들은 대개 폭력입니다. 우리는 이를 고상한 말로 권력이라고 하지만, 결국 폭력을 휘두르고 싶어 합니다. 그리고 폭력을 허락하시지 않는 하나님을 원망합니다. 우리는 '넌 지옥 가고, 난 천당 가고'라는 이분법 외에는 할 말이 없는 현실을 살고 있습니다. 그래서 아무도 위대할 수 없습니다. 이 부분이 안타깝습니다.

우리는 하나님이 사랑을 붓는 방식이 십자가였다는 것에 큰 충격을 받습니다. 신이 인간에게 조롱당하는 모습에 당혹할 수밖에 없습니다. 이 충격과 당혹감을 해결할 수는 없습니다. 마지막 날에 우리가 부활하여 하나님 앞에 섰을 때 알 수 있을 것입니다. 그러나 한 가지 분명한 것은 하나님의 사랑은 폭력과 공포의 유혹과 시험을 넘어서 있다는 점입니다. 하나님은 끝없이 용서하시고 이기십니다.

인생 살아 내기

우리는 역사의 현실 속에서, 각자의 인생을 살아가는 방식으로 우리를 신자로 완성하시겠다는 하나님의 구원 목적을 이해하고 인정해야 합니다. 다른 사람들을 '넌 나쁜 놈이야, 넌 예수 안 믿잖아'라는 이분법으로 판단하지 말고, 인생을 살아 내야 합니다. '왜 이런 일이 있어?'를 언급해서는 안 됩니다. '여기서는 어떻게 할래?'라는 질문 앞에 서야 합니다. 사도행전 4장 23절 이하입니다.

사도들이 놓이매 그 동료에게 가서 제사장들과 장로들의 말을 다

> 알리니 그들이 듣고 한마음으로 하나님께 소리를 높여 이르되 대주재여 천지와 바다와 그 가운데 만물을 지은 이시요 또 주의 종 우리 조상 다윗의 입을 통하여 성령으로 말씀하시기를 어찌하여 열방이 분노하며 족속들이 허사를 경영하였는고 세상의 군왕들이 나서며 관리들이 함께 모여 주와 그의 그리스도를 대적하도다 하신 이로소이다 과연 헤롯과 본디오 빌라도는 이방인과 이스라엘 백성과 합세하여 하나님께서 기름 부으신 거룩한 종 예수를 거슬러 하나님의 권능과 뜻대로 이루려고 예정하신 그것을 행하려고 이 성에 모였나이다 주여 이제도 그들의 위협함을 굽어보시옵고 또 종들로 하여금 담대히 하나님의 말씀을 전하게 하여 주시오며 손을 내밀어 병을 낫게 하시옵고 표적과 기사가 거룩한 종 예수의 이름으로 이루어지게 하옵소서 하더라 (행 4:23-30)

이 말씀은 초대 교회가 예수를 전함으로써 유대 정치·종교 지도자들이 사도들을 핍박할 때에 나온 것입니다. 정치·종교 지도자들이 '예수의 이름을 전하지 마라. 그가 살아났다고 전하지 마라. 그런 소문을 내면 너희를 가만두지 않겠다'고 사도들을 협박하며 모욕하고 채찍질했습니다. 이렇게 사도들이 풀려나와 모인 성도들에게 갑니다.

모인 성도들이 사도들에게 무엇을 물어봤을까요? 일제 치하 때, 한국 교회가 '죽으면 죽으리라'고 순교를 각오하고 투옥되었던 분들에게 했던 질문과 똑같습니다. 옥에 갇혀 있던 목사와 장로들이 잠시 옥에서 나와 교회에 온 적이 있었습니다. 교회 성도들은 그들을 위해 기도하고 계속 기다렸기에 질문이 많았습니다. 그 첫 질문이 "하나님이 천사들을 보내어 보호해 주시던가요?"라는 것이었습니다. 대답은 "아닙니다"였습니다. 이것이 우리의 역사이고 현실입니다.

본문 말씀도 이 상황과 똑같습니다. 성도들이 사도들에게 묻습니다. "어떻게 됐습니까?" 사도들은 "그들이 우리가 계속 예수와 그의 부활을 전하면 가만두지 않겠다고 하더군요"라고 말했습니다. 그래서 뭐라고 대꾸했습니까? "맞습니다. 시편 2편에서 예언한 것같이, 세상은 하나님의 일을 거절하고 방해합니다. 그러나 그것으로 하나님이 일을 하십니다. 그들이 하나님의 일을 하기 위해 재판정에 모여 악역을 하고 있으니 우리는 선한 역할을 하겠습니다"라고 했습니다. 이것이 초대 교회의 결심입니다.

'우리를 핍박하는 세력들을 다 없애 주십시오'가 아닙니다. '손을 내밀어 병을 낫게 해 주십시오. 권력이 되거나 폭력이 되지 않겠습니다'라고 결심을 했습니다. 천국의 비밀을 증언하여 그 신비가 드러나지만, 권력을 잡지 못합니다. 속 시원하게 밀어붙이는 법이 없습니다. 이 모든 것을 당하기만 합니다. 그래서 사도행전 4장 31절에 "빌기를 다하매 모인 곳이 진동하더니 무리가 다 성령이 충만하여 담대히 하나님의 말씀을 전하니라"라고 했습니다.

우리는 성령께서 사도들이 잡혔을 때나 적대자들이 채찍을 들고 사도들을 때리려고 할 때 등장하셔야 좋아합니다. 그러나 하나님은 그렇게 일하시지 않습니다. 그것이 하나님이 우리에게 요구한 그분의 신비입니다. 십자가의 도는 하나님의 능력이요, 하나님의 지혜입니다. 이를 받아들이지 못하면 우리는 현실을 살 수가 없습니다. 도망가거나 외면할 수밖에 없습니다.

사도 요한이 요한복음을 쓰고 누가가 사도행전을 쓸 때, 잘난 척하려고 쓴 것이 아닙니다. 그들도 예수님이 십자가에 처형되셨을 때, 다 도망갔던 자들입니다. 그들이 세상이 어떻게 악역을 했는지 기록한 것은 이해할 수 있습니다. 그러나 제자들이 도망간 것은 얼마나 창피한 일입니까? 그럼에도 그것까지 기록합니다. '우린 다 도망갔었다. 그땐 우리도 몰랐다. 우리는 하나님이 그 일을 십자가로 하실 거라고는 상상도 못했다. 십자가가 가장 큰 하나님의 권능이요 하나님의 자기증명이었다. 그래서 우리는 항복한다.' 이것이 성경이 증언하는 하나님과 그의 아들 예수께서 십자가에서 이루시고 지금 하시는 일입니다.

하루, 영광을 만드는 길

하나님이 역사 속에서 그분의 구원을 이야기로 담고, 줄거리로 담고, 모든 경우에 우리를 세우십니다. 우리와 함께 일하십니다. 시간과 공간 속에 들어오셔서 자기를 가둔 시간과 공간을 뒤엎지 않으십니다. 오병이어의 기적을 보십시오. 떡 다섯 개와 물고기 두 마리로 온 무리가 다 먹고 남았습니다. 하나님은 이 방식을 요구하셨고, 우리에게 동참하라고 하십니다. '네가 내 백성이 되었다면, 내가 너에게 준 구원을 제대로 이해한다면, 네 인생이 얼마나 굉장한지를, 어떻게 무엇을 해야 하는지를 배워라.' 하나님은 한꺼번에 하라고 하지 않으시니 걱정하지 마십시오. 한 걸음씩 나아지면 됩니다. 에베소서 3장에 가봅시다.

> 이러므로 내가 하늘과 땅에 있는 각 족속에게 이름을 주신 아버지 앞에 무릎을 꿇고 비노니 그의 영광의 풍성함을 따라 그의 성령으로 말미암아 너희 속사람을 능력으로 강건하게 하시오며 믿음으로 말미암아 그리스도께서 너희 마음에 계시게 하시옵고 너희가 사랑 가운데서 뿌리가 박히고 터가 굳어져서 능히 모든 성도와 함께 지식에 넘치는 그리스도의 사랑을 알고 그 너비와 길이와 높이와 깊이가 어떠함을 깨달아 하나님의 모든 충만하신 것으로 너희에게 충만하게 하시기를 구하노라 우리 가운데서 역사하시는 능력대로 우리가 구하거나 생각하는 모든 것에 더 넘치도록 능히 하실 이에게 교회 안에서와 그리스도 예수 안에서 영광이 대대로 영원무궁하기를 원하노라 아멘 (엡 3:14-21)

교회는 공동체도 교회라고 하고, 예수께서 불러 자기 성도로 삼으신 모든 자를 연합하는 차원에서 그들 각 개인도 교회라고 부릅니다. 마치 구약에서 하나님의 백성을 이스라엘이라고 불렀던 것같이, 신약 시대에는 각 개인을 그리고 공동체를 교회라고 부릅니다.

주님은 그 교회에 무엇을 약속하셨을까요? '사랑을 알라. 사랑이 공포보다 크다. 사랑이 폭력보다 크다. 사랑이 너희가 가져야 하는 인간성의 본질이어야 된다. 그러면 능력과 영광이 충만해질 것이다'라고 약속하십니다. 하루 하루가 이 영광을 만드는 길이라는 것을 기억해야 합니다. 과거를 가지고 변명하거나 운명을 가지고 변명하지 말고 오늘 하루를 살아야 합니다.

우리에게 과거와 운명을 변명하는 자리는 없습니다. 어떤 경우와 조건 속에서도 예수를 믿는 사람은 어떻게 답하는가, 말하는가, 행동하는가에 매일 도전의 문이 열려 있습니다. 그러한 도전이 날마다 삶 속에 있습니다. 믿는 자와 믿지 않는 자가 동일하게 겪는 공통된 현실 속에서 답이, 반응이, 영광이 갈라서는 겁니다. 그 위대한 길을 살아내는 우리 모두가 되기를 바랍니다.

기 도

하나님 아버지, 하나님이 그 아들을 보내셔서 십자가에서 승리하신 것같이 우리의 생애를 승리로 이끄실 것을 믿습니다. 그러니 오늘 하루를 헛되이 보내지 않고 하나님의 사람으로 반응하고 책임지고 기도하게 하옵소서. 예수님 이름으로 기도합니다. 아멘.

7.
물 좀 달라

---

1 예수께서 제자를 삼고 세례를 베푸시는 것이 요한보다 많다 하는 말
을 바리새인들이 들은 줄을 주께서 아신지라 2 (예수께서 친히 세례를
베푸신 것이 아니요 제자들이 베푼 것이라) 3 유대를 떠나사 다시 갈
릴리로 가실새 4 사마리아를 통과하여야 하겠는지라 5 사마리아에 있
는 수가라 하는 동네에 이르시니 야곱이 그 아들 요셉에게 준 땅이 가
깝고 6 거기 또 야곱의 우물이 있더라 예수께서 길 가시다가 피곤하여
우물 곁에 그대로 앉으시니 때가 여섯 시쯤 되었더라 7 사마리아 여자
한 사람이 물을 길으러 왔으매 예수께서 물을 좀 달라 하시니 8 이는
제자들이 먹을 것을 사러 그 동네에 들어갔음이러라 9 사마리아 여자
가 이르되 당신은 유대인으로서 어찌하여 사마리아 여자인 나에게 물
을 달라 하나이까 하니 …… (요 4:1-26)

예수님이 유대에서 갈릴리로 가시는 길에 사마리아를 지나게 되셨습니다. 예루살렘이 있는 유대는 남쪽 지방이고 갈릴리는 북쪽 지방입니다. 그 가운데 사마리아가 있습니다. 사마리아 지방은 여로보암 때부터 북 왕국 이스라엘로 분리되어 있다가 기원전 722년 앗수르에 의해 멸망합니다. 사마리아는 북 왕국 이스라엘의 여섯 번째 왕인 오므리가 수도로 삼은 곳입니다. 북 이스라엘을 멸망시킨 앗수르는 이스라엘의 강한 민족적 우월감을 없애기 위해 다른 나라 사람들을 사마리아로 이주시켜 살게 함으로써 북 이스라엘을 혼혈시킵니다. 그래서 남 왕국 유다는 북 이스라엘이 민족의 순수성을 지키지 못했다는 이유로 사마리아 사람들을 업신여겼습니다. 그래서 유대 지방에 사는 사람들이 갈릴리로 갈 일이 있으면 사마리아 지방을 우회하여 돌아가곤 했습니다.

사마리아 우물가

예수님은 여행길에 지치셔서 사마리아 우물가에 앉았습니다. 여섯 시에 한 여인이 물을 길러 나왔습니다. 유대인의 시간은 오늘날 우리의 시간과 다릅니다. 새벽 여섯 시가 한 시입니다. 그렇게 하면 유대 시간 여섯 시면 우리 시간으로는 정오, 한낮이 됩니다. 여인이 뜨거운 사막 기운이 넘치는 한낮에 물을 길러 왔다는 것은 남의 눈을 피해야 하는 처지이거나 사회적 약자라는 걸 알 수 있습니다. 물을 긷는 여인에게 예수님이 말을 건넵니다. 본문을 이해하기 쉽게 전달하기 위해 좀 과장을 해 보겠습니다.

이럴 때는 외국어 표현이 더 좋을 듯합니다. 예수님이 여인에게 "Madame, Please give me a favor?"라고 하셨습니다. 이는 "부인, 내게 물 한 잔만 주시겠소?"라고 예수님이 여인에게 아주 낮은 자세로 겸손하게 부탁하신 것입니다. 그러자 여인은 예법에 맞지 않게 대단히 날카롭고 퉁명스럽게 반응합니다. "당신은 유대인이지 않소? 늘 잘난 척하고 우리를 사람 취급도 안 하더니 오늘 웬일이래요?"라고 대꾸했습니다.

그러자 예수님이 뜻밖의 말씀을 하십니다. "내가 당신에게 물을 달라고 했지만, 내가 누군지 알았다면 당신이 펄쩍 뛰며 내 앞에 무릎을 꿇고 당신의 소원을 말했을 것이요. 그러면 내가 당신의 소원도 들어주고 생수도 주었을 텐데요." 이에 여인이 퉁명스럽게 쏘아붙입니다. "아니, 목말라서 자기 물 한 그릇도 못 떠먹는 주제에 무슨 생수를 준다고요? 이 우물은 우리 조상 야곱이 판 거예요. 야곱이 이 우물을 파서 지난 2천 년 동안 그 후손들이 이 물로 먹고 살았고, 가축들을 길렀습니다. 우리도 그렇게 하고 있고요. 당신이 야곱보다 더 낫다는 말인가요?"

여인의 말에 예수님이 이렇게 답하십니다. "이 물을 먹는 사람은 또 목마를 것이요. 그래서 또 물을 길으러 와야 하오. 그러나 내가 주는 물은 속에서 영생하도록 솟아나는 샘이 될 것이요." 그러자 여인이 이렇게 빈정거립니다. "그러면 좋겠네. 목마를 일도 없고 물 길으러 오지 않아도 되겠네." 그러자 예수님이 "당신은 전혀 이 대화에 진정성이 없군요. 당신의 남편을 데려오시오"라고 하셨습니다. 그러자 여인이 “남편 같은 건 없어요”라고 쏘아붙입니다. 예수님이 여인의 말을 잘 받아 내십니다. “정직하군요. 당신에게 다섯 남자가 거쳐 갔죠? 그리고 지금 있는 사람도 남편이라고 할 수 없죠? 당신의 고통을 알겠소”라고 예수님이 말씀하시자 여인이 놀랍니다.

“아이고, 당신은 선지자셨군요. 유대인들은 예루살렘 성전에서 예배를 드려야 한다고 그러던데, 저희는 그리심산에서 제단을 쌓고 예배를 드립니다. 그게 잘못된 것일까요? 우리가 이렇게 힘들게 살고, 제가 이 모양 이 꼴이 된 것은 무엇 때문일까요?”라며 여인은 핑계대고 변명하며 묻습니다. 그러자 주께서 “여인이여, 예배는 이 산에서도 말고 저 산에서도 필요 없소. 하나님은 간절한 마음, 진실한 마음을 원하십니다. 이제 그때가 왔소”라고 이르셨습니다.

여인이 이렇게 대꾸합니다. “메시아가 오면 모든 일이 해결되고 구원이 온다는 것은 저 역시 알고 있고 기다리고 있습니다.” 그러자 주께서 “내가 그 메시아요”라고 하시고 본문이 뚝 끊어집니다. 상황이 훨씬 이해가 되죠? 성경에는 아름답고 좋은 이야기만 나오지 않습니다. 험악한 현실이 나옵니다.

이적이 나오지 않는 대화

본문에서 여인이 예수님을 보고 ‘주여’라고 한 것은 당시에는 그냥 경칭에 불과한 것입니다. 원래 ‘주’는 신앙적 차원에서 하나님에게만 붙이는 호칭이지만, 사마리아 여인은 예의나 신앙적 실력을 가지고 예수께 '주여'라고 한 것이 아닙니다. 자기 인생의 고달픔을 이 대화 속에 고스란히 드러내고 있습니다.

제가 이렇게 예수님과 사마리아 여인과의 대화를 각색하여 설명할 수 있는 근거는 이 말씀 때문입니다.

> 여자의 말이 내가 행한 모든 것을 그가 내게 말하였다 증언하므로 그 동네 중에 많은 사마리아인이 예수를 믿는지라 (요 4:39)

이 구절을 각색하면 "내가 감추어서 아무도 모를 비밀을 그분이 다 알더라고, 글쎄"입니다. '그러고 나서 그 동네 사람들이 믿었다'가 됩니다. 그런데 신앙은 이런 식으로 출발하지 않습니다. 이런 이야기를 들었다고 해서 신앙의 문이 열리지는 않습니다. 그래서 이를 새겨볼 필요가 있습니다.

'내가 행한 모든 일을 다 알고 나에게 말하는 분을 만났다. 비밀을 다 들켰다'라고 하면 완전히 점쟁이죠. 족집게 무당쯤 될 겁니다. 하지만 이 구절은 '내 모든 고통, 누구에게도 말할 수 없는 내 현실을 공감하고 따뜻하게 들어 준 분을 만났다'라는 의미입니다. 물론 사마리아 여인이 이런 의미로 동네 사람들을 만나 이야기했다는 힌트는 아무데도 없습니다. 그러나 이 사건을 이렇게 해석할 중요한 실마리는 무엇일까요?

여기에는 기적이 없기 때문입니다. 이 사건에서는 하나님이 초월적으로 개입하지 않으십니다. 예수님이 하신 발언도 마찬가지입니다. 초월적인 것은 우리에게 놀라운 종교적 확신과 증거를 줍니다. 하지만 초월적인 것은 많은 경우에 일종의 권력이 되고 폭력이 되기도 합니다. '이렇게 큰일을 할 수 있는 나에게 저항하지 말라. 나를 외면하지 말라'가 됩니다.

사마리아 여인과의 대화에서 예수님은 이적을 행하지 않았습니다. 여기에는 앞서 봤던, 물로 포도주를 만드시는 기적이나 뒤에서 나올, 38년 된 병자를 고치시거나 눈 먼 자를 고치시거나 오병이어의 기적 같은 것은 없습니다. 단순하고 밋밋한 대화 속에서 이런 결론이 나옵니다. "내가 행한 모든 것을 그가 내게 말하였다"라고 여인이 증언하는 것, 다시 말해 '내 편을 드는 사람이 있더라. 내 처지를 알아주는 사람이 있더라'가 전부입니다. 그래서 이 말을 들은 사마리아 사람들은 어떻게 했습니까?

> 사마리아인들이 예수께 와서 자기들과 함께 유하시기를 청하니 거기서 이틀을 유하시매 예수의 말씀으로 말미암아 믿는 자가 더욱 많아 그 여자에게 말하되 이제 우리가 믿는 것은 네 말로 인함이 아니니 이는 우리가 친히 듣고 그가 참으로 세상의 구주신 줄 앎이라 하였더라 (요 4:40-42)

이 말씀을 우리가 이해하는 대로 읽으면, 사마리아 사람들이 제자들보다도 나은 거 아닙니까? 예수님과 늘 동행하며 그분 옆에서 수많은 기적을 본 제자들도 십자가를 견디지 못했습니다. 그런데 예수님과 사마리아 여인이 대낮에 잠깐 나눈 대화로 동네 사람들이 와서 예수님을 초청하고, 예수님이 이틀을 그들과 함께하실 때, 그들이 예수님을 믿었다는 것은 굉장한 이야기입니다.

우리의 이해를 넘어선 성육신

우리는 예수님이 십자가를 지셔야만 구원이 해결되는 존재입니다. 예수님이 우리를 구원하러 오셨습니다. 그러나 예수님은 십자가를 지신 후 부활하셔서 이리저리 다니며 전도하신 것이 아닙니다. 피할 수 없는 여러 시간과 경우를 겪고 나신 후에 십자가를 지십니다. 이때는 어느 누구도 예수님을 몰라봅니다. 아무도 몰라볼 때라서 여기서 했던 말씀이 요한복음 7장 37절 이하에도 반복해서 나옵니다.

> 명절 끝날 곧 큰 날에 예수께서 서서 외쳐 이르시되 누구든지 목마르거든 내게로 와서 마시라 나를 믿는 자는 성경에 이름과 같이 그 배에서 생수의 강이 흘러나오리라 하시니 이는 그를 믿는 자들이 받을 성령을 가리켜 말씀하신 것이라 (예수께서 아직 영광을 받지 않으셨으므로 성령이 아직 그들에게 계시지 아니하시더라)
> (요 7:37-39)

이 말씀이 얼마나 굉장한 것인지 이때는 믿을 수가 없습니다. 우리가 실력이 없어서가 아니라 우리 눈의 비늘이 벗겨지고 새롭게 거듭나지 않고는 그가 누구신지, 우리가 누구인지, 우리에게 무엇이 필요한지, 십자가가 무엇인지 알 수 없습니다. 이 말씀에서 이러한 사실을 전하고 있습니다. 여기서 중요한 것은 '도대체 예수님은 십자가 이전에 아무 효과도 없는 그 인생을 왜 사셨을까?'입니다.

우리는 예수라고 하면 십자가부터 떠올립니다. 또한 우리는 예수님이 태어나셔서 30년을 사신 다음 마지막 3년 반 공생애를 사셨다는 것을 압니다. '예수님은 성육신하셔서 33년에 걸친 생애 동안 무엇을 하신 것인가? 그 삶이 왜 필요한가?'를 고민해 보아야 합니다.

예수님은 십자가를 지시기 전에, 즉 우리에게 구원을 베푸시기 전에 하나님이 우리를 어떻게 생각하시는지를 보여 주셨습니다. 마지막 만찬에서 제자들이 서로 싸웁니다. 이제 예수님이 초월적 힘으로 승리하실 줄 알고 그들 모두 예루살렘에 입성했습니다. 마지막 만찬을 나누는데, 예수님은 자신의 죽음을 말씀하시고, 제자들은 예수님이 이 혁명을 성공하셨을 때 누가 그분의 양 옆에 앉을 것인지로 옥신각신했습니다. 이때 예수님은 제자들에게 이렇게 말씀하셨습니다.

> 인자가 온 것은 섬김을 받으려 함이 아니라 도리어 섬기려 하고 자기 목숨을 많은 사람의 대속물로 주려 함이니라 (막 10:45)

이 말은 "세상에서는 섬김을 받는 자가 앉아 있고, 섬기는 자가 섬김을 받는 자에게 수종을 들어야 하지만, 내 나라는 섬김을 받아야 할 자가 섬기는 나라다"라고 말씀하신 것입니다.

예수님은 오셔서 제자들에게 구원을 베푸시고 "봤지, 이제 알았지?"라고 하기 위해 그들을 섬기신 것이 아닙니다. 그분은 제자들이 당신에 대해 하나도 모르는 상태에서 자기들이 누군지, 어떤 형편에 있는지, 자신들의 운명에 대한 아무런 해답도 갖지 않은 제자들을 공감해 주십니다. 주님은 이렇게 자신을 제대로 모르는 제자들을 3년 반이나 섬기십니다. 예수님은 성육신하셔서 30년을 우리와 동일한 자리에서, 우리와 같은 처지에서 우리의 현실을 공감하셨습니다. 그 자리에 함께 거하셨습니다. 그러니 우리가 다 외우면서 좋아하는 이 성경 구절을 새삼스럽게 생각해 봐야 합니다.

> 수고하고 무거운 짐진 자들아 다 내게로 오라 내가 너희를 쉬게 하리라 (마 11:28)

우리는 어떻게 쉼을 얻게 됩니까?

> 나는 마음이 온유하고 겸손하니 나의 멍에를 메고 내게 배우라 그리하면 너희 마음이 쉼을 얻으니리 (마 11:29)

만만치 않습니다. 우리는 예수님의 발 앞에 가서 엎드리면 금방 마음에 평화가 올 줄로 생각합니다. 그러나 그렇지 않다고 성경이, 예수님이 말씀하셨습니다.

섬김의 과정

여러 해 전에 유명 할리우드 영화배우이며 감독인 멜 깁슨이 〈패션 오브 크라이스트〉(The Passion of the Christ)라는 영화를 만들었습니다. 예수님이 받으신 고통과 수욕을 마지막 처형 장면에서 아주 집중적이고 정밀하게 조명하여 그려 낸 영화입니다. 저는 이 영화를 약간 부정적인 예로 들려고 합니다.

예수님이 처형당하던 당시, 로마 군인이 썼던 채찍 중간에는 짐승의 뼛조각이, 끝에는 납이 달려 있었습니다. 로마 군인이 채찍질을 하면, 이를 맞은 죄수는 채찍질로 아픈 것보다 몸에 감긴 채찍 끈을 잡아당겨서 살점이 떨어지는 것이 더 고통스럽다고 합니다. 이 영화는 이러한 장면을 현실감 있게 묘사했습니다. 우리는 예수님이 채찍에 맞고, 가시관도 쓰고, 피 흘리고, 십자가를 지고 가다가 넘어지시는 장면을 보며 슬퍼하고 처절하게 여겼습니다.

그러나 성경은 십자가를 지는 일이 그냥 십자가에 매달리면 끝나는 것이 아니라 이 길을 걸어서 십자가에 매달려야 한다는 것을 전합니다. 그러니까 우리를 구하기 위해 여러 가지 장애, 곧 우리의 신에 대한 무지와 왜곡과 분노, 우리의 말도 안 되는 배신과 악행을 넘어오지 않으면 안 된다는 것을 예수님이 우리에게 선언하시는 겁니다. 예수님이 '나의 멍에를 메고 내게 배우라'라고 하신 말씀은 '이걸 넘어서 십자가를 지는 것'임을 알려 주시는 말씀입니다. 그 앞이 없으면 결론은 없습니다.

이 과정이 왜 필요할까요? 예수님이 매 맞는 것을 단지 슬퍼하고 마는 것은 십자가마저 필요 없다는 자기기만으로 가 버릴 위험이 있기 때문입니다. '나는 그때 이미 울었다. 나는 이미 그때 예수를 알았고, 내가 누군지 알았다. 나라면 채찍질하지 않는다'라고 생각한단 말이죠. 이는 우리 인생이 성육신의 연장이라는 말을 이해하는 데 대단히 중요한 걸림돌이 됩니다.

하나님이 우리를 이 세상에 섬기라고 보내십니다. 그런데 그 섬김은 이 과정을 지나가야만 섬길 수 있습니다. 못 알아듣는 것들, 말이 안 되는 것들, 쳐다보기 싫은 것들을 넘지 않고는 섬김이 이뤄지지 않습니다. '아휴, 거기까지 하라고요?'의 문제가 아닙니다. 이러한 장애들은 늘 현실에 있습니다. 우리가 쳐다보기 싫고, 말 걸기 싫은 현실을 외면하고 도망 다니면서 십자가 밑에서 흑흑거리고 있는 이상, 우리는 전혀 섬기는 자리까지 갈 수 없습니다. 가서 살아 봐야 무엇이든 할 수 있습니다. 이렇다 보니 우리의 하루가 억울하죠. 늘 하루를 원망하다 우리는 아무것도 못합니다. 지금 성경이 이 이야기를 하는 것입니다.

넘어야 할 장애물

예수님은 여섯 남자들과 지내야 했던 사마리아 여인을 만났습니다. 그 인생이 얼마나 고달프면 정오에 물을 길어야 했을까요? 워낙에 드센 여자였기 때문일까요? 아니면 모두가 내버린 하찮은 여자였기 때문일까요? 여인은 아무도 만나기 싫은 처지에 예수님을 만났습니다. 예수님이 여인의 자리에 찾아오셨습니다. 거기서 '예수님 이분이 메시아일 것이다'라고 기대하고 항복한 사건입니다. '그렇다. 메시아 곧 구원자라면 큰 능력이나 엄청난 결론을 기대하는 것이 아니라 우리를 먼저 항복시키는 것이 맞다. 내 처지를 이해해 줘야 맞다'가 바로 성육신입니다. 예수님이 이러한 고단한 생애를 사십니다.

앞으로 우리는 요한복음을 계속 살펴보면서 예수님이 행하신 기적들을 많이 살펴볼 것입니다. 그 기적들은 정작 예수님이 하시려는 결과와는 무관합니다. 하나의 표적이 될 수는 있지만, 그것으로 그분은 당신의 짐을 덜어 내지 못합니다. 우리의 마음을 사지도 못합니다. 제자들도 오해합니다. 그들은 계속 오해해서 마지막 예루살렘 입성마저도 큰 능력으로 원수들을 쳐부수는 승리가 있으리라고 기대합니다. 그러나 예수님은 제자들의 기대처럼 행하지 않으셨습니다.

> 아버지 저들을 사하여 주옵소서 자기들이 하는 것을 알지 못함이니이다 (눅 23:34)

예수님은 우리가 여태껏 알지 못하는 그 시간을 섬깁니다. 모든 경우에 당신이 해 줄 수 있는 것을 다 해 줍니다. '나는 마음이 온유하고 겸손하니'라고 하신 분입니다.

그러니 사마리아 여인과 예수님의 만남은 우리에게 무엇을 말하는 걸까요? 우리가 넘어야 하는 장애들을 말해 줍니다. 현실성과 신앙의 구체성을 위해 당연히 받아들여야 하는, 우리로서는 참기 힘들고 원치 않는 장애입니다. 그 속으로 들어오지 않고서는 복음을 전할 수 없고, 예수를 믿는다고 말할 수 없습니다. 아니, 그 말을 하라고 우리가 여기 남아 있는 것입니다. 그것도 하필 한국 땅에 말이죠.

어느 기도원에 가면 이런 기도를 계속 시킵니다. "우리나라를 독일

같이 만들어 주시옵소서. 우리나라를 미국이 되게 해 주시옵소서. 우리를 캐나다가 되게 해 주시옵소서." 이 얼마나 얼토당토않은 기도입니까. 예수님이 이 땅에 성육신하셔서 33년의 생애를 우리와 같은 처지로, 우리의 자리에 들어와 섬기셨다는 것을 기억한다면, 우리의 존재와 각각의 경우는 대단히 특별한 것이 될 것입니다.

우리의 책임을 어느 누구에게도 떠넘길 수 없습니다. 우리가 이 길을 가야 합니다. "나의 하나님, 나의 하나님 어찌하여 나를 버리셨나이까"(막 15:34)라고 비명이 나올 때까지 가야 합니다.

기 도

하나님 아버지, 믿음이란 오늘 하루 하나님이 나와 함께하시고 나의 처지로 하나님이 영광 받으신다는 것을 기억하는 것입니다. 우리는 자신의 형편에 대해 아무것도 불평할 것이 없습니다. 하나님은 우리에게 충분하십니다. 예수님을 우리에게 보내셨고 그분을 십자가에 세우셨습니다. 우리가 부활의 승리를 이루려면 이 길을 걸어야 합니다. 이 길은 하나님이 영광으로 삼으신 길이고, 하나님이 모든 능력을 동원하신 행사입니다. 그 귀한 인생을 사는 우리가 되게 하옵소서. 예수님 이름으로 기도합니다. 아멘.

8.
눈을 들어 밭을 보라

---

27 이 때에 제자들이 돌아와서 예수께서 여자와 말씀하시는 것을 이상
히 여겼으나 무엇을 구하시나이까 어찌하여 그와 말씀하시나이까 묻
는 자가 없더라 28 여자가 물동이를 버려 두고 동네로 들어가서 사람
들에게 이르되 29 내가 행한 모든 일을 내게 말한 사람을 와서 보라 이
는 그리스도가 아니냐 하니 30 그들이 동네에서 나와 예수께로 오더라
31 그 사이에 제자들이 청하여 이르되 랍비여 잡수소서 32 이르시되 내
게는 너희가 알지 못하는 먹을 양식이 있느니라 33 제자들이 서로 말
하되 누가 잡수실 것을 갖다 드렸는가 하니 34 예수께서 이르시되 나
의 양식은 나를 보내신 이의 뜻을 행하며 그의 일을 온전히 이루는 이
것이니라 35 너희는 넉 달이 지나야 추수할 때가 이르겠다 하지 아니
하느냐 …… (요 4:27-38)

예수님의 제자들이 음식을 구하러 마을에 들어갔다가 돌아와 보니 예수님이 어느 여인과 이야기하고 계셨습니다. 제자들은 무슨 일이신지 감히 예수께 묻지도 못했습니다. 주님과 대화하던 여인이 떠나자 그제야 제자들이 예수께 음식을 드립니다. 이때 예수님이 제자들에게 "내게는 너희가 알지 못하는 먹을 양식이 있느니라"라고 이르십니다. 제자들이 서로 "누가 잡수실 것을 갖다 드렸는가?"라고 하자 예수께서 "나의 양식은 나를 보내신 이의 뜻을 행하며 그의 일을 온전히 이루는 이것이니라"라고 하십니다. 그렇게 말씀하시고는 제자들에게 "너희는 넉 달이 지나야 추수할 때라는 걸 알고 있을 텐데, 하나님 나라의 추수는 이미 시작되었다"라고 하시고 "너희 눈을 들어 밭을 보라"라고 이 사건과 연결해서 말씀하십니다.

외진 우물가에서의 대화

우리는 성경을 읽을 때 지당하신 말씀이라고 믿기 때문에 대개 분위기를 진지하게 가라앉혀서 읽습니다. 그런데 이 본문에서는 예수님이 약간 흥분하셨다는 걸 알아채야 합니다. 예수님은 사마리아 여인과의 대화를 통해 자신의 사역과 자신을 보내신 아버지의 일하심에 대하여 확신과 감격이 생겨 제자들에게 이러한 굉장한 이야기를 하신 것이라고 봐야 합니다.

2002년 월드컵 때, 우리나라가 4강에 오르자 신문 기자들이 히딩크 감독에게 물었습니다. "이 결과에 만족하는가?" 히딩크 감독이 이렇게 대답했죠. "나는 아직 배고프다." 예수님은 여기서 "나는 안 먹어도 배부르다"라고 대답하신 것입니다. 도대체 사마리아 여인의 반응이 어땠길래 예수님에게 이런 감격을 주었을까요?

본문 말씀 28절을 보면, '여자가 물동이를 버려 두고'라고 되어 있습니다. 아무도 나오지 않는, 볕이 뜨거운 한낮에 여인은 물을 뜨러 왔습니다. 그런데 물동이를 버려 두고, 우리 식으로 표현하면 '내동댕이치고' 동네로 뛰어가 사람들에게, "내가 행한 모든 일을 내게 말한 사람을 와서 보라 이는 그리스도가 아니냐"라고 했습니다.

그동안 여인이 행한 일이라고는 수치스러운 일뿐입니다. 그런데 예수님이 여인이 행한 수치스러운 일들을 여인에게 말했는데, 이 여인은 이를 듣고 예수가 그리스도, 메시아, 구세주라는 것을 느낀 것입니다. 지난번에 제가 이 부분을 예수님의 겸손하심과 온유하심에 대한, 감동이 담긴 본문의 의도에 대해 설명했습니다.

예수님은 이 여인을 어떻게 만났습니까? 예수님이 지쳐 우물가에 앉아서 마치 여인에게 동정을 구하는 것같이 '물 좀 달라'로 시작된 대화입니다. 해방자 구세주는 힘과 권력을 갖고 감히 쳐다볼 수 없는 위엄과 힘을 겸비하여 찾아오실 줄 알았는데 뜻밖의 모습이었습니다. 그분은 가장 깊은 곳에 있는 갈등과 공포와 상처를 치유하시기 위해 오셨습니다. 이런 점은 요한복음 뒷부분으로 가면 더 강화됩니다. 요한복음 7장을 봅시다.

> 명절 끝날 곧 큰 날에 예수께서 서서 외쳐 이르시되 누구든지 목마르거든 내게로 와서 마시라 나를 믿는 자는 성경에 이름과 같이 그

> 배에서 생수의 강이 흘러나오리라 하시니 이는 그를 믿는 자들이 받을 성령을 가리켜 말씀하신 것이라 (요 7:37-39)

외진 우물가에서 한 여인과 나눈 대화의 내용이 이제는 공공연한 장소에서 여러 사람들 앞에 큰 소리로 공언하는 대대적인 초대로 확장된 것을 볼 수 있습니다. 우물가에서 만난 여인과의 대화는 어느 불쌍한 사람을 찾아가서 나눈 대화 정도가 아닙니다. 그 일로 인하여 예수님은 아버지께서 자신을 보내신 것, 아버지께서 보내신 일을 하는 것이 영광스럽고 감격스러운 일임을 친히 확인하셨다고 볼 수 있습니다.

사랑의 힘

예수님이 처음부터 완벽하고 완전하고 전능한 능력을 행하셨을 것이라고 생각하는 것은 성육신에 대해 제대로 이해한 것이 아닙니다. 예수님은 갓난아이로 태어나 자라나십니다. 지혜도 자라고 사람들과 더불어 살면서 하나님이 보내신 일들에 대해 하나씩 더 채워져 가는 그런 과정을 겪으십니다. 그래서 예수님은 우실 때가 있습니다. 대표적으로 나사로의 죽음에서 우십니다. 십자가에서 우시는 게 아니라 나사로의 죽음을 슬퍼하십니다. 그를 살려 낼 텐데도 우십니다. 인간이 겪는 비참한 현실을 가슴 아파하시기 때문입니다.

신이 가슴 아파한다는 것은 우리의 예상과는 다릅니다. 기독교가 말하는 신은 가슴 아파하고, 울고, 분노하고, 속상해하고, 우리를 붙잡고 뭐라 하시는 분입니다. 우리의 하나님은 "에브라임이여 내가 어찌 너를 놓겠느냐 이스라엘이여 내가 너를 버리겠느냐 내가 어찌 너를 아드마 같이 놓겠느냐 어찌 너를 스보임 같이 두겠느냐 내 마음이 내 속에서 돌이키어 나의 긍휼이 온전히 불붙듯 하도다"(호 11:8)라고 하시는 분입니다.

사랑이란 그런 것입니다. 주어도 주어도 모자라고, 가슴 아픈 걸 겪으면 더한 분노로 표현됩니다. 사랑의 힘은 이렇게 쏟아져 나옵니다. 예수님은 이 사랑의 힘을 사마리아 여인과 만난 자리에서 백 번 배우십니다. 말하자면 예수님이 기진맥진하여 쓰러진 형편으로 여인에게 물을 달라고 했더니 여인이 예수님을 괄시합니다. "유대인 남성이 웬일로 저 같은 여인에게 물을 달라고 하시오?"라고 하지 않았습니까? 그러나 예수님이 차근차근 말을 건네며, "당신하고는 얘기를 못하겠소. 남편을 데려오시오"라고 했습니다. 여인이 "남편 같은 거 없어요"라고 하는데 뭐라고 말씀하셨다고요? "당신 말 잘했소. 당신 말이 맞소. 당신에게 남자 다섯이 있었소. 지금 있는 자도 남편이 아니구려"라고 예수님이 말씀하셨더니, 여인이 "으악" 하고 "당신은 선지자시군요. 우리가 이 산에서 예배했기 때문에 이 벌을 받는 건가요?"라고 묻습니다. 예수님은 "아니요. 이 산도 저 산도 아니오. 영과 진리로 예배하는 날이 올 거요"라고 했습니다. "그건 메시아 곧 그리스도라 하는 이가 오시면 모든 것을 우리에게 알려 주신다고 했어요"라는 여인의 말에 예수님은 "내가 그요"라고 했습니다.

생명의 양식, 예수

예수님은 성육신 속에서 우리로 하여금 다음과 같이 생각하게 하십니다. 하나님이 예수를 십자가에 못 박아 우리를 구원하기로 했다면, 어찌하여 우리가 이 기나긴 시간 동안 이러한 모진 고통을 겪게 하시는가? 하나님은 왜 예수님이 사람들에게 매도되고 외면받고 적대적인 고난과 수모를 겪으시면서 십자가에 달려 피 흘려 죽으시는 지난한 과정을 통해 일하시는가?

이러한 생각들은 우리의 신앙 현실과도 연결되어 있습니다. 우리가 처음 예수를 믿었을 때, 어떤 각오와 감격으로 주께 약속했습니까? '내 평생 주만 믿고 경건하게 열심히 살겠습니다'라고 하지 않으셨나요? 그렇게 맹세한 후, 지금 우리의 형편은 어떻습니까? 하나님은 우리의 각오와 고백과 정성을 왜 받아 주지 않으실까요? 우리는 왜 이렇게 살아야 하는 걸까요?

우물가에 지쳐 쓰러진 예수님같이, 형편없는 상대에게 물을 달라고 해야 하는 처지같이, 우리의 인생을 그렇게 요구하십니다. 요한복음 6장 57절 이하에서 이에 대한 답이 나옵니다.

> 살아 계신 아버지께서 나를 보내시매 내가 아버지로 말미암아 사는 것 같이 나를 먹는 그 사람도 나로 말미암아 살리라 이것은 하늘에서 내려온 떡이니 조상들이 먹고도 죽은 그것과 같지 아니하여 이 떡을 먹는 자는 영원히 살리라 (요 6:57-58)

이 떡은 하늘에서 조상들에게 내려온 떡, 즉 이스라엘 조상들이 먹은 떡 '만나'와 다르다는 겁니다. "내가 아버지로 말미암아 사는 것 같이 나를 먹는 그 사람도 나로 말미암아 살리라"(요 6:57). 만나와 비교되는 이 영생의 떡, 예수님의 생애는 만나가 광야 시절의 양식이었다는 데에 그 비유의 핵심이 있습니다. 이스라엘 백성이 여호수아를 앞세워 가나안 땅에 들어가 거기서 유월절을 지킨 후에 만나는 그칩니다. 이제는 그 땅의 소산을 먹습니다. 만나는 임시적인 것이었습니다.

우리가 이 세상의 양식을 먹음으로써 우리의 목숨이 유지되고 생활할 수 있는 힘을 얻는 것은 사실입니다. 하지만 세상의 양식이 우리에게 가치와 진리를 만들어 내는 것은 아닙니다. 가치와 진리는 예수님만이 만드실 수 있습니다. 예수님은 이를 위해 이 땅에 오셨습니다. 예수님은 생명의 양식을 우리에게 주시기 위하여 우리의 삶과 이 세상이라는 콘텍스트에 생명을 채우십니다. 그리고 이 적대적이고 오해하고 죽음으로 위협하는 조건 속에서, 우리의 생애 속에서 어떻게 예수님이 구체화되어 생명의 떡이 되시는지를 우리에게 가르치시고 그 떡이 어떻게 우리의 것이 되는지 훈련하십니다. 광야에서 만나를 먹여 그 시기를 지나게 하신 것도 가나안에 들여보내 그 안에서 삶을 살게 하기 위해서였습니다.

하나님으로부터 난 자들

그러므로 우리는 요한복음의 시작을 잊지 않아야 합니다. 복음 곧 예수님이 어떻게 이 세상이 알지 못하는 새로운 세상에 약속과 목적을 가지는지를 기억해야 합니다. 다시 요한복음 1장으로 돌아가 봅시다.

> 태초에 말씀이 계시니라 이 말씀이 하나님과 함께 계셨으니 이 말씀은 곧 하나님이시니라 그가 태초에 하나님과 함께 계셨고 만물이 그로 말미암아 지은 바 되었으니 지은 것이 하나도 그가 없이는 된 것이 없느니라 그 안에 생명이 있었으니 이 생명은 사람들의 빛이라 빛이 어둠에 비치되 어둠이 깨닫지 못하더라 하나님께로부터 보내심을 받은 사람이 있으니 그의 이름은 요한이라 그가 증언하러 왔으니 곧 빛에 대하여 증언하고 모든 사람이 자기로 말미암아 믿게 하려 함이라 그는 이 빛이 아니요 이 빛에 대하여 증언하러 온 자라 참 빛 곧 세상에 와서 각 사람에게 비추는 빛이 있었나니 그가 세상에 계셨으며 세상은 그로 말미암아 지은 바 되었으되 세상이 그를 알지 못하였고 자기 땅에 오매 자기 백성이 영접하지 아니하였으나 (요 1:1-11)

우리는 요한복음 1장에서 이 어마어마한 선언을 들었습니다. 창조주와 말씀이 육신이 되는 방법으로 생명이 찾아오시고, 빛이 우리에게 비쳐 우리를 구원하시는 하나님의 목적과 권능을 봅니다. 그런데 빛이 어둠에 비치되 어둠이 깨닫지 못하고, 주인이 자기 백성에게 오지만 백성이 영접하지 않습니다.

그러고 나서 어떤 말씀이 나옵니까? “영접하는 자 곧 그 이름을 믿는 자들에게는 하나님의 자녀가 되는 권세를 주셨으니 이는 혈통으로나 육정으로나 사람의 뜻으로 나지 아니하고 오직 하나님께로부터 난 자들이니라"(요 1:12-13)가 나옵니다. 갑자기 '영접하는 자'가 등장합니다. 이는 우리가 잘 아는 표현으로 '믿는 자'입니다. 갑자기 '그러니 너희는 믿어라'라고 이야기하는 것이 아닙니다. 아무도 모릅니다. 빛이 왔지만 어둠이 깨닫지 못하고, 주인이 왔지만 자기 백성이 그분을 몰라봅니다. 그런데 구원이 선언됩니다. 그것은 사람이 할 수 있는 것이 아닙니다. 하나님으로부터 난 자들만이 할 수 있습니다. 예수님은 이 둘을 묶기 위해, 하나님이 오셨지만 그분을 몰라보는 자들을 하나님의 백성으로, 영접하는 자로, 믿는 자로 만들기 위해 오셨습니다. 예수님을 알아보지 못한 자들, 그분을 배척한 자들을 하나님의 백성으로 만들기 위해 오십니다. 둘이 상극이죠. 한쪽은 주인이고 하나님이시며, 다른 한쪽은 그분의 지음을 받고 그분에게 모든 것을 의존해야 합니다. 그러나 피조물은 창조주를 반대하죠. 하나님이 이들을 심판해야 옳습니다. 그리고 이들은 하나님을 알아봐야 옳습니다. 그러나 하나님은 심판하지 않고 구원하기로 작정하십니다. 그들은 하나님을 몰라보고 배척했으나 구원을 얻습니다. 이러한 과정을 누가 묶는다고요? 예수님이 묶으십니다.

우물가에 앉은 우리

이러한 과정이 왜 중요합니까? 바로 우리가 이 성육신의 과정을 잇는 자이기 때문입니다. 우리는 하나님의 백성이 되어 그 옛날 우리도 그랬듯이 하나님을 모르고 배척하고 빈정거리는 자들 속으로 보냄을 받습니다. 우리만이 빛입니다. 우리만이 진리이고 생명입니다.

하나님은 우리도 예수님처럼 하나님을 모르는 자들에게 보내어 그들이 주를 믿도록 하는 일을 하라고 우리에게 요구하십니다. 그러다가 우리는 목마르고 지쳐서 사마리아 우물가에 앉게 됩니다. 다 지쳐서 남은 힘이 없습니다. 그렇게 지쳐 있는 그 자리에 죄인이 옵니다. 그들에게 '나에게 물 좀 주시오'라고 말하는 현실을 살아야 합니다.

하나님은 그 자리에 있는 우리 눈에서 살인 광선이 나와 죄인들을 꼼짝 못하게 만들라고 하지 않으십니다. 오히려 우리가 그들에게 빌도록 하십니다. "당신은 예수 믿는다면서 왜 그 모양, 그 꼴이요?"라는 소리를 듣게 하십니다. "우리가 믿는 분이 어떤 분인지 당신이 알았더라면, 당신이 나에게 복을 비는 기도를 해 달라고 했을 텐데"라고 우리는 말하지 못합니다. 그 말은 오직 예수님만이 할 수 있습니다. 우리는 그런 말을 하지 말고 그저 우리 생애에 담으라고 하십니다.

우리는 늘 이와 같은 자리에 있어야 합니다. 우리를 분통 터지게 하는 현실, 우리를 괴롭히는 현실의 자리에 있어야 합니다. 먹고살아야 되는 곳, 자식을 길러야 되는 곳, 난관을 헤쳐 나가야 되는 곳, 자존심을 세울 틈이 없는 곳에서 하나님을 모르는 자들과 만나야 합니다. 이것이 곧 성육신입니다. 하나님은 우리를 가장 낮은 자리, 누구나 만날 수 있는 자리에 보내십니다.

예수님이 제자들에게 "너희는 넉 달이 지나야 추수할 때가 이르겠다 하지 아니하느냐 그러나 나는 너희에게 이르노니 너희 눈을 들어 밭을 보라 희어져 추수하게 되었도다"(요 4:35)라고 하십니다. 우리가 세상이 원하는 조건과 지위를 갖추어야 추수를 할 수 있는 게 아닙니다. 우리가 믿지 않던 그 모든 날이 동원되어 추수가 이루어지는 것입니다.

우리가 자주 듣는 "당신 같은 사람이 예수 믿어?"가 얼마나 중요한 조건인지 모릅니다. 우리가 원래부터 예수를 잘 믿었다면, 어쩌면 세상 사람들은 우리가 전하는 말에 귀 기울이지 않았을 것입니다. "네가 믿는 걸 보니, 하나님이 정말 있는 모양이다"라는 말 들어 보셨죠? "너같이 악착 같은 애가 어떻게 예수를 다 믿니? 아까워서 어떻게 헌금을 내니?"라는 말을 들을 때 "응, 반 잘라서 헌금해. 하나님과 반씩 나눠 먹기로 했어"라고 하면 됩니다. 이런 게 다 추수라고요. 성경은 이를 독생자의 영광이라고 표현합니다.

> 말씀이 육신이 되어 우리 가운데 거하시매 우리가 그의 영광을 보니 아버지의 독생자의 영광이요 은혜와 진리가 충만하더라 (요 1:14)

예수님이 우물가에 지쳐 앉아 있는 모습이 하나님의 영광이랍니다. 기가 막힙니다. 우리는 힘을 갖고 싶어 합니다. 전지전능한 힘을 갖기를 원합니다. 대접받을 힘, 기독교의 힘, 하나님의 힘 말입니다.

세상에서 말하는 인간성은 몇 가지 덕목으로 되어 있습니다. 그러나 기독교가 말하는 인간성의 정체는 '하나님의 자녀'입니다. 더불어 슬퍼하고, 서로 동정하며, 공감하고, 관용하는 것은 전부 하나님으로부터 나옵니다. 그러나 세상은 이런 이름들을 다 동원해서 살인을 합니다. '잘하자'고 하고서 잘하기 위해 어딘가에서 폭력을 씁니다.

하지만 기독교는 하나님이신 분이 자신을 낮춰 무릎을 꿇으시고, 제자들의 발을 씻기시며, 마치 우리를 주인처럼 대접하시고 섬기십니다. 그러신 후에 우리에게도 당신과 같이 섬기며 살라고 하십니다. 오늘은 먹고 즐기고, 내일부터 하겠다고 하면 안 됩니다.

공포와 불안이 없는 복음

마태복음 25장을 보면 달란트 비유가 나옵니다. 어떤 주인이 타국에 가려고 합니다. 그 주인이 종들을 불러 자기 소유를 종들의 재능대로 다섯 달란트, 두 달란트, 한 달란트씩 맡깁니다. 주인이 타국에 다녀올 동안 이 달란트로 장사를 잘해 보라고 한 것입니다. 다섯 달란트를 받은 종과 두 달란트 받은 종은 장사하여 각기 두 배로 이익을 남깁니다. 주인이 돌아와 그들에게 "잘하였도다 착하고 충성된 종아 네가 적은 일에 충성하였으매 내가 많은 것을 네게 맡기리니 네 주인의 즐거움에 참여할지어다"(마 25:21)라고 했습니다.

그러나 한 달란트를 받은 종은 그렇지 못했습니다. 그는 주인에게 "주인이여 당신은 굳은 사람이라 심지 않은 데서 거두고 헤치지 않은 데서 모으는 줄을 내가 알았으므로 두려워하여 나가서 당신의 달란트를 땅에 감추어 두었었나이다"(마 25:24-25)라고 했습니다. 그러자 주인이 이렇게 꾸짖습니다.

> …… 악하고 게으른 종아 나는 심지 않은 데서 거두고 헤치지 않은 데서 모으는 줄로 네가 알았으냐 그러면 네가 마땅히 내 돈을 취리하는 자들에게나 맡겼다가 내가 돌아와서 내 원금과 이자를 받게 하였을 것이니라 하고 그에게서 그 한 달란트를 빼앗아 열 달란트 가진 자에게 주라 무릇 있는 자는 받아 풍족하게 되고 없는 자는 그 있는 것까지 빼앗기리라 이 무익한 종을 바깥 어두운 데로 내쫓으라 거기서 슬피 울며 이를 갈리라 하니라 (마 25:26-30)

이 비유에서 가장 중요한 점은 달란트를 남기는 데에 있지 않습니다. 종들이 주인을 어떤 사람으로 이해했는지가 중요합니다. 하나님은 복을 주시고 당신의 영광 가운데 우리를 부르시는 분입니다. 또한 하나님은 우리를 당신의 자녀로 부르십니다. 우리를 가장 긍정적이고 호의적으로 생각하시고 기대하시는 분입니다. 자녀는 부모를 무서워하면 안 됩니다. 이 말은 부모를 함부로 대하거나 부모에게 뭘 하든 아무래도 좋다는 뜻이 아닙니다. 어떤 경우에도 자녀에게 부모는 기댈 곳이고 피할 곳입니다. 이 부분이 성경이 하고 싶은 이야기입니다.

하나님은 어떤 분이신가? 예수님은 왜 오셨는가? 도대체 우리의 인생은 무엇인가? 이 질문들을 묶어서 생각해 보십시오. 하나님은 모든 경우에 우리의 피난처이시고, 우리 편이십니다. 예수님은 어떤 경우에도 우리와 함께하시며 우리를 지켜 주시는 분입니다. 우리 역시 세상에서 쉴 곳 없는 영혼들에게 유일한 위로자요, 반겨 주는 사람이어야 합니다.

그렇다면 마태복음 11장에 나오는 "수고하고 무거운 짐 진 자들아

다 내게로 오라 내가 너희를 쉬게 하리라"는 말씀은 무엇 때문에 나온 초대일까요? 두로와 시돈, 벳새다, 가버나움은 예수님이 수많은 기적을 베푼 도시들입니다. 그런데 이 도시에 사는 사람들은 예수님을 믿지 않습니다. 주께서 이렇게 꾸짖으시고 분통을 터뜨리십니다.

> 화 있을진저 고라신아 화 있을진저 벳새다야 너희에게 행한 모든 권능을 두로와 시돈에서 행하였더라면 그들이 벌써 베옷을 입고 재에 앉아 회개하였으리라 …… 가버나움아 네가 하늘에까지 높아지겠느냐 음부에까지 낮아지리라 네게 행한 모든 권능을 소돔에서 행하였더라면 그 성이 오늘까지 있었으리라 (마 11:21-23)

이어 예수님은 "천지의 주재이신 아버지여 이것을 지혜롭고 슬기 있는 자들에게는 숨기시고 어린 아이들에게는 나타내심을 감사하나이다"(마 11:25)라고 말씀하십니다. 그 후 다음과 같이 말씀하십니다.

> 수고하고 무거운 짐 진 자들아 다 내게로 오라 내가 너희를 쉬게 하리라 나는 마음이 온유하고 겸손하니 나의 멍에를 메고 내게 배우라 그리하면 너희 마음이 쉼을 얻으리니 이는 내 멍에는 쉽고 내 짐은 가벼움이라 (마 11:28-29)

여기에 무슨 공포가 있으며, 무슨 불안이 있습니까? 기독교의 내용이 복음인 이유가 여기에 있습니다. 우리에게 자격을 갖추고 완벽해야 한다고 요구하는 부분이 전혀 없습니다. 무엇을 요구합니까? 감사하고 넉넉하며 베푸는 자가 되라고 하실 뿐입니다.

세상은 '방심하면 안 된다. 지면 안 된다. 먼저 죽여라. 네가 기다리면 상대가 먼저 쏜다'라고 가르칩니다. 세상에는 어떤 희망도 없습니다. 세상에서는 살아 있어야 할 이유도 감격도 있을 수 없습니다. 그러나 예수님은 이러한 감격을 친히 경험하시고 자신의 경험을 근거로 우리 앞에 풀어놓으십니다. 우리로 하여금 예수를 먹고 산다는 게 무슨 의미인지 알게 하십니다. 예수를 먹는다는 것은 예수의 생애를 먹는 것입니다.

너는 내 것이라

우리의 현실과 방불한 현실 속에서 예수님은 어떻게 넉넉하게 사실 수 있었을까요? 이는 다만 도덕성이나 윤리나 교훈적 이야기가 아닙니다. 그분은 세상이 줄 수 없는 것으로 세상을 이기셨습니다. 주님은 우리에게 사랑이 어떻게 공포를 이기는지, 십자가가 어떻게 창과 채찍을 이겼는지 알려 주십니다. 우리가 아는 세상과 다른 세계를 우리에게 가르치십니다. 그래서 우리는 이 세계에 속한 하나님의 선포를 이사야 43장에서 다음과 같은 결론으로 만날 수 있습니다.

> 야곱아 너를 창조하신 여호와께서 지금 말씀하시느니라 이스라엘아 너를 지으신 이가 말씀하시느니라 너는 두려워하지 말라 내가 너를 구속하였고 내가 너를 지명하여 불렀나니 너는 내 것이라 네

> 가 물 가운데로 지날 때에 내가 너와 함께 할 것이라 강을 건널 때에 물이 너를 침몰하지 못할 것이며 네가 불 가운데로 지날 때에 타지도 아니할 것이요 불꽃이 너를 사르지도 못하리니 대저 나는 여호와 네 하나님이요 이스라엘의 거룩한 이요 네 구원자임이라 내가 애굽을 너의 속량물로, 구스와 스바를 너를 대신하여 주었노라 네가 내 눈에 보배롭고 존귀하며 내가 너를 사랑하였은즉 내가 네 대신 사람들을 내어 주며 백성들이 네 생명을 대신하리니 두려워하지 말라 내가 너와 함께 하여 네 자손을 동쪽에서부터 오게 하며 서쪽에서부터 너를 모을 것이며 내가 북쪽에게 이르기를 내놓으라 남쪽에게 이르기를 가두어 두지 말라 내 아들들을 먼 곳에서 이끌며 내 딸들을 땅 끝에서 오게 하며 내 이름으로 불려지는 모든 자 곧 내가 내 영광을 위하여 창조한 자를 오게 하라 그를 내가 지었고 그를 내가 만들었느니라 (사 43:1-7)

하나님이 저 높은 하늘에서 두 손을 모아 손나팔을 만들어 온 우주와 역사와 운명을 향하여 고함을 치십니다. "너희 물들아, 조심해라. 너희 바람아, 조심해라. 이들은 내 백성, 내 아들딸들이다. 이들은 내가 만들었고, 내 영광으로 불렀다. 조심해라. 잘해라. 내 복을 건들지 마라." 우리가 선 자리는 예수를 믿는다는 고백 가운데 살게 된 우리의 세상, 우리의 품, 우리의 현실, 우리의 운명입니다.

기 도

하나님 아버지, 은혜를 감사합니다. 현실이 우리를 속입니다. 폭력이 난무하고, 다른 사람을 이겨야 행복하고, 사람들에게 칭찬받는 것을 좋아하는 현실입니다. 그러나 이 모든 것을 뒤집는 하나님의 영광과 약속이 여기에 있습니다. 하나님의 자녀 된 복과 명예와 기회가 지금 여기에 있습니다. 내가 처한 곳, 내가 만나는 모든 사람, 모든 경우가 성육신의 길입니다. 우리만이 생명이요, 진리요, 빛이요, 희망입니다. 이러한 인생을 사는 줄 아는 믿음이 우리 모두의 현실 속에 충만하게 하여 주십시오. 예수님 이름으로 기도합니다. 아멘.

9.
인자됨으로 말미암아

---

17 예수께서 그들에게 이르시되 내 아버지께서 이제까지 일하시니 나
도 일한다 하시매 18 유대인들이 이로 말미암아 더욱 예수를 죽이고자
하니 이는 안식일을 범할 뿐만 아니라 하나님을 자기의 친 아버지라 하
여 자기를 하나님과 동등으로 삼으심이러라 19 그러므로 예수께서 그
들에게 이르시되 내가 진실로 진실로 너희에게 이르노니 아들이 아버
지께서 하시는 일을 보지 않고는 아무 것도 스스로 할 수 없나니 아버
지께서 행하시는 그것을 아들도 그와 같이 행하느니라 20 아버지께서
아들을 사랑하사 자기가 행하시는 것을 다 아들에게 보이시고 또 그보
다 더 큰 일을 보이사 너희로 놀랍게 여기게 하시리라 21 아버지께서
죽은 자들을 일으켜 살리심 같이 아들도 자기가 원하는 자들을 살리느
니라 …… (요 5:17-29)

요한복음은 다른 복음서들과는 매우 독특한 관점으로 기록되어 있습니다. 마태복음, 마가복음, 누가복음이 예수님의 일대기를 그린 것이라면 요한복음은 예수님의 일대기가 가지는 의미, 말하자면 성육신하신 생애가 무엇인지를 조명하고 있습니다. 앞으로도 반복적으로 나오겠지만 공관복음서가 예수님이 행하신 기적에 초점이 맞춰져 있다면, 요한복음은 예수님이 기적을 행하시고 그 후에 일어나는 논쟁을 다룹니다.

심판권과 성육신

본문 말씀은 예수님이 38년 동안 나을 수 없었던 병에 걸린 사람을 고쳤더니 안식일에 병을 고쳤다고 유대인들이 시비를 거는 장면입니다. 이에 예수님이 "내 아버지께서 이제까지 일하시니 나도 일한다"라고 답하시자, 사람들은 예수님이 하나님을 자신의 아버지라고 한다며 신성모독을 했다고 흠을 잡습니다. 유대인에게 부자지간이라는 것은 아버지와 아들이 동등한 신분과 지위를 가졌다는 것을 의미합니다. 예수님이 하나님을 자신의 주인이라고 부르는 주인과 종의 관계가 아니라 아버지와 아들의 관계라고 한 것에 대해 유대인들은 매우 불쾌해했습니다. 예수님이 자신을 매우 높은 지위에 놓았기 때문입니다. 이 사건은 앞으로 더 심각하고 더 치열한 논쟁을 낳을 것입니다.

예수님이 유대인들의 반박과 비난에 대한 답으로 "아들이 아버지께서 하시는 일을 보지 않고는 아무 것도 스스로 할 수 없나니 아버지께서 행하시는 그것을 아들도 그와 같이 행하느니라"라고 하십니다. 이어서 '그렇기 때문에 증언을 할 수 있고, 기적을 이룰 수 있는 것이다. 또 아버지께서 심판권도 내게 주셨다. 나를 모르면 아버지를 알 수 없고 아버지를 안다면 나를 모를 수 없다. 나를 모른다면 그에게 구원이 없고 나를 알아야 그에게 구원이 있다'라는 요지의 내용을 본문 말씀이 기록하고 있습니다.

이렇듯 예수님은 '심판권'과 '성육신'이라는 두 가지 주제를 이 논쟁 속에 드러내셨습니다. 심판권은 '예수를 알지 못하면 구원을 얻을 수 없다'는 것입니다. 본문에서는 "또 인자됨으로 말미암아 심판하는 권한을 주셨느니라"라고 나와 있습니다. 심판권이 예수께 있습니다. "아버지께서 아무도 심판하지 아니하시고 심판을 다 아들에게 맡기셨으니"라는 구절도 나옵니다. 예수님이 심판권을 가졌다는 것은 성자 하나님으로서의 권한이기보다 '인자됨'으로 인한 것입니다. 이는 성육신과 긴밀히 이어지고 있는데, '성자 하나님이 인간으로 오셨으므로 심판권이 그에게 다 주어졌다'라고 읽을 수 있습니다.

심판에 대한 바른 이해

예수님이 오신 것을 '심판'이라는 단어로 표현한다면, 대개 우리는 '나는 예수를 믿어서 천국 가고, 너는 안 믿어서 지옥 가'라고 구별하여 심판권을 생각합니다. 하지만 예수님이 인간으로 오신 것은 '구원을 절대로 실패하지 않고 은혜로 주기 위해서'라는 것쯤은 우리 모두가 압니다. 예수께서 우리를 위해 죽기까지 하셨으니까요. 우리가 믿고 안 믿고를 떠나서 예수님은 인류를 구원하기 위하여 십자가를 지려고 이 땅에 오셨습니다. 하나님이 직접 십자가에 내려오셨다가 가셔도 되고, 로마를 멸망시키고 세상을 구원해도 됩니다. 여러 가지 방법이 있습니다. 그러나 하나님은 우리가 이해할 수 없는 방법을 사용하셨습니다. 그 방법은 신이 인간이 되셔서 인간의 모든 고난을 겪으면서 아버지의 뜻을 드러냄으로써 오히려 사람들에게 더 많은 오해와 질시를 받고 심지어 자신이 죽기까지 함으로써 심판권을 행사하는 것입니다. 이 심판권을 '이렇게까지 했음에도 불구하고 안 믿었다'라고도 생각할 수 있지만, '여기까지 했는데 누군들 놓치겠느냐?'가 성경이 하고 싶은 이야기입니다.

'예수 믿으면 구원받는다'라는 것은 기독교의 핵심 주장입니다. 이를 복음이라고 합니다. 그러므로 예수님은 이 땅에 구원을 주시기 위해 오셨고 그 구원은 모두가 받도록 되어 있습니다. 여기에 초점이 있습니다. '안 믿으면 어떻게 되는데?'라는 말은 우리 스스로를 확인할 때 하는 질문이며, 이 복음이 주어진 하나님의 권능과 지혜를 알지 못해서 하는 빈약한 질문입니다.

시험 날짜가 정해지면 무엇을 해야 할까요? 열심히 시험 준비를 해야 합니다. 그런데 '내가 그날 결석하면 어떻게 되죠?'라고 묻는다면 이는 어리석은 질문입니다. 그런 것은 생각도 말도 할 필요 없는 질문입니다. '내가 아프면 어떡해?' '시험 잘 못 보면 어떡해?'는 할 수 있는 질문이고, 절망적인 이야기도 아닙니다.

'기독교 신앙이 복음이다'라는 것은 '하나님이 우리를 구원하기 위하여 예수에게 심판권을 줬다. 그런데 그 심판권은 예수님이 인간이 되어 인생 가운데 들어오심으로써 갖게 되는 권한이다. 그러나 그분이 자기를 낮추셨기 때문에 고난을 겪는 게 아니다. 이 고난은 구원의 조건과 근거를 여기까지 낮추어 모든 인간을 하나도 놓치지 않으려고 하시는 하나님의 진정성이다'를 이해시키려고 하는 것입니다.

요한복음은 복음에 대한 이러한 이해를, 우리가 가진 죄성의 개념들을 깨려고 합니다. 우리가 갖고 있는 개념들은 사실은 공포입니다. 잘잘못이 전부입니다. 성경은 언제나 은혜를 이야기합니다. 성경이 하나님의 권능과 은혜를 이야기하면 우리는 계속 무책임한 생각을 합니다. 그런데 제가 '열심히 살 필요가 뭐 있어'라고 하면 못난 거라고 했죠. 복음은 잘잘못에 대한 이야기가 아닙니다. 복음은 우리를 영광으로 부르고 있고, 이 부름에 응하지 않으면 못난 채로 있어야 된다고 이야기합니다. 이것이 심판입니다.

심판은 죽이거나 고통을 주는 것이라기보다 인간이라는 존재의 가치와 보람을 가지지 못하게 하는 것입니다. 그러면 자연에 있는 모든 무생물만도 못한 존재가 되고 말죠. 가치가 없고 보람이 없다는 것은 생각하는 존재인 우리로서는 그보다 무서운 것이 없습니다. 우리가 예수를 믿는 것은 '저 사람은 안 믿어서 지옥 갔고, 나는 믿어서 천국 간다'는 간단한 식으로 만족하기 위해서가 아닙니다. 성경은 이를 깨고 있습니다. 왜냐하면 예수께서 이 세상에 들어오셔서 우리가 이런 온갖 간단한 공식으로, 쉬운 구원으로 타협하는 것을 깨시기 때문입니다.

용서와 회복과 부활이 있는 곳

마가복음 2장 23절 이하를 보면, 안식일에 예수님과 제자들이 밀밭 사이로 지나가면서 제자들이 밀 이삭을 자르는 것에 대해 바리새인들이 예수님에게 "제자들이 안식일을 범했다"라고 비난하자, 예수님은 "안식일이 사람을 위하여 있는 것이요 사람이 안식일을 위하여 있는 것이 아니니"(막 2:27)라고 하셨습니다. 굉장하죠? 그렇다면 '예배는 하나님을 위해서 있습니까? 우리를 위해서 있습니까?'라고 물으면 대단히 복잡해지죠? 그러나 잘 들어가 봅시다. 하나님께 영광을 드리는 행위가 우리의 영광입니다. 세배는 누구한테 합니까? 길 가는 부자한테 합니까? 그렇지 않습니다. 혈육끼리, 혈육 가운데 어른한테 하는 겁니다. 세뱃돈이 중요하기는 하지만 그것이 목적은 아닙니다. 세배를 하고 세배를 받는 것이 얼마나 굉장합니까?

성경은 우리에게 이렇게 전합니다. "안식일이 사람을 위하여 있는 것이요 …… 이러므로 인자는 안식일에도 주인이니라"(막 2:27-28). 하나님이 안식일을 우리를 위해서 만들었다고 합니다. 그런데 그 당시 사람들은 단박에 '안식일을 범했으니 죽이자'로 나옵니다. 결국 모든 규칙이나 법이나 경우들을 살육으로 끌고 갈 뿐입니다. 세상은 모든 일에 정의나 공정을 언급하지만 죽이는 것밖에는 이를 수행할 방법이 없습니다. 그렇기 때문에 어떻게 가든 결과는 손해일 뿐입니다.

기독교에만 용서가 있고 회복이 있습니다. 그리고 기독교에만 부활이 있습니다. 세상에서는 이런 것들을 믿을 수 없습니다. '거짓말하지 마라. 어떻게 죽은 자가 살아나느냐? 어떻게 악당을 용서하는 게 이기는 거냐? 용서하면 그들이 다시 죄를 범할 것 아니냐?'라고 합니다. 당연한 말입니다. 세상은 그렇습니다. 그러나 하나님은 우리를 그렇게 만들지 않으셨답니다. 예수로 인해, 원래 의도된 '부활 세상'으로 우리를 부르고 계십니다.

상상할 수 없는 모습으로 찾아오심

안식일에 관하여 예수님이 하신 답변은 그야말로 우리에게 늘 적용해야 됩니다. '내가 앞세운 신앙적 명분이 어떤 결과를 가져오는가? 나에게는 좋은 신앙이 다른 사람에게 비난을 받고 있지는 않는가? 나의 신앙은 누구에게 위로가 되는가?'를 우리는 늘 생각해야 합니다.

정답을 이야기한다고 책임이 끝나는 게 아닙니다. '당신은 하루에 성경을 몇 장이나 읽습니까? 하루에 서른 장 이상은 읽어야죠. 스물아홉 장밖에 못 본다면, 당신은 매일 읽지 못한 성경 장 수만큼 죽는 거예요'라고 말하면 안 됩니다. 우리는 그렇게밖에 서로를 격려할 줄 몰랐습니다. 진심도 있고, 신앙에 대한 기대도 있고, 종교적 용어를 사용하지만, 전체적인 이해와 개념이 부족해 모든 단어들을 죽이는 말로 계속 사용하고 있었습니다. 이 부분이 신자들의 신앙생활을 막는 최고의 댐입니다. 이 부분이 우리를 막아서 아무것도 못하게 할 뿐 아니라 강물도 흐르지 못하게 합니다. '하나님을 자기의 친 아버지라'(요 5:18)고 한 것에 대한 답이 빌립보서 2장 5절 이하에 나옵니다.

> 너희 안에 이 마음을 품으라 곧 그리스도 예수의 마음이니 그는 근본 하나님의 본체시나 하나님과 동등됨을 취할 것으로 여기지 아니하시고 오히려 자기를 비워 종의 형체를 가지사 사람들과 같이 되셨고 사람의 모양으로 나타나사 자기를 낮추시고 죽기까지 복종하셨으니 곧 십자가에 죽으심이라 이러므로 하나님이 그를 지극히 높여 모든 이름 위에 뛰어난 이름을 주사 하늘에 있는 자들과 땅에 있는 자들과 땅 아래에 있는 자들로 모든 무릎을 예수의 이름에 꿇게 하시고 모든 입으로 예수 그리스도를 주라 시인하여 하나님 아버지께 영광을 돌리게 하셨느니라 (빌 2:5-11)

이 말씀은 '그리스도가 순종하는 자로 십자가 곧 죽는 자리까지 갔다. 그래서 하나님이 예수를 가장 높여 가장 영광된 이름을 줬다. 이는 모두로 하나님께 영광을 돌리기 위해서다'라고 합니다. 요한복음 5장 23절을 보면, "이는 모든 사람으로 아버지를 공경하는 것 같이 아들을 공경하게 하려 하심이라 아들을 공경하지 아니하는 자는 그를 보내신 아버지도 공경하지 아니하느니라"라고 했습니다. 심판권과 묶여 있는 성육신이 하나님의 영광이라고 합니다.

사마리아 우물가에 지쳐서 앉아 계신, 물 뜨러 온 가장 비천한 지위의 여인에게 물을 달라고 구걸하는 것같이 앉아 있는 하나님에게 여인은 얼마나 무례하게 말대꾸를 합니까. "유대인이 왜 나한테 물을 달라고 하죠?"

"여인이여, 내가 누군 줄 당신이 알았다면, 당신이 나에게 물을 주고 엎드려서 복을 달라고 그랬을 것이요."

“아니, 당신이 뭔데 제가 그런 걸 해요? 이건 우리 조상 야곱이 판 우물이에요. 당신이 야곱보다 크단 말인가요?”

“물론이요. 나는 당신에게 영원토록 솟아나는 생수를 줄 수 있소.”

“그럼 뭐 물 뜨러 올 필요도 없겠네요. 목이 마르지 않으니.”

“당신과는 말이 안 통하네요. 당신의 남편을 데리고 오시오.”

“남편 같은 거 없어요.”

이와 같은 장소에 앉아 계신 하나님, 우리가 상상할 수 없는 하나님으로 오신 것입니다. 이것이 성육신입니다.

예수님은 사람들의 불치병을 고쳐 주셨습니다. 박수를 받고 감사의 마음도 받았습니다. 그런데 ‘당신은 누구십니까? 어떻게 고치셨습니까? 중풍병자밖에 못 고치나요? 문둥병은 안 되나요?’라고 하면, 예수님은 “데리고 와라” 하시며 고쳐 주셨습니다. 그뿐입니까? 귀신 들렸다고 하면 데리고 오라고 하셔서 귀신을 쫓으시기도 합니다. 풍랑이 오면 꾸짖어 잠잠하게 하시고 말이죠. 그런데 예수님이 다 들어줘도 사람들은 사사건건 시비만 겁니다. 그리고 예수님은 그 시비를 감수하십니다. 그분은 겁주러 오시지 않았습니다.

예수님은 우리의 수준과 반론과 악의를 견디십니다. 성육신은 사랑이 폭력을 이긴다는 걸 보여 줍니다. 실제로 보여 주시고, 본래 해야 되는 일을 원래대로 하십니다. 이를 보여 주신다고 십자가를 지시는 일이 면제되지는 않습니다. 십자가로 인하여 우리가 중생하고 눈이 뜨이고 영이 열린 후에야, 우리는 예수님이 십자가를 지시기 전에 사셨던 그분의 생애가 가지는 의미를 알 수 있습니다.

고난, 영광이 드러나는 방법

왜 하나님은 이러한 고난이 없이 우리를 부르시지 않을까요? 하나님이 이 방법으로 하나님의 영광을 구체적으로 드러내기를 원하셨기 때문입니다. 그리고 우리도 이 길을 따라 살면서 예수를 믿는 게 무엇인지 알도록 하셨습니다. 예수 믿는 우리를 밤낮 비난하고 놀리는 세상 앞에서 아버지의 영광을, 성육신의 영광을 살아 보라고 하십니다. 그 영광의 삶을 알지 못하면, 우리는 그냥 도망 나온 자에 불과합니다. 우리는 다만 외면한 자에 불과합니다. 하나님은 우리를 그렇게 만들지 않으셨습니다.

다시 한번 요한복음 3장 16절을 봅시다.

> 하나님이 세상을 이처럼 사랑하사 독생자를 주셨으니 이는 그를 믿는 자마다 멸망하지 않고 영생을 얻게 하려 하심이라 (요 3:16)

이 말씀에는 심판권과 성육신이 묶여 있는 것이 분명히 드러나 있습니다. 예수님은 영생을 주시려고 오셨습니다. 믿었다 안 믿었다를 판정하러 오시지 않았습니다.

> 하나님이 그 아들을 세상에 보내신 것은 세상을 심판하려 하심이 아니요 그로 말미암아 세상이 구원을 받게 하려 하심이라 (요 3:17)

이에 참여하고 부름받은 것을 기뻐하며 달라진 세계를 사는 것, 달라진 인생을 사는 것이 우리 앞에 열려 있음을 이해해야 합니다. 우리는 고통밖에는 잣대가 없고 보상밖에는 기대가 없기 때문에 더 그렇습니다. 예수를 믿는 것은 복되고 명예로운 기회입니다. 우리가 할 수 있는 조건 속에서 하나님의 영광을 담을 수 있습니다.

성육신을 이해하는 길

사람들이 기대하는 것은 결국 세상적 권력입니다. 건강이든, 부든, 지식이든, 지혜든, 뭐든 그렇습니다. 신자인 우리는 "우리가 원하는 기회나 조건을 주시면 하겠습니다"라고 합니다. 그러나 하나님은 "그건 안 된다. 그것은 성육신을 이해하지 못하는 것이다"라고 합니다. 요한복음 3장 31절 이하를 봅시다. 요한복음에는 이렇게 해설하는 구절이 많습니다.

> 위로부터 오시는 이는 만물 위에 계시고 땅에서 난 이는 땅에 속하여 땅에 속한 것을 말하느니라 하늘로부터 오시는 이는 만물 위에 계시나니 그가 친히 보고 들은 것을 증언하되 그의 증언을 받는 자가 없도다 그의 증언을 받는 자는 하나님이 참되시다는 것을 인쳤느니라 하나님이 보내신 이는 하나님의 말씀을 하나니 이는 하나님이 성령을 한량 없이 주심이니라 아버지께서 아들을 사랑하사 만물을 다 그의 손에 주셨으니 아들을 믿는 자에게는 영생이 있고 아들에게 순종하지 아니하는 자는 영생을 보지 못하고 도리어 하

나님의 진노가 그 위에 머물러 있느니라 (요 3:31-36)

예수로 말미암아 주신 것 외에는 길이 없습니다. "다른 이로써는 구원을 받을 수 없나니 천하 사람 중에 구원을 받을 만한 다른 이름을 우리에게 주신 일이 없음이라"(행 4:12)라고 했습니다. 복은 다 예수 안에 있습니다. 이를 벗어나면 안 됩니다. 우리가 무엇을 하든 예수의 이름으로 해야 합니다. 예수는 '성자 하나님이 성육신하신 이름'입니다. 예수께서 실제로 살아 내신 그 방법, 그 범위를 벗어나는 것에는 복과 가치가 있을 수 없습니다. 이를 안 믿는 것이 처벌을 받아서 지옥 가는 것보다 더 무서운 것입니다. 예수 밖에 머무는 것, 예수 안에 들어가지 못하는 것이 최고의 벌입니다. 성경은 이를 이야기하는 것입니다. 성자 하나님이 자기를 비워 종의 형체를 가져 십자가에서 죽기까지 순종하는 이 일은 하나님의 영광이라고 되어 있습니다.

예수님이 '내 아버지께서 이제까지 일하시니 나도 일한다'(요 5:17)라고 말씀하셨습니다. 그러시면서 '하나님을 자기의 친 아버지라 하여 자기를 하나님과 동등으로 삼으심이러라'(요 5:18)라고 합니다. 이에 대해 유대인들은 신성모독이라며 더욱 예수님을 죽이고자 했습니다. 여기서 나오는 '동등'은 빌립소서 2장에 분명히 나오듯이, "그는 근본 하나님의 본체시나 하나님과 동등됨을 취할 것으로 여기지 아니하시고"(빌 2:6)에 나오는 '동등'과 같은 의미입니다. 자기를 순종하는 자리, 종의 자리입니다. '사람의 모양으로 나타나사 자기를 낮추시고 죽기까지 복종하셨으니 곧 십자가에 죽으'시는(빌 2:8) 자리입니다.

사랑과 순종의 연합

예수님은 요한복음 10장에서 유대인들의 질문에 답하시면서 "나와 아버지는 하나이니라"라고 말씀하셨습니다. 신분과 지위와 계급에서의 하나가 아닙니다. 순종과 사랑이라는 연합으로서의 하나입니다. 만만치 않습니다. '하나'라고 하면 똑같은 투표권, 똑같은 결정권, 똑같은 권력을 갖는 것이라 생각합니다. 그러나 성경에는 그런 틈이 없다고 합니다. 성경이 말하는 '하나'는 사랑과 순종의 연합입니다. 나중에 요한복음 17장에 가면 이 '하나'가 굉장히 커다란 약속이 됩니다. "우리와 같이 그들도 하나가 되게 하옵소서"(요 17:11). 구원을 얻으면 지위가 다 같습니다.

'우리와 같이'(요 17:11)는 '나와 아버지가 하나인 것같이'라는 의미로, 우리가 주께 부름받아 걷는 이 신앙생활과 현실이 예수께서 걸으셨던 성육신의 생애가 되는 것입니다. 그냥 종교적으로 거룩하고 완벽한 생활로 넘어가면 안 됩니다. 이는 하나님이 요구하는 것이 아닙니다. 기도원이나 수도원에 들어가는 것은 특별한 사람들의 신앙 행위입니다. 대다수는 지지고 볶는 일상을 살아야 합니다. 예수께서 하셨던 것처럼 귀신 들린 자를 만나야 하고, 돌로 치려는 자들을 만나야 하며, 풍랑을 겪어야 하는 인생을 사는 겁니다. 거기에서 빛을 발하는 겁니다.

우리는 이 세상이 말하는 공포와 폭력으로 살지 않습니다. 내가 살기 위해 다른 사람을 죽일 필요가 없는 사람으로, 방법으로, 내용으로, 인생으로 사는 겁니다. 여기가 예수님의 답입니다. '아들을 공경하지 아니하는 자는 그를 보내신 아버지도 공경하지 아니하느니라'(요 5:23)라는 말씀은 우리가 '하나님을 어떻게 이해하느냐'가 예수를 이해하는 것과 맞물려 있다는 의미입니다. 우리는 '예수께서 죽으셔서 우리를 새롭게 하셨다'까지만 알고 있습니다. 그분의 공생애가 이런 저런 오해와 질시와 고단함 속에 있는 긴 과정으로 구체화되고 있다는 사실을 아는 사람은 매우 드뭅니다. 그냥 억울해할 뿐입니다.

히브리서 5장 8-9절에서 본 바와 같이, '그가 아들이시면서도 받으신 고난으로 순종함을 배워서 온전하게 되셨다'라는 순종의 시간과 과정, 순종할 때 요구되는 원망과 불만의 시간들을 살아 내야 결국 알 수 있습니다. 그리고 무한하게 열려 있는 것입니다. '우리와 같이 그들도 하나가 되게 하옵소서'(요 17:11)에 우리가 부름받아 이 생애를 걸을 수 있습니다. 그분의 기도가 응답되고 그분의 모든 행사가 우리에게 일어날 수 있습니다.

하나님이 어디까지 일하시는지는 모릅니다. 결국 제자들마저도 도망가 버린 그 순간까지 예수님의 성육신의 생애입니다. 모두 다 도망갔습니다. 그러므로 우리 모두가 원망하는 자리들이, 우리 모두가 이럴 수 없다고 생각하는 그 자리들이 일을 합니다. 우리의 생각과 훨씬 다른 하나님의 사랑이 폭력을 이깁니다. 세상이 폭력을 마음껏 휘두를 때, 하나님도 사랑을 마음껏 휘두르셨습니다. 그러나 실제로 사랑은 폭력이 아니기 때문에 사랑하는 자는 언제나 손해입니다. 용서하는 자가 손해입니다. 지면 잘못한 자가 됩니다.

부름받은 자리

우리는 이러한 자리를 지나갈 수 있나요? 지나가야 하고 넘어가야 합니다. 그렇지 않으면 도대체 왜 주일에 교회에 와서 예배를 드리는 겁니까? 자기 마음에 들게 하기 위해서인가요? 그렇게 할 수 없다는 것이 성육신입니다. 그 성육신의 삶을 살아야 합니다. 이사야 42장을 봅시다.

> 내가 붙드는 나의 종, 내 마음에 기뻐하는 자 곧 내가 택한 사람을 보라 내가 나의 영을 그에게 주었은즉 그가 이방에 정의를 베풀리라 그는 외치지 아니하며 목소리를 높이지 아니하며 그 소리를 거리에 들리게 하지 아니하며 상한 갈대를 꺾지 아니하며 꺼져가는 등불을 끄지 아니하고 진실로 정의를 시행할 것이며 그는 쇠하지 아니하며 낙담하지 아니하고 세상에 정의를 세우기에 이르리니 섬들이 그 교훈을 앙망하리라 하늘을 창조하여 펴시고 땅과 그 소산을 내시며 땅 위의 백성에게 호흡을 주시며 땅에 행하는 자에게 영을 주시는 하나님 여호와께서 이같이 말씀하시되 나 여호와가 의로 너를 불렀은즉 내가 네 손을 잡아 너를 보호하며 너를 세워 백성의 언약과 이방의 빛이 되게 하리니 네가 눈먼 자들의 눈을 밝히며 갇힌 자를 감옥에서 이끌어 내며 흑암에 앉은 자를 감방에서 나오게 하리라 나는 여호와이니 이는 내 이름이라 나는 내 영광을 다른 자에게, 내 찬송을 우상에게 주지 아니하리라 (사 42:1-8)

이 본문이 얼마나 겁주는 말씀인지 아시겠죠? '나는 내 이름을 우상에게, 내 찬송을 우상에게 주지 않겠다. 난 타협하지 않겠다. 난 너희를 경쟁에서 이기는 승자 정도로 부르지 않았다. 폭력을 휘둘러서 큰 소리치는 자로 너희를 부르지 않았다. 너희는 그것보다 크다.' 이는 예수 안에서 성취된 일차적 약속입니다. '나의 종을 보라. 그는 고함지르지 않는다. 폭력을 쓰지 않는다. 겁을 주지 않는다. 그러나 그가 빛이고 그는 모두에게 자유를 주는 내 종이다.' 이것이 예수이고 우리입니다.

요한복음 14장을 보면, '나를 믿는 자는 내가 하는 일을 그도 할 것이요 또한 그보다 큰 일도 하리니', '내 이름으로 무엇이든지 내게 구하면 내가 행하리라'라고 약속하셨습니다. 예수님보다 더 큰 일도 할 것이라는 약속은 어마어마하지 않나요? 우리는 그렇게 부름받았습니다.

우리가 가는 곳에 빛이 비치고, 우리가 가는 곳에 해방이 있습니다. 인간이라는 존재에 대해 세상 인문학만도 못한 그런 신앙, 그런 기대, 그런 만족 속에 빠지지 마시길 바랍니다. 지난번에는 이사야 43장이었습니다. 하나님이 손나팔을 만들어서 "사망아, 공포야, 유혹아, 까불지 마라. 내 백성을 건드리지 마라. 너희 강물들아, 태풍들아, 지진들아, 잠잠하라. 내 자식들이다"라고 외치십니다. 기억나시죠? 오늘도 그러십니다. "내 자식들아, 도망가지 마라. 얼렁뚱땅하지 마라. 끝까지 가자. 나는 네 하나님이다. 너희는 나의 영광이다." 그런 기대와 감격이 있는 인생을 살기 바랍니다.

기 도

하나님 아버지, 우리는 정말 살지 못할 현실을 걷고 있습니다. 미움과 폭언이 난무하는 현실에서 하나님이 우리에게 사랑이 이긴다고 말씀하십니다. "너희는 고함지르지 않아도 된다. 너희는 속 시원하게 하려고 하지 말고 나의 뜻이 얼마나 굉장한지 보고, 예수가 걸은 길을 기억해라! 그리고 너희가 나의 기적이 되고 나의 손길이 되라"는 그 부르심에 응하겠습니다. 주께서 함께하시고 우리 모두가 이 감격을, 이 자랑을 우리 생애에 담아내는 그 삶을 허락하옵소서. 예수님 이름으로 기도합니다. 아멘.

10.
나를 보내신 이의 뜻대로

---

30 내가 아무 것도 스스로 할 수 없노라 듣는 대로 심판하노니 나는 나
의 뜻대로 하려 하지 않고 나를 보내신 이의 뜻대로 하려 하므로 내 심
판은 의로우니라 31 내가 만일 나를 위하여 증언하면 내 증언은 참되
지 아니하되 32 나를 위하여 증언하시는 이가 따로 있으니 나를 위하
여 증언하시는 그 증언이 참인 줄 아노라 33 너희가 요한에게 사람을
보내매 요한이 진리에 대하여 증언하였느니라 34 그러나 나는 사람에
게서 증언을 취하지 아니하노라 다만 이 말을 하는 것은 너희로 구원을
받게 하려 함이니라 …… 46 모세를 믿었더라면 또 나를 믿었으리니 이
는 그가 내게 대하여 기록하였음이라 47 그러나 그의 글도 믿지 아니
하거든 어찌 내 말을 믿겠느냐 하시니라 (요 5:30-47)

요한복음에 그려진 예수님의 생애는 매우 독특합니다. 다른 복음서들이 예수님의 신분과 권능에 주된 초점을 둔 반면, 요한복음은 예수님이 기적을 행하신 후에 적대자들이 위협을 하는 것에 초점이 맞춰져 있습니다. 자신에 대한 세상의 무지와 말도 안 되는 적개심에서 비롯된 고난을 겪으시면서도 예수님은 온유하십니다. 적대자들을 비난하거나 심판하지 않으십니다.

무지와 오해 속에 오심

본문만 봐도 예수님은 38년 된 병자를 고치신 후에 적대자들에게 비난을 받습니다. 예수님을 비난하는 자들은 '고칠 수 없는 병을 고치신 분이 누구시고, 그런 일이 어떻게 가능하며, 어디까지 확장할 수 있는지'를 물어야 했습니다. 하지만 그들은 그렇게 묻지 않았습니다. 어떻게 해서든 예수님을 처치하려고만 합니다. 우리가 잘 알다시피, 그들은 앞으로 계속 더 강하게 비난할 것입니다. 그러한 일에 대해서 예수님은 그리 화를 내시지 않습니다.

본문에서 보는 바와 같이, 예수님은 오히려 '너희는 아무 때에도 그 음성을 듣지 못하였고 그 형상을 보지 못하였으며 그 말씀이 너희 속에 거하지 아니하니 이는 그가 보내신 이를 믿지 아니함이라'(요 5:37-38)라고 하십니다. 또한 예수님은 '그러나 나는 사람에게서 증언을 취하지 아니하노라 다만 이 말을 하는 것은 너희로 구원을 받게 하려 함이라'(요 5:34)라고 말씀하십니다. 예수님은 그들이 알아듣지 못할 것을 알고 계셨고, 이 모든 일을 믿지 않을 것이라고 알고 계셨습니다. 예수님은 '너희가 공감하거나 지원해 주는 것으로 내가 하는 일에 힘을 더하거나 결과를 만들어 낼 수 없다. 내가 온 것은 이런 무지와 오해 속에서도 구원을 베풀기 위해서다. 그것이 내가 할 일이다'라고 하십니다. 더불어 예수님은 "나는 사람에게서 영광을 취하지 아니하노라"라고 하십니다. 예수님은 세상에서 말하는 '그가 얼마나 위대한가, 얼마나 중요한 신분인가' 하는 여론이나 지지자들의 수를 염두에 두지 않으셨습니다.

예수님은 결국 십자가를 지는 일을 하셨습니다. 십자가를 지셔야 우리의 죄가 속해지고 우리의 영혼이 부활하여, 예수님이 누구셨고, 우리가 누구인지 알게 됩니다. 비로소 이러한 일들이 열매를 맺을 것입니다.

구원 이후 이해되는 성육신

그렇다면 예수님이 그동안 살아오신 그 긴 시간은 무엇입니까? 십자가에 대해서는 우리가 이해한 것 같습니다. 그런데 성육신 곧 예수님이 십자가를 지기 전까지 30년의 생애, 곧 갓난아기로 태어나 그저 평범한 인간으로 자라시고 마지막 3년 반을 공생애로 사신 그 기간은 무엇일까요? 적대자들의 오해와 폭력으로 수치스럽고 고통스러운 죽음을 맞게 되는 예수님에 대해서는 이해하겠으나, 그분이 살아오신 그 앞의 생애는 무슨 의미가 있을까요? 공생애와 십자가 정도면 족할 것을, 그렇게 긴 세월을 보내신 이유가 무엇일까요? 왜 성육신의 길을 걸으셨을까요? 이것이 요한복음에서 증언하는 것이고 우리를 깨우치려는 것입니다.

본문 가운데 주님의 성육신의 과정과 목적을 언급하는 곳이 있습니다.

> 이는 모든 사람으로 아버지를 공경하는 것 같이 아들을 공경하게 하려 하심이라 아들을 공경하지 아니하는 자는 그를 보내신 아버지도 공경하지 아니하느니라 (요 5:23)

당시 유대인들은 하나님을 잘 알고 있다고 생각했고, 하나님을 제대로 믿고 있다고 여겼습니다. 그러나 하나님의 아들이 그들에게 오셨는데, 그들은 그분을 믿지 않았습니다. 유대인들이 하나님을 믿으면서 예수를 믿지 못한 이유는, 그들은 하나님이 보내신 메시아의 표적이 강한 권력일 것이라고 생각했기 때문입니다. 그러나 예수님은 전혀 권력을 취하지 않으셨습니다. 요한복음 내내 예수님의 적대자들은 폭력을 사용하지만 예수님은 전혀 폭력을 행하지 않으셨습니다. 그뿐 아니라 예수님은 그들을 감동시킬 마음도, 설득할 마음도 없으셨습니다.

왜 그러셨을까요? 우리는 구원받고 난 다음 예수님의 생애가 무엇이었는지 알게 됩니다. 요한복음 1장을 살펴봅시다.

> 말씀이 육신이 되어 우리 가운데 거하시매 우리가 그의 영광을 보니 아버지의 독생자의 영광이요 은혜와 진리가 충만하더라 (요 1:14)

그럼에도 당시에 세상은 그분을 알아보지 못했습니다. 우리 역시 그분의 모습을 보고 그분이 누구인지 알았기 때문에 구원을 얻은 게 아닙니다. 그분이 십자가에 달리심으로 우리가 구원을 얻었습니다. 예수님이 하나님의 독생자의 영광으로 이 땅에 오셨으나 우리는 이를 알지 못했고, 은혜와 진리가 충만했지만 그것이 무엇인지 몰랐습니다. 요한복음 1장 14절은 이를 말하고 싶은 것입니다.

왜 이를 전하고 싶었을까요? 우리는 시간 순서상 앞이 원인이고 뒤가 결과여야 합니다. 그런데 이와 반대로 구원은 구원을 받아야 과거를 이해할 수 있기 때문에 이렇게 전하는 것입니다. 예수님이 이 땅에 오셔서 겪으신 성육신의 증언들은 십자가를 거친 후에야 그분이 구원자였고 하나님이셨음을 알 수 있습니다. 더불어 예수님이 적대 행위 속에 찾아오셨다는 것을 알 수 있습니다.

십자가의 도

예수님이 적대 행위 속에 찾아오시는 것이 왜 필요할까요? 우리가 예수를 믿으면 바로 천국에 가지 않고, 여전히 적대 행위가 권세를 부리는 세상에서 살아야 구원자 하나님을 알 수 있기 때문입니다. 우리는 구원받고 그 즉시 천국에 가든지, 예수를 증언하는 사명을 수행할 때 하나님이 천군 천사로 우리를 보호하시고, 우리의 말을 듣지 않는 자는 멸하시고 우리의 말을 잘 듣는 자들은 살리시기를 기대합니다. 하지만 그렇게 되지 않는다는 것은 살아 보면 압니다.

대학수학능력 시험을 볼 때, 학부모들이 "하나님, 그저 우리 아이 대학에 들어갈 점수만 나오게 해 주시면, 제가 다른 걸 달라고 하지 않겠습니다"라고 기도하고는 이내 체념합니다. 무슨 형통이나 기적이나 기쁨이 있으리라고 기대하지 않습니다. 그냥 이것쯤은 해 주실 거라 믿고 나아갑니다. 그러다가 자신이 드린 기도대로 이루어지지 않으면 마음에 '거 봐라'가 남습니다. 왜 그럴까요? 우리 인생에 속 시원하게 일이 해결된 사람은 몇 없습니다. 예수를 믿어서 덕을 본 적이 별로 없습니다.

우리는 예수 믿는 것을 우리의 소원을 비는 조건이나 방법같이 이해합니다. 그러나 성경은 그렇게 이야기하지 않습니다. 예수님은 적대자들에게 패하시고, 예수님을 해하려는 자들은 승리한 것 같습니다. 그들이 예수님을 십자가로 끌고 가기 때문입니다. 그런데 이러한 대조를 잘 살펴보십시오.

세상은 결국 비난을 하거나 보복을 하거나 죽이는 것을 벗어나지 못합니다. 세상은 그 이상의 실력도 없고 내용도 없습니다. 그러나 예수님은 다릅니다. 그분은 하늘에서 오신 분입니다. 그분은 하나님 아버지의 뜻을 가지고 오셨습니다. 그분은 우리를 구원하러 오셨습니다. 그분은 진리로 우리를 자유롭게 하시려고 오셨습니다. 그분은 우리에게 생명을 주고 더 풍성히 얻게 하시려고 오셨습니다. 놀라운 일입니다. 여기에는 무슨 의미가 있습니까? 죽어야 이 결론이 나온다는 것은 무슨 의미인가요? 고린도전서 1장을 가 봅시다.

십자가의 도가 멸망하는 자들에게는 미련한 것이요 구원을 받는

> 우리에게는 하나님의 능력이라 기록된 바 내가 지혜 있는 자들의 지혜를 멸하고 총명한 자들의 총명을 폐하리라 하였으니 지혜 있는 자가 어디 있느냐 선비가 어디 있느냐 이 세대에 변론가가 어디 있느냐 하나님께서 이 세상의 지혜를 미련하게 하신 것이 아니냐 하나님의 지혜에 있어서는 이 세상이 자기 지혜로 하나님을 알지 못하므로 하나님께서 전도의 미련한 것으로 믿는 자들을 구원하시기를 기뻐하셨도다 유대인은 표적을 구하고 헬라인은 지혜를 찾으나 우리는 십자가에 못 박힌 그리스도를 전하니 유대인에게는 거리끼는 것이요 이방인에게는 미련한 것이로되 오직 부르심을 받은 자들에게는 유대인이나 헬라인이나 그리스도는 하나님의 능력이요 하나님의 지혜니라 (고전 1:18-24)

다 알 것 같지만, 우리는 중요한 것을 놓치고 있습니다. 하나님은 세상의 지혜로 하나님을 이해할 수 없고 믿을 수 없기 때문에 전도의 미련한 방법을 쓰기로 하셨답니다. 전도의 미련한 방법은 세상의 지혜와 대비되는 것입니다. 세상의 지혜는 논리성, 치성, 주문과 같은 방법론입니다.

그렇다면, 전도는 왜 세상의 지혜와 대비되는 걸까요? 구원은 설득해서 되는 게 아닙니다. 믿는 자를 통해 증언할 수 있습니다. 우리도 세상 사람들과 똑같은 조건에 있습니다. 여기서 말하는 '세상 사람들과 똑같은 조건'이란 소원은 많으나 아무것도 받지 못한 상태를 말합니다. 이렇게 세상 사람들이 분노밖에 할 수 없는 똑같은 형편에서 우리는 다르게 반응할 수 있는 것이 전도입니다. 이것이 하나님의 방법입니다. 무슨 방법을 말해서 소원을 풀어내는 게 아닙니다. 답이 없는 인생을 예수를 믿는다는 이유 때문에 다르게 사는 겁니다.

예수님은 하나님의 독생자의 영광이고 은혜와 진리를 가지고 오신 분입니다. 그분은 이 세상의 폭력에 대하여 더 큰 권력으로 그들을 짓밟아 이기지 않으셨습니다. 이를 다 뒤집어쓰고 감수하는 방법으로서 계십니다.

십자가에서 예수님이 돌아가시는 것을 보고 있던 백부장이 '이 사람은 진실로 하나님의 아들이었도다'(막 15:39; 마 27:54; 눅 23:47)라고 했습니다. 이 말이 무슨 뜻일까요? 십자가에서 돌아가신 예수님을 보고 왜 '하나님의 아들'이라고 했을까요?

예수께서 '아버지 저들을 사하여 주옵소서'(눅 23:34), '다 이루었다'(요 19:30)라고 하신 말씀은 이 세상이 하는 말과 다릅니다. 우리가 경험하는 세계는 공포와 절망밖에 없습니다. 공포와 절망밖에 없는 곳에 다른 분이 계십니다. 십자가의 고통, 십자가의 죽음을 감수하시고도 넉넉하신 분이 여기 계십니다. 죽음으로 다 지울 수 없고, 죽음으로 덮어씌울 수 없는 존재가 십자가에 달리셨습니다. 그래서 백부장은 '이 사람은 진실로 하나님의 아들이었도다'라고 고백할 수 있었습니다.

더 위대해질 기회

인생을 살면서 무엇을 배울까요? 세상은 여전히 폭력만 행사합니다.

그 속에서 우리만 사망과 비난과 거짓말에 저항할 수 있습니다. 성경은 우리에게 이런 인생을 살아 내라고 합니다. 우리 모두 잘 아는 이 명령, '하늘과 땅의 모든 권세를 내게 주셨으니 그러므로 너희는 가서 모든 민족을 제자로 삼아 아버지와 아들과 성령의 이름으로 세례를 베풀고 내가 너희에게 분부한 모든 것을 가르쳐 지키게 하라'(마 28:18-20)라는 전도의 사명을 주셨기 때문입니다.

예수님은 우리에게 '하늘과 땅의 권세를 주신 이로 말미암아 믿지 않는 자들에게 진리와 생명을 전하라. 그러나 그들은 오히려 우리에게 분노와 폭력을 행사하고 우리를 사망에 이르게 할 것이다. 그런 사지 속에서 하나님과 동행하는 방식으로 살라'고 하십니다. 그런 면에서 전도는 방법론이 아니라 삶입니다.

누가 전도를 제일 잘할까요? 학창 시절에 제일 악질로 놀았던 동창이 예수를 믿으면 최고입니다. 그 옛날의 모습이 달라져 있어야 합니다. 전도는 도덕적 감화로 되지 않습니다.

"네가 예수를 믿어? 정말?" "그래, 믿어." "너, 술 안 마셔?" "마시지." "그게 뭐야? 예수 믿으면서 술은 왜 마시냐?" "괜찮아, 술이 문제가 아니고, 영혼이 구원을 받아야 돼."

이런 사람이 전하는 구원의 복음은 다르죠. 이 세상의 모든 공포에 대해서 우리만 담대하게 서 있을 수 있습니다. 이것이 요한복음이 전하고자 하는 바입니다.

우리가 하나님께 하는 불평은 무엇입니까? '한 가지만이라도 들어주세요. 그러잖아도 힘든데 이것까지 또 하라고요?'가 아닌가요? 일찍 예수를 믿었어도 손해 본 것 같은 인생이 계속 따라옵니다. 점입가

경, 설상가상입니다. 파도 뒤에 또 파도가 옵니다. 그것은 우리보고 위대해지라는 신호입니다. 성경은 '이제 작은 것을 했으니, 그다음에는 더, 더, 더하자'고 우리를 다그칩니다.

영광을 보는 이들

이제 우리는 예수님의 공생애에서 일어났던 사건들을 다시 이해할 수 있습니다. 마태복음 16장 15절 이하를 살펴봅시다.

> …… 너희는 나를 누구라 하느냐 시몬 베드로가 대답하여 이르되 주는 그리스도시요 살아 계신 하나님의 아들이시니이다 예수께서 대답하여 이르시되 바요나 시몬아 네가 복이 있도다 이를 네게 알게 한 이는 혈육이 아니요 하늘에 계신 내 아버지시니라 (마 16:15-17)

예수님이 그리스도이시고 하나님의 아들이라는 것은 혈육이라도 알 수 없습니다. 메시아, 곧 구세주가 초라한 삶을 살 것이라고 어느 누가 알 수 있겠습니까? 그러나 베드로는 권력도 없는 것 같고, 속 시원하게 보복도 할 수 없는 처지로 그저 떠돌이 같은 인생을 사는 자, 요즘 같으면 노숙자 같은 삶을 사는 그 예수를 '살아 계신 하나님의 아들'이라고 고백합니다. 18절 이하를 더 살펴봅시다.

> 또 내가 네게 이르노니 너는 베드로라 내가 이 반석 위에 내 교회를

> 세우리니 음부의 권세가 이기지 못하리라 내가 천국 열쇠를 네게 주리니 네가 땅에서 무엇이든지 매면 하늘에서도 매일 것이요 네가 땅에서 무엇이든지 풀면 하늘에서도 풀리리라 (마 16:18-19)

우리도 이렇듯 굉장한 존재입니다. "말씀이 육신이 되어 우리 가운데 거하시매 우리가 그의 영광을 보니 아버지의 독생자의 영광이요 은혜와 진리가 충만하더라"(요 1:14)와 똑같은 이야기입니다. 그의 영광을 이제 우리가 보게 되었습니다. 우리가 풀면 하늘에서도 풀리고 우리가 매면 하늘에서도 매이는 것입니다. 그러고 나서 예수님이 제자들에게 뭐라고 하셨나요?

> 이 때로부터 예수 그리스도께서 자기가 예루살렘에 올라가 장로들과 대제사장들과 서기관들에게 많은 고난을 받고 죽임을 당하고 제삼일에 살아나야 할 것을 제자들에게 비로소 나타내시니 (마 16:21)

예수님이 "난 이제 죽어야 된다"고 하자 베드로가 뒤집어졌습니다. "주여 그리 마옵소서 이 일이 결코 주께 미치지 아니하리이다"라고 항변합니다. 이에 예수님이 베드로에게 "사탄아"라고 하십니다. 왜 예수님이 갑자기 베드로에게 '사탄'이라고 하신 것이죠? 베드로가 예수님을 넘어지게 하는 자로, 하나님의 일을 생각하지 아니하고 도리어 사람의 일을 생각했기 때문입니다.

예수님은 제자들에게 '내 공생애의 모든 수고도 십자가로 돌려놓지 않으면 아무런 가치가 없다. 구원은 너희가 죄를 용서받고 누추한 데 살다가 복된 곳으로 자리를 옮기는 정도가 아니다. 하나님은 너희를 땅끝까지 이르게 하여 모든 민족으로 제자를 삼으신다. 이 세상과 인류의 역사를 구원해 내는 그분의 구속과 통치에 너희를 동역자로 부르신다. 내가 이렇게 온 것은 아버지의 뜻이고, 이것은 나의 영광일 뿐 아니라 아버지의 영광이다. 그리고 너희 존재와 인생의 영광이다' 라고 하신 것입니다.

영광으로의 부르심

"너희는 유혹의 욕심을 따라 썩어져 가는 구습을 따르는 옛 사람을 벗어 버리고 오직 너희의 심령이 새롭게 되어 하나님을 따라 의와 진리의 거룩함으로 지으심을 받은 새 사람을 입으라"(엡 4:22-24)라는 성경의 요구는 우리에게 도덕성을 갖추라고 지시하는 정도가 아닙니다. 훨씬 더 적극적으로 우리의 존재와 인생에 대해서 말하고 있습니다.

우리는 얼마나 영광된 일에 부르심을 받고 있습니까? 하나님이 영광된 일을 위해 예수를 이 땅에 보내어 인류를 구원하신 것처럼, 이 세상 끝날까지 우리를 만나는 자들에게 그 구원의 역사를 이루겠다고 약속하셨습니다. 우리는 그런 영광된 일에 부름받은 인생을 사는 것입니다. 물론 힘듭니다. 예수님도 힘들어 하셨습니다. '내 마음이 매우 고민하여 죽게 되었으니'(마 26:38)라고 고백하실 정도였습니다. 그러나 예수님이 고난의 길을 가신 것은 그 길이 최고의 영광이기 때문입니다.

예수님은 자신이 하는 사역이 아버지의 영광이라고 말씀하시고, 자신이 영광 받는 일은 십자가라고 소개하십니다. 그러므로 그리스도인들은 자신의 신앙과 인생을 예수님처럼 고백해야 마땅합니다. 모든 일이 속 시원하게 풀리고, 만족할 만한 보상을 받지 않습니다. 그리스도인들은 인생을 평탄하게 걸을 수 없습니다. 결국 우리는 골로새서 1장의 고백을 할 것입니다.

> 나는 이제 너희를 위하여 받는 괴로움을 기뻐하고 그리스도의 남은 고난을 그의 몸된 교회를 위하여 내 육체에 채우노라 내가 교회의 일꾼 된 것은 하나님이 너희를 위하여 내게 주신 직분을 따라 하나님의 말씀을 이루려 함이니라 이 비밀은 만세와 만대로부터 감추어졌던 것인데 이제는 그의 성도들에게 나타났고 하나님이 그들로 하여금 이 비밀의 영광이 이방인 가운데 얼마나 풍성한지를 알게 하려 하심이라 이 비밀은 너희 안에 계신 그리스도시니 곧 영광의 소망이니라 우리가 그를 전파하여 각 사람을 권하고 모든 지혜로 각 사람을 가르침은 각 사람을 그리스도 안에서 완전한 자로 세우려 함이니 이를 위하여 나도 내 속에서 능력으로 역사하시는 이의 역사를 따라 힘을 다하여 수고하노라 (골 1:24-29)

우리는 종종 역사적으로 바울의 위대함을 논합니다. 그러나 바울은 진정한 위대함이란 고난 속에서 하는 사역이라고 이해하고 있었습니다. 그는 자기가 고난 속에서 일해야 한다는 것을 처음 부름받았을 때부터 알았습니다. 다메섹 도상에서 예수님을 만난 그는 사흘 동안 보지도 먹지도 마시지도 못했습니다. 그때 주님이 아나니아에게 나타나셔서 바울에 대해 알려 주시길, '그가 내 이름을 위하여 얼마나 고난을 받아야 할 것을 내가 그에게 보리이라'(행 9:16)라고 하셨습니다.

사실, 다메섹 사건 전에 바울의 삶은 괜찮았습니다. 예수 믿는 자를 잡아 가둘 때까지는 형통했습니다. 하지만 예수님을 만난 후로는 인생이 평탄하지 않습니다. 고린도후서 11장에서 그의 지난한 인생사를 엿볼 수 있습니다.

> 유대인들에게 사십에서 하나 감한 매를 다섯 번 맞았으며 세 번 태장으로 맞고 한 번 돌로 맞고 세 번 파선하고 일 주야를 깊은 바다에서 지냈으며 여러 번 여행하면서 강의 위험과 강도의 위험과 동족의 위험과 이방인의 위험과 시내의 위험과 광야의 위함과 바다의 위험과 거짓 형제 중의 위험을 당하고 또 수고하며 애쓰고 여러 번 자지 못하고 주리며 목마르고 여러 번 굶고 춥고 헐벗었노라 (고후 11:24-27)

성육신의 비밀, 고난

왜 이런 고난들이 믿는 자에게 허락되는 걸까요? 고난이 무엇이기에 이렇게까지 해야 할까요? 로마서 11장 30절 이하를 보겠습니다.

> 너희가 전에는 하나님께 순종하지 아니하더니 이스라엘이 순종하지 아니함으로 이제 긍휼을 입었는지라 이와 같이 이 사람들이 순종하지 아니하니 이는 너희에게 베푸시는 긍휼로 이제 그들도 긍휼을 얻게 하려 하심이라 하나님이 모든 사람을 순종하지 아니하는 가운데 가두어 두심은 모든 사람에게 긍휼을 베풀려 하심이로다 깊도다 하나님의 지혜와 지식의 풍성함이여, 그의 판단은 헤아리지 못할 것이며 그의 길은 찾지 못할 것이로다 누가 주의 마음을 알았느냐 누가 그의 모사가 되었느냐 누가 주께 먼저 드려서 갚으심을 받겠느냐 이는 만물이 주에게서 나오고 주로 말미암고 주에게로 돌아감이라 그에게 영광이 세세에 있을지어다 아멘
> (롬 11:30-36)

고난은 믿지 않는 자의 도전을 받는 것입니다. 하나님은 모든 사람을 순종하지 아니하는 가운데 가두어 두셨습니다. 하나님은 우리가 건네는 도전을 기꺼이 받아 주십니다. '주님, 왜 우리에게 모진 일을 겪게 하시나요? 왜 이건 해 주지 않으시죠?'를 받으십니다. 예수님은 공생애 내내 이러한 도전을 받으시고 십자가를 지셨습니다.

그래서 십자가를 통해 구원을 얻은 우리는 예수님의 공생애와 같은 삶을 살아야 한다는 것을 깨닫습니다. 우리는 예수님을 십자가에 못 박은 세상 속으로 들어갑니다. 세상 사람들이 우리를 비난합니다. 빈정거립니다. 조롱합니다. 거기서 우리가 늠름하게 길을 가야 합니다. 하나님은 우리에게 이 세상의 도전을 받게 하십니다. 그 가운데 우리를 키우십니다. 예수님이 '아들이시면서도 받으신 고난으로 순종

함을 배워서 온전하게'(히 5:8-9) 되신 것처럼, 우리를 만나는 자들이 하나님의 영광을 보는 일들이 생깁니다. 이것이 하나님이 하시는 역사입니다.

왜 심판이 지체되고 있을까요? 하나님은 우리를 그냥 불구덩이에서 건져서 따뜻한 응접실로 데려가시는 것이 아니라 우리를 단련하십니다. 우리에게 도전하시고 시험하시어 우리로 울고 고민하고 고함지르게 하십니다. 그 모든 것 안에 성육신의 비밀이 담겨 있습니다. 하나님이 우리에게 요구하고 기대하는 목적이 있습니다. 예수를 믿는 신앙이 깊어지고, 귀하고 놀라운 하나님의 기적이 우리의 생애와 고백 가운데 넘치기를 바랍니다.

기 도

하나님 아버지, 우리는 이 고된 삶에서 도망갈 수 없습니다. 우리의 생애를 불평하거나 외면할 수도 없습니다. 인생은 우리에게 소중한 시간입니다. 하나님은 우리에게 모든 것을 해결하라고 하지 않으십니다. 하나님은 주 예수의 생애에서 우리가 보고 배우고 익힌 것을 우리의 생애에 채우라고 하십니다. 또한 하나님은 그 아들에게 허락하신 것처럼, 우리에게 구원의 손길이 되고, 영광이 되라고 요구하십니다. 아멘으로 순종하게 하옵소서. 예수님 이름으로 기도합니다. 아멘.

11.
눈을 들어 밭을 보라

…… 35 예수께서 이르시되 나는 생명의 떡이니 내게 오는 자는 결코
주리지 아니할 터이요 나를 믿는 자는 영원히 목마르지 아니하리라
36 그러나 내가 너희에게 이르기를 너희는 나를 보고도 믿지 아니하는
도다 하였느니라 37 아버지께서 내게 주시는 자는 다 내게로 올 것이
요 내게 오는 자는 내가 결코 내쫓지 아니하리라 38 내가 하늘에서 내
려온 것은 내 뜻을 행하려 함이 아니요 나를 보내신 이의 뜻을 행하려
함이니라 39 나를 보내신 이의 뜻은 내게 주신 자 중에 내가 하나도 잃
어버리지 아니하고 마지막 날에 다시 살리는 이것이니라 40 내 아버지
의 뜻은 아들을 보고 믿는 자마다 영생을 얻는 이것이니 마지막 날에
내가 이를 다시 살리리라 하시니라 (요 6:26-40)

요한복음은 우리에게 익숙한 공관복음서와 다르게 내용을 전개하고 있습니다. 다른 복음서들은 예수님이 하나님이시고, 인간들을 구원하기 위하여 이 땅에 오셔서 수많은 기적을 행하시며, 우리를 격려하신 점을 기록하고 있습니다. 하지만 요한복음에서는 예수님이 행하신 수많은 기적에 늘 사람들의 시비가 따라붙습니다. 우리가 알다시피 예수님이 행하신 기적에는 시비를 걸 만한 것이 없었습니다. 병자를 낫게 하시고, 바다를 꾸짖어 잠잠하게 하시고, 죽은 자를 살리시고, 귀신을 쫓아내시고, 보리떡 다섯 개와 물고기 두 마리로 5천 명을 배부르게 먹이신 후에 남은 음식이 열두 바구니나 되는 은혜로운 기적뿐이었습니다. 그럼에도 불구하고 은혜를 입은 자들이 예수님을 비난하고 압박합니다. 그래서 요한복음은 예수님을 거부하는 자들의 날선 말과 우리를 구원하러 오신 예수님의 태도 사이의 대조를 보여 줍니다. 우리가 이미 사마리아 여인의 이야기에서 보았다시피, 하나님은 절대 권력을 동원하시거나 공포를 조장하여 그들의 무릎을 꿇리지 않으십니다. 하나님은 적대자들의 억지 주장에 대해 그분의 깊이를 드러내시는 일로 우리를 깨우치십니다.

영생하도록 있는 양식

요한복음 6장은 오병이어 기적을 기록합니다. 예수님이 물고기 두 마리와 보리떡 다섯 개로 5천 명을 먹이시자, 사람들이 예수님을 억지로 임금으로 삼으려고 합니다. 그 이유에 대해 예수님은 "내가 진실로 진실로 너희에게 이르노니 너희가 나를 찾는 것은 표적을 본 까닭이 아니요 떡을 먹고 배부른 까닭이로다"라고 하셨습니다. 예수님은 그들에게 '이 기적을 너희가 기대하던 세계가 열렸다는 증거로, 한계와 절망을 넘어서는 길로 이해하지 못하고, 너희의 소원과 기대를 충족시킬 수단과 방편으로만 나를 찾는 것'이라며 꾸짖으시는 것입니다.

덧붙여 예수님은 "썩을 양식을 위하여 일하지 말고 영생하도록 있는 양식을 위하여 하라"라고 말씀하셨습니다. 이는 '너희의 신앙생활을 이런 사소한 필요를 채우는 데 쓰지 말고, 너희의 가치와 운명을 위한 부요한 소원과 연결지어야 한다'고 이르신 것입니다.

그러자 금방 이런 질문이 나옵니다. "우리가 어떻게 하여야 하나님의 일을 하오리이까." 이 말씀을 우리가 이해하기 쉬운 표현으로 바꿔봅시다. 사람들이 예수께 '무엇을 하는 것이 진정한 신앙생활입니까? 도대체 하나님을 믿는다는 것은 구체적으로 어떤 것입니까?'라고 물은 것입니다. 그러자 예수님이 "하나님께서 보내신 이를 믿는 것이 하나님의 일이니라"라고 하십니다. '예수를 믿는 게 신앙생활이고, 하나님 신앙의 진정한 답이다. 하나님을 믿는다면 예수를 믿어야 된다'라고 하신 것입니다.

그렇다면 우리가 예수님을 믿는 것이 왜 이리 어려울까요? 예수님은 우리가 원하는 답을 주시지 않기 때문입니다. 우리가 기대하는 형통과 권력을 주시지 않습니다. 그렇기에 우리는 여기에서 다 걸려 넘어집니다.

예수님은 믿지 않는 자들을 위하여 이 땅에 오셨습니다. 그런데 그분은 믿지 않는 자들을 감동시키거나 설득시킨 적이 없습니다. 그분은 사람들에게 붙잡혀서 십자가에 달려 죽으십니다. 사람들은 위대한 기적들을 행하신 예수님이 자신들에게 형통한 인생을 살도록 해 주시리라고 기대했습니다. 하지만 예수님은 사람들의 기대를 들어주지 않으시고 십자가에 달려 돌아가셨습니다. 그러다 보니 사람들은 예수님을 대항하는 적대자로 변했고, '그렇게 무기력하게 죽을 거면서 왜 사람들의 마음만 휘저어 놨느냐?'고 분풀이하는 것입니다.

예수님이 십자가를 질 당시, 빌라도가 유대인들에게 "유월절이면 내가 너희에게 한 사람을 놓아 주는 전례가 있으니 그러면 너희는 내가 유대인의 왕을 너희에게 놓아 주기를 원하느냐"라고 묻자, 그들은 "이 사람이 아니라 바라바라"라고 소리 질러 답했습니다. 바라바는 우리가 잘 아는 대로 강도였습니다. 이처럼 유대인들은 예수께 굉장한 배신감을 느꼈습니다. 유대인들이 예수님에게 배신감을 느낀 것은 그 당시 사람들이 오늘날 우리보다 못나서가 아닙니다. 그들이 느낀 배신감은 우리 모든 믿는 자에게 평생 쫓아다니는 의문입니다. '하나님, 저보고 더 이상 무엇을 어떻게 하란 말씀이십니까? 이만하면 만 점은 아니더라도 오십 점은 주셔야 될 것 아닙니까?'라고 하는 게 예수 믿는 우리가 신앙생활하는 현실에서 늘 하는 질문입니다. '괜히 일찍 믿어서 고생만 했네. 남는 거라고는 성가대밖에 없다'고 생각합니다. 그래서 이 문제가 좀 심각합니다.

진정한 갈증, 필요한 양식

예수님과 무리의 대화가 계속 이어집니다. "그러면 우리가 보고 당신을 믿도록 행하시는 표적이 무엇이니이까, 하시는 일이 무엇이니이까 기록된 바 하늘에서 그들에게 떡을 주어 먹게 하였다 함과 같이 우리 조상들은 광야에서 만나를 먹었나이다"(요 6:30-31). 이에 예수님이 "모세가 너희에게 하늘로부터 떡을 준 것이 아니라 내 아버지께서 너희에게 하늘로부터 참 떡을 주시나니 하나님의 떡은 하늘에서 내려 세상에 생명을 주는 것이니라"(요 6:32-33)라고 답하셨습니다. 그들이 "주여 이 떡을 항상 우리에게 주소서"라고 하자, 예수님이 다음과 같은 묘한 말을 덧붙이십니다.

> 예수께서 이르시되 나는 생명의 떡이니 내게 오는 자는 결코 주리지 아니할 터이요 나를 믿는 자는 영원히 목마르지 아니하리라 그러나 내가 너희에게 이르기를 너희는 나를 보고도 믿지 아니하는도다 하였느니라 (요 6:35-36)

결국 그들은 못 믿을 것입니다. 아니 믿지 않을 것입니다. 예수님은 생명의 떡입니다. 그분께 가는 자는 결코 주리지 않고 목마르지 아니할 것입니다. 그런데 우리는 왜 예수로 만족하지 못할까요? 이 부분이 바로 요한복음이 하고자 하는 이야기입니다. '인간의 진정한 갈증이 무엇인가? 인간에게 가장 필요한 양식은 무엇인가? 바로 하나님을 아는 것이다'라고 전하는 것입니다.

우리는 '예수를 믿는다'는 말을 어디에 사용하고 싶어 합니까? 우리가 하는 일이 형통하고 안전하게 되었으면 하는 바람에 사용하고자 합니다. 이는 굉장히 어려운 장애물입니다. 우리가 이 장애물을 넘어서야 하는데, 어떻게 넘어설 수 있을까요? 평생 시달려서 넘어설 수밖에 없습니다.

우리는 안전과 형통을 원하지만 현실은 그렇지 않아 실망하고 원망하고 분노하고 체념합니다. 이를 반복하는 중에 나이가 들어 죽음을 피할 수 없는 자리에 오면 생애를 되돌아보게 됩니다. 그러고는 '어차피 죽을 거라면 내가 좀 더 잘 살걸', '공부 좀 덜 할걸', '공부를 잘해서 도대체 뭘 했단 말인가?' 하며 세상에 대해 실망을 합니다. 결국 세상이 주는 보상은 아무것도 아니라는 것을 비로소 알게 됩니다. 이는 나이가 들어야 알 수 있는 겁니다. 못 해 봐도 아쉬운 게 없는 나이, 다 해 본 것이 약간의 유익을 줬던 것은 사실이지만 영생이 될 수는 없다는 것을 아는 나이가 되면, 인간은 세상이 약속한 것으로는 만족할 수 없는 더 깊은 답, 더 깊은 존재, 더 깊은 영광된 운명에 대해 고민하게 됩니다.

인간의 정체성

예수님은 구원을 위해 오셨습니다. 무엇을 구원하러 오셨을까요? 값없고 하찮은 것에 인생을 허비하는 우리를 구원하러 오셨습니다. "너희는 짐승이 아니란다. 너희는 기계가 아니란다. 너희는 소모품이 아니란다. 너희는 내 자녀란다. 그러니 이렇게 헛되게 살지 마렴." 이것이 복음입니다.

우리가 늘 소원하는 것은 다 권력입니다. 자존심을 세우기 위한 권력, 다른 사람에게 지지 않는 권력을 원합니다. 그러나 성경에서 말하는 자존심은 하나님의 형상, 하나님을 아는 것, 하나님의 자녀로 불리는 것입니다.

인류 역사 내내 인문학은 '인간이란 무엇인가?'를 추구해 왔습니다. 그러나 인간이 무엇인지 아무리 찾거나 파헤쳐도 답이 나오지 않습니다. 인간의 정체성과 가치는 '하나님의 사랑을 받는 자'일 때 찾을 수 있습니다. 하나님이 없으면 인간은 자신의 근거를 찾을 수 없습니다. 하나님이라는 근거 없이 인간의 정체성을 밝히려는 이들은 명분과 추상 명사로 이를 대체할 뿐입니다. 행복, 유능, 보람 등과 같은 말로 인격을 대신합니다. 본인 자신이 행복해야 되는데, 행복을 추구하면서 행복하다고 믿는 것으로 스스로 만족한다면 결국 자신을 기만하는 것입니다. 모두 옳은 소리입니다만 옳은 말을 한다고 그 사람이 위대해지지는 않습니다.

멋진 말을 줄줄 하는 어떤 사람을 대면했습니다만, 다음에는 그 사람을 만나고 싶지 않은 적이 있지 않습니까. 하지만 예수를 믿으면 뭐가 뭔지 모르겠는데, 만나면 좋습니다. 신앙이 좋다는 것을 오해하면 정답만을 나열하는 자가 되어 버립니다. 신앙이 좋은 사람이 점점 무서워지는 경우가 있습니다. "당신 요새 기도 안 하더군요"라고 하면 안 됩니다. 누군가 기도하지 않으면 이를 본 당사자가 그 사람을 위해 기도해야 합니다. 이 나라를 걱정한다면 우리가 책임지고 기도해야 합니다. 기도한다고 고함을 지를 필요가 없습니다. 세상에서 우리는 없는 존재입니다. 우리는 어리석은 자들입니다. 우리는 세상과 대화가 안 되는 자들입니다.

용서하고 용납하는 자리

예수님은 늘 같은 자리에 서 계셨습니다. 예수님이 서신 자리가 보이십니까? 요한복음 5장 39절에 "너희가 성경에서 영생을 얻는 줄 생각하고 성경을 연구하거니와 이 성경이 곧 내게 대하여 증언하는 것이니라"라고 나옵니다. 성경에 나오는 이스라엘의 역사, 모든 인류의 역사는 예수를 증언하는 거랍니다. 무엇을 증언합니까? 인간의 궁극적 목적이 무엇인지를 묻고 꾸짖고 격려하는 것입니다.

구약성경을 읽다 보면, '이스라엘 사람들은 왜 그렇게 못났을까? 왜 순종하지 않을까? 왜 그렇게 해서 벌을 받는지 모르겠어' 하는 생각이 들 때가 있습니다. 그럼 어떻게 해야 합니까? 예수님처럼 해야죠. 예수님은 어떻게 하셨는데요? 그분은 자신을 외면하고 거부하며 못난 자리로 도망간 우리를 구원하기 위해 우리의 옷을 입고 우리가 사는 곳에 찾아오셨습니다. 그러시고는 우리와 싸우지 않으십니다.

"얘들아, 너희가 하는 일이 행복하느냐?"

"당신은 누구십니까?"

"나는 너희가 믿는다고 말하는, 하나님이 보내서 온 자다."

"왜 그렇게 초라한 모습으로 오셨나요?"

“나는 너희를 겁주러 온 것이 아니다. 심판을 하기 위해 온 것이 아니다. 나는 너희를 구원하러 왔단다.”

“무슨 그런 모습으로 와서 구원을 논하십니까? 왜 빌라도에게 잡히셨어요?”

“그런 것은 중요한 문제도, 내용도 아니란다. 사람은 폭력이나 분노나 원망 같은 것을 입에 올릴 필요가 없는 존재란다. 자신의 권력이나 자기 자랑 같은 것들은 우리에게 아무런 가치를 주지 못한단다.”

“그럼, 무엇이 진정한 가치인가요?”

“사랑하는 거란다.”

“에이, 그게 뭐예요?”

예수님은 지금껏 이런 상황을 겪고 계십니다. 상대방을 인정하는 것, 못난 자리에 있는 자를 대접하는 것, 적대적이고 폭력적인 것을 용납하시고 용서하십니다. 왜요? 그분은 우리가 깨닫고 사랑할 수 있을 때까지 기다리시기 때문입니다.

하늘로부터 온 참 떡

신명기 8장에서는 하늘에서 내려온 만나에 대해 언급합니다. 이스라엘 백성은 40년간 광야에서 만나를 먹었습니다. 하나님이 이스라엘 백성에게 만나를 준 이유는 그들을 낮추고 시험하여 그들의 마음을 드러내기 위해서였습니다. 하나님은 이스라엘 백성이 가나안 땅에 들어가기 전까지 만나를 주셨습니다. 그들이 가나안 땅에 들어가기 전에는 만나가 떨어져 굶어 죽는 일은 없었습니다. 만나는 충분했으나 그들이 가나안 땅에 들어가지 않아서 광야에서 다 죽고 말았습니다. 이것이 신명기가 말하는 만나 사건입니다.

예수님도 "내가 진실로 진실로 너희에게 이르노니 모세가 너희에게 하늘로부터 떡을 준 것이 아니라 내 아버지께서 너희에게 하늘로부터 참 떡을 주시나니 하나님의 떡은 하늘에서 내려 세상에 생명을 주는 것이니라 …… 나는 생명의 떡이니 내게 오는 자는 결코 주리지 아니할 터이요……"(요 6:32-35)라고 말씀하십니다. '너희는 하나님이 너희에게 목적한 자리, 하나님의 자녀가 되는 자리에 가야 한다. 그걸 위해서 내가 왔다. 떡을 주는 것으로 안 돼서 내가 왔다. 나는 너희에게 생명의 떡이다'라고 말씀하신 것입니다.

모세가 이스라엘 백성을 이끌고 가나안 땅 입구까지 갔다가 백성들의 반발로 인해 가나안 땅 입성을 실패합니다. 그래서 광야에서 40년 동안 방랑 생활을 하게 되었습니다. 잘 버티던 모세도 마지막에 가서 무너졌습니다. 그는 므리바에서 물이 없다고 원망하던 백성들을 위해 하나님께 물을 달라고 기도합니다. 하나님이 말씀하신 대로 반석에서 물을 낼 때, 모세가 반석을 칩니다. 시편에서는 "모세가 그의 입술로 망령되어 말하였음이로다"(시 106:33)라고 되어 있습니다. 아마 모세가 심한 욕을 한 것으로 보입니다. 그러고 나서 그가 반석을 쳤습니다.

모세가 왜 반석을 쳤을까요? 성질을 부릴 때, 정자세로 서서 부리는 사람은 없습니다. 흔들 수 있는 건 다 흔들면서 성질을 부립니다. 그때 하필 모세의 손에 지팡이가 있었습니다. 그래서 그냥 바위를 내리친 것이죠. 그때 하나님이 모세에게 "모세야, 너는 왜 내 자식들한테 이런 몹쓸 말과 행동을 하느냐?"라고 한 것입니다. '이스라엘 백성은 내 자식이야. 너는 내 종이고. 백성들이 잘못했지만 네가 감히 내 자식들에게 그럴 수 있느냐?'가 된 겁니다.

분부한 모든 것, 사랑하라

복음서는 예수님의 생애를 보며 감동하라고 이를 증언하고 제시하는 것이 아닙니다. '제자들도 그때는 몰랐다'라는 것을 전제로 합니다. 예수님이 잡히시자 제자들은 모두 도망갔습니다. 그러나 예수의 부활로 제자들의 영안이 열렸습니다. 부활 생명에 의해 예수를 알아볼 수 있게 되었습니다. 그런 후 예수의 생애를 역추적하여 그분에 대하여 생각할 수 있게 된 것입니다.

그렇다면 우리는 우리의 생애에서 무엇을 해야 할까요? '하늘과 땅의 모든 권세를 내게 주셨으니 그러므로 너희는 가서 모든 민족을 제자로 삼아 아버지와 아들과 성령의 이름으로 세례를 베풀고 내가 너희에게 분부한 모든 것을 가르쳐 지키게 하라'(마 28:18-20)고 하신 말씀을 따라 살아야 합니다. 아직도 역사는 이어지고, 믿지 않는 사람들이 여전히 세대마다 출생합니다. 그런 가운데 하나님은 자신의 구원 사역을 우리와 함께하십니다. 마치 성부 하나님이 성자 하나님을 이 땅에 보내신 것같이 우리를 보내십니다.

보냄 받은 우리가 누구를 만납니까? 무지한 자들, 하나님을 수단으로밖에 이해하지 못하는 자들, 세상의 권력이 전부라고 믿는 자들을 만납니다. 그 상황에서 겪을 온갖 어려움과 핍박을 만납니다. 그 인생을 살라고 하나님이 우리를 보내신 것입니다. 우리가 믿고 난 현실이 여기입니다.

예수님은 자신이 십자가를 지시기 전에 걸었던 길과 그 길에서 증언하신 것들이, 십자가의 죽음으로 말미암아 눈을 뜬 모든 신자가 그들 자신의 인생을 이해하는 방법이며 그 현실이 하나님이 일하시는 방법이라고 깨닫게 하십니다. 하나님이 여기까지 자신을 낮추실 수 있다는 것을 우리가 깨닫도록 하십니다.

세상은 절대로 지려고 하지 않습니다. 세상은 이겨야 됩니다. 이기기 위해서 폭력을 씁니다. 권위를 세우기 위해 폭력을 사용합니다. 세상에서는 진리도 폭력에 사용됩니다. 가장 큰 모순입니다. 진리와 사랑은 같이 갈 수 없습니다. 진리를 알면 사랑도 할 것 같지만, 진리를 알면 대적들을 공격하는 데 사용합니다. '나는 알고 너는 몰라. 넌 무식한 놈이야, 넌 틀렸어'로 사용합니다. 그러나 사랑은 다투지 않습니다. 사랑은 정죄하지 않습니다. 사랑은 내어 줍니다. 사랑은 집니다. 그래서 진리와 사랑은 같이 갈 수 없습니다.

예수님만이 길이요 진리요 생명입니다. 그분이 곧 사랑입니다. 길과 진리와 사랑이 싸울 이유가 없는 이 자리는 서로 양보해서 얻을 수 있는 것이 아닙니다. 진리가 사랑 안에 있습니다. 또한 예수를 믿는 우리만이 갈 수 있는 길이기도 합니다. 예수님이 이 길로 우리를 부르고 계십니다. 우리는 다 이런 현실을 살기 싫어합니다. 이 길이 위대하다는 것을 모릅니다. 그러니 요한복음 5장 40절 이하에서 이렇게 표현합니다.

> 그러나 너희가 영생을 얻기 위하여 내게 오기를 원하지 아니하는도다 나는 사람에게서 영광을 취하지 아니하노라 다만 하나님을 사랑하는 것이 너희 속에 없음을 알았노라 나는 내 아버지의 이름으로 왔으매 너희가 영접하지 아니하나 만일 다른 사람이 자기 이름으로 오면 영접하리라 너희가 서로 영광을 취하고 유일하신 하나님께로부터 오는 영광은 구하지 아니하니 어찌 나를 믿을 수 있느냐 (요 5:40-44)

우리의 영광은 무엇입니까? 성공, 승리, 계급입니까? 성경은 그렇게 말하지 않습니다. 우리의 영광은 그것과는 무섭게 구별됩니다. 하나님은 그 아들을 이 땅에 보내시고, 그 아들은 우리 가운데 오셔서 우리가 잘못 가는 길에서 "얘야, 그건 아무것도 아니다. 그 길은 헛된 것이다"라고 다정하게 말씀하십니다. 그리고 기다려 주십니다. 우리가 그분께 "방해가 되니 비켜 주세요"라고 하면, 그분은 비켜 주실 뿐 아니라 자신을 밟고 지나가도록 하십니다. 하나님은 우리를 위해 죽으실 수 있습니다. 이런 하나님이 얼마나 놀랍습니까. 세상이 말하는 신은 폭력 그 자체입니다. 기독교가 말하는 신은 우리를 구원하시고, 우리를 복되게 하시기 위해 모든 걸 유보하실 수 있는 분입니다.

연세대학교 명예 교수인 김형석 교수는 일제 치하에 평양 숭실중학교에 다녔습니다. 당시 숭실중학교는 미션스쿨이었습니다. 그런데 어느 날 일제가 신사참배를 요구했습니다. 이를 학교에서 거절하자

학교가 폐교되었습니다. 학교가 문을 닫자 학생들은 고향으로 돌아가야 했습니다. 김형석 교수도 고향으로 내려와 몇 달을 보냈습니다. 이후 학교에서 '다시 학교로 와서 공부하라'는 편지를 받았답니다. 어떻게 된 일인지 의아해하며 학교로 돌아왔습니다. 알고 보니 학교가 신사참배를 하기로 했다는 겁니다.

당시 김형석 교수는 어안이 벙벙했다고 합니다. '우리 선생님들이 그럴 리가 없는데, 어떻게 된 걸까?'라고 고민했습니다. 어느 월요일 전교생이 모여 열을 서서 신사로 가게 되었습니다. 교장 선생님이 앞에 서고 모든 선생님이 횡대로 서서 학생들을 전송했습니다. 김형석 교수가 그때 지나가면서 보니까 교장 선생님이 울고 있더랍니다. 그 마음을 아시겠습니까? 자기 하나 신앙 지킨다고 고집 부려 죽어 영웅이 되는 게 현실이 아닙니다. 부모 노릇을 하거나 학교의 어른 노릇을 하려고 하면 많은 걸 감수해야 합니다.

하나님은 그렇게 우실 수 있고, 져 주실 수도 있고, 죽으실 수도 있다는 데에 '예수를 믿는다'는 말의 참뜻이 있습니다. '예수'는 사람으로 오신 하나님의 이름입니다. 우리에게 예수님이 사셨던 인생을 살라고 하십니다. 그 인생은 다른 것으로는 설명할 수 없는 위대하고 영광된 것이라고 합니다. 그것으로 사람 사는 맛이 나게 하시고 만족과 찬송을 준다고 약속하십니다. 그것이 바로 구원이라고 하십니다. 우리의 신앙 인생이 이 위대한 길에 서 있음을 기억하기 바랍니다.

기 도

하나님 아버지, 우리는 우리를 위하여 기도하시는 하나님을 따르고 있습니다. 우리는 우리를 위하여 찾아오시고 골고다에서 못 박히신 하나님을 믿고 있습니다. 세상의 협박과 공포가 사랑을 이기지 못하는 것도 믿습니다. 믿음 없는 우리를 도우시고, 우리의 삶이 위대한 인생이 될 수 있다는 믿음을 지켜 낼 수 있도록 하옵소서. 우리를 만나는 사람들이 예수를 보는 그런 귀한 삶을 살게 하옵소서. 예수님 이름으로 기도합니다. 아멘.

12.
내 살을 먹고 내 피를 마시는 자

…… 48 내가 곧 생명의 떡이니라 49 너희 조상들은 광야에서 만나를
먹었어도 죽었거니와 50 이는 하늘에서 내려오는 떡이니 사람으로 하
여금 먹고 죽지 아니하게 하는 것이니라 51 나는 하늘에서 내려온 살
아 있는 떡이니 사람이 이 떡을 먹으면 영생하리라 내가 줄 떡은 곧 세
상의 생명을 위한 내 살이니라 하시니라 …… 53 예수께서 이르시되 내
가 진실로 진실로 너희에게 이르노니 인자의 살을 먹지 아니하고 인자
의 피를 마시지 아니하면 너희 속에 생명이 없느니라 54 내 살을 먹고
내 피를 마시는 자는 영생을 가졌고 마지막 날에 내가 그를 다시 살리
리니 55 내 살은 참된 양식이요 내 피는 참된 음료로다 56 내 살을 먹
고 내 피를 마시는 자는 내 안에 거하고 나도 그의 안에 거하나니 ……
(요 6:41-58)

참된 양식, 참된 음료

요한복음 6장은 오병이어 사건에 이어 나오는 논쟁에 대한 이야기입니다. 예수님이 물고기 두 마리와 보리떡 다섯 개로 5천 명을 먹이시고 열두 바구니나 남긴 이 기적을 보고 군중들은 요즘 우리 식으로 표현하자면, 예수님을 경제 대통령으로 세우고 싶어 했습니다. 그러자 예수님이 이렇게 꾸짖으셨습니다. "썩을 양식을 위하여 일하지 말고 영생하도록 있는 양식을 위하여 하라." 그러자 군중이 "어떻게 하여야 하나님의 일을 하오리이까"라고 당연히 묻습니다. 바로 예수님은 "하나님께서 보내신 이를 믿는 것이 하나님의 일이다. 하나님의 떡은 하늘에서 내려 세상에 생명을 주는 것이다. 나는 생명의 떡이다"라고 하십니다. 그러자 이 본문 말씀에 나오듯이, 유대인들이 "이는 요셉의 아들 예수가 아니냐 그 부모를 우리가 아는데 자기가 지금 어찌하여 하늘에서 내려왔다 하느냐"라고 하며 수군대기 시작합니다. 그러자 예수님이 우리가 기억해야 될 말씀을 하십니다.

> 나를 보내신 아버지께서 이끌지 아니하시면 아무도 내게 올 수 없으니 오는 그를 내가 마지막 날에 다시 살리리라 (요 6:44)

아무도 예수님의 말을 믿을 수 없었습니다. 나중에 살펴보겠지만, 기독교에서 말하는 믿음은 굉장히 심오한 단어입니다. 결국 이 논쟁에서 예수님은 자신을 하늘로부터 내려온 생명의 떡이라고 하신 것을 더 구체적으로 언급하십니다.

…… 인자의 살을 먹지 아니하고 인자의 피를 마시지 아니하면 너희 속에 생명이 없느니라 내 살을 먹고 내 피를 마시는 자는 영생을 가졌고 마지막 날에 내가 그를 다시 살리리니 내 살은 참된 양식이요 내 피는 참된 음료로다 (요 6:53-55)

이렇게 발전시켜 말씀하심으로 모두를 당혹하게 하십니다. '내 살이 참된 양식이고 내 피가 참된 음료다. 이것을 먹지 않는 자는 생명이 없다'고까지 하시는 예수님의 발언은 당시 유대인들이 이해하기에는 매우 극단적인 선언이었습니다.

예수는 누구신가

이 논쟁을 제대로 이해하기 위해서는 '예수는 누구신가'를 먼저 생각해 봐야 합니다. 예수의 정체성을 좀 더 깊이 살펴봐야 하지만, 우리는 주님의 정체성을 다 알고 있다고 여겨 더 깊이 이해하지 않으려 합니다. 예수님은 성자 하나님이시고, 이 땅에 육체로 오셔서 우리를 구원하시기 위해 십자가에서 우리 대신 죽으신 구세주입니다. 그분은 부활하셨고, 하늘 보좌 우편에 앉아서 우리를 위하여 기도하십니다. 우리는 이런 내용을 이미 다 알고 있습니다. 그러나 앞서 언급했듯이 '이 모든 것이 예수님이 결국 십자가를 져야 하는 문제였다면, 그 앞의 생애를 왜 사셔야 했는가? 아무도 몰라보는 그 인생을 왜 고생하며 사셔야 했는가?'를 고민하지 않을 수 없습니다.

이 글을 남긴 사도 요한도 예수님이 십자가에 달리실 때 도망간 제자 중 하나였습니다. 이제 와서 새삼스럽게 과거를 회상하며 예수님의 행적을, '그때는 나도 몰랐다'는 것을 전제하여 기록합니다. 그는 아무도 모를 일을, 이해가 되지 않는 일을, 해결할 수도 없는 일을, 결국 십자가를 져야 할 일을 왜 예수님이 오해와 수모를 받으시고 배신과 고통을 당하며 사셨는지 기록합니다.

우리는 예수님이 우리를 구원하기 위해 오신 하나님이라는 사실을 압니다. 그러나 그분의 오심은 뜻밖에도 모두를 어리둥절하게 합니다. 요한복음 3장에 니고데모가 예수님을 찾아왔을 때의 대화입니다.

> 그런데 바리새인 중에 니고데모라 하는 사람이 있으니 유대인의 지도자라 그가 밤에 예수께 와서 이르되 랍비여 우리가 당신은 하나님께로부터 오신 선생인 줄 아나이다 하나님이 함께 하시지 아니하시면 당신이 행하시는 이 표적을 아무도 할 수 없음이니이다 (요 3:1-2)

일반 역사에서도 4대 위인을 들라고 하면, 그 안에 예수님의 이름이 언급됩니다. 그런데 예수님이 그 위인 대접을 어떻게 거부하시는지 봅시다.

> 예수께서 대답하여 이르시되 진실로 진실로 네게 이르노니 사람이 거듭나지 아니하면 하나님의 나라를 볼 수 없느니라 (요 3:3)

'너희 눈으로는 이해할 수도, 알아볼 수도 없는 일이란다'라고 하신 것입니다. 그러니까 곧 이런 질문이 나옵니다.

> 니고데모가 이르되 사람이 늙으면 어떻게 날 수 있사옵나이까 두 번째 모태에 들어갔다가 날 수 있사옵나이까 예수께서 대답하시되 진실로 진실로 네게 이르노니 사람이 물과 성령으로 나지 아니하면 하나님의 나라에 들어갈 수 없느니라(요 3:4-5)

어떻게 한 번 더 태어날 수 있습니까? 예수님은 물과 성령으로 거듭나야 한다고 말씀하십니다. 그리고 그다음 말을 기억해 두십시오.

> 육으로 난 것은 육이요 영으로 난 것은 영이니 내가 네게 거듭나야 하겠다 하는 말을 놀랍게 여기지 말라 바람이 임의로 불매 네가 그 소리는 들어도 어디서 와서 어디로 가는지 알지 못하나니 성령으로 난 사람도 다 그러하니라 (요 3:6-8)

이 말씀은 '어떻게 거듭나는지는 아무도 모른다. 거듭난 사람만 안다. 옆에서는 봐도 모른다'라고 하신 것입니다. 봐도 모르는 그 일을 위하여 예수님은 3년 반 동안 공생애를 사십니다. 그리고 예수님을 오해하고 그분의 말을 알아듣지 못하는 사람들과 계속 논쟁을 벌이는 것이 요한복음의 내용입니다. 그래서 이 논쟁들은 재미있습니다.

영생은 자라는 것

그렇다면 우리는 예수님 편일까요? 아니면 바리새인 편일까요? 우리의 고백은 예수님 편이고, 우리의 이해는 바리새인 편입니다. 바리새인이 하는 말이 틀린 게 없습니다. 우리가 가지고 있는 이해의 한계입니다. 이를 어떻게 넘어설 수 있습니까? 이를 넘어선다는 것, 곧 거듭난다는 것이 무슨 뜻입니까? 어느 날 회개하고 예수님을 주로 고백하면 된다는 것은 이미 일어난 결과이지 조건이 아닙니다. 회개는 조건이 아니고 거듭나야 자신이 죄인임을 알게 되는 것입니다. 그렇기 때문에 이 부분이 어렵습니다. 우리의 이해를 돕는 고린도전서 15장을 살펴봅시다.

> 기록된 바 첫 사람 아담은 생령이 되었다 함과 같이 마지막 아담은 살려 주는 영이 되었나니 그러나 먼저는 신령한 사람이 아니요 육의 사람이요 그 다음에 신령한 사람이니라 첫 사람은 땅에서 났으니 흙에 속한 자이거니와 둘째 사람은 하늘에서 나셨느니라 무릇 흙에 속한 자들은 저 흙에 속한 자와 같고 무릇 하늘에 속한 자들은 저 하늘에 속한 이와 같으니 우리가 흙에 속한 자의 형상을 입은 것 같이 또한 하늘에 속한 이의 형상을 입으리라 (고전 15:45-49)

예수님은 우리를 거듭나게 하려고 오셨습니다. 그분은 재창조를 하기 위해 오셨습니다. 하나님의 첫 번째 창조는 아담이었습니다. 그러나 아담은 실패합니다. 그러자 하나님은 예수를 보내어 두 번째 창조를 하십니다. 두 번째 창조라고 해서, 첫 창조가 무효화되었다고 생각하지 마십시오. 첫 창조의 연장선에서 재창조를 이루어 내십니다.

물세례가 실패를 깨끗이 씻어 내는 것이라면, 성령세례는 그 전에 허락되지 않았던 선물로, 영광으로 우리에게 임합니다. 예수님이 하시는 이야기는 이와 같습니다. '너희가 전에는 아담의 후손으로 태어나 흙의 사람이었고 이 땅에 속했었다. 그러나 이제 아버지가 나를 보내신 것은 나를 믿는 자마다 영생을 얻게 하려는 것이다. 그러므로 내가 흙으로 빚었던 너희를 내 살과 피로 새롭게 만들겠다.' 우리의 재료와 질료와 내용이 바뀌는 겁니다. 두 번째 창조는 첫 번째 창조와 비교할 수 없이 더 크고 놀라운 곳으로 우리를 부릅니다. 그런 일이 일어날 수 있을까요?

로완 윌리엄스는 '하나님은 언제든지 새로운 것으로 역사에 개입하실 수 있다'고 했습니다. 그렇습니다. 하나님은 첫 번째 창조한 것으로 끝이고 그다음은 어쩔 줄 몰라 하시는 분이 아닙니다. 그분의 창조는 계속 풍성해지고 놀라워지고 꽃이 피고 무성해집니다.

영생이란 목숨이 영원토록 보존되는 것이 아닙니다. 자라는 것입니다. 우리가 태어나서 자라듯, 우리 생각이 인생 속에서 경험과 성찰을 통해 우리를 농익게 하듯이, 시간은 흘러가는 것이 아니라 우리에게 무언가를 누적합니다. 우리의 모든 과거가 우리에게 유효합니다. 그 과거가 다만 눈물이었고 후회였을지라도 그것이 일을 합니다. 멋있는 사람들은 "나도 죄인입니다. 나도 평범한 사람입니다. 내가 더 못난 사람입니다"라고 고백합니다. 그렇게 말할 수 있는 사람은 열매를 맺는 사람들입니다. 진짜 못난 사람들은 아무 열매를 맺을 수 없습니다. 나열된 과거만 있을 뿐입니다.

예수님은 우리를 자라게 하시려고 오셨습니다. 예수님은 우리에게 무엇을 보여 주기 원하실까요? 하나님이 새롭게 만드시려는 그분의 백성이 어떤 존재이고, 어떤 반응과 책임과 영광을 가지는지를 보여 주십니다. 이것이 예수님이 말씀하신 '내 살을 먹고 내 피를 마시는 자'(요 6:54)의 진정한 내용입니다. 그러므로 우리가 얼마나 가치 있는 존재인지를 알아야 합니다.

우리말에 '피는 못 속인다'라는 말이 있습니다. 하나님이 우리를 그런 관계로 예전에도 멋지고 위대하게 만드셨지만, 예수의 생명을 넣고 그 존재를 담아내는 것은 우리의 책임 여하에 따라 달린 결과입니다. 우리는 실패한 존재입니다. 피조물로서는 실패할 수밖에 없다는 것으로 창조주의 존재를 깨달아야 했습니다. 이번에는 실패할 수 없도록 하나님이 직접 오셔서 당신의 살과 피로 우리를 다시 만드셨습니다. 그런 면에서 피는 속일 수 없습니다.

상상할 수 없는 일

그렇다면 도대체 믿음이라는 단어는 어떻게 이해해야 하는 것일까요? 이런 질문을 하는 이유는 예수님이 사람들에게 거부되고 있기 때문입니다. 유대인들은 "이는 요셉의 아들 예수가 아니냐 그 부모를 우리가 아는데 자기가 지금 어찌하여 하늘에서 내려왔다 하느냐"라고 수근대고, "이 사람이 어찌 능히 자기 살을 우리에게 주어 먹게 하겠느냐"라고 서로 다툽니다. 이에 예수님은 "아버지께서 이끌지 아니하시면 아무도 내게 올 수 없으니"라고 하셨고, "사람이 거듭나지 아니하면 하나님의 나라를 볼 수 없느니라"라고 말씀하셨습니다.

그러나 어떻게 됩니까? 요한복음 1장에 가면 서두부터 이렇게 선언되었습니다.

> 참 빛 곧 세상에 와서 각 사람에게 비추는 빛이 있었나니 그가 세상에 계셨으며 세상은 그로 말미암아 지은 바 되었으되 세상이 그를 알지 못하였고 자기 땅에 오매 자기 백성이 영접하지 아니하였으나 영접하는 자 곧 그 이름을 믿는 자들에게는 하나님의 자녀가 되는 권세를 주셨으니 (요 1:9-12)

이를 '안 믿는 것은 자기 책임이야. 나는 예수를 영접하고 믿었어'라고 나누면 안 됩니다. 믿을 수 없는 분이 이 땅에 오셨고, 그분은 상상할 수 없는 일을 행하기 위해 이 땅에 오셨습니다. 그래서 우리는 그분을 믿는 자가 되었습니다. 그러므로 영접하는 자는 자기 책임을 요구하는 것이 아닙니다.

> 이는 혈통으로나 육정으로나 사람의 뜻으로 나지 아니하고 오직 하나님께로부터 난 자들이니라 (요 1:13)

하나님이 새로운 종족을 만드셨습니다. 하나님의 백성, 하나님의 가족을 만드신 것입니다.

우리는 가끔 믿음이라는 단어를 혼동합니다. 믿음에는 분명 우리의 책임이 들어 있기 때문입니다. 히브리서에 나오는 믿음의 정의를 기억하십니까? 믿음은 은혜로 시작합니다. 믿음은 책임을 목적으로 합니다.

하나님은 우리를 당신의 자녀로 새롭게 만드시고 기르십니다. 예수님이 기꺼이 성육신의 인생을 사신 것같이 우리도 기꺼이 우리의 인생을 살게 하십니다. 하나님의 자녀이기에 적대적인 오해와 공포 속에 살아가게 하십니다. 어둠 가운데 빛이 들어오듯이, 배고픈 자들에게 생명의 떡이 주어지듯이 우리의 존재와 우리의 실력을 만천하에 자랑하기 원하십니다. 이것이 성경이 이야기하는 믿음입니다.

그래서 이 대목은 매우 놀랍습니다. 영접하는 자는 혈육에 속한 자가 아니라 하나님께서 물에서 그분의 자녀로 삼은 자입니다. 우리의 믿음을 '이게 진짜인가, 아닌가'라고 물어볼 필요가 없습니다. 예수님이 누구신지를 알고 그분을 믿는다고 고백하면 그는 진짜입니다. 예수님은 복권 장수이거나 마술사가 아니라 하나님이 보내신 하나님의 아들이고 우리 죄를 위하여 십자가에 달리신 구세주라는 것을 알고 믿는다면, 그것은 우리의 이해와 실력을 벗어난 큰 은혜 속에 이미 들어와 있다는 증거입니다.

믿음의 신비에 관한 알쏭달쏭하고도 놀라운 증거 구절이 갈라디아서 2장에 나옵니다.

> 내가 그리스도와 함께 십자가에 못 박혔나니 그런즉 이제는 내가 사는 것이 아니요 오직 내 안에 그리스도께서 사시는 것이라 이

> 제 내가 육체 가운데 사는 것은 나를 사랑하사 나를 위하여 자기 자신을 버리신 하나님의 아들을 믿는 믿음 안에서 사는 것이라 (갈 2:20)

이 말씀을 다 이해할 수 없습니다. 그러나 이 말씀이 무엇을 설명하려는 것인지 알아야 합니다. 십자가로 허락된 지금의 지위입니다. 십자가는 물세례와 부활을 열었습니다. '과거의 나'에서 '새로운 나'로 만듭니다. 그 새로운 나는 영생을 약속받았고, 부활을 재료로 하여 만들어졌습니다. 나는 어느 경우에도 하나님의 가족인 것을 속일 수 없습니다. DNA를 바꿀 수 없습니다. 그래서 예수께서 내 안에 사십니다. 우리는 예수로 말미암아 새로 만들어진 존재이기 때문입니다. 나는 무엇을 위해 살까요? '예수로 인해 새로운 종족, 새로운 존재로서의 나를 산다'라고 고백할 수 있습니다.

위대한 인생 살기

그런데 여기에서 여러 부수적 문제가 있습니다. '왜 우리가 위대하게 못 사는가?'입니다. 새로운 존재로 사는 것이 힘들고 어려울지라도 그 안에서 신앙을 지켜야 합니다. 그것이 우리의 영광이 되기 때문입니다. 우리가 이 부분을 왔다 갔다 하는 이유는 자라는 과정에 있기 때문입니다. 우리는 완벽한 존재로 태어나는 것이 아니라 완벽한 존재로 자라야 합니다. 스스로 풍성해져야 합니다. 우리 입술로 항복과 고백과 찬송과 감사를 돌려야 합니다. 그것이 우리의 명예입니다. 이것이 우리 삶의 이유요, 성경이 말하는 믿음입니다.

이러한 놀라운 신비를 이해한다고 해도 이를 논리적으로, 수학적으로 설명할 수 없습니다. 우리 스스로 자신에게서 확인해야 합니다. '우리는 예수를 믿고 천국 갈 것을 믿습니다. 하지만 그 약속과 소원에 부응하지 못하는 것을 부끄러워합니다'까지 증언하며 살아야 합니다. 세상 사람들이 다 아무렇지 않게 사는 걸 우리는 못 견딥니다. '이것보다 잘 살아야 해. 더 쓸모 있어야 해'라고 원하는 우리는 우리의 위대함이 이렇게 낮은 수준에서 타협되는 것을 못 참습니다. 그 고통이 너무 심해서 '나는 아닌가?'라는 의심이 들 때까지 우리가 스스로를 걱정합니다. 결국 우리가 위대하기 때문에 이러한 걱정도 생기는 것입니다.

이 모든 일은 '예수님이 우리를 구원하러 왔으나, 예수님의 공생애 기간 동안 그분을 알아보지 못하는 조건과 환경 속에서 어떻게 하나님의 영광을 드러내는 모범을 제시하셨는가?'를 우리가 깨닫도록 합니다. 그렇게 함으로써 하나님이 행하신 '십자가의 도가 멸망하는 자들에게는 미련한 것'(고전 1:18)이듯, 믿는 사람들도 예수를 믿는데 왜 고통스러운 현실을 살아야 되는지 의심하는 과정을 거치는 것입니다. 이는 하나님의 지혜이고 권능입니다.

하나님은 우리를 통해 이 세상을 하나님 나라로 만드십니다. 그것이 시간 속에서 이루어지지 않고 다 지난 후에 결과가 나타날 것이지만, 하나님은 이를 만드시기 위하여 시간 속에 예수를 보내셨고, 우리를 보내십니다.

예수님이 한 존재와 실존으로 오셔서 그분의 생애 동안 전 인류의 역사를 담아내셨듯이, 각각 우리가 하나님의 역사 가운데 있어서 전 인류의 역사와 전 우주의 운명에 기여한다고 성경은 이야기하고 있습니다. 고린도후서 4장입니다.

> 우리가 항상 예수의 죽음을 몸에 짊어짐은 예수의 생명이 또한 우리 몸에 나타나게 하려 함이라 우리 살아 있는 자가 항상 예수를 위하여 죽음에 넘겨짐은 예수의 생명이 또한 우리 죽을 육체에 나타나게 하려 함이라 그런즉 사망은 우리 안에서 역사하고 생명은 너희 안에서 역사하느니라 (고후 4:10-12)

이 말씀은 우리가 사망을 이긴 존재라고 합니다. 인간은 사망으로 끝나는 존재가 아니고, 사망을 이기는 위대한 존재로 부름받았다고 증언합니다. 하나님이 사망을 감수하실 수 있었습니다. 그분은 우리 손에 죽으십니다. 그러나 우리는 그분을 죽일 수 없었습니다. 그의 영광을 가릴 수는 더더욱 없었습니다. 그분의 죽음은 하나님에 대한 우리의 이해, 곧 그 순전한 사랑을 훨씬 더 크게 만든 중요한 사건이 되었습니다. '우리를 위해서라면 하나님이 죽으실 수 있다'라는 것은 신앙생활의 본질입니다.

하나님은 우리를 폭력으로 압제하거나 강요하거나 조작하는 신이 아니라, 우리를 사랑하사 죽음의 자리까지도 대신할 수 있는 절대적이고 순전한 사랑을 가지신 분입니다. 그리고 온전한 사랑을 가지신 하나님은 우리에게 사랑의 혜택을 받을 뿐 아니라 그 은혜를 베푸는 일에 동참하라고 하십니다. 그 위대한 인생을 살라고 하십니다. '네가 져라. 네가 양보해라. 사망이 너에게 영향을 미치지 못한다는 것을 보여 주어라'라고 말이죠. 죽음의 공포 속에 벌벌 떠는 세상 앞에서 '죽음이 끝이 아니오. 죽음 뒤에 부활이 있소. 하나님은 지금도 일하고 계시오'라고 증언해야 합니다. 히브리서 5장을 봅시다.

> 그가 아들이시면서도 받으신 고난으로 순종함을 배워서 온전하게 되셨은즉 자기에게 순종하는 모든 자에게 영원한 구원의 근원이 되시고 하나님께 멜기세덱의 반차를 따른 대제사장이라 칭하심을 받으셨느니라 (히 5:8-10)

하나님의 영광이 이 말씀처럼 나타난다는 것을 우리가 안다면, 우리가 겪는 현실의 고통도 우리를 절망으로 인도할 수 없습니다. 이것이 예수를 믿는다는 참된 의미입니다. 이는 하나님의 창조와 그분의 영광에 부름받는다는 의미이기도 합니다. 그리고 우리의 인생이 하나님의 부르심에 구체화되고, 우리 자신이 책임을 지고, 마음껏 하나님을 자랑할 수 있는 시간이 되는 것입니다. 그런 인생을 살아야 하는 우리라는 것을 기억하고, 위대한 결단과 인내와 순종과 자랑과 기쁨이 있기를 바랍니다.

기 도

하나님 아버지, 우리는 하나님의 자녀입니다. 무서울 것이 없습니다. 우리는 넉넉하고 복됩니다. 이 모든 것을 나누게 하옵소서. 우리는 세상에 빼앗길 것이 없고, 세상은 우리를 도울 것이 없습니다. 하나님이 기꺼이 감당하신 것같이 우리도 우리의 인생을 영광과 자랑과 명예와 기적으로 살게 하옵소서. 우리를 보는 자들도 하나님께 영광을 돌리는 인생을 살게 하옵소서. 예수님 이름으로 기도합니다. 아멘.

13.
보내신 이의 영광을 구하는 자

…… 16 예수께서 대답하여 이르시되 내 교훈은 내 것이 아니요 나를
보내신 이의 것이니라 17 사람이 하나님의 뜻을 행하려 하면 이 교훈
이 하나님께로부터 왔는지 내가 스스로 말함인지 알리라 18 스스로 말
하는 자는 자기 영광만 구하되 보내신 이의 영광을 구하는 자는 참되니
그 속에 불의가 없느니라 19 모세가 너희에게 율법을 주지 아니하였느
냐 너희 중에 율법을 지키는 자가 없도다 너희가 어찌하여 나를 죽이려
하느냐 20 무리가 대답하되 당신은 귀신이 들렸도다 누가 당신을 죽이
려 하나이까 21 예수께서 대답하여 이르시되 내가 한 가지 일을 행하
매 너희가 다 이로 말미암아 이상히 여기는도다 …… (요 7:1-24)

요한복음은 다른 복음서에서 예수님의 행적과 권능을 집중적으로 조명한 것과 달리, 논쟁을 조명합니다. 예수님이 기적을 행하시면 곧바로 반론과 비난에 휩싸이는 것을 볼 수 있습니다. 이때 예수님은 우리의 현실, 곧 자연주의적 세계관과 현실주의적 체념을 깨는 발언을 하십니다.

기적과 논쟁

본문에서는 마리아와 요셉 사이에서 태어난 예수님의 동생들마저도 예수님을 믿지 않는 내용이 나옵니다. 그들은 예수님이 여러 기적을 베푸시면서도 권력에 뜻을 두지 않는 것을 이상하게 여깁니다. 예수님의 동생들은 예수께, 초막절 곧 추수감사절에 백성들이 예루살렘에 많이 모일 때 그곳에서 기적을 일으키고, 스스로 메시아 즉 하나님의 구원자임을 밝히라고 촉구합니다. 그러나 예수님은 그들의 의견을 거절하십니다. 예수님은 나중에 예루살렘 성전에 올라가셨지만 사람들 앞에 드러나시려고 가신 것이 아니라 당신의 할 일을 위해 남모르게 가셨습니다. 그런데 예수님이 성전에서 가르치시다가 또다시 충돌이 일어납니다.

가장 큰 갈등과 논쟁을 일으킨 사건은 요한복음 5장에 나오는 38년 된 병자를 고친 일입니다. 예수님이 안식일에 병자를 고치신 일로 시비가 붙습니다. 당시의 권력자 곧 종교 지도자들과 기득권 세력들이 합세하여 예수님을 공격할 뿐 아니라 예수님을 죽이려 합니다. 이 일을 겪으신 후에 예수님은 명절을 지키러 예루살렘 성전에 올라가십니다. 그곳에서 가르치시는 예수님과 무리 사이에 논쟁이 벌어집니다.

> …… 내가 한 가지 일을 행하매 너희가 다 이로 말미암아 이상히 여기는도다 모세가 너희에게 할례를 행했으니 (그러나 할례는 모세에게서 난 것이 아니요 조상들에게서 난 것이라) 그러므로 너희가 안식일에도 사람에게 할례를 행하느니라 모세의 율법을 범하지 아니하려고 사람이 안식일에도 할례를 받는 일이 있거든 내가 안식일에 사람의 전신을 건전하게 한 것으로 너희가 내게 노여워하느냐 외모로 판단하지 말고 공의롭게 판단하라 하시니라 (요 7:21-24)

이는 예수님이 무리에게 '너희가 나를 죽이려 함은 내가 안식일에 일을 하지 말아야 한다는 율법을 어겼다고 생각하기 때문이다. 그렇다면 이는 어떤가? 아이가 태어나면 난 지 8일 만에 할례를 준다. 아기가 태어난 지 8일째가 안식일이라면 너희는 할례를 주지 않겠느냐? 너희는 모세의 법을 지키려다가 그 법을 범하기도 하면서 내가 한 일에만 유독 이렇게 발톱을 세우고 있다'라고 받아치시는 것입니다.

이런 일이 왜 일어났을까요? 예수님이 그들을 정죄했기 때문입니다. 요한복음 7장 7절을 보면, "세상이 너희를 미워하지 아니하되 나를 미워하나니 이는 내가 세상의 일들을 악하다고 증언함이라"라고 되어 있습니다. 예수님이 자신을 하늘에서 온 메시아, 즉 구원자라고 하시면서 그들을 악하다고 정죄했기 때문에 그들이 예수님을 미워한 것입니다.

예수님이 니고데모를 만났을 때에도 '사람이 거듭나지 아니하면 하나님의 나라를 볼 수 없느니라'(요 3:3)라고 하시거나 도마에게 '나로 말미암지 않고는 아버지께로 올 자가 없느니라'(요 14:6)라고 하신 말씀은 여태껏 유대인들이 지켜 온 전통적 신앙이 아무 소용이 없다고 정죄하신 것이나 다름없습니다. 그러니 유대인들은 자기들과 상충되는 예수를 없애려고 폭력을 씁니다. 그러나 예수님은 그들에게 폭력을 사용하지 않으십니다. 예수님은 이러한 부분을 드러내고자 합니다. 잘못된 진리나 헛된 기대들의 결과는 사망입니다. 세상은 사망 그 이상을 만들어 낼 실력이 없습니다. 결국 그들은 사망을 면하지 못합니다. 예수님만이 사망이 아닌 결론으로 이끄실 수 있습니다. 그분만이 '내가 길이요 진리요 생명'이라고 말씀하실 수 있기 때문입니다.

예수께서 오셔서 그분의 공생애를 통하여 가장 크게 우리에게 확인시켜 주는 것이 있습니다. 이는 '세상이 만드는 것은 결국 사망에 불과하고 예수만이 생명을 만든다. 영생 곧 영원한 생명이 유지될 뿐 아니라 더 크고, 더 찬란하고, 더 풍성하게 줄 수 있는 분은 오직 예수뿐이다'라는 점입니다.

명분이 아닌 구체적 실체로

예수님이 하신 전통 신앙과의 싸움은 요한복음 6장에 나오는 오병이어의 기적에서 구체적으로 일어납니다. 오병이어의 기적은 예수님이 보리떡 다섯 개와 물고기 두 마리로 5천 명을 먹이시고도 열두 바구니가 남은 사건입니다. 그 사건으로 큰 무리가 예수를 임금 삼으려고 했습니다. 요즈음 말로 경제 대통령을 삼으려고 했다고 앞서 나눴습니다. 하지만 예수님은 이를 거절하셨습니다.

예수님은 '썩을 양식을 위하여 일하지 말고 영생하도록 있는 양식을 위하여 하라'(요 6:27)라고 말씀하십니다. 이에 당장 '어떻게 하여야 하나님의 일을 하오리이까'(요 6:28)라는 질문이 나왔습니다. 예수님은 '하나님께서 보내신 이를 믿는 것이 하나님의 일이니라'(요 6:29)라고 답하셨습니다.

이러한 말씀이 우리에게는 명분으로 남아 있는 바람에, 우리는 다음과 같은 대조 가운데 고민하며 삽니다. '이 세상이 예수께 기대했던 것을 결국 체념하고 포기한 채, 살아 있는 동안만이라도 그냥 인생을 편안하게 살자'와 '예수는 그렇게 간단한 문제를 해결하러 온 것이 아니다. 근본적이고 영원한 운명을 우리에게 주기 위해서 왔다. 예수는 생명의 떡이다. 예수의 피는 새 언약의 피다'라는 대조 말입니다.

이러한 대조를 고민하다가 대부분의 예수 믿는 사람들은 타협하듯, '뭘 더 바라겠어요. 그저 자식들 고생 안 시키고, 자존심이나 세우고 살게 해 주세요'라고 합니다. 이는 바리새인 같은 태도입니다. 우리는 바리새인이라고 하면, 겉모습은 번드르르하지만 속은 교만하여 예수를 대적하는 자로 인식합니다. 윤리적·도덕적 차원에서 말하자면 '진심은 없고 이율배반적 태도를 지닌 자들'이라고 알고 있습니다. 그러나 그들은 그렇게 쉽게 얕잡아 볼 수 있는 자들이 아닙니다. 여기에서 바리새인은 생명과 영광이라는 실체가 없어서 체념하고 포기하고 사는 사람들입니다. 더불어 이들은 하나님과 타협할 수 없는 것으로 스스로 만족하고 있으며, 이를 진리라고 외치는 자들입니다.

예수님은 이런 바리새인들과의 논쟁을 통해 우리에게 다음과 같은 메시지를 전하십니다. "나는 너희가 생각하는 것과 비교할 수 없는 큰 것에 목적을 두고 있다. 나는 너희에게 이를 주기 위해 이렇게 구체적 실체로 찾아온 것이다. 나는 그 내용을 너희에게 채워서 너희가 하나님의 영광의 찬송이 되기를 바란다. 그 영광을 신앙 인생 속에서 누려라." 이 메시지가 예수님의 공생애입니다.

예수님은 이기는 것이 전부인 삶, 보이는 것에 승리를 걸 수밖에 없는 삶, 초라하고 헛되며 자포자기 상태에 있는 삶에 들어오셨습니다. 그곳에서 예수님은 영생, 영광, 진리, 사랑 등과 같은 가치들을 우리에게 도전하시고, 이것들로 헛된 삶을 증명하기 위해 휘두르는 세상의 폭력에 저항하지 않으시고 희생을 감수하십니다. 결국 예수님은 세상의 폭력에 맞서지 않고 십자가에 달리시지만, '폭력이 주님이 행하신 가치에 영향을 줄 수 없고, 죽음이 생명을 이길 수 없다'는 것을 증언하십니다.

영광의 찬송이 되게 하려 함이라

우리는 죽음이 끝인 세상 속에서 죽음의 연장선에 불과한 의심, 불안, 오해, 열등감 등을 두려워합니다. 이는 사망으로 가는 길에 있는 것들입니다. 반면 영생의 길에 있는 것들은 믿음, 인내, 충성, 용서 등입니다.

우리가 신앙생활을 할 때 겪는 가장 큰 혼란은 '영생의 길이 궁극적 승리의 길인데, 왜 이러한 길에는 무거운 짐과 고통스러운 일만 있고 승리와 통쾌함이 없는가?'라는 의문입니다. 진정한 승리는 '지면 안 돼. 이겨야 승자인 거야. 패배하고서 변명이나 하는 그런 인생 살지 마'라고 유혹하고 위협하는 세상에 져 주는 것입니다. 하지만 우리는 예수님을 믿으면서도 왜곡된 권력과 자존심으로 세상의 폭력을 휘두르는 것밖에 알지 못합니다. 여기에서는 사망밖에 나올 게 없습니다.

본문에서 예수님은 적대자들에게 "너희가 어찌하여 나를 죽이려 하느냐"라고 하십니다. 그들은 자신들이 안심하기 위해서, 자신들의 지위를 지키기 위해서 누구를 죽여야 하는 자들입니다. 그러나 예수님은 자신의 사명을 성취하기 위해 죽으실 수 있는 분입니다. 무엇이 더 나은 것이냐고 묻는다면, 예수를 믿지 않는 자들에게는 이기는 게 더 낫습니다. 무엇이든 이기고 봐야 합니다. 패배하면 괄시받을 뿐 아니라 고통과 멸시가 따르는데, 어떻게 질 수 있다는 말입니까? 그러나 우리가 살면서 느끼다시피, 진정한 가치는 보이는 승리가 아닙니다. 이를 분별할 수 있는 실력이 있어야 합니다.

요즘 제 아내가 즐겨 보는 텔레비전 프로그램이 있습니다. 〈보이스퀸〉이라고 아시나요? 종합편성채널에서 방송하는 노래 경연 프로그램입니다. 참가 자격은 주부이고 나이 제한이 없습니다. 프로 가수가 아니면 누구나 지원 가능합니다. 많은 주부들이 신청해서 예선을 거쳐 본선 라운드와 결승에서 우승자를 뽑는 경연 대회 같은 것입니다. 참가한 주부들은 굉장한 노래 소질을 갖고 있습니다. 가수가 꿈이었는데 결혼하여 아이들을 양육하느라, 혹은 병든 남편을 보살피느라 먹고사는 일이 너무 바쁘고 고되었기에 그 꿈을 접었던 사람들입니다. 어떤 이는 중국집을 운영하고, 또 다른 이는 남해에서 양식업을 하기도 합니다.

이 예능 프로그램은 첫 라운드가 제일 재미있습니다. 참가자들이 첫 라운드 때는 소원이 단순했습니다. 먹고사느라 가수 꿈을 접었던 어느 참가자는 이제 애들도 다 자랐고 몸져누운 남편이 마지막으로 "당신 하고 싶은 것도 한번 해"라고 해서 나왔다고 합니다. 노래를 부르는 게 아니라 지금껏 참았던 한풀이를 하는 겁니다. 심사 위원들은 '멋 부리지 말고 당신 노래를 부르시오'라고 참가자들에게 조언을 건네기도 합니다. 그러다가 본선까지 오고 그 이상을 가게 되니까 그때부터 참가자들이 이기려고 합니다. 본선까지 오른 참가자들이 더 잘하기는 하는데, 첫 라운드 때만큼 감동은 없습니다.

참가자 중에 이런 말이 나왔습니다. "이제 나이 들어 보니까 우리 어머니가 이렇게 고생을 했겠구나. 나는 내 자식한테 우리 엄마보다 더 좋은 엄마가 될 수 있을까?"라고 말이죠. 삼삼하지 않습니까? 참가자들이 그런 마음으로 노래를 하고 자기 생애를 돌아봅니다. 저와 아내도 그 프로그램을 보면서 인생이 힘들다는 것과 그 한을 이렇게 멋지게 풀어낼 수 있다는 점에 대해 공감했습니다. 그런데 여기서 말하는 '한'(恨)은 세상의 한계를 나타내는 것 같습니다.

우리에게는 과거를 뒤집을 마음이 없습니다. 그 과거가 지금의 우리를 만들었습니다. 예수님이 오셔서 우리가 만들거나 갈 수 없는 자리에 우리를 데려가셨다는 점이 우리를 그분께 항복하게 하고 감사하게 만듭니다. '우리가 그리스도 안에서 전부터 바라던 그의 영광의 찬송이 되게 하려 하심이라'(엡 1:12)가 기독교 신앙의 목표입니다. 하나님이 우리에게 이러한 목표를 요구하십니다. 이를 만드는 과정과 내용은 성육신입니다.

곧 사랑이다

우리는 예수님이 행하신 많은 기적을 알고 있습니다. 문둥병자를 낫게 하시고, 죽은 자를 살리시고, 귀신을 쫓아내시고, 보리떡 다섯 개와 물고기 두 마리로 5천 명을 먹이셨습니다. 모든 것을 하실 수 있는 분이 폭력 앞에 순순히 당신을 내어 주셨습니다. 그 길이 우리에게는 타협하거나 묶일 수 없는 일이 된 것입니다.

나이가 들면 인간의 가치는 보이는 것이 전부가 아니라는 것을 알게 됩니다. 60세가 넘으면 어떤 친구의 증명사진을 들이밀고서는 자기라고 우겨도 됩니다. 어떤 사람이 동네를 지나가다가 제 외할아버지를 보고 깜짝 놀라 이런 말을 했습니다. "이승만 대통령이 왜 여기 계시지?" 제 외할아버지가 그렇게 이승만 대통령을 닮으셨습니다. 또 다른 사람이 동네를 지나가다가 제 아버지를 보고는 "아니, 박정희 대통령이 왜 여기 있지?" 하며 놀라기도 했습니다. 그래서 저는 '우리가 족보 있는 집안인가 보다'라고 생각했습니다. 나중에 알고 보니 그게 제일 흔한 얼굴이었습니다. 대통령이었으니까 특별해 보이는 거죠. 그 얼굴은 지금 우리 모두의 얼굴입니다. 모두가 그렇게 생겼고, 모든 대통령의 얼굴이 우리 가운데 한 얼굴입니다.

개인적으로 독특한 것들이 다 뭉그러지고 없어지면서, 하나님이 우리 각자에게 넣으신 것이 우리의 새로운 개성이 됩니다. 말하자면 예수님은 그분의 열두 제자 중에 하나인 것 같고, 구약에 나오는 위대한 지도자 중에 하나인 것 같기도 한 것입니다. 예수님은 각각의 우리를 만드시기 위해 이 땅에 오셔서 모범적 생애를 사십니다. 그러나 그분은 우리에게 모범을 따르라고 하시지 않았습니다. 그냥 진리가 무엇인지, 생명이 무엇인지, 영광이 무엇인지 보여 주셨습니다. 우리 모두는 세상이 거짓되다는 것을 눈과 몸으로 몸소 경험함으로써 예수를 믿는다는 말이 갖는 힘을 알게 됩니다.

예수님 당시 바리새인과 서기관, 제사장 들은 자신들의 지위를 지키기 위해 폭력을 쓰고 있다는 것이 얼마나 창피한 일인 줄 모릅니다. '철학과 신앙은 결코 타협하지 않는다'는 말이 있습니다. 이것이 무슨 말일까요? 철학은 꽤 객관적인 논리이고, 신앙은 주관적인 고집에 불과하다는 뜻으로 쓰인 말입니다. 예수를 믿지 않으면, 다시 말해 예수를 만나지 않으면 철학을 넘어설 수 없습니다. 그런데 예수님이 이 땅에 오신 것은 하나님이 우리 인류의 내용과 가치와 지위와 운명을 우리의 잘못과 타협에 버려두지 않으시겠다는 선언입니다. 이것이 성육신입니다. 하나님이 우리를 찾아오셨습니다. 우리를 겁주려고, 우리로 공포에 떨게 하려고 오신 것이 아닙니다.

예수님은 사랑이라는 마지막 계명을 제자들에게 주셨습니다. 요한복음 13장입니다.

새 계명을 너희에게 주노니 서로 사랑하라 내가 너희를 사랑한 것

같이 너희도 서로 사랑하라 너희가 서로 사랑하면 이로써 모든 사람이 너희가 내 제자인 줄 알리라 (요 13:34-35)

사랑은 위대합니다. 사랑은 공포를 이깁니다. 사랑은 이를 행하는 자에게 복입니다. 사랑을 하면 복이 되고 사랑을 하면 정말 행복합니다. 그리고 영광스럽습니다.

우리는 주는 자가 되고 싶습니까, 받는 자가 되고 싶습니까? 당연히 주는 자가 되고 싶을 것입니다. 그런데 여기에는 가진 자가 되고 싶다는 전제가 깔려 있습니다. 그렇다면 사랑을 받고 싶습니까, 사랑을 주고 싶습니까? 사랑은 받고 싶습니다. 이는 가난하기 때문에 그렇습니다. 예수님은 이렇게 사랑에 가난한 자를 부자로 만드십니다. 이것을 요한복음이 이야기하는 것입니다.

바울은 이 문제에 관해 철학과 신앙을 대비하면서, 철학이 넘어올 수 없는 경계선을 그의 생애에서 극명하게 증명했습니다. 개종하기 전 그의 이름은 사울이었습니다. 그는 바리새인이었고 예수와 그분을 믿는 자들을 핍박하던 사람입니다. 바울은 스데반을 죽였습니다. 사도행전은 "사울은 그가 죽임 당함을 마땅히 여기더라"(행 8:1)라고 기록하고 있습니다. 사울은 살기가 등등하여 다메섹에 가서 예수 믿는 자들을 잡아들이기 위해 애쓰다가 예수님을 만납니다. 또한 자기가 대적하던 그 예수, 유대인들이 처형했던 예수가 부활했다는 사실과 직면합니다. 그 후에 그는 하나님의 위대한 종이 됩니다. 그리고 '예수는 그리스도'(행 5:42)라고 증언합니다. '그분이 메시아다. 죽으셨으나 그는 부활하셨다. 그분이 우리에게 새로운 생명, 새로운 인생, 새로운 지위, 새로운 소망을 주셨다.' 이것이 사도 바울의 증언입니다.

바울이 로마서를 썼을 때입니다. 로마서는 로마에서 예수를 믿는 공동체에 보낸 편지입니다. 그 편지에서 '유대인들이 왜 예수를 믿지 않는가? 지식 없이 자기 열심에 묶여 있기 때문이다'를 설명합니다. 여기서 '지식'은 우리가 흔히 말하는 '정보'가 아니라 '진리'를 가리킵니다. '진리를 몰랐다. 하나님이 누구신지, 하나님이 왜 그 아들을 보내셨는지 그때는 몰랐다. 하나님은 우리가 아는 것같이 법적으로 무섭게 심판하고 처벌하시는 분이 아니라, 용서하고 복을 주시기 위해 끝까지 기다리고, 끝까지 놓지 않으시는 분임을 스스로 증명하셨고 그렇게 우리에게 찾아오셨다'고 설명합니다.

겁낼 것 없는 인생

예수를 믿는다는 말은 아버지가 누군지를 알게 되는 것이고, 아버지가 이런 분이라는 것을 안다면 우리가 우리 인생에 대해서 겁낼 것이 없다고 증언하는 것입니다. 그것이 바로 성경이 증언하는 바입니다. 예수를 믿는 것은 죽음 이후의 삶을 보장하기 위한 보험이 아닙니다. 살아 있는 동안 이 두 세상의 갈등을 대충 체념하고 사는 것으로는 신앙 인생이 행복할 수 없습니다. 이 말은 예수를 믿으면 형통하게 된다는 이야기가 아닙니다.

사랑은 대단히 고통스럽습니다. 대부분 트로트의 주제는 사랑입니다. 그런데 그 사랑이 즐겁다고 하지 않고 사랑의 슬픔을 노래합니다. 〈안동역에서〉라는 노래가 있죠. '…… 안동역 앞에서 만나자고 약속한 사람 …… 안 오는 건지 못 오는 건지'라는 가사로 유명한 가요입니다. 다 배신을 하는 거죠. 가슴이 아리죠. 그러나 기독교는 '하나님이 모든 사람의 아린 가슴을 알고, 우리에게 진정한 행복과 승리를 주시기 위하여 포기하지 않으시고 돌아서지 않으시고 붙잡고 계신다. 네 자신에 대해서 절망했다고 해서 끝난 것이 아니다'를 이야기합니다. 그런데 우리는 여기를 쫓아오지 못합니다. 이는 어떤 의지력의 싸움보다 훨씬 차원이 높습니다. 명분이나 이념의 문제가 아닙니다.

'내 살을 먹고 내 피를 마시는 자'(요 6:56)는 이해하거나 받아들이기 어렵습니다. 이 말씀은 이런 의미입니다. '내 이름으로 여기에 있는 이 소자에게 물 한 그릇 준 것을 내가 기억하겠다. 네가 그런 사람이 돼라. 그렇게 행동해라. 그런 반응의 주인이 돼라.' 이런 것이 '살과 피'입니다. 성경은 '공염불하지 마라. 말만 떠들고 실제로는 아무것도 하지 않는 자가 되지 마라. 네 자신이 내 살과 내 피로 새로 만들어진 존재라는 것을 기억하고 그 존재를 승리와 영광으로 끌고 가라. 오래 걸릴 것이다. 내가 기다리겠다. 여기까지 와라' 하신 가르침을 우리에게 전합니다.

우리가 해마다 성탄절을 고대하며 보냅니다. 옛날에는 산타클로스가 오기만을 기다렸다면, 지금은 달라져야 합니다. 지금은 위대해진 인생을 새삼 확인할 수 있어야 합니다. '예수님이 오신 성탄절의 기쁨으로 한 해를 맞을 수 있도록 헛되지 않은 인생을 살아야겠다'고 다짐하기를 바랍니다. 우리 때문에 누가 은혜를 받고, 누가 위로를 받는지 스스로 확인하는 위대한 인생을 살아 내시기를 바랍니다.

기 도

하나님 아버지, 예수를 이 땅에 보내셨습니다. 그리고 우리에게 예수를 믿으라고 하셨습니다. 그것이 우리의 복이고 자랑이고 영광이고 기적이라고 아버지께서 말씀하셨습니다. 아버지의 성실하심과 높으신 권능으로 하신 약속이고 역사입니다. 그리고 이는 우리에게 현실이고 기회입니다. 더 늦기 전에 이 위대한 인생을 살아 내는 기쁨과 감사의 증언이 나오는 우리 믿음의 식구들이 되게 하옵소서. 예수님 이름으로 기도합니다. 아멘.

14.
누구든지 목마르거든 내게로 와서 마시라

37 명절 끝날 곧 큰 날에 예수께서 서서 외쳐 이르시되 누구든지 목마
르거든 내게로 와서 마시라 38 나를 믿는 자는 성경에 이름과 같이 그
배에서 생수의 강이 흘러나오리라 하시니 39 이는 그를 믿는 자들이
받을 성령을 가리켜 말씀하신 것이라 (예수께서 아직 영광을 받지 않
으셨으므로 성령이 아직 그들에게 계시지 아니하시더라) 40 이 말씀
을 들은 무리 중에서 어떤 사람은 이 사람이 참으로 그 선지자라 하며
41 어떤 사람은 그리스도라 하며 어떤 이들은 그리스도가 어찌 갈릴리
에서 나오겠느냐 42 성경에 이르기를 그리스도는 다윗의 씨로 또 다윗
이 살던 마을 베들레헴에서 나오리라 하지 아니하였느냐 하며 43 예수
로 말미암아 무리 중에서 쟁론이 되니 44 그 중에는 그를 잡고자 하는
자들도 있으나 손을 대는 자가 없었더라 …… (요 7:37-52)

요한복음은 공관복음서와 다른 독특한 내용을 담고 있습니다. 공관복음서는 예수님의 생애를 다루면서 그분의 메시아 되심을 부각합니다. 또한 예수님이 초월적인 분이지만 사람으로 이 땅에 오셔서 인간들을 위하여 십자가에 달리신 일을 연대기 형식으로 담습니다. 그에 반해 요한복음은 예수님의 말씀과 그분의 말씀에 맞서는 당시 종교 지도자들과의 대립 관계에 초점을 맞추고 있습니다. 그 대립 관계, 곧 예수님의 주장과 예수님을 대적하는 자들의 주장을 첨예하게 비교함으로써, 우리가 복음의 진수를 더 깊이 이해하도록 돕습니다. 요한복음에는 예수님의 기적에 대한 이야기가 많이 소개되지는 않으나, 예수님이 기적을 행하시면 곧이어 그 기적으로 인해 야기된 논란을 다룹니다. 당시 종교 지도자들의 적개심과 맹렬한 공격이 나날이 심해져 예수님의 상황이 점점 위태로워지는 그런 과정이 나타납니다.

당연한 적개심

요한복음 5-8장에는 예수님의 기적과 그 기적에 대한 논쟁이 나옵니다. 안식일에 38년 된 병자를 고친 사건 때문에 논쟁이 시작됩니다. 뒤이어 보리떡 다섯 개와 물고기 두 마리로 5천 명을 먹이신 기적 때문에 또 논쟁이 발생합니다. 예수님이 행하신 이러한 기적들로 사람들은 예수님을 자신들의 왕으로 삼고 싶어 합니다. 예수님이 왕이 되셔서 자신들이 겪는 현실적 어려움을 해결해 주시기를 바랍니다. 그러나 예수님은 그들의 소망에 아랑곳하지 않고 느닷없이 이런 말씀을 하십니다. '썩을 양식을 위하여 일하지 말고 영생하도록 있는 양식을 위하여 하라'(요 6:27). 예수님의 갑작스러운 말씀에 사람들이 묻습니다. "우리가 어떻게 하여야 하나님의 일을 하오리이까." 예수께서 "하나님께서 보내신 이를 믿는 것이 하나님의 일이니라"라고 대답하십니다. 그들이 또 묻습니다. "그러면 우리가 보고 당신을 믿도록 행하시는 표적이 무엇이니까. 하시는 일이 무엇이니이까." 이 말은 '우리가 어떻게 믿어야 할까요?'라는 물음입니다. 이에 예수님은 "내 살을 먹고 내 피를 마시는 자는 영생을 가졌고 마지막 날에 내가 그를 다시 살리리니 내 살은 참된 양식이요 내 피는 참된 음료로다"라고 아주 극단적인 선언을 하십니다.

예수님의 이러한 말씀은 당시 종교 지도자들에게 엄청난 도전으로 받아들여집니다. 요한복음 7장 7절을 보면, 예수님도 "세상이 너희를 미워하지 아니하되 나를 미워하나니 이는 내가 세상의 일들을 악하다고 증언함이라"라고 말씀하셨습니다. 그래서 결국 예수님은 이 땅에 오셔서 '하나님께서 보내신 이를 믿는 것이 하나님의 일이니라'(요 6:29)라고 전하신 것입니다.

예수님의 이러한 말씀이 우리에게는 당연한 이야기입니다만, 당시 유대 사회에서는 만약 예수가 유일한 구원의 길이라면 여태껏 권세를 가지고 큰소리쳤던 종교 지도자들의 지위와 신분은 말 그대로 무색해지는 것입니다. 종교 지도자들에게 예수님이 하신 말씀은 은혜롭게 들리지 않고 자신들을 무참히 짓밟는 말로 들렸습니다. 그렇기 때문에 그들은 아주 분노합니다.

예수님은 유대인들에게 "모세가 너희에게 율법을 주지 아니하였느냐 너희 중에 율법을 지키는 자가 없도다 너희가 어찌하여 나를 죽이려 하느냐"(요 7:19)라고 하십니다. 이는 예수님이 '너희는 율법을 지킨다고 하면서 왜 나를 죽이려고 하느냐? 내가 곧 율법의 완성인데'라고 하신 것입니다.

우리는 유대인에 대해 '그들은 외식하는 사기꾼들이었어. 그래서 예수님을 믿지 않아 그분을 죽인 거야'라고 생각하면 안 됩니다. 유대인들을 도덕적 판단의 실패자로 몰고 가면 안 됩니다. 당시 종교 지도자들은 예수를 죽일 수밖에 없었습니다. 우리는 요한복음에서 당시 종교 지도자들이 예수를 못 알아본 것뿐 아니라, 예수께 적개심을 가진 것은 당연하다고 말하고 있다는 사실을 기억해야 합니다. 이는 요한복음 1장에서 선언된 내용입니다. 요한복음 1장이 선언하는 말씀이 뒤에 어떻게 현실로 증언되는지 기억해야 합니다. 다시 한번 돌아가 봅시다.

> 태초에 말씀이 계시니라 이 말씀이 하나님과 함께 계셨으니 이 말씀은 곧 하나님이시니라 그가 태초에 하나님과 함께 계셨고 만물이 그로 말미암아 지은 바 되었으니 지은 것이 하나도 그가 없이는 된 것이 없느니라 그 안에 생명이 있었으니 이 생명은 사람들의 빛이라 빛이 어둠에 비치되 어둠이 깨닫지 못하더라 하나님께로부터 보내심을 받은 사람이 있으니 그의 이름은 요한이라 그가 증언하러 왔으니 곧 빛에 대하여 증언하고 모든 사람이 자기로 말미암아 믿게 하려 함이라 그는 이 빛이 아니요 이 빛에 대하여 증언하러 온 자라 참 빛 곧 세상에 와서 각 사람에게 비추는 빛이 있었나

> 니 그가 세상에 계셨으며 세상은 그로 말미암아 지은 바 되었으되 세상이 그를 알지 못하였고 자기 땅에 오매 자기 백성이 영접하지 아니하였으나 (요 1:1-11)

이 선언을 꼭 기억해야 합니다. 어둠이 빛을 깨닫지 못하고 주인이 자기 백성에게 왔으나 그분을 영접하지 않습니다. 참 빛이요, 참 생명이시며, 참 주인이신 분을 알아보지 못합니다. 이 대조가 요한복음 내내 나옵니다. 그분을 제대로 알아보는 것은 십자가 사건 때문에 가능해집니다. 그 전에는 아무도 알 수 없었습니다. 그런데 우리는 너무 일찍 '저 바보 같은 유대인들, 저 못된 바리새인들'이라고 매도함으로써, 우리는 마치 예수님이 십자가에 달리시기 전부터 그분을 알아본 것처럼 여깁니다.

요한복음이 보여 주는 대조

우리 역시 알아보지 못했습니다. 그렇다면 이 문제가 왜 중요할까요? '어차피 십자가에서 완성하셔야 하고 십자가를 통해서만 이해할 수 있는 일을, 왜 예수님은 자신을 이해하지 못하는 자들에게 오해와 고통을 받으시면서 그 험난한 공생애 기간을 사셨을까?'가 우리의 질문이 되었기 때문입니다.

이 질문이 왜 우리에게 필요할까요? 우리가 예수님을 믿고 영접하여 영생과 영광의 약속을 받았는데, 우리 현실은 왜 이렇게 힘든지에 대한 질문과 일맥상통하기 때문입니다. '공생애가 왜 필요했는가?'를 이해하지 못하면, '예수를 믿는다고 고백하고 헌신하는데, 우리의 생애가 왜 이렇게 고단한가?'가 풀리지 않습니다. 그래서 우리는 본문 말씀의 결론 부분에 나오는 다음과 같은 지적을 기억해야 합니다.

> 아랫사람들이 대제사장들과 바리새인들에게로 오니 그들이 묻되 어찌하여 잡아오지 아니하였느냐 아랫사람들이 대답하되 그 사람이 말하는 것처럼 말한 사람은 이 때까지 없었나이다 하니 바리새인들이 대답하되 너희도 미혹되었느냐 당국자들이나 바리새인 중에 그를 믿는 자가 있느냐 율법을 알지 못하는 이 무리는 저주를 받은 자로다 (요 7:45-49)

대제사장과 바리새인들이 아랫사람들에게 예수를 잡아 오라고 하였습니다. 그들은 예수를 죽일 작정이었습니다. 그런데 아랫사람들이 예수를 잡아 오지 않았습니다.

"왜 잡아 오지 않았느냐?"

"이제껏 그렇게 말한 사람은 없었습니다. '내가 하나님의 아들이다. 나를 믿으면 영생을 얻는다. 영생을 얻으려면, 내 살을 먹어라. 내 피를 마셔라.' 이렇게 말하는 사람은 처음 봤습니다. 우리는 거역할 수 없었고, 잡을 수도 없었습니다."

"너희들이 무식해서 그렇다. 너희는 율법을 모르기 때문에 그 사람한테 미혹된 거다. 저주받을 놈들."

이렇게 된 것입니다. 대제사장들과 바리새인들은 율법을 알기에 하나님을 알고 그분의 뜻을 안다는 거죠. 그러나 요한복음은 예수님의 말이 옳은지, 당시 종교 지도자들 곧 대제사장, 바리새인, 사두개인, 서기관 들의 말이 옳은지를 대조하고 비교합니다. 그들은 율법을 동원하고 하나님을 동원하고 자신들의 진심을 동원하여 결국 사망을 요구합니다. 예수님을 죽이려고 합니다. 여기에는 분노와 질시와 더러움과 살인밖에 없습니다.

예수님은 종교 지도자들의 폭력에 계속 당하기만 하십니다. 그분은 하나님이시고, 우리의 주인이시고, 구세주이십니다. 그리고 이 모든 대화와 현장 속에서 선한 일만 하셨습니다. 병자를 고치시고, 5천 명을 먹이시고, 시각 장애인의 눈을 뜨게 하셨지만 적대자들의 비난과 오해를 받으시며 당신의 길을 걸어가십니다. 그들과 달리 예수께는 용서가 있고, 섬김이 있고, 인내가 있고, 겸손이 있고, 생명과 회복이 있습니다.

요한복음은 이런 대조를 우리에게 보여 줍니다. '예수를 믿는 것은 권력을 갖는 것이 아니다. 생명과 영광의 연장선 위에 있는 일이다. 사람들은 권력을 갖고 싶어 하지만, 세상 권력은 사망밖에 만들지 못한다. 그래도 권력을 원하는가?' 이에 대한 아주 중요한 진단이 있습니다. 우리는 더 큰 권력을 가져야 좋은 일을 더 많이 할 수 있다고 생각합니다. 그러나 하나님이 예수를 이 땅에 보내 그의 공생애를 통해 우리에게 증언하신 것은 '세상 권력은 필요 없다'입니다. 힘이 있어야만 되는 것이 아니라, 어떤 자리에서도 용서하고 섬기는 것은 가능하다는 점입니다.

바로 이 문제, 곧 '율법을 동원하거나 가장 고급한 하나님의 규율을 도입해도 세상은 살인밖에 만들지 못한다. 공포와 폭력밖에 없다'는 것을 예수님이 오셔서 폭로한 셈입니다. 그분만이 영생이고 사랑이며 기쁨과 감사이기에 이렇게 저절로 세상과 대조가 됩니다. 예수님은 빛이시기 때문에, 빛과 어둠은 뚜렷하게 구별될 수밖에 없습니다.

못난 것이 일을 한다

당시 예수님과 종교 지도자들 사이에 일어난 문제를 그저 바리새인들의 잘못이고 유대인들의 잘못이라고 선을 긋는 순간, 우리는 예수님의 공생애의 가치 및 예수와 종교 지도자들의 대조를 놓치는 게 됩니다. 그래서 이 문제에 대한 아주 중요한 본보기 하나를 우리가 따라가 봐야 합니다. 바로 바울입니다.

사도행전 21-22장에 가면, 벨릭스 총독 앞에 가기 전에 바울이 예루살렘에서 체포되어 백성들의 폭행으로 군사들에게 들려가서 동족들에게 자기를 변호하는 장면이 나옵니다.

> 부형들아 내가 지금 여러분 앞에서 변명하는 말을 들으라 그들이 그가 히브리 말로 말함을 듣고 더욱 조용한지라 이어 이르되 나는 유대인으로 길리기아 다소에서 났고 이 성에서 자라 가말리엘의 문하에서 우리 조상들의 율법의 엄한 교훈을 받았고 오늘 너희 모든 사람처럼 하나님께 대하여 열심이 있는 자라 내가 이 도를 박해하여 사람을 죽이기까지 하고 남녀를 결박하여 옥에 넘겼노니 이

에 대제사장과 모든 장로들이 내 증인이라 또 내가 그들에게서 다메섹 형제들에게 가는 공문을 받아 가지고 거기 있는 자들도 결박하여 예루살렘으로 끌어다가 형벌 받게 하려고 가더니 가는 중 다메섹에 가까이 갔을 때에 오정쯤 되어 홀연히 하늘로부터 큰 빛이 나를 둘러 비치매 내가 땅에 엎드러져 들으니 소리 있어 이르되 사울아 사울아 네가 왜 나를 박해하느냐 하시거늘 내가 대답하되 주님 누구시니이까 하니 이르시되 나는 네가 박해하는 나사렛 예수라 하시더라 나와 함께 있는 사람들이 빛은 보면서도 나에게 말씀하시는 이의 소리는 듣지 못하더라 내가 이르되 주님 무엇을 하리이까 주께서 이르시되 일어나 다메섹으로 들어가라 네가 해야 할 모든 것을 거기서 누가 이르리라 하시거늘 나는 그 빛의 광채로 말미암아 볼 수 없게 되었으므로 나와 함께 있는 사람들의 손에 끌려 다메섹에 들어갔노라 율법에 따라 경건한 사람으로 거기 사는 모든 유대인들에게 칭찬을 듣는 아나니아라 하는 이가 내게 와 곁에 서서 말하되 형제 사울아 다시 보라 하거늘 즉시 그를 쳐다보았노라 그가 또 이르되 우리 조상들의 하나님이 너를 택하여 너로 하여금 자기 뜻을 알게 하시며 그 의인을 보게 하시고 그 입에서 나오는 음성을 듣게 하셨으니 네가 그를 위하여 모든 사람 앞에서 네가 보고 들은 것에 증인이 되리라 이제는 왜 주저하느냐 일어나 주의 이름을 불러 세례를 받고 너의 죄를 씻으라 하더라 후에 내가 예루살렘으로 돌아와서 성전에서 기도할 때에 황홀한 중에 보매 주께서 내게 말씀하시되 속히 예루살렘에서 나가라 그들은 네가 내게 대하여 증언하는 말을 듣지 아니하리라 하시거늘 내가 말하기를

> 주님 내가 주를 믿는 사람들을 가두고 또 각 회당에서 때리고 또 주의 증인 스데반이 피를 흘릴 때에 내가 곁에 서서 찬성하고 그 죽이는 사람들의 옷을 지킨 줄 그들도 아나이다 나더러 또 이르시되 떠나가라 내가 너를 멀리 이방인에게로 보내리라 (행 22:1-21)

바울이 '내가 스데반을 죽인 사람이니 이런 내가 그들 앞에 가서 증언하면 그들도 알아들을 것'이라고 말하는 셈입니다. 바울 본인도 몰랐으나 이제 알게 되었다고 말하는 것입니다. 가만히 보면, 바울은 회개를 한 게 아니라 얻어맞고 뒤집힌 것입니다.

바울은 하나님을 위해서 열심히 일했습니다. 하나님의 아들 예수까지 박해하고 예수의 제자들을 죽일 정도로 열심히 주의 일을 했습니다. 바울은 열정을 다해 주의 일에 앞장섰기 때문에 유대인들이 그를 잘 압니다. 그런 자가 어느 날 갑자기 '예수가 그리스도다'라고 하면서 돌변해 버렸습니다. 바울은 이 문제를 로마서에서, '그들이 하나님께 열심이 있으나 올바른 지식을 따른 것이 아니니라 하나님의 의를 모르고 자기 의를 세우려고 힘써 하나님의 의에 복종하지 아니하였느니라'(롬 10:2-3)라고 합니다. '지식이 없어서' 그랬다고 합니다. 여기서 말하는 '지식이 없어서'는 우리가 흔히 쓰는 '지혜와 견식이 없어서'를 말하는 게 아니라 '몰라서'입니다.

바울은 결국 복음을 위한 최고의 사도가 될 사람입니다. 갈라디아서에 따르면, '내 어머니의 태로부터 나를 택정하시고'(갈 1:15)라고 했습니다. 그렇게 택정된 바울이라면 처음부터 주의 제자가 되어 주를 따르고 교회를 위하여 일하는 것으로 연결되어야 맞습니다. 그런데 바울로 하여금 예수를 박해하고 그분의 제자들을 죽이는 것으로 인생 전반부를 살게 하신 것은 '가장 큰 사도로 쓰기 위해 이 전제가 필요했다'고 이야기하는 셈입니다.

복음은 우리에게 '우리 모두 그분을 알아보지 못했다. 우리의 손으로 그분을 죽인 일로 하나님은 우리를 뒤집는다'고 전합니다. 하나님은 왜 우리에게 이런 인생을 살게 하실까요? 이제 우리는 주님을 믿고 있는데요. 요한복음은 우리에게 '예수님이 깨닫지 못하는 자들 앞에서 산 그 인생을 너희도 살아라. 십자가를 통해 부활 생명을 주시는 반전의 역사는 결국 하나님이 하실 것이다. 그 앞의 인생 과정은 모든 인간에게 필요하다. 인간을 납득시키기 위해, 항복시키기 위해, 더 큰 영광과 내용을 담기 위해 이 과정은 필수적이다'를 전합니다. 복음서는 '예수가 누구신가? 십자가의 결국은 어떤 조건과 과정을 통해 열매를 맺는가?'를 우리에게 말하고 있습니다.

사도 바울은 디모데전서 1장 12절 이하에서 자신을 이렇게 설명합니다.

> 나를 능하게 하신 그리스도 예수 우리 주께 내가 감사함은 나를 충성되이 여겨 내게 직분을 맡기심이니 내가 전에는 비방자요 박해자요 폭행자였으나 도리어 긍휼을 입은 것은 내가 믿지 아니할 때에 알지 못하고 행하였음이라 우리 주의 은혜가 그리스도 예수 안에 있는 믿음과 사랑과 함께 넘치도록 풍성하였도다 미쁘다 모든 사람이 받을 만한 이 말이여 그리스도 예수께서 죄인을 구원하시려고 세상에 임하셨다 하였도다 죄인 중에 내가 괴수니라 그러나

> 내가 긍휼을 입은 까닭은 예수 그리스도께서 내게 먼저 일체 오래 참으심을 보이사 후에 주를 믿어 영생 얻는 자들에게 본이 되게 하려 하심이라 (딤전 1:12-16)

우리는 바울의 자기 이해를 잘 알아들어야 합니다. 바울은 '나도 구원받았다. 나 같은 사람이 사도가 되었다'라고 합니다. 이 말은 '난 20점도 못 받았는데, 반장이 되었다'는 의미입니다. '자책하는 너희는 아마 50점은 될 것이다. 그렇다면 너희는 나보다 더 낫지 않겠느냐?'라는 것이 사도 바울의 자기 설명입니다. '나는 핍박하고 돌아다닌 사람이고 예수를 반대했던 사람이다. 주께서 나를 긍휼히 여기신 것은 그때 내가 모르고 했기 때문이다'라고 고백합니다.

우리는 바울의 이런 '몰랐다'를 '고의성을 가지지 않았다'라는, 죄를 약간 감경하는 의미로 이해합니다. 우리는 모르고 열심히 한 것을 진심이라고 합니다. 하지만 성경은 '모르는 것이 제일 큰 죄'라고 이야기합니다. 모르는 것은 죄입니다. 이게 제일 힘든 부분입니다. 모르면 가만 있어야 합니다. 모르는 자가 열심을 내면 사고를 칩니다. 여기서 '모른다'는 것은 '하나님을 모르는 것'입니다.

누가 하나님을 설명합니까? 누구를 통해 하나님을 볼 수 있습니까? 예수를 통해 볼 수 있습니다. 우리는 볼 수 없었습니다. 우리는 십자가를 거쳐야 우리 눈에서 비늘이 벗겨지고 죽었던 영혼이 살아납니다. 그런데 왜 우리 인생에 고난을 주십니까? 우리의 이해와 기대와 상상으로는 그분의 영광을 볼 수 없기 때문입니다.

하나님이 우리에게 주신 그분의 영광은 정말로 큽니다. 우리는 스스로 우리를 신으로 만들 수 있습니다. 교만해서라기보다 인간의 가치와 능력이 너무 크기 때문에 자기애에 빠질 수 있습니다. 더 커야 된다고 하는데, 더 큰 데로 가는 데에 제일 큰 방해물은 우리의 지극함입니다. 우리의 종교심, 도덕성, 현대 사회의 과학 같은 것들이 우리를 혼란스럽게 해서 우리의 성장을 막고 우리의 상상을 막습니다.

문명과 예술은 굉장합니다. 구약 내내 하나님은 우상에 대해서 경고하십니다. 하나님은 '내 요구를 타협하는 것은 난 못 본다. 우상 곧 바알이나 아세라가 문제가 아니다. 내 백성 이스라엘이 내 요구를 자기들 편한 자리로 타협하면 안 된다. 일어나 더 가자'라고 하십니다. 예수님이 하나님께 '내 아버지여 만일 할 만하시거든 이 잔을 내게서 지나가게 하옵소서'(마 26:39)라고 했습니다. 그러나 하나님은 "여기가 끝이 아니다. 더 가자"라고 아들에게 말씀하셨습니다.

구약에서는 우상이, 신약에서는 종교 지도자들이 붙잡고 있는 지극한 종교심과 완전한 명분이 예수를 알아볼 수 없게 했습니다. 인간의 지혜와 실력으로는 하나님이 하시는 일을 감히 생각할 수 없습니다. 선지자 이사야가 '그들이 아직 그들에게 전파되지 아니한 것을 볼 것이요 아직 듣지 못한 것을 깨달을 것임이라'(사 52:15)라고 한 것처럼, 우리에게 나타난 하나님, 하나님이 약속하신 목적들은 듣도 보도 못한 것들이었다고 고백하게 될 것입니다.

그런 면에서 사도 바울이 '나를 사도로 삼아 쓰실 수 있다면 너희들은 오죽하겠느냐'라는 말은 자신에 대한 고백이지, '자신이 겸손했고 그때는 몰라서 그랬기 때문에 하나님이 나를 용서해 줬다'는 뜻으로 듣는 것은 바울의 의도와 전혀 다릅니다.

예수로 말미암지 않고는

예수님은 우리에게 진리와 생명을 주시려고 오셨습니다. 예수님의 의도, 말하자면 "나로 말미암지 않고는 아무도 아버지께로 올 자가 없느니라"(요 14:6)라는 말이 가지는 참뜻을 생각해 보십시다.

세상의 가장 큰 명분과 아름다움은 다 폭력이 됩니다. 세상은 폭력을 변명하기 위해 진심을 씁니다. 그 진심이 무엇을 만드는지 보십시오. 하나님은 죽은 자도 살리시고, 자신을 찌른 자도 구원하십니다. 예수님은 "아버지 저들을 사하여 주옵소서 자기들이 하는 것을 알지 못함이니이다"(눅 23:34)라고 하십니다. 어찌 이 말씀을 예수님이 하신 쇼라고 할 수 있습니까?

신자인 우리가 누구를 공격해서 우리의 신앙을 확인하는지 살펴봅시다. 2천 년 기독교 역사 내내 유대인들을 욕해서 확인했습니다. 믿지 않는 자들을 욕해서 자신을 확인했습니다. 이는 치사한 행동입니다. 예수의 공생애가 무엇인지 기억한다면, 지금 우리의 조건과 현실을 책임 있게 살 수 있는 기회와 영광으로 여겨야 맞습니다. 그것이 구원입니다. 비참하고 치사하고 부끄러운 인생을 바꾸는 것입니다. 황홀해지는 것이 아닙니다. 매일매일 책임감을 가지고 충성해야 하는 심각한 싸움입니다. 그러나 그 싸움은 고급합니다. 우리만이 할 수 있습니다.

지금 우리가 하고 싶은 기도는 많습니다. 그러나 내 입맛에 맞는 결과를 폭력으로 요구하고 있는 것은 아닌지 돌아보아야 합니다. 기도하십시오. 우리 모두가 빛이고 소금이라는 예수님의 말씀을 기억하십시오. 그리고 책임 있는 인생을 살아 구원의 은혜를 누리십시오. 다른 사람들에게 구원을 나누어 주십시오. 구원이 능력이 되게 하십시오.

기 도

하나님 아버지, 우리의 생애가 성육신하신 예수님의 삶을 따르지 않는다면, 구원의 영광이요 생명이 되지 않는다면, 거기에는 죽음과 폭력과 공포밖에 없습니다. 그 불안과 분노의 생애에서 벗어나 희망과 기쁨과 위로의 삶을 살게 해 주십시오. 그런 인생이 우리에게 약속되어 있습니다. 지지 않게 해 주옵소서. 열매 맺게 해 주옵소서. 누리고 자랑하는 인생이 되게 하여 주옵소서. 부디 우리나라가 우리 자손들에게 행복한 나라가 되게 하여 주옵소서. 예수님 이름으로 기도합니다. 아멘.

2

그리스도의 사역

15.
나도 너를 정죄하지 아니하노니

…… 3 서기관들과 바리새인들이 음행중에 잡힌 여자를 끌고 와서 가
운데 세우고 4 예수께 말하되 선생이여 이 여자가 간음하다가 현장에
서 잡혔나이다 5 모세는 율법에 이러한 여자를 돌로 치라 명하였거니
와 선생은 어떻게 말하겠나이까 …… 10 예수께서 일어나사 여자 외에
아무도 없는 것을 보시고 이르시되 여자여 너를 고발하던 그들이 어디
있느냐 너를 정죄한 자가 없느냐 11 대답하되 주여 없나이다 예수께서
이르시되 나도 너를 정죄하지 아니하노니 가서 다시는 죄를 범하지 말
라 하시니라] 12 예수께서 또 말씀하여 이르시되 나는 세상의 빛이니
나를 따르는 자는 어둠에 다니지 아니하고 생명의 빛을 얻으리라 ……

(요 8:1-20)

요한복음 8장은 5장에서 예수님이 38년 된 병자를 고치시고 본격적으로 바리새인들과의 논쟁이 시작되어 그들이 예수님을 제거하려는 움직임 속에서 일어난 사건을 다루고 있습니다. 돌연히 '무엇이 진리이냐? 누가 옳으냐?' 하는, 싸움에서 빗나간 이야기가 8장에 등장함으로써, 앞으로 진행될 모든 싸움이 진리와 생명의 문제로 함축되어 있음을 알 수 있습니다.

공포와 폭력밖에 모르는 세상

적대자들이 예수를 잡으려고 여러 일을 꾸밉니다. 서기관들과 바리새인들이, 음행을 하다가 현장에서 잡힌 여자를 끌고 와서 예수께 묻습니다.

> …… 선생이여 이 여자가 간음하다가 현장에서 잡혔나이다 모세는 율법에 이러한 여자를 돌로 치라 명하였거니와 선생은 어떻게 말하겠나이까 (요 8:4-5)

그들은 아마도 예수님이, 음행 중에 잡힌 여자를 죽이라고 하지는 않을 거라고 예상했던 것 같습니다. 예수님이 '풀어 주라'고 하면 율법을 어긴 것으로 트집 잡으려고 했으나, 예수님은 뜻밖의 말씀을 하십니다. "너희 중에 죄 없는 자가 먼저 돌로 치라"라고 하시자 그 자리에 있던 자들이 양심에 가책을 느껴 모두 떠나 버렸습니다.

이는 예수님이 굉장히 재치 있게 난제를 푼 것으로 생각할 수 있는 사건이 아닙니다. 여기에는 아주 중요한 선언이 담겨 있습니다. '너희는 하나님이 주신 고급한 율법을 가지고도 결국 살인밖에는 할 줄 모른다. 그걸 공포와 폭력으로밖에는 쓰지 못한다'라는 의미가 담겨 있습니다. '성경책을 줬더니 성경책으로 사람 머리를 치더라'는 것입니다. 그들은 율법을 갖고 있으면서도 율법의 의도를 제대로 이해하거나 그 내용을 제대로 살아 내지 못합니다. 하지만 예수님은 율법을 깨지 않으실 뿐 아니라 한 걸음 더 나아가십니다. 예수님은 음행 중에 잡힌 여자에게 그러셨듯, 우리에게도 '나도 너를 정죄하지 아니한다'고 하십니다.

앞에서도 계속 언급했지만, 종교 지도자들은 음행 중에 잡힌 여자를 용서한 이 사건에서도 예수님을 죽이려고 합니다. 예수님이 선한 일을 했음에도 적대자들이 죽이려 한다는 것이 이 논쟁의 초점입니다. 세상은 죽이는 것 외에 담을 내용이 없으며 기준이나 목적도 없습니다. 오직 공포와 폭력과 비극밖에 없는 세상입니다. 예수님은 이런 세상에 오셔서 영생을, 영광을, 삶의 가치를 열어 놓으셨습니다. 이와 같은 대조가 계속 나오는 것이 요한복음입니다.

요시야의 개혁과 그의 죽음

이 문제를 이해하는 데 도움이 되는 구약 사건을 하나 소개하겠습니다. 역대하 34장입니다.

> 왕이 사람을 보내어 유다와 예루살렘의 모든 장로를 불러 모으고 여호와의 전에 올라가매 유다 모든 사람과 예루살렘 주민들과 제사장들과 레위 사람들과 모든 백성이 노소를 막론하고 다 함께 한지라 왕이 여호와의 전 안에서 발견한 언약책의 모든 말씀을 읽어 무리의 귀에 들려 주고 왕이 자기 처소에 서서 여호와 앞에서 언약을 세우되 마음을 다하고 목숨을 다하여 여호와를 순종하고 그의 계명과 법도와 율례를 지켜 이 책에 기록된 언약의 말씀을 이루리라 하고 예루살렘과 베냐민에 있는 자들이 다 여기에 참여하게 하매 예루살렘 주민이 하나님 곧 그의 조상들의 하나님의 언약을 따르니라 이와 같이 요시야가 이스라엘 자손에게 속한 모든 땅에서 가증한 것들을 다 제거하여 버리고 이스라엘의 모든 사람으로 그들의 하나님 여호와를 섬기게 하였으므로 요시야가 사는 날에 백성이 그들의 조상들의 하나님 여호와께 복종하고 떠나지 아니하였더라 (대하 34:29-33)

북 왕조 이스라엘은 다윗 왕가에서 나온 왕조가 아닙니다. 더군다나 북 왕조의 모든 왕은 다 우상을 섬깁니다. 그로 인해 북 왕조 이스라엘은 주전 722년 앗수르에 의해 멸망합니다. 남 왕조 유다는 다윗 왕가가 존속되고 있어 그 후손들이 대를 이어 왕이 됩니다. 하지만 선한 왕은 드물고 악한 왕이 여럿 나와 나라가 혼란스럽습니다. 그러던 중에 요시야 왕이 등장하여 하나님의 뜻을 섬기기 위하여 우상을 제거하고 성전을 정결하게 하고자 애씁니다. 이때 요시야는 율법 책을 발견합니다.

앞에 소개된 말씀에서 요시야는 율법 책을 읽고 회개하여 모든 백성을 불러 모으고 여호와의 전에 올라갑니다. 왕이 모범을 보이며 맨 앞에 서서 백성들과 함께 하나님의 말씀을 듣고 순종하고 제대로 살 것을 서약하는 장면입니다.

요시야는 주전 639년부터 609년까지 30년간 남 왕조 유다의 왕으로 삽니다. 그는 다윗, 히스기야와 함께 선한 유다 왕으로 손꼽히는 위대한 세 왕 중에 하나가 됩니다. 그런데 희한한 일로 요시야가 생을 마감합니다. 역대하 35장 20절 이하를 보겠습니다.

이 모든 일 후 곧 요시야가 성전을 정돈하기를 마친 후에 애굽 왕 느고가 유브라데 강 가의 갈그미스를 치러 올라왔으므로 요시야가 나가서 방비하였더니 느고가 요시야에게 사신을 보내어 이르되 유다 왕이여 내가 그대와 무슨 관계가 있느냐 내가 오늘 그대를 치려는 것이 아니요 나와 더불어 싸우는 족속을 치려는 것이라 하나님이 나에게 명령하사 속히 하라 하셨은즉 하나님이 나와 함께 계시니 그대는 하나님을 거스르지 말라 그대를 멸하실까 하노라 하나 요시야가 몸을 돌이켜 떠나기를 싫어하고 오히려 변장하고 그와 싸우고자 하여 하나님의 입에서 나온 느고의 말을 듣지 아니하고 므깃도 골짜기에 이르러 싸울 때에 활 쏘는 자가 요시야 왕을 쏜지라 왕이 그의 신하들에게 이르되 내가 중상을 입었으니 나를 도와 나가게 하라 그 부하들이 그를 병거에서 내리게 하고 그의 버금 병거에 태워 예루살렘에 이른 후에 그가 죽으니 그의 조상들의 묘실에 장사되니라 온 유다와 예루살렘 사람들이 요시야를 슬퍼하고

> 예레미야는 그를 위하여 애가를 지었으며 모든 노래하는 남자들과 여자들은 요시야를 슬피 노래하니 이스라엘에 규례가 되어 오늘까지 이르렀으며 그 가사는 애가 중에 기록되었더라 요시야의 남은 사적과 여호와의 율법에 기록된 대로 행한 모든 선한 일과 그의 처음부터 끝까지의 행적은 이스라엘과 유다 열왕기에 기록되니라 (대하 35:20-27)

이스라엘의 정치적·군사적 주적은 남쪽에 있는 애굽과 북방 메소포타미아에서 나타난 큰 제국들이었습니다. 메소포타미아 제국들은 교대로 일어났는데, 그 시작은 아람이었습니다. 아람이 앗수르에 의해서 멸망하고, 앗수르는 주전 612년에 바벨론에 의해 수도가 점령당합니다. 이들이 이스라엘의 가장 큰 대적들이었습니다. 애굽은 북방에 있는 제국들의 눈치를 보며 중동 지역의 패권을 차지할 기회를 엿보고 있었습니다.

므깃도 전투가 주전 609년에 벌어졌습니다. 이때 앗수르는 이미 허리가 꺾인 나라였습니다. 그래서 애굽 왕 느고가 앗수르를 치러 올라온 것입니다. 중동의 패권을 차지하려고 했던 애굽은 유다와 싸울 마음은 없었습니다. 그런데 앗수르의 잔존 세력을 쳐부수고 바벨론보다 먼저 기선을 제압하려는 그 싸움에 느닷없이 유다 왕 요시야가 막고 나선 것입니다. 그때 애굽 왕 느고가 유다 왕 요시야에게 사신을 보내어 이런 말을 전합니다. 다시 한번 역대하 35장을 봅시다.

> 유다 왕이여, 내가 그대와 무슨 관계가 있느냐 내가 오늘 그대를

> 치려는 것이 아니요 나와 더불어 싸우는 족속을 치려는 것이라 하나님이 나에게 명령하사 속히 하라 하셨은즉 하나님이 나와 함께 계시니 그대는 하나님을 거스르지 말라 그대를 멸하실까 하노라 (대하 35:21)

이런 말을 전해 들었지만 요시야는 우기고 전투에 나갔다가 죽었습니다.

요시야가 왜 그랬을까요? 요시야도 야심이 있었던 것입니다. 앗수르가 망하고 중동 지역이 혼란스러워진 기회를 틈타 자신도 이 지역의 패권을 잡고 싶었던 것입니다. 다윗과 솔로몬 이후, 나라는 북 이스라엘과 남 유다로 나뉘어졌습니다. 그 후로 이스라엘은 한 번도 맥을 쓰지 못했는데, 이참에 패권을 잡겠다고 한 것이죠. 이러한 요시야의 마음이 어디에서 나왔을까요? 요시야는 종교 개혁을 단행했던 경험이 있습니다. 종교 개혁을 해서 남 왕국 유다 백성들의 마음을 얻기도 했고, 종교 개혁으로 하나님께 인정받았기에 스스로 대견하게 여겼을 수도 있습니다. 하나님을 섬기는 왕으로 인정을 받았으니 무엇이 겁났겠습니까. 그런데 요시야가 죽었습니다.

폭력으로 세울 수 없는 하나님 나라

요시야의 죽음은 간단하지 않습니다. 역대하 36장에 가면 긴 족보 이야기가 나옵니다. 요약하자면 다음과 같습니다.

요시야가 죽자 그의 아들 여호아하스가 왕위에 오릅니다. 그가 예루살렘을 다스린 지 석 달 만에 애굽 왕 느고가 그를 폐하고 여호아하스의 동생 엘리아김을 세워 예루살렘 왕으로 삼고 그 이름을 여호야김으로 고칩니다. 그리고 여호아하스는 애굽으로 잡혀갑니다.

여호야김이 예루살렘에서 11년을 통치하는데, 바벨론을 적대시하다가 바벨론 왕 느부갓네살이 남 왕국을 치고 그를 쇠사슬로 결박하여 바벨론으로 잡아갑니다. 느부갓네살은 여호야김의 아들 여호야긴을 그 대신 유다 왕으로 삼습니다. 여호야긴도 자기를 왕으로 세운 바벨론 왕의 말을 듣지 않고 대적하다가 석 달 열흘 만에 바벨론으로 잡혀갑니다.

바벨론 왕 느부갓네살은 여호야긴을 잡아가면서 여호야긴의 숙부 시드기야(여호야김의 동생)를 세워 유다와 예루살렘 왕으로 삼습니다. 시드기야는 예루살렘에서 11년 동안 다스렸으나 그도 바벨론에 대적했다가 잡혀서 자기 앞에서 가족 모두가 몰살당하고 그도 두 눈이 뽑혀 바벨론으로 잡혀갑니다.

요시야 입장에서 보면, 아들 셋과 손자가 그냥 한꺼번에 다 멸하고 맙니다. 여호야김과 시드기야가 각각 11년씩 왕위를 유지했을 뿐 여호아하스와 여호야긴은 재위 기간이 각각 3개월에 불과합니다. 20여 년에 걸쳐 요시야의 가족이 몰살당했습니다. 그리고 유다도 바벨론에 망하고 그 백성은 포로가 되었습니다.

이 사건이 요한복음 8장과 어떤 공통분모를 가질까요? 요시야가 착각했던, 신앙의 승리가 권력으로 보상된다는 생각을 깨부순 역사적 사례입니다. 예수님이 공생애 기간 내내 '내가 세우는 나라는 힘에 의해서 보존되지 않는다. 폭력으로 세워지지 않는다'고 전하신 것과 일맥상통합니다. 하나님은 '나는 너희가 힘을 얻어서 주변 국가들을 복속시키고 큰소리치는 나라가 되기를 원하는 것이 아니다. 차라리 너희가 종이 되고 노예가 되라'고 하십니다. 그래서 바벨론 포로가 일어납니다. 우리 입장에서는 기겁할 일이 일어난 것입니다.

우리는 이와 반대되는 역사가 일어나기를 바랍니다. 우리가 하고 싶은 것은 다른 사람에게 꿀리지 않고 사는 것 아닌가요? 뭐든 이겨야 된다고 생각하지 않습니까? 우리는 무엇을 이겨야 할까요? 폭력을 이겨야 합니다. 공포를 이겨야 합니다.

영생이 전부인 곳으로

우리나라는 유교적 유산을 갖고 있기 때문에 이 문제에서 아주 쉽게 기독교 진리를 왜곡할 위험이 있습니다. 우리가 원하는 완전함은 윤리적이고 도덕적인 내용입니다. 대부분의 윤리나 도덕은 적극적인 면이 없고, 소극적인 내용밖에 없습니다. 그 내용에는 잘못을 하지 않는 것, 교만하지 않는 것, 거짓말하지 않는 것뿐입니다. 그러니 우리가 서로 만나서 표정이 좋지 않은 이유는 입만 열면 거짓말을 하기 때문에 입을 다물고 있는 게 최선이라고 판단하기 때문입니다. 그래서 우리는 좋은 말을 할 줄 모르고, 내용도 빈약합니다.

좋은 말을 못해 주는 사회 분위기와 그러한 정서적 유산을 갖고 있기 때문에, 좋은 말을 하거나 들으면 우리는 의심부터 합니다. 혹은

'바라는 게 있으니 아첨을 떤다'고 생각해서 아예 좋은 말은 서로 하지 않는 게 좋다고 생각합니다. 그게 우리한테 묘한 자존심이 되어서, 상점에 물건을 사러 갔다가 점원이 친절하게 대하면 그 상점에서 사지 않고 그냥 나오기도 합니다. 속는 것 같아 옆집 가서 삽니다. 주인이 적당히 무관심하고 적당히 챙기는 것도 기술이 되어 버렸습니다. 우리에게 이런 정서들이 있습니다. 다 부정적이고 소극적인 것들입니다.

그럼, 어떤 사람이 훌륭할까요? 사심 없는 사람, 진심만 있는 사람, 순전한 사람일까요? 이런 사람은 그냥 그림이 그려지지 않은 백지에 불과합니다. '나는 책을 한 번도 안 펴 봤어. 더럽혀질까 봐'라고 하는 소리와 똑같습니다. 이런 정서는 세상 역사에서 꺼낼 수 있었던 최고의 도덕 기준이었습니다. 욕심을 부리지 않는 것, 거짓말하지 않는 것 등이 중요한 덕이었습니다. 그러나 예수님이 오셔서 우리에게 하신 말씀은 영생입니다. 영생은 생명이 끝없이 보존된다 또는 연장된다는 의미가 아닙니다. 생명이 자라고 아름다운 꽃을 피우고 풍성한 열매를 맺는 것입니다. 그것이 영생입니다. 영생은 명예, 영광, 사랑, 기쁨, 감사 등 이런 단어로밖에는 설명할 수 없는 길을 열어 줍니다.

예수님은 '너희는 율법을 가지고도 그 율법의 무대에 서는 법을 모르고 있다. 너희는 율법을 권력으로, 폭력으로, 비극으로 만들 수밖에 없었다. 그래서 내가 왔다. 나는 너희를 구원하겠다'고 하십니다. 그분은 우리를, 할 줄 모르는 데서 할 수 있는 데로 구원하십니다. 죽음이 전부인 곳에서 영생이 전부인 곳으로 우리를 끌어내실 것입니다.

바벨론 포로의 교훈

그렇다면, 바벨론 포로는 어떤 효과가 있었을까요? 이스라엘 백성이 바벨론 포로가 되자, 바벨론 사람들이 '우리가 섬기는 마르둑이 너희가 섬기는 여호와를 이겼다'며 포로된 이스라엘을 놀리고 떠들어 댔습니다. 이스라엘 백성들은 자존심이 상하고 수치스럽지만 현실이 그러니 변명의 여지가 없었습니다.

그러나 이스라엘이 바벨론에서 포로로 살면서 보니 이곳에 많은 민족이 살고 있다는 것을 알게 되었습니다. 나라가 큰 제국이니 더욱 많은 사람들이 살았을 것입니다. 그곳에서 바벨론 사람들이 섬기는 신들을 알게 되었는데, 그들의 신은 다 헛되고 비도덕적이었습니다. 그뿐 아니라 그 신에게 인신 공양을 해야 했습니다. 그들의 신은 무섭고 공포스러울 뿐입니다.

이스라엘 백성이 생각해 보니 비록 자기들이 포로로 잡혀 왔지만, 자기 선조들이 들려준 이야기 속 하나님은 바벨론의 신과 달랐습니다. 하나님의 위대하심이 사랑과 자비와 긍휼로 나타났다는 사실이 새삼스럽게 다가옵니다. 하나님이 주신 십계명이 정말 놀랍다는 사실을 배웁니다. 현실은 참혹하지만 그들은 점점 자기들이 가졌던 신앙 전통, 그들에게 자신을 드러내신 하나님에 대한 이해가 깊어집니다. 포로의 자리에서 이스라엘은 실제적으로 대단한 민족이 됩니다. 성전이 불타고 제사를 드릴 수 없는 종된 현실에서 그들은 늠름하게 자기들의 신앙을 새로이 조명하고 정립하게 됩니다.

주님이 여시는 길

이제 예수님이 '나도 너를 정죄하지 아니하노니'(요 8:11)라고 하신 말씀이 얼마나 굉장한 말씀인지 느껴지십니까? '나는 심판하러 오지도 않았고, 너희를 비난하러 오지도 않았다. 나는 너희에게 새 길을 열어 주러 왔다'고 전하시는 주의 의도를 읽을 수 있습니까?

우리가 다 암송하는 요한복음 3장 16절, "하나님이 세상을 이처럼 사랑하사 독생자를 주셨으니 이는 그를 믿는 자마다 멸망하지 않고 영생을 얻게 하려 하심이라"라는 말씀을 떠올려 보십시다. 믿는 자가 안 믿는 자에게 하나의 율법이 되어서, '나는 믿고 너는 안 믿는다'라고 비교하여 자신을 확인하는 것은 비겁한 행동입니다. '난 거짓말을 안 했고, 넌 거짓말을 했다'라고 비교할 수밖에 없는 것은 '좋은 말을 할 줄 모르는 것'과 그대로 들어맞습니다. 우리가 믿지 않는 자들을 정죄하면서 "너희는 믿지 않았으니 지옥에 갈 거야. 천벌을 받을 거야"라고 한다면, 우리가 소유한 영생과 구원에 대하여 늠름한 인생을 살지 못하고 있는 것입니다.

늠름한 인생에는 권력이 필요 없습니다. 겁을 줄 필요가 없습니다. 예수님의 공생애에서 그대로 드러나듯, 그분은 세상 죄를 지고 가는 사자가 아니라 어린양입니다. 이는 기가 막힌 사건입니다. 예수님이 가르쳐 주신 말씀을 빗대어 생각해 보면, 우리는 어린양이고 우리가 세상에 가면 그 속에는 사자와 호랑이와 늑대와 여우가 득실댑니다.

그런 면에서 우리가 가진 분노는 무엇입니까? '말씀의 칼을 받아라'가 아닌가요? 우리는 그 칼도 거두어야 합니다. 거두는 것도 성경이 우리에게 가르치는 내용입니다. 율법이 했던 일은 우리를 예수께 인도하기 위한 것이었습니다. 그런데 우리는 이를 오해했습니다.

로마서 5장은 예수님이 이 땅에 오신 것에 관한 내용을 다음과 같이 소개합니다.

> 이는 죄가 사망 안에서 왕 노릇 한 것 같이 은혜도 또한 의로 말미암아 왕 노릇 하여 우리 주 예수 그리스도로 말미암아 영생에 이르게 하려 함이라 (롬 5:21)

사망이 왕 노릇 한 것같이 은혜도 왕 노릇 하려고 예수 그리스도 안에서 우리에게 영생이 주어졌다고 합니다. 은혜를 받은 자, 나누는 자, 넉넉한 자가 되어야 합니다. 굳이 따져야겠습니까? 우리가 하고 싶은 말을 어떻게 다 하면서 살 수 있습니까? 그러면 안 됩니다. 참아야 된다가 아니라 우리가 해야 할 대사는 따로 있습니다.

사도행전에서 그 예를 찾아봅시다. 스데반이 잡혀 설교하고 순교할 당시, 그가 하늘을 보니 하나님의 영광과 예수님이 보좌 우편에 서 계신 것을 보았습니다. 예수님이 스데반의 죽음을 크게 보신다고 해석할 수 있는 대목입니다. 그러나 스데반은 성 밖으로 내쳐지고 돌에 맞아 죽습니다. 그런데 조금 더 깊이 보면, 스데반은 '주님, 저들을 다 죽여 주세요'라고 기도하지 않았습니다. '주여 이 죄를 그들에게 돌리지 마옵소서'(행 7:60)라고 말하고 숨을 거둡니다.

율법을 주신 이유

우리는 하나님의 뜻을 제대로 알아야 합니다. 교회가 무엇이고, 예수 믿는 게 무엇인지 깨달아야 합니다. 갈라디아서 3장에 가면 이 문제가 아주 잘 요약되어 있습니다.

> 그런즉 율법은 무엇이냐 범법하므로 더하여진 것이라 천사들을 통하여 한 중보자의 손으로 베푸신 것인데 약속하신 자손이 오시기까지 있을 것이라 그 중보자는 한 편만 위한 자가 아니나 하나님은 한 분이시니라 그러면 율법이 하나님의 약속들과 반대되는 것이냐 결코 그럴 수 없느니라 만일 능히 살게 하는 율법을 주셨더라면 의가 반드시 율법으로 말미암았으리라 그러나 성경이 모든 것을 죄 아래에 가두었으니 이는 예수 그리스도를 믿음으로 말미암는 약속을 믿는 자들에게 주려 함이라 믿음이 오기 전에 우리는 율법 아래에 매인 바 되고 계시될 믿음의 때까지 갇혔느니라 이같이 율법이 우리를 그리스도께로 인도하는 초등교사가 되어 우리로 하여금 믿음으로 말미암아 의롭다 함을 얻게 하려 함이라 믿음이 온 후로는 우리가 초등교사 아래에 있지 아니하도다 너희가 다 믿음으로 말미암아 그리스도 예수 안에서 하나님의 아들이 되었으니 누구든지 그리스도와 합하기 위하여 세례를 받은 자는 그리스도로 옷 입었느니라 너희는 유대인이나 헬라인이나 종이나 자유인이나 남자나 여자나 다 그리스도 예수 안에서 하나이니라 너희가 그리스도의 것이면 곧 아브라함의 자손이요 약속대로 유업을 이을 자니라 (갈 3:19-29)

하나님은 왜 우리에게 율법을 주셨을까요? 율법은 우리에게 무엇을 했을까요? 우리는 어디까지 왔을까요? '너희가 율법으로 자신을 만족시킬 수 없고 율법은 너희를 완성시킬 수 없다. 너희가 진정한 하나님의 형상이 되려면 이보다 더 나아가야 한다.' 이를 가르치는 게 율법입니다.

요한복음 8장에 나타난 사건과 똑같습니다. 예수님이 "너희 중에 죄 없는 자가 먼저 돌로 치라"라고 하셨을 때, 아무도 돌을 들 수가 없었습니다. 율법이 우리에게 하는 일은 '돌로 치는 것은 아니다. 이런 일을 우리 인생에서 행하는 것은 아니다. 그럼 어떻게 하란 말인가? 어디로 가야 하며, 누구를 찾아야 한단 말인가?' 하며 몸부림치게 하는 것입니다. 그것이 율법의 기능입니다. 이를 해결하시기 위해 예수님이 오셨습니다. 그리고 우리에게 예수를 믿으라고 합니다. 우리가 율법을 온전히 지킬 수 없었듯, 믿음은 우리가 해야 되는 조건이 아닌 하나님이 우리를 부르시는 그분의 방법입니다.

그래서 요한복음 1장은 "태초에 말씀이 계시니라 이 말씀이 하나님과 함께 계셨으니 이 말씀은 곧 하나님이시니라 그가 태초에 하나님과 함께 계셨고 …… 그 안에 생명이 있었으니 이 생명은 사람들의 빛이라 빛이 어둠에 비치되 어둠이 깨닫지 못하더라 …… 참 빛 곧 세상에 와서 각 사람에게 비추는 빛이 있었나니 그가 세상에 계셨으며 세상은 그로 말미암아 지은 바 되었으되 세상이 그를 알지 못하였고 자기 땅에 오매 자기 백성이 영접하지 아니하였으나 영접하는 자 곧 그 이름을 믿는 자들에게는 하나님의 자녀가 되는 권세를 주셨으니"(요 1:1-12)라고 합니다.

믿음은 왜 돌연히 옵니까? 믿음은 우리 것이 아니기 때문입니다. 하나님을 믿고 그분을 영접하게 하는 것은 우리가 하는 게 아닙니다. 그것은 하나님이 하시는 일입니다. 우리는 그 열매입니다. 우리는 하나님의 기업을 유업으로 받은 하나님의 자녀입니다. 그러므로 하나님의 자녀답게 살아야 합니다. 이 말은 도덕성을 갖추라는 정도의 의미가 아닙니다. 정체성과 운명, 지위, 신분, 기적, 소망에서 하나님의 자녀답게 살라는 의미입니다.

'예수를 믿는다'는 고백이 가지는 놀라운 힘을 우리 각자의 현실에서 기억하고 승리하는 기회가 되기를 바랍니다.

기 도

하나님 아버지, 복음을 잡고 다시 율법으로 끌려가지 않겠습니다. 열심히 살아야 되고, 명예롭게 살아야 하고, 영광되게 살아야 합니다. 주께서 그 모든 오해와 수치 속에서 영광을 드러내신 것같이, 우리 현실의 도전 앞에서 우리가 진리와 생명과 영광의 책임을 누리게 하옵소서. 그 가운데 우리가 기쁨과 기적이 되게 하옵소서. 우리 모두가 주의 자녀라는 놀라운 운명을 기억하고 승리하게 하옵소서. 예수님 이름으로 기도합니다. 아멘.

16.
나는 생명의 빛이니

---

12 예수께서 또 말씀하여 이르시되 나는 세상의 빛이니 나를 따르는 자
는 어둠에 다니지 아니하고 생명의 빛을 얻으리라 13 바리새인들이 이
르되 네가 너를 위하여 증언하니 네 증언은 참되지 아니하도다 14 예
수께서 대답하여 이르시되 내가 나를 위하여 증언하여도 내 증언이 참
되니 나는 내가 어디서 오며 어디로 가는 것을 알거니와 너희는 내가
어디서 오며 어디로 가는 것을 알지 못하느니라 15 너희는 육체를 따
라 판단하나 나는 아무도 판단하지 아니하노라 16 만일 내가 판단하여
도 내 판단이 참되니 이는 내가 혼자 있는 것이 아니요 나를 보내신 이
가 나와 함께 계심이라 17 너희 율법에도 두 사람의 증언이 참되다 기
록되었으니 …… (요 8:12-30)

예수님은 이 땅에 오셔서 여러 기적을 베푸시고, 하나님의 뜻을 우리에게 가르치셨습니다. 그분은 공생애 기간 동안 사역을 하시며 자신이 하나님의 아들이기에 하나님을 알기 위해서는 자신을 믿어야 된다고 하셨습니다. 당시 유대 종교 지도자들은 예수님이 하신 이 말을 받아들일 수 없었습니다. "나로 말미암지 않고는 아버지께로 올 자가 없느니라"(요 14:6)와 같은 예수님의 말씀은 이제껏 그들이 붙잡고 있던 권력 기반 곧 율법으로 확보한 그들의 지위와 권력을 무효화시키는 발언이었기 때문입니다. 그들은 예수님이 행하신 수많은 기적 때문에 그분을 범상치 않은 인물로 여겼지만, 구원이 예수를 믿는 것으로만 가능하다는 말에는 수긍할 수 없었습니다. 그래서 그들은 예수님을 적대시했습니다.

기적과 죽음의 상관 관계

어찌 보면 예수님이 안식일을 일부러 범하시는 것 같아 보이는 사건들도 있습니다. 중풍병자를 안식일에 고치시고는 이를 따지는 사람들에게 '평생 병마에 시달려 사는 사람을 놓아 주는 것이 무슨 안식일을 범하는 것인가?'라는 식으로 대응하십니다. 예수님의 제자들이 안식일에 밀밭에서 이삭을 자른 일에 대해 종교 지도자들이 예수님과 그분의 제자들의 흠을 잡으려고 공격할 때에도 '그게 뭐 대수냐?' 하는 식으로 반응하십니다.

요한복음 8장에서는 음행 중에 잡힌 여자에게 "나도 너를 정죄하지 아니하노니"라고 선언하시는 장면도 나옵니다. 율법에 따르면, 음행 중에 잡힌 사람은 분명 처벌을 받아야 합니다. 그런데 그런 죄를 범한 여자를 용서함으로 율법 처벌 조항을 무효화시키는 것 같은 말씀을 하십니다. 예수님의 이러한 말과 행동에 당시 권력자인 종교 지도자들은 당황합니다.

요한복음 말미에 가면, "예수께서 행하신 일이 이 외에도 많으니 만일 낱낱이 기록된다면 이 세상이라도 이 기록된 책을 두기에 부족할 줄 아노라"(요 21:25)라는 평가가 있습니다. 예수님은 정말 많은 기적을 행하셨습니다. 아마도 예수님은 만났던 모든 사람의 소원을 다 들어주셨을 것이라 예상됩니다. 그럼에도 불구하고 그분은 결국 십자가에 달려 돌아가십니다.

이 문제, 곧 주님이 수많은 기적을 행하시고도 당시 권력자들의 손에 맥없이 죽으시는 그분의 생애에 대해 우리는 질문할 수밖에 없습니다. 당시 권력자들도 예수님이 행하신 기적과 그분의 나약함에 대해 제대로 이해하지 못했습니다. 이러한 가운데 예수님은 아버지께서 자신을 보내셨고, 자신이 아버지의 기쁘신 뜻에 따라 인간들이 모르는 하늘의 진리를 나누고 인간들을 구원하기 위해서 왔다고 말씀하십니다.

그런데 예수님은 왜 죽음을 택하셨을까요? 하나님은 죽음이라는 방법보다 더 쉬운 방법이 있으셨을 텐데, 왜 이러한 방법을 쓰셨을까요? 하나님의 아들을 이 땅에 보내실 필요도 없이, 하늘 구름이 갈라지며 우레같은 소리와 함께 천사들을 보내셔서 악한 자들을 다 멸하시면 쉬웠을 텐데, 왜 굳이 아들을 보내셨을까요? 또한 그 아들, 곧 성자 하나님은 창조와 심판의 주인이시고 세상 역사를 쥐고 계신 권세자로서 이 땅에서 수많은 기적을 남기셨음에도 불구하고 왜 십자가에 죽으셔야 했을까요? 이러한 질문들을 고민하며 따라잡아야만 우리는 '하나님이 왜 아들을 보내셨고, 그 아들은 왜 죽었는지'에 대한 성경의 가르침에 도달할 수 있습니다.

예수, 하나님의 자기 증언

우리는 하나님이 창조주이시며 심판자이심을 믿습니다. 시작과 끝을 쥐고 계신 분이 우리 하나님이십니다. 그런데 우리는 이를 공포로 받아들입니다. 모든 역사와 인류의 운명을 쥐고 계신 하나님에게 잘못 보이면 벌을 받을 거라고 여깁니다. 그러나 성경은 '하나님은 목적과 뜻을 가지고 모든 것을 시작하셨고, 그분은 정하신 목적과 뜻을 실패하지 않으신다'는 것이 '창조주와 심판주'의 의미라고 전달합니다.

예수님은 아버지의 보냄을 받은 아들로 이 땅에 오신 성자 하나님입니다. 그분은 죽은 자를 살리실 수 있습니다. 그분은 죄를 사하시는 분으로, 우리를 구원하러 오셨습니다. 그분은 우리를 위해서 십자가를 지셔야 했습니다. 그리고 그분은 죽음에서 다시 살아나셨습니다. 우리는 부활로 매듭을 지어 모든 것을 뒤집으신 예수님의 생애와 그분의 정체성에 대한 성경의 설명을 눈여겨보아야 합니다. 또한 그분의 하나님에 대한 증명과 구원에 대한 증명을 성경이 어떻게 설명하는지에 귀 기울여야 합니다. 빌립보서 2장을 가 봅시다.

> 너희 안에 이 마음을 품으라 곧 그리스도 예수의 마음이니 그는 근본 하나님의 본체시나 하나님과 동등됨을 취할 것으로 여기지 아니하시고 오히려 자기를 비워 종의 형체를 가지사 사람들과 같이 되셨고 사람의 모양으로 나타나사 자기를 낮추시고 죽기까지 복종하셨으니 곧 십자가에 죽으심이라 이러므로 하나님이 그를 지극히 높여 모든 이름 위에 뛰어난 이름을 주사 하늘에 있는 자들과 땅에 있는 자들과 땅 아래에 있는 자들로 모든 무릎을 예수의 이름에 꿇게 하시고 모든 입으로 예수 그리스도를 주라 시인하여 하나님 아버지께 영광을 돌리게 하셨느니라 (빌 2:5-11)

이 방법, 예수님이 십자가에서 죽는 방법이 하나님께 가장 큰 영광이라고 합니다. 하나님이 이 방법으로 영광을 받으시는 것은 아들이 아버지께 완벽하게 승복하신 증거이기 때문입니다. 우리는 내 주변에 있는 사람보다 나와 멀찍이 떨어져 있는 사람은 쉽게 칭송합니다. 가령, '이순신은 훌륭하다. 세종대왕은 위대하다'라고 쉽게 평합니다. 이 분들에 대한 이러한 평가는 업적에 근거한 것입니다. 그러나 같이 살면 달라집니다. 성군치고 좋은 남편은 드뭅니다. 주변 사람들이 얼마나 골치 아팠겠는지 생각해 보십시오. 한 사람에 대한 평가는 그 측근에서 나오는 것이 좋습니다. 이것이 하나님이 그 아들을 보내시는 이유입니다.

본문에서 나오는 바와 같이, 예수님은 "나는 세상의 빛이니 나를 따르는 자는 어둠에 다니지 아니하고 생명의 빛을 얻으리라"라고 하십니다. 바리새인들은 "네가 너를 위하여 증언하니 네 증언은 참되지 아니하도다"라고 합니다. 이 말은 '당신 혼자 그렇다고 우기는 것이 무슨 증거가 되고 효과가 있겠소?'라는 뜻입니다. 이에 예수님이 "내가 나를 위하여 증언하여도 내 증언이 참되니 나는 내가 어디서 오며 어디로 가는 것을 알거니와 너희는 내가 어디서 오며 어디로 가는 것을 알지 못하느니라 …… 만일 내가 판단하여도 내 판단이 참되니 이는 내가 혼자 있는 것이 아니요 나를 보내신 이가 나와 함께 계심이라 …… 내가 나를 위하여 증언하는 자가 되고 나를 보내신 아버지도 나를 위하여 증언하시느니라"(요 8:14-18)라고 하십니다. 이는 '아버지가 나를 보내셨기 때문에, 그리고 내가 아버지의 기쁘신 일을 하고 있기 때문에, 내 증언은 나 혼자 하는 게 아니라 아버지가 하는 것이다. 내가 아들이므로 아버지의 말을 하는 것이고 아버지의 뜻을 행하는 것이기 때문에 이것은 2인(人)분이다. 아니, 2신(神)분이다'라고 말씀하시는 것입니다.

동시대의 율법사들이나 바리새인들이 율법을 가지고 폭력이라는 결과밖에 내지 못한 것, 자신들의 지위를 공포와 권력으로 유지하는 것과 대비하여, 하나님은 자신을 증언하시기 위해 자신의 아들을 기꺼이 이 땅에 보내셨습니다. 그 아들은 아버지의 뜻을 이루기 위하여 온전히 기쁜 마음으로 승복하였다고, '그는 근본 하나님의 본체시나 하나님과 동등됨을 취할 것으로 여기지 아니하시고 자기를 비워 종의 형체를 가지사 사람들과 같이 되셨고 사람의 모양으로 나타나사 자기를 낮추시고 죽기까지 복종'(빌 2:6-8)하는 분이라고 하나님이 우리에게 증명하십니다.

우리는 보통 '아들의 승복'을 윤리적 '헌신'이나 '희생'이라는 단어로 이해하기도 합니다. 하지만 헌신과 희생보다 아버지에 대한 아들의 항복으로 보아야 합니다. 그 아들의 항복으로 자신을 증명하시는 하나님입니다. 하나님은 자신의 아들을 보내어 인류를 구원하기로 하셨을 때 그분의 구원 계획에 아들의 항복이 있었던 것처럼, 모든 세대와 역사의 결국도 신자들의 항복에 의해서 하나님 자녀들의 영광에 동참하는 것으로 나타납니다. 이를 전하는 것이 요한복음입니다.

우리는 이 부분이 어렵습니다. '모든 것을 뒤집을 수 있는 권력을 가지신, 창조주와 심판주이신 분이 왜 죽느냐?'를 이해하기 어렵습니다. 요한복음은 예수님을, 죽음으로까지 폭력을 감수하여 창조와 심판에 사랑과 긍휼과 자비와 영광의 하나님을 담아내시는 분으로 알려 줍니다. 그리고 그 예수님이 우리에게 '나를 따라오라'고 하십니다.

교회, 신비한 하나님의 방법

우리 기도는 얼마든지 오병이어의 기적을 부를 수 있습니다. 또한 하나님은 우리가 세상의 무지와 폭력과 죄악을 감수하도록 하시고, 그 고난을 하나님의 영광과 구원을 만들어 내는 놀라운 일에 참여할 수 있는 기회로 삼으십니다. 이는 에베소서 3장에 구체적으로 나옵니다.

> 이러므로 그리스도 예수의 일로 너희 이방인을 위하여 갇힌 자 된 나 바울이 말하거니와 너희를 위하여 내게 주신 하나님의 그 은혜의 경륜을 너희가 들었을 터이라 곧 계시로 내게 비밀을 알게 하신

> 것은 내가 먼저 간단히 기록함과 같으니 그것을 읽으면 내가 그리스도의 비밀을 깨달은 것을 너희가 알 수 있으리라 이제 그의 거룩한 사도들과 선지자들에게 성령으로 나타내신 것 같이 다른 세대에서는 사람의 아들들에게 알리지 아니하셨으니 이는 이방인들이 복음으로 말미암아 그리스도 예수 안에서 함께 상속자가 되고 함께 지체가 되고 함께 약속에 참여하는 자가 됨이라 이 복음을 위하여 그의 능력이 역사하시는 대로 내게 주신 하나님의 은혜의 선물을 따라 내가 일꾼이 되었노라 모든 성도 중에 지극히 작은 자보다 더 작은 나에게 이 은혜를 주신 것은 측량할 수 없는 그리스도의 풍성함을 이방인에게 전하게 하시고 영원부터 만물을 창조하신 하나님 속에 감추어졌던 비밀의 경륜이 어떠한 것을 드러내게 하려 하심이라 (엡 3:1-9)

바울은 이방인의 사도가 되었습니다. 그는 유대인 중에 유대인이고 베냐민 지파로 랍비이며 최고의 종교 교육을 받은 사람이지만, 하나님은 그를 유대인들을 위하여 쓰지 않고 이방인들을 위하여 사용하십니다. 유대인들은 예수를 거절했고, 바울도 예수님을 거절했습니다. 그러나 바울은 예수님을 만나 하나님의 뜻을 알게 되었습니다.

그러자 유대인들은 사도로 부름받은 바울을 박해하고 추방합니다. 바울은 쫓겨나듯 이방 세계로 갑니다. 에베소교회나 빌립보교회는 모두 유대인이 아닌 이방인을 위한 교회입니다. 바울은 '하나님이 나를 이방인의 사도로 삼았다. 유대인들이 이를 이해하지 못하여 나를 옥에 가두고, 나를 박해하고, 나에게 돌을 던졌다. 이런 상황 가운데 하나님은 나를 이방을 구원하는 그분의 손길로 쓰셨다. 그뿐 아니라 나는 이스라엘이 유일한 선민으로 배타적 우월감에 빠져 있을 게 아니라 그들의 역사가 온 인류를 위한 역사였다는 것을 깨달아야 하며, 이스라엘의 실패가 이방인에게 법을 잘 지키고 착하게 살게 하는 정도를 넘어선다는 것, 하나님은 구원의 내용과 뜻에 맞게 이스라엘 민족을 사용하셨다는 것도 알게 되었다. 그래서 나는 우리가 본래 알던 이해의 범주를 벗어난 자리에까지, 우리의 기대와 다른 방법으로 하나님이 일하시고 있다는 것을 알았다. 이 일로 내가 복음을 들고 나갔을 때 유대인들은 예수님에게 그랬듯 나를 알아보지 못했고, 나를 이상한 사람 취급을 하여 나는 온갖 험한 고난을 겪을 수밖에 없었다. 나는 이것이 하나님의 방법이라는 것을 알고 있다'고 합니다. 계속해서 에베소서 3장 10-12절을 봅시다.

> 이는 이제 교회로 말미암아 하늘에 있는 통치자들과 권세들에게 하나님의 각종 지혜를 알게 하려 하심이니 곧 영원부터 우리 주 그리스도 예수 안에서 예정하신 뜻대로 하신 것이라 우리가 그 안에서 그를 믿음으로 말미암아 담대함과 확신을 가지고 하나님께 나아감을 얻느니라 (엡 3:10-12)

교회는 신비한 하나님의 방법입니다. 교회는 믿음의 공동체입니다. 교회는 권력과 힘을 가지지 않습니다. 하나님은 이렇게 예수를 믿는 사람들의 모임으로 일을 하십니다. 말씀대로 표현하자면, '하늘에 있는 통치자들과 권세들에게 하나님의 각종 지혜를 알게 하려 하심'(엡

3:10)입니다. 우리가 알고 있었던 힘에 의한 승리, 힘에 의한 명분을 다 깨십니다. 왜 이렇게 깨실까요? 승리와 명분보다 큰 것이 있기 때문입니다. 강한 힘보다 사랑이 더 크기 때문입니다.

사랑 타령을 한다고 저절로 사랑이 되는 게 아닙니다. 힘으로 하는 문제를 우리가 극복해야 합니다. 힘에게 당한 손해를 원망해서는 안 됩니다. 원망을 하지 말라는 것이 아니라, 힘으로 누군가를 울려서 승리하는 것을 하나님은 원치 않으신다는 것을 말하고자 합니다. 하나님은 자신의 뜻을 관철하시기 위해 누군가를 지옥에 보내지 않으십니다. 그렇기에 이제 우리는 생각을 다시 해야 합니다. 에베소서 3장의 끝에 이런 말씀이 나옵니다.

> 그러므로 너희에게 구하노니 너희를 위한 나의 여러 환난에 대하여 낙심하지 말라 이는 너희의 영광이니라 (엡 3:13)

고난이 영광이랍니다. 하나님은 이 세상이 겁내는 고난, 슬픔, 아픔, 절망, 죽음 앞에 우리를 세워서 사용하십니다. 예수님은 이 땅에 고난을 겪으시기 위해 오셨습니다. 하나님은 그 아들 예수를 통하여 영광을 받으시려고 하셨습니다. 그 일을 하는 것이 아들에게 영광과 기쁨이었고, 예수를 믿는 우리에게도 최고의 명예입니다.

우리는 무엇을 넘어서야 되는지 알아야 합니다. 힘과 승부의 논리가 아닙니다. 그렇다면 우리는 당장 어떡하라는 것인가요? 절벽 앞에서 있는 것 같습니까? 우리가 알고 원하던 안심과 만족이라는 그 허구를, 그 기만을, 그 공포를 넘어서야 합니다.

성육신과 바울의 고백

빌립보서 3장에 가면 사도 바울의 고백이 이렇게 등장합니다.

> 내가 그리스도와 그 부활의 권능과 그 고난에 참여함을 알고자 하여 그의 죽으심을 본받아 어떻게 해서든지 죽은 자 가운데서 부활에 이르려 하노니 내가 이미 얻었다 함도 아니요 온전히 이루었다 함도 아니라 오직 내가 그리스도 예수께 잡힌 바 된 그것을 잡으려고 달려가노라 (빌 3:10-12)

이 말씀에 나오는 바울의 고백은 어떤 의미일까요? 우리는 예수를 믿고 그다음에 황홀경에 들어가거나, 천국으로 올라가거나, 더 이상 현실 속 난관과 죄악이 없는 자리로 갈 것을 기대합니다. 그러나 바울이 '내가 그리스도와 그 부활의 권능과 그 고난에 참여함을 알고자 하여 그의 죽으심을 본받아 어떻게 해서든지 죽은 자 가운데서 부활에 이르려' 한다는 깨달음은 성육신을 이해하지 않으면 할 수 없는 고백입니다.

영국은 국가에 공헌을 많이 한 사람에게 귀족의 작위를 주고 이를 높여 '경'이라는 존칭을 붙여 줍니다. 명예로운 호칭을 줍니다. '경'이라는 말은 영어로 그냥 'Lord'입니다. 보통 군인이나 예술가에게 주지만, 특이하게 연극배우에게도 이 작위를 줍니다. 연극 중에서도 셰익스피어의 극을 최고로 치는데, 극 중에서 주연 역할을 가장 잘한 사람들에게 '경'의 작위를 줍니다. 셰익스피어 연극 중에 이 경칭을 받을 만한 작품은 '4대 비극', 곧 〈햄릿〉, 〈오셀로〉, 〈리어왕〉, 〈맥베스〉입니다. 인간이 감당할 수 없는 극한의 고통을 연기해야 합니다. 배우에게는 이 작품의 역을 제안받는 것 자체로 명예입니다. 비극의 주인공 역할을 하려면 정말 깊은 내면의 연기를 해야 합니다. 인간과 인간 영혼의 고통에 관한 이해가 없으면 할 수가 없습니다. 이러한 배역을 명예로 여기는 배우처럼, 하나님은 우리에게 세상에서 겪을 수 있는 최고의 고통 속에 들어가라고 하십니다. 그런 깊은 고통에 들어가야 영광의 반전을 맞이할 수 있기 때문입니다. 형통하면 뇌가 녹슬게 마련입니다.

재미있는 농담 하나 하겠습니다. 인류가 지금처럼 의학 기술이 계속 발전하면 신체 대부분의 장기는 인공 장기로 교체 이식이 가능하다고 합니다. 그런데 뇌만은 그렇게 교체할 수 없어서 다른 사람의 뇌로 이식해야 한다는군요. 그렇다면 어떤 사람의 뇌를 이식하면 제일 좋을까요? 나이와 상관없이 정치인의 뇌가 좋답니다. 한 번도 쓴 적이 없기 때문이랍니다.

우리가 인생을 살면서 주께 '고민할 필요 없이 살게 해 주세요'라고 기도하는 것은 성육신을 거부하는 것과 마찬가지입니다. 인간은 생각을 해야 하고, 고통 속에 몸부림을 쳐야 합니다. 그래야 고통이 주는 공포와 범위를 벗어날 수 있습니다. 또한 인간의 진정한 가치를 발견할 수 있습니다. 누구를 향하여 웃을 때, 철이 없어서 그냥 웃는 것과 고난을 통해 높은 경지에 이르러 웃는 웃음은 다릅니다. 아이들은 그런 원숙한 웃음을 띠면 안 됩니다. 아이는 동심을 갖고 웃어야 하지만, 어른이 나이가 들어서도 아이의 웃음을 짓는 것은 안 됩니다. 차라리 고뇌의 깊은 주름이 있는 게 더 낫습니다.

우리가 맡은 배역

하나님이 아들을 이 땅에 보내시어 그 아들을 통해 자신의 영광을 이루시듯, 예수님은 우리의 인생에 하나님의 영광과 구원과 진리와 승리를 담으십니다. 우리는 이러한 위대하고 영광스러운 배역에 동참하고 있습니다. 이를 아는 것은 대단한 기쁨입니다. 요한복음 17장에 가면 이를 멋지게 설명해 놨습니다.

> 아버지여, 아버지께서 내 안에, 내가 아버지 안에 있는 것 같이 그들도 다 하나가 되어 우리 안에 있게 하사 세상으로 아버지께서 나를 보내신 것을 믿게 하옵소서 내게 주신 영광을 내가 그들에게 주었사오니 이는 우리가 하나가 된 것 같이 그들도 하나가 되게 하려 함이니이다 곧 내가 그들 안에 있고 아버지께서 내 안에 계시어 그들로 온전함을 이루어 하나가 되게 하려 함은 아버지께서 나를 보내신 것과 또 나를 사랑하심 같이 그들도 사랑하신 것을 세상으로 알게 하려 함이로소이다 아버지여 내게 주신 자도 나 있는 곳에 나와 함께 있어 아버지께서 창세 전부터 나를 사랑하시므로 내게 주신 나의 영광을 그들로 보게 하시기를 원하옵나이다 (요 17:21-24)

성부 하나님과 성자 하나님의 연합, 그 긴밀한 관계가, 창조와 심판의 주이며 못하실 것이 없는 아버지께서 친히 그분의 권세로 말미암아 우리의 거부와 반대와 왜곡과 기만과 부패와 적대를 예수로 다 감수하게끔 하십니다. 이는 하나님 아버지에 대해 승복하실 수 있는 유일한 아들이 기꺼이 아버지의 기쁘신 뜻을 이루기 위하여 감수하기 때문입니다. 예수님이 고통스럽고 적대적인 환경과 현실 속에 들어와 아버지의 기쁨을 나누고 이를 명예로 여기는 것처럼, 우리에게 오셔서 아버지와 아들의 연합의 자리로 함께 가자고 하십니다.

오해 없이 들으십시오. 하나님은 우리를 보고 신이 되자고 부르십니다. 그러한 관계로 우리를 부르십니다. 사랑하는 일에서는 신과 인간이라는 차별이 깨진 자리로 우리를 부르셨습니다. 그러므로 우리는 우리가 가져야 할 정체성, 신분과 지위, 명예, 맞닥뜨려야 할 현실로 부름받은 것입니다.

언제든 우리는 하나님의 사랑과 영광을 가로막고 타협하자는 죄와 악의 권세의 도전을 직면하게 될 것입니다. 이를 넘어갈 수 없으면 예수를 믿는다는 말은 거짓말입니다. 모든 것을 마법 주문처럼 외면 해결되기를 바라는 것뿐입니다. 또한 '나는 당신보다 더 많이 가졌어. 나는 재능도 힘도 당신보다 우위에 있어'라는 우열과 승부의 개념 외에는 아무것도 없습니다.

하나님이 여기에서 우리를 구원하시려고 합니다. '그런 짐승의 세계, 동물의 왕국에서 벗어나라. 너희는 내 자녀다. 위대한 인생을 사는 영광된 존재가 되어라'라고 매일 우리에게 도전하십니다. 이는 단번에 이룰 수 없습니다. 오랜 시간이 걸립니다. 믿는 우리는 더 많이 클 것에 대한 믿음을 잃지 않았으면 합니다. 우리 모두 함께 커 나갈 믿음을 잃지 않기를 바랍니다.

기 도

하나님 아버지, 하나님이 우리를 사랑하신다는 것은 참으로 놀랍고 경이롭습니다. 우리가 무엇이기에 이렇게 끝까지 붙잡고 놓지 않으시는지요. 두렵고 기이합니다. 우리는 도망가지 않겠습니다. 이 부끄러운 자신으로 인하여 절망하지 않겠습니다. 하나님이 그 아들을 보내신, 바로 그 지극한 권능으로 우리 인생을 이기게 하실 줄 믿습니다. 우리가 믿음을 지킬 수 있게 하옵소서. 예수님 이름으로 기도합니다. 아멘.

17.
진리가 너희를 자유롭게 하리라

---

31 그러므로 예수께서 자기를 믿은 유대인들에게 이르시되 너희가 내
말에 거하면 참으로 내 제자가 되고 32 진리를 알지니 진리가 너희
를 자유롭게 하리라 33 그들이 대답하되 우리가 아브라함의 자손이
라 남의 종이 된 적이 없거늘 어찌하여 우리가 자유롭게 되리라 하느
냐 34 예수께서 대답하시되 진실로 진실로 너희에게 이르노니 죄를
범하는 자마다 죄의 종이라 35 종은 영원히 집에 거하지 못하되 아들
은 영원히 거하나니 36 그러므로 아들이 너희를 자유롭게 하면 너희
가 참으로 자유로우리라 37 나도 너희가 아브라함의 자손인 줄 아노
라 그러나 내 말이 너희 안에 있을 곳이 없으므로 나를 죽이려 하는도
다 38 나는 내 아버지에게서 본 것을 말하고 너희는 너희 아비에게서
들은 것을 행하느니라 …… (요 8:31-47)

예수님은 음행 중에 잡혀 온 여자를 놓아주십니다. 그러시고는 '나도 너를 정죄하지 아니하노니'(요 8:11)라고 말씀하십니다. 이 선언은 유대인들에게 매우 큰 충격이었습니다. 그들이 듣기에 이러한 예수님의 말씀은 율법을 깨는 것이고, 하나님께 반항하는 것이며, 스스로 하나님에게서 떨어져 나가는 위법 행위로 간주되었습니다.

너희를 자유롭게

요한복음 말미에 "예수께서 행하신 일이 이 외에도 많으니 만일 낱낱이 기록된다면 이 세상이라도 이 기록된 책을 두기에 부족할 줄 아노라"(요 21:25)라고 나와 있듯이, 예수님은 수많은 기적을 행하셨을 것입니다. 경우에 따라 각기 다른 기적을 행하셨겠죠. 유대인들은 그런 예수님을 감히 쉽게 생각할 수 없었습니다. 또한 예수님이 하나님 아버지의 뜻을 행하러 왔다고 선언하셨기 때문에, 당시 이스라엘 사람들은 그분에게 더욱 높은 기대와 지지를 보냈습니다. 그렇기 때문에 정치적 불만을 갖고 있던 당시 종교 지도자들은 종잡을 수 없는 예수님의 말과 행동에 어떤 위법한 것들이 있는지 밝히는 데 사활을 걸었습니다.

종교 지도자들은 예수께 "당신이 누구이기에 감히 모세가 준 하나님의 법을 어기는 것이요?"라고 묻고 싶었던 것 같습니다. 예수님은 이런 그들에게 "진리를 알지니 진리가 너희를 자유롭게 하리라"(요 8:32)라고 말씀하십니다. 여기에서 '자유'는 '율법이 가지는 어떤 구속이나 압박에서 자유로워지는 것'을 포함합니다. 이 예수님의 발언이 마음에 들건 안 들건 상관없이, 율법을 유일한 하나님의 말씀으로 알고 있는 사람들에게는 충격이었고, 당연히 논쟁거리가 되었습니다.

종교 지도자들이 "우리가 아브라함의 자손이라 남의 종이 된 적이 없거늘 어찌하여 우리가 자유롭게 되리라 하느냐"라고 반문합니다. 이에 예수님은 "죄를 범하는 자마다 죄의 종이라"라고 답하십니다.

"우리가 왜 죄의 종이요? 우리는 아브라함의 자손이고 하나님의 백성인데, 우리가 왜 죄 아래 있다고 하는 것이요?"

"당신들은 언제나 무엇을 하든지 결국 사망이라는 결과를 내놓지 않소?"

예수님의 입장을 우리가 알기 쉽게 정리하자면 다음과 같이 표현할 수 있습니다.

"당신들은 음행 중에 잡힌 여자를 죽이려고 했고, 내가 그 여자를 살려 주자 나도 죽이려 하지 않소? 당신들이 가진 법으로 최고의 진리를 언급하나 결국 죽이자는 것뿐이오. 그에 반해 내 뜻은 살리자는 것이오. 당신들이 이런 나를 죽이려고 하는 것은 나를 믿지 않기 때문이고, 나를 믿지 않는다는 것은 내가 당신들에게 주려는 생명에 대해 믿지 않을 뿐 아니라 당신들이 그 생명에서 분리된 자들이기 때문이오."

이 내용이 요한복음 8장에 나오는 가장 중요한 논쟁거리입니다.

생명과 사망, 죄와 자유, 진리와 거짓

이 논쟁에서 생명이란 다만 존재가 존속되고 있음을 말하는 것이 아닙니다. 여기서 생명은 사망과 대비되어 있습니다. 자유는 죄와 대비되어 있고, 진리는 거짓과 대비되어 있습니다. 그렇다면, 죄란 무엇일까요? 또 거짓이란 무엇일까요? 성경이 죄와 거짓이라는 말로 우리를 이해시키려는 초점은 무엇일까요?

성경에서 말하는 죄는 목표에 미달하는 것입니다. 목표를 빗나가는 것입니다. 그리고 목표를 왜곡하는 것입니다. 이에 대해 우리가 일상에서 자주 접하는 증거가 있습니다. 우리가 늘상 하는 말 중에 '사는 게 사는 게 아니야'라는 말입니다. '사는 게 사는 게 아니고, 웃는 게 웃는 게 아니야'라는 말이 무슨 뜻인지 아시죠? 우리의 웃음이 영원할 수 없다는 것을 알고 있다는 표현입니다. 결국 사는 게 그렇게 만족스럽지 않다는 방증입니다. 다른 사람들이 "넌 뭐든지 잘되잖아. 애들도 좋은 대학에 들어가고, 나이가 들어도 머리카락도 세지 않고 어쩜 이렇게 곱니, 네 남편은 이번에 대표 이사 된다며?"라고 부럽다는 말을 하는데, 내 속에서는 어떤 대답을 합니까? '사는 게 사는 게 아냐'라고 합니다. 그런 말을 하는 이유는 우리가 다 아는 겁니다.

죄는 거짓된 것입니다. 생명이 영존하지 못합니다. 가치가 영원하지 않습니다. 그런데 예수님은 '내가 곧 길이요 진리요 생명이니'(요 14:6)라고 말씀하십니다. '너희가 진리를 알고 진리 가운데 있다면, 너희는 영원한 가치 곧 영원한 존재가 될 것이다. 죄와 사망의 자리에 있지 않을 것이다'라고 말씀하십니다. 이 말씀은 오늘 우리에게, 인류 역사 속에서 가장 현실적이고 구체적인 질문이 되기도 했습니다. 이 질문에 대해 인류가 할 수 있는 가장 진정한 자세는 철학적으로 접근하는 것입니다. 철학의 가장 근본적인 질문과 과제가 바로 '진리가 무엇인가'입니다.

왜 진리를 우선해야 됩니까? 무엇이 옳은 것이고, 무엇이 틀린 것입니까? 세상은 이에 대한 보편적 근거를 만들어야 했습니다. 잣대를 세워 기준을 삼아야 했습니다. 그러나 세상이 세운 기준이 아무리 괜찮아 보여도 사망을 이기지 못한다면, 앞서 이야기한 바와 같이 헛된 것입니다. 사망은 헛된 것이기 때문입니다. 사망은 목표에 미달한 것이기 때문입니다. 그 이유에서인지는 몰라도 진리를 탐구하기 위해 끊임없이 질문을 하는 철학자들치고 웃는 얼굴이 별로 없습니다. 그들은 답을 찾지 못했기 때문입니다.

반면에 목사는 아무리 엉터리라도 웃습니다. 큰소리치며 썰을 풀어 댑니다. 그들은 자신이 한 말에 대한 분명한 근거가 있습니다. 자신이 큰소리치며 한 말이 반드시 이루어진다는 것이 아니라 '될 수도 있다'라는 의미입니다. 그들은 그렇게 될 수 있는 나라에 와 있는 겁니다.

세상에서 노래하는 그룹들은 성가대를 따라올 수 없습니다. 성가대원은 자기가 부르는 찬양에 어떤 임재가 있다고 믿습니다. 세상의 가수는 관객의 호응을 얼마나 받느냐가 자신이 부르는 노래의 가치를 결정하지만, 성가대는 '하나님이 내 찬송을 받으신다'는 사실 때문에 언제나 떳떳하고 희열에 차 있습니다. 그 지위와 운명과 조건을 비교할 수 없습니다.

그러므로 예수님이 "진리를 알지니 진리가 너희를 자유롭게 하리라"(요 8:32)라고 하신 말씀과 "너희는 너희 아비 마귀에게서 났으니 너희 아비의 욕심대로 너희도 행하고자 하느니라 그는 처음부터 살인한 자요 진리가 그 속에 없으므로 진리에 서지 못하고 거짓을 말할 때마다 제 것으로 말하나니 이는 그가 거짓말쟁이요 거짓의 아비가 되었음이라"(요 8:44)라고 하신 말씀이야말로 진리가 무엇인지, 생명이 무엇인지, 구원이 무엇인지에 대한 가장 중요한 성경적 설명이라고 할 수 있습니다.

이는 '우리는 영생과 영광으로, 세상이 만들지 못하는 기회와 명예와 지위를 우리 인생 가운데 가지고 있다'는 의미입니다. 자유는 선택을 전제로 합니다. 선택은 이를 택할 지위와 신분이 있어야 합니다. 종은 선택할 수 없습니다. 종은 시키는 것만 해야 됩니다. 하지만 우리는 종이 아닙니다. 예수님은 아버지의 뜻을 이루기 위해 이 땅에 오셨지만 굴복당해서 오신 것은 아닙니다. 그분이 선택하십니다. 그분의 생명을 빼앗아 갈 수 있는 자는 없습니다. 그분은 자신의 생명을 스스로 내어놓을 수도 있고 다시 가져오실 수 있는 생명의 주인이십니다. 그분은 자신의 생명에 대해 스스로 결정하실 수 있는 분입니다. 굉장하지 않습니까. 그러므로 신자인 우리는 생명의 주인이신 분의 말씀에 따라 우리 인생에서 얼마든지 그분과 그분의 업적을 자랑할 수도 있고, 얼마든지 섬길 수도 있습니다.

세상에 없는 보편적 진리

우리는 현실에서 이러한 문제, 곧 '진리가 무엇인가'를 수없이 접합니다. 현실에서는 보편적 진리가 필요합니다. 한 나라의 정치를 하든, 학교에서 반 친구들끼리 조그만 공동체를 운영하든 '무엇이 맞는가?'라는 이야기를 하려면 보편적 진리가 필요합니다. 하지만 인류는 보편적 진리를 만들어 낼 수 없습니다. 최소한의 진리를 대신할 무엇인가를 만들 뿐입니다. 그것이 바로 도덕입니다. 그 도덕이 자발성을 가져야 한다는 데까지 왔습니다. 세상은 그 이상을 만들 수 없습니다.

그러나 하나님은 우리에게 구원을 주셨습니다. 우리가 판단할 수 있는 근거 그리고 진리와 거짓을 판단할 근거는 예수입니다. 예수님은 우리에게 공포로 찾아오시지 않았습니다. 그분은 자유로, 해방으로, 기회로, 명예로 찾아오셨습니다.

> 하나님이 세상을 이처럼 사랑하사 독생자를 주셨으니 이는 그를 믿는 자마다 멸망하지 않고 영생을 얻게 하려 하심이라 (요 3:16)

이 말씀에서 언급한 '영생'이란 무엇인가요? 영원토록 존속하는, 풍성하고 넘치는 가치입니다. '영광의 무성함, 끝없는 발휘'가 영생이고 구원입니다.

'예수를 믿으면 죽어서 천국 간다'는 보상의 메시지는 신자인 우리를 혼란스럽게 하기도 합니다. 정적이고 소극적이고 유아적인 보상에 불과한 것 같은 생각이 듭니다. 왜 그럴까요? 그 복이 현실과는 무관해 보이기 때문입니다. 우리는 늘 현실이 고단하다고 불만을 토로합니다. 하지만 하나님은 우리를 영원한 가치인 영광 가운데 키우시기 위해 그 과정에 고난을 두십니다. 하나님은 고난을 통해 우리에게 더 가자고 하십니다.

우리가 예수 믿고 제일 많이 원하는 것이 무엇일까요? 쉽게 끝내자는 것 아닐까요? 하나님께 자신의 소원을 들어주시는 만큼 하겠다고 흥정을 하고 더 이상 곤란한 상황은 접하는 일 없게 해 달라는 것은 아닌지요. '사는 게 사는 게 아니야'가 어디로 갑니까? '빨리 죽는 게 복이야'로 갔습니다. 나이 들어서 비극을 당하면 꼭 이런 말을 합니다. '내가 너무 오래 산 게 죄지.' 이런 말이 세상 사람들이 너무 흔하게 내뱉는 말이 되었습니다.

세상은 이런 말을 되뇔 수밖에 없습니다. 그러나 우리는 다릅니다. 다르다는 것은 억지로 아닌 척하라는 이야기가 아닙니다. 실제로 다릅니다. 성경은 계속해서 신자인 우리가 가진 자유로 영광의 자리에 가라고 합니다. 자유는 신분상 아버지와 동등한 자녀들에게만 허락되고, 종에게는 허락되지 않는 것입니다.

구원은 종이었던 우리가 하나님의 아들과 딸로 신분과 지위가 달라지는 것입니다. 더불어 우리에게 선택권이 주어지고 그 선택에 따른 책임도 주어집니다. 굉장한 특권이지요. 이러한 선택할 권리를 그 옛날 아담은 실패했습니다. 그러므로 우리는 실패의 본성이 남아 있음을 알고 하나님 없는 선택의 결과를 반면교사로 삼아야 합니다.

혼돈의 해독제

그렇다면, 죄는 무엇을 만들었습니까? 죄는 우리를 진정한 지위와 운명으로 데리고 가지 못했습니다. 그래서 구원이 필요한 우리에게 예수님이 오셨습니다. 예수님의 구원 행위로 말미암아 우리가 진정한 목적지에 이르게 되었다는 것이 기독교 복음입니다. 로마서 7장을 살펴봅시다.

> 우리가 율법은 신령한 줄 알거니와 나는 육신에 속하여 죄 아래에 팔렸도다 내가 행하는 것을 내가 알지 못하노니 곧 내가 원하는 것은 행하지 아니하고 도리어 미워하는 것을 행함이라 만일 내가 원하지 아니하는 그것을 행하면 내가 이로써 율법이 선한 것을 시인하노니 이제는 그것을 행하는 자가 내가 아니요 내 속에 거하는 죄니라 내 속 곧 내 육신에 선한 것이 거하지 아니하는 줄을 아노니 원함은 내게 있으나 선을 행하는 것은 없노라 내가 원하는 바 선은 행하지 아니하고 도리어 원하지 아니하는 바 악을 행하는도다 만일 내가 원하지 아니하는 그것을 하면 이를 행하는 자는 내가 아니요 내 속에 거하는 죄니라 그러므로 내가 한 법을 깨달았노니 곧 선을 행하기 원하는 나에게 악이 함께 있는 것이로다 내 속사람으로는 하나님의 법을 즐거워하되 내 지체 속에서 한 다른 법이 내 마음의 법과 싸워 내 지체 속에 있는 죄의 법으로 나를 사로잡는 것을 보는도다 (롬 7:14-23)

인간은 하나님 편에 서든지, 아니면 하나님 반대편에 서든지 두 가지 가운데 하나를 선택할 수밖에 없습니다. 그런데 바울은 하나님의 법을 즐거워하고 지키고 싶은데, 지킬 수가 없었다고 합니다. 왜일까요? 자기가 자신의 주인이 아니기 때문입니다. 자기가 자신의 주인이 아니라는 것은 하나님의 법, 하나님의 다스림에서 벗어나 있다는 것입니다. 자기가 자신에게 하는 것은 하나님 없는 선, 하나님 없는 이상들을 행하는 것입니다.

우리가 정의 사회를 구현한다고 할 때, 이 말의 무서움은 '무엇이 정의인가?'라는 데 있습니다. 이 세상은 정의를 공유하거나 공감하거나 납득할 보편적 근거를 만들지 못했습니다. 개인주의가 만연하여서 그런 게 아닙니다. 각 개인이 절대 가치의 판단자가 되었기 때문입니다. 이를 개인주의라는 말로 쉽게 넘기지 말아야 합니다. 하나님이 없으면 가치를 판단하는 근거가 각 개인에게 주관적으로 허락됩니다. 자기가 잘하려고 그랬다는 겁니다.

인류학자 조던 피터슨이 쓴《12가지 인생의 법칙》이라는 책이 있습니다. 부제가 '혼돈의 해독제'입니다. 농경 사회에 없던 죄가 크게 부각되는 근대에서 현대로 넘어오는 시기에 '인간이란 무엇인가?'를 연구하면서 심리학이 처음 등장합니다. 그다음으로 정신 병리학이 나오고, 사회학이 나온 후에 인류학이 나왔습니다. 이 책의 핵심은 '악인은 사람을 죽여 봐야 열 명 죽이는데, 진실이나 진심을 말하는 자는 몇백만 명 단위로 사람을 죽이더라'는 점입니다. 히틀러가 그랬고, 스탈린이 그랬고, 폴 포트가 그랬습니다.

왜 그런 일이 벌어졌을까요? 자신은 사심이 없고 모든 것을 희생하고 양보한다고 생각한 것을 판단 기준으로 삼았기 때문입니다. '나는 옳고 저들은 틀렸다. 틀린 놈들을 제거하면 좋은 사람들만의 이상국이 된다'는 생각을 한 것입니다. 이런 사상이 지금 서구로부터 동양까지, 그리고 현대의 가장 큰 문제가 되었습니다. 서구 사회는 우파에서 좌파로, 좌파에서 다시 우파로, 이렇게 왔다 갔다 하다가 이제는 아무것도 모르겠다며 혼란 상태에서 '다들 망하려면 망해라. 이제 난 희생 못한다'고 하는 것 같습니다.

진심이라는 것은 보편적 진리가 아닙니다. 보편적 심정일 뿐입니다. 심정은 객관적이고 보편적이고 절대적인 근거를 만들지 못합니다. 율법이 선한 것을 알아 율법대로 살고 싶으나 안 됩니다. 내가 '내'가 아닌 것입니다. 우리는 죄에 붙잡혀 있고 하나님이 없는 곳에 있기 때문에, 우리가 최선을 만들어 낸다고 해도 그마저도 죄입니다. 그렇기에 능력까지 많으면 큰일입니다. 많은 만큼 더 죽이기 때문입니다. 진실하고 능력까지 많으면 잔인하고 폭력적으로 된답니다.

이를 공포스럽게 생각할 일이 아닙니다. 우리가 아프면 병원에 가서 의사에게 진찰을 받습니다. 진찰을 받을 때, 무엇으로 의사를 신뢰합니까? 의사가 '당신 이런 이런 증세가 있죠?'라고 물을 때 자기가 겪은 증상과 일치해야 됩니다. '당신의 병명은 폐암입니다', '당신은 감기입니다', '기침을 할 때 피가 나오던가요? 당신은 결핵입니다'라고 진단하려면, 의사가 진찰을 하고 검사해야 합니다. 나타난 증상과 의사의 진찰 검사를 통해 나온 결과가 납득되어야 의사를 신뢰합니다. 예수님이 지금 이 일을 하고 계십니다.

그래서 사도 바울은 로마서 7장에서 '내가 원하는데, 왜 원하는 것을 하지 못하지?'라는 말을 하고 있습니다.

> 오호라 나는 곤고한 사람이로다 이 사망의 몸에서 누가 나를 건져내랴 우리 주 예수 그리스도로 말미암아 하나님께 감사하리로다 그런즉 내 자신이 마음으로는 하나님의 법을 육신으로는 죄의 법을 섬기노라 그러므로 이제 그리스도 예수 안에 있는 자에게는 결코 정죄함이 없나니 이는 그리스도 예수 안에 있는 생명의 성령의 법이 죄와 사망의 법에서 너를 해방하였음이라 (롬 7:24-8:2)

로마서 8장으로 넘어오는 구절은 굉장합니다. 우리는 법을 따르고 싶은데, 도대체 왜 안 될까요? 우리가 자유인이 아니기 때문입니다. 그래서 선택권이 없습니다. 우리는 죄 아래 있는 죄의 종들입니다. 우리가 하고 싶은 걸 하지 못합니다. 우리는 늘 이렇게 비명을 지릅니다. '신앙생활을 더 잘하고 싶습니다'부터 시작해서 '이렇게 못난 인생을 살고 싶지 않습니다'를 늘 반복합니다. 성경은 그런 우리에게 '법은 그 자체로 의지를 가지지 않는다'고 전합니다.

이는 무슨 의미인가요? 법을 많이 안다고 해서 의로워지지 않습니다. 법은 그냥 조문이요 규칙입니다. 그것 자체는 아무것도 아닙니다. 그러나 성경은 우리가 받은 구원을 "그리스도 예수 안에 있는 자에게는 결코 정죄함이 없나니 이는 그리스도 예수 안에 있는 생명의 성령의 법이 죄와 사망의 법에서 너를 해방하였음이라"(롬 8:1-2)라고 선언합니다.

이것이 왜 '그리스도 예수 안에 있는 자에게는'으로 설명되어야 할까요? 생명과 성령은 우리에게 율법같이 주어지는 것이 아니라, 예수로 말미암는 한 인격자의 뜻으로, 고집으로, 주장으로, 운명으로 우리에게 주어지는 것이기 때문입니다. 그래서 큰소리칠 수 있습니다. 내 잘잘못과 유·무능보다 큰 의지에 붙들리는 것이기 때문입니다.

그래서 율법과 새로운 복음을 비교할 때, 성경은 다음과 같이 표현합니다.

> 너희는 우리로 말미암아 나타난 그리스도의 편지니 이는 먹으로 쓴 것이 아니요 오직 살아 계신 하나님의 영으로 쓴 것이며 또 돌판에 쓴 것이 아니요 오직 육의 마음판에 쓴 것이라 (고후 3:3)

이는 '옛 언약은 돌비 즉 돌판에 쓴 것이고 새 언약은 마음판에 새긴 것이다'라는 표현입니다. 돌에 썼다고 돌이 무엇을 하겠습니까? 새로운 존재, 새로운 의지에 준 것입니다. 예수님이 우리에게 주고, 우리가 예수 안에 있게 하심으로 그분의 의지가 내 의지가 되게 하신 것입니다. 이것이 자유이고, 우리의 신분과 지위입니다.

우리에게는 잘잘못이 돌판으로 갔다거나 마음판으로 왔다는 것이 아닙니다. 이 약속과 의지와 동행과 운명으로 함께하시는 분이 현재 우리가 겪는 과정을 요구하고 계시기 때문에 우리에게 고난이 있는 것입니다. 왜 그렇게 하실까요? 사람을 하나님의 자녀로 만드는 데는 고난이 최고의 방법이기 때문입니다.

내가 너를 지명하여 불렀나니

사람은 절망을 겪어 보지 않고, 오해를 당해 보지 않고, 마음이 아파 보지 않으면 아무것도 이해할 수 없습니다. 세상에서 우리가 하면 안 되는 대화법이 있습니다. 특히 한국 사람에게는 절대로 하면 안 되는 대화법입니다.

"나 어제 영화 봤는데, 얼마나 슬프던지 눈물을 펑펑 쏟았어."

"난 하나도 안 슬프던데?"

이런 대꾸는 어디서 나온 대화법입니까? 남이 슬펐다는 데 말이죠. "그랬구나. 어디가 제일 슬펐어?"라고 물으며 이야기한 사람의 처지를 헤아리고, 당사자가 스스로 마음을 풀 수 있는 자리와 시간을 주어야 합니다. "난 아닌데"라고 말하면 칼 꺼내고 싸우자고 하는 거랑 똑같은 겁니다.

우리는 왜 이런 모진 대화를 할까요? 한 번도 누군가에게 위로와 공감을 받지 못해서 마음이 딱딱해졌기 때문입니다. 누가 말이라도 건네면, '건들지 마. 잡아먹을 거야'라고 튕겨 나갑니다. 그러니까 이걸 윤리와 도덕처럼 신앙을 강요해서는 도무지 아름다운 결과가 나오지 않습니다. 우리가 예수 안에서 이 부분을 제대로 이해해서 녹여야 합니다. 정말 은혜를 받아야 합니다. 하나님이 무엇을 하고 계시는지 알아야 합니다. 이사야 43장에 가 봅시다.

> 야곱아 너를 창조하신 여호와께서 지금 말씀하시느니라 이스라엘아 너를 지으신 이가 말씀하시느니라 너는 두려워하지 말라 내가

> 너를 구속하였고 내가 너를 지명하여 불렀나니 너는 내 것이라 네가 물 가운데로 지날 때에 내가 너와 함께 할 것이라 강을 건널 때에 물이 너를 침몰하지 못할 것이며 네가 불 가운데로 지날 때에 타지도 아니할 것이요 불꽃이 너를 사르지도 못하리니 대저 나는 여호와 네 하나님이요 이스라엘의 거룩한 이요 네 구원자임이라 내가 애굽을 너의 속량물로, 구스와 스바를 너를 대신하여 주었노라 네가 내 눈에 보배롭고 존귀하며 내가 너를 사랑하였은즉 내가 네 대신 사람들을 내어 주며 백성들이 네 생명을 대신하리니 두려워하지 말라 내가 너와 함께 하여 네 자손을 동쪽에서부터 오게 하며 서쪽에서부터 너를 모을 것이며 내가 북쪽에게 이르기를 내놓으라 남쪽에게 이르기를 가두어 두지 말라 내 아들들을 먼 곳에서 이끌며 내 딸들을 땅 끝에서 오게 하며 내 이름으로 불려지는 모든 자 곧 내가 내 영광을 위하여 창조한 자를 오게 하라 그를 내가 지었고 그를 내가 만들었느니라 (사 43:1-7)

하나님은 우리 각 사람에게 이름을 주셨습니다. 우리를 각각 특별 대우하십니다. 성경 말씀대로 이야기하면, '하나님이 우리를 위하여 온 세상을 다 그 값으로 내어 줄 수 있다'고 하는 것입니다. 그러므로 우리 각각의 입장에서 보면, 내가 주인공이고 모든 역사와 모든 현실은 다 나를 위한 엑스트라입니다. 굉장한 드라마를 찍고 있는 것이죠. 그러나 걱정하지 마십시오.

영화 〈쇼생크 탈출〉을 보면, 그 시작이 삼삼합니다. 주인공 앤디가 아내를 살인했다는 혐의로 종신형을 선고받고 쇼생크 감옥에 옵니다.

감옥에 도착한 첫날은 죄수들이 입고 온 옷을 벗기고 강제로 샤워를 시킨 후, 분말 소독제를 뿌리고 수의를 주고 감방에 넣습니다. 그날 저녁, 이미 들어온 수감자들이 초년 수감자들을 두고 내기를 겁니다. 먼저 울음을 터뜨리는 수감자가 누구일지 맞히는 내기입니다. 수감자 중에 영향력이 있는 레드는 키 큰 앤디가 맨 먼저 울 것으로 생각하고 그에게 겁니다. 다른 수감자들도 자신이 보기에 제일 약해 보이는 신입 수감자에게 걸었습니다.

그날 저녁 점호를 하는데, 신입들 중 덩치 좋은 친구가 울기 시작합니다.

"난 여기 있으면 안 돼. 뭔가 잘못된 거야. 날 꺼내 줘요. 엄마, 엄마, 날 꺼내 줘."

라며 울음을 터뜨립니다. 간수가 와서 말합니다.

"시끄러워. 조용히 해. 한 번만 더 징징대면 머리통을 박살 낼 거야."

그런데 그 친구가 계속 웁니다.

"난 억울해요. 날 꺼내 주세요. 난 여기 있을 사람이 아니에요."

그가 울음과 호소로 감옥을 어수선하게 하자, 간수가 그를 끌어내어 마구 때립니다. 그리고 간수는 피투성이가 된 그를 병동에 끌어다 넣습니다.

그다음 날 아침, 식당에 수감자들이 모였습니다. 아침밥을 타서 식탁에 앉아서 먹는데, 같은 죄수 중 하나가 음식 담긴 식판을 옆으로 밀어 놓고 손을 비비면서 "자, 계산들 하시지"라고 말합니다. 그가 이긴 거죠. 내기에 참여했던 죄수들이 감췄던 담배를 내놓기 시작합니다. 앤디가 울 거라고 내기 걸었던 레드도 담배를 내놓습니다.

갑자기 그 옆에 있던 죄수가 이런 말을 건넵니다.

"아, 그 친구 죽었어."

"왜?"

"밤에 병동에 데리고 갔는데, 의사들은 퇴근하고 없고, 누가 돌봐 줄 사람이 없어서 과다 출혈로 죽었어. 아침에 의사들이 왔을 때는 이미 시체였지."

그 소식을 들은 죄수들은 자기들도 같은 처지이기에, 외면하고 풀 죽은 인상을 씁니다. 그때 가만히 앉아 있던 앤디가 그들에게 고개를 돌리면서 묻습니다.

"그 사람 이름이 뭐였죠?"

그러자 레드가 날카롭게 대답합니다.

"죽었는데, 이름은 알아서 뭐해."

신자인 우리도 세상에서는 이름이 없는 것이나 다름없습니다. 세상에서는 죽으면 그만입니다. 그러니 사는 게 사는 게 아니고, 오래 산 게 죄인 걸까요? 그렇지 않습니다. 지금 우리가 겪는 난관은 우리를 비극적으로 생각하게 만들지만, 그것이 시험입니다.

거기를 나와야 합니다. 다 해결할 수도 없고 이길 수도 없습니다. 별것 아닌 것 같은, 마음에도 안 드는 그것들이 하나님이 일하시는 방법입니다. 예수님은 성육신과 십자가로 증명하시지 않았습니까. 결론은 이 역사 드라마에서 나올 수 없는 부분인 무덤에서 터집니다. 그러나 성경은 우리에게 믿음을 가지라고 합니다. 우리의 삶이 잘잘못을 뛰어넘는, 우리에게 허락된 선택과 지위에 의한 기회라는 것을 기억해야 합니다.

잘하려고 하지 마십시오. 실력만큼 하십시오. 그래서 크십시오. 인생이 얼마나 큰 기적인지, 하나님이 얼마나 많이 나와 함께 대단한 일을 하고 계시는지 깨달으십시오. 그래서 여유 있는 각자의 인생을 살기 바랍니다. 부러워하거나 원망할 필요가 없다는 게 무엇인지 깨닫기를 바랍니다.

기 도

하나님 아버지, 하나님을 '아버지'라고 부르는 것이 얼마나 굉장하며, 예수님의 이름으로 기도한다는 것은 또 얼마나 굉장합니까? 창조주, 심판주 앞에 부활과 생명이신 예수님의 이름으로 우리는 살며 존재하고 있습니다. 겁내지 말고, 도망가지 말고, 믿음을 가지고 이겨 내는 용감한 인생이 되게 하옵소서. '우리의 인생은 언제 어느 곳이든 기적'이라는 말씀을 따라 고단한 삶을 이겨 내는 주의 자녀가 되게 하여 주옵소서. 예수님 이름으로 기도합니다. 아멘.

18.

하나님이 하시는 일을 나타내고자 하심이라

---

1 예수께서 길을 가실 때에 날 때부터 맹인 된 사람을 보신지라 2 제자
들이 물어 이르되 랍비여 이 사람이 맹인으로 난 것이 누구의 죄로 인
함이니이까 자기니이까 그의 부모니이까 3 예수께서 대답하시되 이
사람이나 그 부모의 죄로 인한 것이 아니라 그에게서 하나님이 하시는
일을 나타내고자 하심이라 4 때가 아직 낮이매 나를 보내신 이의 일을
우리가 하여야 하리라 밤이 오리니 그 때는 아무도 일할 수 없느니라
5 내가 세상에 있는 동안에는 세상의 빛이로라 6 이 말씀을 하시고 땅
에 침을 뱉어 진흙을 이겨 그의 눈에 바르시고 7 이르시되 실로암 못에
가서 씻으라 하시니 (실로암은 번역하면 보냄을 받았다는 뜻이라) 이
에 가서 씻고 밝은 눈으로 왔더라 …… (요 9:1-12)

요한복음 9장에는 예수님이 날 때부터 맹인인 사람을 고쳐 주신 사건이 기록되어 있습니다. 그런데 이 사건의 핵심은 맹인의 눈을 뜨게 한 점에 있지 않습니다. 자세히 보면 예수님이 길을 가다가 날 때부터 맹인인 사람을 보십니다. 제자들이 예수께 질문을 하면서 이 사건이 시작됩니다.

> …… 이 사람이 맹인으로 난 것이 누구의 죄로 인함이니이까 자기니이까 그의 부모니이까 (요 9:2)

이와 같은 제자들의 질문에 주님은 뜻밖의 말씀을 하십니다.

> …… 이 사람이나 그 부모의 죄로 인한 것이 아니라 그에게서 하나님이 하시는 일을 나타내고자 하심이라 (요 9:3)

주께서 제자들에게, 이 사람은 하나님의 일을 나타내시려고 맹인으로 태어나게 하신 것이라고 답하시고는 그의 눈을 뜨게 하십니다.

하나님의 재창조

이 기적은 맹인이 있어야 가능한 일입니다. 이 사람은 예수님의 말씀대로, 하나님이 눈먼 자를 보게 하실 수 있다는 것을 알리기 위해 맹인으로 태어난 것입니다. 우리로서는 좀 의아하지 않습니까? 얼핏 들으면 하나님이 자신을 증명하시거나 자신이 하실 일을 나타내기 위해 사람에게 불이익 혹은 불행을 주신다는 생각이 들 수도 있는 대목입니다. 이 부분을 조금 더 살펴보기 위해 고린도후서 4장 5절 이하를 보겠습니다.

> 우리는 우리를 전파하는 것이 아니라 오직 그리스도 예수의 주 되신 것과 또 예수를 위하여 우리가 너희의 종 된 것을 전파함이라 어두운 데에 빛이 비치라 말씀하셨던 그 하나님께서 예수 그리스도의 얼굴에 있는 하나님의 영광을 아는 빛을 우리 마음에 비추셨느니라 우리가 이 보배를 질그릇에 가졌으니 이는 심히 큰 능력은 하나님께 있고 우리에게 있지 아니함을 알게 하려 함이라 (고후 4:5-7)

이 말씀은 하나님이 재창조를 하신다는 의미입니다. 하나님이 이 세상을 창조하실 때에 '빛이 있으라'(창 1:3) 말씀하시자 빛이 생겼던 것처럼, 하나님이 지금 '예수 그리스도의 얼굴에 있는 하나님의 영광을 아는 빛'(고후 4:6)을 우리 마음에 비추시는 일로 맹인을 고치셨습니다. 하나님이 지금 무엇을 하고 계시는지를 나타내려고 그 사람을 맹인이 되게 하셨다는 것입니다.

우리는 '그렇지만 그 사람은 억울했을 것 아닙니까?'라고 질문할 수 있습니다. 요한복음 9장에 나오는 맹인은 '예수를 믿기 전의 모든 사람'을 의미합니다. 본문에서는 '하나님 영광의 빛'을 증언하기 위해 맹인이 눈을 뜨는 사건으로 나타났습니다만, 요한복음 9장 39절 이하를 보면 이 사건의 의미를 더 깊이 알 수 있는 대목이 나옵니다.

> 예수께서 이르시되 내가 심판하러 이 세상에 왔으니 보지 못하는 자들은 보게 하고 보는 자들은 맹인이 되게 하려 함이라 하시니 바리새인 중에 예수와 함께 있던 자들이 이 말씀을 듣고 이르되 우리도 맹인인가 예수께서 이르시되 너희가 맹인이 되었더라면 죄가 없으려니와 본다고 하니 너희 죄가 그대로 있느니라 (요 9:39-41)

이 말씀은 예수님이 맹인의 눈을 뜨게 하신 이 사건이 만만하지 않다는 점을 보여 줍니다.

실로암 사건은 앞으로 몇 차례 더 다루면서 그 깊은 내용을 살펴보려고 합니다. 그 전에 우리는 요한복음 9장 도입부에 나오는 이 사건의 핵심이 무엇인지 파악해야 합니다. 예수님이 맹인의 눈을 뜨게 하기 전까지 맹인의 삶은 어떤 의미를 갖고 있었을까요? 그리고 이 맹인은 어떤 힘으로 그 고난을 버텼을까요? 이를 살피는 것이 이 본문의 핵심입니다. 왜냐하면 '예수를 믿지 않으면 맹인이고, 예수를 믿으면 눈 뜬 자'라고 단순하게 말할 수 없기 때문입니다. 눈을 뜨고 하나님을 알게 된 후에도 우리의 인생은 마치 눈 뜨기 전의 인생처럼 '볼 줄 모르고, 생각할 줄 모르고, 헛딛고, 원망하는' 생애를 살아가기 때문입니다.

성경은 이 실로암 사건을 통해 재창조가, 단순히 구원받고 천국 가는 것이라고 말하기에는 그리 간단한 문제가 아님을 알려 줍니다. 우리는 예수를 만나기 전에는 총체적으로 하나님을 모르는 자로서 불

행한 삶을 삽니다. 또한 예수를 믿어 명예롭게 살 수는 있으나 그 삶에서도 만족스럽게 살지 못합니다. 신자로서 사는 현재의 삶에서도 나타나는 고통과 탄식을 이 본문은 우리에게 소개합니다.

모세의 광야

모세는 40세에 신앙적 결단과 죽음을 각오한 헌신으로 들고일어납니다. 그러나 하나님은 모세에게 응답하시지 않습니다. 결국 모세는 40년간 미디안 광야에서 살아야 했습니다. 모세가 모든 것을 잊고 있을 때, 양 떼를 치기 위해 호렙산에 갔다가 떨기나무에 붙은 불을 봅니다. 불이 나무에 붙었으나 나무가 타지 않습니다. 불이 스스로 타오르고 있을 뿐입니다. 모세가 그 광경을 가까이 보려 하자 음성이 들립니다. 출애굽기 3장 4절 이하를 보십시다.

> …… 모세야 모세야 하시매 그가 이르되 내가 여기 있나이다 하나님이 이르시되 이리로 가까이 오지 말라 네가 선 곳은 거룩한 땅이니 네 발에서 신을 벗으라 또 이르시되 나는 네 조상의 하나님이니 아브라함의 하나님, 이삭의 하나님, 야곱의 하나님이니라 모세가 하나님 뵈옵기를 두려워하여 얼굴을 가리매 여호와께서 이르시되 내가 애굽에 있는 내 백성의 고통을 분명히 보고 그들이 그들의 감독자로 말미암아 부르짖음을 듣고 그 근심을 알고 내가 내려가서 그들을 애굽인의 손에서 건져내고 그들을 그 땅에서 인도하여

> 아름답고 광대한 땅, 젖과 꿀이 흐르는 땅 곧 가나안 족속, 헷 족속, 아모리 족속, 브리스 족속, 히위 족속, 여부스 족속의 지방에 데려가려 하노라 (출 3:4-8)

하나님은 이 웅장한 일을 하기 위해서 모세를 부르시는데, 이때의 모세는 바로의 궁에서 자라며 배운 모든 것과 자기 민족을 위해 끓는 피로 간구하고 헌신했던 모든 것을 접어 둔 지 오래입니다. 모세가 오죽하면 미디안에서 낳은 자기 아들의 이름을 '게르솜' 곧 '이방인의 아이'라고 지었겠어요. '낙동강 오리알'이라는 것이죠. 심지어 그는 게르솜에게 할례도 베풀지 않았습니다. 그는 모든 것을 다 잊은 상태였습니다.

하나님이 '내 백성의 신음소리를 듣고 내가 내 백성을 구원하여 애굽 땅에서 벗어나게 하여 젖과 꿀이 흐르는 땅으로 데려가겠다'고 하시는 이 웅대한 일을 모세에게 시키시려면, 모세를 어떤 식으로든 준비시키셔야 합니다. 그런데 정작 모세는 미디안 광야에서 40년간 가장 막막한 시절을 보냈습니다. 그 40년간 하나님은 아무런 징조도 아무런 암시도 주시지 않았고, 그 날도 모세가 호렙산에 기도하러 온 것이 아니라 장인 이드로의 양 떼를 치느라 풀이 많은 곳으로 옮기고 또 옮기고 하다가 떨기나무에서 기다리시던 하나님을 만났습니다. 모세가 기다리다 하나님을 만난 것이 아니라 하나님이 모세를 기다리신 것입니다.

사도행전 7장 스데반의 설교에서는 이 부분을 이렇게 묘사합니다.

> 사십 년이 차매 천사가 시내 산 광야 가시나무 떨기 불꽃 가운데서 그에게 보이거늘 (행 7:30)

'사십 년이 차매', 즉 40년 전 모세가 알고 있었던, 각오를 하고 집중하여 준비한 상태가 아니라, 버려진 것 같고 외면당한 것 같고 아무것도 아닌 것 같은 상태가 되자 느닷없이 하나님이 등장하셔서 "자, 가자" 하신 상황입니다. 모세의 40년은 맹인처럼 지낸 세월입니다. 우리 모두 거듭 경험하는 이 길로만 하나님은 그의 백성을 인도하십니다.

바울의 단절

바울의 경우는 더욱 그렇습니다. 바울은 어떻게 부름받았습니까? 갈라디아서 1장 11절 이하입니다.

> 형제들아 내가 너희에게 알게 하노니 내가 전한 복음은 사람의 뜻을 따라 된 것이 아니니라 이는 내가 사람에게서 받은 것도 아니요 배운 것도 아니요 오직 예수 그리스도의 계시로 말미암은 것이라 내가 이전에 유대교에 있을 때에 행한 일을 너희가 들었거니와 하나님의 교회를 심히 박해하여 멸하고 내가 내 동족 중 여러 연갑자보다 유대교를 지나치게 믿어 내 조상의 전통에 대하여 더욱 열심이 있었으나 그러나 내 어머니의 태로부터 나를 택정하시고 그의 은혜로 나를 부르신 이가 그의 아들을 이방에 전하기 위하여 그

> 를 내 속에 나타내시기를 기뻐하셨을 때에 내가 곧 혈육과 의논하지 아니하고 또 나보다 먼저 사도 된 자들을 만나려고 예루살렘으로 가지 아니하고 아라비아로 갔다가 다시 다메섹으로 돌아갔노라 (갈 1:11-17)

사도 바울의 사역에도 이런 중요한 단절이 있었습니다. 그는 예수님을 부인했고 거부했으며, 예수님을 믿는 자들에게 분노했고 그들을 핍박했습니다. 그는 이방인에게 복음을 전하기 위해 모태로부터 하나님의 사도로 택정되었습니다. 그러나 그는 마치 요한복음 9장에 나오는 맹인처럼, 하나님의 일을 방해하는 자로, 스데반을 죽인 자로 전반부 인생을 삽니다. 그리고 다메섹 도상에서 느닷없이 '사울아 사울아 네가 왜 나를 박해하느냐'(행 22:7)라는 소리를 듣습니다. 사울에게도 할 말이 있습니다. '하나님, 아무 징조도 없이 이게 무슨 말씀이십니까? 저에게 아무것도 안 하시다가 이제 와서 갑자기 왜 저에게 이런 말씀을 하시는 겁니까?' 그 사건 이후 바울의 인생은 완전히 뒤집힙니다.

쓸모없는 과거는 없다

우리는 모세나 바울의 예에서 살펴본 바와 같이, 그들의 위대한 사역 전에 있던 상황에 관심을 가져야 합니다. 왜일까요? 우리도 모세와 바울처럼 위대한 일을 하기 전에 고난과 동행하는 삶을 살고 있으며 아직도 더 많은 삶을 살아야 하기 때문입니다. 부름받았으나 여전히 고난의 삶을 살아야 한다는 것이 우리에게 큰 상처가 됩니다. 부름받은 인생이 형통하지 않기 때문입니다. 우리 모두가 '내가 좀 더 일찍 믿었더라면, 좀 더 잘 믿었더라면'이라고 한다면, 지금 겪는 나의 고통과 무능은 다 과거를 탓하는 것이 됩니다. 성경은 과거를 탓하라고 이야기하지 않습니다.

사도 바울의 전반부 생애가 그에게 어떻게 작용했을까요? '나는 쓸모없는 자였다. 내 존재에서 쓸모 있는 것이 있다면, 예수를 알게 된 것뿐이다. 나는 그 옛날 못났을 때 죽었어야 했다. 나는 태어나지 말았어야 했다. 그러나 하나님이 아무것도 만들 수 없는 자에게 예수를 보내 주셨다. 이 때문에 나는 겁날 게 없다. 이제 나는 죽어도 된다'가 되었습니다. 바울의 전반부 생애는 세상의 시험과 유혹을 다 극복하는 조건과 기억으로 남게 되었습니다.

우리도 우리의 옛 과거가 우리로 자책하거나 우리에게 손해를 끼치는 사건이 아니라는 것을 명심해야 합니다. 심지어 로마서 11장에 가면, 사도 바울의 무시무시한 고백을 들을 수 있습니다.

> 형제들아 너희가 스스로 지혜 있다 하면서 이 신비를 너희가 모르기를 내가 원하지 아니하노니 이 신비는 이방인의 충만한 수가 들어오기까지 이스라엘의 더러는 우둔하게 된 것이라 그리하여 온 이스라엘이 구원을 받으리라 기록된 바 구원자가 시온에서 오사 야곱에게서 경건하지 않은 것을 돌이키시겠고 내가 그들의 죄를 없이 할 때에 그들에게 이루어질 내 언약이 이것이라 함과 같으니

> 라 복음으로 하면 그들이 너희로 말미암아 원수 된 자요 택하심으로 하면 조상들로 말미암아 사랑을 입은 자라 하나님의 은사와 부르심에는 후회하심이 없느니라 너희가 전에는 하나님께 순종하지 아니하더니 이스라엘이 순종하지 아니함으로 이제 긍휼을 입었는지라 이와 같이 이 사람들이 순종하지 아니하니 이는 너희에게 베푸시는 긍휼로 이제 그들도 긍휼을 얻게 하려 하심이라 하나님이 모든 사람을 순종하지 아니하는 가운데 가두어 두심은 모든 사람에게 긍휼을 베풀려 하심이로다 (롬 11:25-32)

하나님이 복음을 전 세계에 전하기 위하여 이스라엘이 미련하게 된 것이라고 합니다. 다르게 표현하자면, 이방인인 우리가 교회를 세우고 신약 시대, 교회 시대를 살아가기 위하여 이스라엘은 미련해야 했던 것입니다. 이방인인 우리가 충만한 수로 구원에 이르기까지 이스라엘은 미련함을 멈출 수가 없는 겁니다.

이러한 일들은 우리를 놀라운 생각으로 이끕니다. 사도 바울이 '죄인 중에 내가 괴수'(딤전 1:15)라고 고백하는 것은 자신의 과거를 지우기 위해 한 회개나, 자신의 진심을 증명하기 위해 한 고백이 아닙니다. 하나님이 구원과 은혜와 복을 누구에게 담는지를 나타내려는 표현입니다. 맹인이 보게 되는 구원 사역은 심판입니다. 볼 수 없는 자들을 보게 하는 심판입니다. 심판은 부정적인 측면만 있는 것이 아닙니다. 예수님은 단지 보게 하는 것만이 아닌, 하나님의 뜻과 약속에 눈을 뜨게 하는 일을 위하여 오셨습니다.

그러나 바리새인들은 끝까지 자기들은 보고 있다고 주장합니다.

그래서 예수가 필요 없다고 합니다. 그런 면에서 예수님이 "보지 못하는 자들은 보게 하고 보는 자들은 맹인이 되게 하려 함이라"(요 9:39)라고 하신 말씀은 놀랍습니다. 우리는 눈을 뜬 후의 삶에서도 여러 불만이 일을 한다는 것을 알아야 합니다. 하나님이 이를 통해 일이 되도록 하십니다.

뭐가 뭔지도 모르는 과거의 힘

하나님은 이스라엘 백성을 애굽에서 꺼내시기 위해 모세를 미디안 광야에 버려두신 듯합니다. 하나님은 모세를 자책과 체념과 불만과 원망과 절망 속에 죽은 것처럼 놔두십니다. 온 세계에 복음을 전하기 위해 이스라엘을 못나게 하시고 자책하게 하십니다. 뭐가 뭔지도 모를 일이 하나님의 일하심이라는 것을 깨닫게 됩니다. 이럴 때 비로소 욥기 23장에 나오는 욥의 비명을 이해할 수 있습니다.

> 욥이 대답하여 이르되 오늘도 내게 반항하는 마음과 근심이 있나니 내가 받는 재앙이 탄식보다 무거움이라 내가 어찌하면 하나님을 발견하고 그의 처소에 나아가랴 어찌하면 그 앞에서 내가 호소하며 변론할 말을 내 입에 채우고 내게 대답하시는 말씀을 내가 알며 내게 이르시는 것을 내가 깨달으랴 그가 큰 권능을 가지시고 나와 더불어 다투시겠느냐 아니로다 도리어 내 말을 들으시리라 거기서는 정직한 자가 그와 변론할 수 있은즉 내가 심판자에게서 영

원히 벗어나리라 그런데 내가 앞으로 가도 그가 아니 계시고 뒤로 가도 보이지 아니하며 그가 왼쪽에서 일하시나 내가 만날 수 없고 그가 오른쪽으로 돌이키시나 뵈올 수 없구나 그러나 내가 가는 길을 그가 아시나니 그가 나를 단련하신 후에는 내가 순금 같이 되어 나오리라 내 발이 그의 걸음을 바로 따랐으며 내가 그의 길을 지켜 치우치지 아니하였고 내가 그의 입술의 명령을 어기지 아니하고 정한 음식보다 그의 입의 말씀을 귀히 여겼도다 그는 뜻이 일정하시니 누가 능히 돌이키랴 그의 마음에 하고자 하시는 것이면 그것을 행하시나니 그런즉 내게 작정하신 것을 이루실 것이라 이런 일이 그에게 많이 있느니라 그러므로 내가 그 앞에서 떨며 지각을 얻어 그를 두려워하리라 하나님이 나의 마음을 약하게 하시며 전능자가 나를 두렵게 하셨나니 이는 내가 두려워하는 것이 어둠 때문이나 흑암이 내 얼굴을 가렸기 때문이 아니로다 (욥 23:1-17)

욥기 23장이면, 욥이 아직 답을 얻기 전입니다. 욥은 고난 가운데 있으며 친구들의 비난을 듣기도 하면서 하나님께 하소연합니다. "하나님, 제 인생이 왜 이렇게 되었습니까? 제가 뭘 잘못했습니까? 아무리 생각해도 저는 잘못한 것이 없습니다." 그러고는 욥이 이런 말을 합니다. "하나님이 하시는 일을 하나님 외에 누가 알 수 있을까? 결국 그 끝은 잘될 것이다. 왜냐하면 하나님은 선하신 분이기 때문이다. 그러나 하나님이 그 결과를 주실 때까지는, 나는 죽어나야 한다. 하나님이 작정하신 일은 포기하시지도 단축하시지도 않는다. 이러한 일들은 그분께 정말 많다. 그분은 엄중하시다. 하지만 공포 가운데 엄중하신 분은 아니시다. 그분은 자신의 자녀들을 영광과 승리로 이끌기 위해 그 뜻을 결코 포기하지 않으시는 분이다. 그래서 내 인생은 고달프고 힘겹다." 욥의 이 고백이 담긴 것이 욥기 23장입니다.

우리는 전부 회개해서 답을 얻고 싶어 합니다. 그리고 우리의 기대를 하나님과 타협하려고 합니다. '저는 훌륭한 사람이 될 마음은 없습니다. 다른 사람보다 뛰어나고 싶은 마음도 없습니다. 그저 적당히 살고 양보하며 살 테니, 그냥 절 가만 놔두세요.' 이러한 타협은 우리에게 큰 비극입니다. 우리의 과거를 지워서 오늘을 편안하게 살기 위해 회개하고 있다면 이는 비참한 일입니다. 회개만 하지 말고 신자로서 위대한 일에 발을 내딛어야 합니다. 교회든 어디든 인상을 쓰는 일부터 거두십시오. 웃는 것은 우리만 할 수 있습니다.

날 때부터 맹인이었던 사람이 눈을 떴으니 얼마나 놀랐겠습니까? 그리고 얼마나 기뻤겠습니까? 그 모든 일이 지금 우리에게도 일어납니다. 성경은 우리에게 옛 과거는 우리가 받은 구원과 기적과 영광을 확신시켜 줄 뿐이라고 알려 줍니다.

설교를 들으면 이해도 되고 감동도 받습니다. 그러나 예배를 드린 후 세상으로 나가면 어떻게 해야 할지 몰라 우왕좌왕합니다. 그럴 수 있습니다. 감동을 받아도 우리의 인생이 나아지지 않기 때문입니다. 모세의 인생도 고달팠습니다. 그를 따르던 백성들도 어려운 일을 겪을 때마다 아우성쳤던 것을 보십시오. "당신은 왜 우리를 애굽에서 데리고 나와서 이렇게 고생을 시키는 것이오?" 모세는 그 욕을 먹어야 했습니다. 이 부분을 기억해야 합니다.

아직 때가 차지 않은 것

마가복음 9장 19절 이하는 예수님이 귀신 들린 아이를 고치시는 장면을 다루고 있습니다.

> 대답하여 이르시되 믿음이 없는 세대여 내가 얼마나 너희와 함께 있으며 얼마나 너희에게 참으리요 그를 내게로 데려오라 하시매 이에 데리고 오니 귀신이 예수를 보고 곧 그 아이로 심히 경련을 일으키게 하는지라 그가 땅에 엎드러져 구르며 거품을 흘리더라 예수께서 그 아버지에게 물으시되 언제부터 이렇게 되었느냐 하시니 이르되 어릴 때부터니이다 귀신이 그를 죽이려고 불과 물에 자주 던졌나이다 그러나 무엇을 하실 수 있거든 우리를 불쌍히 여기사 도와 주옵소서 예수께서 이르시되 할 수 있거든이 무슨 말이냐 믿는 자에게는 능히 하지 못할 일이 없느니라 하시니 곧 그 아이의 아버지가 소리를 질러 이르되 내가 믿나이다 나의 믿음 없는 것을 도와 주소서 하더라 (막 9:19-24)

아무 대책이 없는 상황에서 귀신 들린 아이의 아버지가 얼마나 기가 막혔겠습니까? '무엇을 하실 수 있거든'이란 말은 '조금이라도 뭔가 도움이 될 만한 일을 하실 수 있다면 뭐든지 좀 해 주십시오'라는 뜻입니다. 그러자 예수님이 "할 수 있거든이 무슨 말이냐 믿는 자에게는 능히 하지 못할 일이 없느니라"라고 말씀하십니다. 귀신 들린 아이의 아버지가 "내가 믿나이다"라고 합니다. 그러고는 이어 "나의 믿음 없는 것을 도와주소서"라고 덧붙입니다.

우리의 현실이 이렇습니다. '믿습니다'라고 합니다. 그러나 우리가 기대하는 만큼 이루어지는 게 없습니다. 아니, 될 수 없습니다. '믿음 없는 것을 도와주소서'라고 하는 것은 견딜 수 있도록 도와달라는 뜻입니다. 우리의 믿음이 부족한 것이 아니라 때가 다 차지 않은 것입니다. 하나님이 이런 웅장하고 위대한 일을 이루시기 위해 모세를 40년간 미디안 광야에 붙들어 놓으셨습니다. 요셉에게는 옥살이를 시키셨습니다. 이스라엘을 아직까지 미련함 가운데 붙들어 두고 계십니다. 그래서 로마서 11장 32절 이하는 이렇게 되어 있습니다.

> 하나님이 모든 사람을 순종하지 아니하는 가운데 가두어 두심은 모든 사람에게 긍휼을 베풀려 하심이로다 깊도다 하나님의 지혜와 지식의 풍성함이여, 그의 판단은 헤아리지 못할 것이며 그의 길은 찾지 못할 것이로다 누가 주의 마음을 알았느냐 누가 그의 모사가 되었느냐 누가 주께 먼저 드려서 갚으심을 받겠느냐 이는 만물이 주에게서 나오고 주로 말미암고 주에게로 돌아감이라 그에게 영광이 세세에 있을지어다 아멘 (롬 11:32-36)

하나님은 우리를 순종하지 않는 곳에 두시고, 완벽하지 않은 상태에 놔두십니다. 우리를 완벽과 진심 같은 명분으로 채우는 것이 아니라, 그분의 은혜와 기적으로 채우려고 하십니다.

기 도

하나님 아버지, 하나님이 예수 그리스도를 통하여 우리에게 찾아오셔서, 우리로 하나님을 아버지라고 부르게 하신 이상, 우리 인생에 실패도 공포도 아쉬울 것도 없어야 맞습니다. 하나님이 아직 우리를 온전한 자리, 부족할 것이 없는 자리에 데려가지 않으심은 지금의 이 자리가 우리에게 필요하기 때문입니다. 우리 자신을 위해서, 우리를 보내신 세상과 시대를 위해서 하나님이 우리와 함께 일하시려고 하기 때문입니다. 우리는 다 모세이며 바울입니다. 그 두 위인이 자책과 흠 가운데서 하나님의 부르심을 받고 기적의 역사를 만든 것처럼, 우리도 하나님이 우리와 함께 일하고 계신다는 믿음으로 우리의 불만과 원망과 분노를 싸매어 주옵소서. 그리하여 우리 인생을 주 앞에 내어놓고 살게 하여 주옵소서. 예수님 이름으로 기도합니다. 아멘.

19.
하나님께로부터 오지 아니하였으면

---

13 그들이 전에 맹인이었던 사람을 데리고 바리새인들에게 갔더라
14 예수께서 진흙을 이겨 눈을 뜨게 하신 날은 안식일이라 …… 29 하나
님이 모세에게는 말씀하신 줄을 우리가 알거니와 이 사람은 어디서 왔
는지 알지 못하노라 30 그 사람이 대답하여 이르되 이상하다 이 사람
이 내 눈을 뜨게 하였으되 당신들은 그가 어디서 왔는지 알지 못하는
도다 31 하나님이 죄인의 말을 듣지 아니하시고 경건하여 그의 뜻대로
행하는 자의 말은 들으시는 줄을 우리가 아나이다 32 창세 이후로 맹
인으로 난 자의 눈을 뜨게 하였다 함을 듣지 못하였으니 33 이 사람이
하나님께로부터 오지 아니하였으면 아무 일도 할 수 없으리이다 34 그
들이 대답하여 이르되 네가 온전히 죄 가운데서 나서 우리를 가르치느
냐 하고 이에 쫓아내어 보내니라 (요 9:13－34)

예수님이 날 때부터 맹인이었던 사람의 눈을 뜨게 한 것은 기적으로서 매우 놀라운 사건이고, 그 의미하는 바도 대단히 깊습니다. 바로 기독교 신앙의 핵심을 드러내기 때문입니다.

제자들이 예수께 "이 사람이 맹인으로 난 것이 누구의 죄로 인함이니이까 자기니이까 그의 부모니이까"라고 묻자, 예수님은 제자들에게 "이 사람이나 그 부모의 죄로 인한 것이 아니라 그에게서 하나님이 하시는 일을 나타내고자 하심이라"라고 말씀하십니다. 이 대화 내용만 들으면 '하나님이 하시는 일을 나타내시기 위해 애꿎은 사람을 장애인으로 살게 했으니, 그동안 맹인으로 살았던 이 사람은 무슨 고생인가? 정말 억울하겠다'라는 생각이 떠오를 것입니다. 하지만 '하나님이 하시는 일을 나타내고자 하심'이라는 예수님의 언급은 굉장한 말씀입니다. 하나님은 지금도 이 맹인의 눈을 뜨게 하신 방식으로 일하신다고 이야기하는 셈이기 때문입니다.

눈을 떠 진실을 보라

요한복음은 처음부터 끝까지 예수께 적개심을 갖고 집요하게 반대하며 그분을 없애려는 사람들이 주님과 논쟁하는 이야기가 나옵니다. 그러한 논쟁 중에 예수님이 날 때부터 맹인이었던 자의 눈을 뜨게 하시자, 적대자들은 이런 놀라운 기적을 가늠하거나 맹인이 보게 된 사건의 뜻을 헤아리려고 하지 않습니다.

하나님의 일은 그분의 백성들로 하여금 눈을 뜨게 하여 진실을 보게 하시는 것입니다. 예수님을 반대하는 사람들이 맹인이었던 사람을 데리고 바리새인들에게 갔습니다. 바리새인들이 그에게 '어떻게 보게 되었는지'를 힐문합니다. 맹인이었던 자는 "그 사람[예수님]이 진흙을 내 눈에 바르매 내가 씻고 보나이다"라고 말합니다. 그의 말에 바리새인들 중에 분쟁이 일어납니다. 안식일에 그런 일을 행하는 것은 옳지 않다고도 하고, 죄인이 어떻게 그런 표적을 행할 수 있냐고도 하며 서로 논쟁이 벌어집니다. 맹인이었던 자는 예수님을 선지자로 여깁니다. 유대인들은 그가 눈을 뜨게 된 것을 믿지 않고 그의 부모를 불러 묻기도 합니다. 이런 수차례의 힐문 끝에 맹인이었던 자가 "그가 죄인인지 내가 알지 못하나 한 가지 아는 것은 내가 맹인으로 있다가 지금 보는 그것이니이다"라고 말합니다. 이것이 신자들의 경험입니다.

그러나 적대자들은 맹인이었던 자의 말을 중요하게 여기지 않습니다. 그들은 예수께서 자신들이 이해할 수 없는 방법으로 하나님의 일을 증명하는 것을 매우 불쾌해했을 뿐 아니라 받아들일 수도 없었습니다. 더욱 그들의 분노를 자아낼 뿐이었습니다. 그들은 편견에 사로잡혀 있었습니다.

빛을 모르는 사람

우리는 하나님이 우리 심령의 눈을 뜨게 하여 하나님을 보게 하고, 하나님이 보내신 예수를 믿게 하는 일을 지금도 하고 계신다는 것을 이 사건을 통해 알 수 있습니다. 그렇다면 예수님이 맹인의 눈을 뜨게 하셔서 못 보던 것을 보게 하셨듯이, 하나님이 적대자들의 심령의 눈을 뜨게 하여 예수를 올바로 볼 수 있게 하시면 되지 않았을까요? 왜 하나님은 사사건건 예수를 대적하는 그들에게 예수가 누구인지, 메시아가 무엇을 하러 왔는지, 하나님이 지금 우리에게 무엇을 원하시는지를 끝까지 감추시는 걸까요? 더구나 왜 예수님은 죽음의 자리로 갈 때까지 적대자들과 평행선을 달리며, 주님은 주님의 일, 적대자들은 그들의 일을 하는 걸까요? 사실 역사를 통해 알 수 있듯이, 오늘날까지 유대인들은 예수를 거부하고 오해하는 상태에 여전히 머물러 있습니다.

요한복음 1장에서 "태초에 말씀이 계시니라 …… 이 생명은 사람들의 빛이라 빛이 어둠에 비치되 어둠이 깨닫지 못하더라"(요 1:1-5)라고 했습니다. 하나님이 자기 백성을 찾아왔지만, 그 백성들은 하나님을 거절했다는 이야기로 요한복음을 시작했습니다.

예수님은 자신을 하나님의 아들이고, 메시아라고 했습니다. 예수님은 이에 대한 증거로 수많은 기적을 행했으나 적대자들은 사사건건 그분이 행하신 기적들을 왜곡하였고, 그분이 행하신 기적에 더욱 분노했습니다. 적대자들이 분노한 가장 큰 이유는 바로 예수님이 안식일에 일을 했다는 점이었습니다. 모세의 율법을 어기면서 어떻게 하나님의 사자, 하나님의 종이라고 할 수 있느냐는 것이죠. 적대자들이 이런 생각을 하고 있는데, 예수님이 자신을 하나님의 아들이라고 하여 문제가 더욱 크게 터졌습니다. 적대자들은 예수님이 신성모독죄를 저질렀다며 더욱 분노합니다.

그런 면에서 우리는, 예수님이 온갖 기적을 행하시면서 사람들의 눈을 뜨게 하시려고 했는데 왜 대적자들은 이 기적들로 점점 더 완악해졌는지를 핵심 질문으로 삼아야 합니다. 예수님은 기적뿐 아니라 부활하심으로 더 이상 부족할 것이 없는 많은 증거를 제시하셨습니다. 그러나 반대자들은 끝까지 회개하지 않았습니다. 지금도 마찬가지입니다. 더욱 난감한 것은 예수님의 은혜로 보게 된 자들도 만족스럽게 신앙생활을 하지 못할 뿐 아니라, 볼 수 있게 된 후에도 현실적 어려움을 계속 겪는다는 점입니다. 그렇다면 도대체 눈을 떴다는 게 무슨 의미인지 아는 것도 우리의 현실적 질문이 될 것입니다.

우리 안에 들어온 믿음

로마서 10장에 가면, 사도 바울이 하나님의 일하심을 이스라엘의 역사를 예로 들어 설명합니다.

> 형제들아 내 마음에 원하는 바와 하나님께 구하는 바는 이스라엘을 위함이니 곧 그들로 구원을 받게 함이라 내가 증언하노니 그들이 하나님께 열심이 있으나 올바른 지식을 따른 것이 아니니라 하나님의 의를 모르고 자기 의를 세우려고 힘써 하나님의 의에 복종하지 아니하였느니라 (롬 10:1-3)

이 말씀은 로마서 10장의 주제입니다. 이스라엘이 왜 예수를 믿지 않았을까요? 하나님의 의보다 자기 의를 앞세웠기 때문입니다. 자기 의의 정당성은 물론 율법에 근거한 것이었습니다. 율법을 주신 아버지의 뜻은 예수님이 설명해 주셨듯이 '하나님 사랑, 이웃 사랑'이었습니다. 그러나 유대인들은 이 율법을 사람 잡는 데 썼을 뿐입니다. 그들은 율법을 심판의 기준으로 삼았고 비난과 정죄의 잣대로 삼았을 뿐, 율법을 주신 하나님의 뜻을 이해하려 하지 않았습니다. 그래서 결국 유대인의 대표라고 할 수 있는 사울은 예수와 그분을 믿는 자들을 박해합니다. 심지어 스데반을 죽이기까지 합니다. 하나님이 율법을 주셨지만, 그 율법으로 자신의 의를 세우려고 하나님의 의를 반대하는 자리까지 온 것입니다. 그래서 사도 바울은 로마서 10장 5절 이하에서 이렇게 이야기합니다.

> 모세가 기록하되 율법으로 말미암는 의를 행하는 사람은 그 의로 살리라 하였거니와 믿음으로 말미암는 의는 이같이 말하되 네 마음에 누가 하늘에 올라가겠느냐 하지 말라 하니 올라가겠느냐 함은 그리스도를 모셔 내리려는 것이요 혹은 누가 무저갱에 내려가겠느냐 하지 말라 하니 내려가겠느냐 함은 그리스도를 죽은 자 가운데서 모셔 올리려는 것이라 (롬 10:5-7)

이 말씀은 우리가 예수님을 모셔 오지 않았다는 이야기입니다. 예수님은 직접 그분의 발로 우리를 찾아오셨습니다. 그래서 우리는 예수님을 만나기 위해 쫓아다닐 필요가 없습니다. 그분을 찾아다닐 필요가 없습니다. 우리가 예수께 가서 빌면, 그분이 우리에게 방문하셔서 응답하시는 것이 아닙니다. 왜 우리가 이 말씀을 이해해야 할까요? 로마서 10장 8절 이하를 보겠습니다.

> 그러면 무엇을 말하느냐 말씀이 네게 가까워 네 입에 있으며 네 마음에 있다 하였으니 곧 우리가 전파하는 믿음의 말씀이라 네가 만일 네 입으로 예수를 주로 시인하며 또 하나님께서 그를 죽은 자 가운데서 살리신 것을 네 마음에 믿으면 구원을 받으리라 사람이 마음으로 믿어 의에 이르고 입으로 시인하여 구원에 이르느니라 성경에 이르되 누구든지 그를 믿는 자는 부끄러움을 당하지 아니하리라 하니 유대인이나 헬라인이나 차별이 없음이라 한 분이신 주께서 모든 사람의 주가 되사 그를 부르는 모든 사람에게 부요하시도다 누구든지 주의 이름을 부르는 자는 구원을 받으리라 (롬 10:8-13)

이 말씀은 신약 시대를 사는 모든 성도의 당연한 현실이고 고백입니다. 율법은 지켜야 보상받고 믿음은 찾아가 도를 깨달을 문제가 아니라, 믿음이 우리 마음에 들어왔다고 합니다. 예수님이 우리 마음에 들어오셨기 때문에, 우리가 그분을 찾기 위해 밖으로 나갈 필요가 없습니다. 믿음은 그냥 우리 안에 들어왔습니다. 이를 무엇으로 증명할 수 있습니까? 우리가 예수를 믿는 것 자체가 증거입니다. 우리는 예수님을 만난 적이 없습니다. 먼저 믿은 사람들을 통해서 믿은 것입니다.

우리는 예수의 도를 깨닫기 위하여 산에 올라가서 경전을 읽거나 수련을 하지 않았습니다. 어느 날 문득 예수를 믿고 그분이 누구신지 알았습니다. 이런 이야기를 왜 꺼낼까요? 하나님이 예수를 보내셨기 때문입니다. 그러므로 믿음은 하나님으로부터 출발하여 우리 마음 판에 새겨진 것입니다.

예레미야 31장 31절에 나오는 '새 언약'이 그렇듯, 믿음은 어떤 외적 규칙과 법칙을 따라 열매를 맺는 것이 아니라, 하나님이 예수 안에서 이루신 구원을 전도자와 여러 증거를 통하여 우리에게 들려줬을 때, 우리가 듣고 자연스럽게 마음에 받아들여 생겨났습니다. 이는 하나님이 일하신 것입니다.

하나님의 영광을 아는 빛

맹인이었던 자가 보게 된 것같이, 고린도후서 4장 6절에 따르면 '어두운 데에 빛이 비치라 말씀하셨던 그 하나님께서 예수 그리스도의 얼굴에 있는 하나님의 영광을 아는 빛을 우리 마음에 비추셨'다고 합니다. 이는 창조입니다. 이 창조가 어디에서 왔을까요? 우리 안에서 자생하거나 우리가 만든 결과물이 아닙니다. 이 창조는 밖으로부터 받은 것입니다.

하나님이 복음을 이스라엘 백성에게, 온 세상에 증언하셨지만 그들을 꾸중하십니다. 로마서 10장 16절입니다.

> 그러나 그들이 다 복음을 순종하지 아니하였도다 이사야가 이르되 주여 우리가 전한 것을 누가 믿었나이까 하였으니 (롬 10:16)

예수님의 한탄처럼 이사야 53장 1절은 "우리가 전한 것을 누가 믿었느냐 여호와의 팔이 누구에게 나타났느냐"라고 합니다. 기가 막힌 말씀입니다. 그렇게 수많은 선지자를 보내고 그렇게 수많은 증언을 했으나, 선지자들이 전한 것을 믿지 않을 뿐 아니라 증언들을 보고 들었어도 반응하지 않았다고 하십니다.

> 그러므로 믿음은 들음에서 나며 들음은 그리스도의 말씀으로 말미암았느니라 (롬 10:17)

여기에서 그리스도가 등장합니다. 누군가 와서 전해 준 말을 들었을 때 우리가 그 말을 받아들인 것은, 예수님이 실로암에 가서 눈을 씻으라고 하신 말씀 곧 하나님 구원의 은총이 우리 마음에 빛을 비추었고 그 일로 생명이 생겼기 때문입니다. 이는 하나님이 하신 일입니다.

신약 시대, 곧 교회 시대의 부흥과 자랑은 다 예수로 말미암습니다. 하나님이 세상 사람들의 마음에 빛을 주시지 않고 그들의 눈을 뜨게 하시지 않으며 그들의 심령에 찾아가시지 않으면, 같은 말을 듣고도 예수를 대적하는 자들처럼 정반대 자리를 고집할 것입니다.

그렇다고 이는 '그래서 믿어야 돼'라든지, '그러니까 거부하면 안 돼'라는 식으로 쉽게 선택할 수 있는 문제가 아닙니다. 예수님만이 눈을 뜨게 하실 수 있다면, 왜 모두에게 하시지 않았는지 물어야 합니다. 또한 예수님을 믿는 자에게 왜 그들이 원하는 보상을 주시지 않는지도 계속 질문하게 됩니다. 그래서 약간 이해하지 못하고 넘어간 구약의 인용 말씀들이 로마서 10장 18절부터 나옵니다.

> 그러나 내가 말하노니 그들이 듣지 아니하였느냐 그렇지 아니하니 그 소리가 온 땅에 퍼졌고 그 말씀이 땅 끝까지 이르렀도다 하였느니라 (롬 10:18)

'그들은' 왜 믿지 않았을까요? 여호와의 말씀과 주의 팔을 아무도 믿지 않았습니다. 그토록 열심히 선지자들이 찾아갔는데도 듣지 않았습니다. "그러므로 믿음은 들음에서 나며 들음은 그리스도의 말씀으로 말미암았느니라"(롬 10:17)라는 말씀에도 불구하고 결과로 나타나지 않았다면, 듣지 못했기 때문이라고 변명할 수 있습니다.

그러자 바울은 로마서 10장에서 시편 19편의 말씀을 인용합니다. 이 말씀이 로마서 10장에서 어떻게 인용되었는지 살펴봅시다.

> 하늘이 하나님의 영광을 선포하고 궁창이 그의 손으로 하신 일을 나타내는도다 날은 날에게 말하고 밤은 밤에게 지식을 전하니 언어도 없고 말씀도 없으며 들리는 소리도 없으나 그의 소리가 온 땅에 통하고 그의 말씀이 세상 끝까지 이르도다 …… (시 19:1-4)

예수님이 오시기 전에는 창조 세계는 절망이었고 공포였고 죽음이었습니다. 그러나 예수님이 이 땅에 오신 후, 십자가와 부활 이후로는 온 우주에 부활의 영광이 충만하게 되었습니다. 이것이 우리가 가져야 할 고백이요 자랑입니다.

거슬러 말하는 이들에게 오심

그런데 왜 아직도 믿지 않는 자가 있을까요? 왜 아직도 반대하는 자가 있을까요? 왜 예수를 믿어 부활의 영광이 충만한 세상에서 우리는 여전히 고단하게 살아야 하는 걸까요? 왜 아직도 우리 마음은 밤과 낮처럼 왔다 갔다 하는 걸까요? 이런 의문들은 이차적 문제입니다. 로마서 10장이 하고 싶은 말은 지금 하나님이 일하고 계시다는 것입니다. 로마서 10장을 더 봅시다.

> 그러나 내가 말하노니 이스라엘이 알지 못하였느냐 먼저 모세가 이르되 내가 백성 아닌 자로써 너희를 시기하게 하며 미련한 백성으로써 너희를 노엽게 하리라 하였고 (롬 10:19)

신명기 32장은 모세가 죽기 직전에 이스라엘 백성에게 한 마지막 유언입니다. 모세는 이스라엘 백성에게 그들이 광야 생활을 하는 동안 하나님께 불평하고 배신한 일이 한두 번이 아니었음을 지적합니다. 또한 이스라엘 백성이 광야에서 우상을 섬겼는데, 하늘의 별들을 섬겨서 하나님을 진노케 했다는 점을 언급합니다. 그래서 하나님이 이스라엘 백성에게 한 말이 다음과 같습니다.

> 그들이 하나님이 아닌 것으로 내 질투를 일으키며 허무한 것으로 내 진노를 일으켰으니 나도 백성이 아닌 자로 그들에게 시기가 나게 하며 어리석은 민족으로 그들의 분노를 일으키리로다 (신 32:21)

여기서 나오는 '백성이 아닌 자'가 바로 우리입니다. 우리가 바로 이방인입니다.

생각해 보면, 이스라엘이 순종했으면 우리는 큰일 날 뻔했습니다. 과연 그럴까요? 이 말씀은 무슨 수학 공식 같은 내용을 설명하려는 것이 아닙니다. 그저 이스라엘의 실패에도 불구하고, 하나님의 은혜는 더욱 넘쳐흐른다는 점을 보여 줍니다. 만약 이스라엘이 하나님의 말씀에 순종했다면, 더 순조로운 방법으로 우리가 주 앞에 부름받았겠지만, 그들의 실패에도 불구하고 넉넉한 은혜가 우리에게까지 왔다는 사실이 우리를 더욱 놀라게 합니다. 하나 더 있습니다. 로마서 10장을 더 봅시다.

> 이사야는 매우 담대하여 내가 나를 찾지 아니한 자들에게 찾은 바 되고 내게 묻지 아니한 자들에게 나타났노라 말하였고 (롬 10:20)

하나님은 그분을 모르는 자들에게 오시겠답니다. 그러니까 세종대왕, 연개소문에게까지 왔을 겁니다. 너무 걱정하지 마세요. 우리가 다 확인할 방법은 없지만, 하나님은 그분을 찾지 않고 그분을 모르는 자들에게도 찾아오셨습니다. 이해하기 어렵지만, 우리는 이 신비를 열어 놓아야 합니다. 21절도 마저 보겠습니다.

> 이스라엘에 대하여 이르되 순종하지 아니하고 거슬러 말하는 백성에게 내가 종일 내 손을 벌렸노라 하였느니라 (롬 10:21)

이스라엘, 곧 거부하는 이 못난 족속에게는 하나님이 등을 돌리지 않고 자신에게 오라고 손을 벌리고 계신답니다. 우리 가운데 일하시는 하나님이 실로암에서 눈을 뜨게 하시고, 죽은 자를 살리시는 것이 어떤 이들에게는 반발과 분노와 적대를 일으킵니다. 그러나 사망이 만드는 비참한 결과도 하나님의 일하심입니다.

하나님이 일하시는 현실은 순순히 말을 잘 듣는 자와 이를 반대하고 왜곡하고 분노하는 자, 방관하며 구경하는 자로 채워져 있습니다. 그렇더라도 하나님은 이 모든 자에게 자신을 따르도록 강요하지 않으십니다. 하지만 하나님은 그들 가운데 일하고 계십니다. '나는 구하지 않은 자에게도 나타나겠다. 나를 거절하는 백성에게도 나는 종일 손을 벌리고 기다리겠다'고 말이죠.

그런 분이 우리의 하나님이라면, 우리는 예수를 믿고 우리 심령의 눈을 뜬 자로서 하나님의 일하심을 신뢰할 수 있습니다. 우리 생각에는 하나님이 단순하고 통쾌하게 모두 다 처벌하고 난 후 믿는 사람을 모아서 세상을 재구성하면 좋겠습니다. 그러나 하나님은 온 우주에 충만한 부활의 권능과 증거와 능력을 가지고 세상에서 일하십니다. 하나님은 모든 과정을 우리와 함께 씨름하십니다. 그리고 하나님은 우리의 탄식과 간절함보다 더 크게 애쓰십니다.

> 에브라임이여 내가 어찌 너를 놓겠느냐 이스라엘이여 내가 어찌 너를 버리겠느냐 내가 어찌 너를 아드마 같이 놓겠느냐 어찌 너를 스보임 같이 두겠느냐 내 마음이 내 속에서 돌이키어 나의 긍휼이 온전히 불붙듯 하도다 (호 11:8)

길고 깊고 입체적인 결론

우리는 너무 조급하게 결론을 내립니다. 하나님의 결론은 길고 깊고 입체적입니다. 하나님은 못난 자들을 기다리시고 그들이 항복할 과정을 허락하십니다. 그 때문에 예수를 더욱 진실하고 열심히 믿는 사람들에게는 그분의 이러한 모습이 야속할 수 있습니다. 그러나 하나님은 제일 못난 것을 구원하기까지 먼저 믿은 자들의 인내와 기다림과 기도를 요구하십니다.

이런 분이 정말 하나님이 아니신가요? 우리는 모세나 바울이 그들의 때가 찰 때까지 적지 않은 고생을 한 것을 알고 있습니다. 모세가 미디안에서 보낸 40년은 허송세월이 아니었습니다. 못난 이스라엘 백성과 함께 40년간 광야를 떠돌 실력을 키우는 시간이었습니다. 사울이 스데반을 죽일 정도로 펄펄 끓던 열심은 예수님이 그를 찾아오신 후, 주께서 아나니아에게 '이 사람은 내 이름을 이방인과 임금들과 이스라엘 자손들에게 전하기 위하여 택한 나의 그릇이라 그가 내 이름을 위하여 얼마나 고난을 받아야 할 것을 내가 그에게 보이리라'(행 9:15-16)라고 하셨던 것처럼, 예수의 영광을 이해하고 순종하는 길을 갈 실력을 다듬는 시간이었습니다.

이는 어려움을 감수하고 죽음을 각오하는 처절한 지극함을 나타내려는 것이 아닙니다. 하루씩 채워 나가는 믿음의 진지함과 성실함, 그리고 썩 내키지 않는 하나님의 세상 통치 방법이 얼마나 크고 웅장한 일인지 알기 위함입니다. 또한 우리를 동역자로 삼으시고 우리의 삶 가운데 실로암 사건을 일으키신 주님을 바라보기 위함입니다.

기 도

하나님 아버지, 하나님은 일하십니다. 언제든 새로운 창조로 우리의 인생과 역사에 들어오십니다. 우리는 언제나 놀랍니다. 우리가 읽는 성경에 기록된 기적보다 더 큰 기적이 지금 우리 시대에 우리와 함께 벌어지고 있다고 믿습니다. 하나님은 우리의 기도를 요구하시며, 주께서 하시는 일에 우리가 온 마음과 정성을 기울여 순종하기를 원하십니다. 그 길은 고단한 길입니다. 그러나 복된 길이요 명예로운 길입니다. 하나님과 동행하고 동역하고 함께 일하는 귀한 신분의 기회입니다. 빼앗기지 않게 하옵소서. 예수님 이름으로 기도합니다. 아멘.

20.
내가 심판하러 이 세상에 왔으니

35 예수께서 그들이 그 사람을 쫓아냈다 하는 말을 들으셨더니 그를 만
나사 이르시되 네가 인자를 믿느냐 36 대답하여 이르되 주여 그가 누
구시오니이까 내가 믿고자 하나이다 37 예수께서 이르시되 네가 그를
보았거니와 지금 너와 말하는 자가 그이니라 38 이르되 주여 내가 믿
나이다 하고 절하는지라 39 예수께서 이르시되 내가 심판하러 이 세상
에 왔으니 보지 못하는 자들은 보게 하고 보는 자들은 맹인이 되게 하
려 함이라 하시니 40 바리새인 중에 예수와 함께 있던 자들이 이 말씀
을 듣고 이르되 우리도 맹인인가 41 예수께서 이르시되 너희가 맹인이
되었더라면 죄가 없으려니와 본다고 하니 너희 죄가 그대로 있느니라
(요 9:35-41)

요한복음 9장 말미에 예수님은 자신이 눈을 뜨게 한 맹인을 만납니다. 이 맹인이 눈을 뜬 바람에 다툼이 일어났습니다. 당시 유대 사회에서 맹인이 눈을 뜬다는 것은 대단한 일이었습니다. 이러한 일은 하나님의 선지자만 할 수 있었습니다. 하지만 이스라엘 역사 가운데 맹인의 눈을 뜨게 한 선지자는 없었습니다. 병을 낫게 하거나 문둥병을 고치기는 했어도, 예수님처럼 맹인의 눈을 뜨게 한 적은 처음입니다. 예수를 적대시하던 당시 권력자들은 그분과의 논쟁에서 밀리자, 이 일을 어떻게 해서든 묻기 위해 맹인이었던 자를 압박하기에 이르렀습니다.

계속되는 논쟁

처음에는 바리새인들이 그가 어떻게 보게 되었는지를 물었습니다. 그들은 맹인이었던 자를 두 번째 불러 "우리는 이 사람[예수님]이 죄인인 줄 아노라"라고 했습니다. 이때 맹인이었던 자는 "그가 죄인인지 내가 알지 못하나 한 가지 아는 것은 내가 맹인으로 있다가 지금 보는 그것이니이다"라고 대답했습니다. 그리고 이런 말도 덧붙였습니다.

> 창세 이후로 맹인으로 난 자의 눈을 뜨게 하였다 함을 듣지 못하였으니 이 사람이 하나님께로부터 오지 아니하였으면 아무 일도 할 수 없으리이다 (요 9:32-33)

이 말은 들은 당시 권력자들은 "네가 온전히 죄 가운데서 나서 우리를 가르치느냐"며 맹인이었던 자를 그 자리에서 쫓아내었습니다.

그 후에 예수님은 맹인이었던 자를 다시 만나 "네가 인자를 믿느냐"라고 묻습니다. 그는 "주여 그가 누구시오니이까 내가 믿고자 하나이다"라고 합니다. 예수님은 "네가 그를 보았거니와 지금 너와 말하는 자가 그이니라"라고 하십니다. 예수님은 맹인이었던 자의 눈을 뜨게 한 인자가 자신이라고 밝히셨습니다. 그러자 맹인이었던 자는 예수께 "내가 믿나이다"라고 말하고 절합니다.

예수님은 맹인이었던 자와 만나 대화한 후, "내가 심판하러 이 세상에 왔으니 보지 못하는 자들은 보게 하고 보는 자들은 맹인이 되게 하려 함이라"라고 말씀하십니다. 예수님과 함께 있던 자들 중에 바리새인이 이 말씀을 듣고 "우리도 맹인인가" 하고 반문하자, 예수님이 "너희가 맹인이 되었더라면 죄가 없으려니와 본다고 하니 너희 죄가 그대로 있느니라"라고 답하시며 결말이 납니다.

모순과 간극을 메꾸시는 주님

이 사건은 우리가 수차례 들었던 설교나 읽었던 성경에서 쉽게 결론을 내렸을 법한 오해를 떠오르게 합니다. 우리가 '바리새인들은 안 믿었어. 하지만 난 믿었어'라는 결론을 갖고 이 사건을 바라보면 본문이 전하려는 이야기를 제대로 이해할 수 없을 뿐 아니라 해석이 막히고 맙니다. 이 사건을 '이때부터 바리새인들은 교만해서 예수를 부정했고, 난 진실하게 믿었으니 이렇게 은혜를 받았다'라는 이분법으로 이해한다면, 본문의 의도를 파악하기 위해 문도 열어 보지 않고 결론을 내린 격입니다. '나쁜 놈들은 회개해야 한다'라고 쉽게 결론을 내리면, 자신의 선택에 대한 안심을 보장받거나 보상을 받는 것으로 이해하여 회개나 믿음이 얄팍해집니다. 복음이 무엇이며, 예수의 오심이 무슨 의미인지를 아는 가장 중요한 터널을 들어가지 못하게 됩니다.

요한복음 1장은 '예수님이 지금 세상에 왔으나, 세상이 그분을 알아보지 못한다'고 못 박아 놓고 시작합니다.

> 빛이 어둠에 비치되 어둠이 깨닫지 못하더라 …… 참 빛 곧 세상에 와서 각 사람에게 비추는 빛이 있었나니 그가 세상에 계셨으며 세상은 그로 말미암아 지은 바 되었으되 세상이 그를 알지 못하였고 자기 땅에 오매 자기 백성이 영접하지 아니하였으나 (요 1:5, 9-11)

놀랍게도 "빛이 어둠에 비치되 어둠이 깨닫지 못하더라 …… 자기 땅에 오매 자기 백성이 영접하지 아니하였으나"(요 1:5-11)라고 나온 후, 바로 "영접하는 자 곧 그 이름을 믿는 자들에게는 하나님의 자녀가 되는 권세를 주셨으니 …… 우리가 그의 영광을 보니 아버지의 독생자의 영광이요 은혜와 진리가 충만하더라"(요 1:12-14)라고 합니다. 예수님은 그 둘 사이의 모순과 간극을 메꾸러 오셨습니다.

못 보는 자들과 알지 못하는 자들을 위하여 예수님이 오셨습니다. 그리고 그들은 십자가와 부활이 있기까지 봐도 못 볼 것입니다. 못 알아볼 것입니다. 성경은 이 때문에 예수님이 십자가를 지셔야 했고, 부활이 필요했다고 우리에게 알려 줍니다. 그런데 마치 우리 자신이 믿음과 의지를 가졌기에 감은 눈을 스스로 뜬 것처럼 결론을 내린다면 '나는 믿었어'가 되는 것입니다. 그렇게 되면 우리는 복음서의 본래 의도를, 원래 내용을 이해할 수 없습니다.

자기 의만 있는 신앙

그렇다면 못 보는 자들이나 알지 못하는 자들은 왜 그랬을까요? 왜 못 보는데 본다고 했을까요? 사도 바울이 로마서에서 "그들이 하나님께 열심이 있으나 올바른 지식을 따른 것이 아니니라 하나님의 의를 모르고 자기 의를 세우려고 힘써 하나님의 의에 복종하지 아니하였느니라"(롬 10:2-3)라고 합니다. 그들은 왜 예수를 배척했을까요? 자기 의를 고집하느라 하나님의 의를 볼 수 없었기 때문입니다. '자기 의'란 '자기가 생각하는 신앙 세계'를 말합니다.

바리새인들이 이와 같습니다. 그들은 '우리가 맹인이라고? 아니다. 우리는 다 본다'고 합니다. 그들은 무슨 근거로 본다고 생각했을까요? 그들은 자신들에게 성전이 있고, 제사가 있고, 율법이 있기 때문에 본다고 생각했습니다. 그러한 것들이 그들에게는 오늘날 우리가 말하는 기독교 신앙을 대체한 자기 신앙이었습니다. 본다고 하는 바람에 하나님의 영광을 못 봅니다. 우리의 종교성이나 도덕성은 어떤 법을 지키는 것이나 정직, 순결, 봉사 같은 단어로 대변됩니다. 이런 단어들은 하나님이 우리를 통해 하시려는 것이 아닙니다. 하나님은 우리를 통해 창조에 관한 일을 하시려고 합니다. 다시 말해, 하나님의 영광을 드러내고자 하십니다. 당시 종교 지도자들에게서는 이 둘이 충돌하고 있었습니다.

하나님을 못 보고 그분을 만나지 못하면, 이 세상이 전부가 됩니다. 자신이 아는 세계가 전부가 되고 맙니다. 그리고 자기 세계에 갇혀 버립니다. 그렇기 때문에 예수님이 우리에게 오셔서 계속 "아버지께서 나를 보내셨다"고 하셨습니다.

왜 예수님은 아버지께서 자기를 보내셨다고 말씀하셨을까요? 유대인들이 아버지라고 믿는 분과 예수께서 증언하는 아버지가 이름과 개념은 같지만 그 내용이 다르기 때문입니다. 예수님은 "나는 내 아버지에게서 본 것을 말하고"(요 8:38)라고 하십니다. 이는 '나는 아버지가 무엇을 하시는지 봤다. 나는 그분이 무엇을 하려고 하시는지 다 보았다. 그러나 너희는 하나님을 못 봤다. 하나님을 못 봤으면서 봤다고 우기는 바람에, 아버지가 보낸 나를 너희가 거절하고 있다. 나를 거절하는 것은 내 아버지를 거절하는 것이고, 내 아버지를 거절하는 것은 나를 거절하는 것이다. 너희가 아버지를 앞세우고 그분의 이름으로 너희의 주장과 모든 근거를 내세우지만, 너희가 나를 부정하는 것을 보면 너희는 내 아버지를 모르는 것이요, 너희가 알고 있는 것이 내 아버지의 뜻과 다르다는 의미다'라는 말입니다.

안심을 위한 종교

세상의 모든 종교가 그렇듯, 종교란 일반적으로 자기 안심을 위해서 만들어진 허구입니다. 우리나라에 있는 미신은 대부분 돼지머리를 삶아 두고 콧구멍에 돈 꽂아 놓고 절하는 것에 불과합니다. 그렇게 심리적으로 안심하는 것을 '종교심'이라고 명명하여 무모한 일을 감히 할 수 있게 만듭니다.

우리 속에 있는 원죄 곧 하나님을 모르고 하나님과 끊어진 상태로 인해 우리의 마음 깊이 자리잡은 공포와 두려움을 달래기 위한 미신이 종교라는 이름으로 포장되어 있습니다. 그리고 하나님은 자신을 여러 번 이스라엘 백성에게 나타내셨지만, 그럼에도 불구하고 그들은 하나님이 자신들에게 요구하시는 뜻에 다다르지 못했습니다. 그런 면에서 우리는 마태복음 13장에 나오는 예수님의 씨 뿌리는 비유를 다시 한번 생각해 봐야 합니다.

> 예수께서 비유로 여러 가지를 그들에게 말씀하여 이르시되 씨를 뿌리는 자가 뿌리러 나가서 뿌릴 새 더러는 길 가에 떨어지매 새들이 와서 먹어버렸고 더러는 흙이 얕은 돌밭에 떨어지매 흙이 깊지 아니하므로 곧 싹이 나오나 해가 돋은 후에 타서 뿌리가 없으므로 말랐고 더러는 가시떨기 위에 떨어지매 가시가 자라서 기운을 막았고 더러는 좋은 땅에 떨어지매 어떤 것은 백 배, 어떤 것은 육십 배, 어떤 것은 삼십 배의 결실을 하였느니라 (마 13:3-8)

앞의 말씀에 나온 대로 결과는 뻔합니다. 길가에 떨어진 것은 새가 먹었고, 돌밭에는 뿌리를 내리지 못했고, 가시떨기에는 뿌리가 내렸으나 가시가 자라 기운을 막아 결실하지 못했으며, 좋은 땅에서는 삼십 배, 육십 배, 백 배의 결실을 맺었다는 쉬운 비유입니다. 그러자 제자들이 "어찌하여 그들에게 비유로 말씀하시나이까"라고 묻습니다. 이는 제자들이 예수께 '뭐 이렇게 뻔한 이야기를 비유까지 들어서 말씀하십니까?'라고 반응한 것입니다. 이에 예수님은 제자들에게 뜻밖의 말씀, 곧 이사야 6장에서 나오는 이사야의 소명을 말씀하십니다.

> 이사야의 예언이 그들에게 이루어졌으니 일렀으되 너희가 듣기는 들어도 깨닫지 못할 것이요 보기는 보아도 알지 못하리라 이 백성들의 마음이 완악하여져서 그 귀는 듣기에 둔하고 눈은 감았으니 이는 눈으로 보고 귀로 듣고 마음으로 깨달아 돌이켜 내게 고침을 받을까 두려워함이라 하였으나 그러나 너희 눈은 봄으로, 너희 귀는 들음으로 복이 있도다 내가 진실로 너희에게 이르노니 많은 선지자와 의인이 너희가 보는 것들을 보고자 하여도 보지 못하였고 너희가 듣는 것들을 듣고자 하여도 듣지 못하였느니라 (마 13:14-17)

이사야는 하나님께 '너희가 듣기는 들어도 깨닫지 못할 것이요 보기는 보아도 알지 못하리라 …… 그들이 눈으로 보고 귀로 듣고 마음으로 깨닫고 다시 돌아와 고침을 받을까 하노라'(사 6:9-10)라는 이상한 소명을 받고 선지자가 됩니다.

예수님은 이사야서의 말씀을 근거로 제자들에게 '그 예언이 오늘 여기서 이루어졌다. 내가 바로 그다. 보아도 모르고 들어도 깨닫지 못하는 일로 내가 왔다. 너희는 나를 봄으로 복되다. 너희 선조들이 나를 보려고 그렇게 간절히 바랐지만 보지는 못했다. 그러나 너희는 나를 본다'라고 하신 것입니다.

예수님의 비유는 우리가 다 아는 대로입니다. 길가에 떨어지거나, 돌밭에 떨어지거나, 가시떨기 위에 떨어진 씨는 결실할 수 없다는 것은 너무 뻔한 이치입니다. 좋은 땅에 떨어지면 결실합니다. 그래서 우리가 '옥토가 되자'라고 결론 내리고 싶다면, 맹인이 눈 뜬 사건으로 다시 돌아오십시오. 예수님이 아무리 "눈을 뜨고 눈에 힘을 주고 봐라. 내가 왔다"라고 한들 눈을 뜰 수 있는 자는 아무도 없습니다. 맹인의 눈은 예수님이 고치셨습니다.

우리는 돌밭이고 가시떨기였습니다. 그러나 예수님은 이 밭에 열매가 되셨습니다. 그래서 우리는 더 이상 돌밭이 아니고 가시떨기가 아닙니다. 예수님은 우리를 생명의 밭이라고 명명하시고 그 존재와 운명을 바꾸셨습니다. 예수님이 무덤에 들어갔으나 다시 살아나셔서 시체와 절망밖에 없는 밭에 열매를 만드셨습니다. 그게 부활입니다.

우리 스스로 좋은 땅이 된 것이 아닙니다. 예수님이 열매를 만드셔서 시체를, 죽음을 영생으로 바꾸신 것입니다. 이것이 맹인이 보게 된 사건의 핵심입니다. 그러므로 예수가 없는 부활, 예수가 없는 기독교는 있을 수 없습니다. 예수 없이 어떤 명분도, 어떤 이상도 다 가짜입니다. 이것이 실로암 사건입니다.

부활 생명이 꽃 피우기까지

이 사건을 더 깊이 이해하기 위해 요한복음 3장 16절 이하를 봅시다.

> 하나님이 세상을 이처럼 사랑하사 독생자를 주셨으니 이는 그를 믿는 자마다 멸망하지 않고 영생을 얻게 하려 하심이라 하나님이 그 아들을 세상에 보내신 것은 세상을 심판하려 하심이 아니요 그로 말미암아 세상이 구원을 받게 하려 하심이라 그를 믿는 자는 심판을 받지 아니하는 것이요 믿지 아니하는 자는 하나님의 독생자의 이름을 믿지 아니하므로 벌써 심판을 받은 것이니라 (요 3:16-18)

눈을 뜨지 못하면, 맹인인 채로 사는 게 심판입니다. 보고 있던 사람을 보지 못하는 맹인으로 만드는 게 벌이 아닙니다. 예수님이 없으면 그가 가진 무엇이든 다 사망으로 갈 수밖에 없습니다. 그리스도가 아니면 다 헛될 수밖에 없습니다. 부패하고 해롭습니다. 예수를 믿지 않으면 그 어떤 고상한 목적과 이상도 다 헛된 것입니다. 다 거짓일 수밖에 없습니다.

세상 사람들에게 삶의 가장 중요한 본질이 무엇인가 하면, 최고의 권력이 공포입니다. 그들은 죽기 때문입니다. 공포로부터 흘러나오는 부산물들이 있습니다. 의심, 조급함, 보복 등은 다 사망 때문에 나오는 결과물입니다.

그러나 예수를 믿고 하나님의 자녀가 되어 영생을 얻게 되면 이야기가 달라집니다. 결국 우리는 이깁니다. 지금 우리의 모습이 돌밭이고 가시떨기일지라도 예수님이 내 밭에 부활 생명을 꽃피우셨습니다. 우리는 절망으로 끝나지 않습니다. 절망은 우리의 운명이나 결국이 아닙니다. 세상 사람들이 보기에 보잘것없더라도, 우리는 예수님이 부활의 씨앗으로 만드신 하나님의 자녀입니다. 주님은 우리를 영생으로 부르셨습니다. 영생은 가치 있는 생명의 목적, 곧 진리를 향하여 자라나고 무성해지는 것입니다. 영광과 명예를 이을 수 있는 겸손, 감사, 용서, 이해로 넘어갈 수 있습니다.

달라스 윌라드는 자신의 책《하나님의 모략》에서 '산상설교'를 해설하면서 이런 말을 합니다.

> 우리의 '영성'이 삶의 자연스런 정황과 인간 관계—어쨌든 언제나 그 **자리에** 존재하는—로부터 분리될 때, 가장 먼저 나타나는 신호 중 하나는 웃을 수 있는 힘을 상실한다는 것이다. …… 천국에는 분명 기쁨과 더불어 웃음이 가득할 것이다. 우리의 유한성은 언제나 그대로 남아 있을 것이기 때문이다. …… 함께 나누는 진실된 웃음이야말로 인간이 하나가 되어 삶의 궁지를 타개해 나갈 수 있는 가장 확실한 방법 가운데 하나이다. 웃음은 진정한 공동체에 필수적인 것이다.•

웃음이 없는 곳에는 복음이 없다는 이야기입니다. 기독교 신앙을 주장하면서 웃지 못한다면, 우리는 아직도 기독교가 무엇인지 모르는

• 달라스 윌라드 지음, 윤종석 옮김,《하나님의 모략》(복 있는 사람), 323-324쪽.

것입니다. 웃는다는 것은 무엇일까요? '용서하고 넘어가자'는 뜻으로 받아들일 수 있습니다.

우리가 자승자박해서 가장 무섭게 왜곡되는 것이 '회개'입니다. 회개가 모든 책임의 면죄부가 되는 것은 위험합니다.

회개는 이런 것입니다. '나 거짓말했다'고 고백했다면 그다음에는 정직한 말을 해야 합니다. 정직한 말을 한다는 것은 거짓말을 안 하는 것이 아니라, 반가워하고 기뻐하고 용서하는 것입니다.

주께서 우리를 위해 성육신하셨듯이, 우리를 구원하시기 위하여 시궁창까지 내려오셨듯이, 하나님의 영광을 우리에게 심으시기 위하여 십자가를 지셨듯이, 우리도 내려와야 합니다. 핍박이나 순교와 같은 이름으로 치열한 것을 대신하면 안 됩니다. 신자인 우리가 서로 만나면 표정과 태도가 달라야 합니다. 악을 쓰면 안 됩니다. 쉽게 옆으로 빠지거나 교묘하게 쉬운 자리로 가지 마십시오. 기독교가 무엇인지, 예수님이 누구신지, 그분이 우리를 위해 십자가를 지셨다는 게 무슨 의미인지, 그 영광과 기대와 힘을 우리 생애에 담아내지 못한다면, 복음서를 읽을 자격도 능력도 없게 됩니다.

새 생명으로 옮겨지면

우리는 예수님이 우리를 위하여 돌아가시고 새 생명을 만드는 것을 보았습니다. 요한복음 5장 19절 이하를 보겠습니다.

> 그러므로 예수께서 그들에게 이르시되 내가 진실로 진실로 너희에게 이르노니 아들이 아버지께서 하시는 일을 보지 않고는 아무 것도 스스로 할 수 없나니 아버지께서 행하시는 그것을 아들도 그와 같이 행하느니라 아버지께서 아들을 사랑하사 자기가 행하시는 것을 다 아들에게 보이시고 또 그보다 더 큰 일을 보이사 너희로 놀랍게 여기게 하시리라 아버지께서 죽은 자들을 일으켜 살리심 같이 아들도 자기가 원하는 자들을 살리느니라 아버지께서 아무도 심판하지 아니하시고 심판을 다 아들에게 맡기셨으니 이는 모든 사람으로 아버지를 공경하는 것 같이 아들을 공경하게 하려 하심이라 아들을 공경하지 아니하는 자는 그를 보내신 아버지도 공경하지 아니하느니라 내가 진실로 진실로 너희에게 이르노니 내 말을 듣고 또 나 보내신 이를 믿는 자는 영생을 얻었고 심판에 이르지 아니하나니 사망에서 생명으로 옮겼느니라 (요 5:19-24)

우리가 생명으로 옮겨지면 무엇을 할 수 있을까요? 의롭고 선하고 거룩하고 명예롭고 위대하고 기쁘고 감사하고 양보도 할 수 있습니다. 더불어, 질 수도 있습니다. 우리에게서 이를 빼앗아 갈 자도 없고, 아무리 빼앗아 가도 부족하지 않을 것입니다.

이러한 문제는 욥기 결말에 아주 드라마틱하게 드러납니다. 욥은 세 친구와 계속 싸우다 드디어 하나님을 만납니다. 하나님이 욥에게 창조의 세계를 새삼스럽게 보여 주십니다. 욥은 창조주의 일하심을 깨닫자, 회개합니다. 욥기 42장에 그가 회개하는 장면이 나옵니다.

> 주께서는 못 하실 일이 없사오며 무슨 계획이든지 못 이루실 것이 없는 줄 아오니 무지한 말로 이치를 가리는 자가 누구니이까 나는 깨닫지도 못한 일을 말하였고 스스로 알 수도 없고 헤아리기도 어려운 일을 말하였나이다 내가 말하겠사오니 주는 들으시고 내가 주께 묻겠사오니 주여 내게 알게 하옵소서 내가 주께 대하여 귀로 듣기만 하였사오나 이제는 눈으로 주를 뵈옵나이다 그러므로 내가 스스로 거두어들이고 티끌과 재 가운데에서 회개하나이다 (욥 42:2-6)

욥이 회개를 한 후, 하나님이 데만 사람 엘리바스에게 이렇게 말씀하십니다.

> …… 내가 너와 네 두 친구에게 노하나니 이는 너희가 나를 가리켜 말한 것이 내 종 욥의 말 같이 옳지 못함이니라 그런즉 너희는 수소 일곱과 숫양 일곱을 가지고 내 종 욥에게 가서 너희를 위하여 번제를 드리라 내 종 욥이 너희를 위하여 기도할 것인즉 내가 그를 기쁘게 받으리니 너희가 우매한 만큼 너희에게 갚지 아니하리라 이는 너희가 나를 가리켜 말한 것이 내 종 욥의 말 같이 옳지 못함이라 (욥 42:7-8)

이 사건의 중요한 본질적 문제는 세 친구 모두 인과율이 전부인 세상에서의 신앙생활로 자기들의 의를 우겼다는 점입니다. 하나님이 창조주라는 것을 그들은 이해하지 못했습니다. 욥과 그의 친구들은 이런 대화를 합니다.

"욥, 네가 잘못했기 때문에 벌을 받는 것이다."

"아니야, 난 잘못한 적이 없어."

"그럼, 하나님이 잘못하고 있다는 거냐?"

세 친구는 이런 식으로 욥의 잘못을 꼬집을 뿐이었습니다. 그렇다면 욥은 무엇을 잘했을까요? 단 하나를 잘했습니다. 하나님께 '하나님, 저로서는 이해할 수 없는 일이 생겼습니다. 도대체 왜 이런 일이 생기는 건가요?'라고 물어본 것입니다.

물어본 것과 물어보지 않은 것은 무엇이 다른가요? 세 친구들은 자신들의 세계가 완벽했습니다. 고민이 없고 갈등이 없었습니다. 반면 욥은 갈등할 수밖에 없었고 하나님께 여쭐 수밖에 없었습니다. 그래서 '하나님, 저는 도대체 보이지 않습니다'가 된 것이고, 세 친구는 '우리는 다 안다'가 된 것입니다.

하나님이 욥의 말년에 이전보다 더 많은 복을 주십니다. 수많은 가축을 거느리게 하셨고, 아들 일곱과 딸 셋을 낳았습니다. 특이하게 욥의 세 딸의 이름이 기록되어 있습니다. 첫째 딸은 '여미마'로 '비둘기'라는 뜻이고, 둘째 딸은 '긋시아'로 향신료 '계피'라는 뜻이고, 셋째 딸은 '게렌합북'으로 눈 화장 도구인 '아이섀도 꼭지'입니다. 이 세 딸이 모든 땅에서 가장 아리따웠다고 합니다. 그런데 이름이 좀 이상하지 않나요? 아리따운 여자에 걸맞은 이름으로 지어야 하는 거 아닐까요?

구약 학자인 엘런 데이비스가 《하나님의 진심》이라는 책을 썼습니다. 이 책에 욥기에 대해 아주 멋지게 소개한 글이 있습니다. 정리하면 이렇습니다. '욥이 얼마나 진지하고 열심이고 성실하고 위대한가는 하나님이 그에게 담아 준 것에 의해 좌우되는 것이다. 우리는 보상

을 받는 싸움으로 경쟁하는 것이 아니다'라고 소개합니다.•

욥은 어떤 외형적 규칙을 지키는 것이 신앙이 아니라, 내용을 풍성히 해 주시는 하나님이 계시다는 것을 알게 되었습니다. 앞의 인용 글은 오해의 소지가 있을 수 있습니다. 우리가 성실하게 살지 않아도 된다는 의미가 아닙니다. 그러나 우리의 성실함이 근본적 잣대가 될 때는 반드시 다른 대상과 비교하게 됩니다. 잘난 것을 질투하게 되는데, 지금 욥이 다다른 곳에서는 '이 질투를 넘어섰다'는 의미입니다. 욥은 세상에서 제일 예쁜 딸들을 두었습니다. 하지만 그들의 이름을 '언년이', '말순이'로 지었습니다. 왜 욥은 자기 딸들의 이름을 이렇게 지었을까요? 하나님이 계시다는 게 무슨 뜻인지 깊고 풍성하게 알게 되었기 때문입니다.

눈먼 자의 세상으로 보냄받은 우리

하나님이 어떤 분이신지를 알고 있다면, 생각해 보십시오. 예수님이 우리를 고치시고 우리를 보게 하시는 것은 요한복음 9장에 나온 실로암 사건에서가 아닙니다. 부활하시고 성령이 임하셔야 되는 일입니다. 그분이 오셔서 한 일은 당시 바리새인들은 물론 몰라봤고, 제자들도 몰라봤습니다. 우리가 다 아는 바와 같이 제자들은 예수님이 십자가에 달리시자 다 도망가 버렸습니다. 그렇다면 왜 예수님은 십자가

• 엘렌 데이비스 지음, 양혜원 옮김, 《하나님의 진심》(복 있는 사람), 171-202쪽.

에 달리시기 전에 기적을 베푸신 것일까요? 예수님은 왜 보리떡 다섯 개와 물고기 두 마리로 5천 명을 먹이신 기적이나 갈릴리 바다를 잠잠하게 한 일로 모두를 굴복시키지 않으셨을까요? 아니, 예수께 적대적인 사람들을 굴복시키지도 않으실 거였다면 왜 이런 기적을 행하셨을까요? 결국 십자가를 지실 분이 왜 이런 기적들을 행하셨을까요? 이 질문은 그대로 우리의 현실에 들어옵니다.

우리는 예수를 믿어 영생을 얻었고, 마지막 날에 천국 갈 것을 다 알고 있습니다. 앞서의 질문은 왜 믿지 않은 자와 우리가 구별되지 않는지에 대한 질문과 일치합니다. 예수님은 무엇을 하려고 그러시는 걸까요? 예수님은 우리를 구원하시고서, 우리에게 '너를 눈먼 자의 세상에 보낸다. 그들은 너를 모른다. 네 말을 들어도 모른다. 그런데 나는 네가 가서 그 일을 하는 것이 너에게 복이고, 너를 통해서 눈먼 자들이 눈을 뜨는 복도 함께 주려고 한다'라고 말씀하시는 것입니다.

그러니 분노하지 마십시오. 우리가 예수를 믿는 일에 대해 분노하고, 감사하지 못하는 이유는 보상받지 못하기 때문입니다. 예수님은 이 땅에 오셔서 수모와 배반, 고난을 기꺼이 겪으셨습니다. 어느 것 하나도 쉽지 않으셨습니다. 그러나 성경은 이를 언제나 '예수님이 영광을 받으셨다'고 표현합니다. 그런 면에서 우리가 인생에서 겪는 수모와 어려움이 우리에게 영광이라는 것을 성경적으로 개념화하고 이해하지 못한다면, 앞서 말한 것처럼 회개하고 헌신하는 것들로 쉽게 보상을 받으려는 유혹에 빠지고 맙니다. '괜찮다'고 하나 실제로는 괜찮지 않습니다. 하나님이 하시는 일이 우리를 죽이려는 것 같고, 우리를 버려둔 것 같고, 하나님은 어디로 도망가신 것 같기 때문입니다.

하나님은 지금도 일하십니다. 어떻게 알 수 있습니까? 우리가 믿고 있기 때문입니다. 그러므로 하나님은 어떤 경우에서도 우리의 생애 가운데 우리를 외면하거나 방치하지 않으신다는 사실을 우리는 깨달아야 합니다. 부활은 무덤에다가 열매 맺은 것입니다. 하나님은 그렇게 우리의 죽는 인생으로 영광을 받으십니다. 또한 그것이 우리 자신에게 '영광'이라고 선언하십니다. 이 신앙의 길을 감사와 기쁨과 명예로 누리기를 바랍니다.

기 도

하나님 아버지, 우리는 하나님과 세상 공포 사이에서 늘 오락가락합니다. 법은 멀고 주먹은 가까운 탓입니다. 그러나 이만하면 이제 위대한 길을 향하여 한 걸음 나아갈 때도 되었습니다. 한국 교회가 신앙생활을 피상적으로 만들고 쉽게 보상받으려는 데서 한 걸음 더 나아가는 귀한 기회가 되게 하옵소서. 교회가 이 일에 한 발 앞서 나가는 열매도 맺게 하여 주옵소서. 예수님이 부활의 열매로 우리에게 사망을 이기는 운명을 우리에게 주셨듯이, 이 어려운 현실을 능히 감내하는 믿음을 넘치게 하여 주옵소서. 예수님 이름으로 기도합니다. 아멘.

21.
나는 선한 목자라

---

1 내가 진실로 진실로 너희에게 이르노니 문을 통하여 양의 우리에 들
어가지 아니하고 다른 데로 넘어가는 자는 절도며 강도요 2 문으로 들
어가는 이는 양의 목자라 3 문지기는 그를 위하여 문을 열고 양은 그
의 음성을 듣나니 그가 자기 양의 이름을 각각 불러 인도하여 내느니라
…… 11 나는 선한 목자라 선한 목자는 양들을 위하여 목숨을 버리거니
와 12 삯꾼은 목자가 아니요 양도 제 양이 아니라 이리가 오는 것을 보
면 양을 버리고 달아나나니 이리가 양을 물어 가고 또 헤치느니라 ……
14 나는 선한 목자라 나는 내 양을 알고 양도 나를 아는 것이 15 아버지
께서 나를 아시고 내가 아버지를 아는 것 같으니 나는 양을 위하여 목
숨을 버리노라 …… (요 10:1-18)

요한복음 10장은 예수님이 자신을 "나는 선한 목자라"라고 선언하시는 장면입니다. 앞서 소개된 요한복음 1-9장의 내용을 하나씩 상기해 보면, 요한복음 10장에 나온 예수님의 이 선언은 매우 놀랍습니다. 앞에서 예수님은 가나 혼인 잔치에 가서 물로 포도주를 만드시고, 사마리아 여자를 만나서 따뜻한 위로를 하시고, 38년 된 병자를 고치시고, 보리떡 다섯 개와 물고기 두 마리로 5천 명을 먹이시고, 또 행음 중에 잡힌 여인을 용서하시고, 날 때부터 맹인인 사람의 눈을 뜨게 하셨습니다. 예수님은 이러한 기적들을 계속 행하셨지만, 그 모든 일로 사람들에게 진심 어린 호의를 받지 못하셨습니다. 오히려 살의와 분노에 찬 적대자들만 들끓고 말았습니다.

아름답고 놀라운 소망의 선언

예수님이 "나는 선한 목자라"고 말씀하시는 정황을 살펴보다 보면, 다른 복음서를 살펴볼 때에도 그랬지만, 예수님을 적대한 무리에 대해 우리 자신도 모르게 '너희는 나쁜 놈들이다'라는 마음이 일어납니다. 그러나 요한복음 1장 5절에서 이미 못 박은 바와 같이 '빛이 어둠에 비치되 어둠이 깨닫지 못'한 것입니다. 참된 주인이 세상에 왔으나 세상이 그분을 영접하지 않습니다. 그러한 조건과 현실에서 주를 믿는 자와 영접하는 자, 하나님의 영광을 보는 자를 만들기 위해 예수님이 오신 것입니다.

그러므로 본문에 나온 "나는 선한 목자라 나는 내 양을 알고 양도 나를 아는 것이 아버지께서 나를 아시고 내가 아버지를 아는 것 같으니 나는 양을 위하여 목숨을 버리노라"(요 10:14-15)라는 선언은 모든 왜곡과 증오와 폭력 앞에서 보복의 고함을 지르는 것도 아니고, 권력을 앞세워 적대자들을 심판하시는 것도 아닙니다. 무지와 절망밖에 없는 곳에 놀라운 소망을, 그리고 하늘 아버지의 우리를 향한 사랑과 구원을 선포하시는 너무나 아름답고 놀라운 선언을 마주하고 있는 것입니다.

예수님은 논쟁 속에서 자신을 공격하는 자들을 향해 '나는 아버지를 보았다. 아버지가 나를 보냈다. 그러므로 하나님을 믿는다고 하면서 나를 믿지 않는다는 것은 앞뒤가 맞지 않는다'고 말씀하셨습니다. 그리고 이 자리까지 왔습니다.

우리가 상상하지 못했고 기대하지 못한 기이한 복음은 하나님과 그분의 약속을 믿고 순응하는 자들에게만 온 것이 아닙니다. 우리가 하나님의 메시지가 무슨 소리인지 다 알아듣지 못하고 이해할 수 없어도 주님은 우리를 찾아오셨습니다. 그리고 우리에게 약속하시고 권능을 행하셨습니다. 생명을 주시는 영광스럽고 놀라운 그 일들이 인격 속에, 역사의 현장 속에 찾아왔노라고 선언하셨습니다.

그러므로 우리는 '나는 믿었으니까 천당 가고, 너는 안 믿었으니까 지옥 간다'와 같은 간단한 이분법을 내려놓아야 합니다. 하나님은 우리 모두를 구원하시기를 기뻐하십니다. 누구는 이미 믿었고 누구는 아직 안 믿었다는 것은 중요한 문제가 아닙니다. 우리가 믿은 것은 은혜의 결과이지, 우리가 다른 사람보다 더 낫기 때문에 믿은 것이 아닙니다. 오히려 성경은 '은혜를 받았으면 은혜 받은 자답게 구별되게 살라'고 가르칩니다. 은혜 받은 자는 은혜를 받지 못한 자보다 우월하다고 생각하여 그들을 비난하거나 심판하지 말아야 합니다. 성경의 전체 줄거리가 이에 대한 가르침입니다. 우리는 은혜를 받은 것이 우리의 남다른 자격이나 조건 때문이라고 생각하기에, 예수를 믿고 난 다음이 재미가 없습니다.

하늘의 뭉게구름 같은 보상

예수를 믿었으면, 그분을 믿기 전에는 볼 수도 없었고 알 수도 없었으며 할 수도 없었던 자리에서 "나는 선한 목자라 나는 내 양을 알고 양도 나를 아는 것이 아버지께서 나를 아시고 내가 아버지를 아는 것 같으니 나는 양을 위하여 목숨을 버리노라"(요 10:14-15)라고 하는 자리로 넘어와야 합니다. 그렇지 않으면 비난과 분노와 같은 쓴 뿌리가 거룩한 이름이나 명분으로 자행될 뿐입니다. 그러다가 신앙생활을 하면서 '우리 인생에 보상이 없다'고 체념하다가 결국에 분을 내고 맙니다. 자기 스스로 하나님을 믿었다고 생각하기 때문에 신앙생활에 보상이 없으면 그저 비난하고 화를 내는 것밖에 할 수 없습니다. 만족하지 못하는 인간성과 일상 속 뜻깊은 의미를 깨닫지 못하여 스스로 가난해진 것이죠. 이와 같은 사람은 자신의 주변에 욕할 사람만 무성할 뿐입니다. 이런 관점에서 시편 23편을 살펴봅시다.

여호와는 나의 목자시니 내게 부족함이 없으리로다 그가 나를 푸

> 른 풀밭에 누이시며 쉴 만한 물 가로 인도하시는도다 내 영혼을 소생시키시고 자기 이름을 위하여 의의 길로 인도하시는도다 내가 사망의 음침한 골짜기로 다닐지라도 해를 두려워하지 않을 것은 주께서 나와 함께 하심이라 주의 지팡이와 막대기가 나를 안위하시나이다 주께서 내 원수의 목전에서 내게 상을 차려 주시고 기름을 내 머리에 부으셨으니 내 잔이 넘치나이다 내 평생에 선하심과 인자하심이 반드시 나를 따르리니 내가 여호와의 집에 영원히 살리로다 (시 23:1-6)

이 말씀에는 분노가 없습니다. 우리가 원하는 폭발적인 보상도 없습니다. '폭발적'이라는 것은 축구에서 골을 넣는 것과 같은 결정타를 말합니다. 예수를 믿는 자들의 보상은 주먹을 불끈 쥐거나 안면을 경직시켜서 시종 무표정한 얼굴을 유지해야 받을 수 있는 게 아닙니다. 신자의 보상은 물의 충만함같이, 하늘의 뭉게구름같이 그렇게 우리 모두를 완전히 잠기게 합니다.

왜 시편 23편을 여기서 하나의 증거로 인용했을까요? 예수님이 이 땅에 오셔서 전하신 말씀은 고함을 치거나 폭력을 행사해서 얻는 결론이나 승리와는 다르기 때문입니다. 예수님은 앞서 일어났던 모든 일에 대해 마음에 원한을 품으시거나 대적자들에 대해 분하게 여기지 않으셨습니다. 예수님은 그들을 구하러 오셨습니다. 우리 역시 그들 중 하나였습니다.

우리는 하나님의 그 넓이와 깊이를, 그리고 하나님이 우리를 사랑하신다는 말씀을 성경적으로 이해하지 못하고 그저 세상적인 것으로 이해했습니다. 누군가와 경쟁해서 이기는 것, 누군가에게 피해를 줘서 내 몫을 챙기는 것과는 전혀 다르다고 하나님은 말씀하십니다.

조건을 요구하지 않는 복

시편 23편에 이어 시편 24편을 봅시다.

> 땅과 거기에 충만한 것과 세계와 그 가운데에 사는 자들은 다 여호와의 것이로다 여호와께서 그 터를 바다 위에 세우심이여 강들 위에 건설하셨도다 여호와의 산에 오를 자가 누구며 그의 거룩한 곳에 설 자가 누구인가 곧 손이 깨끗하며 마음이 청결하며 뜻을 허탄한 데에 두지 아니하며 거짓 맹세하지 아니하는 자로다 그는 여호와께 복을 받고 구원의 하나님께 의를 얻으리니 이는 여호와를 찾는 족속이요 야곱의 하나님의 얼굴을 구하는 자로다 (시 24:1-6)

시편 24편은 묘합니다. 우리에게는 이 말씀이 조건을 건 약속으로 읽힐 것입니다. 가령, "여호와의 산에 오를 자가 누구며 그의 거룩한 곳에 설자가 누구인가 곧 손이 깨끗하고 마음이 청결하며 뜻을 허탄한 데에 두지 아니하며 거짓 맹세하지 아니하는 자로다"(시 24:3-4)라는 말씀이, 여호와의 산에 오르려면 이 조건을 만족시켜야 된다는 뜻으로 들립니다. 그러나 이 시의 시작은 이렇습니다.

> 땅과 거기에 충만한 것과 세계와 그 가운데에 사는 자들은 다 여호와의 것이로다 (시 24:1)

'여호와의 산에 오를 자 누구며, 거룩한 곳에 설 자 누구인가?'라는 물음에 손이 깨끗하고 마음이 정직한 자라는, 도덕성이나 종교성을 조건처럼 요구한 것은 성경을 우리가 이해하기 쉬운 익숙한 표현으로 기록했기 때문입니다. 신명기 28장에 나온 복과 저주에 대한 말씀을 봅시다.

> 네가 네 하나님 여호와의 말씀을 삼가 듣고 내가 오늘 네게 명령하는 그의 모든 명령을 지켜 행하면 …… 네가 들어와도 복을 받고 나가도 복을 받을 것이니라 (신 28:1-6)

> 네가 만일 네 하나님 여호와의 말씀을 순종하지 아니하여 내가 오늘 네게 명령하는 그의 모든 명령과 규례를 지켜 행하지 아니하면 …… 네가 들어와도 저주를 받고 나가도 저주를 받으리라 (신 28:15-19)

이 말씀들은 '복이란 여호와를 아는 것이고, 기쁨이란 여호와께 순종하는 것이다'를 말하려는 것이지, 복을 받는 법과 저주 받는 법을 구별하려는 것이 아닙니다.

요한복음 9장에서 맹인이었던 자가, 왜곡과 거짓과 폭력으로 예수님을 대적하는 종교 지도자들에게 했던 말을 기억하십니까?

> 창세 이후로 맹인으로 난 자의 눈을 뜨게 하였다 함을 듣지 못하였으니 이 사람이 하나님께로부터 오지 아니하였으면 아무 일도 할 수 없으리이다 (요 9:32-33)

이런 말을 들었음에도 불구하고 종교 지도자들은 예수를 죽이려고 합니다. 예수님은 그런 사람들 곧 맹인일 뿐 아니라 그 일을 보고도 모르는 자, 모를 뿐 아니라 예수님을 증오하고 폭력으로 제압하는 자를 가장 따뜻하게 품으십니다. 성경은 복에 대해, 예수로부터 끊어지면 안 되고 그분께 귀속되어야 얻는 것이며, 그분으로부터 분리되면 그 자체가 저주이고 파멸이라고 말해 주고 있습니다.

측량할 수 없는 하나님의 지혜

그럼에도 불구하고 우리는 이런 식으로 성경을 이해하는 것에 불만을 가지고 있습니다. 그 불만은 '왜 우리 인생이 이렇게 고달픈가?' 하는 것이죠. 아담이 선과 악을 알게 하는 열매를 따 먹을 때, 왜 하나님은 말리지 않으셨는가? 예수님은 하나님의 아들이시면서 왜 우리를 위해 십자가를 지시는 방법을 택하셨는가? 왜 하나님은 악당들을 싹 없애시고 당신의 백성만 천사처럼 변하게 하지 않으셨는가? 우리는 예수를 잘 믿었고, 잘 믿고 싶고, 하나님이 약속하신 모든 것에 참여하고 싶은데, 현실은 왜 이런가? 우리가 무엇을 잘못했는가? 하나님은 왜 이렇게 일을 하시는가? 이런 것들이 궁금할 수 있습니다. 로마서 11장으로 가 봅시다.

> 하나님이 모든 사람을 순종하지 아니하는 가운데 가두어 두심은 모든 사람에게 긍휼을 베풀려 하심이로다 깊도다 하나님의 지혜와 지식의 풍성함이여, 그의 판단은 헤아리지 못할 것이며 그의 길은 찾지 못할 것이로다 누가 주의 마음을 알았느냐 누가 그의 모사가 되었느냐 누가 주께 먼저 드려서 갚으심을 받겠느냐 이는 만물이 주에게서 나오고 주로 말미암고 주에게로 돌아감이라 그에게 영광이 세세에 있을지어다 아멘 (롬 11:32-36)

하나님이 모든 사람을 불순종 가운데 가두신 이유는 그들에게 긍휼을 베풀려 하심이고, 이러한 하나님의 뜻과 계획과 방법은 우리로서는 측량할 수 없이 깊은 하나님의 지혜와 권능이었다고 합니다. 우리는 하나님이 어차피 모든 것의 원인이고 과정이고 방법이고 목적이고 결과를 내시는 분이라면, 왜 우리에게 이런 고단함이 있는지 묻습니다.

하나님은 왜 이렇게 일을 하시는 것일까요? 32절에서 말한 바와 같이 '불순종을 허락하기 위해서'입니다. 불순종을 허락한다는 게 무슨 뜻인가요? 아담이 불순종하고, 당시 유대인들이 예수님을 적대시하고 반대한 것은 예수님이 아버지께서 허락하신 그 길을 고집했기 때문입니다. 그래서 우리의 신앙 현실이 고단한 것입니다.

개신교에서 예정론이라는 말을 자주 사용합니다. 예정론이란 '하나님은 다 생각이 있으시다'라는 의미입니다. 하나님은 제대로 진행되는지 살피시고, 문제가 생기면 잘못된 부분을 고치거나, 새로운 대안을 세우시는 방식으로 일하시지 않습니다. 하나님은 시작과 끝이십니다. 시작할 때 목적과 결과를 계획하시는 분입니다. 그리고 그 계획하신 바를 끝까지 이루시는 성실하신 분입니다. 이것이 예정론입니다.

이러한 예정론이 때로는 우리에게 결정론으로 들립니다. 결정론은 '어찌 되든 결론이 난다'라는 인간적 사고방식입니다. 결정론에는 우리가 할 수 있는 역할이 없습니다. 결정론은 우리가 잘하든 못하든 운명이 고정되어 있다고 봅니다. 그러나 예정론은 인간의 선택과 하나님의 섭리가 조화를 이룹니다. 그 조화 가운데 하나님은 그분의 뜻을 이루십니다.

그런 면에서 로마서 11장 32절의 말씀은, 하나님이 우리가 그분의 뜻을 반대하고 이해하지 못해서 우리로 분노하고 도망가고 잘못하도록 예정했다는 뜻이 아닙니다. 하나님이 그분의 일을 행하시는 동안 인간이 그에 반응하는 역할을 허락한 것입니다. 이를 선택의 자유라고 할 수 있습니다. 이것이 예정론과 결정론의 차이입니다.

그러나 이러한 예정론이나 결정론과 같은 용어들로 개념을 묶지 말고 실제로 이렇게 이해해 보십시오. 하나님의 일하심에는 드라마도 있고 로맨스도 있습니다. 드라마와 로맨스라는 것은 논문과는 다릅니다. 이야기가 진행되고 그 이야기 속에서 서로 역할을 하며, 다른 뜻과 관심을 가진 여러 등장인물이 우여곡절을 겪으며 내용이 풍성해지면서 결론을 향해 나아가는 것이 '드라마'입니다.

드라마와 로맨스의 차이는 이렇습니다. 드라마에서는 말장난 같은 극적인 순탄한 정답이 나오지 않습니다. 로맨스에서는 말이 안 되는 아름다움과 사랑, 기쁨 같은 것들이 만들어집니다. 그런데 드라마나 로맨스 둘 다 절정을 가지려면, 긴장이 있어야 합니다. 결론으로 가려는 곳에 장애물이 있고, 그 장애물을 넘어서는 과정이 있기 마련입니다.

그러므로 성경을 읽을 때, 문학적 소양이 있으면 좋습니다. 문학적 소양이 부족하면 성경을 제대로 읽어 낼 재주가 부족할 수 있습니다. 문학이란 무엇인가요? 인생 드라마를 말하는 것이 문학 아닌가요? 인문학에서 말하는 문학은 인간의 소망을 다룹니다. 의미 있고 싶고, 사랑하고 싶고, 용감하고 싶고, 멋있고 싶습니다. 소원이 그대로 이루어지면 문학이 아니죠. 문학에는 방해물이 있습니다. 외적 조건에서만 아니라 내적 조건에서도 방해를 받습니다. 생각은 있으나 그걸 유지하지 못하는 의지, 지성과 감성의 변덕, 조그만 장애물에도 걸려 넘어지는 현실 등이 있습니다.

인문학에서 역사가 가지는 지위가 무엇입니까? '아무리 좋은 말로 해 봤자, 사실은 이렇다'가 역사입니다. 인간의 우월성이나 인간의 가능성이 무한하다고 아무리 이야기해 봤자 긍정적 결론이 난다고 장담할 수 없습니다. 그 이유는 인류 역사 내내 인간이 잘한 적이 없기 때문입니다. 이것이 역사의 무서움입니다.

여호와의 손에 담긴 인생 드라마

성경은 이러한 문학을 넘어 신화가 아닌 신학 곧 성경 속에 녹아난 신과 인간의 긴장과 갈등에서 본문을 만들고, 결론을 만들고, 절정을 만듭니다. 이 대화합을 통해 감격과 찬송을 이어 갑니다. 이 내용을 따라가 보십시오.

창세기 28장을 보면 야곱이 형 에서를 피해 외삼촌 라반의 집으로 가다가 어느 곳에서 돌베개를 하고 누워 잡니다. 꿈에 사닥다리가 땅 위에 서 있고 그 꼭대기가 하늘에 닿은 것을 봅니다. 그 위에서 하나님의 사자들이 오르락내리락하는 것도 봅니다.

앞으로 다시 돌아가, 우리가 시편 24편을 찾은 이유를 다시 살펴봅시다. 하늘이 열리고 온 세상의 모든 것이, 모든 운명이, 모든 내용이 여호와의 손에 있다는 점을 알기 위해서입니다. 시편 24편 7절 이하를 봅시다.

> 문들아 너희 머리를 들지어다 영원한 문들아 들릴지어다 영광의 왕이 들어가시리로다 영광의 왕이 누구시냐 강하고 능한 여호와시요 전쟁에 능한 여호와시로다 문들아 너희 머리를 들지어다 영원한 문들아 들릴지어다 영광의 왕이 들어가시리로다 영광의 왕이 누구시냐 만군의 여호와께서 곧 영광의 왕이시로다 (시 24:7-10)

주님은 우리에게 '나는 선한 목자다. 하늘이 열리고 인자 위에 천사들이 오르락내리락하는 것을 너희가 볼 것이다. 하늘이 문을 열었다. 너희 마음 문을 열어라. 고개를 들어라. 내가 왔다. 하나님이 너희를 찾으신다. 그 강하고 편 팔로 너희를 찾아오셨다. 이 영광을 받아라. 누려라. 참여하라'고 하십니다. 그런데 우리는 거부합니다. 우리는 이를 씨름하고 있습니다.

다시 창세기 28장으로 돌아갑시다. 하늘이 열리고, 사닥다리가 땅에서 하늘까지 닿았고, 하나님의 사자들이 오르락내리락하는데 하나님이 다음과 같은 약속을 하십니다.

> 내가 너와 함께 있어 네가 어디로 가든지 너를 지키며 너를 이끌어 이 땅으로 돌아오게 할지라 내가 네게 허락한 것을 다 이루기까지 너를 떠나지 아니하리라 (창 28:15)

하나님이 야곱과 이런 약속을 하신 후, 야곱은 20년 동안 외삼촌 집에 가서 고생한 끝에 거부가 되어 고향으로 돌아갑니다. 창세기 32장에서 야곱이 가족들을 보내고 얍복 나루에 홀로 남아 자기 생애를 휘감았던 절망과 비극을 곱씹고 있을 때, 하나님이 그에게 나타나십니다. 야곱과 씨름을 하다가 '자기가 야곱을 이기지 못함을 보고 그가 야곱의 허벅지 관절을 치매 야곱의 허벅지 관절이 그 사람과 씨름할 때에 어긋났'(창 32:25)다고 합니다. 날이 새려 하자 하나님의 사자는 가려 합니다. 그러자 야곱이 그분을 붙잡고, "당신이 내게 축복하지 아니하면 가게 하지 아니하겠나이다"라고 합니다. 그분이 묻습니다. "네 이름이 무엇이냐?" "야곱입니다." "네 이름을 다시는 야곱이라고 하지 마라. 앞으로 이스라엘이라 부를 것이다. 이는 네가 하나님과 및 사람들과 겨루어 이겼기 때문이다"라며, 이름을 바꿔 주십니다.

하나님은 야곱에게 '너는 이제껏 나 없이 네 마음대로 가난하게 살았다. 거기는 분노와 저주와 폭력밖에 없었다. 그러나 이제부터는 아니다. 네 이름은 이스라엘이다'라고 하신 것입니다. 하나님과 겨루어 이긴 사람으로 말이죠. 우리는 인생 내내 이 자유를 허락받습니다. 우리가 "하나님, 그건 안 됩니다. 그건 아닙니다"라고 할 때, 하나님은 "그래, 좋다. 더 가 보자"고 하십니다.

더 깊은 자리

실존주의자인 알베르 카뮈가《시지프 신화》에서 이런 표현을 했습니다.

> 인간의 지성이 자신을 넘어서는 현실과 부둥켜안고 대결하는 광경보다 더 아름다운 광경은 없을 것이다.•

굉장히 놀라운 표현입니다. 이 문장에 하나님이 없는 것만 빼고는 모두 성경이 다루는 내용을 충실하게 증언합니다. 인간의 자존심 곧 인간의 오기는 답을 낼 수 없지만, 끝까지 놓지 않는 거죠. 하나님이 우리에게 이를 주십니다. 하나님은 우리가 고민하고 찾으려는 답이 무엇인지 물으십니다. 또한 홀로 온 우주와 인생의 주인이 된 것과 하나님의 품에 있는 것 중에 어느 것이 더 나은지도 물으십니다. 이것이 역사이고 인생입니다.

쉽게 믿고 답할 수 있는 것도 복입니다. '무자식이 상팔자'라는 식으로 '무지한 것이 복'일 수 있습니다. 그러나 더 깊은 자리로 가는 데

• 알베르 카뮈 지음, 김화영 옮김,《시지프 신화》(민음사), 85쪽.

에는 긴장과 갈등과 고민이 있을 수밖에 없습니다. 성경은 이를 가장 중요한 본문으로 다루고 있습니다. 우리의 인생은 날마다 이러한 도전 가운데 있습니다. 그럴 때마다 악당을 물리치면 선한 세상이 되는 것이 아닙니다. 하나님이 사람들에게 그분의 아들을 보내신 이유와 하나님이 사람들에게 무엇을 주시려는 것인지 이에 대한 더 크고 놀라운 약속들을 깨닫는 게 중요합니다. 하나님은 이를 깨닫게 하기 위해 우리 인생 가운데 우리가 항복할 시간을 주십니다.

이 진정한 싸움에서 물러나면 남는 것은 비난밖에 없습니다. 누구를 비난하고 원망해서 대리만족하는 게 전부입니다. 그러나 그런 신앙의 자리에 만족하면 안 됩니다. 왜냐하면 하나님이 일하고 계시기 때문입니다. 그 도전을 받으시고, 우리가 만들어 낼 수 없는 것으로 부르시는 하나님의 영광과 감격과 명예와 승리에 참여하기를 바랍니다. 하나님의 따뜻한 부르심을 무겁게 그러나 기쁘게 받아들이는 우리가 되기를 바랍니다.

기 도

하나님 아버지, 은혜를 감사합니다. 하나님은 우리를 귀하게 여기시고, 우리를 자녀라고 하시며, 우리에게 하나님을 아버지라 부르게 하십니다. 이 기가 막힌 복을 놓치지 말게 하옵소서. 이 복을 누리되 풍성히 누리는 우리의 생애가 되게 하여 주옵소서. 예수님 이름으로 기도합니다. 아멘.

22.
내 양은 내 음성을 들으며

……27 내 양은 내 음성을 들으며 나는 그들을 알며 그들은 나를 따르
느니라 28 내가 그들에게 영생을 주노니 영원히 멸망하지 아니할 것이
요 또 그들을 내 손에서 빼앗을 자가 없느니라 29 그들을 주신 내 아버
지는 만물보다 크시매 아무도 아버지 손에서 빼앗을 수 없느니라 ……
35 성경은 폐하지 못하나니 하나님의 말씀을 받은 사람들을 신이라 하
셨거든 36 하물며 아버지께서 거룩하게 하사 세상에 보내신 자가 나
는 하나님의 아들이라 하는 것으로 너희가 어찌 신성모독이라 하느냐
37 만일 내가 내 아버지의 일을 행하지 아니하거든 나를 믿지 말려니와
38 내가 행하거든 나를 믿지 아니할지라도 그 일은 믿으라 그러면 너희
가 아버지께서 내 안에 계시고 내가 아버지 안에 있음을 깨달아 알리라
하시니 …… (요 10:22 – 39)

요한복음 10장은 예수님이 '내가 온 것은 양으로 생명을 얻게 하고 더 풍성히 얻게 하려는 것이라 나는 선한 목자라 선한 목자는 양들을 위하여 목숨을 버리거니와'(요 10:10-11)라고 말씀하시는 귀한 장면을 담고 있습니다. 그런데 요한복음의 전반부와 달리 후반부에서는 예수님을 의심하고 논쟁하던 무리가 이제 완전히 예수님을 대적하고 공격하는 장면이 나옵니다. 특히 이번 본문에서는 예수님을 없애고자 합니다.

반대와 적대 속에 살아야 하는 인생

당시 유대 사회의 종교·사회 지도자들은 예수님을 싫어했습니다. 그 이유는 자기들이 갖고 있는 종교 지도자의 권위와 가르침에 대해 예수님이 심각하게 지적하고 반대하셨기 때문입니다. 더불어 자신들이 제시하지 못했던 생명과 구원에 대한 하나님의 뜻을 예수님이 설파했기 때문에 더욱 그랬습니다. 예수님은 자신을 반대하는 유대 지도자들에게 한마디 하십니다.

> 예수께서 대답하시되 내가 너희에게 말하였으되 믿지 아니하는도다 내가 내 아버지의 이름으로 행하는 일들이 나를 증거하는 것이거늘 너희가 내 양이 아니므로 믿지 아니하는도다 내 양은 내 음성을 들으며 나는 그들을 알며 그들은 나를 따르느니라 (요 10:25-27)

이 말씀을 쉽게 표현하자면 '당신들은 내 양이 아니오. 그래서 나를 믿지 못하는 것이오. 당신들이 나를 믿지 않기 때문에 나를 따르지 않는 것이오'라고 정죄하시는 셈입니다. 오늘날 하나님을 믿는 우리로서는 이와 같은 예수님의 말씀을 어렵지 않게 이해할 수 있습니다. 하지만 우리 역시 이 말씀을 아주 심각하게 왜곡할 소지가 남아 있습니다.

우리가 예수를 믿는다는 사실을 확인할 때, 긍정적이고 적극적으로 신앙을 이해할 기회를 접하지 못하면, 당시 예수님을 반대하던 무리같이 부정하고 비난하고 정죄하는 것으로 자신의 믿음을 확인하게 됩니다. 그러므로 당시 바리새인들 곧 유대 지도자들이 예수를 반대하고 부정하고 심지어 죽이려고 했던 것은 그 방법으로만 자기들이 옳다는 것을 유일하게 증명할 수 있기 때문입니다. 그들이 예수님을 반대하고 그분을 죽이려고 함으로써 자신들을 증명한 것과 똑같은 방식으로, 우리도 바리새인들이나 유대 지도자들을 비난하고 정죄함으로써 우리 자신이 옳다는 것을 계속 증명하려고 합니다.

예수님은 유대 지도자들의 반대를 받아들이십니다. 그리고 그들의 손에 자신의 몸을 맡기시고 죽으십니다. 그런데 우리는 반대자를 꺾어 심판하는 것으로만 우리 자신이 옳다는 것을 확인하려고 하지, 우리가 그 반대와 적대 속에서 살아야 하는 인생이라는 것은 거부합니다. 그러면서 신앙을 계속 보복하려고 하니 참된 신앙 인생을 놓치게 됩니다. 그러므로 예수님이 유대인들 가운데 어떤 부류에 대해 "내가 너희에게 말하였으되 믿지 아니하는도다"라고 말씀하신 것은 정말 심각한 문제입니다.

익숙한 이분법을 넘어

요한복음에서는 다음 두 말씀을 눈여겨보아야 합니다.

> 내가 진실로 진실로 너희에게 이르노니 내 말을 듣고 또 나 보내신 이를 믿는 자는 영생을 얻었고 심판에 이르지 아니하나니 사망에서 생명으로 옮겼느니라 (요 5:24)

> 그러므로 내가 너희에게 말하기를 너희가 너희 죄 가운데서 죽으리라 하였노라 너희가 만일 내가 그인 줄 믿지 아니하면 너희 죄 가운데서 죽으리라 (요 8:24)

이 말씀은 '나를 믿으면 사망에서 생명으로 옮겨지고, 나를 믿지 않으면 너희 죄 가운데서 죽을 것이다'라고 요약할 수 있습니다.

하지만 이 말씀은 예수님의 공생애 시점에서 '믿을 것이냐, 말 것이냐'로 결정이 나는 문제가 아닙니다. 예수님은 어차피 십자가를 지셔야 하고, 십자가를 지신 후에는 부활하셔서 구원을 완성하신다는 시간 순서를 생각해 보면, 위 말씀들은 그때 일어날 운명의 심판이 아니라는 점은 분명합니다. 예수님은 자신이 오신 의미가 무엇이고, 사람들이 자신을 믿는 것이 무엇이며, 믿지 않으면 어떻게 되는지를 말씀하시고, 당시 알아듣지 못한 자들과 이후 오고 오는 모든 인류를 위하여 십자가와 부활을 이루셔야 했습니다.

그러므로 오늘날 우리가 성경을 읽을 때 너무 쉽게 '우리는 그 바보 같은 바리새인 놈들과 달라' 하는 식으로 자기 신앙을 확인하기 시작하면, 우리를 반대하는 이들의 적대적인 태도를 감수하면서 적극적으로 신앙생활을 할 수 없습니다. 또한 잘못한 자들을 심판하고 그들에게 분노하면서 자신의 책임을 다한 것같이 생각하게 됩니다. 그런 신앙생활은 가치가 없을 뿐 아니라 만족도 없습니다. 분노하는 것으로 무슨 만족과 행복이 있겠습니까?

이는 우리에게 큰 도전이요, 큰 싸움입니다. 결국 예수님은 '아버지 저들을 사하여 주옵소서 자기들이 하는 것을 알지 못함이니이다'(눅 23:34)라고 하셨습니다. 예수님은 그들마저 구원할 대상으로 여기셨습니다. 그런데 우리가 예수님의 적대자들을 우리에게 익숙한 이분법의 기준에 따라, 믿는 자와 믿지 않는 자로 편을 가르게 되면 예수님이 십자가를 지실 필요가 없어집니다.

이는 우리 모두에게 나타나는 현상입니다. 우리가 '난 믿었고 저 사람은 믿지 않았다'를 증명해서 자신의 신앙을 만족시키려고 하는 만큼, 우리는 십자가를 지신 예수님을 따라 사는 신앙 인생을 저버리게 됩니다. 또한 신앙 인생 가운데 우리가 감당해야 할 권리와 책임이 무엇인지 깨닫지 못할 뿐 아니라, 그 인생을 감히 상상하지도 못하게 됩니다. 결국 우리의 인생에는 '나는 옳고 저 사람은 틀린데, 왜 저 사람은 편하게 살고 나는 왜 이렇게 힘듭니까?'만 남습니다. 원망과 탄식 외에 남는 것이 없습니다. 그런 인생을 살기 위해 우리가 신앙생활을 하는 것은 아니지 않습니까.

죄인을 구원하러 오신 예수님

우리가 잘 아는 요한복음 3장을 보고, 이것이 얼마나 굉장한 말씀인지 다시 한번 음미해 봅시다.

> 하나님이 세상을 이처럼 사랑하사 독생자를 주셨으니 이는 그를 믿는 자마다 멸망하지 않고 영생을 얻게 하려 하심이라 하나님이 그 아들을 세상에 보내신 것은 세상을 심판하려 하심이 아니요 그로 말미암아 세상이 구원을 받게 하려 하심이라 (요 3:16-17)

이것이 하나님의 뜻입니다. 모두 다 구원받는다고는 말할 수 없습니다. 안 믿는 자들이 분명히 있고, 지옥이 있다고 분명히 경고하고 있습니다. 그러나 하나님은 구원을 하시겠다는 뜻이지, 와서 믿는 자와 믿지 않는 자를 확실히 가르자는 의도는 아닙니다. 예수님은 안 믿는 자들을 혼내 주려고 오시지 않았습니다. 구원받을 수 없는 죄인들을 구원하려고 오셨습니다. 우리가 이 방향과 의도를 알았다면 18절을 봅시다.

> 그를 믿는 자는 심판을 받지 아니하는 것이요 믿지 아니하는 자는 하나님의 독생자의 이름을 믿지 아니하므로 벌써 심판을 받은 것이니라 (요 3:18)

'심판을 받지 아니하는 것'과 '벌써 심판을 받은 것'은 차이가 무엇일까요? 이 차이는 '천국에 갔다', '지옥에 갔다'라는 간단한 이분법이 아닙니다. '예수를 믿어서 죽은 다음에 눈을 떠 보니 천국이었다. 예수를 안 믿어서 눈을 떠 보니 지옥이었다'는 이야기가 아닙니다. 말씀을 잘 보십시오. '벌써'입니다. 지금입니다.

앞의 말씀에서 나온 심판은 어떤 뜻입니까? 예수님을 모르면 하나님의 창조 목적과 하나님이 어떤 분이신지, 그분과의 관계 속에서 자신의 정체성을 알 수 없습니다. 그런 사람은 사망이 운명인 인생을 살게 됩니다. 이것이 '벌써 심판을 받은 것'입니다.

자연주의와 실존주의

인류 역사에서 이 문제를 가장 심각하고 중요하게 여긴 사상은 자연주의입니다. 자연주의란 '우리가 태어나서 살고 있는 환경과 정황, 원칙, 영역 등이 도대체 어떤 질서를 갖고 있는가?'라고 질문하고 이에 대해 답을 내고 이해하는 가장 대표적인 견해입니다. 자연주의는 자연 질서를 말합니다. 이는 해는 동쪽에서 떠서 서쪽으로 지고, 여름은 덥고 겨울은 춥고, 심은 대로 거두고, 양육강식, 적자생존, 무한 경쟁하고 죽는 것을 말합니다. 모든 것이 순환하여 의미 없어 보입니다. 그래서 자연주의는 결국 허무주의로 귀결됩니다. 체념이 삶을 무기력하게 만들기도 하고 삶에 반발하기도 합니다.

우리는 살다 보면, '잘 살아 봤자 뭐해? 열심히 살아 봤자 뭐해? 정직해서 얻는 게 뭐야?'라고 냉소적으로 체념하기도 합니다. 이것이 자폭과 횡포로 드러나기도 합니다. 자연 질서가 이와 같습니다.

구원이란 이러한 자연 질서가 사망으로 끝나는 것을 막고, 거기에 영생을 담겠다는 것입니다. 그러나 세상에서는 메시아를 알지 못하면 사망에서 생명으로 갈 수 없습니다. 그렇기에 세상은 반발만 할 뿐입니다. 어떤 반발입니까? 실존주의적 반발입니다. 이는 '죽음으로 끝나는 것을 뒤집을 수 없다는 것을 인정하고, 생전에 책임 있게 살겠다. 내 인생은 내가 책임지겠다'는 반발입니다.

'내가 결정한 것이기에, 나는 후회하지 않아', '네 마음의 소리를 들으라'와 같은 말이 한동안 유행한 적이 있었습니다. 할리우드 영화에서 잘 다듬어 대사로 표현되기도 했습니다. 또한 누구나 잘 아는 유명한 노래 '마이 웨이'(My way)의 가사에도 "나는 그걸 내 방식대로 했어"(I did it my way)가 있습니다. 이 노래는 마피아를 주제로 다룬 곡입니다. 상대방에게 거절할 수 없는 방법을 제시합니다. 이는 상대방에게 총구를 들이대는 것과 마찬가지입니다. 총구를 들이대며 제시하는데, 거절할 수 있는 이는 없습니다.

실존주의가 자연주의 곧 허무주의에 반발한 것은 인간의 고상함이나 깊음을 나타내는 증거였을 것입니다. 그러나 답은 역시 없었습니다. 실존주의 안에서 하는 결정은 인간 이해력의 한도 내에서 책임을 질 수밖에 없습니다. 그러므로 인간은 우주와 시간 속에서 아무것도 아니라는 점을 깨닫습니다. 스스로 분노해 봤자 세상이 변하지도 않을 뿐 아니라, 누군가 내가 잘한 것에 대해 보상을 해 주지도 않습니다. 이것이 실존주의의 심각한 딜레마입니다. 그래서 원망만 남습니다.

결국 자연주의와 실존주의 모두 우리를 분노케 하는 결과를 초래합니다. 이것이 우리에게 자연스러운 심성입니다. 그리고 예수를 믿으면 영생이 있다는 것은 알고 있지만, 현실에서 큰 보상이 없기는 마찬가지입니다. 우리는 이 점에서도 분노합니다. 그러고 나서 그 분노를 아무 곳에서나 폭력으로 풀지는 않습니다만, 믿지 않는 자들을 저주하는 데 사용합니다.

놓치지 말아야 할 위대함

그런 면에서 코로나19의 대유행을 '저 신천지 망한 것 봐라'로 연결짓는 것은 그리 잘난 선언이 아닙니다. 그들이 지금 심판을 받든 나중에 심판을 받든, 우리는 그런 면에 관심을 둘 필요가 없습니다. 오히려 우리 자신이 신자로서 어떤 인생을 살아야 하는지에 대해 심각하게 생각해야 합니다. 누구의 책임도 누구의 잘못도 아닐 뿐 아니라 아무도 답을 낼 수 없는 위기와 공포 상황 속에서 '예수를 믿는다는 것은 무슨 의미이며, 우리는 어떤 일을 해야 하는가'를 정치·경제·사회에다 대고 답을 내라고 하면 안 됩니다. 교회가, 신자들이 답을 해야 합니다. 그동안 우리는 잘난 소리를 많이 했습니다. '옛날에 우리는 핍박도 받고 순교도 했어'라는 말은 왜 하는 걸까요? 다들 부러워하는 가운데 유명해졌기 때문입니다.

기독교 문화가 바탕인 영어권 나라에서는 자녀의 이름을 '존'(요한), '폴'(바울), '피터'(베드로), '톰'(도마)으로 많이 짓습니다. 부모들이 좋은 의도를 갖고 자기 자녀에게 예수님의 제자들 이름을 지어 줍니다. 하지만 예수님의 제자들이 대부분 순교 당한 것은 알고 있는지 모르겠습니다. 도마는 인도까지 가서 죽었습니다. 다들 처절하게 살다가 죽었습니다.

한국 기독교에서는 '복'이라는 말을 너무 치사한 개념으로 이해해서 팬데믹과 같은 위기 상황에 직면하면 꼼짝도 못합니다. 이런 시국에는 당연히 여러 오해를 받을 수 있습니다. '하나님을 믿는다는 너희는 최소한 이런 질병에 걸리지 말아야 하는 거 아닌가?'라는 비난을 들을 수 있습니다. 예수님을 반대한 무리는 십자가에 달리신 예수께 다음과 같은 말을 하기도 했습니다.

> 그가 남은 구원하였으되 자기는 구원할 수 없도다 그가 이스라엘의 왕이로다 지금 십자가에서 내려올지어다 그리하면 우리가 믿겠노라 (마 27:42)

우리는 하나님이 이런 자들에게 벌주기를 바랍니다. 그들이 못마땅하기 때문이죠. 그러나 아무것도 모르기 때문에 한 행동을 어쩌겠습니까? 잘 생각해 보면, 우리는 위대한 것을 놓치고 치사한 걸로 신앙을 표현합니다. 이는 우리가 힘이 없음을 스스로 증명하는 셈입니다.

불순종을 용납하시는 분

우리는 예수를 믿으면서 왜 이렇게 실력이 없을까요? 담대하다는 건 '난 아무렇지도 않아'라고 우기는 게 아닙니다. 로마서 10장에 이런 놀라운 말씀이 나옵니다.

> 그러나 그들이 다 복음을 순종하지 아니하였도다 이사야가 이르되 주여 우리가 전한 것을 누가 믿었나이까 하였으니 그러므로 믿음은 들음에서 나며 들음은 그리스도의 말씀으로 말미암았느니라 그러나 내가 말하노니 그들이 듣지 아니하였느냐 그렇지 아니하니 그 소리가 온 땅에 퍼졌고 그 말씀이 땅 끝까지 이르렀도다 하였느니라 그러나 내가 말하노니 이스라엘이 알지 못하였느냐 먼저 모세가 이르되 내가 백성 아닌 자로써 너희를 시기하게 하며 미련한 백성으로써 너희를 노엽게 하리라 하였고 이사야는 매우 담대하여 내가 나를 찾지 아니한 자들에게 찾은 바 되고 내게 묻지 아니한 자들에게 나타났노라 말하였고 이스라엘에 대하여 이르되 순종하지 아니하고 거슬러 말하는 백성에게 내가 종일 내 손을 벌렸노라 하였느니라 (롬 10:16-21)

이 말씀이 무슨 뜻인지 살펴봅시다. 이사야서에 "우리가 전한 것을 누가 믿었느냐 여호와의 팔이 누구에게 나타났느냐"(사 53:1)라고 했습니다. 다시 말해 '메시아가 오면 세상이 영접할 것이라고 생각하는가? 그분을 환영할 거라고 생각하는가? 아니다. 전혀 그분을 이해하지 못할 것이다'라는 말씀입니다. 아무도 몰라봤습니다.

그런 정황에서 예수님이 오십니다. 로마서 10장에서 '먼저 모세가 이르되 내가 백성 아닌 자로써 너희를 시기하게 하며 미련한 백성으로써 너희를 노엽게 하리라'(롬 10:19)라고 합니다. 이는 '너희가 제대로 하나님을 섬기지 못할 것이기에, 하나님이 이방을 불러서 너희를 시기하게 하실 것'이라는 말씀입니다. 좀더 응용하자면, '먼저 믿었다고 큰소리친 바리새인들로 시기하게 하겠다'고 한 것입니다.

우리가 생각하는 이분법을 훌쩍 넘어섭니다. 우리는 많은 것을 모릅니다. 하나님의 일하심의 크기, 하나님의 권능의 의미에 대해 모르는 것이 많습니다. 그렇기에 우리 마음에 있는 쉬운 분노, 쉬운 심판을 내려놓아야 합니다. 하나님에 대한 두려움을 갖고 그분의 긍휼하심에 깊이 감격하며 잠자코 우리 인생을 살아야 합니다. 그동안 한국교회에서는 이런 점을 별로 소개하지 않았습니다.

로마서 10장 21절에서 "이스라엘에 대하여 이르되 순종하지 아니하고 거슬러 말하는 백성에게 내가 종일 내 손을 벌렸노라 하였느니라"라고 합니다. 예수님은 거부하고 딴소리하고 우상을 섬기는 자기 백성을 한 번도 외면하지 않으셨습니다. 한 번도 그들을 보고 팔짱을 낀 채 방관하지 않으셨습니다. 그분은 늘 팔을 벌리고 그분의 품을 열어 놓으셨습니다. 예수님은 늘 이렇게 선언하고 계셨습니다. 로마서 11장 29절 이하를 봅시다.

> 하나님의 은사와 부르심에는 후회하심이 없느니라 너희가 전에는 하나님께 순종하지 아니하더니 이스라엘이 순종하지 아니함으로 이제 긍휼을 입었는지라 이와 같이 이 사람들이 순종하지 아니하니 이는 너희에게 베푸시는 긍휼로 이제 그들도 긍휼을 얻게 하려 하심이라 하나님이 모든 사람을 순종하지 아니하는 가운데 가두어 두심은 모든 사람에게 긍휼을 베풀려 하심이로다 (롬 11:29-32)

예수님은 ‘순종하지 아니하는 것’을 용납하십니다. 바리새인들을 욕할 필요 없습니다. 나쁘다고 생각되는 사람들을 정죄하지 마십시오. 하나님은 우리에게도 불순종하는 시간을 허락하셨고, 이후 우리의 항복을 받아 이렇게 먼저 믿는 자로서 걷게 하셨습니다. 그렇기에 하나님의 말씀에 귀를 닫은 자들도 하나님이 그분의 긍휼하심으로 완성시키실 것이라고 믿어야 합니다. 그리고 그들에게 관대함을 가져야 합니다. 넓은 신앙의 크기로 담아내지 못하면, 우리는 앞서 언급한 자연주의와 실존주의의 체념, 그리고 실망으로 인한 분노에서 벗어나지 못합니다. 그럴 경우, 예수는 믿었으나 분노를 그대로 품고 있을 뿐입니다. 누가 잘되는 꼴을 못 봅니다. 믿는 자가 힘든 것을 이해할 수가 없습니다. 그래서 예수를 믿는 것이 늘 억울할 수밖에 없습니다. 억울함이 성장의 발판이 되면 좋습니다. 하지만 그다음으로 넘어가지 못하고 원망의 씨만 뿌린다면 야단을 맞아야 합니다.

이제부터 우리는 억울함에 붙잡혀서 하소연하지 말고, ‘더 가 보자’고 이야기해야 할 때입니다. 그래서 로마서 11장 33절 이하는 다음과 같이 전합니다.

> 깊도다 하나님의 지혜와 지식의 풍성함이여, 그의 판단은 헤아리지 못할 것이며 그의 길은 찾지 못할 것이로다 누가 주의 마음을 알았느냐 누가 그의 모사가 되었느냐 누가 주께 먼저 드려서 갚으심을 받겠느냐 이는 만물이 주에게서 나오고 주로 말미암고 주에게로 돌아감이라 그에게 영광이 세세에 있을지어다 아멘 (롬 11:33-36)

하나님의 일은 정말 위대해서 우리는 이해하지 못합니다. 가장 대표적인 사건이 예수를 십자가에 못 박은 것이고, 바울이 스데반을 죽인 것입니다. 기가 막히지 않습니까? 우리가 하나님이었다면, 바울을 없애지, 바울이 스데반을 죽이도록 내버려뒀겠습니까? 그러나 하나님은 바울이 스데반을 죽이게 하시고, 그런 바울을 대(大)사도로 삼아 세상에 복음을 전하게 하셨습니다. 그로 인해 우리는 하나님의 일하심을 믿게 되었습니다. 또한 우리의 조건과 한계를 인정하고 하나님의 지혜와 권능이 십자가와 부활로 나타났다는 것을 이해하게 되었습니다.

그러한 믿음이 우리 모두에게 충만하여 팬데믹 상황뿐 아니라 앞으로 우리 인생에서 만날 모든 시험과 위협에서 '믿음으로 산다는 게 무슨 뜻인지'를 자신에게 묻고 스스로 답하기를 바랍니다. 그리하여 우리 스스로가 하나님의 자녀 된 명예와 기적을 누리는 복을 받기를 원합니다.

기 도

하나님 아버지, 우리는 예수를 믿는 사람들입니다. 우리를 위해 오신 창조주시요, 구원자시요, 우리의 생명이시요, 우리의 소망이시요, 영광이신 예수 그리스도를 믿습니다. 예수님이 우리를 위하여 십자가를 지신 것을 믿습니다. 부활하신 것도 믿습니다. 순종하겠습니다. 그리하여 승리하고 예수 안에서 일어난 모든 기적과 약속을 우리의 생애로 증언하겠습니다. 함께하옵소서. 예수님 이름으로 기도합니다. 아멘.

23.
나는 부활이요 생명이니

……19 많은 유대인이 마르다와 마리아에게 그 오라비의 일로 위문
하러 왔더니 20 마르다는 예수께서 오신다는 말을 듣고 곧 나가 맞이
하되 마리아는 집에 앉았더라 21 마르다가 예수께 여짜오되 주께서 여
기 계셨더라면 내 오라버니가 죽지 아니하였겠나이다 22 그러나 나
는 이제라도 주께서 무엇이든지 하나님께 구하시는 것을 하나님이 주
실 줄을 아나이다 23 예수께서 이르시되 네 오라비가 다시 살아나리
라 24 마르다가 이르되 마지막 날 부활 때에는 다시 살아날 줄을 내가
아나이다 25 예수께서 이르시되 나는 부활이요 생명이니 나를 믿는 자
는 죽어도 살겠고 26 무릇 살아서 나를 믿는 자는 영원히 죽지 아니하
리니 이것을 네가 믿느냐 27 이르되 주여 그러하외다 주는 그리스도시
요 세상에 오시는 하나님의 아들이신 줄 내가 믿나이다 (요 11:17-27)

본문은 예수님이 죽은 나사로를 살려 내시는 장면을 소개하고 있습니다. 죽은 나사로를 살려 냈다는 것은 굉장한 사건입니다. 죽음이 운명이고, 죽음이 절대 권력인 세상에 예수님이 등장하셔서 그 절대 권력을 깨부순 사건이기 때문입니다. 하나님이 예수님을 통해 죽음이 인간의 궁극적 운명이 아니고, 생명과 영생이 궁극적 운명이라고 말씀하신 것은 우리에게는 놀라운 사건일 뿐 아니라 우리의 운명에 대한 그분의 선포로 이해되어야 합니다.

부활에 대한 바른 이해

그러나 본문에서 마르다가 예수께 한 대답을 보면, 부활이 종말론적 사건으로 이해되고 있음을 알 수 있습니다. 마르다가 알고 있는 부활은 사람이 죽은 후에 천국에서 다시 깨어나는 것으로 이해하고 있을 뿐 지금 당장 살아나는 것으로 이해하지 않습니다. 마르다는 죽음이 그들의 운명이 아니며, 영생이 그들의 권능이고 운명이라는 사실을 잘 이해하지 못할 뿐 아니라 실천하지도 못하고 있습니다. 이는 마르다가 부활의 권능으로 영생의 세계에 와 있다고 아무리 생각해도 그녀의 현실은 아직도 죽음이 최고의 권력이고 공포이기 때문입니다.

어떻게 보면 신자인 우리도 죽은 후에 다시 살아날 것은 믿습니다. 마르다처럼, 예수님이 '나를 믿는 자는 죽어도 살겠고'(요 11:25)라고 선언하신 것을 알고는 있으나, '무릇 살아서 나를 믿는 자는 영원히 죽지 아니하리니'(요 11:26)는 현실에 적용할 실력이 모자랄 때가 있습니다.

본문에서 언급하는 '산다'는 문제, 곧 '우리는 생명이 사망을 이기는 세계에 살고 있다. 우리는 영생의 세계에 속해 있다'는 것은 매우 중요합니다. 그리고 이를 현실에 이해하고 적용하는 것은 더 중요합니다. 요한복음 11장 33절 이하를 살펴보겠습니다.

> 예수께서 그가 우는 것과 또 함께 온 유대인들이 우는 것을 보시고 심령에 비통히 여기시고 불쌍히 여기사 이르시되 그를 어디 두었느냐 이르되 주여 와서 보옵소서 하니 예수께서 눈물을 흘리시더라 (요 11:33-35)

예수님이 눈물을 흘리신 이유는 이렇습니다. '나는 너희를, 죽음을 최종 목적으로 두는 자들로 만들지 않았다. 죽는 게 끝이 아니라는 말이다. 내가 인간을 창조할 때, 하나님의 형상으로 복되고 영광된 승리자로 만들었다'라는 의미가 담긴 눈물입니다. 우리 역시 당시 유대인들처럼 이 부분을 제대로 연결하지 못합니다. 어떻게 보면 예수님이 흘리신 눈물은 죄 아래 있는 인류의 현실적 비극에 대해 분하게 여기시는 것입니다.

그런 면에서 우리는, 예수님이 나사로를 살리셨다면 우리도 이런 죄와 사망의 비극과 절망에서 구원하여 소망과 승리 속으로 이미 불러내셨다는 것을 이해해야 합니다.

실로암, 신자의 현실

요한복음 8장에 나오는 음행 중에 잡힌 여자의 사건은 요한복음 11장까지의 내용을 이해할 수 있는 단초가 됩니다. 당시 예수님이 음행 중에 잡힌 여자에게 '나도 너를 정죄하지 아니하노니 가서 다시는 죄를 범하지 말라'(요 8:11)라고 하신 말씀은 도덕적 가르침이라고 보기 어렵습니다. 오히려, 이러한 죄를 지으며 비참한 인생을 살지 말고 하나님이 인간에게 허락하신 영광된 삶을 살라는 초대입니다. 우리는 예수님의 말씀을 전부 도덕이나 윤리적 관점으로만 보는 바람에, 우리의 부활 생명과 우리에게 허락된 예수의 권세를 실제화하는 데 늘 실패합니다.

요한복음 9장은 실로암 사건입니다. 우리는 못 봤고 몰랐고 무지했고 무력했으나, 예수님이 오셔서 우리를 납득시키시고 보게 하시고 경험하게 하시며 분별하게 하셨습니다. 이 실로암 사건은 이 세상을 사는 신자들의 현실입니다. 이 현실은 하나님이 우리로 부활과 영생을 깨닫게 하시며 죄 아래 신음하고 낙심할 수밖에 없던 삶과 대조되는 인생을 살도록 하셔서 신자인 우리를 항복시키시는 시간입니다.

그러므로 영생을 약속하시고 나사로를 살리신 하나님이 우리에게도 이와 같은 믿음을 고백하게 하십니다. 우리가 하나님께 '왜 우리에게 아무것도 보상해 주시지 않느냐'고 원망하는 것은 부활 생명이 사망 권세와 대조되는 현실 가운데, 하나님이 우리를 차근차근 납득시키고 계신 과정을 모르기 때문입니다. 궁극적 승리와 보상은 천국에 있을 것입니다.

승복할 시간

하나님은 현실 속에서 인류의 선조들이 택했던 자리와 하나님이 인간에게 목적하셨던 바를 대비하여 보여 주십니다. 그리고 선조들의 실패를 그냥 지워 버리지 않으십니다. 우리 선조들의 선택이 가져온 결과와 내용, 그리고 하나님이 인간들에게 목적하셔서 나타난 결과와 내용을 대조하여 우리가 승복할 시간을 주십니다. 그리하여 우리로 하여금 하나님의 약속과 선언들을 현실, 곧 사망이 아직도 최종 권세인 것같이 으르렁거리는 위협과 공포 앞에서 하나님의 사람으로 클 수 있는 기회를 주십니다.

민수기 14장을 보면, 이 문제에 대한 구약 역사의 고전적 교훈을 엿볼 수 있습니다. 그 앞에 있는 민수기 13장은 아주 유명한 가데스바네아 사건이 기록되어 있습니다. 가데스바네아는 이스라엘 백성이 가나안 땅에 들어가기 위해 열두 정탐꾼을 파견했던 곳입니다. 이스라엘 백성은 여호수아와 갈렙을 제외한 열 정탐꾼으로부터 가나안 땅에 대한 부정적 보고를 들었습니다. 그러자 온 백성이 가나안 땅에 들어가지 못하겠다고 반발했습니다. 모두가 울며 밤새도록 하나님을 원망했습니다. 그러다가 결국 이스라엘 백성이 여호와께 벌을 받은 곳이 바로 가데스바네아입니다.

민수기 13장 사건으로 인해 이스라엘 백성 중 홍해를 건넌 20세 이상의 성인 남녀는 다 광야에서 40년을 떠돌다가 죽고 그 후세대가 가나안 땅에 들어가게 됩니다. 그 부분을 민수기 14장 11절 이하에서 이렇게 소개합니다.

> 여호와께서 모세에게 이르시되 이 백성이 어느 때까지 나를 멸시하겠느냐 내가 그들 중에 많은 이적을 행하였으나 어느 때까지 나를 믿지 않겠느냐 내가 전염병으로 그들을 쳐서 멸하고 네게 그들보다 크고 강한 나라를 이루게 하리라 모세가 여호와께 여짜오되 애굽인 중에서 주의 능력으로 이 백성을 인도하여 내셨거늘 그리하시면 그들이 듣고 이 땅 거주민에게 전하리이다 주 여호와께서 이 백성 중에 계심을 그들도 들었으니 곧 주 여호와께서 대면하여 보이시며 주의 구름이 그들 위에 섰으며 주께서 낮에는 구름 기둥 가운데에서, 밤에는 불 기둥 가운데에서 그들 앞에 행하시는 것이니이다 이제 주께서 이 백성을 하나 같이 죽이시면 주의 명성을 들은 여러 나라가 말하여 이르기를 여호와가 이 백성에게 주기로 맹세한 땅에 인도할 능력이 없었으므로 광야에서 죽였다 하리이다 이제 구하옵나니 이미 말씀하신 대로 주의 큰 권능을 나타내옵소서 이르시기를 여호와는 노하기를 더디하시고 인자가 많아 죄악과 허물을 사하시나 형벌 받을 자는 결단코 사하지 아니하시고 아버지의 죄악을 자식에게 갚아 삼사대까지 이르게 하리라 하셨나이다 구하옵나니 주의 인자의 광대하심을 따라 이 백성의 죄악을 사하시되 애굽에서부터 지금까지 이 백성을 사하신 것 같이 사하시옵소서 (민 14:11-19)

모세는 이와 같은 내용으로 두 번이나 하나님께 아뢰었습니다.

먼저, 모세가 하나님이 주실 계명을 받기 위해 처음으로 시내산에 올라갔을 때, 백성들은 시내산에 올라간 모세가 감감무소식이자 금

송아지를 만들었습니다. 그때 하나님이 모세에게 '내가 이 백성을 보니 목이 뻣뻣한 백성이로다 그런즉 내가 하는 대로 두라 내가 그들에게 진노하여 그들을 진멸하고 너를 큰 나라가 되게 하리라'(출 32:9-10)라고 하셨습니다. 그러자 모세가 하나님께 '슬프도소이다 이 백성이 자기들을 위하여 금 신을 만들었사오니 큰 죄를 범하였나이다 그러나 이제 그들의 죄를 사하시옵소서 그렇지 아니하시오면 원하건대 주께서 기록하신 책에서 내 이름을 지워 버려 주옵소서'(출 32:31-32)라고 멋진 말을 합니다.

가데스바네아 사건 때도 마찬가지입니다. 하나님은 모세에게 '이 백성이 어느 때까지 나를 멸시하겠느냐 내가 그들 중에 많은 이적을 행하였으나 어느 때까지 나를 믿지 않겠느냐 내가 전염병으로 그들을 쳐서 멸하고 네게 그들보다 크고 강한 나라를 이루게 하리라'(민 14:11-12)라고 하셨습니다. 이때도 모세가 하나님께 '이제 주께서 이 백성을 하나 같이 죽이시면 주의 명성을 들은 여러 나라가 말하여 이르기를 여호와가 이 백성에게 주기로 맹세한 땅에 인도할 능력이 없었으므로 광야에서 죽였다 하리이다 …… 구하옵나니 주의 인자의 광대하심을 따라 이 백성의 죄악을 사하시되 애굽에서부터 지금까지 이 백성을 사하신 것 같이 사하시옵소서'(민 14:15-19)라고 아뢥니다. 굉장히 놀라운 장면입니다. 그러자 하나님이 모세의 의견대로 하기로 하십니다.

역사를 보면, 인류가 다 망해야 했던 적이 한두 번이 아니었습니다. 그때마다 누군가 모세처럼 기도를 한 것 같습니다. 그런 면에서 오늘날 교회도 '하나님이 여태껏 몇천 년을 참아 오셨는데, 뭐 이런 일에 그러십니까? 한 번만 눈감아 주십시오'라고 기도할 책임이 있다고 할 수 있습니다.

모세의 기도에 대한 하나님의 답변이 민수기 14장 20절 이하에 나옵니다.

> 여호와께서 이르시되 내가 네 말대로 사하노라 그러나 진실로 내가 살아 있는 것과 여호와의 영광이 온 세계에 충만할 것을 두고 맹세하노니 내 영광과 애굽과 광야에서 행한 내 이적을 보고서도 이같이 열 번이나 나를 시험하고 내 목소리를 청종하지 아니한 그 사람들은 내가 그들의 조상들에게 맹세한 땅을 결단코 보지 못할 것이요 또 나를 멸시하는 사람은 한 사람도 그것을 보지 못하리라 (민 14:20-23)

불평을 끝도 없이 쏟아 내는 이스라엘 백성에게 하나님이 가나안 땅에 들어가지 못하는 벌뿐 아니라, 광야에서 죽게 하시는 벌까지 엄벌을 내리신 것처럼 보입니다. 하지만 하나님이 약속하신 땅은 자격이나 조건을 갖추어야 들어가는 것이 아닙니다. 내용을 채워야 들어갈 수 있는 땅이라는 점을 분명히 하십니다. 하나님이 약속하신 구원은 하나님께 먼저 순종해야 받을 수 있는 것이 아닙니다. 하나님의 구원은 이미 약속된 것입니다. 그분의 부르심을 받은 백성이라면, 순종해서 복을 받도록 하는 것이 그분의 목표입니다. 이 순서를 잊지 말아야 합니다.

구원의 목적인 믿음과 순종

우리의 믿음과 순종은 구원의 조건이 아닙니다. 믿음과 순종은 구원의 내용이고 구원의 목적입니다. 그런데 우리는 '나는 예수를 믿었는데, 왜 보상이 없을까?'라고 합니다. 주님은 '네가 구원을 받았으면 순종하고 하나님의 영광과 승리와 기쁨에까지 참여해야 된다. 그것이 내가 너희를 구원하여 부른 이유요 목적이다. 그런데 너희는 구원만 받고서는 계속 원망과 반발만 하고 쉽게 하자고만 한다'고 하십니다. 우리가 무엇을 쉽게 하자고 합니까? '예수를 믿어 드렸으니 형통하게 해 주십사'에서 벗어나지 못하고 있습니다.

좋은 대학에 합격한 것은 기쁜 일입니다. 합격증을 들고 동네를 몇 바퀴씩 돌아다녀도 좋습니다. 그러나 이보다 더 중요한 건 합격한 학교에 가서 공부를 해서 훌륭해져야 합니다. 이마에 합격증 붙이고 밤낮 돌아다니는 것은 큰 도움도 유익도 되지 않습니다. 이처럼 신자인 우리가 원하는 바는 합격증만 있으면 전철도 공짜, 식당도 공짜이기 바라는 것과 같습니다. 다른 사람들이 우리를 신기하고 놀란 눈으로 바라봐 줘야 보상이라고 생각합니다.

합격의 기쁨은 이를 통해 열린 기회, 더 높은 목적을 향하여 부름받았다는 소망에 있습니다. 그리고 이를 통해 내용과 명예를 채워야 합니다. 정해진 목적에 대한 과정을 채워야 하는 것처럼 나 자신을 하나님이 목적하시는 사람으로 세워야 합니다.

하나님이 이스라엘 백성을 애굽에서 구원한 이유는 약속의 땅, 가나안에 들여보내시기 위해서였습니다. 하나님이 이 약속의 땅을 '젖과 꿀이 흐르는 땅'이라고 표현하신 것은 다만 물질적 수확의 풍요를 알려 주시려고 말씀하신 것이 아닙니다. 그곳에 살면서 다스리고 누려야 하는 자들의 영적인 정체성과 질적인 차원에서의 고귀함을 가리키신 것입니다.

하나님은 '진실로 내가 살아 있는 것과 여호와의 영광이 온 세계에 충만할 것을 두고 맹세하노니'(민 14:21)라고 하십니다. 하나님의 '영광이 온 세계에 충만할 것'이라는 것은 무엇입니까? 이는 하나님이 자신의 형상으로 빚은 우리가 창조 세계에서 서로 사랑하는 것, 즉 '마음을 다하고 뜻을 다하고 정성을 다하여 주 하나님을 사랑하라'고 하신 말씀이 실패하지 않고, 기어코 전 인류에 이루어질 것을 두고 맹세하신 것입니다. 하나님은 '내 말을 듣지 않는 자는 없애 버린다'는 조건으로 맹세하지 않으십니다. 하나님은 반드시 이루어질 그분의 뜻을 그분의 권능, 인내, 긍휼, 자비, 신실하심, 거룩하심을 두고 맹세하신 것입니다.

그러므로 우리는 여기서 불합격하지 말아야 합니다. 기껏 구원받아 놓고, 하나님이 우리에게 허락하신 진정한 내용을 채우며 부활 생명을 누리는 자가 되지 못하고 죽는 그런 인생은 되지 말아야 합니다. 신명기 8장에 가면 광야 생활이 왜 중요했는지, 하나님이 요구하시는 영광과 영생의 자리를 위해 광야가 어떤 의미를 가지는지를 다음과 같이 소개합니다.

내가 오늘 명하는 모든 명령을 너희는 지켜 행하라 그리하면 너희가 살고 번성하고 여호와께서 너희의 조상들에게 맹세하신 땅에

> 들어가서 그것을 차지하리라 네 하나님 여호와께서 이 사십 년 동안에 네게 광야 길을 걷게 하신 것을 기억하라 이는 너를 낮추시며 너를 시험하사 네 마음이 어떠한지 그 명령을 지키는지 지키지 않는지 알려 하심이라 너를 낮추시며 너를 주리게 하시며 또 너도 알지 못하며 네 조상들도 알지 못하던 만나를 네게 먹이신 것은 사람이 떡으로만 사는 것이 아니요 여호와의 입에서 나오는 모든 말씀으로 사는 줄을 네가 알게 하려 하심이니라 이 사십 년 동안에 네 의복이 해어지지 아니하였고 네 발이 부르트지 아니하였느니라 너는 사람이 그 아들을 징계함 같이 네 하나님 여호와께서 너를 징계하시는 줄 마음에 생각하고 네 하나님 여호와의 명령을 지켜 그의 길을 따라가며 그를 경외할지니라 (신 8:1-6)

이스라엘 백성에게 광야 생활 40년은 어떤 가치가 있을까요? 이스라엘 백성은 '여기는 만나와 메추라기밖에 없다. 애굽에 있을 때가 더 부요했다. 무엇 때문에 우리가 이 고생을 해야 되는가? 다시 애굽으로 돌아가자'라며 거듭 실패합니다. 그들이 원하는 것은 무엇이었을까요? 그들은 안심과 형통 외에 다른 소원이 없었습니다.

우리가 보통 '남에게 아쉬운 소리 하지 않고 살게만 해 주시면 더 이상 소원이 없겠어요'라고 하는 말은 광야 생활에 빗대어 살펴보면 그 속내가 완전히 드러났다고 볼 수 있습니다. 어떤 속내일까요? 인간은 최소한의 필요를 다 충족해도 기특한 생각을 못해 낸다는 점입니다. 결국 불평밖에 할 것이 없더라는 것입니다.

하나님이 '이 사십 년 동안에 네 의복이 해어지지 아니하였고 네

발이 부르트지 아니하'(신 8:4)도록 인도해 주셨습니다. 그런데 그들은 밤낮 원망만 했습니다. '이 꼴이 뭡니까? 우리를 왜 데리고 나오셨습니까?' 그들에게 필요한 것은 하나님의 말씀입니다. 하나님만이 고급한 뜻을, 목적을, 내용을 만드시기 때문입니다. 그분만이 창조주이십니다.

영생에 대한 책임

예수님은 '길이요 진리요 생명'이십니다. 우리는 이를 만들 수 없습니다. 행복을 만들 수 있다고 생각하십니까? 우리가 생각하는 행복은 다 갈증일 뿐입니다. 우리는 참된 행복을 만들 수 없습니다. 정직할 수는 있다고 생각하나요? 우리의 정직은 타인에 대한 비난에 불과할 때가 많습니다. '어떻게 그럴 수 있냐'며 비난하는 게 우리가 할 수 있는 정직의 한계입니다. 정직의 참된 가치인 용서와 따뜻한 말은 잘하지 못합니다. 인간은 이를 만들지 못합니다. 왜 그럴까요? 인간은 죽음 아래 붙잡혀 있기 때문입니다.

다시 말해, 우리는 가치 있는 것이나 복된 것을 만들어 낼 실력이 없습니다. 그런 것은 하나님이 예수 안에서만 허락하셨습니다. 그래서 우리는 죽음을 이기고 부활과 영생의 약속을 이해하여 참된 기쁨과 감사와 위대함과 영광을 바라보는 자로 이 세상을 살아야 합니다. 그렇다면 신자인 우리는 어떻게 살아야 할까요? 여전히 사망 권세가 힘을 쓰는 세상, 곧 위험과 공포가 가득한 현실에서 신자는 어떤 책임을 가지고 살아야 할까요? 영생에 대한 책임을 갖고 살아야 합니다.

그렇다면, 영생에 대한 책임은 어떤 가치가 있을까요? 사망이 만드는 것과 영생의 약속, 이 둘 사이를 대조해 볼 틈이 생깁니다. 생각해 보십시오. 우리가 부활의 경이를 제대로 이해하지 못하면, 모든 기도는 고급한 주문에 불과하고, 고상한 독백에 불과합니다. 부활 생명이 주어진 인생이라는 것을 알지 못하면, 그저 뻔한 소리나 해서 외면하고 도망갈 방법에 불과하고 맙니다. 울고 회개하는 것으로 영생을 통해 얻은 책임 있는 삶을 미루는 방식이 되고 맙니다.

그럼 어쩌란 말인가요? 사망이 우리를 좌지우지할 수 없습니다. 신자인 우리만이 진리를 이야기할 수 있고, 소망을 이야기할 수 있고, 용서를 이야기할 수 있으며, 기쁨을 이야기할 수 있습니다. 우리는 이것을 해야 합니다. 살면서 그렇게 할 기회는 얼마든지 있습니다. '반갑다. 보고 싶었다'라고 말하는 게 뭐가 그렇게 어렵습니까? 아첨을 떨라는 말이 아닙니다. 이런 일상을 살아 내서 실제로 이를 시간과 공간과 나라는 조건과 실체 속에서, 우리가 처한 자리에서, 나에게 주어진 도전과 조건 속에서 살아 내라고 예수님은 '나사로야 나오라' 하고 부르셨습니다.

이런 문제는 한 번의 감동이나 한 번의 결심으로 때울 수 없습니다. 우리가 그토록 지루해하고 원망하는 긴 세월에 걸쳐서, 전 생애에 걸쳐서 하나님이 일하고 계십니다. 우리가 과거를 원망하며 '그때는 왜 그랬지? 그때 하나님은 뭐하고 계셨지?' 하고 진을 빼는 것은 도망가는 것과 같습니다. 후회와 원망으로 가득한 과거의 실패가 오늘을 사는 우리에게 일하도록 하십시다.

성경은 우리에게 '이스라엘 백성은 그 열 가지 재앙을 보고도, 만나와 메추라기를 먹고도 실패했어'라고 말하라고 하지 않습니다. 그들의 실패를 보고 그들보다 한 걸음 더 나아가라고 합니다. 이 역사의 유산, 곧 너희 선조들의 실패를 거울 삼아 '너희는 복이 돼라. 너희는 더 잘난 결정을 해라'가 성경이 우리 모두에게 전하는 내용입니다. 그러므로 우리는 성경에 나오는 인물들의 잘난 행동을 확인하는 것이 아니라, 그들로 인해 지금 내가 얻을 유익한 양식들을 확인하는 것이 필요합니다. 그 양식을 먹고 훌륭해져야 합니다. 살면서 윽박지르고 싶은 마음을 억누르고 좋은 말을 하며 지내십시오. 그런 것이 위대한 것입니다.

세상을 복되게 하는 은혜

야곱의 생애를 생각해 봅시다. 야곱은 부요한 인생을 살기 위해 형 에서의 장자권을 빼앗고, 아버지에게 복을 받기 위해 몸부림쳤습니다. 결국 형 에서의 증오를 사면서 죽게 생기자 피난을 떠납니다. 그리고 창세기 28장 벧엘 사건이 일어납니다. 그가 하란으로 피난 가던 길에 노숙을 하게 됩니다. 돌베개를 베고 잠이 들었습니다. 그런 야곱에게 하나님이 나타나십니다.

> …… 나는 여호와니 너의 조부 아브라함의 하나님이요 이삭의 하나님이라 네가 누워 있는 땅을 내가 너와 네 자손에게 주리니 네

> 자손이 땅의 티끌 같이 되어 네가 서쪽과 동쪽과 북쪽과 남쪽으로 퍼져나갈지며 땅의 모든 족속이 너와 네 자손으로 말미암아 복을 받으리라 내가 너와 함께 있어 네가 어디로 가든지 너를 지키며 너를 이끌어 이 땅으로 돌아오게 할지라 내가 네게 허락한 것을 다 이루기까지 너를 떠나지 아니하리라 (창 28:13-14)

야곱이 이 말씀을 듣고 바로 형통해지지 않습니다. 야곱은 하란으로 가 외삼촌 라반의 집에서 갖은 고생을 겪으며 거부가 됩니다. 그러나 외가에서도 시샘을 받고 갈등이 일어납니다. 결국 야곱은 목숨을 보존하기 위해 자기 집으로 돌아갈 수밖에 없게 됩니다. 갈 데가 고향밖에 없습니다. 그런데 자기를 미워하는 에서가 칼을 갈고 있습니다.

또다시 피난길에 오릅니다. 야곱은 고향으로 돌아가던 중 얍복 나루에서 형이 자기를 죽이러 온다는 소식을 들었습니다. 오갈 데 없는 신세로 밤새워 고민하던 가운데, 자신의 모든 재산과 부인과 자녀들을 앞세워 보내고 홀로 남습니다. 그리고 다시 미친 듯이 몸부림칠 때 하나님이 그에게 또 나타나십니다.

이제 야곱은 하나님과 씨름을 합니다. 야곱이 하나님의 사자를 놓아 주지 않습니다. 항복할 기미가 보이지 않자, 하나님이 그의 허벅지 관절을 치십니다. 날이 새려 하여 하나님이 가려고 했으나 야곱이 자신을 축복하지 않으면 못 간다고 떼를 씁니다. 호세아 12장에서 "야곱은 …… 하나님과 겨루되 천사와 겨루어 이기고 울며 그에게 간구하였으며"(호 12:3-4)라고 되어 있습니다.

기도해서 보상을 받았다는 뜻이 아닙니다. 야곱의 변화가 드러나 자 하나님이 야곱에게 묻습니다. "네 이름이 무엇이냐?" "야곱입니다." 야곱이란 '발뒤꿈치를 잡았다'는 뜻입니다. 발뒤꿈치를 잡았다는 것은 사기꾼, 도둑놈, 살인자, 날강도라는 의미입니다. 그의 이름을 들은 하나님이 '네 이름을 다시는 야곱이라 부를 것이 아니요 이스라엘이라 부를 것이니 이는 네가 하나님과 및 사람들과 겨루어 이겼음이니라'(창 32:28)라고 하십니다.

야곱은 평생 자기의 필요를 남의 것을 약탈해서 채워야 하는 인생을 살았습니다. 그러다가 이제 하나님에 의해 이스라엘, 곧 하나님과 겨루어 이긴 자의 복을 받습니다. 이는 부모가 자식에게 하는 이야기와 같습니다. '나는 네 아비다. 너는 내 자식이다. 자식 이기는 아비는 없다'라는 복을 받은 것입니다.

하나님은 '너는 다시는 고아라 하지 마라. 네 필요를 남의 것을 빼앗아서 채워야 한다고 생각하지 마라. 부모가 자식의 필요를 모르겠느냐? 내가 네게 얼마나 유복하고 넉넉한 부모인지 모르겠느냐? 다시는 너를 야곱이라고 부르지 마라' 하는 자리로 야곱을 불러내십니다.

그 사이에 20년이 있습니다. 20년이 지나 야곱이 이 자리에 왔습니다. 그 후로 야곱은 어떻게 됩니까? 별 볼 일 없이 삽니다. 나중에 애굽으로 이민을 가서 바로 앞에 설 때, 멋진 장면이 나옵니다. 바로는 애굽의 왕이고, 야곱은 이민자입니다. 삶을 위해 그리고 살아남기 위해 피난 온 자인 야곱이 한 나라의 왕인 바로에게 축복을 합니다. 히브리서 기자는 이 장면을 두고 이렇게 표현합니다.

폐일언하고 낮은 자가 높은 자에게 복빎을 받느니라 (히 7:7, 개역한글)

개역개정에서는 "논란의 여지 없이 낮은 자가 높은 자에게서 축복을 받느니라"(히 7:7)라고 되어 있습니다. 야곱이 바로를 축복합니다. 우리가 해야 될 것이 이와 같습니다. 사망 권세에 떨고 있는 세상 앞에서 우리만이 복을 빌 수 있습니다. 우리는 그런 인생입니다. 하나님이 우리를 완성하시며 우리가 가진 지위와 영생의 영광을 확인하십니다. 그리고 기회와 형편을 주시며 우리로 하여금 세상을 복되게 하시는 하나님의 은혜를 나누는 일을 맡기십니다.

우리 인생, 즉 지금 이 시간과 이 세상은 하나님이 나를 보내신 귀한 자리입니다. 또한 하나님이 원하신 자리라는 것을 기억해야 합니다. 우리는 하나님이 기뻐하시는 목적과 내용과 증인의 자리에 부름받았습니다. 이를 아는 행복과 기쁨이 우리 모두를 이해시키고, 오늘을 살 수 있게 하는 귀한 하나님 자녀의 복과 권능이 우리 모두에게 임하기를 바랍니다.

기 도

하나님 아버지, 은혜를 감사합니다. 우리 인생이 복되고 우리 존재가 귀하다는 것을 확인했습니다. 이기고, 나누고, 축복하고, 용서하고, 인내하고, 충성하고, 자랑하고, 감사하겠습니다. 우리 생애가 기적 속에 있음을 기억하고 충성하고 자랑하는 우리가 되게 하옵소서. 예수님 이름으로 기도합니다. 아멘.

24.
흩어진 하나님의 자녀를 모아

…… 47 이에 대제사장들과 바리새인들이 공회를 모으고 이르되 이 사
람이 많은 표적을 행하니 우리가 어떻게 하겠느냐 48 만일 그를 이대로
두면 모든 사람이 그를 믿을 것이요 그리고 로마인들이 와서 우리 땅과
민족을 빼앗아 가리라 하니 49 그 중의 한 사람 그 해의 대제사장인 가
야바가 그들에게 말하되 너희가 아무 것도 알지 못하는도다 50 한 사
람이 백성을 위하여 죽어서 온 민족이 망하지 않게 되는 것이 너희에게
유익한 줄을 생각하지 아니하는도다 하였으니 51 이 말은 스스로 함이
아니요 그 해의 대제사장이므로 예수께서 그 민족을 위하시고 52 또
그 민족만 위할 뿐 아니라 흩어진 하나님의 자녀를 모아 하나가 되게
하기 위하여 죽으실 것을 미리 말함이러라 53 이 날부터는 그들이 예
수를 죽이려고 모의하니라 …… (요 11:45-54)

예수님이 나사로를 살리신 일로 당시 권력자들은 예수님을 죽이기로 결심합니다. 본문에도 나왔듯이 수많은 사람이 예수님을 따를 뿐 아니라, 예수님이 당시 권력자들의 권위와 기존의 가르침을 깨는 말씀을 하심으로 그들의 자리가 위태로워졌습니다. 또한 당시 이스라엘은 로마의 속국으로 자치권을 인정받은 상태입니다. 그런데 만약 예수님 때문에 문제가 생겨 종교적 세력이 일어나 로마 제국이 속국을 통치하는 데 장애가 생긴다면, 이스라엘 자치권을 쥐고 있던 당국자들의 지위가 박탈되어 제국이 직접 통치하려 한다면 험한 결과를 가져올 것이라고 당시 권력자들은 생각했습니다. 물론 당국자들의 개인적 이해관계가 깊이 들어 있지만, 이스라엘을 위한다는 그러한 명분으로 그들은 예수님을 죽이기로 결정합니다.

부활과 영생의 새로운 질서

물론 예수님은 죽은 자를 살리시는 권세를 행하기 전에도 여러 기적을 행하셨습니다. 혼인 잔치에서 물로 포도주를 만드시고, 보리떡 다섯 개와 물고기 두 마리로 5천 명을 먹이시고, 문둥병자를 고치시고, 귀신을 내어 쫓으시는 수많은 기적을 보고도 세상이 내린 결론은 그분을 죽이는 것이었습니다. 이것이 자신들이 사는 방법이라고 생각했기 때문입니다. 당시 그들의 생각은 오늘날 우리의 본성과 다를 바 없습니다. 우리는 예수를 믿고 난 후에도 당시 그들과 같은 생각을 합니다. 이러한 생각은 부활과 영생의 새로운 질서와 대립하고 갈등하고 고민하는 것으로 이어집니다.

그렇다면 예수님은 자신의 죽음을 기꺼이 받아들이셨을까요? 예수님이 겟세마네에서 기도하셨던 것을 생각해 봅시다. 예수님은 '아버지여 만일 아버지의 뜻이거든 이 잔을 내게서 옮기시옵소서'(눅 22:42)라고 기도하실 정도로 자신의 죽음에 대해 처절하게 생각하셨습니다. 오죽하면 천사가 하늘로부터 나타나 예수님을 도왔겠습니까. 그러나 예수님의 기도를 들으신 하나님은 그 기도에 호응하지 않으시고, '더 가자'고 하신 것이 겟세마네의 기도입니다.

우리는 우리가 기대하는 만사형통, 사필귀정, 인과응보의 논리를 도덕과 명분으로 채색해서 기독교를 이해하지 말아야 합니다. 하나님은 바로 이러한 우리의 생각을 전복시키시고, 그러한 질서들을 깨신다는 점을 분명히 알아야 합니다. 우리가 아는 질서들을 깨시는 것은 그 질서들이 필요 없기 때문이 아니라, 그것으로 하나님의 뜻을 다 담을 수 없기 때문입니다. 이것이 성경의 증언입니다. 성경은 우리의 예상과 전혀 다른 새로운 질서와 논리를 강조하고 있습니다. 예를 들면, 우리가 잘 아는 사도행전 7장의 스데반 순교 장면을 보면 알 수 있습니다. 그의 긴 설교 끝에 이런 결론이 나옵니다.

> 목이 곧고 마음과 귀에 할례를 받지 못한 사람들아 너희도 너희 조상과 같이 항상 성령을 거스르는도다 너희 조상들이 선지자들 중의 누구를 박해하지 아니하였느냐 의인이 오시리라 예고한 자들을 그들이 죽였고 이제 너희는 그 의인을 잡아 준 자요 살인한 자가 되나니 너희는 천사가 전한 율법을 받고도 지키지 아니하였도다

> 하니라 (행 7:51-53)

여기서 이 말을 듣는 상대방은 사울입니다. 사울이 스데반을 죽이러 왔습니다. 스데반은 자신을 죽이려고 모인 자들에게 '너희 조상들을 통해 메시아가 오신다는 약속과 예언이 전해졌다. 그럼에도 불구하고 너희는 조상들의 말을 듣지 않고 예수를 죽였다. 결국 너희는 메시아를 죽인 것이다'라고 아주 혹독하게 평한 것입니다. 그러자 다음 상황이 벌어집니다.

> 그들이 이 말을 듣고 마음에 찔려 그를 향하여 이를 갈거늘 스데반이 성령 충만하여 하늘을 우러러 주목하여 하나님의 영광과 및 예수께서 하나님 우편에 서신 것을 보고 말하되 보라 하늘이 열리고 인자가 하나님 우편에 서신 것을 보노라 (행 7:54-56)

이 장면은 생사가 갈리는 자리입니다. 사람들이 스데반을 죽이려고 합니다. 스데반은 그들에게 '너희가 잘못한 것이고, 너희는 천벌을 받아 마땅하다. 이 바보들아'라고 꾸짖습니다. 스데반은 하늘이 열리고 재판장으로 서 계신 예수님을 봅니다. 그런데 재판장이신 예수님이 스데반에게 '네가 죽어라'라고 판결하십니다. 우리는 이 장면을 스데반이 복을 받은 것처럼, 하나님의 영광이 드러났다고 쉽게 이야기합니다. 그러나 하나님은 그 영광을 스데반이 지는 모습으로, 죽는 것으로, 우리가 보기에 잘못된 자리로 이끄시고 담으셨습니다.

모순과 전복의 이야기

우리는 이와 같은 상황이 이해되지 않아 어려움을 겪습니다. 우리는 신앙생활 잘하는 사람이 복을 받아야 한다고 생각합니다. 그런데 신앙생활 잘하는 사람에게 재판장이신 예수님이 '네가 죽어라'라고 판결하셨기에 우리는 이 상황을 너무 싫어합니다.

이것이 성경의 희한한 방법입니다. 이는 여태껏 우리가 알던 기존 질서를 깨는 정도가 아니라 다른 질서로 덧씌우는 것입니다. 우리가 자주 쓰는 표현으로 이해해 봅시다. "나는 어제 유명 가수의 무대를 봤어." 이 말은 어느 유명 가수가 한 공연을 본 거죠. 무대 자체를 봤다는 표현이 아닙니다. 가수가 무대 위에서 공연을 하는데, 표현은 '가수의 무대를 봤어'라고 합니다. 그런데 이 말을 잘못 알아듣고, 무대를 보았다고 하니 무대를 튼튼하고 깨끗하게 만들어 놓고 아무도 못 올라오게 하는 게 전부가 되었습니다. 그리고 그 무대에서 공연을 한다는데 '공연을 하면 무대는 쓸모없다'고 이야기합니다. 무대를 위한 무대가 아니라는 점을 제대로 인식하지 못합니다. 우리는 기독교 신앙이 도대체 '어떤 질서, 어떤 새로운 기적을 우리에게 주었고 요구하고 있는지'를 현실과 융합시키지 못하고 있습니다.

이런 모순과 전복의 이야기는 성경의 아주 중요한 대목마다 나옵니다. 로마서 9장 9절 이하를 봅시다.

> 약속의 말씀은 이것이니 명년 이 때에 내가 이르리니 사라에게 아들이 있으리라 하심이라 그뿐 아니라 또한 리브가가 우리 조상 이

삭 한 사람으로 말미암아 임신하였는데 그 자식들이 아직 나지도 아니하고 무슨 선이나 악을 행하지 아니한 때에 택하심을 따라 되는 하나님의 뜻이 행위로 말미암지 않고 오직 부르시는 이로 말미암아 서게 하려 하사 리브가에게 이르시되 큰 자가 어린 자를 섬기리라 하셨나니 기록된 바 내가 야곱은 사랑하고 에서는 미워하였다 하심과 같으니라 그런즉 우리가 무슨 말을 하리요 하나님께 불의가 있느냐 그럴 수 없느니라 모세에게 이르시되 내가 긍휼히 여길 자를 긍휼히 여기고 불쌍히 여길 자를 불쌍히 여기리라 하셨으니 그런즉 원하는 자로 말미암음도 아니요 달음박질하는 자로 말미암음도 아니요 오직 긍휼히 여기시는 하나님으로 말미암음이니라 성경이 바로에게 이르시되 내가 이 일을 위하여 너를 세웠으니 곧 너로 말미암아 내 능력을 보이고 내 이름이 온 땅에 전파되게 하려 함이라 하셨으니 그런즉 하나님께서 하고자 하시는 자를 긍휼히 여기시고 하고자 하시는 자를 완악하게 하시느니라 (롬 9:9-18)

하나님은 아이를 낳을 수 없는 사라에게 아들 이삭을 주셨습니다. 이 이삭이 장성하여 리브가와 혼인하였고, 리브가가 쌍둥이를 임신하여 에서와 야곱을 낳았습니다. 그런데 하나님이 처음부터 에서가 아니라 야곱의 편을 드셨습니다. 그리고 하나님이 이스라엘 백성을 애굽에서 해방시키기 위해 모세를 바로 앞에 세우셨을 때, 모세와 바로 두 사람이 하나님의 작정하신 뜻에 따라 각자 맡은 역할대로 출애굽 사건을 연출해 낼 수 있었다는 이야기입니다.

신자인 우리에게는 모세가 주인공으로 보이기에, 출애굽 사건을 모세의 입장에서만 바라봅니다. 그러나 성경은 출애굽 사건을 미화하거나 모세를 영웅화하는 데 관심이 없습니다. 모세는 때가 이르기 전 40세에 궐기했다가 실패하고, 애굽에서 도망 나와 아무 손이 미치지 않는 미디안 광야에서 40년간 지냅니다. 지난 일을 거의 다 잊고 몸도 늙어 체념도 넘어선 자리에 있을 때 모세가 하나님의 부름을 받았습니다. 완강히 저항했던 것은 앞서 여러 차례 인용했습니다. '하나님, 당신은 누구시길래 일을 이렇게 하십니까?'라고 하며 못 간다고 우기고 끝까지 버텨 봅니다. 하나님이 모세에게 형 아론도 붙여 주시고 그에게 화도 내십니다. 결국 모세는 할 수 없이 바로 앞에 서게 됩니다. 하나님은 애굽에 열 가지 재앙도 일으킵니다. 그러나 열 가지 재앙으로 바로가 항복하지 않습니다.

바로는 매번 큰 재앙을 겪으면서도 그의 권력을 내려놓지 않습니다. 그다음 재앙이 필요한 권력의 자리에서 힘을 씁니다. 그것도 열 번이나 굴복하지 않는 권력이 그에게 여전히 남아 있습니다. 말하자면 하나님은 바로를 꺾고 애굽을 멸하셔서 그 땅에 이스라엘을 새로운 주인으로 세우지 않으십니다. 바로는 끝까지 악역을 맡기 위해 계속 죽지 않을 뿐 아니라 권력도 잃지 않습니다. 놀랍지 않습니까?

이 상황에서 결국 바로가 아닌 모세가 변합니다. 처음에는 원망과 불만으로 가득했던 모세가 점점 변하여 홍해 앞에 섰을 때는 이스라엘 백성에게 다음과 같은 위대한 고백을 합니다.

> 너희는 두려워하지 말고 가만히 서서 여호와께서 오늘 너희를 위하여 행하시는 구원을 보라 (출 14:13)

모세는 수많은 고난을 겪으면서 이런 말을 할 수 있는 자리까지 옵니다. 좀 더 과장해서 이야기하자면, 출애굽 사건은 이스라엘을 구원하려는 것도 아니요, 바로를 벌하여 애굽을 멸망시키려는 것도 아닙니다. 출애굽 사건은 하나님이 모세를 새롭게 만드는 사건이라고 할 수 있습니다.

하나님은 이스라엘을 구하기 위해 열 가지 재앙을 내리셨지만, 애굽을 멸하셔서 이스라엘에게 정권을 넘겨 주지 않으셨습니다. 하나님은 이스라엘 백성이 애굽에서 쫓겨 나와 광야로 들어가 살도록 하셨습니다. 그리고 모세는 그분의 뜻에 따라 충성스럽게 광야 생활을 합니다. 이스라엘 백성들은 광야 생활이 힘들다고 불평하며 모세를 원망하기를 반복합니다. 그때마다 하나님이 진노하시고, 모세는 중재자가 됩니다. '하나님, 여태껏 참으셨는데, 이제 와서 화를 내시면 어떡합니까? 앞엣것이 다 물거품이 되지 않겠습니까?'라고 합니다. 하나님이 모세를 달래는 것이 아니라 되레 모세가 하나님을 달래는 형국이 됩니다. 다시 말해, 모세는 하나님의 일하심에 대한 깊은 이해의 경지에 이른 인물로 그려집니다. 더불어 모세는 자기가 잘못하지 않았음에도 불구하고 이스라엘 백성과 함께 가나안 땅에 들어가지 못하게 되었을 때, 하나님의 깊은 배려로 백성들과 함께 광야에서 죽는 것을 영광과 명예로 이해할 수 있게 됩니다.

온전함의 필수 과정, 고난

우리 인생을 보십시오. 세상의 유혹과 권력과 위협과 공포를 계속 꺾는다 해도 이들이 다시 일어나 우리를 덮칩니다. 결국 세상은 우리를 죽음으로 몰고 갑니다. 그러나 죽음은 우리가 패한 것도 끝난 것도 아닙니다. 오히려 죽음이 부활의 문을 열고, 우리가 심고 거두기를 바라던 것보다 더 큰 것을 거두는 하나님의 기이한 권능이 될 것입니다.

고린도전서 1장에서 바울이 고린도교회 성도들에게 전합니다. '너희는 너희가 만들어 낼 수 없고 상상할 수 없는 크기의 질서에 들어와 있다. 그런데 너희는 그 약속과 소망을 외면하고 다시 옛날로 돌아갔다. 너희의 이해와 상상의 한계에 갇혀 자신들을 자랑하고 그 안에서 싸우게 되었다'고 꾸짖습니다. 그러면서 바울이 십자가를 무엇이라고 소개했는지 보십시오.

> 십자가의 도가 멸망하는 자들에게는 미련한 것이요 구원을 받는 우리에게는 하나님의 능력이라 (고전 1:18)

이 말씀이, 우리가 현실 속에서 '이런저런 문제를 해결해 주세요'라고 기도해도 하나님이 답하시지 않는 이유입니다. '네가 원망하고 절망하고 싫다고 발버둥을 치던 것이 일을 한다. 그런 고난이 없이는 이 자리에 올 수 없다'를 알려 주십니다. '그가 아들이시면서도 받으신 고난으로 순종함을 배워서 온전하게 되셨은즉'(히 5:8-9)을 기억해야 합니다. 고난은 온전하게 되는 데 필수 과정입니다. 우리가 해야 할 것은 순종입니다. 순종은 누군가에게 굴복하거나 끌려가는 것이 아닙니다. 순종은 믿음을 가지라는 의미입니다. 우리가 불만족하는 하루, 우리가 원망하는 오늘은 하나님이 일을 하고 계시다는 증거입니다.

모세가 하나님께 여쭙습니다.

"당신은 누구십니까? 당신의 이름이 무엇입니까?"

"나는 스스로 있는 자이니라."

이는 '나는 하나님이기를 중단한 적이 없는 하나님이다. 지난 40년간 일을 했다. 네 현실, 네 억울함이 내가 하는 일이란다. 발버둥치는 믿음이 무엇을 만드는지 따라와 봐라' 하는 의미입니다.

바로는 이 드라마의 중요한 조역입니다. 영화 〈벤허〉에서 중요한 사람은 주인공 '벤허'가 아니라 그의 대적자 '메살라'였습니다. 메살라가 없으면 영화 〈벤허〉는 아마 멜로물이 되었을 것입니다. 거기에는 아무런 긴장도, 도전도, 공포도, 절망도, 질문도, 기적도 없었을 것입니다.

십자가가 그렇습니다. 우리의 눈으로 볼 수 있는 모든 것이 망하고 끝나는 곳에 하나님은 최고의 목적과 결과를 담아 놓으셨습니다. 우리는 이를 '아무래도 좋은가? 이래도 괜찮은가?' 싶은 모든 것을 믿음으로 끌어안아야 합니다. 하나님은 우리에게 전지전능한 사람이 되라고 하시지 않습니다. 울어야 할 때가 있고, 후회해야 할 때가 있습니다. 그것들이 일을 합니다.

고단한 엘리야의 일생

겸손은 자기가 모든 사람보다 못났다는 것을 경험해야 할 수 있습니다. 자신의 못남을 경험하지 않으면 겸손을 흉내 낼 수는 있어도 겸손한 것은 아닙니다. 정직 역시 마찬가지입니다. 정직은 거짓말하지 않는 것이 아니라 비난하지 않는 것입니다. 좋은 말을 해 주는 것입니다. 그것이 정직입니다. 사람은 타인을 존중해야 합니다. 내가 상대방을 비난할 자리에 서 있지 않습니다. 각각의 지위와 신분이 다 고급하고 중요하다고 여겨야 합니다. 그리고 거기에 반응하는 것을 대개 '예의'라고 하는데, 이를 다른 말로 '정직'이라고도 합니다. 그래서 정직이 어렵습니다.

엘리야를 통해 이 같은 사실을 확인할 수 있습니다. 엘리야는 북 왕조 이스라엘의 아합 왕 때 활동한 선지자입니다. 아합은 성경에 최고 악한 왕으로 기록되어 있습니다. 아합을 악한 왕이라고 기록한 것은 이스라엘 백성들을 전부 바알 우상 앞에 끌고 간 장본인이기 때문입니다. 열왕기에서 아합은 악한 왕의 중심에 있습니다.

아합이 북 왕국 이스라엘을 통치할 때, 하나님이 엘리야를 선지자로 보내십니다. 그는 아합을 꾸짖었기 때문에 아합이 그를 죽이려고 해서 엘리야는 아합을 피해 숨어 살아야 했습니다. 하나님은 북 이스라엘에 분노하셔서 3년 6개월 동안 비를 내리지 않으셨습니다. 북 이스라엘 온 땅이 신음할 때, 백성들은 이를 지적한 엘리야 탓이라고 생각하지, 자신들이 아합을 따라 하나님을 외면하고 바알을 섬겨서 벌을 받는 것이라고 생각하지 않습니다.

그들은 하나님을 믿는 자들을 다 죽이려고 합니다. 이런 역경 가운데 있는 엘리야는 자기만 남은 것 같은 생각이 들었습니다. 그때 하나님이 그를 갈멜산으로 인도하십니다. 백성들 앞에서 바알과 하나님 중에 누가 참 신인지 증명하는 전투가 벌어집니다. 서로 각각 제단을 쌓고, 그 위에 제물을 놓습니다. 자신들의 신에게 빌어 어느 신이 그 제물을 열납하시는가 하는 싸움에 당연히 아합도 자리를 함께했습니다.

바알을 섬기는 제사장 450명이 그 자리에 있습니다. 엘리야는 혼자입니다. 많은 백성이 지켜보는 가운데, 바알을 따르는 제사장들의 제물은 열납되지 않습니다. 그들은 자기 몸을 상하게 하고 별짓을 다 하며 바알을 부르지만 아무런 반응이 없습니다. 엘리야가 제단을 쌓고 제물을 드리고 기도하자, 하늘에서 불이 내려와 그 제단을 핥고 하나님이 그 제물을 열납하십니다.

모든 백성이 하나님만이 유일한 우리 하나님이라고 하며, 바알 제사장들을 그 자리에서 전부 죽입니다. 아합은 놀라 궁으로 돌아갑니다. 그때 3년 반 동안 내리지 않던 비가 내립니다. 엘리야가 너무 신이 나서 아합을 앞질러 사마리아궁으로 뛰어갑니다. '이제는 하나님의 세상이 되었다. 이제는 이 나라가 정당하게 될 것이다. 악의 본거지인 이 궁이 멸망하리라'고 궁으로 들어왔는데, 이세벨이 아직도 막강한 세력을 가지고 엘리야에게 이렇게 말합니다.

> …… 내가 내일 이맘때에는 반드시 네 생명을 저 사람들 중 한 사람의 생명과 같게 하리라 그렇지 하지 아니하면 신들이 내게 벌 위에 벌을 내림이 마땅하니라 …… (왕상 19:2)

엘리야가 이세벨의 말 한 마디에 놀란 것은 아닙니다. 그 폭력의 세력이 아무런 해도 입지 않은 것에 더 놀라 도망치고 말았습니다. 엘리야는 광야 로뎀 나무 아래서 하나님께 "내 생명을 거두시옵소서"라고 했습니다. 하나님이 상심한 엘리야를 찾아오십니다.

> 로뎀 나무 아래에 누워 자더니 천사가 그를 어루만지며 그에게 이르되 일어나서 먹으라 하는지라 본즉 머리맡에 숯불에 구운 떡과 한 병 물이 있더라 이에 먹고 마시고 다시 누웠더니 여호와의 천사가 또 다시 와서 어루만지며 이르되 일어나 먹으라 네가 갈 길을 다 가지 못할까 하노라 하는지라 이에 일어나 먹고 마시고 그 음식물의 힘을 의지하여 사십 주 사십 야를 가서 하나님의 산 호렙에 이르니라 (왕상 19:5-8)

쉽게 말해 엘리야는 백두산에서 사이판까지 도망간 셈입니다. 시내산, 열왕기에서는 호렙산으로 불리는 산속 굴에 들어가 머무릅니다. 하나님이 엘리야가 있는 그곳에 찾아오셔서 묻습니다. "엘리야야 네가 어찌하여 여기 있느냐." 이에 엘리야가 대답합니다. "내가 만군의 하나님 여호와께 열심이 유별하오니 이는 이스라엘 자손이 주의 언약을 버리고 주의 제단을 헐며 칼로 주의 선지자들을 죽였음이오며 오직 나만 남았거늘 그들이 내 생명을 찾아 빼앗으려 하나이다." 이에 하나님이 엘리야에게 "너는 나가서 여호와 앞에서 산에 서라"라고 말씀하십니다.

엘리야가 굴에서 나오자, 강한 바람이 불어 바위를 부수고 지진이 일어나고 그 후에 불이 일어났으나 그 가운데 하나님은 계시지 않았습니다. 오히려 불이 일어난 후에 세미한 소리가 들립니다. "엘리야야 네가 어찌하여 여기 있느냐." 엘리야가 대답합니다. "내가 만군의 하나님 여호와께 열심이 유별하오니 이는 이스라엘 자손이 주의 언약을 버리고 주의 제단을 헐며 칼로 주의 선지자들을 죽였음이오며 오직 나만 남았거늘 그들이 내 생명을 찾아 빼앗으려 하나이다." 이에 하나님이 이런 말씀을 하십니다.

> …… 너는 네 길을 돌이켜 광야를 통하여 다메섹에 가서 이르거든 하사엘에게 기름을 부어 아람의 왕이 되게 하고 너는 또 님시의 아들 예후에게 기름을 부어 이스라엘의 왕이 되게 하고 또 아벨므홀라 사밧의 아들 엘리사에게 기름을 부어 너를 대신하여 선지자가 되게 하라 (왕상 19:15-16)

이게 다입니다. 우리나라 지리적 상황에서 이를 이해해 보자면, 하사엘이 아람 왕이 되는 것은 과장해서 중국 왕이 되는 것이고, 예후가 북 이스라엘 왕이 되는 것은 북한의 왕이 되는 것입니다. 결국 둘 다 남 왕조 유대에게는 큰 위협이고 대적입니다.

하나님이 그 두 왕을 세우라 하신 것은 무슨 의미일까요? 이 역사가 계속 이어질 것이라는 의미입니다. 하나님은 엘리야에게 '나는 일하고 있다. 이 콘텍스트가 본문이 아니다. 겁내지 마라. 너 같은 충성된 자를 많이 만드는 것은 네가 할 일이 아니다. 그 나라들은 계속 이어져야 한다. 네가 할 일은 엘리사에게 맡기면 된다. 그가 계속해서 그 일을 할 것이다. 내가 일하고 있다. 하사엘이 왕이 되고, 예후가 왕이 되어 그 나라들이 강성해지는 것은 본질적으로 큰 문제가 될 수 없다. 내가 일할 테니 걱정 말고 너는 죽어라' 하신 것입니다.

엘리야는 두 왕을 세우고 난 후, 엘리사와 함께 사역을 하다가 불수레와 불말들이 두 사람을 갈라놓자 엘리야는 회오리바람으로 하늘로 올라갑니다. 하나님이 엘리야가 '못하겠다'고 하니까 그냥 조퇴시킨 것입니다. 엘리야가 하늘로 올라간 것을 가지고 칭찬할 필요가 없습니다.

죽음처럼 보이는 승리

우리가 살아 있는 것은 이 땅에서 해야 할 일이 있기 때문입니다. 우리가 절망하는 것이 최고의 조건이 될 수 있다고 생각해야 합니다. 그런데 우리는 이를 못하고 그저 화만 냅니다. 나는 진심인데, 하나님은 몰라주신다고 합니다. 그렇지 않습니다. 하나님은 죽음에 의미를 담으십니다. 우리가 아는 큰 것에 담지 않고 작은 것에 담으십니다. 우리가 아는 승리는 아닙니다. 하나님은 죽음처럼 보이는 자리, 자존심과 우월감을 버리고 자기 자신을 내놓는 섬김과 사랑의 자리에 나타내십니다.

마음껏 섬기고, 마음껏 내주고, 마음껏 사랑하는 것이 하나님이 만드신 나라입니다. 그분이 우리에게 맡기신 임무는 우리 인생에서 해볼 수 있는 기쁨이고 영광입니다. 물론 이런 임무를 수행하는 것은 어렵습니다. 인간의 위대함은 진정한 인간성을 가지는 것인데, 진정한 인간성은 폭력이어서는 안 됩니다. 공포도 안 됩니다. 그뿐 아니라 하나님은 비난이나 심판은 우리보고 하지 말라고 하십니다. 우리는 위로하고 용서하고 품고 사랑하면 됩니다. 이것이 하나님이 우리에게 보고 배우라고 맡기신 예수의 생애입니다. 예수님은 필요한 것을 모두 해 주셨지만, 하나님의 우월감을 증명하기 위해 우리에게 공포를 사용하신 적은 없으십니다. 그분의 공생애, 그분의 성육신, 그분의 영광을 우리에게 주신 기회로 알고 이를 넉넉히 살아 내는 우리 모두가 되기를 바랍니다.

기 도

하나님 아버지, 우리는 위대한 존재이고, 기적의 생애를 살고 있습니다. 우리의 현장은 구체적입니다. 우리는 말로 때우는 것이 아니라, 직접 몸으로 기뻐하고 감사하며 살 수 있는 참으로 놀라운 존재입니다. 그런 기회를 살고 있습니다. 이 세상은 계속 으르렁거립니다. 우리가 속지 말게 하여 주옵소서. 믿음으로 살게 하여 주옵소서. 십자가의 승리를 우리 생애에 반복해서 구현하도록 하옵소서. 우리가 지금 겪는 모든 어려움이 하나님과 예수님이 함께 하신다는 약속을 방해할 수 없고, 우리의 신앙생활에 손해가 될 수 없다는 것을 믿고 이기게 하여 주옵소서. 예수님 이름으로 기도합니다. 아멘.

25.
나의 장례할 날을 위하여

1 유월절 엿새 전에 예수께서 베다니에 이르시니 이 곳은 예수께서 죽
은 자 가운데서 살리신 나사로가 있는 곳이라 2 거기서 예수를 위하여
잔치할새 마르다는 일을 하고 나사로는 예수와 함께 앉은 자 중에 있더
라 3 마리아는 지극히 비싼 향유 곧 순전한 나드 한 근을 가져다가 예
수의 발에 붓고 자기 머리털로 그의 발을 닦으니 향유 냄새가 집에 가
득하더라 4 제자 중 하나로서 예수를 잡아 줄 가룟 유다가 말하되 5 이
향유를 어찌하여 삼백 데나리온에 팔아 가난한 자들에게 주지 아니하
였느냐 하니 6 이렇게 말함은 가난한 자들을 생각함이 아니요 그는 도
둑이라 돈궤를 맡고 거기 넣는 것을 훔쳐 감이러라 7 예수께서 이르
시되 그를 가만 두어 나의 장례할 날을 위하여 그것을 간직하게 하라
…… (요 12:1-11)

요한복음 12장에는 세 가지 장면이 기록되어 있습니다. 나사로의 동생인 마리아가 예수님의 발에 향유를 부어 자신의 머리카락으로 닦는 장면, 예수님이 어린 나귀를 타고 예루살렘에 입성하시는 장면, 헬라인들이 예수님을 찾아왔을 때 예수님이 "인자가 영광을 얻을 때가 왔도다"라고 말씀하시는 장면이 나옵니다. 이 세 사건의 공통분모는 예수님의 죽음입니다.

예수가 누구인지 모르면

마리아의 행동에서 보는 바와 같이, 예수님의 죽음은 우리의 이해보다 훨씬 더 크고 깊고 놀랍습니다. 마리아는 죽었던 오라비 나사로를 살리신 예수님이 자기 집에 오셨기에, 기쁘고 감사한 마음과 경외하는 마음으로 예수님을 맞이합니다. 당시 유대 사회에는 손님이 자기 집을 찾아오거나 자신이 다른 집을 방문할 때, 손과 발을 씻도록 하는 정결법이 있었습니다. 그러므로 어떤 사람이 다른 사람 집을 방문하면 집주인이 손과 발을 씻을 물을 내주는 것이 유대인들에게는 당연한 일이었습니다.

그런데 마리아는 물이 아닌 비싼 향유 곧 순전한 나드 한 근을 가져다가 예수님의 발에 붓고 자기 머리카락으로 그분의 발을 닦았습니다. 이를 보던 예수님의 제자들 중 가룟 유다가 "이 향유를 어찌하여 삼백 데나리온에 팔아 가난한 자들에게 주지 아니하였느냐"라고 항의했습니다. 이 책의 저자인 요한은 "이렇게 말함은 가난한 자들을 생각함이 아니요 그는 도둑이라 돈궤를 맡고 거기 넣는 것을 훔쳐 감이러라"(요 12:6)라고 가룟 유다에 대한 평을 덧붙입니다. 쉽게 말해 '회계를 맡은 유다가 돈을 빼먹으려고 그 말을 했다'고 쓴 셈입니다.

오늘날 우리는 가룟 유다가 예수님을 배신한 일도 알고 있고, 요한복음에 기록된 대로 그가 회계와 관련된 많은 부정을 저질렀음을 유추해 볼 수 있습니다. 하지만 성경은 그런 윤리적·도덕적 차원을 대조하려고 가룟 유다에 대해 이렇게 쓴 것은 아닙니다. 성경은 예수님이 누구신지 모르면 인생은 거짓말하고 속이는 것 외에 아무것도 할 것이 없다는 것을 알려 주려는 것입니다.

우리는 진실하게 사는 것이 현실적으로 불가능합니다. 세상에 살면서 거짓말 안 하고 남을 해치지 않으면 다 밟혀 죽습니다. 살아남으려면 선택의 여지 없이 악랄하고 무섭게 굴어야 합니다. 하지만 우리는 이 사건을 통해, 가룟 유다를 욕하는 것으로 예수를 믿는 일을 떠넘겨서는 안 된다는 것을 마음에 분명히 각인해야 합니다.

예수의 죽음을 예비하는 사건

마리아는 순전한 감격과 기쁨으로 예수님의 발을 닦았습니다. 마리아는 예수님이 그럴 가치가 있는 분이라고 생각하고 믿었습니다. 그러나 예수님이 인간들을 위해 죽으셔야 한다는 사실은 몰랐습니다. 말하자면 마리아는 예수님이 구세주시라는 것은 알았지만, 그분이 죽으심으로 자신의 감사와 경배를 완벽하게 한다는 사실은 몰랐습니다.

이와 비슷한 사건을 마가복음 14장은 베다니 나병환자 시몬의 집에서 일어난 것으로 기록합니다. 그곳에서 한 여자가 매우 값진 향유 곧 순전한 나드 한 옥합을 가지고 와서 그 옥합을 깨뜨려 예수의 머리에 붓는 기념비적인 일을 한 것으로 기록합니다. 그때도 어떤 사람들이 화를 내어 서로 말을 주고받는데, "어찌하여 이 향유를 허비하는가 이 향유를 삼백 데나리온 이상에 팔아 가난한 자들에게 줄 수 있었겠도다"라며 그 여자를 책망합니다. 이에 예수님이 다음과 같이 말씀하십니다.

> …… 가만 두라 너희가 어찌하여 그를 괴롭게 하느냐 그가 내게 좋은 일을 하였느니라 가난한 자들은 항상 너희와 함께 있으니 아무 때라도 원하는 대로 도울 수 있거니와 나는 너희와 항상 함께 있지 아니하리라 그는 힘을 다하여 내 몸에 향유를 부어 내 장례를 미리 준비하였느니라 내가 진실로 너희에게 이르노니 온 천하에 어디서든지 복음이 전파되는 곳에는 이 여자가 행한 일도 말하여 그를 기억하리라 (막 14:6-9)

그 당시 한 데나리온은 유대인들에게 하루치 노동 임금이었으니 삼백 데나리온은 1년치 품삯입니다. 마가복음 14장에는 가룟 유다가 아닌 어떤 사람들이 그 여인이 옥합을 깨트린 일에 대해 서로 말하며 어처구니없어하는 것처럼 기록되었습니다.

요한복음에 소개된 마리아나 마가복음에 소개된 베다니 나병환자 시몬의 집에서 옥합을 예수께 부은 여자의 감사와 숭배는, 그들이 지금 갖고 있는 감격과 기쁨보다 훨씬 큰 내용으로 하나님이 일하신다는 것을 예비적으로 보여 주는 사건이라고 할 수 있습니다. 이처럼 요한복음에 나오는 마리아나 마가복음에 나오는 한 여자는 당시에 깊은 이해를 갖고 행한 일은 아니었습니다. 그저 자신의 처지에서 감사를 표현했을 뿐인데, 이 일이 후에 훨씬 크고 위대한 사건에 자기 몫을 한 일로 역사에 남게 된 것입니다.

가룟 유다의 못난 짓은 한 개인의 책임으로 그치는 것이 아니라, 예수가 없으면 그런 선택밖에 할 수 없다는 것을 대표적으로 보여 줍니다. 그러므로 우리는 이 대조를 분명히 해 두어야 합니다. 예를 들어, 요한복음 12장 말미를 봅시다.

> 예수께서 외쳐 이르시되 나를 믿는 자는 나를 믿는 것이 아니요 나를 보내신 이를 믿는 것이며 나를 보는 자는 나를 보내신 이를 보는 것이니라 나는 빛으로 세상에 왔나니 무릇 나를 믿는 자로 어둠에 거하지 않게 하려 함이로라 사람이 내 말을 듣고 지키지 아니할지라도 내가 그를 심판하지 아니하노라 내가 온 것은 세상을 심판하려 함이 아니요 세상을 구원하려 함이로라 (요 12:44-47)

이 말씀은 '내 말을 듣고 믿지 않고 따르지 않았더라도 심판하는 것은 내 임무가 아니다'라고 하신 것입니다. 우리는 이 본문을 통해서 '누구는 믿지 않았다. 누구는 잘못했다'를 지적하는 것으로 예수 믿는 표를 내지 말아야 한다는 것을 확인하고자 합니다.

또한 본문은 예수를 믿으면 그동안 우리가 누릴 수 없었던 기회와 자리와 세상에 와 있는데, 그럴 수 없는 자들을 비난함으로써 마땅히 해야 할 일들은 아무것도 하지 않고 큰소리만 친다고 알려 줍니다.

이 본문은 가룟 유다의 생색내기를 보여 주고 있습니다. 그는 예수를 믿는 것이 아니라, 예수님을 통해 자기 확인을 하고 자기 증명을 하며 예수님을 자기 생존을 위한 수단으로 삼을 뿐입니다. 이러한 그의 행동은 잘했다, 잘못했다로 구분할 수 없습니다. 그는 그럴 수밖에 없었습니다. 그렇다고 가룟 유다를 불쌍히 여기자고 말하는 것은 아닙니다. 예수를 모르면 다 그렇게 살 수밖에 없습니다. 우리는 이를 알아야 합니다. 이러한 것이 표면적으로 드러나 욕 먹는 사람이 있고, 이것이 감춰져서 크게 욕 먹지 않는 사람이 있을 뿐입니다.

자녀이기에 받는 용서

우리는 이 문제를 좀 더 적극적으로 살펴볼 필요가 있습니다. 이 사건을 좀 다르게 표현하는 누가복음 7장으로 가 봅시다.

> 한 바리새인이 예수께 자기와 함께 잡수시기를 청하니 이에 바리새인의 집에 들어가 앉으셨을 때에 그 동네에 죄를 지은 한 여자가 있어 예수께서 바리새인의 집에 앉아 계심을 알고 향유 담은 옥합을 가지고 와서 예수의 뒤로 그 발 곁에 서서 울며 눈물로 그 발을 적시고 자기 머리털로 닦고 그 발에 입맞추고 향유를 부으니 예수를 청한 바리새인이 그것을 보고 마음에 이르되 이 사람이 만일 선

지자라면 자기를 만지는 이 여자가 누구며 어떠한 자 곧 죄인인 줄을 알았으리라 하거늘 예수께서 대답하여 이르시되 시몬아 내가 네게 이를 말이 있다 하시니 그가 이르되 선생님 말씀하소서 이르시되 빚 주는 사람에게 빚진 자가 둘이 있어 하나는 오백 데나리온을 졌고 하나는 오십 데나리온을 졌는데 갚을 것이 없으므로 둘 다 탕감하여 주었으니 둘 중에 누가 그를 더 사랑하겠느냐 시몬이 대답하여 이르되 내 생각에는 많이 탕감함을 받은 자니이다 이르시되 네 판단이 옳다 하시고 그 여자를 돌아보시며 시몬에게 이르시되 이 여자를 보느냐 내가 네 집에 들어올 때 너는 내게 발 씻을 물도 주지 아니하였으되 이 여자는 눈물로 내 발을 적시고 그 머리털로 닦았으며 너는 내게 입맞추지 아니하였으되 그는 내가 들어올 때로부터 내 발에 입맞추기를 그치지 아니하였으며 너는 내 머리에 감람유도 붓지 아니하였으되 그는 향유를 내 발에 부었느니라 이러므로 내가 네게 말하노니 그의 많은 죄가 사하여졌도다 이는 그의 사랑함이 많음이라 사함을 받은 일이 적은 자는 적게 사랑하느니라 이에 여자에게 이르시되 네 죄 사함을 받았느니라 하시니 함께 앉아 있는 자들이 속으로 말하되 이가 누구이기에 죄도 사하는가 하더라 예수께서 여자에게 이르시되 네 믿음이 너를 구원하였으니 평안히 가라 하시니라 (눅 7:36-50)

놀라운 장면입니다. 여기서 죄를 지은 한 여자는 예수께 용서를 구하러 오지도 못합니다. 그저 예수님에 대한 소문을 듣고 자기가 본 대로 이분은 우리를 구원하러 오셨고, 우리를 대접하셨고, 우리 편이 되신다는 것만 압니다. 그래서 여자는 다른 데 가서 울 곳이 없어서 여기 와서 웁니다. 자기의 모든 것을 내놓고 웁니다. 희망이 없고 핑계를 댈 수도 없는 자신의 못난 처지를, 주 앞에 와서 자비나 용서를 구하지도 못하고 그저 울 수밖에 없었던 것입니다.

그러자 예수님을 초청한 바리새인이 여자의 행동을 보고 '죄인이 왔는데 알아보지도 못한다고?'라며 예수님을 마음으로 욕했습니다. 그러자 예수님은 바리새인이 마음속으로 한 말에 대해 이런 말씀을 하십니다.

> …… 이 여자를 보느냐 내가 네 집에 들어올 때 너는 내게 발 씻을 물도 주지 아니하였으되 이 여자는 눈물로 내 발을 적시고 그 머리털로 닦았으며 너는 내게 입맞추지 아니하였으되 그는 내가 들어올 때로부터 내 발에 입맞추기를 그치지 아니하였으며 너는 내 머리에 감람유도 붓지 아니하였으되 그는 향유를 내 발에 부었느니라 이러므로 내가 네게 말하노니 그의 많은 죄가 사하여졌도다 이는 그의 사랑함이 많음이라 사함을 받은 일이 적은 자는 적게 사랑하느니라 이에 여자에게 이르시되 네 죄 사함을 받았느니라 ……
> (눅 7:44-48)

죄를 지은 여자는 회개를 하고 죄 사함을 요청한 후에 와서 울며 간구한 것이 아닙니다. 예수님은 이 불쌍한 여자의 처지에 대해 누군가에게 부탁을 받아 반응하신 것이 아닙니다. 예수님은 그저 여자의 형편을 보고 반응하십니다.

우리는 예수님이 이 여자에게 "네 죄 사함을 받았느니라"라고 하신 말씀에 대해 어떤 조건, 즉 죄를 많이 지었으나 예수께 믿음으로 나아와 용서와 구원을 요구했다는 조건이 있기를 바랍니다. 그러나 성경은 그렇게 이야기하지 않습니다. 예수님은 그냥 여자를 용서하고 죄 사함을 선언하십니다. 함께 앉아 있는 사람들이 다 놀랍니다. "이가 누구이기에 죄도 사하는가"라고 말이죠. 예수님의 말씀이 어떤 의미인지 살펴보겠습니다.

영화 〈대부〉를 보셨나요? 말론 브란도가 배역을 맡은 '돈 비토 꼴레오네'는 마피아 보스입니다. 이 영화는 돈 꼴레오네의 집에서 그의 딸이 결혼하는 장면으로 시작합니다. 모든 마피아들이 찾아와서 축하를 하고 축의금을 듬뿍 내놓습니다. 이탈리아에는 결혼식을 마치고 아버지와 딸이 함께 춤추는 관습이 있습니다. 돈 꼴레오네가 아버지로서 딸과 함께 춤을 추고 난 뒤, 비즈니스를 하러 어두컴컴한 방으로 들어갑니다. 서로 얼굴 표정을 식별하기 어려운 어둠 속에서 거래가 이루어집니다. 이러저런 거래를 다 부탁받고, 해결책을 제시하는 중에 한 낯선 사람이 들어옵니다. 동네 장의사입니다. 이 장의사가 들어와서 돈 꼴레오네에게 이런 의뢰를 합니다. "내 딸이 청년들 여럿에게 수치를 당하고 폭행을 당했소. 돈은 얼마든지 낼 테니 복수를 해 주십시오." 그러자 돈 꼴레오네가 그에게 뭐라고 대꾸했을까요?

돈 꼴레오네는 독특한 제스처를 취하면서 말을 합니다. 턱을 치켜들고 눈을 내리깔고 아랫입술로 윗입술을 덮고 묘한 발음으로 말을 합니다. 턱을 쓰다듬으면서 딴 곳을 보며 무시하는 듯한 시선으로 동네 장의사에게 말을 건넵니다.

"너는 이 방에 들어올 때 나에게 인사도 하지 않았고, 내 딸의 결혼식에 대하여 축하도 하지 않았고, 내 손자의 나이도 묻지 않았으며, 내 손에 입맞춤도 하지 않았지. 그러고는 다짜고짜 돈은 얼마든지 줄 테니 네 딸을 추행하고 폭행한 청년들에게 복수를 해 달라고? 너는 나에게 어떠한 존경도 친밀감도 보이지 않았어. 만일 네가 내 가족이었다면 너에게 일어난 일에 대해 나에게 요청할 필요도 없지. 그건 내 문제니까."

앞선 말씀의 내용이 영화 〈대부〉의 상황과 똑같지 않습니까? 예수님이 '돈은 얼마든지 낼 테니까 네 기도를 들어달라고? 너는 나를 뭘로 아느냐?'라고 한 것과 같습니다. 예수님이 이 여자에게 "네 죄 사함을 받았느니라"라고 하신 것은 하나님이 우리를 당신의 자식으로 보고 계시다는 선언입니다. 이 여자가 용서받을 자격이 있어서, 용서받을 만한 조건을 제시하라고 하신 것이 아닙니다. 이 여자 스스로 자신의 불쌍한 상황을 예수께 보였기 때문이 아닙니다. 감사와 간구를 해서도 아닙니다. 예수님은 그 여자가 당신이 만든 자녀요, 백성이요, 약속하고 목적한 존재이기에 용서하신 것입니다.

하나님의 열애

요한복음에 나온 마리아의 행위와 누가복음에 나온 이 여자의 행위가 '예수의 장례를 예비했다'고 이야기하는 것은 그들에게 일어난 모든 일과 처지에 대해 하나님은 부모로서 그들을 당신의 자식으로 대하고 있다, 그것은 '어디까지'라는 제한과 조건의 범위를 넘어서는 것이다, 무한정으로 베푸시는 사랑이다, 예수님이 죽는 자리까지 너희를 위하시는 하나님의 기쁜 행위이다,라는 선언입니다.

하나님은 기꺼이 우리를 위해 자신의 목숨까지 내어놓으십니다. 우리는 하나님의 아들이 목숨을 내어놓는 것을 비장하게 여깁니다. 하지만 이런 경우는 우리가 연애하던 시절에 누구나 겪었던 일입니다. 사랑하는 사람을 위해서는 죽어도 좋다는 심정을 가져 본 적이 있지 않습니까. 이는 비장한 것이 아니라, 기쁜 기회라고 생각하기 때문에 그런 마음을 갖습니다. '죽으면 같이 살지 못하잖아?'라고 해도 죽겠답니다. 억지 중매로 만난 사람이라면 모든 조건이 다 꼴 보기 싫습니다. 잘생긴 것, 유명한 집안인 것, 공부 잘한 것 등 다 꼴 보기 싫습니다. 연애를 하면 아무래도 좋습니다. 상대방이 눈이 하나밖에 없으면, 자기 눈을 빼 주든지, 자기도 눈 하나를 빼 버리든지 할 것처럼 합니다. 그게 사랑입니다.

하나님이 이렇게 우리에게 찾아오시고, 이렇게 우리를 대접하십니다. 이것이 성경이 하고 싶은 이야기입니다. 예수님은 '나는 너희 편 들러 왔다. 너희에게 조건을 요구하지 않아. 너희는 다른 자격이 필요 없어. 나는 무조건 너희 편이야. 너희를 위해서라면 뭐든지 할 수 있어. 너희는 죄 사함을 받았어. 나는 너희를 위해 죽을 거야. 그만큼 나는 너희를 사랑한단다'라고 말씀하시는 겁니다.

달란트 비유와 양과 염소 비유

마태복음 25장에 가면, 예수님이 심판에 대한 예언을 하십니다. 마지막 날에 천국 문이 열릴 때, 이 세상이 끝나고 새로운 세상이 시작될 때, 하나님이 인류를 심판하실 것입니다. 이 심판의 말씀 가운데 열 처녀 비유, 달란트 비유, 양과 염소 비유가 나옵니다. 그중에 달란트 비유, 그리고 양과 염소 비유에 대해 살펴봅시다.

어떤 주인이 타국에 가면서 종들에게 돈을 맡깁니다. 종들의 재능대로 각각 다섯 달란트, 두 달란트, 한 달란트를 맡겼습니다. 다섯 달란트 받은 종은 다섯 달란트를 더 남겼고, 두 달란트 받은 종은 두 달란트를 더 남겼습니다. 그리고 주인이 돌아와서 그들에게 '착하고 충성된 종'이라고 칭찬했습니다. 그러나 한 달란트를 받은 종은 두려워서 그 한 달란트를 땅에 감추었습니다. 그리고 주인이 돌아왔을 때, 도로 그 한 달란트를 내줬습니다. 그러고는 그 종은 "주인이여 당신은 굳은 사람이라 심지 않은 데서 거두고 헤치지 않은 데서 모으는 줄을 내가 알았으므로 두려워하여 나가서 당신의 달란트를 땅에 감추어 두었었나이다"라고 합니다. 그러자 주인이 "악하고 게으른 종아 나는 심지 않은 데서 거두고 헤치지 않은 데서 모으는 줄로 네가 알았느냐 그러면 네가 마땅히 내 돈을 취리하는 자들에게나 맡겼다가 내가 돌아와서 내 원금과 이자를 받게 하였을 것이니라"라고 합니다.

우리는 이 비유를 늘 오해합니다. '받은 만큼 남겨야 된다'라고 생각합니다. 아닙니다. 앞의 두 종에게 이 일은 책임이나 임무가 아닙니다. 그냥 자기 일입니다. 주인의 경영과 기업의 동료입니다. 주인이 맡긴 것이 심부름이 아니고, 따라야 될 명령도 아니었던 것입니다. 자기 일로, 가족으로 주인의 잔치에 참여하고 즐긴 것입니다. 다른 한 종은 주인과 자신을 구별합니다. 그는 주인을, 정리하고 계산하고 책임을 추궁하는 두려운 대상으로 생각합니다. 주인은 자신더러 '당신은 굳은 사람'이라고 한 종에게 "너는 나를 그렇게밖에 이해하지 못하느냐? 그렇다면 네 생각대로 내가 너에게 책임을 묻고 계산을 하겠다"고 응수한 것입니다.

이 비유 뒤에는 염소와 양을 구별하는 심판의 말씀이 이어집니다. 그분께 충성한 자들은 오른편에, 그분께 불충성한 자들은 왼편에 둡니다. 충성된 자들을 구분하는 방법은 무엇입니까? "내가 주릴 때에 너희가 먹을 것을 주었고 목마를 때에 마시게 하였고 나그네 되었을 때에 영접하였고 헐벗었을 때에 옷을 입혔고 병들었을 때에 돌보았고 옥에 갇혔을 때에 와서 보았느니라"입니다.

충성된 자들이 임금에게 "주여 우리가 어느 때에 주께서 주리신 것을 보고 음식을 대접하였으며 목마르신 것을 보고 마시게 하였나이까 어느 때에 나그네 되신 것을 보고 영접하였으며 헐벗으신 것을 보고 옷 입혔나이까 어느 때에 병드신 것이나 옥에 갇히신 것을 보고 가서 뵈었나이까"라고 여쭙습니다.

임금이 그들에게 "너희가 여기 내 형제 중에 지극히 작은 자 하나에게 한 것이 곧 내게 한 것이니라"라고 답하십니다. 여기서 '작은 자'라는 것은 보답을 할 수 없는 형편에 있는 자를 말합니다. 굉장하죠? 임금은 '내 가족, 내 식구라면 그는 존재와 감정과 반응에 있어서, 그 언행에 있어서 하나님의 영광이 드러나는, 여유가 넘쳐 나는 존재여야 한다'고 말씀하신 것입니다.

임금이 왼편에 있는 자들에게 저주하시고 이렇게 말씀하십니다. "이 지극히 작은 자 하나에게 하지 아니한 것이 곧 내게 하지 아니한 것이니라." 이 말씀은 하나님이 우리 중에 가장 작은 자에게도 최선을 다하신다는 이야기입니다. 그러므로 하나님은 우리를 심판하실 수 있습니다. '나는 그렇지 않다. 나는 하나님이다. 나는 너희에게 조건이나 구차한 기준을 둘러대지 않는다. 너희 모두를 위하여, 그 누구를 위해서도 말이다.'

그러므로 누가복음 7장에 바리새인과 죄를 지은 여자가 나온 것입니다. 죄를 지은 여자는 예수께 최고의 선물을 받아 가고, 바리새인은 최악의 꾸중을 들었습니다. 그러나 바리새인 자신은 모르고 있습니다. 예수님이 '너는 나에게 빚진 게 없다, 이거지? 바보 같은 녀석'이라고 하신 말씀이 생략되어 있는 것입니다. 우리 자신의 신앙생활이, 하나님의 사람으로 이러한 조건과 환경 속을 살아 내야 한다는 것을 아느냐 모르느냐가 이 일의 성패를 나눕니다.

고통과 명예는 나뉠 수 없음

'천지를 창조하시고'라는 문구는 우리가 기도를 시작할 때마다 되뇌는 거 아닌가요? '나를 위하여 십자가를 지시고'라고 기도하고 나면 현실에서는 아무 필요가 없는 하나님, 아무 필요가 없는 십자가가 되어 있지 않은가요? 그러므로 다시 생각하십시다. 하나님이 우리를 편드신다는 것을 안다면, "하나님이 우리를 위하시면 누가 우리를 대적하리요 자기 아들을 아끼지 아니하시고 우리 모든 사람을 위하여 내주신 이가 어찌 그 아들과 함께 모든 것을 우리에게 주시지 아니하겠느냐"(롬 8:31-32)라는 말씀을 기억하십시오. 이 말씀이 우리에게 어떤 위협과 공포 속에서도 살아갈 유일한 근거와 넉넉한 힘이라는 것을 안다면, 예수 믿는 것은 참으로 신나는 일이 될 것입니다.

물론, 앞서 인용한 대로 예수님은 명절에 예배하러 올라온 헬라인들이 자신을 찾아왔다는 소식을 들으시고 '인자가 영광을 얻을 때가 왔도다'(요 12:23)라고 말씀하십니다. 하지만 뒤이어 예수님은 '내 마음이 괴로우니 무슨 말을 하리요 아버지여 나를 구원하여 이 때를 면하게 하여 주옵소서 그러나 내가 이를 위하여 이 때에 왔나이다 아버지여, 아버지의 이름을 영광스럽게 하옵소서'(요 12:27-28)라고 하십니다. 그러자 하늘에서 '내가 이미 영광스럽게 하였고 또다시 영광스럽게 하리라'(요 12:28)라는 소리가 납니다.

이처럼 고통스러운 것과 명예로운 것이 나뉘어 있지 않습니다. 우리는 고통을 받으면 잘못한 것이고, 영광과 명예는 언제나 승리나 성공에 따르는 것이라고 생각합니다. 그러나 이런 구분은 성경에는 없습니다. 이는 우리가 죽음으로 일하시는 하나님과 그분의 신비와 깊이와 크기를 알아보지 못한 것입니다.

지금의 우리를 만든 가장 중요한 경험은 무엇입니까? 바로 실패였습니다. 실패가 우리를 만들고 우리를 복되게 합니다. 하나님이 그렇게 하기로 작정하셨습니다. 그 귀한 깨달음과 승리와 자랑이 우리 모두의 것이 되기를 바랍니다.

기 도

하나님 아버지, 우리는 세상의 위협 아래 있습니다. 세상은 우리보고 사납게 살자고 합니다. 그러나 우리는 그럴 수 없습니다. 우리는 고통과 의심과 두려움 앞에 설 수밖에 없습니다. 그리고 그 한복판을 주께서 걸어가셨다는 사실을 이제 직면해야 합니다. 이는 충성해야 되고 순종해야 되고 희생해야 되고 울어야 되는 길입니다. 그러나 따지고 보면 인간이란 하나님이 특별하게 만드신 존재입니다. 우리는 편안하고 쉽고 웃고 사는 존재가 아니라, 그것보다 깊고 큰 존재입니다. 우리의 인간됨에는 하나님의 형상이 있고, 하나님과의 믿음이 있고, 사랑이 있고, 교제가 있고, 기쁨이 있고, 자랑이 있어야 합니다. 이를 포기할 수 없습니다. 이 고난을 이기게 하옵소서. 승리하게 하옵소서. 우리의 눈물이 우리에게 큰 명예와 영광이 된다는 사실을 놓치지 말게 하옵소서. 예수님 이름으로 기도합니다. 아멘.

26.
인자가 영광을 얻을 때가 왔도다

20 명절에 예배하러 올라온 사람 중에 헬라인 몇이 있는데 21 그들이
갈릴리 벳새다 사람 빌립에게 가서 청하여 이르되 선생이여 우리가 예
수를 뵈옵고자 하나이다 하니 22 빌립이 안드레에게 가서 말하고 안드
레와 빌립이 예수께 가서 여쭈니 23 예수께서 대답하여 이르시되 인자
가 영광을 얻을 때가 왔도다 24 내가 진실로 진실로 너희에게 이르노
니 한 알의 밀이 땅에 떨어져 죽지 아니하면 한 알 그대로 있고 죽으면
많은 열매를 맺느니라 25 자기의 생명을 사랑하는 자는 잃어버릴 것이
요 이 세상에서 자기의 생명을 미워하는 자는 영생하도록 보전하리라
26 사람이 나를 섬기려면 나를 따르라 나 있는 곳에 나를 섬기는 자도
거기 있으리니 사람이 나를 섬기면 내 아버지께서 그를 귀히 여기시리
라 …… (요 12:20-33)

요한복음 12장에는 세 가지 사건이 나옵니다. 첫 번째는 유월절 엿새 전에 베다니 곧 예수님이 죽은 나사로를 살리신 곳에서 마리아가 지극히 비싼 향유를 예수님의 발에 붓고 자신의 머리털로 닦은 사건입니다.

두 번째는 예수님이 예루살렘에 입성하실 때에 백성들이 예수님을 환영한 사건입니다. 백성들이 예수님을 승리자로, 메시아로 환영하며 "호산나 찬송하리로다 주의 이름으로 오시는 이 곧 이스라엘의 왕이시여"라고 외칩니다. 여기에서 주의 깊게 살펴볼 구절은 '한 어린 나귀를 보고 타시니'(요 12:14)라는 말씀입니다. 무기를 들고 말을 탄 정복자의 모습으로 오는 것이 아니라, 나귀 새끼를 타고 예루살렘에 들어오십니다. 이 모습은 '예수님이 메시아다'라는 것이 무슨 의미인지 우리에게 전해 줄 뿐 아니라, 우리가 가진 메시아에 대한 편견과 기대가 사뭇 잘못되었음을 알려 줍니다.

세 번째는 유월절을 맞아 예루살렘 성전에 온 사람들 중에 헬라인들이 예수님을 만나러 온 사건입니다. 예수님이 행하신 기적들이 널리 소문이 났기 때문에, 헬라인들도 그 소문을 듣고 이스라엘이 기대하는 구세주 곧 메시아가 어떤 분이신지 보고 싶었을 것입니다. 그들은 예수님이 그동안 행하신 기적들의 연장선에서 메시아의 능력을 나타내시는 현장을 직접 보리라 기대했을 것입니다. 보리떡 다섯 개와 물고기 두 마리로 5천 명을 먹이신 기적이나, 나병환자를 고치시거나, 눈 먼 자를 보게 하거나, 죽은 자를 살리는 기적들은 그들에게도 굉장히 놀라운 일이었고, 또다시 보기를 기대했을 것입니다.

메시아에 대한 편견

예수님은 유대인이 아닌 이방 사람들이 메시아를 기대하고 확인하려고 찾아왔다는 이야기를 듣고 "인자가 영광을 얻을 때가 왔도다"라고 하셨습니다. 이 말은 '내가 메시아인 것을 제대로 보여 줄 때가 됐다. 마지막 절정을 보여 주마'라고 하신 대목입니다. 하지만 그 절정은 바로 예수님이 죽으시는 것입니다. 그것도 십자가에서 비참하게 죽는 것이죠. 성경은 이 예수님의 죽음을 영광이라고 할 뿐 아니라, 우리가 그렇게 이해하도록 가르치고 있습니다. 그러나 그 영광은 고통스러운 영광이었습니다. 예수님은 이 영광의 고통에 대해서 "지금 내 마음이 괴로우니"라고 말씀하셨는데, 개역한글판에서는 '지금 내 마음이 민망하니'라고 표현했습니다. 예수님의 말씀은 유대인들이 기대하는 메시아에 대한 편견을 깨뜨립니다.

오늘날 우리도 예수님이 앞서 행하신 기적들의 연장선에서 형통, 부요, 해결, 만족 등 세상적인 내용과 방법과 결론을 가지고 메시아를 바라보고 있습니다. 그러나 성경은 계속 이와 반대로 말하는 셈입니다. 이 사건들은 '그게 아니다'라고 알려 주는 대목이며, 특히 세 번째 사건은 더욱 이를 강조합니다. 예수님은 '영광을 받을 때가 되었지만, 이 일을 생각하면 내가 너무 고통스러워서 죽을 것 같다'고 하시면서 "아버지여 나를 구원하여 이 때를 면하게 하여 주옵소서"라고 절규하십니다. 그러시고는 "그러나 내가 이를 위하여 이 때에 왔나이다"라고 다시 곧 순종하십니다. 그러자 하늘에서 응답이 옵니다. "내가 이미 영광스럽게 하였고 또다시 영광스럽게 하리라."

이 모든 일을 이해시키는 핵심적 비유가 우리가 잘 아는, 24절 이하에 나오는 '한 알의 밀 이야기'입니다.

> …… 한 알의 밀이 땅에 떨어져 죽지 아니하면 한 알 그대로 있고 죽으면 많은 열매를 맺느니라 (요 12:24)

이 말씀에는 우리가 읽기에 불편한 모순이 있습니다. 도무지 이 말씀의 앞뒤를 연결하기가 어려울 뿐 아니라 역설에 가까운 이야기입니다. 23절에 있는 '인자가 영광을 얻을 때가 왔도다'와 27절에 나온 '지금 내 마음이 괴로우니 …… 아버지여 나를 구원하여 이 때를 면하게 하여 주옵소서'를 묶는 가르침입니다.

우리는 예수를 믿으면 부활이 있고 영생이 있으며 천국이 있다는 것 때문에 죽음을 약간 쉽게 넘어가려고 합니다. 하지만 죽음은 어려운 것입니다. 죽는다는 것은 우리의 존재와 우리가 살아온 모든 날이 소용없게 되는 것입니다. 죽음은 애통해야 되고, 겁을 내야 되고, 분노해야 되는 것입니다. 그런데 실제로 우리가 사는 세상은 죽음이 우리를 위협하면서도 죽음에는 무슨 예외나 대안이 없습니다. 그렇기 때문에 죽음을 너무나 자연스러운 것으로 여길 수밖에 없습니다. 그냥 죽어야 됩니다. 벗어날 길이 없으니까요. 그래서 우리는 모든 것을 체념하고 죽음을 감수하고 삽니다. 오직 기독교에서만 이 죽음을 불편해하고 죽음에 대해 분을 냅니다. 나사로의 죽음 앞에서 예수님은 우셨고, 또 지금 자신의 죽음 앞에서도, 말하자면 비명을 지르십니다.

창조와 부활의 연결고리, 고난과 죽음

우리가 몸담고 있는 이 자연 세계는 죽음에 대해 모든 생명체의 피할 수 없는 운명이자 자연 세계의 순환 곧 윤회의 법칙이라고 가르치는 반면, 성경은 그렇지 않다고 가르칩니다. 그렇다면 예수님의 죽음은 어떤 의미일까요? 창조가 부활을 가지기 위해서는 그 중간에 죽음을 두어야 합니다. 죽어야 부활 곧 다시 살 수 있습니다. 하지만 '다시'를 하지 말고 처음 것을 그냥 고집하여 밀고 나가면 될 것을, 하나님은 왜 매번 죽음이라는 것을, 절망이라는 것을, 실패라는 것을 허락하시면서 그분의 창조와 구원 역사를 끌어오셨을까요? 우리는 성경을 읽으면서 이 질문을 해야 합니다.

예수님이 이 땅에 오셔서 죽으십니다. 우리 죄를 위하여 죽으시고, 우리에게 새로운 생명과 영생을 주셨습니다. 하지만 아담이 죄를 범했을 때, 그를 없애 버리고 다시 새롭게 인간을 만들면 될 것을, 그리고 대홍수 때 노아를 포함한 모든 인간을 싹 쓸어 버리고 다시 시작하시면 될 것을, 그렇게 하지 않으셨습니다. 바벨탑 사건 때도 다 없애고 다시 시작하시면 될 텐데, 하나님은 그렇게 하지 않으셨습니다.

하나님은 우리가 범한 죄, 우리가 부린 고집과 불순종을 어떤 의미에서는 그대로 인정한 채, 예수님으로 죽음을 돌파하게 하심으로써 부활과 영생을 우리에게 주게 하십니다. 기독교가 말하는 영생은 죽어서 천국 가는 것, 종말론적으로 죽음 다음의 이야기를 말하는 것이 아닙니다. 하나님은 현실을 신앙적으로 완벽하게 살지 못해서 후회하고 애통하고 포기하고 싶은 마음이 드는 죽음의 권세 속에서 살고 있는 자들에게 부활을 꽃피운다는 것을 깨닫게 하십니다. 만약 우리가 이러한 사실을 알고 있다면, 우리의 삶에서 지금 겪고 있는 절망과 비명이 가치 있다고 생각해야 합니다.

예수님도 결국 죽기 위해 세상에 오셨다면, 굳이 아기로 태어나서 33년을 사실 필요가 있었을까요? 그분이 병자를 고치시고 바다 위를 건너실 필요가 있었을까요? 어차피 그냥 죽기 위해 오신 건데 말이죠. 또한 예수님은 자신이 행한 수많은 기적으로 사람들에게 핀잔도 들으셨습니다. 예수님이 바리새인들과 율법사들에게 욕먹고, 또 수제자 베드로에게 세 번이나 부인당하시고, 제자들 가운데 가룟 유다라는 배신자가 생기는 일도 겪으시면서 죽음까지 감당하도록 하시는 하나님의 일하심을 통해 우리는 무엇을 보아야 합니까?

성경을 보면, 예수님의 죽음은 우리의 죄를 씻기고, 우리를 새사람 곧 하나님의 백성으로 삼아 영생을 얻게 하십니다. 이는 사실이고 반드시 기억해야 할 내용입니다. 하지만 하나님이 영생을 만드는 과정은 아담 이후에 반복적으로 하나님을 거부하고 그분이 없는 것처럼 지내온 역사를 되짚어 보면, 하나님은 인간들을 버리셔도 마땅합니다. 그러나 하나님은 그렇게 하지 않으시고 인간들을 끌어안을 뿐 아니라 그들의 저항과 반발과 무지 위에 꽃을 피우시고 그들을 살리십니다. 이것이 성경이 말하는 하나님의 구원이고 영광입니다.

하나님은 그분이 창조하신 인간들에게 복을 약속하시고, 하나님의 자녀라는 특권을 주셨으며, 믿음과 사랑을 요구하는 지위 곧 자유를 주셨습니다. 우리는 그 자유를 잘못 사용하여 죄를 범하여 죽게 되었으나 하나님은 우리의 범죄와 실패를 다 쓸데없는 것으로 여기지 않으셨습니다. 범죄와 실패의 자리와 부활하신 예수님의 손바닥에 못 자국이 남는 것들이 필요한 과정이라고 하나님은 고집하십니다.

복음의 역설

이러한 하나님의 방법이 왜 중요할까요? 희망이 있기 때문입니다. 하나님은 잘못한 것도 쓰십니다. 시간은 헛되게 흐르는 것이 아닙니다. 우리가 '잘한 날은 의미가 있고, 잘못한 날은 손해'라고 인생을 간단하고 쉽게 왜곡하는 것은 기독교 신앙에서는 없는 이야기입니다. 로마서 11장에서는 이렇게 표현하고 있습니다.

> 하나님이 모든 사람을 순종하지 아니하는 가운데 가두어 두심은 모든 사람에게 긍휼을 베풀려 하심이로다 (롬 11:32)

하나님이 사람들을 어디에 가두었다고 합니까? '순종하지 아니하는 가운데 가두어 두심'이라고 합니다. 이는 '불순종을 인정하심'이라는 말입니다. 하나님이 모든 사람에게 불순종과 고집을 허락하신 것은 은혜를 베풀기 위해서입니다. 하나님이 은혜를 베푸시는 데 조건은 필요하지 않습니다. '불순종을 순종으로 만드셨다'고 윤리적으로 이해하지 마십시오. 하나님은 명분을 만드신 것이 아닙니다. 그분은 불순종이 일을 하도록 하셨습니다. 하나님이 나를 찾아오신 것은 나를 사랑하기 때문이지, 사랑을 실천하시려고 나를 찾아오신 게 아닙니다. '못난 나'가 하나님의 사랑과 구원으로 못남을 넘어서는 상황이 우리에게 현실화된 것입니다. 그래서 로마서 11장 33절 이하의 내용이 이렇게 나옵니다.

> 깊도다 하나님의 지혜와 지식의 풍성함이여, 그의 판단은 헤아리지 못할 것이며 그의 길은 찾지 못할 것이로다 누가 주의 마음을 알았느냐 누가 그의 모사가 되었느냐 누가 주께 먼저 드려서 갚으심을 받겠느냐 이는 만물이 주에게서 나오고 주로 말미암고 주에게로 돌아감이라 그에게 영광이 세세에 있을지어다 아멘 (롬 11:33-36)

왜 이 말씀이 나왔는지 아시겠죠? '그래, 말이 안 된다. 말이 안 되면 어떠냐? 하나님이 기어코 복을 주시겠다는데, 너는 왜 시비냐? 네가 싫으면 관둬라. 네가 관두면 끝인 줄 아느냐? 고생이나 실컷 해라'라고 이야기하는 것입니다.

인생에서 우리가 하는 반응은 거의 비슷합니다. 깨닫고 놀라 각오를 하고, 그러다 잘 안 되면 핑계 대거나 모른 척하거나 불평하거나 비겁하게 변명합니다. 어떤 때는 잘해서, 그 잘한 것 갖고 평생 우려먹기도 합니다. 우리 스스로 가슴에 손을 얹고, 구원받을 자격이 있는지 생각해 보십시오. 옆 사람이 우리에게 물어볼 것입니다. '네가 구원받을 자격이 있어?' 그러면 우리가 할 말은 딱 하나밖에 없습니다. '그럼, 너는?' 자신에 대해서는 스스로 잘 알기 때문에 물을 필요가 없습니다.

하나님은 그 '너는?' '나는?' 하며 묻는 자들을 구원하십니다. 그렇기 때문에 구원은 간단하지 않습니다. 이 '지지고 볶고, 미칠 것 같고,

말이 안 되고'가 빛을 발하고, 선을 이루고, 영광이 되고, 생명의 부요함과 아름다움이 된다고 이야기합니다. 이러한 역설이 곧 복음입니다.

예수님이 부활하셔서 본래 성자 하나님의 영광을 드러낸 것에 대해 우리가 뭐라고 시비를 걸 수 없습니다. 그러나 예수님이 비유하신 '한 알의 밀'(요 12:24)은 '그분이 부활하사, 부활의 첫 열매가 되셨다'라는 의미입니다. 땅에 묻힌 씨가 땅 속에서 썩어 싹이 나고 열매를 맺듯, 예수님의 십자가도 이렇게 삼켜져 소멸되는 것 같은 죽음에다 생명을 만들고 풍성하게 결실하도록 하셨습니다. 십자가는 모든 것을 뒤집어 놓은 사건입니다.

십자가가 이렇게 대단한 사건임에도 불구하고, 우리는 밤낮 '내 죄를 대신 지셨어요. 나를 구원하셨어요'라고 말하며 웁니다. 그러면 책임만 남습니다. 사실, '널 위해 몸을 주건만 너 무엇 주느냐'(새찬송가 311장 '내 너를 위하여' 1절)라는 찬송은 나쁜 노래입니다. 만약 예수님이 이 찬양의 가사처럼 물어보신다면 우리는 할 말이 없습니다. '그렇게 내가 너에게 주었고, 너는 이제 내 것이며, 내가 너를 포기할 수 없다. 그것 아느냐? 너는 여럿 가운데 모여서 울 필요 없다. 씩씩하게 살아라'로 개사를 해야 합니다.

요셉의 억울한 지경

우리는 복음이 왜 복음인지, 예수를 믿는다는 말이 무엇인지, 왜 예수님이 십자가에서 죽으셨는지를 생각해 봐야 합니다. 예수님은 우리를 방해하거나 넘어뜨릴 수 있는 모든 것을 다 치우신 겁니다. 죽음까지도 말입니다. 그럼으로써 우리의 불순종이, 가장 순종하는 자가 만드는 것보다 더 큰 것을 만들게 하신 것입니다. 예수님이 이 모든 것을 뒤집어엎으심으로 은혜가 두 배가 되어 버렸습니다. 이것이 성경의 역설입니다.

우리가 실감할 수 있도록 요셉의 예를 들어 보겠습니다. 요셉은 왜 애굽의 감옥에 갇혔습니까? 잘못해서 들어간 것이 아닙니다. 형들이 요셉을 애굽에 노예로 팔았습니다. 그리고 애굽에서 억울하게 감옥에 갇혔습니다.

> 그의 발은 차꼬를 차고 그의 몸은 쇠사슬에 매였으니 곧 여호와의 말씀이 응할 때까지라 …… (시 105:18-19)

그러니 요셉은 자신이 겪은 그 시간이 얼마나 억울했을까요? 하나님의 말씀이 응할 때까지, 그 억울함이 일을 하고 있었습니다. 그 억울한 지경이 하나님이 마음껏 일하시는 시간이었습니다.

> …… 그의 말씀이 그를 단련하였도다 (시 105:19)

그 후 요셉은 애굽의 총리가 됩니다. 하나님이 요셉을 총리 자리에 그냥 앉힌 것이 아닙니다. 요셉은 총리의 실력을 가집니다. 백관(百官)을 제어하고, 지혜로 장로를 교훈하는 그런 실력이 생겼습니다. 어디서 그런 실력을 키우죠? 감옥에서 실력을 키웁니다. 그가 그토록 몸부림치고 분하게 여겼던 그 시간, '내 인생은 이게 뭐야?'에 대한 답을 언제 얻습니까? 요셉이 우연히 이 자리에 온 것이 아닙니다. 요셉이 그 옛날에 아무것도 모르고 꾸었던 꿈에서 앞날을 봤습니다. 형들이 애굽에 와서 곡식 좀 팔라고 무릎을 꿇을 때, '앗' 하고 깨달았습니다. '하나님이 내 인생을 그때 이미 준비하시고 일하셨구나'라는 것을 다 깨닫습니다. 형들을 다 용서하고, 고함지를 것이 없어졌습니다. 그건 문제도 아니었습니다. 요셉은 자기 인생이 자기의 기대와 욕심보다 훨씬 더 크게 되어 있다는 사실에 놀랐습니다.

다윗의 파란만장한 일생

또 다른 예를 들어 봅시다. 다윗은 더 파란만장합니다. 다윗은 골리앗도 물리치고, 사울도 용서하고, 온 국민이 그를 최고의 지도자로 인정하는 시점에 밧세바 사건이 터집니다. 어떻게 보면 밧세바 사건이 맨 처음에 나와야 했습니다. 다윗이 밧세바 사건으로 모든 사람에게 손가락질을 받고, '저 놈은 죽여야 한다'는 여론이 무성한 가운데 사형 날짜를 기다리고 있을 때 블레셋이 쳐들어와야 합니다. 골리앗이 성문으로 쳐들어오고 이스라엘은 멸망 직전에 처했을 때, 다윗이 옥문을 부수고 나와 골리앗 장수를 물리치고 나라를 구했어야 합니다. 우리가 아는 영웅의 인생 결말은 이렇게 되어야 하는 거 아닌가요? 그런데 하나님이 그 순서를 뒤집어 놓으셨습니다. 하나님이 다윗을 한껏 올려놓은 다음 한 방에 박살을 냄으로써, 다윗이 이제껏 올라온 것보다 더 크고 더 놀라운 '거룩한 신적 공감'을 만드셨습니다.

> 주께서는 제사를 기뻐하지 아니하시나니 그렇지 아니하면 내가 드렸을 것이라 주는 번제를 기뻐하지 아니하시나이다 하나님께서 구하시는 제사는 상한 심령이라 (시 51:16-17)

이런 은혜를 주십니다. 우리는 은혜를 만들 수 없습니다. 우리가 믿는 하나님은 우리가 내놓는 조건을 보고 보상해 주시는 분이 아닙니다. 하나님은 우리에게 목적을 갖고 계십니다. 그분은 우리가 꿈에도 상상 못할 것으로 일하십니다. 이 놀라운 은혜를 나중에 주시는 것이 아니라, 하나님은 이미 예수 안에서 지금 일하고 계십니다. 우리가 밤낮 후회하고 한탄하는 것으로 일하십니다. 우리가 '내가 왜 이렇게 일찍 예수를 믿어서 이 고생인가? 죽기 3분 전에 믿으면 얼마나 편해? 죄를 범할 때도 편하고, 죽을 때도 편하고 말이지'라고 푸념하지만, 하나님은 '일찍 예수를 믿어 못 살겠다'고 하는 것들이 최고라고 말씀하십니다. 이런 갈등, 고민, 절망, 자괴감, 후회, 한숨 등이 진짜 보석이라고 가르치십니다.

우리는 소나무 뿌리를 잡고 간절히 기도하던 옛 신앙에서 넘어와야 합니다. '내 진심을 받아 주시옵소서'가 아니라, 실력과 이해와 수준에 있어서 하나님이 무엇을 하시는지, 나에게 벌어지는 인생이 도대체 무엇을 만드는지, 왜 예수를 일찍 믿어서 이렇게 고생해야 되는지에 대한 답을 찾지 않으면 우리는 밤낮 체념 속에 붙잡혀 있게 됩니다. 그러므로 신자로서 겪는 모든 인생은 헛된 것이 없고, 억울할 것이 없습니다. 우리가 다 해결할 필요가 없습니다. 그 자리에서 우리가 할 수 있는 일을 하면 됩니다. 그때 가지고 있는 실력만큼 하면 됩니다. 지금은 지금 가진 것만큼 하면 됩니다. 그러면 그다음이 옵니다. 그리고 그다음이 오고 그다음이 또 옵니다. 해결되는 것이 아니라 나도 모르게 큽니다.

스데반의 죽음과 바울의 등장

하나님이 불순종 아래 가둔 자들로 일을 하신 경우 중에 대표적인 사람이 바울입니다. 바울은 예수 믿는 사람들을 다 잡아 죽이려고 다니다가 결국 스데반에게까지 왔습니다. 바울 일행이 스데반이 복음을 전하고 있는 곳에 들이닥쳤습니다. 스데반은 그들이 누구인지 압니다. 예수 믿는 사람을 다 잡아간 사람들 앞에서 마지막일지도 모른다는 각오로 이런 설교를 합니다.

> 목이 곧고 마음과 귀에 할례를 받지 못한 사람들아 너희도 너희 조상과 같이 항상 성령을 거스르는도다 너희 조상들이 선지자들 중의 누구를 박해하지 아니하였느냐 의인이 오시리라 예고한 자들을 그들이 죽였고 이제 너희는 그 의인을 잡아 준 자요 살인한 자가 되나니 너희는 천사가 전한 율법을 받고도 지키지 아니하였도다 …… (행 7:51-53)

이는 '생각해 보십시오. 당신들의 선조들이 하나님의 말씀에 순종한 적이 있었는지. 선지자들이 오면 당신들이 회개를 했소? 회개는커녕 그 선지자를 잡아 죽이는 일을 당신들은 여태까지 해 왔소. 선지자들이 전한 메시지의 주인공이시며 메시아이신 예수님이 오셨는데도 그 분을 잡아 죽이지 않았소? 당신들도 당신들의 선조들과 다를 것이 하나 없단 말이오.' 여기 스데반의 설교에 나오는 '너희'는 그 당시 사울과 그의 일행을 가리킵니다.

이 같은 스데반의 설교에 "그들이 이 말을 듣고 마음에 찔려 그를 향하여 이를 갈거늘"(행 7:54)이라고 되어 있습니다. 그들은 회개하지 않습니다. 그러고는 스데반에게 이렇게 행동합니다.

> 스데반이 성령 충만하여 하늘을 우러러 주목하여 하나님의 영광과 및 예수께서 하나님 우편에 서신 것을 보고 말하되 보라 하늘이 열리고 인자가 하나님 우편에 서신 것을 보노라 한대 그들이 큰 소리를 지르며 귀를 막고 일제히 그에게 달려들어 성 밖으로 내치고 돌로 칠새 증인들이 옷을 벗어 사울이라 하는 청년의 발 앞에 두니라 (행 7:55-58)

어쩌면 스데반은 너무 놀랐을 것입니다. 사울과 그 무리들, 그리고 스데반 사이에서 누가 옳은지의 판정을 예수님이 제대로 해 주지 않으면 누가 해 주겠습니까? 그런데 예수님은 스데반보고 '네가 죽어라'라고 하신 상황입니다. 결국 스데반이 돌에 맞아 죽었습니다. 그리고 사도행전 8장 1절은 이렇게 쓰여 있습니다.

사울은 그가 죽임 당함을 마땅히 여기더라 (행 8:1)

그런 사울이 이제 살기가 등등해서 다메섹으로 가다가 예수님을 만납니다. 사울이 "주여 누구시니이까"라고 묻습니다. 이에 예수님이 "나는 네가 박해하는 예수라"라고 답하십니다. 더불어 "너는 일어나 시내로 들어가라 네가 행할 것을 네게 이를 자가 있느니라"라고 말씀하십니다. 그리고 예수님이 선지자 아나니아를 보내십니다.

주께서 아나니아에게 "가라 이 사람은 내 이름을 이방인과 임금들과 이스라엘 자손들에게 전하기 위하여 택한 나의 그릇이라"라고 이르시며, 덧붙여 "그가 내 이름을 위하여 얼마나 고난을 받아야 할 것을 내가 그에게 보이리라"라고 이르십니다.

어떻게 생각하십니까? 복음을 위해 스데반을 보내야 맞을까요? 사울을 보내야 맞을까요? 사울이 한 짓을 생각해 보면, 스데반이 가는 것이 맞습니다. 그러나 거꾸로 되었습니다. 스데반은 죽고, 마땅히 죽어야 할 사울은 스데반의 뒤를 잇습니다. 스데반이 죽어 바울이 생긴 것입니다. 스데반의 죽음 곧 한 알의 밀이 심기어 그 열매를 맺었습니다. 이렇게 일하시는 하나님의 분명한 증거들이 성경에 가득합니다.

죽음의 자리를 지켜내는 신자

그렇기 때문에 하나님은 우리도 죽으랍니다. 죽는다는 것은 해결하려는 행동이 아닙니다. 그 죽음의 위협과 시험과 유혹 속에 사는 것을 말합니다. 하나님이 우리의 목숨을 언제 거두실지는 모릅니다. 그동안 우리는 우리의 삶을 통해 씨를 심을 것입니다. 우리의 삶 속에 씨를 심고 계신 하나님이 일을 하십니다. 그래서 이와 같은 말씀이 나옵니다.

> 자기의 생명을 사랑하는 자는 잃어버릴 것이요 이 세상에서 자기의 생명을 미워하는 자는 영생하도록 보전하리라 (요 12:25)

우리는 이 세상에서, 하나님이 예수를 보내어 증명하신 그 목적에 따라 삶을 살아야 합니다. 그것은 윤리·도덕으로 이야기할 수 없습니다. 윤리·도덕을 훨씬 넘어서는 것입니다. 자신의 존재와 현실의 모든 조건에 대해서 믿음을 가지는 것입니다. 우리가 그 믿음을 가지면 마음이 고민하여 죽을 것같이 됩니다.

'인자가 영광을 얻을 때가 왔도다'(요 12:23)와 '내 마음이 괴로우니 무슨 말을 하리요 아버지여 나를 구원하여 이 때를 면하게 하여 주옵소서'(요 12:27)가 동시에 일어나는 것이 신자의 가장 확실한 정체성이고 현장입니다. 그 자리를 피해 도망가는 바람에 기독교 복음은 그저 값싼 주문이 되고 말았습니다. 대강 외면하고 사는 게 되었습니다. 월터 브루그만은 그의 책《다시 춤추기 시작할 때까지》에서 내내 대강 외면하고 타협하고 사는 것을 이렇게 공격합니다.

> 우리는 **소비자 만족**과 **사소한 순종**이 서로 단결하는 문화에 속해 있다. 그러한 견고한 동맹은 **우리가** 자기밖에 모르는 삶을 포기하

지 않은 것을 변명하고, 자기 필요와 욕구 말고는 관심을 기울이지 않는 행동 강령을 지키게 한다.•

이는 '소비자 사회에서 간단한 신앙 주문으로 얼버무리고 사는 신자들이 됐다'고 일갈하는 것입니다. 우리도 충분히 납득할 수 있습니다. 그럼 우리는 무엇을 해야 할까요? 뛰쳐나가서 영웅이 되지 마십시오. 자기에게 맡겨진 자리에서, 자기가 할 수 있는 일에서 부활의 인생을 살고, 부활의 씨앗을 심고 죽음의 자리를 지켜 내는 그 믿음의 소망과 담대함과 인내와 자랑을 가지십시오.

기 도

하나님 아버지, 우리 인생의 곤고함은 우리를 심어야 하기 때문입니다. 그것은 소망이며, 영광이며, 자랑이며, 하나님의 뜻이며, 사람의 인생 속에 가장 행복하고 가장 기쁜 일입니다. 우리가 그 인생을 살아 내지 않으면 누구에게 그 책임을 떠넘기겠습니까? 책임 있는 인생을 살고 믿음을 지키고 승리하여 만날 때마다 그 기쁨과 감사를 나누는 귀한 신자가 되게 하옵소서. 예수님 이름으로 기도합니다. 아멘.

• 월터 브루그만 지음, 신지철 옮김, 《다시 춤추기 시작할 때까지》(IVP), 115쪽.

27.
주의 영광을 보고

37 이렇게 많은 표적을 그들 앞에서 행하셨으나 그를 믿지 아니하니
38 이는 선지자 이사야의 말씀을 이루려 하심이라 이르되 주여 우리에
게서 들은 바를 누가 믿었으며 주의 팔이 누구에게 나타났나이까 하였
더라 39 그들이 능히 믿지 못한 것은 이 때문이니 곧 이사야가 다시 일
렀으되 40 그들의 눈을 멀게 하시고 그들의 마음을 완고하게 하셨으니
이는 그들로 하여금 눈으로 보고 마음으로 깨닫고 돌이켜 내게 고침을
받지 못하게 하려 함이라 하였음이더라 41 이사야가 이렇게 말한 것은
주의 영광을 보고 주를 가리켜 말한 것이라 42 그러나 관리 중에도 그
를 믿는 자가 많되 바리새인들 때문에 드러나게 말하지 못하니 이는 출
교를 당할까 두려워함이라 43 그들은 사람의 영광을 하나님의 영광보
다 더 사랑하였더라 (요 12:37-43)

본문은 이제 예수님이 죽기로 작정하시는 장면입니다. 예수님의 죽음은 예수님을 따르던 자들에게 굉장히 뜻밖이고 이해가 안 되는 부분입니다. 예수님의 제자들도 놀랐지만 그분을 따르던 무리는 배신감을 느껴 그분께 분노하기까지 했습니다. 그럼에도 예수님은 죽으십니다. 논리적으로, 예수님의 죽음은 그분이 공생애 동안에 행한 모든 기적과 연결하여 생각해 보면 모순입니다. 가나 혼인 잔치에서 포도주를 만드시고, 음행 중에 잡힌 여자를 용서하시고, 보리떡 다섯 개와 물고기 두 마리로 5천 명을 먹이시고, 중풍 병자를 고치시고, 나병 환자를 깨끗이 치유하시고, 바다의 광풍을 잠재우시고, 심지어 죽은 나사로도 살리신 분입니다. 그런 예수님이 죽으시면 안 됩니다.

세상의 법칙

나이가 들어 죽음을 눈앞에 두면, 잘 사는 게 무엇인지 생각하게 됩니다. 한때 건강하고 성공했던 일들이 죽음 앞에 서면 잘한 것인지 못한 것인지 구별이 안 됩니다. 세상의 법칙은 그저 '다 그런 거야. 그냥 다 죽는 거지, 뭐. 한탄하면 뭐해'라고 말할 뿐입니다.

예수님이 희망과 기적과 영생과 진리와 복과 사랑을 우리에게 말씀하셨다면, 이 약속이 한 번의 사건이나 한순간의 도움으로 끝나지 않도록 그 가치를 영원하게 만들어야 합니다. 그러려면 죽음을 해결해야 합니다. 그렇기 때문에 우리는 예수님이 죽음을 해결해야 한다는 것을 다 공감할 수 있습니다. 그러나 예수님은 이 상황에서 죽음을 해결하는 것이 아니라 그 죽음에 잡혀 죽으십니다. 이 부분이 당시 그분의 제자들이나 그분을 따르던 무리가 놀란 대목입니다. 우리에게도 이 사실은 정당한 질문으로 다가와야 합니다만, 우리는 그 질문을 예수님의 부활, 성령의 강림 등에 기대 어물어물 넘어온 셈입니다.

'십자가로 해결했잖아'라고 말하면 쉬워 보이지만, 죽음을 해결하기 위해 죽음에 잡아먹힌다는 것은 방법이나 모양으로 잘 이해되지 않습니다. 그렇기 때문에 성경이 이 부분을 어떻게 풀어 가는지 알아야 합니다. 히브리서 2장은 죽음을 그냥 두지 않고 해결하는 방법에 대해 어떻게 설명하는지 살펴봅시다.

> 자녀들은 혈과 육에 속하였으매 그도 또한 같은 모양으로 혈과 육을 함께 지니심은 죽음을 통하여 죽음의 세력을 잡은 자 곧 마귀를 멸하시며 (히 2:14)

'죽음을 통하여 죽음의 세력을 잡은 자 곧 마귀를 멸'하셨다고 합니다. 이는 죽음의 세력을 잡은 자를 멸하기 위해 죽음의 자리에 들어갔다는 말입니다. 이 말씀의 뜻을 다른 성경 구절을 인용하여 억지로 풀 수도 있습니다. '한 알의 밀이 땅에 떨어져 죽지 아니하면 한 알 그대로 있고 죽으면 많은 열매를 맺느니라'(요 12:24)라고 말이죠. 그러나 지금은 심긴 것이 아니라 죽는 것입니다. 죽음을 없애 버리거나 죽음을 해체해 버리거나 소용없게 만들어야 될 것 아닙니까? 그러려면 죽음보다 더 큰 세력을 갖고 있어야 합니다. 그런데 죽음이라는 세력이 마치 예수님을 이긴 것같이 혹은 삼킨 것같이 보입니다. 이 때문에 예수를 알아보지 못하는 것입니다.

예수님의 죽음에 대한 역사적 반응

빌라도가 무리에게 '너희는 내가 누구를 너희에게 놓아 주기를 원하느냐 바라바냐 그리스도라 하는 예수냐'(마 27:17)라고 물었을 때, 유대인들은 "바라바로소이다 …… [예수는] 십자가에 못 박혀야 하겠나이다 …… 그 피를 우리와 우리 자손에게 돌릴지어다"(마 27:21-25)라고 말했습니다. 빌라도 앞에 모인 군중은 폭도가 아닙니다. 불과 얼마 전에 "호산나 다윗의 자손이여 찬송하리로다 주의 이름으로 오시는 이여 가장 높은 곳에서 호산나"라고 주를 반긴 사람들입니다.

무리는 왜 예수님을 열렬하게 반겼을까요? 그들은 예수님이 행하신 수많은 기적을 봤기 때문입니다. 그들은 5천 명이 먹고도 남은 보리떡과 물고기가 열두 바구니나 되고, 바다를 꾸짖기도 하시고, 죽은 자도 살려 내시는 메시아가 계시면 세상의 권력은 문제될 것 없다고 여겼을 것입니다. 예수님이 모든 것을 해결해 주실 거라 믿었습니다. 그런데 그런 분이 죽는답니다. 그래서 그들은 예수께 분노했습니다. '수많은 기적을 행하지 않았으면 그를 믿지도 않았을 것이고, 기대도 안 했을 텐데. 그냥 우리끼리 살게 놔두지 왜 잔뜩 바람만 넣고, 이렇게 맥없이 조롱과 수치와 고통 속에서 죽는단 말인가?' 이것이 예수님이 죽음으로 들어간 역사적 사실에 대해 실제로 있었던 역사적 반응입니다.

지금까지도 예수님의 죽으심과 부활을 안 믿는, 기적과 은혜가 일어나지 않으면 믿을 수 없는 이유가 여기에 있습니다. '왜? 어째서?'라고 당연히 물어야 합니다. '죽음을 통하여 죽음의 세력을 잡은 자 곧 마귀를 멸하시며'(히 2:14)라고 한 우리말 성경 표현은 영어 성경 킹제임스역과 비슷하게 옮긴 것입니다. 거기에 '멸하시며'는 'destroy'(멸망시키다)로 나옵니다. 그런데 이 단어에 해당하는 원어의 뜻은 '속수무책으로 만들다, 꼼짝 못하게 만들다'입니다. 죽음은 남아 있는데, 그 죽음이 옛날 같은 권세를 갖지 못한다는 의미입니다. '그 권세가 인류의 운명이 될 수 없다. 비극과 절망으로 끝날 수 없게 되어 버렸다'는 것입니다.

죽음을 통과하여 구원을 결실함

그렇다면 주께서 '굳이 죽음이라는 방법을 사용하실 필요가 있었을까?'라는 생각이 다시 듭니다. 죽음을 소용없게 하시려고 죽음의 자리에 들어가셔서 죽음에서 부활하신 것은 좋은데, 그럴 바에 애초에 죽음을 명하여 '지구를 떠나라. 이 땅에서 없어져라' 하시면 되지 않는가? 이런 질문을 할 수 있습니다. 그러나 실제로 구원 역사가 일어난 것이 죽음을 통과한 방법이었다면, '죽음을 없애는 것보다 죽음을 통과한 방법에 하나님의 뜻이 있고, 이를 더 숙고해야 할 이유가 있을 것이다'라고 당연히 생각해야 할 것입니다. 성경은 죽음에 대해 이렇게 말합니다.

> 사망아 너의 승리가 어디 있느냐 사망아 네가 쏘는 것이 어디 있느냐 사망이 쏘는 것은 죄요 죄의 권능은 율법이라 (고전 15:55-56)

'사망이 쏘는 것은 죄요'라는 것은 사망이 일어나는 이유가 죄 때문이라는 의미이고, '죄의 권능은 율법이라'고 한 것은 죄가 잘잘못에 의해 심판을 결정한다는 의미입니다. 이렇게 이야기하고 난 후 이를 설명하지 않은 채 바로 반박을 합니다.

> 우리 주 예수 그리스도로 말미암아 우리에게 승리를 주시는 하나님께 감사하노니 그러므로 내 사랑하는 형제들아 견실하며 흔들리지 말고 항상 주의 일에 더욱 힘쓰는 자들이 되라 이는 너희 수고가 주 안에서 헛되지 않은 줄 앎이라 (고전 15:57-58)

죽음이 소용없게 되었기 때문에 '뭐가 어떻게 되었고'가 없습니다. 예수님으로 말미암아 우리에게 주시는 하나님의 승리와 죽음, 헛됨이 있습니다. 죽음의 가장 큰 내용은 헛된 것입니다. 태어난 것이 손해인 헛된 것이 사라지니 우리에게 '견실하며 흔들리지 말고 항상 주의 일에 더욱 힘쓰는 자들이 되라 이는 너희 수고가 주 안에서 헛되지 않은 줄 앎이라'라고 권면합니다.

이렇듯 예수님이 죽음을 통과하여 우리에게 준 것은 어마어마한 것입니다. 거듭 다시 이야기해야 하지만, '무엇 때문에 예수님이 죽음을 겪으셔서 이 결과를 만드는지'는 여전히 남습니다. 일단 우리는 이 일이 여기에서 시작한 것임을 알아야 합니다. 우리는 '죽음을 이기려면 죽음보다 더 큰 힘이 있어야 한다'고 생각합니다. 이는 우리에게 당연한 생각입니다. 그런데 예수님이 오셔서 우리의 당연한 생각에 도전하신 셈입니다.

예수를 믿지 않는 이유

이 부분은 본문에도 나오는, 당시 사람들이 예수님을 믿지 않았던 이유입니다. 그 부분은 이사야서에 예언된 그대로입니다.

> 우리가 전한 것을 누가 믿었느냐 여호와의 팔이 누구에게 나타났느냐 (사 53:1)

'누가 믿었느뇨? 누가 상상을 했느뇨? 누가 하나님이 이런 모습으로 우리를 찾아올 줄 기대했으며, 이해할 수 있었겠느뇨?' 싶은 모습으로 그분이 오셨습니다. 예수님이 너무 초라하게 오셔서 기대하지 못한 면도 있습니다. 우리는 하나님이 위대하심과 초월과 우월과 권능으로 우리에게 오실 것이라 생각했습니다. 우리는 하나님이 어떠한 위압감도 없는, 우리와 여일한 모습과 형편과 조건 속으로 들어오실 줄은 몰랐습니다. 그분은 우리의 기대와 사뭇 다르게 오셨습니다. 그러고서는 이사야 6장을 인용합니다. 이사야 선지자가 하나님께 소명을 받는 장면입니다.

> 내가 또 주의 목소리를 들으니 주께서 이르시되 내가 누구를 보내며 누가 우리를 위하여 갈꼬 하시니 그 때에 내가 이르되 내가 여기 있나이다 나를 보내소서 하였더니 여호와께서 이르시되 가서 이 백성에게 이르기를 너희가 듣기는 들어도 깨닫지 못할 것이요 보기는 보아도 알지 못하리라 하여 (사 6:8-9)

이 말씀에 대한 응답이 예수님입니다. 그리고 그분의 죽음입니다. 이는 무슨 뜻일까요? 십자가를 볼 때 '왜 수많은 기적들을 행하신 분이 죽음을 감수하셔야 했는가? 왜 죽어야 했는가?'에서 우리가 막히듯, 우리는 현실과 인생에서 '왜 예수를 믿는데 안 믿는 자들보다 더 고단한가? 뭘 잘못했는가? 하나님은 왜 일을 이런 식으로 하시는가?'라고 질문합니다. 이때 하나님이 말씀하십니다. '너희는 봐도 모른다. 너희는 들어도 모른다. 너희가 알고 깨닫는 수준에서 타협점을 요구하지 마라. 너희는 상상도 못하는 것이다'라고 말씀하십니다.

요한복음 12장에서도 나왔습니다. "그들은 사람의 영광을 하나님의 영광보다 더 사랑하였더라"(요 12:43). 우리는 이를 쉽게 '하나님을 안 믿고 자기 자신을 믿었기 때문'이라고 이분법으로 나눕니다. 하지만 이 말씀은 그런 뜻이 아닙니다. 우리의 기대와 이상, 우리가 생각하는 가장 완벽한 요구보다 더 높아서 우리가 믿을 수도 없고, 이해할 수도 없고, 선택할 수도 없는 것임을 적나라하게 보이십니다.

죽음의 자리까지 내려오신 분

'죽은 자를 살리시는 분이 어찌 사람의 손에 죽음을 당할 수 있단 말인가?'를 도전하고 계십니다. 왜 그런 도전을 하실까요? 하나님은 우리가 반응한 것과 우리가 결정한 것을 그분의 일하심에 수용하기로 하셨기 때문입니다. 우리 때문에 나타난 죽음을 하나님이 들어와 직접 경험하시고, 우리의 형편과 못난 자리로 내려오셔서 이해하시고 공감하시고 참여하셨습니다. 그리고 우리에게 말씀하십니다. '내가 너희의 자리에 온 것같이, 너희도 나와 함께 저 높고 크고 위대한 자리에 함께 가자'고 하십니다. 그렇게 설득하신 것이 죽음입니다.

히브리서 4장 15절은 이렇게 표현합니다.

> 우리에게 있는 대제사장은 우리의 연약함을 동정하지 못하실 이가 아니요 모든 일에 우리와 똑같이 시험을 받으신 이로되 죄는 없으시니라 (개역개정)

> 우리에게 있는 대제사장은 우리 연약함을 체휼하지 아니하는 자가 아니요 모든 일에 우리와 한결 같이 시험을 받은 자로되 죄는 없으시니라 (개역한글)

개역한글판이 옮긴 단어, '체휼'이란 무엇일까요? 우리말 성경 번역이 자꾸 부드러워져서 원래 의미가 제대로 전달되지 않는 경우가 더러 있습니다. 개역개정판에서는 '동정'으로 바뀌었는데 '체휼'이 원문의 의미에 더 가깝습니다. 체휼은 '육체로 경험하는 것'입니다. 예수님은 우셨고, 고통을 호소하셨습니다. 그분은 '내 마음이 매우 고민하여 죽게 되었으니'(마 26:38)라고 고백하셨습니다. 신이 할 고백이 아님에도 불구하고 그 고백의 자리까지 내려오셨습니다. 우리가 자초해서 만든 최악의 자리에 들어오신 분이 예수님입니다. 죄의 자리를 통과하여 우리를 끌어안는 하나님의 호소와 하나님의 자기 설명, "나는 너희에게 이런 하나님이다"라는 말씀을 역사에 남기셨습니다. 이것이 기독교입니다. 그래서 성경은 이렇게 전합니다. '너희가 하는 모든 결정이 잘잘못으로 나뉘는 것이 아니다. 모든 것은 너희를 납득시키기 위해 내가 허락한 것이다. 그래서 얼마든지 긴 시간과 수많은 시행착오, 기회를 주는 것이다. 이것이 인류의 역사이고 너희 각각의 인생이다'라고 말이죠.

은혜를 베푸시기 위하여

로마서 11장 30절 이하를 봅시다.

> 너희가 전에는 하나님께 순종하지 아니하더니 이스라엘이 순종하지 아니함으로 이제 긍휼을 입었는지라 이와 같이 이 사람들이 순종하지 아니하니 이는 너희에게 베푸시는 긍휼로 이제 그들도 긍휼을 얻게 하려 하심이라 하나님이 모든 사람을 순종하지 아니하는 가운데 가두어 두심은 모든 사람에게 긍휼을 베풀려 하심이로다 (롬 11:30-32)

이 모든 사람을 불순종 가운데 묶어 둔 이유는 은혜를 베푸시려 함이랍니다. 하나님은 우리가 순종할 만큼의 은혜를 주실 것입니다. 다만 우리가 받은 은혜를 다 이해할 수는 없습니다. 그러므로 여기서 말하는 '불순종'은 '순종과 불순종'이라는 이분법에서 정죄받는 불순종이 아닙니다. 우리는 다 이 문제에 대해 무력하고, 납득할 수 없으며, 좋아할 수 없는 일을 '하나님이 하신다'고 고백할 수밖에 없습니다.

하나님이 이렇게 모든 사람을 불순종 가운데 두시고 은혜를 베푸신다는 것은 어디에 나타납니까? 역사적으로 '이스라엘이 순종하지 아니함으로 이제 긍휼을 입었는지라'(롬 11:30)에서 나타납니다. 이는 '이스라엘이 불순종하여 예수를 십자가에 못 박아 죽임으로써 이방이 구원을 얻었다'라고 할 수 있습니다.

이스라엘은 제사장 국가입니다. 그들은 믿음으로 열국 앞에 하나님의 영광을 증명해야 합니다. 그러나 그들은 이를 실패합니다. 그럼, 무슨 방법만 남았습니까? 이스라엘은 순종과 불순종 사이에서 불순종을 택하여 벌을 받았다고 합시다. 이방은 불순종이고 순종이고 간에 선택의 여지가 없습니다. 그러한 기회가 주어지지 않았던 때에 이스라엘이 불순종해서 벌을 받는 것이 이방인들에게 구원이 되었습니다. 마치 순종한 것같이 말이죠. 우리의 상상을 뛰어넘는 일입니다.

이 법칙을 기억하십시다. 이 법칙은 예수 그리스도의 죽음입니다. 예수님이 죽는 방식과 우리를 불순종 가운데 묶어 놓는 것은 이분법으로는 말이 안 됩니다. '아브라함 링컨은 천국에 갔고, 히틀러는 지옥에 갔다'고 이야기하지 않고, '둘 다 불순종한 가운데 하나님이 묶어 놓은 인류'라고 말하는 것입니다. '그럼, 히틀러는 어디에 있는 걸까요? 히틀러가 천국에 있다면, 그런 천국에 난 안 갈래요'라고 말하지 마십시오. 이 사실은 나중에 천국에 가서 확인하십시오. 하나님은 그 모든 것을 묶으십니다. 유다가 예수님을 판 그 드라마가 절정을 이룹니다.

결국 로마서 11장이 하고 싶은 이야기는 '우리의 순종과 불순종보다 더 큰 목적과 방법과 하나님의 의지가 작동하고 있다는 것을 잊지 마라. 너희는 이를 아는 사람이어야 한다'고 하며 우리를 격려합니다.

영광의 자리, 그 놀라운 선언

우리는 예수를 모르는 자들과 믿지 않는 자들이 어떻게 되었는지 확인하는 것으로 자신을 확인하지 말아야 합니다. 모두가 잘못했다는 것을 인정하는 자리에서, 순종이 무엇이며 은혜가 무엇인지를 아는 영광의 자리로 더 나아가야 합니다. 이것이 성경이 우리에게 전하고 싶은 이야기입니다.

'예수님이 채찍에 맞고 십자가에 달려 돌아가셨어요'라며 울지 마십시오. 예수님이 부활하셔서 '내가 세상 끝날까지 너희와 항상 함께 있을 것이다. 겁먹지 마라. 얼굴 표정 잘 지어라'를 기억하는 것이 더 중요합니다. 앉아서 회개만 하는 것은 스스로를 속이는 짓입니다. 회개만 하지 말고 할 일을 해야 합니다. 잘못한 것을 지우지 말고 그 잘못이 나한테 작용해서 어제보다 오늘이 낫고, 오늘보다 내일이 더 나아져야 합니다.

우리는 잘잘못에 묶여 있습니다. 이는 기독교가 무엇을 하고 있는지 잘 모르기 때문입니다. 베드로가 "재는요? 재는요?"라고 그랬다가 예수께 욕먹은 일이 있었습니다. 예수님이 베드로에게 '나중에 너는 네가 원치 않는 죽음을 당할 것이다. 남들이 너를 묶어 너를 죽일 것이다'라고 하시자, 베드로가 다른 제자를 가리키며 '재는요?'라고 물었습니다. 그때 예수님이 '너나 잘해'라고 하셨던 것을 기억하시죠? 우리의 삶을 보십시오. 이런 문제의 결론이 로마서에 놀랍게 나옵니다.

> 깊도다 하나님의 지혜와 지식의 풍성함이여, 그의 판단은 헤아리지 못할 것이며 그의 길은 찾지 못할 것이로다 누가 주의 마음을 알았느냐 누가 그의 모사가 되었느냐 누가 주께 먼저 드려서 갚으심을 받겠느냐 이는 만물이 주에게서 나오고 주로 말미암고 주에게로 돌아감이라 그에게 영광이 세세에 있을지어다 아멘 (롬 11:33-36)

이 얼마나 놀라운 선언입니까. 하나님은 우리의 상상을 뛰어넘는 분이십니다. 성경이 하나님을 설명하는 말은 성품에 관한 것들입니다. '자비롭고 은혜롭고 노하기를 더디하고 인자와 진실이 풍성한 하나님'입니다. 우리는 '이것이 진심일까? 아첨일까? 속이는 걸까?'의 잘잘못에 묶여 있습니다. 우리가 하나님의 사람으로 살아가려면 '예수를 믿는다'는 고백이 어떤 의미가 있는지 알아야 합니다.

우리가 믿는 하나님은 그 아들을 보내시어 십자가를 지게 하신 분이라는 것을 기억해야 합니다. 예수의 죽음을 기억하는 것은 인간의 죄성을 고발하거나 무지를 탓하거나 억울함을 한탄하게 만드는 것이 아닙니다. 하나님은 그 모든 것을 넘어서고 수용하여 우리와 함께 일하고자 하신다는 것을 기억합시다. 그리하여 모든 사람이 자신의 삶을 믿음으로 살도록 쓰임 받아야 합니다. 로마서 9장 22절 이하를 봅시다.

> 만일 하나님이 그의 진노를 보이시고 그의 능력을 알게 하고자 하사 멸하기로 준비된 진노의 그릇을 오래 참으심으로 관용하시고 또한 영광 받기로 예비하신 바 긍휼의 그릇에 대하여 그 영광의 풍성함을 알게 하고자 하셨을지라도 무슨 말을 하리요 이 그릇은 우리니 곧 유대인 중에서뿐 아니라 이방인 중에서도 부르신 자니라 (롬 9:22-24)

이 말씀은 애굽 왕 바로 이야기를 하다가 나왔습니다. 하나님이 악당 바로를 세우신 이유는, 이스라엘 백성과 후대에 있을 믿음의 자손들로 하여금 하나님이 어떤 분이신지를 알게 하기 위해서입니다. 바로는 하나님이 세운 악당이었습니다. '그렇다면 바로를 꾸중하실 까닭이 없지 않은가요? 하나님이 바로에게 그런 악역을 맡긴 것이지, 바로가 악당은 아니잖아요?'라는 의문이 듭니다.

바로가 벌을 받아 마땅하냐 아니냐는 하나님이 판단하실 것입니다. 우리는 하나님이 무슨 일을 하고 계신지만 기억하면 됩니다. 하나님은 바로를 세워 열 번이나 용서해 주셨습니다. 삼국지에서 공명(제갈량)이 남만 지역을 공격하면서 '맹획'이라는 족장을 생포하고 일곱 번 잡았다 일곱 번 풀어 주는 칠종칠금(七縱七擒)을 했습니다. 이처럼 하나님은 마음의 항복을 받아 내기 위해 바로를 열 번이나 용서해 주셨습니다.

말하자면 바로의 권력이 하루아침에 사라지지 않고, 그가 이스라엘 백성을 괴롭히기를 열 번이나 반복한 것입니다. 결국 바로가 항복한 것이 아니라 모세가 항복합니다. 그리하여 모세는 인내하시는 하나님을 볼 수 있게 됩니다.

모세는 백성들과 함께 40년 광야 길을 걷습니다. 그리고 그들과 함께 죽습니다. 그 못난 백성들 때문에 말이죠. 그러나 모세는 두 번이나 하나님께 결정적인 중보 기도를 드립니다. 첫 번째는 이스라엘 백성들이 시내산에서 금송아지 우상을 만들었을 때, 모세는 기도하여 하나님의 진노를 가라앉힙니다. '하나님이 여기에서 이스라엘 백성을 죽이시면 세상 사람들이, 애굽에서 꺼낼 실력은 있고 먹여 살릴 실력은 없다고 하나님을 조롱할 것입니다'라고 기도하여 하나님의 진노를 거두시게 합니다.

두 번째는 가데스바네아에서 가나안 땅을 자세히 살펴보도록 했던 정탐꾼들이 돌아와 백성들에게 그 땅에 대해 악평했을 때입니다. 이때 모든 백성이 원망하고 돌을 들어 모세를 죽이려 합니다. 하나님이 '더 이상 참을 수 없다'고 하시자, 모세가 '하나님, 여태껏 고생한 것이 억울하지도 않으신가요? 한 번만 더 참으시죠'라고 고하여 하나님이 또다시 참으십니다.

모세가 중재나 타협을 잘 이끌어 내서 그런 것이 아닙니다. 모세는 하나님이 어떤 분이신지 알고 항복한 인간의 모범일 뿐입니다. 그저 모세는 '하나님, 그런 말씀 마세요. 제가 하나님의 마음을 잘 압니다. 용서하실 것이면서 괜히 말씀만 그렇게 하시는 거 압니다. 그냥 더 가시죠'라고 한 것입니다. 그래서 민수기 14장 21절 이하를 보면, 하나님은 이렇게 말씀하십니다.

> 그러나 진실로 내가 살아 있는 것과 여호와의 영광이 온 세계에 충만할 것을 두고 맹세하노니 내 영광과 애굽과의 광야에서 행한 내 이적을 보고서도 이같이 열 번이나 나를 시험하고 내 목소리를 청종하지 아니한 그 사람들은 내가 그들의 조상들에게 맹세한 땅을 결단코 보지 못할 것이요 또 나를 멸시하는 사람은 한 사람도 그것을 보지 못하리라 (민 14:21-23)

그래서 우리에게는 여기가 하나님이 진노한 곳으로 보입니다. 그러나 아닙니다. 이제 다시 보십시오. 이런 뜻입니다. '그래, 너희의 역할은 여기서 끝내자. 너희는 악역으로, 너희는 실패한 자로 역할을 끝내자. 그리하여 너희 후손들이 살찌게 하자'입니다. 이런 해석이 어디에 있냐고요? 고린도전서 10장을 보십시오.

> 그러나 그들의 다수를 하나님이 기뻐하지 아니하셨으므로 그들이 광야에서 멸망을 받았느니라 이러한 일은 우리의 본보기가 되어 우리로 하여금 그들이 악을 즐겨 한 것 같이 즐겨 하는 자가 되지 않게 하려 함이니 (고전 10:5-6)

히브리서 3장에서도 이와 같은 말씀을 합니다.

> 광야에서 시험하던 날에 거역하던 것 같이 너희 마음을 완고하게 하지 말라 거기서 너희 열조가 나를 시험하여 증험하고 사십 년 동안 나의 행사를 보았느니라 그러므로 내가 이 세대에게 노하여 이르기를 그들이 항상 마음이 미혹되어 내 길을 알지 못하는도다 하였고 내가 노하여 맹세한 바와 같이 그들을 내 안식에 들어오지 못하리라 하였다 하였느니라 형제들아 너희는 삼가 혹 너희 중에 누가 믿지 아니하는 악한 마음을 품고 살아 계신 하나님에게서 떨어질까 조심할 것이요 오직 오늘이라 일컫는 동안에 매일 피차 권면하여 너희 중에 누구든지 죄의 유혹으로 완고하게 되지 않도록 하라 (히 3:8-13)

이 말씀은 '너희는 예수를 믿고 하나님의 자녀가 되었으면 순종하여라. 너희 선조들이 광야에서 불순종하여 승리와 영광의 자리에 가지 못한 것을 기억하여 너희는 나은 후손이 되어라'는 의미입니다. 그들이 죽어서, 욕먹어서 끊임없이 후손들을 위한 밑거름과 영양분이 되고 있습니다. 그들이 불쌍하고 억울하다고요? 아닙니다. 그들도 쓰임받고 있습니다.

심긴 씨앗으로 살라

예수님은 '한 알의 밀이 땅에 떨어져 죽지 아니하면 한 알 그대로 있고 죽으면 많은 열매를 맺느니라'(요 12:24)라고 하신 것같이, 그분은 우리에게 삶의 열매를 보려 하지 말고 심긴 씨앗으로 살라고 하십니다. 우리 자신과 뿌려진 씨가 어떤 영광을 만들어 내는지를 예수 안에서 본 것처럼 우리도 보는 날이 올 것입니다. 그 인생을 예수와 함께 살아가기 바랍니다.

이는 예수님이 가신 죽음의 길, 십자가를 지시는 길을 우리에게 요구하시는 것입니다. "누구든지 나를 따라오려거든 자기를 부인하고 자기 십자가를 지고 나를 따를 것이니라"(막 8:34)라는 말씀의 의미는 비장함이 아니라, 하나님의 엄청난 기적이요, 지혜요, 권능이요, 우리 인생이라는 존재가 가지는 위대한 정체성입니다. 이 위대함이 신자의 운명이 되어 기적의 삶을 살아 내시는 우리 모두가 되기를 바랍니다.

기 도

하나님 아버지, 우리는 삶이 죽을 것 같아서 밤낮 원망하고 있었습니다. 그런데 이것이 하나님이 요구하시는 십자가의 길이라고 합니다. 죽음이 삼켜지고 소멸되는 것이 아니고, 실패나 잘못된 것이 아니며, 많은 열매를 맺는 하나님의 신비라고 배웁니다. 그 삶을 살아 내는 우리가 되게 하옵소서. 서로 격려하고 이 역사와 인류의 운명이 우리 손에 있는 줄 알게 하옵소서. 기도하는 하나님의 사람들이 되게 하여 주옵소서. 충성하고 인내하고 용서하고 주 앞에 무릎 꿇는 하나님의 손길들이 되게 하옵소서. 예수님 이름으로 기도합니다. 아멘.

3

그리스도의 교훈

28.

내가 너희에게 행한 것같이

…… 4 저녁 잡수시던 자리에서 일어나 겉옷을 벗고 수건을 가져다가
허리에 두르시고 5 이에 대야에 물을 떠서 제자들의 발을 씻으시고
그 두르신 수건으로 닦기를 시작하여 6 시몬 베드로에게 이르시니 베
드로가 이르되 주여 주께서 내 발을 씻으시나이까 7 예수께서 대답하
여 이르시되 내가 하는 것을 네가 지금은 알지 못하나 이 후에는 알리
라 8 베드로가 이르되 내 발을 절대로 씻지 못하시리이다 예수께서
대답하시되 내가 너를 씻어 주지 아니하면 네가 나와 상관이 없느니
라 9 시몬 베드로가 이르되 주여 내 발뿐 아니라 손과 머리도 씻어 주
옵소서 10 예수께서 이르시되 이미 목욕한 자는 발밖에 씻을 필요가
없느니라 온 몸이 깨끗하니라 너희가 깨끗하나 다는 아니니라 하시니
…… (요 13:1-17)

요한복음 13장에서 17장까지는 예수님이 그분의 공생애를 마무리하시고 십자가를 지시기 전에 제자들에게 십자가로 이루실 부활의 나라, 곧 천국의 질서와 가치와 영광을 가르치신 내용을 담고 있습니다.

하나님 나라의 특징

우리는 하나님 나라의 특징이 뜻밖에도 '섬김'이라는 것을 유념해야 합니다. 예수님이 친히 제자들의 발을 씻기시고, 제자들에게 "내가 주와 또는 선생이 되어 너희 발을 씻었으니 너희도 서로 발을 씻어 주는 것이 옳으니라"(요 13:14)라고 말씀하셨습니다. 주님은 이제 십자가를 지시고 부활하심으로 만드는 나라의 최고 특징과 질서를 섬김이라고 가르치십니다.

누가복음 22장에서는 예수님이 묘한 상황에서 섬김을 제자들에게 이르십니다. 제자들 사이에서 예수님이 이 세상에 하나님 나라를 회복하였을 때 자기들 중에 누가 크냐 하는 다툼이 난 상황, 곧 누가 최고의 공훈자가 될 것인가를 놓고 치열한 논쟁이 있는 가운데 섬김에 대한 가르침을 주십니다.

> 예수께서 이르시되 이방인의 임금들은 그들을 주관하며 그 집권자들은 은인이라 칭함을 받으나 너희는 그렇지 않을지니 너희 중에 큰 자는 젊은 자와 같고 다스리는 자는 섬기는 자와 같을지니라 (눅 22:25-26)

이는 예수님이 '이 세상은 권력적 질서를 갖고 있지만, 내 나라는 섬기는 질서를 가진다. 누구든지 윗자리에 가려거든 섬기는 자가 되어라'를 가르치심으로, 우리가 기대하고 상상하는 것과 다른 나라를 제시하신 것입니다. 예수님은 그분의 생애 속에 여러 기적으로 우리 안에 구원자의 능력과 그에 대한 소망을 불러일으키셨습니다. 하지만 그분의 가르침은 우리의 기대에 어긋납니다. 대신에 '왜 예수님은 십자가를 지는 것, 곧 죽음에 굴복하셔서 모든 것이 끝장난 것 같은 일을 하시는가? 그리고 어떤 나라를 세우시기에 이 같은 일을 하시는가?' 하는 의문에 중요한 단초를 남기신 셈입니다.

섬김으로 만드신 나라

우리는 섬기는 자가 되어야 한다는 예수님의 말씀에 그리스도인으로서 당연히 순종과 항복을 해야 합니다. 하지만 따지고 보면 우리는 그 섬김의 요구에 마음속 깊이 저항합니다. 섬긴다는 것은 낮아지는 것입니다. 어느 누구도 굴복의 자리에 들어가는 것을 기뻐하지는 않습니다. 게다가 이 섬김은 예수님이 십자가를 지심으로 행하신 것이고 예수님은 섬김으로 하나님 나라를 만드셨습니다. 주를 믿으면 복을 받을 거라는 우리의 기대, 믿음 때문에 손해를 보고 희생을 하더라도 놀라운 보상이 있으리라는 우리의 기대와는 너무 거리가 멉니다. 그렇기 때문에 우리 마음 깊은 곳에 저항이 생깁니다.

이러한 섬김은 우리가 이 세상에서 본성적으로 가졌던 이해관계를 깨지 않고는 받아들일 수 없습니다. 장구한 인류 역사에서 축적된 경험을 통하여 우리를 성찰하도록 만드신 하나님의 교훈만이 이 섬김을 받아들일 수 있게 합니다. 세상은 인류 역사의 가장 귀한 교훈으로 '인류가 정의 사회를 구현해야 한다'라는 것에 기대와 소원을 가지고 있습니다. 정의 사회 구현이 역사가 인류에게 준 귀한 깨달음이라고 생각합니다. 모두가 정의 사회를 만들어야겠다는 것에 수긍하고 반드시 그래야 한다고 납득은 할 수 있습니다. 그러나 인류 역사 내내 정의 사회는 실제로 구현된 적이 없습니다. 이 사실 때문에 우리는 혼란스러워합니다. 정의 사회는 언제나 부패한 권력과 조직에 대해 반론을 펼치며 저항하기 위해 제시됩니다. 그래서 정의 사회는 세상 모든 사람이 공감하는 구호이며 주장임에도, 이것이 이루어진 적은 없습니다. 만족시킬 수 없는 인간의 소원이었습니다.

정의란 불이익을 받지 않는 것, 손해를 보지 않는 것, 동등한 대접 그리고 기회를 갖는 것 등을 말합니다. 그러나 세상은 정의가 모두에게 실현되어야 한다는 것에는 합의하고 있지만, 누가 어떤 식으로 만족시킬 수 있는가에 대해서는 역사 내내 답을 찾지 못했습니다.

어느 나라든지, 어느 정권이든지 기존의 잘못된 국정 운영과 정권을 무너뜨리기 위해 정의를 외쳤지만, 권력을 소유하는 순간 정의는 결국 누군가에는 공포가 되고, 누군가에게는 원망이 되는 결과밖에 만들어 내지 못했습니다.

성경이 증언하는 분노

이러한 이유로, 우리 안에는 '예수를 믿을 때 받는 보상은 섬기는 것'이라는 점에 대한 저항이 있습니다. 더불어 정의 사회 구현이라는 말과 관련된 쓴 경험 때문에, 정의란 결국 권력자가 입에 달고 있는 변명이지, 실제로는 구현할 수 없다는 체념이 우리 마음에 분노로 남아 있습니다.

분노를 꺼내 봤자 소용없고 이를 표출해 봤자 더 큰 손해를 보기 때문에, 분노는 침묵으로 갑니다. 침묵은 입을 다물기로 하는 것입니다. 속내를 말하지 않기로 하고, 불평하지 않기로 하고, 미운털 박히지 않도록 숨기는 것입니다. 이는 굉장히 나쁜 자리로 가는 행위입니다. 스스로를 소외시키는 것, 존재하고 있으나 존재하지 않는 자로 만드는 것입니다. 이렇게 되면 우리는 입만 열면 비난과 핑계 이외에 다른 말을 할 틈을 주지 않게 됩니다.

바로 이 분노, 이 침묵이 성경에도 고스란히 나옵니다. 예수를 믿으면 다 마음이 평안해지고, 입을 열면 찬송과 감사만 나옵니까? 우리가 기대했던 것과 다르게 성경은 이 분노를 증언하고 있습니다. 시편 39편을 봅시다.

> 내가 말하기를 나의 행위를 조심하여 내 혀로 범죄하지 아니하리니 악인이 내 앞에 있을 때에 내가 내 입에 재갈을 먹이리라 하였도다 내가 잠잠하여 선한 말도 하지 아니하니 나의 근심이 더 심하도다 내 마음이 내 속에서 뜨거워서 작은 소리로 읊조릴 때에 불이 붙

> 으니 나의 혀로 말하기를 여호와여 나의 종말과 연한이 언제까지인지 알게 하사 내가 나의 연약함을 알게 하소서 주께서 나의 날을 한 뼘 길이만큼 되게 하시매 나의 일생이 주 앞에는 없는 것 같사오니 사람은 그가 든든히 서 있는 때에도 진실로 모두가 허사뿐이니이다 (셀라) 진실로 각 사람은 그림자 같이 다니고 헛된 일로 소란하며 재물을 쌓으나 누가 거둘는지 알지 못하나이다 (시 39:1-6)

이 말씀은 하나님을 의지하고 순종하고 절제하고 희생하고 참고 사는데, 보상이 없다는 내용입니다. 악당은 더 잘되고 선한 자는 억울하기만 합니다. 마음속에서 분노가 일어납니다. '왜 저 악당은 자기가 가진 욕심보다 더 많은 보상을 받고, 나는 모든 것을 참으며 정당하고 양심적으로 사는데, 왜 늘 내가 잘못한 것같이 이러한 처지에 놓여 있는가?' 그래서 화가 나 입을 다물고 악당들이 앞에 있을 때에도 악한 말을 하지 않고, 욕도 하지 않고, 좋은 말만 하자고 생각을 하자마자 참았던 화가 확 터집니다. '하나님, 내가 살면 얼마나 더 살겠어요? 내 인생 요만큼밖에 안 되는데, 뭘 참으란 말인가요?'라고 소리 지를 수밖에 없었던 것입니다. 그리고 7절 이하입니다.

> 주여 이제 내가 무엇을 바라리요 나의 소망은 주께 있나이다 나를 모든 죄에서 건지시며 우매한 자에게서 욕을 당하지 아니하게 하소서 내가 잠잠하고 입을 열지 아니함은 주께서 이를 행하신 까닭이니이다 주의 징벌을 나에게서 옮기소서 주의 손이 치심으로 내가 쇠망하였나이다 주께서 죄악을 책망하사 사람을 징계하실 때에

> 그 영화를 좀먹음 같이 소멸하게 하시니 참으로 인생이란 모두 헛될 뿐이니이다 (셀라) 여호와여 나의 기도를 들으시며 나의 부르짖음에 귀를 기울이소서 내가 눈물 흘릴 때에 잠잠하지 마옵소서 나는 주와 함께 있는 나그네이며 나의 모든 조상들처럼 떠도나이다 (시 39:7-12)

이 말씀은 '하나님, 뭘 나보고 참으라고 해요? 인생이 다 그래요. 다 못났어요. 어떻게 위대해질 수가 있단 말이에요? 난 못해요'라고 하는 말입니다. 그러고는 "나는 주와 함께 있는 나그네이며 나의 모든 조상들처럼 떠도나이다"라고 합니다. '주를 믿지만 나는 한심하고 별 볼 일 없습니다. 하나님, 저에게 너무 뭐라 그러지 마세요'라고 한 것입니다. 그리고 마지막 구절입니다.

> 주는 나를 용서하사 내가 떠나 없어지기 전에 나의 건강을 회복시키소서 (시 39:13)

이는 '하나님, 제가 살아 있는 동안에 답을 주세요. 저 죽으면 어떡하실래요?'라고 한 것입니다. 공갈도 이쯤 되면 센 겁니다.

우리의 기대와 다른 보상

이러한 이야기가 왜 나올까요? 우리가 기대하는 보상과 하나님이 내리시는 보상이 얼마나 다른지를 겪었기 때문입니다. 우리가 침묵 속으로 빠지다가 분노를 터뜨리는 것은, 분노를 터뜨릴 이유와 자격이 우리에게 있다고 생각하기 때문입니다. '나는 이런 대접을 받으면 안 돼. 나는 이것보다 더 나은 대접을 받아야 돼. 저 밖을 봐. 저 악당들은 아무것도 모르고 온전히 악하게 살아도 저렇게 잘만 사는데, 나는 하나님을 알고 그분을 믿는데 이게 뭐란 말이야?'라고 터져 나와 침묵이 깨집니다. 침묵이 깨질 때는 답을 얻거나 하나님의 기적을 맛보거나 모든 것이 해결되어서가 아닙니다. 참다못해서 더 이상 가슴에 담아 둘 수 없어 터져 나오는 것입니다. 화가 치밀어 길을 가다가 발길질을 한 것입니다. 그런 후에 시편 86편으로 갑니다.

> 여호와여 나는 가난하고 궁핍하오니 주의 귀를 기울여 내게 응답하소서 나는 경건하오니 내 영혼을 보존하소서 내 주 하나님이여 주를 의지하는 종을 구원하소서 주여 내게 은혜를 베푸소서 내가 종일 주께 부르짖나이다 주여 내 영혼이 주를 우러러보오니 주여 내 영혼을 기쁘게 하소서 주는 선하사 사죄하기를 즐거워하시며 주께 부르짖는 자에게 인자함이 후하심이니이다 여호와여 나의 기도에 귀를 기울이시고 내가 간구하는 소리를 들으소서 나의 환난 날에 내가 주께 부르짖으리니 주께서 내게 응답하시리이다 주여 신들 중에 주와 같은 자 없사오며 주의 행하심과 같은 일도 없나이다 주여 주께서 지으신 모든 민족이 와서 주의 앞에 경배하며 주의 이름에 영광을 돌리리이다 무릇 주는 위대하사 기이한 일들을 행하시오니 주만이 하나님이시니이다 (시 86:1-10)

고함을 질러도 답이 없기에, 이제는 하나님을 달래기 시작합니다. '하나님, 제가 잘할게요. 기도도 하고 찬송도 잘할게요. 주님은 하나님이시잖아요. 그 옛날 이스라엘 백성을 애굽에서 건져 내시고, 바위에서 샘도 내 주셨잖아요. 그런데 이게 뭐예요. 하나님, 좋은 말로 할 때 잘하세요'라고 하는 겁니다. 너무한다고요? 우리 신앙의 선조들이 한 말입니다. 계속 더 봅시다.

> 여호와여 주의 도를 내게 가르치소서 내가 주의 진리에 행하오리니 일심으로 주의 이름을 경외하게 하소서 주 나의 하나님이여 내가 전심으로 주를 찬송하고 영원토록 주의 이름에 영광을 돌리오리니 이는 내게 향하신 주의 인자하심이 크사 내 영혼을 깊은 스올에서 건지셨음이니이다 하나님이여 교만한 자들이 일어나 나를 치고 포악한 자의 무리가 내 영혼을 찾았사오며 자기 앞에 주를 두지 아니하였나이다 그러나 주여 주는 긍휼히 여기시며 은혜를 베푸시며 노하기를 더디하시며 인자와 진실이 풍성하신 하나님이시오니 내게로 돌이키사 내게 은혜를 베푸소서 주의 종에게 힘을 주시고 주의 여종의 아들을 구원하소서 (시 86:11-16)

이제 주께 '하나님, 이렇게 해서 하나님의 위대하심을 열방에 알리세요. 하나님의 크심을 그의 종들에게 알리세요. 모든 인류에게 주의 위대하심을 나타내셔서 찬송을 받으세요'라고 조릅니다. 그래도 하나님은 답하지 않으십니다. 하나님은 이 모든 분노와 간절한 구걸에 예수로 답하십니다. 예수는 '말씀'이라고 되어 있습니다.

> 말씀이 육신이 되어 우리 가운데 거하시매 우리가 그의 영광을 보니 아버지의 독생자의 영광이요 은혜와 진리가 충만하더라 (요 1:14)

말씀이 육신을 입고 오십니다. '말씀'은 대상이 있어야 합니다. 하나님이 우리의 간구와 분노와 심지어 욕설까지 다 받으셔서 하신 답이 예수입니다.

깊고 심오하고 위대한 존재

예수님은 무엇을 하셨습니까? 우리의 분노를 깨뜨리셔서 우리가 한 구걸에 만족스러운 결과를 주지 않으셨습니다. 그저 우리가 처한 처지에 들어오십니다. 우리의 분노와 조급함, 비천함, 절망에 들어오십니다. 마치 '그래, 네 말이 맞다. 억울하겠다. 나 같아도 못 참았겠다'라고 우리에게 답하시는 것 같습니다. 예수님은 우리가 겪는 어려운 일을 해소해 주시거나 문제를 해결해 주시는 방식으로 일하시지 않습니다. 우리를 공감하시고 체휼하시고 우리가 삶에서 겪은 억울함을 함께 겪으십니다. 하나님이 우리가 겪는 모욕과 수치를 함께 감수하시는 방법이 바로 예수님을 보내시는 것이었습니다. 그리고 그것이 예수님의 공생애이고 십자가이고 부활입니다.

우리는 이 하나님의 방법을 이해하지 못합니다. 아니, 예수님은 물로 포도주를 만드시고, 바다를 잠잠하게 하시고, 문둥병도 고치고 맹인도 눈을 뜨게 하시고, 심지어 죽은 자도 살리면서 왜 죽으셔야 한단 말입니까? 하나님은 '우리'라는 존재와 우리가 겪는 한계와 못난 처지에 공감하시고, 동참하셔서 우리를 섬깁니다. 하나님은 우리를 존중하시고, 우리가 신성 모독하는 것도 감수하십니다. '성전을 헐고 사흘에 짓는 자여 네가 만일 하나님의 아들이어든 자기를 구원하고 십자가에서 내려오라'(마 27:40)를 다 받으십니다. 우리가 가야 할 죽음과 멸망의 자리까지 가셔서 우리로 하여금 절망이나 분노나 배신이나 죽음으로 도망갈 수 없는 하나님의 은혜와 구원과 승리로 울타리를 치십니다. 우리가 그러한 인생을 사는 것입니다.

하나님은 침묵을 깨십니다. 소외를 해소하십니다. '내가 있다. 나에게 말해라. 네 분노를, 네 슬픔을, 네 원망을, 네 절망을 내게 말하여라. 너의 쓴 인생을 내가 다 받아 주마. 나는 네 하나님이다. 나는 네 아버지다. 오늘도 힘들어서 울었느냐? 너는 혼자가 아니다. 내가 너에게 일어난 모든 일을 복이 되고 힘이 되게 해 주마. 너는 그저 무럭무럭 자라라. 너는 깊고 심오하고 위대한 존재가 되어라. 나와 함께 가자.' 이것이 우리 인생입니다.

더 나아가야 할 이유

코로나19로 전 세계가 팬데믹 상황에 놓여 위기를 겪자, 기독교계의 큰 지도자라고 할 수 있는 네 사람이 코로나19에 대한 기독교적 해석을 내놨습니다. 한 사람은 유명한 목회자인 존 파이퍼 목사이고, 나머지 세 사람은 신학자로 존 레녹스, 톰 라이트, 월터 부르그만입니다.

이 네 사람이 책을 썼습니다. 그중 존 파이퍼 목사가 쓴 책이 제일 간단하고 분명합니다. '코로나19는 하나님의 징벌이며 경고다. 회개하라. 구원과 영광과 복을 위하여 신앙을 든든히 하라. 세상 모든 사람들아, 회개하여 구원받아 함께 복을 누리자. 교회는 책임을 다하고, 신앙을 지키는 일에 힘을 다 쏟자'라고 했습니다. 이러한 주장은 분명히 옳고 모두에게 힘을 주는 해석입니다.

그러나 문제는 이렇게 낸 답보다 하나님이 더 가자고 하신다는 사실입니다. 우리는 회개도 했고, 각오도 했고, 헌신도 했습니다. 그러나 하나님은 이상하게 회개와 각오와 헌신으로 우리의 생애를 끝내시지 않고, 우리의 기도에 응답하지도 않으시며, 마치 듣지 못하신 것같이 그다음으로 우리를 데려가십니다.

우리는 예수님이 겟세마네에서 기도하시는 장면을 생각해 볼 수 있습니다. 예수님도 아버지께 '아버지여 만일 아버지의 뜻이거든 이 잔을 내게서 옮기시옵소서'(눅 22:42)라고 기도하셨습니다. 그러나 아버지는 아들에게 아무 답을 주지 않으십니다. 오히려 예수님이 항복합니다. '그러나 내 원대로 마시옵고 아버지의 원대로 되기를 원하나이다'(눅 22:42). 그리고 천사가 하늘로부터 나타나 예수님의 기도를 돕습니다.

예수님이 겟세마네에서 기도하시는 장면을 읽고 '예수께서 신앙의 궁극적 모습을 보였다'고 쉽게 결론을 내리지 마십시오. 하나님 아버지께서 어떤 대꾸도 하지 않으셔서, 예수님도 더 이상 아무것도 할 수가 없었습니다. 결국 예수님은 십자가를 지셨습니다. '나의 하나님, 나의 하나님, 어찌하여 나를 버리셨나이까'(마 27:46, 막 15:34)라고 고백하는 자리까지 가십니다. 하나님의 지극하심을 아시겠습니까? 우리가 무엇이길래 말이죠.

우리가 분노하는 이유는 무엇일까요? 욥은 '나 같은 사람이 무슨 잘못을 했든, 무한하신 하나님께 무슨 방해가 되며 무슨 장애가 된다고 저에게 이렇게 심하게 대하십니까? 나는 왜 태어나서 이 고생을 하는 걸까요?'라고 했습니다. 욥만 그렇게 원망한 것이 아닙니다. 다윗도, 예레미야도, 바울도 고통에 찬 아우성을 쳤습니다. 그러나 하나님은 우리의 그 아우성을, 그 분노를 다 받아 주셨습니다. '네 말이 맞다. 그러나 여기가 끝이 아니다. 네 말을 나에게 다 했으니, 이제 더 가자. 내가 너와 함께할 것이다. 이 세상 끝날까지 내가 너와 함께할 것이다. 내가 죽음을 뒤집을 수 있다. 겁내지 마라. 같이 가자'라고 하십니다.

이러한 내용을 기독교계를 대표해서 존 레녹스, 톰 라이트, 월터 브루그만이 꺼냈습니다. 그중 톰 라이트라는 학자는 '하나님이 하시는 일을 우리가 알 수 없다. 하나님은 우리의 기대보다 더 요구하신다. 우리가 할 수 있는 것은 기도하는 것이다. 어떻게 기도해야 할까? 우는 것이다'라고 답합니다. 또한 우리가 '하나님, 이게 뭡니까? 하나님, 견딜 힘도 주시옵소서. 오늘 하루도 힘들게 지냈습니다. 언제까지 이렇게 살아야 합니까?'라고 질문을 해도 '너희는 몰라도 된다. 너희는 믿기만 해라. 내가 한다'라고 정리한 사람은 월터 브루그만입니다.

우리가 할 수 있는 것은, 하나님이 우리의 기대를 넘어서며 우리의 상상을 넘어서신다는 것을 아는 것밖에 없습니다. 그리고 그 길이 우리에게 고통스럽다는 것만 알 수 있습니다. 거기에서 지지 말아야 합니다. 이를 성경이 우리에게 전하고 있습니다.

그렇다면 우리는 어떻게 섬겨야 하는 걸까요? 예수님은 져야 한다고 하십니다. 우리는 이기는 것으로 우리 신앙의 종착지를 만들지 말아야 합니다. 지고, 양보해야 되는 일들로 인생을 살아야 합니다. 이것이 우리에게 영광이고 명예라는 것을 잊지 말아야 합니다. 하나님이 앞서 가겠다고 하십니다. 예수님은 '네가 만일 하나님의 아들이어든 자기를 구원하고 십자가에서 내려오라'(마 27:40)를 견디고 이기셨습니다. 우리도 이 승리의 유혹에 지지 말아야 합니다.

그래서 우리는 마음을 열어야 합니다. 어떻게 마음을 열 수 있을까요? 섬김으로 마음을 열 수 있습니다. '안녕하셨어요. 힘드시죠? 건강은 어떠세요? 제가 도와드릴 일은 없을까요?'를 해야 합니다. 침묵과 소외와 분노를 넘어서야 합니다. 이것이 우리가 해야 하는 일입니다. 입은 닫고 눈은 웃어야 합니다. 그것이 우리가 할 수 있는 위대함입니다.

우리만이 나누어 줄 수 있습니다. 우리만이 세상의 소망이고 진리이고 생명이고 힘이라는 것을 알아야 합니다. 그래야 섬길 수가 있습니다. 굴복을 하는 것도, 아첨을 하는 것도, 변명이나 고함도 답이 아니라는 것을 알아야 합니다. 우리 모두 그런 위대한 신자의 인생을 걷는 하나님 나라의 백성이 되고, 그 기적의 삶을 살기를 바랍니다.

기 도

하나님 아버지, 우리가 있는 곳에는 주께서 함께하십니다. 주님은 임마누엘이시기 때문입니다. 내가 만나는 사람들은 나와 내 안에 계신 예수님을 만나는 것입니다. 예수님은 죽음을 물리치신 분이십니다. 하나님은 찾아와 우리의 고통과 슬픔을 들으시고 동참하십니다. 그리고 진정한 평화와 복을 베푸시는 주님을 소개하라고 하십니다. 우리가 이 위대한 인생을 진실로 먼저 깨달아 책임 있는 인생, 복된 인생을 살게 하옵소서. 예수님 이름으로 기도합니다. 아멘.

29.
서로 사랑하라

---

31 그가 나간 후에 예수께서 이르시되 지금 인자가 영광을 받았고 하나
님도 인자로 말미암아 영광을 받으셨도다 32 만일 하나님이 그로 말미
암아 영광을 받으셨으면 하나님도 자기로 말미암아 그에게 영광을 주
시리니 곧 주시리라 33 작은 자들아 내가 아직 잠시 너희와 함께 있겠
노라 너희가 나를 찾을 것이나 일찍이 내가 유대인들에게 너희는 내가
가는 곳에 올 수 없다고 말한 것과 같이 지금 너희에게도 이르노라 34
새 계명을 너희에게 주노니 서로 사랑하라 내가 너희를 사랑한 것 같이
너희도 서로 사랑하라 35 너희가 서로 사랑하면 이로써 모든 사람이
너희가 내 제자인 줄 알리라 (요 13:31-35)

앞서 우리는 요한복음 13장 서두에 나오는 '섬김'에 대해 나눴습니다. 주님이 십자가를 지시고 제자들을 떠나보내셔야 하기 때문에 그들에게 마지막으로 당부하신 것입니다. '너희는 섬기는 자가 되어라. 나는 이 세상의 질서와 본성인 권력과는 다른 세상을 만들기 때문이다'라고 말씀하십니다. 섬긴다는 것은 이 세상에 군림하는 폭력과 권력의 싸움에 비하면 소극적 태도 같아 보입니다. 그러나 이 본문에서 '서로 사랑하라'라는 말씀은 '섬김'과 동일한 내용이지만 이보다는 더욱 적극적인 태도입니다.

서로 사랑하라는 것은 이 세상의 질서, 곧 다른 사람과 경쟁하고, 상대방을 굴복시켜 내가 윗자리를 차지해야 하는 것과 다른, 권력과 폭력이 만들 수 없는 정말 고급한 천상의 영원한 영광과 복의 자리로 제자들을 이끌겠다는 예수님의 약속이고 명령입니다.

복종하고 사랑하라

요한일서 4장을 보면 사랑에 대한 말씀이 많이 나옵니다. 여기 나오는 사랑은 뜻밖에도 덕목이나 명분으로 소개되어 있지 않습니다. 은유로 나타납니다. '하나님은 사랑'이라고 합니다(요일 4:8, 16). 우리는 대개 하나님에 대해 '하나님은 전능하시다. 하나님은 거룩하시다'라는 표현을 먼저 떠올립니다. 다시 말해 우리는 하나님을 '권력의 최고 자리에 계시고, 도덕적으로 가장 완벽하신 분'이라고 생각합니다. 그런데 성경은 우리의 기대와 다르게 '하나님은 사랑이시다'(요일 4:8, 16)라고 선포합니다.

"너희가 서로 사랑하면 이로써 모든 사람이 너희가 내 제자인 줄 알리라"(요 13:35)라는 예수님의 설명과 같이, 하나님은 사랑이시니 우리가 서로 사랑하면 우리가 하나님의 자녀라는 것이 드러난다고 합니다. 그런데 하나님은 사랑이시고, 우리에게 폭력이 되시거나 공포가 되시지 않고, 우리가 복 받기를 원하시며, 우리를 섬기시고, 우리를 영원한 감사와 명예의 자리로 이끄시는 분이라고 아무리 이야기해도 우리의 경험과 현실에서는 좀처럼 다가오지 않습니다.

우리의 경험과 현실에서 우리가 알고 있는 사랑은 남녀 간의 사랑이 가장 특징적이고 대표적입니다. 그리고 그 사랑의 결국이나 열매는 부부가 되는 것입니다. 에베소서 5장에 가면 이렇게 가르칩니다.

> 아내들이여 자기 남편에게 복종하기를 주께 하듯 하라 이는 남편이 아내의 머리 됨이 그리스도께서 교회의 머리 됨과 같음이니 그가 바로 몸의 구주시니라 그러므로 교회가 그리스도에게 하듯 아내들도 범사에 자기 남편에게 복종할지니라 남편들아 아내 사랑하기를 그리스도께서 교회를 사랑하시고 그 교회를 위하여 자신을 주심 같이 하라 이는 곧 물로 씻어 말씀으로 깨끗하게 하사 거룩하게 하시고 자기 앞에 영광스러운 교회로 세우사 티나 주름 잡힌 것이나 이런 것들이 없이 거룩하고 흠이 없게 하려 하심이라 이와 같이 남편들도 자기 아내 사랑하기를 자기 자신과 같이 할지니 자기 아내를 사랑하는 자는 자기를 사랑하는 것이라 누구든지 언제나 자기 육체를 미워하지 않고 오직 양육하여 보호하기를 그리스도께

서 교회에게 함과 같이 하나니 우리는 그 몸의 지체임이라 그러므로 사람이 부모를 떠나 그의 아내와 합하여 그 둘이 한 육체가 될지니 이 비밀이 크도다 나는 그리스도와 교회에 대하여 말하노라 (엡 5:22-32)

부부가 된다는 것은 서로 사랑하여 헤어지지 않고 영원히 함께하고자 내린 결론입니다. 그러나 이러한 사랑의 결론은 뜻밖에도 현실 속에서는 꽤 실망스럽습니다. 우리가 기대한 사랑이 부부로 결과되었는데, 그 결론이 더 영광스럽고 더 행복한 곳으로 가기보다 우리의 기대와 다르게 펼쳐집니다. 이것이 모든 인생의 현실입니다.

그런데 성경은 왜 느닷없이 여기에 "아내들이여 자기 남편에게 복종하기를 주께 하듯 하라, 남편들아 아내 사랑하기를 그리스도께서 교회를 사랑하시고 그 교회를 위하여 자신을 주심 같이 하라"라고 했을까요? 왜 이렇게 거두절미하고 단도직입적으로 우악스럽게 요구할까요?

사실 이 말씀은 많은 여성에게 여러 오해와 반발을 불러일으키는 성경 구절입니다. 제가 결혼식 주례에 늘 인용하는 본문입니다. 문장을 좀 바꿔서 남편들 보고 '복종하라'고 하고, 아내들 보고 '사랑하라'고 하면 안 되냐고 할 수 있습니다. 표현이 거슬린다면 바꿔 읽어도 됩니다. 바꿔 읽어도 내용은 같기 때문에 바꿔서 결혼 서약을 하셔도 됩니다.

우리의 불만은 현실에서 보다시피, 사랑이 우리가 기대한 내용을 못 만들어 낸다는 데 있습니다. 성경은 거두절미하고 '복종하고 사랑하라'고 합니다. 남편이 어떠해야 하고, 아내가 어떠해야 하는 것이 아니라, 그냥 남편과 아내 두 사람에게 복종과 사랑을 요구하고 있습니다. 어떻게 이런 말씀을 하실 수 있을까요? 왜 이런 말씀을 하셨을까요?

하나님이 이 말에 책임을 지시겠다는 전제가 있기 때문입니다. 하나님은 창조주이시고 우리를 위하여 그 아들을 이 땅에 보내셨습니다. 그리고 하나님은 당신의 아들을 통해 십자가와 부활을 만들어 내셨습니다. 그렇기 때문에 이 말씀을 하실 수 있습니다. 하나님은 우리에게 '걱정 마라. 내가 너희 둘을 묶었다. 내가 너희 인생과 운명을 책임질 것이다. 그러니 마음 놓고 복종하고 사랑해라' 하신 것입니다.

우리는 사랑을 하면 마음에 더 이상 비교할 수 없이 가슴 벅찬 기쁨이 충만할 것이라고 생각하지만, 그렇지 않다는 것이 이 말씀에 암시되어 있습니다.

'복종하라'는 것은 복종하기 싫은 일이 전제되어 있고, '사랑하라'는 것은 사랑하기 싫은 일이 전제되어 있습니다. 이런 식으로 명령해야 할 만큼 부부 생활이 어렵습니다. 그런데 문제는 이 부부라는 것이 '그리스도와 교회의 연합'과 같다는 것입니다. 그러니까 우리의 신앙이 '신자로서의 인생에 대해 겁내지 마라'까지 확장되어야 하는 것이지, 부부가 사이좋고 행복하게 사는 것을 위하여 이 명령을 내린 것이 아니라는 것을 분명히 해야 합니다.

예수님은 우리의 남편이십니다. 교회의 남편입니다. 남편이 된다는 것은 다른 어떤 관계보다도 가장 긴밀한 연합을 나타내는 것입니다. 부모와 자식은 일촌이지만, 남편과 아내는 무촌이고 둘은 하나입니다. 예수는 우리와 당신을 묶으셨습니다. 우리는 그분의 몸 자체입니다. 그리고 이 하나 된 일, 즉 부부가 되는 것은 예수님이 우리와 하나가 되는 것 같은 신비한 일입니다. 사도 바울이 "이 비밀이 크도다 나는 그리스도와 교회에 대하여 말하노라"(엡 5:32)라고 말함으로써, 부부로 사는 일이 우리의 이해와 경험 속에서 마음에 들지 않더라도, 이는 마치 하나님이 예수님을 우리를 위해 내어 주시고 우리와 묶으신 것같이, 믿음을 가지고 사랑하라고 말씀하시는 셈입니다.

'호산나'에서 '십자가에 못 박게 하소서'로

그럼에도 불구하고 이를 수긍하기 어렵다면, 좀 더 들어가 봅시다. 예수님은 우리를 위하여 이 땅에 오셨습니다. 또한 그분은 우리를 위하여 십자가를 지셨고 부활하셨습니다. 예수님은 부활, 영광, 영생을 우리에게 주셨습니다. 주님이 3년 반의 공생애 기간에 하신 기적들과 자기 백성에게 베푸신 모든 은혜는 정말 놀라웠습니다. 오죽하면 예수님이 죽으시기 위해 예루살렘에 입성하실 때, 모든 백성이 나귀 타고 들어오시는 예수님을 "호산나 찬송하리로다 주의 이름으로 오시는 이여"라고 환호하고 찬송하며 맞이했겠습니까. '호산나'라는 것은 '찬송하라'가 아니라 '구원하소서'라는 뜻입니다. 백성의 환호는 '주의 구원이 오늘 이렇게 우리를 찾아오십니다'라고 하는 찬송입니다.

그 찬송이 너무 크고 굉장해서 예수님의 주변에 있던 사람들, 곧 그분을 따르는 사람들이나 그분을 비난하는 사람들 중에 어떤 바리새인들이 예수께 간언합니다. '선생이여 당신의 제자들을 책망하소서'(눅 19:39). 이 말은 '금하소서. 이 찬송은 하나님만 받을 수 있는 것입니다. 하나님이 받을 이 찬송을 메시아라고 받으실 수는 없습니다. 사양하십시오'라는 의미입니다. 이러한 바리새인들의 간언에 예수님이 '내가 너희에게 말하노니 만일 이 사람들이 침묵하면 돌들이 소리 지르리라'(눅 19:40)라고 말씀하십니다. 예수님은 그 환호가 당연히 받아야 할 찬송이며 영광이라고 선언하십니다. 그러고 난 후, 예수님은 그 찬송하는 자들에게 바로 붙잡히십니다.

그렇게 "호산나 찬송하리로다 주의 이름으로 오시는 이여"라고 외쳤던 백성들이 예수님이 붙잡히자, 빌라도에게 예수님을 십자가 못 박으라고 청합니다. 빌라도는 유대인들에게 이렇게 제안합니다.

> 유월절이면 내가 너희에게 한 사람을 놓아 주는 전례가 있으니 그러면 너희는 내가 유대인의 왕을 너희에게 놓아 주기를 원하느냐 (요 18:39)

빌라도의 이러한 제안에 백성들이 전합니다. "이 사람이 아니라 바라바요." 그리고 이렇게 말합니다.

> …… 그를 십자가에 못 박게 하소서 십자가에 못 박게 하소서 (눅 23:21)

이에 빌라도가 백성들에게 다시 말합니다. "왜 예수를 죽이라 하느냐? 바라바는 살인자요 강도요 역적이다. 나는 이 예수에게서 죽일 죄를 찾지 못하였다. 그런데 무죄한 자를 왜 죽이라고 하느냐?" 그러자 백성들이 큰소리로 재촉하여 예수를 죽이기를 원합니다.

…… 그 피를 우리와 우리 자손에게 돌릴지어다 (마 27:25)

이 말에 빌라도는 예수를 이스라엘 백성들에게 넘깁니다.

예수님은 '호산나 찬송하리로다'라는 백성들의 환호 속에 예루살렘에 입성했습니다. 이는 가나 혼인 잔치에서 물로 포도주를 만드시고, 문둥병자를 고치시고, 걷지 못하는 자를 일으키시고, 눈먼 자를 고치시고, 바다를 잠잠하게 하시고, 보리떡 다섯 개와 물고기 두 마리로 5천 명을 먹이시고, 죽은 자를 살리셨기 때문입니다. 그들은 예수님이 당연히 메시아라고 여겼을 것입니다. 그러나 그분은 배신과 부인, 수치와 부끄러움, 모두가 도망가는 외면 속에 죽으십니다. 모멸, 배신, 수치, 저주, 욕망, 분노, 세상 권세를 빌려 죽음으로, 세상밖에 모르는 인간의 진상이 까발려지는 죽음으로 자신을 녹이셨습니다.

뒤집으시는 하나님

그러나 반전이 일어납니다. 제자들을 포함하여 모두가 도망갔습니다. 엠마오로 가는 두 제자는 슬픔 속에 길을 가고 있었습니다. 그런데 부활하신 예수님이 따라오셨습니다. 누가복음 24장입니다.

> 그들의 눈이 가리어져서 그인 줄 알아보지 못하거늘 예수께서 이르시되 너희가 길 가면서 서로 주고받고 하는 이야기가 무엇이냐 하시니 두 사람이 슬픈 빛을 띠고 머물러 서더라 그 한 사람인 글로바라 하는 자가 대답하여 이르되 당신이 예루살렘에 체류하면서도 요즘 거기서 된 일을 혼자만 알지 못하느냐 이르시되 무슨 일이냐 이르되 나사렛 예수의 일이니 그는 하나님과 모든 백성 앞에서 말과 일에 능하신 선지자이거늘 우리 대제사장들과 관리들이 사형 판결에 넘겨 주어 십자가에 못 박았느니라 (눅 24:16-20)

이에 예수님이 말씀하십니다.

> …… 미련하고 선지자들이 말한 모든 것을 마음에 더디 믿는 자들이여 그리스도가 이런 고난을 받고 자기의 영광에 들어가야 할 것이 아니냐 하시고 이에 모세와 모든 선지자의 글로 시작하여 모든 성경에 쓴 바 자기에 관한 것을 자세히 설명하시니라 (눅 24:25-27)

이렇게 예수님이 엠마오로 가는 두 제자에게 당신의 일을 풀어 설명하십니다.

그런데 이 이야기가 부부와 무슨 상관이 있냐고요? 우리가 결혼할 때는 '호산나 찬송하리로다. 나의 신랑, 나의 신부여'라고 했습니다. '당신과 살면, 난 굶어도 좋아. 당신과 살면, 난 잠잘 곳이 없어도 좋아. 비 맞아도 좋아. 난 죽어도 좋아'라고 하고서는 함께 살아 보니까 그게 아니더란 말이죠. 삶에 찌들어 서로 원수 대하듯 하는 현실을 접하는 경우가 많습니다.

예수님이 당하신 것과 똑같지 않습니까? 우리 모두가 '저 인간하고 이렇게 살려고 결혼했나. 내가 당신하고만 아니면, 누구랑 살았어도 이것보다는 나을 거야'가 되었습니다. 그런데 그게 뒤집어집니다. 내 남편이, 내 아내가 변할 수 있다는 말인가요? 아뇨. 그 형편에서 하나님이 예수를 부활시키십니다. 죽음을 넘어서게 합니다. 죽음은 무엇입니까? 하나님이 없는 것입니다. 하나님을 외면하는 것입니다. 거기에는 어떤 도움도, 소망도 가질 수 없습니다. 그러나 하나님은 그럴 수 없는 것을 뒤집으십니다.

오랜 고통

그래서 우리에게 어떻게 하라는 겁니까? 고린도전서 13장은 사랑에 대해 전합니다. 사랑은 가슴이 뛰는 게 아니라, 사랑은 오래 참는 것입니다. 오래 참는 것을 직역하면 '오랜 고통'입니다. '내가 왜 이 사람하고 살아야 되나? 내가 왜 당신에게 바가지를 긁혀야 되나?'를 참아야 합니다. 이는 마지못해 참는 것보다 큰 것이라 참는 것입니다. 결말을 보기까지 땀을 흘리고, 한숨을 쉬고, 기다려야 합니다. 사랑은 어디로 갑니까?

> …… 사랑은 온유하며 시기하지 아니하며 사랑은 자랑하지 아니하며 교만하지 아니하며 무례히 행하지 아니하며 자기의 유익을 구

> 하지 아니하며 성내지 아니하며 악한 것을 생각하지 아니하며 불의를 기뻐하지 아니하며 진리와 함께 기뻐하고 모든 것을 참으며 모든 것을 믿으며 모든 것을 바라며 모든 것을 견디느니라 (고전 13:4-7)

우리는 약속을 받았습니다. 우리 인생은 모든 일에, 특히 부부 관계에서는 더 큰 약속이 부여되어 있습니다. '그리스도와 교회가 연합한 것같이 너희 부부를 내가 묶었다. 그러니 마음 놓고 서로 복종해라. 사랑해라. 감수해라. 같이 가라. 너 혼자서 사는 것보다 둘이 사는 것이 비교할 수 없이 큰 복을 만들어 내기 때문이다. 내가 이것을 작정한 것이다.' 결혼이라는 것, 부부라는 것, 인생이라는 것이 이렇게 하나님의 큰 약속을 담고 있습니다.

이제 "이 비밀이 크도다 나는 그리스도와 교회에 대하여 말하노라"(엡 5:32)라고 한 연합을 생각해 보십시오. 우리는 그 연합에 묶여 있는, 그 몸의 지체입니다. 하나님이 우리를 당신에게 묶고 하나님이 나에게 당신을 묶어서 벌어지는 이 고난의 과정을 성경은 최선이라고 합니다. 성경은 하나님이 우리의 못난 곳에 찾아오심으로 우리가 그분이 겪는 고난까지, 그분이 가자는 곳까지 가야 하게 되었기에 신앙 인생이 버겁다고 전합니다. 또한 성경은 이런 신앙 인생을 살아야 하는 우리의 고난을 하나님의 최고의 능력과 지혜라고 합니다. 그뿐 아닙니다. 성경은 우리에게 그런 인생을 걱정 말고 따라오라고 전합니다. 걱정 말고 이 고생과 병마와 억울함이 하나님의 능력과 지혜이므로 우리는 따라가면 됩니다.

예수의 죽음 안에 모든 것이 있습니다. 거기에는 배신이 있고, 부인이 있고, 외면이 있고, 수치가 있고, 고통이 있고, 절망이 있고, 마침내 죽음도 있습니다. 이 주님이 우리의 인생에 들어오심으로써 우리의 고난은 우리에게 더 이상 비극이 될 수 없습니다. 우리의 실패가 우리에게 운명이 될 수 없습니다. 이렇게 우리와 예수님을 묶으신 것처럼, 우리는 예수님의 영광, 하늘 보좌 우편에 가는 영광, 죽음을 이긴 영광이 우리의 영광이 된다는 약속과 현실을 이해해야 합니다.

요셉의 차꼬와 쇠사슬

지금 우리는 무엇에 묶여 있습니까? 우리는 질병, 가난, 고통 등 그 모든 것에 묶여 있습니다. 이것들은 우리를 고생시키는 것으로 끝나지 않습니다. 이는 요셉의 삶을 통해 확인할 수 있습니다.

> 그의 발은 차꼬를 차고 그의 몸은 쇠사슬에 매였으니 곧 여호와의 말씀이 응할 때까지라 그의 말씀이 그를 단련하였도다 (시 105:18-19)

요셉은 자신이 애굽에 노예로 팔려 간 것을 애굽에 유학 간 것이라고 착각했을 리 없습니다. 그는 억울하게 감옥에 들어갔습니다. 그는 삶이 고달픕니다. 그는 절망 속에 있습니다. 아무도 그의 처지를 이해해주거나 꺼내 줄 수 없습니다. 요셉은 어느 날 총리의 자리에 간 것이 아니라 그곳에서 총리의 실력을 갖추게 됩니다. 그는 애굽의 총리 자리에 앉았을 때, 다만 지위를 받은 것이 아닙니다. 그는 실력을 갖춘 총리가 되어 있음을 알게 됩니다. 그는 백관을 제어하고 지혜로 장로들을 교훈하는 실력이 쌓여 있는 것을 깨닫게 됩니다.

요셉으로 인하여 그의 가족들이 구원을 받고, 온 세상이 구원을 받습니다. 온 세상이 흉년이 들었는데, 양식은 애굽에만 있습니다. 요셉이 다 준비했습니다. 요셉은 어떻게 준비했습니까? 넋이 빠진 그 세월 동안 하나님이 그를 단련하셨기에 준비할 수 있었습니다. 요셉은 무슨 일이 벌어질지 몰랐습니다. 그는 믿음이 있지도 순종하지도 않았습니다. 그저 묶여 있었습니다. 그의 발에는 차꼬가 채워져 있었고, 그 몸에는 쇠사슬이 매여 있었을 뿐입니다.

우리의 인생도 그렇습니다. 무엇이 우리의 차꼬이고 쇠사슬인가요? 자식인가요? 남편인가요? 아내인가요? 그 모든 것이 우리를 만듭니다. 훨훨 날아가고 싶죠. 날아가면 아마 까마귀가 되었겠죠. 우리는 다만 고통을 면하는 것 외에 아무런 기대가 없습니다. 하지만 우리가 고민하고, 결정하고, 책임지고, 해결되지 않는 문제로 인해 고통이 된 그것들이 다 하나님이 진지하게 일하시는 것들입니다.

바울의 육체의 가시

또한 바울이 어떻게 위대한 사도가 되었는지 기억해 보십시오. 바울은 여러 계시를 받은 것이 지극히 커서 너무 자만하지 않게 하시려고 하나님이 자신에게 육체에 가시, 곧 사탄의 사자를 주셨다고 고백합니다. 이 가시가 자신에게서 떠나가게 해 달라고 주께 세 번이나 기도했습니다. 주께서 '내 은혜가 네게 족하도다 이는 내 능력이 약한 데서 온전하여짐이라'(고후 12:9)라고 이르셨습니다.

바울은 이미 한 번 꺾인 인생입니다. 그는 모태로부터 하나님의 택하심을 받은 자였습니다. 하지만 그는 예수와 예수를 믿는 자들을 박해했습니다. 스스로 '죄인 중에 내가 괴수'(딤전 1:15)라고 고백하며 자기 인생의 절반을 허비했습니다. 그것이 바울에게 가장 크게 작용했을 것입니다. '나는 미련했다. 바보였다. 못난 자였다. 만삭되지 못하여 난 자(고전 15:8) 같았다.' 하나님은 이것으로 부족해서 사탄의 사자를 그에게 주셔서 그로 하여금 매일 울부짖게 만들었습니다. 그리고 하나님은 그런 그를 통해 일을 하셨습니다.

바울은 로마 감옥에 갇혀서 빌립보 교회에 이렇게 편지를 씁니다.

> 그러나 만일 육신으로 사는 이것이 내 일의 열매일진대 무엇을 택해야 할는지 나는 알지 못하노라 내가 그 둘 사이에 끼였으니 차라리 세상을 떠나서 그리스도와 함께 있는 것이 훨씬 더 좋은 일이라 그렇게 하고 싶으나 내가 육신으로 있는 것이 너희를 위하여 더 유익하리라 (빌 1:22-24)

그는 이미 자신의 영광을 넘어 하나님이 자신을 통해 하시는 영광된 일을 위하여 스스로 이 고난을 감수할 수 있는 자리에 나아갑니다. 이것이 신자 된 영광이요 인생관이요 현실이요, 우리의 실력이 되어야 합니다.

로마서 8장에는 우리가 잘 아는 약속이 있습니다.

> 내가 확신하노니 사망이나 생명이나 천사들이나 권세자들이나 현재 일이나 장래 일이나 능력이나 높음이나 깊음이나 다른 어떤 피조물이라도 우리를 우리 주 그리스도 예수 안에 있는 하나님의 사랑에서 끊을 수 없으리라 (롬 8:38-39)

이 말씀을 왜 우리가 외우고 있습니까? 내 현실이 끊어진 것 같을 때 힘 얻으려고 외우는 게 아닐까요? 이건 아니다 싶고 포기하고 싶을 때 기억하려는 것입니다.

우리의 현실은 만만치 않습니다. 왜 하나님은 우리에게 이런 고통스러운 길을 가게 하실까요? 고통이 우리가 생각하는 것과 다르기 때문입니다. 하나님의 고통은 곧 예수님의 고통이었습니다. 하나님이 그 고통을 가치 있게 최선의 지혜로운 방법으로 쓰신다는 것을 우리가 안다면, 우리의 생애는 훨씬 나아질 것입니다. 그러나 우리는 더 잘해서 쉽게 살면, 주를 위해서 더 많은 일을 할 수 있을 거라 생각합니다. 그래서 고통을 면하게 해 달라고 하는 것입니다.

멋있게 져 줄 수 있는 사람

세계적인 테니스 선수인 노바크 조코비치가 2019년 윔블던 테니스 결승전을 끝내고 한 말은 우리 신자들에게 도전을 줍니다.

당시 결승전에서 조코비치는 로저 페더러와 맞붙습니다. 페더러는 잘생겼고 인품이나 매너가 너무 좋을 뿐 아니라 최고의 실력과 기술까지 갖춰 테니스를 예술의 경지로 이끈 멋진 선수입니다. 그러나 그렇게 멋진 페더러와 결승전을 치르는 조코비치에게 그 경기는 매우 힘겨웠습니다. 페더러가 포인트를 따면 관중들이 다 일어나서 환호를 하고, 조코비치가 점수를 따면 관중들이 야유를 보내서 조코비치는 정말 힘든 경기를 할 수밖에 없었습니다. 그럼에도 파이널 세트에 가서 6대 6 동점이 되었습니다. 테니스 메이저 리그에서는 파이널 세트에 듀스가 되면 두 게임을 먼저 따야 승리를 할 수 있습니다. 연장전을 했는데 12대 12까지 동점이 됩니다. 결국 타이브레이크까지 가서 조코비치가 페더러를 이깁니다.

경기가 끝나고 시상식을 하는데 관중은 장례식에 온 것같이 서서 보고 있습니다. 페더러는 이길 수 있었는데 진 아쉬움을 짧게 토로했습니다. 다음으로 우승자 조코비치에게 마이크가 전달되자, 조코비치가 이렇게 말했습니다. “이런 위대한 경기를 승패로밖에 결정지을 수 없다는 건 슬픈 일이 아닙니까?”

우리의 인생은 성공했느냐 실패했느냐가 아니라 위대한 인생을 살았느냐 그렇지 않았느냐로 보아야 합니다. 멋있게 져 줄 수 있는 사람이 있습니다. 2018년 호주 오픈에서 조코비치가 우리나라 정현 선수와 16강전에서 만나 패했습니다. 그는 부상에서 다 회복하지 못한 상태에서 경기를 했습니다. 아나운서가 조코비치에게 “아직 부상이 다 완쾌되지 않으셨군요”라고 하자, 조코비치가 이렇게 답했습니다. “승자를 그런 식으로 폄하하지 마십시오. 부상은 모든 선수에게 있는 것입니다. 정현 선수는 나를 실력으로 이긴 것입니다."

우리의 삶이 다만 승패밖에 따질 것이 없다면, 비겁해지고 비명을 지르는 것 외에 아무것도 할 수 없습니다. 우리 생애의 결말이 주의 손에 있다는 것을 안다면, 우리는 보다 위대한 인생을 살 수 있습니다. 사랑하십시오. 실제로 심령에서 뻗어 오는 십자가 사랑의 힘으로 참으시고, 기다리시고, 좋은 말을 하십시오. 우리의 인생에 대해 자부심과 감사가 생길 것입니다.

기 도

하나님 아버지, 우리는 이미 큰 기적 속에 그리고 영광 속에 들어와 있습니다. 그 기회를 허비하지 않게 해 주십시오. 우리가 잊고, 우리가 말하고, 우리가 행동하는 곳에 주께서 함께하십니다. 그 큰 영광이 우리의 생애를 통하여 우리와 만나는 모든 사람과 상황 속에 은혜와 기적으로 드러나게 해 주옵소서. 예수님 이름으로 기도합니다. 아멘.

30.
내가 곧 길이요 진리요 생명이니

……37 베드로가 이르되 주여 내가 지금은 어찌하여 따라갈 수 없나이
까 주를 위하여 내 목숨을 버리겠나이다 38 예수께서 대답하시되 네가
나를 위하여 네 목숨을 버리겠느냐 내가 진실로 진실로 네게 이르노니
닭 울기 전에 네가 세 번 나를 부인하리라 14:1 너희는 마음에 근심하지
말라 하나님을 믿으니 또 나를 믿으라 2 내 아버지 집에 거할 곳이 많
도다 그렇지 않으면 너희에게 일렀으리라 내가 너희를 위하여 거처를
예비하러 가노니 3 가서 너희를 위하여 거처를 예비하면 내가 다시 와
서 너희를 내게로 영접하여 나 있는 곳에 너희도 있게 하리라 ……6 예
수께서 이르시되 내가 곧 길이요 진리요 생명이니 나로 말미암지 않고
는 아버지께로 올 자가 없느니라 …… (요 13:36-14:12)

본문은 예수님이 마지막 만찬을 제자들과 함께하시고, 자신이 십자가에서 죽을 것을 제자들에게 이르시는 장면입니다. 예수님이 베드로에게 “네가 지금은 따라올 수 없으나 후에는 따라오리라”라고 말씀하시자, 베드로가 “주여, 내가 지금은 어찌하여 따라갈 수 없나이까”라고 예수께 묻습니다. 그러고 나서 베드로는 자신의 목숨을 걸고 주님을 따라가겠다고 맹세합니다. 이때 예수님이 베드로에게 “네가 나를 위하여 네 목숨을 버리겠느냐 내가 진실로 진실로 네게 이르노니 닭 울기 전에 네가 세 번 나를 부인하리라”라고 하십니다. 도마도 묻습니다. “주여, 주께서 어디로 가시는지 우리가 알지 못하거늘 그 길을 어찌 알겠사옵나이까”라고 하자, 주님이 “내가 곧 길이요 진리요 생명이니 나로 말미암지 않고는 아버지께로 올 자가 없느니라”라고 말씀하십니다.

명분이 아닌 인격적 가치

본문은 예수님이 먼저 길을 여셔야 제자들이 그다음을 따라갈 수 있다는 것을 보여 주는 대목입니다. 그 길은 어떤 방법론이나 규칙이 아니라, 예수님 자신이라고 말씀하셨습니다. 보통 우리가 명분이나 개념이나 가치로 알고 있는 진리와 생명까지도 그 인격에 속했다고 말씀하시는 것입니다. ‘내가 곧 길이요 진리요 생명’이라는 표현은 ‘하나님은 사랑이시라’(요일 4:16)라고 표현한 것같이, 성경은 그 길이 독립된 명분으로 추상 명사나 규칙같이 세워진 것이 아님을 말해 줍니다.

이는 요한복음을 시작할 때부터 저자인 요한이 예수님의 공생애를 이해하는 데 가장 크게 염두에 두고 우리에게 요구하는 핵심 표현입니다. 요한복음은 '태초에 말씀이 계시니라'라는 구절로 시작합니다. 하나님이 말씀으로 천지를 지으셨다는 것은 우리가 잘 알고 있는 표현입니다. 그런데 여기에 등장하는 큰 가치들이 예수 그리스도께 속한 것으로, 그분의 인격과 직접 연결된 것으로 묘사되어 있습니다. 요한복음 1장 1절 이하를 다시 한번 살펴봅시다.

> 태초에 말씀이 계시니라 이 말씀이 하나님과 함께 계셨으니 이 말씀은 곧 하나님이시니라 그가 태초에 하나님과 함께 계셨고 만물이 그로 말미암아 지은 바 되었으니 지은 것이 하나도 그가 없이는 된 것이 없느니라 그 안에 생명이 있었으니 이 생명은 사람들의 빛이라 …… 말씀이 육신이 되어 우리 가운데 거하시매 우리가 그의 영광을 보니 아버지의 독생자의 영광이요 은혜와 진리가 충만하더라 (요 1:1-14)

이러한 가치들이 인격과 분리되어 개념이나 명분이나 신념같이 무인격이 되면, 이를 사용하는 사람이 그 내용을 얼마든지 왜곡할 수 있다는 것을 성경이 가르치는 셈입니다.

이를 많이 경험할 수 있는 것은 율법입니다. 율법은 유대인들에 의해 심각하게 왜곡되었습니다. 유대인들은 성전에 가서 제사를 드리고, 법궤를 소유하고, 안식일을 지키면 '자기가 할 일을 다 했다'고 생각했습니다.

우리가 잘 아는 사무엘 시대에 일어난 블레셋과의 전쟁을 기억해 봅시다. 그 전쟁에서 이스라엘 백성이 법궤를 앞세우고 전투에 나갔다가 블레셋에 법궤를 빼앗겼습니다. 그뿐 아니라 이스라엘 백성은 성전만 지키면 되는 줄 알고 있다가 성전이 파괴되고 바벨론의 포로가 되는 멸망 사건도 겪었습니다. 예수님이 사시던 당시에도 바리새인들이 율법을 근거로 예수님을 배척하고 자기들이 옳다고 주장했던 수많은 사건을 우리가 익히 알고 있습니다. 우리는 바리새인들을, 예수를 믿지 않고 자신들의 의를 주장하다가 예수를 핍박하고 십자가에 못 박은 원수라고 생각하지만, 이는 바리새인들만의 문제가 아니라 우리 모든 인간에게 있는 죄성의 문제입니다.

하나님의 의지요 목적인 구원

예수님이 '내가 곧 길이요 진리요 생명이니'(요 14:6)라고 하시며 일하시고, 우리에게 복을 주시기 위해 직접 찾아오시고, 영광을 목적하시는 이러한 일들이 우리에게 은혜로 주시는 하나님의 선물이라는 것을 우리가 알게 된다면, 이 개념들을 하나님과 분리하여 이해할 수 없습니다. 또한 우리의 연약함 때문에 실패할 수도 없습니다. 우리가 행하는 종교적 헌신, 예를 들어 기도를 많이 하고, 성경을 많이 읽고, 전도를 많이 하는 것 등은 그 행위 자체가 옳은 일이라 할지라도 하나님과 분리되어 행해질 수 있다는 것을 늘 염두에 두어야 합니다. 에베소서 1장은 복음과 구원을 하나님의 의지로 설명함으로써 이 지점을 드러내고 있습니다.

> 찬송하리로다 하나님 곧 우리 주 예수 그리스도의 아버지께서 그리스도 안에서 하늘에 속한 모든 신령한 복을 우리에게 주시되 곧 창세 전에 그리스도 안에서 우리를 택하사 우리로 사랑 안에서 그 앞에 거룩하고 흠이 없게 하시려고 그 기쁘신 뜻대로 우리를 예정하사 예수 그리스도로 말미암아 자기의 아들들이 되게 하셨으니 이는 그가 사랑하시는 자 안에서 우리에게 거저 주시는 바 그의 은혜의 영광을 찬송하게 하려는 것이라 (엡 1:3-6)

구원은 온통 하나님의 의지이고 창조의 목적입니다. 사랑이나 헌신 같은 기독교 신앙의 중요한 가치들을 언급할 때는 언제나 그 대상이 있습니다. 사랑은 대상이 있어야 되고 믿음도 대상이 있어야 됩니다. 기쁨도 대상과 함께하는 것이지, 기쁨이라는 단어가 혼자 돌아다닐 수 없습니다. 말씀도 마찬가지입니다.

말씀은 말을 하는 자가 있고 그 말을 하는 자가 목적과 의지와 내용을 가지고 있습니다. 그리고 말씀은 말씀을 듣는 대상이 있고, 그 대상에게 반응을 요구합니다. 이것이 말씀입니다. 그런 면에서 하나님이 '말씀으로 세상을 창조하셨다', '말씀으로 찾아오신다'는 것은 굉장한 겁니다. 하나님이, 그 말씀이, 의지와 목적을 가진 인격적 존재로서 자신의 의지와 뜻을 우리에게 두고 있다는 것이 성경의 놀라운 선언입니다. 우리를 당신의 형상으로 지으시고, 우리를 사랑하시고, 우리를 기뻐하시며, 하나님의 모든 권능을 동원하여 우리를 복 주시는 것을 하나님의 기쁨으로 삼으신다고 말하는 것입니다.

에베소서 1장 3-6절은 '하나님이 그리스도 안에서 무엇을 하시는가? 그리스도를 왜 보내셨는가? 그분을 보내어 우리에게 무엇을 만들려고 하시는가?'를 소개합니다. 6절을 보면, "이는 그가 사랑하시는 자 안에서 우리에게 거저 주시는 바 그의 은혜의 영광을 찬송하게 하려는 것이라"라고 합니다. 예수 안에서는 하나님의 사랑, 우리를 향한 하나님의 의지, 우리의 반응을 기뻐하시는 하나님의 성의, 성경에 자주 등장하듯이 불붙듯 하는 하나님의 간절함이 있습니다.

이를 왜 강조해야 하느냐면, 이것이 늘 신앙인들에게 오용되거나 왜곡되거나, 정당한 이해가 없어 늘 내용이 빈약한 신앙생활을 하기 때문입니다. 예수를 믿는다는 것이 매일 기쁨과 기적으로 다가오지 않는 가장 큰 이유는 이를 인격에서 분리하여 하나의 명분으로 삼기 때문입니다. '나는 진실해. 나는 열심히 해. 나는 예수를 사랑해'라는 말에 묶여 예수가 배제된 종교적 언어들이 되고 말면, 다시 말해 기독교가 말하는 예수와 불가분의 관계로 묶인 단어들이 아니라, 그 단어 자체가 갖는 명분에 붙잡히게 되면 우리는 자신도 모르게 기독교 신앙과 구원을 놓치게 됩니다. 하나님이 그리스도 안에서 주신 이런 길이고 진리고 생명이고 빛이고 은혜이고 기쁨이고 뭐고, 이런 충만한 것들을 다 놓치고 맙니다. 그냥 놓치는 것이 아니라 심각한 부작용을 겪습니다.

욥의 항변

욥기 13장에 가면 욥의 진술에서 매우 중요한 부분이 나옵니다. 욥기는 "우스 땅에 욥이라 불리는 사람이 있었는데 그 사람은 온전하고 정직하여 하나님을 경외하며 악에서 떠난 자더라"(욥 1:1)라고 시작합니다. 한마디로 욥은 의로운 사람입니다. 그가 얼마나 의로운 사람이었냐면, 혹시 자기나 자기 자녀가 살면서 죄를 범했을까 봐 자식의 수대로 제사를 드리면서 의롭고 정결하게 산 사람입니다. 그런데 욥에게 고난이 닥칩니다. 친구들이 와서 그를 비난합니다.

"너 빨리 회개해라."

"난 잘못한 적이 없다."

"잘못한 것이 없는데, 왜 네 인생이 어려워졌겠냐? 네가 하나님께 벌을 받은 것이고, 그 벌을 받은 이유는 네가 죄를 지었기 때문이다."

"난 죄를 지은 적이 없다. 억울하다."

이러한 논쟁이 길게 이어집니다. 이 논쟁 가운데 욥이 여러 가지 일로 하나님을 원망합니다. '내가 괜히 태어나서 이 고생을 한다'부터 시작해서, '하나님은 어떻게 이런 식으로 일을 하십니까? 대답해 주십시오'라고 따지며 분통을 터뜨립니다. 그리고 욥기 13장 20절 이하에 아주 중요한 반발이 나옵니다.

> 오직 내게 이 두 가지 일을 행하지 마옵소서 그리하시면 내가 주의 얼굴을 피하여 숨지 아니하오리니 곧 주의 손을 내게 대지 마시오며 주의 위엄으로 나를 두렵게 하지 마실 것이니이다 그리하시고

> 주는 나를 부르소서 내가 대답하리이다 혹 내가 말씀하게 하옵시고 주는 내게 대답하옵소서 (욥 13:20-22)

이 구절은 엄청난 발언입니다. 우리가 이해할 수 있도록 표현하자면, '하나님, 계급장 떼고 한번 따져 봅시다'라는 의미입니다.

이 말이 욥기의 가장 중요한 부분입니다. 말하자면 욥은 잘못한 것이 없이 벌을 받고 있습니다. 사실 벌은 아니었지만, 벌이라고 생각할 수밖에 없는 여러 곤란한 고통 속에 빠집니다. 그리고 그러한 고통 속에 빠진 이유를 찾으나 찾을 수 없었습니다. 하나님은 욥에게 나타나셔서 욥기의 결론인 38-42장, 총 넉 장을 통해 길게 설명하십니다. 그때 욥에게 하신 하나님의 설명은 창조 세계에 대한 것이었습니다.

하나님은 욥에게 "내가 땅의 기초를 놓을 때에 네가 어디 있었느냐"라고 묻습니다. 그리고 욥에게 "없었다. 그것들이 어떤 근거를 갖고 존재했느냐? 내가 만들었다. 내가 무에서 만들었다. 만들어진 창조물 중에 잘못된 것이 무엇이냐? 모든 것이 아름답고 위대하지 않느냐. 리워야단의 겉가죽을 봐라. 그런 갑옷을 만들 수 있겠느냐? 우박 창고를 봐라. 어떻게 이 어마어마한 것이 무슨 이유가 있어서, 무엇이 발전해서 이렇게 만들어졌겠느냐? 다 내가 만든 것이다. 나는 창조의 하나님이다. 너는 이유를 묻고자 하는데, 너에게 일어난 일들은 원인과 결과의 법칙을 벗어나 있는 것이다. 이는 하나님의 통치 아래 있는 것이다'라고 하십니다.

여기서 욥이 항복을 합니다. 이 항복의 마지막 부분인 40장에서 하나님이 욥에게 창조 세계의 영광과 경이로움을 보여 주시고 욥을 꾸중하십니다.

> 네가 내 공의를 부인하려느냐 네 의를 세우려고 나를 악하다 하겠느냐 (욥 40:8)

개역개정판은 이 말씀의 의미가 잘 들어오지 않습니다. 개역한글판은 이렇게 되어 있습니다.

> 네가 내 심판을 폐하려느냐 스스로 의롭다 하려 하여 나를 불의하다 하느냐 (욥 40:8)

욥이 하나님께 "내가 뭘 잘못했습니까?"라고 따지자, 하나님이 "너의 그 자신감은 어디서 나온 것이냐?"라고 하신 것입니다. 하나님은 "복도 잘하면 받는 것이 아니라, 네가 잘하더라도 보상으로 복을 주고 안 주고는 내가 결정하는 것이다. '내가 잘못하지 않았는데 왜 이런 일이 일어나느냐'고 묻는다면, 네가 잘못해서 벌을 받는 게 아니다. 네가 잘못하지 않았는데 고통이 온 것은 인과관계로 설명되지 않는다. 그 영역을 넘어서 있는 것이다. 창조의 하나님인 내가 너를 다스려 더 고급한 곳으로 데려가려는 것이다. 그런데 네가 이해되지 않는다고 하나님인 내가 틀렸다고 말하는 것은 무슨 근거로 말하는 것이냐?"라고 하신 것입니다.

용서와 따뜻함

본문에서 보는 바와 같이, 예수님이 '내가 곧 길이요 진리요 생명이니'(요 14:6)라고 말씀하신 것은, 하나님이 당신의 인격과 주권 속에 이러한 가치들이 종속되어 있다는 것을 우리에게 기억하라고 하신 말씀입니다. 그러므로 기독교 신앙에서 가장 큰 명분은 '믿음이 좋은 것'입니다. 우리는 믿음이 좋은 것을 '기도 많이 한다', '회개한다', '전도한다' 등으로 생각합니다. 그러나 '믿음이 좋다'는 것은 그런 것이 아닙니다. 기도 많이 하고, 철저히 회개하고, 전도 열심히 하는 것은 핵심이 아닙니다. 물론 그런 행동하는 신앙은 필요합니다. 이는 분명한 사실입니다. 그러나 그런 것들이 하나의 방법론이거나 법칙이거나 책임이기 전에, 우리의 항복으로부터 쏟아져 나와 우리 인생살이에 자리잡은 것이어야 합니다.

우리가 예수를 믿는다는 것으로 우리 자신이 가져야 하는 자랑은 하나님이 우리에게 주신 생명과 구원이라는 것이 명예로울 수 있고 복이 될 수 있는 길로 우리가 부름받았다는 이해입니다. 우리가 모든 기독교적 가치와 약속을 예수와 연결하는 것을 놓치면 비정해집니다. 자신에게 속아서 하나님의 마음을 놓치고 맙니다. 명분과 가치와 신념 같은 것들이 판단의 기준이 되면, 사람이 인간성이 없어지고 인정머리가 없어지고 표정이 없어집니다. 스스로 비굴하게 되고, 가난하게 되어 반가움이나 따뜻함 같은 것들이 만드는 용서와 이해와 인내 같은 것들은 없고 바로 정답만 맞히려고 합니다. 그러므로 욥의 자신감이 '나는 잘못한 것이 없다'였듯이, 우리도 그럴 수 있습니다.

C. S. 루이스는《영광의 무게》에서 이러한 예를 듭니다.

> 오늘날 선량한 스무 명을 찾아 최고의 미덕이 무엇이라고 생각하는지 묻는다면, 그중 열아홉은 '비이기심Unselfishness'이라고 답할 것입니다.•

이는 자기 측근에 있는 지인들에게 '훌륭한 사람은 어떤 기준을 가지고 있습니까?'라고 물으면, '사심이 없는 사람입니다'라고 답한다는 것과 같습니다. 우리도 이렇게 대답합니다. 우리도 진실한 사람, 욕심 없는 사람을 훌륭하다고 합니다. 이것들은 다 소극적인 것입니다. 잘못을 안 한 것에 불과합니다.

기독교가 말하는 것은 잘하라는 것입니다. 잘하는 것은 '사랑'하는 것입니다. 용서하는 것, 기다리는 것, 따뜻한 눈길을 보내는 것, 이런 것들이 기독교이고 십자가입니다. 그런데 내가 예수를 믿는다는 명분으로 비정해지고 있다면, 이는 부정적이고 소극적인 차원에서 기독교 신앙을 가지고 사는 것입니다. 결국 이런 기독교 신앙의 핵심은 잘못한 것이 없다는 자신감뿐입니다. 잘못한 것이 없다는 것을 기준으로 삼는 자신감은 타인의 잘못한 것을 지적하는 것 외에는 더 이상 할 수 없습니다. 잘못한 것이 없는 자의 자신감은 잘못한 것을 비난하고 정죄하는 선택밖에 만들어 내지 못합니다.

기독교만이 잘하는 것을 격려하고, 잘한 것을 보여 줄 수가 있습니

• C. S. 루이스 지음, 홍종락 옮김,《영광의 무게》(홍성사), 11쪽.

다. 그것이 바로 용서입니다. 섬김입니다. 기다리는 것입니다. 그러니 우리가 잘한다고 여기는 인생살이에서 스스로 자신감을 내보일 때, 그것이 비난과 정죄로 가고 있는지 아니면 용서와 따뜻함으로 가고 있는지 스스로 점검해야 합니다. 교회 안에서 일어나는 곤란한 일은 기도할 때 눈을 뜨다가 옆 사람과 마주치게 되는 일이 아닙니다. 우리의 표정이 전철에서 만난 낯선 사람 같을 때 생깁니다. 낯선 사람 같은 얼굴을 하고 있는 이유가 무엇인지 돌아보아야 합니다.

각 족속에게 이름을 주신

하나님은 우리에게 기쁨을 목적하고 있고, 우리가 기뻐하는 것을 하나님도 기뻐하십니다. 하나님이 언제나 주권을 가지고 행사하시는 은혜가 기독교의 구원 내용이라는 것을 앞서 나눴습니다. 에베소서 3장에 가면 이러한 기도로 나옵니다.

> 이러므로 내가 하늘과 땅에 있는 각 족속에게 이름을 주신 아버지 앞에 무릎을 꿇고 비노니 그의 영광의 풍성함을 따라 그의 성령으로 말미암아 너희 속사람을 능력으로 강건하게 하시오며 믿음으로 말미암아 그리스도께서 너희 마음에 계시게 하시옵고 너희가 사랑 가운데서 뿌리가 박히고 터가 굳어져서 능히 모든 성도와 함께 지식에 넘치는 그리스도의 사랑을 알고 그 너비와 길이와 높이와 깊이가 어떠함을 깨달아 하나님의 모든 충만하신 것으로 너희에게

> 충만하게 하시기를 구하노라 (엡 3:14-19)

이것이 말씀이 가지는 요구입니다. 14절에 나온 '각 족속에게 이름을 주신'에 우리의 이름을 대입해도 좋습니다. '나 ○○에게 이름을 주신 아버지 앞에 무릎을 꿇고 비노니'라고 말이죠. 말씀으로 오신 하나님은 의지와 목적과 관계와 반응을 요구하십니다. 하나님은 우리에게 선언하시고, 찾아오시고, 우리를 목적과 대상으로 삼으시고, 하나님만이 주실 수 있는 가장 복된 것들, 곧 길과 진리와 생명과 은혜와 진리와 기쁨과 거룩과 감사를 우리에게 충만하게 하시기를 원하십니다. 그리고 그것이 에베소서 3장 20절 이하에 나오는 하나님의 의지로 약속됩니다.

> 우리 가운데서 역사하시는 능력대로 우리가 구하거나 생각하는 모든 것에 더 넘치도록 능히 하실 이에게 교회 안에서와 그리스도 예수 안에서 영광이 대대로 영원무궁하기를 원하노라 아멘 (엡 3:20-21)

하나님의 일하심이 우리의 하루하루를 복되게 하신다는 사실을 깊이 기억하여 따뜻한 눈, 넓은 가슴, 담대한 믿음이 우리의 삶에 가장 중요한 기쁨과 소원이요 기적이 되기를 바랍니다.

기 도

하나님 아버지, 은혜를 감사합니다. 우리에게 복 주기 원하시고, 우리를 사랑하시고, 우리가 기뻐하는 것을 하나님도 기뻐하십니다. 우리가 그런 하루하루를 살고 있다는 사실을 기억하여 그동안 우리가 울며불며 반발하던 고통의 나날들이 사실은 하나님의 진지한 기적과 드라마이고, 우리가 그 드라마의 주인공이라고 이해하는 더 깊은 신앙으로 인도하여 주옵소서. 그리하여 주의 영광이 우리에게 충만하게 하옵소서. 또한 우리를 만나는 사람들에게 은혜가 충만한 그런 인생을 산다고 알게 하시고, 감사하게 하시고, 기뻐하게 하옵소서. 예수님 이름으로 기도합니다. 아멘.

31.
내 이름으로 무엇을 구하든지

······ 10 내가 아버지 안에 거하고 아버지는 내 안에 계신 것을 네가 믿
지 아니하느냐 내가 너희에게 이르는 말은 스스로 하는 것이 아니라 아
버지께서 내 안에 계셔서 그의 일을 하시는 것이라 11 내가 아버지 안
에 거하고 아버지께서 내 안에 계심을 믿으라 그렇지 못하겠거든 행하
는 그 일로 말미암아 나를 믿으라 12 내가 진실로 진실로 너희에게 이
르노니 나를 믿는 자는 내가 하는 일을 그도 할 것이요 또한 그보다 큰
일도 하리니 이는 내가 아버지께로 감이라 13 너희가 내 이름으로 무
엇을 구하든지 내가 행하리니 이는 아버지로 하여금 아들로 말미암아
영광을 받으시게 하려 함이라 14 내 이름으로 무엇이든지 내게 구하면
내가 행하리라 (요 14:8-14)

본문은 예수님이 제자들의 발을 씻기신 다음 자신이 죽어야 할 것을 이르시자, 제자들이 예수께 반발을 하는 장면입니다. 베드로는 예수님이 죽는 자리까지 쫓아가 주께서 돌아가시지 않게 보호하겠다고 장담을 합니다. 그러나 오히려 스승에게 꾸중을 듣습니다. 제자들은 예수님의 이해할 수 없는 이야기에 모두 불안한 마음으로 '도대체 어디를 가신다는 건지요?'라고 질문을 합니다.

예수님은 죽으러 가십니다. 제자들은 예수님의 이러한 말씀과 행동을 이해할 수 없었습니다. 예수님이 공생애 동안에 행하신 기적이 너무 많았기 때문입니다. 오죽하면 요한복음 마지막에 "예수께서 행하신 일이 이 외에도 많으니 만일 낱낱이 기록된다면 이 세상이라도 이 기록된 책을 두기에 부족할 줄 아노라"(요 21:25)라고 전했을까요. 말할 수 없는 수많은 기적을 행하신 예수님이 이제 죽으러 간다고 하십니다. 그러니 제자들은 이 상황을 이해할 수 없습니다.

예수님이 가신 그 길

빌립이 예수께 "주여 아버지를 우리에게 보여 주옵소서"라고 합니다. 이는 모세가 호렙산 떨기나무에서 하나님을 뵈었을 때와 똑같은 상황입니다. 하나님이 모세에게 "이제 내가 너를 바로에게 보내어 너에게 내 백성 이스라엘 자손을 애굽에서 인도하여 내게 하리라"(출 3:10)라고 말씀하셨습니다. 그러자 모세가 하나님께 "그들이 내게 묻기를 그의 이름이 무엇이냐 하리니 내가 무엇이라고 그들에게 말하리이까"라고 물었던 상황입니다. 모세가 하나님께 '당신의 이름은 무엇입니까? 어떻게 일을 이렇게 하십니까? 40년 전에 내가 진심으로 궐기했을 때는 침묵하시다가 내 나이 팔십에 이제 와서 뭘 하자고 하십니까?'라고 물은 것입니다. 이때 하나님이 모세에게 다음과 같이 말씀하십니다.

> …… 나는 스스로 있는 자이니라 또 이르시되 너는 이스라엘 자손에게 이같이 이르기를 스스로 있는 자가 나를 너희에게 보내셨다 하라 하나님이 또 모세에게 이르시되 너는 이스라엘 자손에게 이같이 이르기를 너희 조상의 하나님 여호와 곧 아브라함의 하나님, 이삭의 하나님, 야곱의 하나님께서 나를 너희에게 보내셨다 하라 이는 나의 영원한 이름이 대대로 기억할 나의 칭호니라 (출 3:14-15)

하나님은 모세에게 '나는 스스로 있는 자다. 나는 하나님이기를 중단한 적이 없다. 특히 네가 한탄하고 원망하고 반발하며 힘들어했던 미디안 광야에서의 40년은 쓸데없는 시간이 아니었다'고 말씀하시는 것입니다.

오늘날 우리가 하는 질문도 이와 같습니다. 우리 역시 '예수님이 왜 고난을 받으셔야 하고, 죽으셔야 하는가? 예수님은 왜 자기 제자들의 앞날에 그런 어려운 길을 열어 두시고 미리 준비시키시는가? 예수님은 왜 믿는 우리도 예수님이 가신 그 길을 뒤따르게 하시는가?'라고 묻습니다. 이는 제자도와 연결되어 있습니다.

죽음을 지나야 하는 부활

우리는 기본적으로 예수님의 죽으심이 대속이요, 우리 구원을 위한 희생이요, 우리에게 영생의 복을 주시기 위한 제물이었다는 것을 알고 있습니다. 물론 이런 죽음을 되새기는 것이 의미가 있지만, 다른 측면도 있습니다. 예수께서 죽으셔서 모든 구원과 승리와 영광과 운명을 바꿔 놓으셨다면, 예수를 믿는 우리에게는 그분이 겪으셨던 고난이 일어나지 않아야 맞습니다. 그러나 예수를 믿는 자들에게는 '누구든지 나를 따려오거든 자기를 부인하고 자기 십자가를 지고 나를 따를 것이니라'(막 8:34)가 숙명적으로 따라옵니다.

예수님의 고난은 문제 해결의 측면만 있는 것이 아닙니다. 가령 제사의 측면에서 보자면, 예수님의 고난은 예수님이 죽으시고 부활하셔서 죽음을 승리하여 역전하시는 재창조에 머물지 않습니다. 고난은 하나님의 구원 역사에서나 예수를 믿는 성도들에게서나 동일하게 요구되는 방식입니다. 말하자면, 예수님의 죽음은 우리의 죽음에 쫓아들어오는 것입니다. 히브리서 2장을 봅시다.

> 자녀들은 혈과 육에 속하였으매 그도 또한 같은 모양으로 혈과 육을 함께 지니심은 죽음을 통하여 죽음의 세력을 잡은 자 곧 마귀를 멸하시며 또 죽기를 무서워하므로 한평생 매여 종 노릇 하는 모든 자들을 놓아 주려 하심이니 이는 확실히 천사들을 붙들어 주려 하심이 아니요 오직 아브라함의 자손을 붙들어 주려 하심이라 (히 2:14-16)

이는 심오한 말씀입니다. 예수님은 천사를 구하기 위해 죽으신 것이 아니랍니다. 여기서 '천사를 구하는 게 아니다'라는 것은 의인을 구하기 위한 것이 아니라, 죽기를 무서워하여 한평생 죄에게 종노릇하는 죄인을 구하기 위해 예수님은 그들의 죽음의 자리까지 찾아오셔서 그들을 끌어안아 재창조와 구원과 부활을 이루셨다는 의미입니다.

하나님은 죽음을 두려워하는 우리에게 죽음을 없애는 걸로 끝내지 않으셨습니다. 하나님은 죽음에 동참하셔서 우리로 죽음을 겪게 하시고 그 죽음이 끝이 되지 않게 하셨습니다. 부활로 나아가게 하셨습니다. 죽음이 소용없는 부활이 아닙니다. 하나님은 우리 모두가 예수님의 십자가와 죽으심이 전제되는 부활, 곧 죽음을 겪은 부활이 성립되는 방식으로 이끄십니다. 하나님은 죽고 실패하고 원망하고 후회하는 그 길을 걸어 부활의 자리에 나가도록 우리를 부르셨습니다. 죽음이 실패와 절망으로 끝나지 않고 하나의 교훈이 되고 경험이 되는 것입니다. 우리가 당신의 자녀가 되어 재창조와 부활에 한몫을 하는 과정이 되게 하셨습니다.

그런데 우리는 예수를 믿고 나서 고난을 당할 때마다 '내가 믿음이 없어서 고난을 당하는 것인가? 내가 무엇을 잘못해서 내 인생이 이렇게 불편한가? 예수님이 나를 위해 십자가를 지셔서 나를 죄와 사망에서 구원하시고, 성령께서 함께하시는 존재 곧 하나님의 자녀가 되었는데, 왜 내 인생은 이렇게 힘들단 말인가?'라고 속상해합니다. 그런 지점에서 성경은 끊임없이 우리에게 하나님의 구원 방법에 대해 말합니다. '그가 아들이시면서도 받으신 고난으로 순종함을 배워서 온전하게 되'(히 5:8-9)신 그 방법으로, 구원받은 우리가 고난의 길을 걸어 죽음을 넘어 부활의 자리까지 가는 실력을 쌓아야 한다고 전합니다.

예를 들어, 예수님이 십자가 처형으로 돌아가시자 실망에 빠진 두 제자가 엠마오로 가는 길에 부활하신 예수님이 그들과 동행하시며 "너희가 길 가면서 서로 주고받고 하는 이야기가 무엇이냐?"라고 물으십니다. 두 제자가 슬픈 빛을 띠고 있었고, 그 가운데 글로바라는 자가 "당신이 예루살렘에 체류하면서도 요즘 거기서 된 일을 혼자만 알지 못하느냐?"라고 대답합니다. 주님이 "무슨 일이냐?"라고 되묻습니다. 그들이 "나사렛 예수의 일이니 그는 하나님과 모든 백성 앞에서 말과 일에 능하신 선지자이거늘 우리 대제사장과 관리들이 사형 판결에 넘겨주어 십자가에 못 박았다"고 대답합니다. 그러자 예수님이 그들에게 "미련하고 선지자들이 말한 모든 것을 마음에 더디 믿는 자들이여 그리스도가 이런 고난을 받고 자기의 영광에 들어가야 할 것이 아니냐"라고 꾸중을 하셨습니다. 성경은 예수님이 우리를 부르실 때, '나를 믿으면 만사형통한다'고 이야기한 적이 없다고 선언합니다. 예수를 믿으면 더 고단합니다.

우리가 공부를 잘해서 좋은 학교에 가면 그다음부터는 공부를 접어 두고 노는 게 아닙니다. 좋은 학교에 왔으니 훌륭해지라고 더 볶아댑니다. 우리는 예수님을 믿어서 하나님의 복과 권능에 붙잡힌 지위와 신분을 가진 운명이 됩니다. 하지만 그런 우리는 세상 사람들보다 더 볶입니다. 우리는 더 훌륭한 하나님의 창조의 목적과 결과를 위해서 순탄하지 않은 세월을 보내야 합니다.

그런데 대부분의 사람들은 여기에서 다 도망갑니다. '그냥 쉽게 해결하시면 되지, 예수님은 왜 십자가에서 죽으십니까?'라며, 우리는 하나님이 우리에게 의도하시는 영광의 찬송이 되는 피조물까지 못 갑니다. 하나님이 의도하시는 영광의 피조물이 된다는 것은 하나님의 보호와 주신 복으로 잘 먹고 잘 살아 어려움과 고통이 없는 존재가 되는 것이 아닙니다. 울고불고하는 과정을 통해 우리가 하나님의 뜻을 나누는 자가 되고, 하나님이 기뻐하시는 대상이 되고, 그분의 동반자가 되는 자리로 부르신다는 것을 알아야 합니다. 그리고 하나님은 우리가 그 과정을 꼭 거치도록 하십니다. 우리는 그 자리를 쉽게 가려고 합니다. 그리고 성경은 우리가 쉽게 가려는 방식을 '우상 숭배'라고 표현합니다.

하나님은 우리가 만족하는 차원에서 기독교를 타협하는 것을 질색하십니다. 구약 성도들은 하나님을 믿으면 되는데 왜 바보같이 바알을 섬겼을까요? 그들은 자신들이 원하는 가장 일차적인 답을 하나님이 보상으로 주시지 않았기 때문에 바알을 섬겼습니다. 그들은 하나님을 믿지만 인생은 더 고달프고, 말이 안 되는 상황이 너무 많기에 더 쉬운 답을 택한 것입니다. 이스라엘 백성은 숱한 고생을 했습니다. 왜 고생을 했을까요? 하나님은 이스라엘 백성을 그 정도의 수준으로 목적하지 않으셨기 때문입니다. 그들은 하나님이 사랑하실 대상이고 하나님은 그들이 믿어야 하는 대상이기 때문입니다.

금령이 아닌 사랑의 법

우리는 성경이 이야기하는 것들을 천편일률적인 단순 명령문으로 쉽게 생각해서는 안 됩니다. '안식일을 지켜라, 살인하지 마라, 거짓 말하지 마라' 하는 성경의 명령을 지키면 그만이고, 이를 어기면 벌을 받는 금령 정도로 여기면 안 됩니다.

한국 교회도 초기에는 그런 금령으로 여겼습니다. 금령은 기본입니다. 과거에는 성수주일이 무시무시했습니다. 60년 전에는 교회에서 멀리 떨어져 사는 성도들은 주일에 돈을 쓰지 않으려고 토요일에 교회에 와서 잤습니다. 주일 오전 예배와 저녁 예배를 마치고도 집에 돌아가지 않고 교회에서 또 자고 월요일 새벽 통금이 해제되고야 버스를 타고 갔습니다. 버스 타는 것도 성수주일 곧 안식일을 위반하는 것이라고 생각했기 때문입니다.

그때는 한국 교회가 역사와 경험이 일천했기 때문에, 이런 단순한 금령에 의존하는 믿음으로 신앙의 기초를 쌓았습니다. 그러한 기초가 우리를 은혜로 몰아가 율법이 만들 수 없는 영광의 자리로 우리를 인도하는 것처럼, 율법의 요구보다 더 큰 요구를 하는 것이 은혜입니다. 그렇다고 율법은 무서운 법칙이고, 은혜는 용서이고 융통성 있게 다 봐주는 것이라고 비교하는 것은 못난 짓입니다. '학교 안 가면 너 매 맞는다, 공부 못하면 혼난다'라고 이야기하는 것이 율법이라면, '공부를 해서 훌륭해지게 만드는 것'은 은혜입니다. 하나님은 고난으로 우리에게 이렇게 큰일을 할 수 있도록 예수의 십자가로 부활을 이루셨습니다. 또한 하나님은 진실하시고 성실하시며 중단 없는 도전과 깨우침과 은혜로 매일 우리 인생에 개입하십니다.

우리는 '나는 이를 지켰다', '나는 이를 지키지 못했다'라는 금령에 대한 두 가지 단순하고 무식한 적용을 넘어서야 합니다. 나는 이를 지켰기 때문에 자신 있게 살고, 이를 어겼기 때문에 회개하는 방식으로, 결국에는 적극적으로 영광된 자리로 더 나아가는 것이 없이 경계선만 넘나드는 것으로 쳇바퀴 도는 신앙에 머무르면 안 됩니다.

어쩌면 한국 교회는 이를 넘어설 수 있는 더 풍성하고 놀랍고 영광된 길로 가는 설명이 부족했던 것 같습니다. 그 때문에 우리는 이러한 반복만 하다가 결국은 체념하고 맙니다. 금령을 지키고, 어기고, 회개하고를 반복하다 결국 외면하는 인생이 됩니다. 대강 살게 되는 거죠. 이것이 오늘날 한국 교회에 만연한 증상이라고 생각합니다.

우리가 이와 같이 외면하는 인생을 벗어나려면, 적극적으로 일하시는 하나님에 대한 성경적 이해가 필요합니다. 하나님은 예수 안에서 우리를 무슨 일을 해결하라고 방방곡곡에 보내시거나, 우리에게 어떤 능력과 업적을 행하게 하여 영웅으로 만드시려는 것이 아닙니다. 우리를 달달 볶으시는 것으로 우리를 만든다는 사실을 이해해야 합니다.

모세의 항복

앞서 설명했던 모세의 경우를 생각해 보십시오. 출애굽 사건에서 주인공은 모세입니다. 모세는 애굽에서 노예로 살던 이스라엘 백성을 인도하여 낸 하나님의 위대한 종입니다. 그러나 이 성경 이야기를 좀 더 나은 시각으로 보면, 주인공 모세는 영웅이 아님을 알 수 있습니다. 모세는 이 출애굽 사건을 통해 가장 많이 성장한 하나님의 사람이 되었습니다. 그러나 이는 항복하는 신앙에 대한 모든 성도의 모범일 뿐입니다.

모세는 하나님께 '40년 동안 이렇게 저를 썩게 하시더니, 제 나이가 여든입니다. 이제 와서 뭘 하자고 하시는 겁니까? 못 갑니다'라고 불평합니다. 그렇게 끝까지 버티다가 마침내 하나님이 화를 내셨습니다. 모세는 할 수 없이 애굽으로 돌아가 바로 앞에서 섰습니다. 그리고 바로에게 이스라엘 백성이 애굽을 떠나겠다고 하자, 바로는 "너희가 게으르다 게으르다 그러므로 너희가 이르기를 우리가 가서 여호와께 제사를 드리자 하는도다 이제 가서 일하라 짚은 너희에게 주지 않을지라도 벽돌은 너희가 수량대로 바칠지니라"(출 5:17-18)라고 하며 더 가혹해졌습니다. 이스라엘 백성들이 모세를 원망합니다. 이에 모세는 하나님께 가서 '이것 보십시오. 안 간다고 했잖아요. 이게 뭡니까?'라고 원망합니다. 이를 열 번이나 하는 셈입니다. 그때는 바로가 끝까지 항복하지 않았고, 모세도 항복하지 않았습니다.

하나님은 크신 역사를 행하셨지만, 바로가 항복하지 않을 뿐 아니라 권력을 놓지도 않았고 죽지도 않았습니다. 해결할 방법이 없습니다. 모세는 다시 바로의 궁에 들어가는 수밖에 없습니다. 그가 바로에게 들어가 이런 일이 반복될수록 바로는 더 악해지고 거칠어집니다. 결국 바로는 '내가 너를 죽이고야 말겠다'까지 옵니다. 이 과정을 반복하다 결국 바로가 손을 들게 되고, 모세는 이스라엘 백성을 데리고 나옵니다. 그런데 홍해가 앞에 가로막고 있습니다.

우리는 여기서 열 가지 재앙이 바로를 항복시키지 못한 것을 보았습니다. 그러나 모세를 항복시키는 것을 봅니다. 모세가 홍해 앞에서 울부짖는 백성들에게 이렇게 선포합니다.

> …… 너희는 두려워하지 말고 가만히 서서 여호와께서 오늘 너희를 위하여 행하시는 구원을 보라 너희가 오늘 본 애굽 사람을 영원히 다시 보지 아니하리라 (출 14:13)

비로소 모세는 항복합니다. 그리고 40년 광야 생활에서 모세는 매일 죽어납니다. 백성들은 모세에게 끝없이 불평하고, 모세를 돌로 쳐 죽이려고 한 것도 한두 번이 아닙니다. 모세는 그들의 모든 원망을 고스란히 다 받습니다. 그럴 때마다 하나님은 백성을 치시려고 합니다. 하지만 모세는 하나님과 백성들 사이에서 중재를 합니다. 오히려 자신을 원망하고 죽이려 했던 백성들의 편을 듭니다. '하나님, 여기까지 와서 왜 포기하십니까? 용서해 주십시오'라고 하며 백성들과 함께 죽습니다. 모세는 잘못한 것이 없으나 '백성들과 함께 죽으라'는 하나님의 말씀을 기꺼이 받습니다. 모세는 '맞습니다. 나는 이 백성들을 위하여 부름받은 종입니다. 백성들이 실패했는데, 나 혼자 승리하는 그런 지도자는 없습니다'라고 하며 백성들과 함께 죽는 것을 당연히 여깁니다.

이 모세의 이야기에서 우리가 봐야 할 것은, 모세의 믿음이 넉넉해서 이런 난관을 극복한 것이 아니라는 사실입니다. 모세 자신으로서는 이해할 수 없지만 하나님의 일하심에 선택의 여지가 없기에 겪어 낸 것입니다. 나무가 열매를 맺기까지, 우리는 우리가 하는 일의 가치를 알 수 없습니다. 왜 씨를 심어야 하는지, 왜 물을 줘야 하는지, 왜

김을 매야 하는지, 왜 벌레를 잡아야 하는지, 가뭄이 들고 홍수가 나는 것들을 다 겪어서 땀 흘리고 고생하여 열매를 보기까지는 이 고생에 대한 진정한 보상이나 이해가 불가능합니다.

부활로 꽃피는 죽음

무엇을 보고 견딜까요? 예수를 보고 견딥니다. 예수님이 죽음까지 따라 들어오신 방식을 보고 견딥니다. 결국 하나도 놓치지 않고 끌어안는 하나님의 죽음. 거기다 꽃 피우는 부활, 죽음의 자리로 갈 수밖에 없는 최악의 상황과 운명에 갇힌 자들에게 찾아와 꽃 피운 부활을 성경은 말합니다.

우리의 신앙생활은 불만스럽고, 스스로를 기만하고, 창피하고, 변명하고, 외면하는 것들로 얼룩진 시간들을 살아 내는 것입니다. 누구를 비난해서 변명하지 마십시오. 기만이 그때의 자기 실력입니다. 이를 회개로 씻어 버리는 데 시간을 보내지 마십시오. 그 비겁한 것을 겪어 낸 시간들이 나중에 무엇을 만드는지를 볼 때까지 인생을 살아가는 것이 바로 믿음입니다. 과거를 지우려고 하지 마십시오. 그때 잘못한 것이 있어야 '부활'로 갈 수 있습니다.

세상 사람들이 할 수 있는 최대한의 반성은 옛날 이야기를 하면서 후회하는 데 있습니다. 옛날로 돌아가서 '그때 잘할 걸'이라고 후회하는 것은 세상 사람들이 하는 행동입니다. 그러나 우리는 그렇지 않습니다. 그때 잘못한 것이 뒤집히기 때문입니다. 그래서 우리는 죽음이 부활에 붙잡혀 영생을 만들어 내고, 영광을 만들어 낸다는 것을 믿습니다. 예수께서 그렇게 하셨기 때문에 믿을 수 있습니다. 우리는 "나를 믿는 자는 내가 하는 일을 그도 할 것이요 또한 그보다 큰 일도 하리니"(요 14:12)라는 부르심 가운데 있다는 사실 때문에, 쉽지 않은 인생을 견디는 것입니다.

실력 없는 인생 감수하기

실감 나는 예를 하나 들겠습니다. 영화 〈벤허〉에는 명장면이 많습니다. 이 영화에서 제일 중요한 장면은 다음에 소개할 이야기라고 생각합니다.

주인공 벤허의 어머니와 누이가 억울하게 잡혀 가자, 벤허가 메살라에게 뛰어 들어가서 "넌 우리 가족이나 마찬가지잖아. 너는 내 가족, 내 어머니와 누이가 반역할 사람이 아니라는 것은 너도 알잖아"라고 합니다.

"알아." 메살라가 대답합니다.

"그럼 풀어 줘."

"못 풀어 줘."

"왜?"

"이것으로 일벌백계(一罰百戒)의 기회로 삼을 거야."

벤허가 "너, 죽여 버릴 거야"라고 하며 창을 들고 들어갑니다. 이때 메살라가 "찔러, 날 죽여. 그럼 네 어머니와 여동생은 풀려날 수 있을까?"라고 합니다. 그럴 때 벤허는 책상에 창을 던지고 자신은 군인들에게 잡혀 갑니다. 그 창이 메살라를 향했다면 그는 망하는 겁니다. 만약 벤허가 그 자리에서 메살라를 창으로 찔렀다면, 벤허의 인생을 그 영화에 담을 수 없습니다.

자신의 비겁한 인생을 감수해야 합니다. 내가 늘 옳고 늘 전지전능하고 완전무결하려는 식으로 신앙을 채점하면 아무도 인생을 살아낼 방법이 없습니다. 우리의 마음속을 다 보여 주기 위해 시시콜콜한 것까지 다 꺼내 놓아야 솔직하다는 생각을 버리십시오. 그런 이야기는 안 하는 겁니다. 그랬다가는 실력 없는 인생을 살아야 되기 때문에 감추어야 합니다. 감추고 인내하며 살아야 합니다.

벤허는 어디까지 갑니까? 잡혀서 노예선으로 끌려가는 도중에 우물가에 이릅니다. 입술이 허옇게 말라붙었는데, 간수가 벤허에게 물을 못 마시게 합니다. 그때 예수님이 벤허에게 물을 주십니다. 간수가 와서 말리려는데, 예수님이 일어나서 간수를 바라보십니다. 간수가 자신을 바라보는 예수로 인해 눈이 부셔서 물러납니다.

아니, 예수님은 이렇게까지 하실 것이면, 그때 벤허를 구름에 태워서 로마 황제 시저 앞에 보내시고, 황제를 죽여 그 자리에 벤허를 앉히시면 되는 것 아닙니까? 그런데 예수님은 그렇게 하지 않으십니다. 이 고난, 원망, 절망을 계속 품고 살게 하십니다. 거기서 죽지 않게 물을 주십니다. 우리가 원하는 것을 주시지 않고, 죽지 못하게 하십니다.

노예선에서 로마 장군 퀸투스 아리우스를 만납니다. 사령관이 벤허가 심상치 않아 보여 노예선에서 채찍을 찾아 벤허를 내리칩니다. 그는 용수철처럼 뛰어 일어납니다. 그리고 그는 장군이 내리치는 채찍질을 참습니다. 아리우스가 벤허에게 "대단한 증오심이군. 그러나 절제력이 더 좋군" 하고 말합니다.

벤허는 그때 왜 참았을까요? 메살라에게 보복하기 위해서는 거기서 죽을 수는 없기 때문입니다. 그런 증오와 원망, 절망이 그때를 견디게 하고, 자신의 못난 것 때문에 그때를 견뎌서 넘어오는 일을 합니다. 이것이 성경이 우리에게 이야기하는 예수님의 십자가입니다.

제자들은 이해를 못합니다. '수많은 기적을 행하셨는데, 죽으신다고요?'라는 말은 노골적인 반발입니다. 예수님은 제자들에게 '너희가 지금은 이해하지 못한다. 그러나 그때가 되면 알게 될 것이다. 그러니 내게 구하라'라고 하십니다.

히브리서에서는 영원한 대제사장 예수 그리스도께서 우리를 위해 편드시는 중보를 하십니다. 이 기도의 유효성을 증언하십니다. 그러나 예수님이 제자들에게 부탁하신 기도의 자리는 히브리서에 언급한 중보 기도의 자리가 아닙니다. 예수님은 자신의 죽음을 제자들에게 말씀하시고 제자들은 의심과 불안이 가득한 자리입니다. 그런데 예수님은 '너희가 나중에 알게 된다. 그리고 내게 구하라'고 말씀하신 것입니다.

왜 그러셨을까요? 제자들도 예수님과 같은 길을 갈 것이기 때문입니다. 다 해결할 수 없는 길, 아무도 이해해 주지 않는 길, 진리와 영광에 관한 증언임에도 불구하고 모두 돌을 들고 죽이려고 하는 길을 걸어야 하기 때문입니다. 예수님은 왜 그런 길을 택하셨을까요? 그 길이 주께서 영광 받으실 길이기 때문입니다. 우리에게도 영광의 길이기 때문입니다. 하나님의 권능과 지혜로 만들어진 길이요, 인류에게 요구하고 반드시 그렇게 만드실 하나님의 창조와 구원의 섭리와 의지와 은혜이기 때문입니다.

고함치며 견디는 인생

남극 대륙을 횡단하려고 한 어니스트 섀클턴은 남극 대륙에 상륙도 못해보고 부빙(물 위에 떠다니는 얼음—편집자) 위에 갇혀 떠내려갑니다. 길이가 몇 킬로미터가 되고 깊이가 몇십 미터씩 되는 거대한 섬 같은 부빙이 떠내려가다가 서로 부딪히는 경우가 있습니다. 그런 거대한 부빙 위에 텐트를 치고 밤에 잠을 자다가 부빙이 서로 부딪치면 하늘이 쪼개지고 땅이 꺼지는 것처럼 무시무시한 소리와 진동을 느낀답니다. 어니스트 섀클턴은 그런 곳에서 악을 쓰면서 견뎠다고 합니다. 알프레드 랜싱의 책《섀클턴의 위대한 항해》에서 이렇게 표현합니다. "어떻게 견뎠냐고? 고함과 욕설로 견뎠지."

무슨 찬송을 부르면서 견뎠을까요? 그럴 여유는 없습니다. 그런 모든 것이 일을 한다는 것을 알지 못한다면, 우리는 밤낮 후회하고 변명하다가 아무것도 아닌 자가 되고 맙니다. 늘 도망칠 수밖에 없습니다. 현장에서 자기가 해야 할 책임을 못집니다. 할 말 없는 자리를 지키는 것, 말 한 마디라도 쉽게 뱉을 수 없는 순간이 우리 생애에 펼쳐지고 있다면, 이는 하나님이 정한 지혜와 권능의 기회입니다.

그 인생을 살아 냅시다. 그럴 때 "내 이름으로 무엇을 구하든지 내가 행하리니 …… 내 이름으로 무엇이든지 내게 구하면 내가 행하리라"(요 14:13-14)는 말씀을 이해할 수 있습니다. 우리보다 먼저 걸어가신 분, 내 처지를 잘 아시는 분이 우리에게 뭐라고 하십니까? '해결 못해도 된다. 네가 영웅이 아니어도 된다. 네 못난 것들과 부족한 것들이, 그리고 지금 너의 가슴을 치게 하는 것들이 일을 한다. 걱정하지 마라'라고 하십니다. 우리는 그런 말씀을 하시는 예수께 응답을 받을 것입니다.

오랜 신앙생활로 쓸모없는 고집과 체념과 타협만 남은 낡아빠진 고목이 되지 마십시오. 세상은 만들 수 없고 복음만이 만들 수 있는 놀랍고 부요하고 위대한 하나님의 자녀가 되십시오. 그런 귀한 인생을 직접 견뎌 복이 되는 결과가 있기를 바랍니다.

기 도

하나님 아버지, 하나님은 우리에게 어려운 길을 요구하십니다. 그러나 이는 주께서 걸어가신 길이고, 우리를 구원하사 영광의 자리로 인도하시는 복된 길입니다. 우리는 누구를 위해서가 아니라, 우리를 위하여 피 흘리신 하나님의 사랑과 귀한 약속을 따라가 승리해야 되는 하나님의 귀한 자녀입니다. 우리로 예수님을 뒤따라 자신의 인생을 살게 하옵소서. 하나님을 위해서 봐주듯이 사는 자리에서 일어나, 스스로 훌륭해지는 길을 걷는 위대하고 용감하고 인내하고 할 말 있는 인생을 살아 내게 하소서. 정직하고 용감한 신자들이 되게 하옵소서. 예수님 이름으로 기도합니다. 아멘.

32.
나는 포도나무요 너희는 가지라

---

1 나는 참포도나무요 내 아버지는 농부라 2 무릇 내게 붙어 있어 열매
를 맺지 아니하는 가지는 아버지께서 그것을 제거해 버리시고 무릇 열
매를 맺는 가지는 더 열매를 맺게 하려 하여 그것을 깨끗하게 하시느니
라 3 너희는 내가 일러준 말로 이미 깨끗하여졌으니 4 내 안에 거하라
나도 너희 안에 거하리라 가지가 포도나무에 붙어 있지 아니하면 스스
로 열매를 맺을 수 없음 같이 너희도 내 안에 있지 아니하면 그러하리라
5 나는 포도나무요 너희는 가지라 그가 내 안에, 내가 그 안에 거하면 사
람이 열매를 많이 맺나니 나를 떠나서는 너희가 아무 것도 할 수 없음이
라 6 사람이 내 안에 거하지 아니하면 가지처럼 밖에 버려져 마르나니
사람들이 그것을 모아다가 불에 던져 사르느니라 …… (요 15:1-8)

요한복음 15장은 예수 믿는 사람들에게는 매우 익숙한 내용입니다. 예수님이 제자들에게 '나는 포도나무요 너희는 가지다. 가지가 나무에 붙어 있지 않으면 열매를 맺을 수 없다. 열매를 맺지 않는 가지라면 그건 내 몸에 붙어 있지 않은 것이고, 내 몸에 붙어 있지 않은 가지는 말라 버린다. 결국 사람들이 모아다가 땔감으로 쓸 것이다'라고 하신 말씀입니다.

또한 이 말씀은 성도들이 예수께 당연히 붙어 있어야 하는 믿음의 순종을 생각나게 합니다. 믿음이 약해지거나 마음먹은 대로 성실히 신앙생활을 하지 못할 때에는 두려움을 느끼며 '내가 주의 몸에서 떠났나 보다' 하고 자책하게 하는 말씀이기도 합니다.

그러나 이 포도나무 비유는 주께 붙었다, 떨어졌다 하는 순종과 불순종을 대비하여 순종은 잘하는 일이고 불순종은 잘못하는 일이라고 설명하기 위한 말씀이 아닙니다. 물론 순종과 불순종에 대한 말씀인 것은 당연하지만, 그보다 훨씬 더 중요한 내용을 품고 있습니다.

예수와 분리될 수 없다

우리가 예수에게서 떨어지는 일은 없습니다. 예수께 붙어 있으면서 잘못된 신앙생활을 하는 경우는 있습니다. 하지만 잘못했다고 예수님과 분리되는 일은 없습니다. 요한복음 13장에 나오는 마지막 만찬 후에, 예수님은 자신의 죽음에 대해 제자들에게 예고하십니다. 그러자 베드로가 "주여, 어디로 가시나이까"라고 여쭙습니다. 예수님이 "내가 가는 곳에 네가 지금은 따라올 수 없으나 후에는 따라오리라"라고 하십니다. 이에 베드로는 "주여 내가 지금은 어찌하여 따라갈 수 없나이까 주를 위하여 내 목숨을 버리겠나이다"라고 합니다. 그러자 예수님이 베드로에게 "네가 나를 위하여 네 목숨을 버리겠느냐 내가 진실로 진실로 네게 이르노니 닭 울기 전에 네가 세 번 나를 부인하리라"라고 답하십니다.

이러한 말씀에 이어 요한복음 14장에서는 예수님이 "그 날에는 내가 아버지 안에, 너희가 내 안에, 내가 너희 안에 있는 것을 너희가 알리라"라고 말씀하십니다. 이와 같은 말씀들은 모두, 우리가 쫓아갈 수 있거나 우리가 함께할 수 있는 것이 아닙니다. 예수님이 십자가를 지시기 전까지는 우리에게 불가능한 일입니다. 예수님이 십자가를 지시는 것은 이 불가능을 가능하게 한 사건이라서, 우리의 고백이나 각오나 선택이 우리의 정체성과 신분을 정하는 것이 아닙니다. 예수님이 십자가를 지심으로 만들어 내는 재창조, 새사람, 하나님의 자녀가 되는 일은 주께서 하셔야만 가능합니다. 그래야만 우리는 그분과 하나가 되고, 그분의 제자가 되고, 그분의 자녀가 되는 신분과 운명을 가질 수 있는 것입니다.

새 생명과 새 인생의 길

그렇다면 예수님은 왜 제자들에게 "나는 포도나무요 너희는 가지라 그가 내 안에, 내가 그 안에 거하면 사람이 열매를 많이 맺나니 나를 떠나서는 너희가 아무 것도 할 수 없음이라"(요 15:5)라는 경고의 말씀을 주셨을까요? 이 말씀에는 무슨 의미가 담겨 있을까요? 로마서 6장을 찾아봅시다.

> 만일 우리가 그리스도와 함께 죽었으면 또한 그와 함께 살 줄을 믿노니 이는 그리스도께서 죽은 자 가운데서 살아나셨으매 다시 죽지 아니하시고 사망이 다시 그를 주장하지 못할 줄을 앎이로라 그가 죽으심은 죄에 대하여 단번에 죽으심이요 그가 살아 계심은 하나님께 대하여 살아 계심이니 이와 같이 너희도 너희 자신을 죄에 대하여는 죽은 자요 그리스도 예수 안에서 하나님께 대하여는 살아 있는 자로 여길지어다 (롬 6:8-11)

예수님의 죽으심은 우리와 함께 죽으신 것이고, 그분의 살아나심도 동일하게 우리와 함께 살아나신 것입니다. 다시 말해, 하나님이 만드신 인류는 하나님을 거절하여 죄 가운데 사망을 운명으로 가졌습니다. 이 죽음의 운명에 갇힌 우리를 예수께서 따라 들어오셔서 우리를 자신과 함께 묶으셨습니다. 더불어 그분의 부활에도 우리가 묶였기 때문에, 우리도 새 생명과 새 운명을 가지게 되었습니다.

이를 바울이 로마서 6장 8-11절에서 표현했습니다. 이는 '이제 너희는 죽음이 끝이 아닌, 생명이 운명인 자로 살아났다. 그러니 너희 인생은 사망의 길을 걷지 말고 생명의 길을 걷는 인생이 되어라. 예수가 없던 인생과 운명에서 예수 안에 있는 새 생명과 새 인생의 길을 걸어라' 하는 권면입니다.

그러나 이 말씀을 우리가 쉽게 '잘 믿어야겠다. 제대로 순종을 해야겠다'고 이해할 수 있지만, 여기에는 좀 더 복잡한 내용이 있습니다. 계속해서 로마서 6장 12절 이하를 봅시다.

> 그러므로 너희는 죄가 너희 죽을 몸을 지배하지 못하게 하여 몸의 사욕에 순종하지 말고 또한 너희 지체를 불의의 무기로 죄에게 내주지 말고 오직 너희 자신을 죽은 자 가운데서 다시 살아난 자 같이 하나님께 드리며 너희 지체를 의의 무기로 하나님께 드리라 죄가 너희를 주장하지 못하리니 이는 너희가 법 아래에 있지 아니하고 은혜 아래에 있음이라 (롬 6:12-14)

'너희는 너희 자신을 의의 병기와 의의 종으로 드리고, 죄에게 너희를 바치지 말라'고 합니다. 마치 우리의 선택에 따라 예수께 순종할 수도 있고, 죄에게 순종할 수도 있다는 듯한 대조가 우리의 머릿속에 금방 떠오릅니다. 그러나 성경은 '죄란 하나님이 없는 것'이라고 합니다. 하나님 밖으로 나가는 것이 죄입니다. 죄라는 실체가 따로 있어 그것만 지울 수 있는 문제가 아닙니다. 우리는 그리스도와 연합되어 있습니다. 그러나 그리스도로부터 받아 열매를 맺지 않고, 나태하거나 방심하거나 외면하는 것을 죄라고 성경은 전합니다.

우리는 잘못하면 잘못한 것을 지우려고 합니다. 그래서 신자들은 반복해서 회개를 합니다. 이는 신자들의 신앙생활을 제일 곤란하게 하는 것입니다. 잘못을 지우려 하거나 잘못한 시간을 회복하려고 하지 마십시오. 그 잘못이 우리로 하여금 당연히 했어야 하는 순종으로 되돌려 놓는 오늘이 되어야 합니다. 잘못한 과거를 지우느라 순종해야 하는 오늘을 사용하면 곤란합니다. 자책과 죄책을 완화하느라 아무것도 하지 못하는 신앙생활은 하지 말아야 합니다.

"죄가 너희를 주장하지 못하리니 이는 너희가 법 아래에 있지 아니하고 은혜 아래에 있음이라"(롬 6:14)라고 합니다. '죄가 너희를 주장하지 못한다. 너희는 죄와 상관없다'가 무슨 뜻인지 알겠습니까? 죄는 우리가 알고 있는 도덕적·윤리적 문제가 아니고, 하나님과의 관계에 관한 문제입니다.

법은 잘못을 처벌하는 제도입니다. 법은 잘못하지 않게 하는 것이 전부입니다. 그러나 은혜는 잘하게 하기 위해서 주는 선물입니다. 그러므로 은혜는 잘못하는 것이 문제가 되지 않습니다. 하나님은 잘하는 것을 격려하기 위해 예수를 보내셨고, 믿음으로 말미암는 구원을 우리에게 허락하셨습니다.

믿음이란 무엇입니까? 하나님이 예수 안에서 우리를 재창조하는 권능입니다. 예수님은 잘잘못을 물으러 이 땅에 오신 것이 아닙니다. 예수님은 우리가 잘하게 하려고 오신 것입니다. 그런 면에서 우리는 잘하도록 부름받았는데 이에 응하지 않는 것은 못난 짓입니다. 부끄러워해야 정상입니다. 그런데 우리는 '난 잘못을 했으니 지옥 갈 거야'라는 이분법에 사로잡혀 늘 죄책감에 빠지고 스스로 괴롭히고 시달려서 매일매일 고생을 자처합니다.

육신의 법, 마음의 법

새로운 하루가 주어지면, 새롭게 시작하면 됩니다. 그런데 우리는 과거에 지은 죄를 몽땅 지워야 새 출발을 할 수 있다고 생각합니다. 그래서 늘 울고불고만 하고 있습니다. 그렇기에 우리의 회개는 늘 깁니다. 회개를 쉽게 하십시오. '하나님, 지난날은 제가 분명히 잘못했습니다. 오늘은 잘하겠습니다'라고 하십시오. 그렇게 하는 것이 하나님이 예수 안에서 하신 일입니다. 그럼에도 불구하고 우리가 감동하지 않는 이유는 그래도 잘 안 되기 때문입니다. 로마서 7장을 봅시다.

> 내 속 곧 내 육신에 선한 것이 거하지 아니하는 줄을 아노니 원함은 내게 있으나 선을 행하는 것은 없노라 내가 원하는 바 선은 행하지 아니하고 도리어 원하지 아니하는 바 악을 행하는도다 만일 내가 원하지 아니하는 그것을 하면 이를 행하는 자는 내가 아니요 내 속에 거하는 죄니라 그러므로 내가 한 법을 깨달았노니 곧 선을 행하기 원하는 나에게 악이 함께 있는 것이로다 내 속사람으로는 하나님의 법을 즐거워하되 내 지체 속에서 한 다른 법이 내 마음의 법과 싸워 내 지체 속에 있는 죄의 법으로 나를 사로잡는 것을 보는도다 오호라 나는 곤고한 사람이로다 이 사망의 몸에서 누가 나를 건져내랴 (롬 7:18-24)

이 유명한 말씀에는 우리의 내적 갈등이 잘 소개되어 있습니다. 주의 뜻에 순종하고 신앙생활을 잘하고 싶은데, 내 속에 있는 다른 내가 나를 죄 아래로 잡아오더랍니다. 잘하는 것보다 잘못한 게 더 많더랍니다. 그래서 '오호라 나는 곤고한 사람이로다'라는 탄식이 나옵니다.

이는 아주 중요한 문제입니다. 앞서 언급한 로마서 6장에서는 이런 고백이 나옵니다. 예수께서 나를 당신과 묶으셨습니다. 예수님은 나의 사망에까지 쫓아 들어와 그분의 부활에 나를 동일하게 묶어 새 생명을 주셨습니다. 이제 나를 생명과 영광의 운명 속에서 살게 하셨습니다. 그런데 나의 문제는 외부에서 오는 게 아니었습니다. 뜻밖에 하나님의 뜻을 즐거워하는 마음을 이기는 죄의 법이 나를 사로잡아 승리하지 못하게 하더랍니다. 이 갈등이 어떻게 해결될까요?

> 우리 주 예수 그리스도 말미암아 하나님께 감사하리로다 그런즉 내 자신이 마음으로는 하나님의 법을 육신으로는 죄의 법을 섬기노라 (롬 7:25)

바로 이런 결론이 나옵니다. 예수 그리스도로 말미암아 감사하다면 앞의 문제가 해결이 되어야 맞습니다. 그런데 앞의 문제를 미제로 남겨 놓습니다. 내 마음으로는 하나님의 법을, 내 육신으로는 죄의 법을 섬기는 일을 현실로 인정해야 합니다. 이는 무슨 의미일까요?

하나님은 창조주이십니다. 그리고 재창조를 하십니다. 이 말은 창조하신 것을 지우고 재창조를 하신다는 말이 아닙니다. 창조하신 것을 수용하셔서 재창조를 하십니다. 아담의 거부로 말미암아 어긋난 첫 창조를 수용하여 재창조를 이루어 내십니다. 우리는 아담의 잘못과 거부를 늘 원망합니다. '아담이 선악을 알게 하는 나무의 열매만

먹지 않았어도…….' 그 원망을 아담에게 하다가 그래도 속이 안 풀리니까 '하나님은 왜 그런 나무를 만드셔서 이런 상황이 되게 하시는가? 아니, 만드셨으면 아담이 못 가게 하실 것이지, 왜 먹을 때는 가만히 계시다가 이런 고통스러운 인생을 살게 하실까?' 하며 하나님을 원망합니다.

하나님은 아담에게 당신을 거부할 자유를 주십니다. 굉장하지 않습니까? 모든 신은 권력으로 자신을 증명합니다. 그러나 기독교에서 말하는 하나님은 권력으로 자신을 증명하시지 않습니다. 그분은 대등한 관계를 요구하십니다. 기독교가 요구하는 최고의 덕목은 믿음과 사랑입니다. 그것은 감정적인 것이 아닙니다. 로맨스도 아닙니다. 기독교의 덕목을 누릴 수 있는 것은 굉장한 자격입니다. 하나님은 우리에게 대등한 관계를 요구하십니다. 그래서 하나님은 우리가 당신을 거부한 것마저 수용하십니다. 인간들은 잘못해서 하나님 없는 세상을 살게 되었습니다. 인류 역사가 내내 신음하고 원망하면서 겪는 현실입니다.

하나님은 그러한 거부를 수용하셔서 그분이 창조하실 때 담으셨던 자신의 형상, 기쁨, 영광을 포기하지 않으셨습니다. 이를 이루신 것이 예수 그리스도의 성육신, 십자가, 부활입니다. 우리 안에 아담의 유전자가 남아 있는 채, 예수의 유전자가 들어와 이 둘이 싸움을 합니다. 그리고 갈등을 일으킵니다. 왜 그렇게 하실까요?

자유는 자기가 직접 누려 봐야 압니다. 자유는 이해관계나 권력에 의해서 좌우되는 것이 아닙니다. 자유 안에 있는 자존심이나 자부심을 하나님 앞에 내려놓기 위해서는 자신이 직접 자유를 누려 봐야 합니다. 이를 알려 주시기 위해 하나님은 스스로 비난받으시고, 고난당하시고, 왜곡되는 모든 것을 감수하십니다. 하나님이 우리와 싸워 우리를 항복시키기까지 포기하지 아니하시는 것이 인류의 역사이며 모든 예수 믿는 자들의 인생입니다.

이러한 로마서 7장의 갈등은 로마서 8장에 가서 이렇게 나옵니다.

> 그러므로 이제 그리스도 예수 안에 있는 자에게는 결코 정죄함이 없나니 이는 그리스도 예수 안에 있는 생명의 성령의 법이 죄와 사망의 법에서 너를 해방하였음이라 (롬 8:1-2)

하나님이 언제까지 싸우십니까? 우리의 잘못을 '언제까지, 몇 번까지'라고 국한하시지 않습니다. 우리가 욕심내는 모든 것을 선택하고, 결정하고, 경험하여 이것을 하나님의 약속, 일하심과 대조해 볼 시간과 기회를 주십니다.

매일 우리를 훈련하시는 하나님

우리는 회개도 많이 합니다. 억울한 것도 많습니다. 그러나 생각해 보십시오. 죄의 무서움은 무엇입니까? 죄는 하나님이 없는 것이고, 하나님이 없으면 그 결국은 사망밖에 없습니다. 그것은 벌이 아닙니다. 사망 곧 죽음이란 헛된 것입니다. 죽으면 모든 것이 헛됩니다. 그래서 나이가 들면 신앙이 좋아집니다. 죽음이 가까워져야 세상의 유혹과 우리의 헛된 망상들이 현실에서 깨어집니다. 하나님은 영원한 것, 진정한 인간다움을 찾아내도록 우리에게 시간을 주십니다.

성경은 하나님이 우리에게 이러한 갈등을 허락하신다는 사실을 알라고 합니다. 우리의 마음속에는 아직도 아담의 유전자가 있습니다. 우리는 아담의 상황이 훨씬 이해가 되고, 그게 본성적으로 더 깊이 박혀 있습니다. 우리의 야망, 우리의 좁은 편견, 고집 등 뭐라고 해도 좋습니다. 하나님은 우리가 가지는 최고의 기대, 환상 같은 것들을 처음부터 막지 않으시고 그냥 가도록 내버려 두십니다. 그런데 우리는 '하나님, 왜 그걸 내버려 두셨나요?'라고 원망을 합니다.

제럴드 싯처가 쓴《하나님의 뜻》이라는 책을 요약하면 이렇습니다. '신자들이 하나님의 뜻을 알려고 하는 것은 순종하기 위해서가 아니라, 책임을 면하기 위해서다.' 그렇습니다. '하나님이 이리로 가라고 하셨잖아요? 이 질문에 하나님은 왜 묵묵부답이시죠?'라며 불평하지만, 하나님은 '네가 하고 싶은 것을 해라. 네 실력만큼 해라. 울어라. 후회해라. 원망해라. 내가 다 듣고 있으마. 또다시 해 보자'고 하십니다.

축구 선수가 공 하나를 골대에 넣기가 얼마나 힘든지 아시죠? 혼자서 몇 골씩 넣는 선수는 정말 대단한 선수입니다. 그 골을 넣기 위해 수많은 연습을 했을 것입니다.

하나님은 우리를 매일 훈련하시고, 우리와 함께 연습하고 계시다고 생각해야 합니다. 우리는 자기 욕심에 따라 정신없이 자기 오해에 파묻혀 있습니다. 그러다가 정신이 들면, '다음에는 그러지 말아야지'라고 하지만, 그렇게 쉽게 극복되지 않습니다. 동일한 실수를 하면 그 다음에 드는 생각은 무엇입니까? '내가 다음에는 진짜로 그러지 말아야지'라고 또 다짐합니다. 이런 식으로 몇 번 훈련해야 할까요? 단련이란 천 번의 연습, 만 번의 훈련이랍니다. 그렇게 해야 합니다. 어떤 분야에서 전문가가 되려면, 1만 시간의 연습이 필요하답니다. 3년이면 될까요? 우리는 매일 24시간씩 연습할 수는 없으니 적어도 10년은 단련해야 합니다.

실패가 허락되는 이유

우리가 왜 신앙 훈련이 안 되는지 아십니까? 우리의 실패가 무엇인지와 실패가 허락되는 이유를 모르기 때문입니다. 또한 매일 '잘못했습니다'라고 회개하는 바람에 훈련이 쓸모없게 되었기 때문입니다. '잘못했습니다'라고 고백하면 내 책임이 끝나고, 새로 하려고 하면 다시 출발점에 서 있어야 하기 때문입니다. 우리가 여태껏 한 실수가 우리에게 도움이 되지 않은 것입니다. 에베소서 4장으로 가면 바울이 이 문제를 종합적으로 설명합니다.

> 우리가 다 하나님의 아들을 믿는 것과 아는 일에 하나가 되어 온전한 사람을 이루어 그리스도의 장성한 분량이 충만한 데까지 이르리니 이는 우리가 이제부터 어린 아이가 되지 아니하여 사람의 속임수와 간사한 유혹에 빠져 온갖 교훈의 풍조에 밀려 요동하지 않게 하려 함이라 오직 사랑 안에서 참된 것을 하여 범사에 그에게까지 자랄지라 그는 머리니 곧 그리스도라 그에게서 온 몸이 각 마디

를 통하여 도움을 받음으로 연결되고 결합되어 각 지체의 분량대로 역사하여 그 몸을 자라게 하며 사랑 안에서 스스로 세우느니라 (엡 4:13-16)

이 말씀이 무슨 뜻인가요? 자라나야 된다는 의미입니다. 그런데 우리는 이 큰 뜻을 품고 새로 시작해서 완벽하게 끝장을 내고 싶어 합니다. 매번 새로 시작해서 완벽하게 만들고, 중간에 곁길로 가거나 넘어지거나 잘못하는 과정이 있으면 안 된다고 생각합니다. 그래서 매번 시작만 있습니다. 잘못이 일을 한다는 것을 모릅니다. 우리는 자라야 합니다. 자라야 한다는 것은, 어린아이는 온전치 못하다는 뜻이 아닙니다. 어린아이도 온전한 인간이지만, 자라나야 합니다. 어릴 때는 철이 없고 지혜가 없고 분별이 없고 실력이 없습니다. 아이들은 싸우면서 크고, 울면서 크고, 속 썩이면서 크는 겁니다. 이를 살아 내면서 누적된 자기 인생을 인정해야 합니다.

새로운 일을 하려고 할 때마다 잘못한 것 위에서 좀 더 조심스럽고 실제적인 목표를 가지고 한 걸음씩 나아가야 합니다. 그런데 거창한 목표를 세우고, 과거는 회개로 한바탕 눈물을 쏟아 다 지워 버리면 아무것도 아닌 게 되나요? 과거는 그냥 다 묻어 버리면 우리에게 아무것도 아닌가요? 그래야 한다는 꿈 같은 생각 때문에, 우리는 늘 아무것도 아닌 신앙생활을 하는 것입니다. 에베소서 4장 17절 이하를 좀 더 살펴봅시다.

그러므로 내가 이것을 말하며 주 안에서 증언하노니 이제부터 너

> 희는 이방인이 그 마음의 허망한 것으로 행함 같이 행하지 말라 그들의 총명이 어두워지고 그들 가운데 있는 무지함과 그들의 마음이 굳어짐으로 말미암아 하나님의 생명에서 떠나 있도다 그들이 감각 없는 자가 되어 자신을 방탕에 방임하여 모든 더러운 것을 욕심으로 행하되 오직 너희는 그리스도를 그같이 배우지 아니하였느니라 진리가 예수 안에 있는 것 같이 너희가 참으로 그에게서 듣고 또한 그 안에서 가르침을 받았을진대 너희는 유혹의 욕심을 따라 썩어져 가는 구습을 따르는 옛 사람을 벗어 버리고 오직 너희의 심령이 새롭게 되어 하나님을 따라 의와 진리의 거룩함으로 지으심을 받은 새 사람을 입으라 (엡 4:17-24)

우리를 옛사람과 새사람, 둘로 갈라 놓는 것이 아닙니다. 둘 사이를 왔다 갔다 하며 '소원은 새사람에 있지만 현실은 그렇지 않다'는 것을 반복하며 큽니다. 왜 하나님이 옛사람 곧 아담의 유전자를 우리에게 허락하십니까? 자유를 위해서 곧 우리의 승복을 받아 내기 위해서입니다.

모세를 생각해 보십시오. 모세가 80세에 하나님께 부름받았을 때, 그의 불만은 '왜 하나님은 일을 이렇게 하십니까? 40년 전에는 뭐하고 계시다가 왜 이제 와서 이러십니까? 제가 40년 동안 미디안 광야에서 완전히 망가지도록 내버려 두셨다가 지금 뭘 하자시는 건가요?' 였습니다. 그랬던 모세가 이스라엘 백성을 데리고 40년간 광야에서 생활을 했습니다. 그가 허송세월을 보냈다고 한 것들이 일을 했습니다. 그는 '온유함이 지면의 모든 사람보다 더하더라'(민 12:3)라고 성경에 기록되어 있습니다. 그는 백성을 위하여 하나님 앞에 용서를 구합니다. 하나님이 '이것들을 다 죽이고 내가 너로 새 민족을 만들겠다'고 하시면, 모세는 '아닙니다, 하나님 그러지 마십시오'라고 간구했습니다. 왜 그렇게 말할 수 있었을까요? 모세는 이스라엘 백성들이 자기 자신보다 낫다는 것을 알았기 때문입니다.

하나님은 구약 최고의 지도자, 최고의 영웅, 우리 모두가 부러워하는 모세의 속을 태우고, 태우고, 또 태워서 재가 되어 다 날아가 흔적이 없을 때까지 달달 볶으셨습니다. 사도행전에 나오는 스데반의 설교에서 모세는 이렇게 등장합니다.

> 사십 년이 차매 천사가 시내 산 광야 가시나무 떨기 불꽃 가운데서 그에게 보이거늘 (행 7:30)

39년도 안 됩니다. 그 속을 다 태우는 데 40년이 걸렸습니다. 그래서 모세는 이스라엘 백성을 데리고 40년간 하나님의 종으로 섬기며 이스라엘 역사를 만들어 냅니다.

또 다른 사람, 요셉을 생각해 봅시다. 그는 감옥에서 들어가서 여러 날, 여러 해를 고생했습니다. 술 맡은 관원장과 떡 굽는 관원장이 애굽 왕 바로에게 죄를 범하여 요셉이 있는 옥에 갇혔습니다. 요셉은 술 맡은 관원장의 꿈을 해석해 주고 그에게 이런 부탁을 합니다.

> 당신이 잘 되시거든 나를 생각하고 내게 은혜를 베풀어서 내 사정을 바로에게 아뢰어 이 집에서 나를 건져 주소서 나는 히브리 땅에서 끌려온 자요 여기서도 옥에 갇힐 일은 행하지 아니하였나이다

(창 40:14-15)

그러나 술 맡은 관원장은 요셉의 해석대로 자리에 복귀했으나 요셉을 기억하지 못하고 잊어버렸습니다. 그런 일이 있은 후, 성경에 '만 이 년 후에 바로가 꿈을 꾼즉'(창 41:1)이라고 나옵니다.

쓸모없는 것들의 유익

우리가 살면서 한 번도 쓸모 있다고 생각해 보지 못한 시간들이 우리를 만들고 있습니다. '하나님은 왜 이렇게 내 기도에 응답하시지 않는가?'라고 했던 순간들이 일을 합니다. 우리가 품는 최고의 소원과 꿈보다 크신 하나님이 예수 안에서 보여 주신 하나님 자신에 대한 설명과 우리를 향한 하나님의 진정성을 대비시킵니다. 그리고 항복의 날이 옵니다. 그것은 자라는 것입니다. 어느 한순간에 완성되는 것이 아니고 조금씩 큽니다.

에베소서에서는 "오직 너희의 심령이 새롭게 되어 하나님을 따라 의와 진리의 거룩함으로 지으심을 받은 새 사람을 입으라"(엡 4:23-24)라고 권면합니다. 그리고 "그런즉 거짓을 버리고 각각 그 이웃과 더불어 참된 것을 말하라 이는 우리가 서로 지체가 됨이라"(엡 4:25)라고 합니다.

어려운 것을 하라고 하지 않습니다. 쉬운 것부터 하십시오. 사람을 만나면 예의를 갖추십시오. 인사를 하시고 반가워하십시오. 예의와 교양을 지키십시오. 그렇게 한 가지씩 하는 것입니다. 잘못한 것에 억눌려 자폭하려 하는 것이 가장 큰 시험입니다. 이를 이겨 내야 합니다. 앞서 봤던 로마서 8장을 다시 한번 봅시다.

> 그러므로 이제 그리스도 예수 안에 있는 자에게는 결코 정죄함이 없나니 이는 그리스도 예수 안에 있는 생명의 성령의 법이 죄와 사망의 법에서 너를 해방하였음이라(롬 8:1-2)

우리가 이 갈등을 견딜 수 있는 이유입니다. 하나님은 이 법을 이길 때까지 우리를 포기하시지 않습니다. 우리가 포기한 인생을 하나님은 포기하시지 않습니다. 이것이 성경이 우리에게 하는 답변입니다. 그러니 자신감을 가지십시오. 우리의 실패와 실수가 우리에게 중요한 과거가 되고, 실력이 되고, 유익이 될 것입니다. 우리는 그다음을 나가야 합니다. '오늘은 하나라도 잘해 보자'며 하나씩 나아가야 합니다. 하루아침에 완벽해지지 않습니다. 완벽은 천국에 가야 이루어집니다.

우리를 훈련하는 고난

바울은 우리에게 이 세상에서 고생하는 것이 더 유익하다는 주제를 전달하며 이렇게 고백합니다.

> 여러 계시를 받은 것이 지극히 크므로 너무 자만하지 않게 하시려

> 고 내 육체에 가시 곧 사탄의 사자를 주셨으니 이는 나를 쳐서 너무 자만하지 않게 하려 하심이라 이것이 내게서 떠나가게 하기 위하여 내가 세 번 주께 간구하였더니 나에게 이르시기를 내 은혜가 네게 족하도다 이는 내 능력이 약한 데서 온전하여짐이라 하신지라 그러므로 도리어 크게 기뻐함으로 나의 여러 약한 것들에 대하여 자랑하리니 이는 그리스도의 능력이 내게 머물게 하려 함이라 (고후 12:7-9)

굉장하죠. 우리가 받은 고난, 원망, 자책 같은 것들이 우리를 훈련합니다. 이를 아는 것이 믿음입니다. 모든 것을 지우면 속이 편해지고 안심할 수 있지만, 자기 확신에 불과합니다.

욥이 '하나님, 우리 계급장 떼고 한번 만납시다'라고 하자, 하나님은 '네 자신감의 근거는 어디서 나오며, 네가 무엇을 근거로 내게 해보자고 하느냐?'라고 하셨습니다. 신앙 인생에서 자신감이란 하나님이 결국 나를 통해 승리하시고 영광 받으신다는 것 외에는 없습니다. 우리는 법 아래 있지 않고 은혜 아래 있습니다. 법은 비난밖에 확인할 길이 없습니다. 누구의 잘못을 지적하면서 부작용만 일으킬 뿐입니다. 은혜는 서로 감사하고 서로 고마워하는 것입니다.

신앙생활을 매일 할 수 없다는 것은 말이 되지 않습니다. 하나님은 매일 일하고 계십니다. 그런데 신앙생활의 당사자인 성도는 늘 반복적으로 실패합니다. 여기서 벗어나 귀한 신앙 인생을 이 시간부터 누리기를 바랍니다.

기 도

하나님 아버지, 하나님은 일하고 계십니다. 그 옛날 아브라함을 부르셨듯이, 모세를 부르셨듯이, 바울을 부르셨듯이, 하나님이 예수 안에서 보이신 모든 권능과 정성, 그리고 긍휼과 자비로 우리를 부르시고 지키십니다. 하나님이 그 사실을 우리에게 깨우쳐 주시고 알게 하신 것같이, 이를 누리게 하옵소서. 한 걸음씩 하나님의 사람으로 커 가는 기쁨과 감사가 우리 인생에 넘치게 하옵소서. 이 거친 세상, 죄의 위협과 유혹 앞에서 하나님의 사람으로 사는 기쁨을 누리게 하소서. 기쁨이 승화되는 하루하루의 인생을 살아 내는 증거, 권능, 자랑, 고백, 찬송이 되게 하옵소서. 예수님 이름으로 기도합니다. 아멘.

33.
나의 사랑 안에 거하라

---

9 아버지께서 나를 사랑하신 것 같이 나도 너희를 사랑하였으니 나의
사랑 안에 거하라 10 내가 아버지의 계명을 지켜 그의 사랑 안에 거하
는 것 같이 너희도 내 계명을 지키면 내 사랑 안에 거하리라 11 내가 이
것을 너희에게 이름은 내 기쁨이 너희 안에 있어 너희 기쁨을 충만하게
하려 함이라 12 내 계명은 곧 내가 너희를 사랑한 것 같이 너희도 서로
사랑하라 하는 이것이니라 13 사람이 친구를 위하여 자기 목숨을 버리
면 이보다 더 큰 사랑이 없나니 14 너희는 내가 명하는 대로 행하면 곧
나의 친구라 (요 15:9-14)

요한복음 15장에 나오는 포도나무 비유는 앞서 나눈 바와 같이 '붙었다, 떨어졌다'를 대조하는 내용이 아닙니다. 기독교 신앙에서 가장 크게 왜곡되어 있는 부분은 '믿느냐, 안 믿느냐'를 대비하는 경향입니다.

이분법적 대비

이분법은 필요합니다. 믿는 것과 믿지 않는 것은 분명히 대비되어야 합니다. 또한 예수를 믿어야 한다는 것은 신자에게 당연한 책임입니다. 하나님은 천지를 창조하셨고, 죄를 범한 인류를 구하려고 그 아들을 보내셨습니다. 우리가 잘 아는 요한복음 3장 16절 이하를 보십시오.

> 하나님이 세상을 이처럼 사랑하사 독생자를 주셨으니 이는 그를 믿는 자마다 멸망하지 않고 영생을 얻게 하려 하심이라 하나님이 그 아들을 세상에 보내신 것은 세상을 심판하려 하심이 아니요 그로 말미암아 세상이 구원을 받게 하려 하심이라 (요 3:16-17)

태초에 하나님은 모든 것을 선하고 귀하게, 자신이 보시기에 만족스럽게 창조하셨습니다. 우리는 하나님의 뜻을 불순종하고 거역하여 타락했습니다. 하지만 하나님은 그 죄로 인해 죽음을 자초한 우리를, 세상을 구원하시기 위해 그 아들을 보내셨습니다. 그러므로 기독교인이 되면 '나는 믿었고 너는 안 믿었다'는 것과 '나는 천국에 가고 너는 지옥에 간다'는 대비가 아니라, 하나님이 타락한 우리를 죄 가운데서 구원하여 하나님 나라로 부르시는 그 내용과 방법과 과정이 어떤 것인지를 물어야 합니다.

포도나무 비유에 이어 나오는 본문 말씀을 다시 한번 봅시다.

> 아버지께서 나를 사랑하신 것 같이 나도 너희를 사랑하였으니 나의 사랑 안에 거하라 내가 아버지의 계명을 지켜 그의 사랑 안에 거하는 것 같이 너희도 내 계명을 지키면 내 사랑 안에 거하리라 (요 15:9-10)

'나의 사랑 안에 거하라'는 말씀은 공포나 강요와는 다릅니다. 그런데 "내가 아버지의 계명을 지켜 그의 사랑 안에 거하는 것 같이 너희도 내 계명을 지키면 내 사랑 안에 거하리라"(요 15:10)라고 쓰여 있는 바람에 이 계명이 조건으로 오해되어 우리를 밤낮 헷갈리게 합니다.

그런 면에서 성도들은 이 말씀을 종교적 계명인 동시에 도덕적 계명으로 받아들입니다. 도덕적 계명은 '잘했다, 잘못했다'가 주를 이룹니다. 그러나 하나님이 예수를 보내셔서 인류 역사와 우주의 운명에 선언하신 것은 '내가 만든 세계를 내가 회복하여 영광을 받고, 내가 지은 모든 피조물에게 감사와 찬송을 받겠다'는 것입니다. 이 내용이 성경이 가르치는 바요, 기독교가 주장하는 바이고, 그리스도인들에게 허락된 길입니다.

그런데 우리는 잘한 것과 잘못한 것들이 대비되는 신앙의 길을 걸을 뿐입니다. 하나님이 우리에게 이렇게 적극적으로 영광과 찬송과 기쁨의 길을 가도록 요구하신다는 것을 제대로 접하지 못하고 있습니다. 우리는 잘못이라는 문제에만 집착하여 틀리지 않으려고 하기 때문에, 직접 보고 누리고 놀랄 길은 애초에 걸음을 내딛지도 못하고 있다는 점을 이 본문이 알려 주고 있습니다.

조건적이지 않은 사랑

요한복음 13-16장은 예수님이 마지막 만찬에서 자신의 죽음에 대해 제자들에게 알리는 내용입니다. 그리고 17장에서는 예수님이 대제사장적 기도를 하시고, 18장으로 가면 예수님이 성전 경비병들에게 잡혀 재판을 받고 십자가 처형을 당하시는 장면이 나옵니다. 이처럼 예수님은 돌아가시기 전에 제자들에게 그분이 십자가를 짐으로써 이루려고 하시는 것이 무엇인지 가르치십니다.

요한복음 13장을 다시 한번 살펴보면, "유월절 전에 예수께서 자기가 세상을 떠나 아버지께로 돌아가실 때가 이른 줄 아시고 세상에 있는 자기 사람들을 사랑하시되 끝까지 사랑하시니라"(요 13:1)라는 말씀이 나옵니다. 그리고 예수님이 자신을 팔기로 작정한 유다에게 떡 한 조각을 적셔서 "네가 하는 일을 속히 하라"라는 말씀을 하시자 유다가 만찬 자리를 떠납니다. 그러고는 유다가 나간 후에 예수께서 "지금 인자가 영광을 받았고 하나님도 인자로 말미암아 영광을 받으셨도다"라고 말씀하십니다. 이렇게 유다의 배신으로 일어나는 십자가 사건을 설명하신 다음 "새 계명을 너희에게 주노니 서로 사랑하라"라고 말씀하십니다.

이와 같은 말씀을 보면, 사랑은 조건적이지 않다는 것을 알 수 있습니다. 사랑은 강요할 수 없고, 조작할 수도 없습니다. 가장 자발적이며 자신을 아낌없이 다 주는 것이 사랑입니다. 사랑은 흥분을 드러내는 감정이 아니라, 우리가 갖고 있는 정성과 가치 등 모든 것을 아낌없이 바치는 것입니다.

그러므로 예수를 믿는다는 것이나 하나님이 그분의 아들을 보내시어 타락하고 죄를 범한 인류를 구원한다는 내용에서, 하나님의 선언과 약속과 방향과 길은 다 영광, 사랑, 기쁨에 관한 것입니다. 그래서 요한복음 15장에서는 "내가 이것을 너희에게 이름은 내 기쁨이 너희 안에 있어 너희 기쁨을 충만하게 하려 함이라"(요 15:11)라고 합니다.

그러나 뜻밖에도 기독교 신앙인들을 보면 다 긴장하고 있습니다. 틀리지 않으려고 하거나 기대한 것만큼 성장하지 못한 자신의 신앙에 대하여 불안해합니다. 완벽한 사람이 되려고 늘 긴장하고 있습니다. 그런데 완벽이라는 것은 시간을 초월해서 만들어지지 않습니다. 시간 속에서 자라나는 것입니다.

우리는 앞서 에베소서 4장 13절 이하의 말씀을 살펴보았습니다. 우리는 주 안에서 자라납니다. 갓 태어난 아이는 아무것도 할 수 없습니다. 그 아기는 무능해도 불구는 아닙니다. 아기는 몸이 커야 되고 생각과 인격이 자라야 합니다.

나이가 들면서 우리는 자녀에게 무엇을 기대합니까? '고달프게 살 것 없다. 행복한 시절을 보내라'는 마음이 들지 않던가요? 젊은 시절에는 자식들을 정신없이 키우느라 나중에 자녀에게서 원망하는 소리를 많이 듣습니다. 하지만 나이가 들어 손주들에게는 어떻게 합니까?

손주들은 언제나 할아버지, 할머니를 좋아하고 기억합니다. 왜냐하면 우리가 자식들을 키울 때처럼, 손주들에게 험한 소리를 할 필요가 없기 때문입니다.

잘 살펴보면 우리의 삶에서 겪는 어려움이나 비극은 우리가 겁을 먹어서 겪는 일들입니다. 우리는 세상의 도전이나 위협에 겁을 먹습니다. 그래서 예수를 믿으면서도 하나님의 부르심과 일하심과 놀라움에 대해서는 자녀들에게 제대로 가르치지 못했습니다. 제가 어렸을 때 받은 기독교 교육도 엄한 것이었습니다. 주일에 뭘 사 먹으면 안 되고, 헌금을 떼어먹으면 안 되었습니다. 그래도 떼어먹긴 했습니다만. 이런 엄한 교육이 오랫동안 가슴속에 공포로 남았습니다. 부모는 속일 수 있어도, 하나님은 속일 수 없다는 것이 정말 마음을 어렵게 했습니다. 하나님이 우리가 그까짓 것 떼어먹는 것은 괘념치 않으신다는 걸 배우는 데 60년쯤 걸렸습니다.

이제 와서 생각해 보면, 아이들이 크면서 상처를 받은 것도 유익이 되었겠지만, 그래도 더 따뜻하고 넉넉하게 대했으면 좋았겠다는 생각이 듭니다. 제가 만약 다시 아이를 양육한다면, 이런 것들을 가르치고 싶었습니다. 견문을 넓히기 위해 많은 책을 읽히고, 예술적 감성을 높이기 위해 악기를 배우게 하거나 좋은 음악회를 데리고 가고, 좋은 그림을 보여 주려고 박물관 관람도 시켜 주고, 그리고 많이 웃어야겠다고 생각했습니다. 이런 생각들은 우리 모두 해 보았을 것입니다.

기독교가 이와 같습니다. 그런데 우리는 언제나 겁을 먹고 있습니다. 무엇 때문에 겁을 먹나요? '붙었다, 떨어졌다' 하는 문제 때문에 그렇습니다. '잘못하는 것은 무엇인가? 내 마음이 흔쾌히 만족스럽지 않고 불편한 것은 무엇 때문인가?' 하는 씨름이 문제입니다.

보아도 모르고 들어도 모른다

마태복음 13장에 나오는 비유는 중요하기 때문에, 여러 번 음미해 볼 필요가 있습니다. 여기에는 씨 뿌리는 비유가 나옵니다. 내용은 간단합니다.

> 예수께서 비유로 여러 가지를 그들에게 말씀하여 이르시되 씨를 뿌리는 자가 뿌리러 나가서 뿌릴새 더러는 길 가에 떨어지매 새들이 와서 먹어버렸고 더러는 흙이 얕은 돌밭에 떨어지매 흙이 깊지 아니하므로 곧 싹이 나오나 해가 돋은 후에 타서 뿌리가 없으므로 말랐고 더러는 가시떨기 위에 떨어지매 가시가 자라서 기운을 막았고 더러는 좋은 땅에 떨어지매 어떤 것은 백 배, 어떤 것은 육십 배, 어떤 것은 삼십 배의 결실을 하였느니라 (마 13:3-8)

우리는 이 비유를 듣고 '옥토가 되자', '옥토가 되기 위해 열심히 착한 일을 하자'고 적용했습니다. 그러나 이 비유는 그런 식으로 접근해서는 안 됩니다. 그런 결론을 내릴 비유가 아닙니다. 예수님이 큰 무리에게 이 비유로 말씀하시자, 예수님의 제자들이 묻고 주님은 이에 답하십니다.

> 제자들이 예수께 나아와 이르되 어찌하여 그들에게 비유로 말씀하시나이까 대답하여 이르시되 천국의 비밀을 아는 것이 너희에게는 허락되었으나 그들에게는 아니되었나니 (마 13:10-11)

예수님이 왜 비유로 말씀하십니까? 제자들은 예수님이 죽은 자도 살리시고, 바다도 잠잠하게 하시고, 눈먼 자도 보게 하실 수 있는데 왜 이렇게 에둘러 표현을 하시는지, 그동안 행하신 기적들을 영광 가운데 나타내시면 다들 새파랗게 질려서 무릎을 꿇을 것인데 왜 이렇게 비유로 설명하시는지 도무지 이해하지 못합니다.

심지어 예수님과 한 배에서 태어난 동생들마저도 육신의 형을 믿지 않았습니다. 유월절에 예수님이 예루살렘에 올라가지 않겠다고 하자, 동생들이 '형님은 메시아라고 하면서 왜 자꾸 숨어 다니시나요? 무리가 모일 때 나가서 속 시원하게 하나님의 종인 것을 드러내시지 그러세요?'라고 빈정거렸습니다.

예수님은 왜 그렇게 하셨을까요? 이 문제가 어떤 문제이기에 그러셨을까요? 14절 이하를 보겠습니다.

> 이사야의 예언이 그들에게 이루어졌으니 일렀으되 너희가 듣기는 들어도 깨닫지 못할 것이요 보기는 보아도 알지 못하리라 이 백성들의 마음이 완악하여져서 그 귀는 듣기에 둔하고 눈은 감았으니 이는 눈으로 보고 귀로 듣고 마음으로 깨달아 돌이켜 내게 고침을 받을까 두려워함이라 하였느니라 (마 13:14-15)

이 말씀은 이사야 6장 6-10절에서 이사야가 하나님께 소명을 받는 대목에서 인용한 부분입니다. 일꾼을 찾는 하나님께 이사야는 "내가 여기 있나이다 나를 보내소서"라고 했습니다. 이때 여호와께서 "가서 이 백성에게 이르기를 너희가 듣기는 들어도 깨닫지 못할 것이요 보기는 보아도 알지 못하리라"라고 하셨습니다. 이처럼 사람들이 알아듣지 못할 이야기를 하신 예수님이 그다음 구절에 이렇게 말씀하십니다.

> 그러나 너희 눈은 봄으로, 너희 귀는 들음으로 복이 있도다 내가 진실로 너희에게 이르노니 많은 선지자와 의인이 너희가 보는 것들을 보고자 하여도 보지 못하였고 너희가 듣는 것들을 듣고자 하여도 듣지 못하였느니라 (마 13:16-17)

앞뒤 내용이 애매합니다. 예수님은 사람들에게 자신을 보인다 해도 그들이 못 볼 것이기 때문에 비유로 말씀하셨답니다. 그리고 이렇게 비유로 말씀하신 이유는 그들이 알아듣지 못하도록 하신 것이랍니다.

그렇다면 씨 뿌리는 비유는 도대체 무슨 뜻이란 말입니까? '그러나 내가 왔다. 알아듣지 못하는 자를 위하여 내가 왔다. 보아도 깨닫지 못하는 자를 위하여, 말로는 되지 않는 자를 위하여 내가 왔다'는 것입니다.

깨닫지 못하는 자들을 위하여

이것이 씨 뿌리는 비유에서 어떻게 설명됩니까? 길가에 떨어진 씨는 새들이 와서 먹었고, 흙이 얕은 돌밭에 떨어진 씨는 흙이 깊지 않아 싹이 나오더라도 해가 돋은 후에 타서 뿌리가 없으므로 말랐고, 가시떨기 위에 떨어진 씨는 가시가 자라 기운을 막았고, 좋은 땅에 떨어진 씨는 잘 자랐습니다. 너무 뻔해 보이는 비유입니다.

그러나 알아들을 수 없는 자를 위해 오셨다는 예수님의 자기 증명은 이 비유를 이렇게 이해해야 아귀가 맞습니다. 죄를 범한 우리 인류의 현실 속에서는 아무리 귀한 것이 와도 열매를 맺을 수가 없습니다. 길가, 돌밭, 가시떨기와 같이 무슨 핑계를 대든, 어떤 조건에서든 우리는 다 사망으로 끝납니다. 귀한 것을 보아도 모르고, 영생을 보아도 모릅니다. 요한복음은 시작부터 "빛이 어둠에 비치되 어둠이 깨닫지 못하더라"(요 1:5)라고 선언합니다. 이것이 예수님의 오심을 나타낸 말씀입니다. '왜 모릅니까?'라는 말은 통하지 않습니다.

그렇다면 '좋은 땅'은 무엇일까요? 예수님이 바꿔 놓은 존재가 되어야 비로소 생명이 열매를 맺을 수 있습니다. 다시 말해, 예수를 믿지 않는 자들은 자신의 존재와 영혼이 되살아나지 않고는 아무리 좋은 말이나 큰 기적이라도 그들에게서는 열매를 맺지 않습니다. 그들의 세계는 죽음이 운명인 세계이기 때문입니다. 무엇을 해도 그것은 다 헛되고 거짓되고 외면되고 변명이 될 뿐입니다. 결국 사망으로 끝납니다.

그러나 예수님이 바꿔 놓은 세상에서 맺는 열매는 아무도 막을 수 없습니다. 어떤 이는 30배, 어떤 이는 60배, 어떤 이는 100배의 열매를 맺을 것입니다. 이것이 예수님이 우리에게 하고 싶은 말씀입니다.

그러나 예수님의 이 말씀 때문에, 뜻밖에 우리가 이해하지 못하는 구절이 있습니다. 마태복음 13장 11절 이하입니다.

> 대답하여 이르시되 천국의 비밀을 아는 것이 너희에게는 허락되었으나 그들에게는 아니되었나니 무릇 있는 자는 받아 넉넉하게 되되 없는 자는 그 있는 것도 빼앗기리라 (마 13:11-12)

생명과 영혼이 돌아와야 열매라는 것이 생깁니다. 생명과 영혼이 없으면 아무리 좋은 것을 주어도 그의 인생은 모든 정성을 다 낭비하고 소비할 수밖에 없는 인생이 됩니다. 우리는 보통 이런 자들을 '믿음이 없는 자'라고 합니다. 믿음은 조건을 이야기하는 것이 아닙니다. 하나님이 오셔서 고쳐 놓은 인생이 아닌 자, 예수를 모르는 자입니다. 예수가 없는 자는 있는 것도 그의 생애에서 다 손해가 되고, 비극이 되고, 헛수고가 됩니다.

그러므로 성경은 예수 없이 사는 자들과 비교해서 '너는 헛되고, 나는 헛되지 않아'라고 이야기하기보다 열매를 맺으라고 합니다. 30배, 60배, 100배로 말입니다. 열매 맺는 양이 너무 크게 느껴진다면 세 개, 여섯 개, 열 개라도 괜찮습니다. 이는 겁먹는 문제와 다릅니다. 하나님이 예수님을 이 땅에 보내셔서 죄를 범한 우리를 고쳐 구원하여 어디로 끌고 가시는지를 잘 살펴야 합니다.

요한복음 13장은 예수께서 '세상에 있는 자기 사람들을 사랑하시되 끝까지 사랑하시니라'라는 말로 시작합니다. 그러다가 마지막 부분에 가서 "인자가 영광을 받았고 하나님도 인자로 말미암아 영광을 받으셨도다"라는 말씀 뒤에 "새 계명을 너희에게 주노니 서로 사랑하라"라는 말씀을 주십니다. 이어 요한복음 15장에서 "내가 이것을 너희에게 이름은 내 기쁨이 너희 안에 있어 너희 기쁨을 충만하게 하려 함이라"(요 15:11)라고 터져 나오는 것입니다. 예수를 멋지게 믿지 않고 치사하게 믿는 것은 그분을 욕되게 하는 것입니다.

낙오 없이 구보를 마치는 기쁨

서로 사랑해야 합니다. 사랑하라는 것은 처음부터 마음이 풍성해지고 가슴이 콩닥콩닥 뛰는 것이 아닙니다. 우리가 잘 알다시피, 고린도전서 13장에서 사랑이 무엇이라고 했습니까? '사랑은 오래 참고'(고전 13:4) 입니다. '이 나라가 왜 이래? 코로나19는 또 뭐야?'라고 악을 쓰거나 저주할 필요가 없습니다. 하나님은 우리를 창조하시고 고치시고 회복하여 주께 영광을 돌리기 위한 존재로만 남겨 두기를 원하시지 않습니다. 하나님이 예수로 자신을 증명하시고, 우리의 찬송을 받으시고, 기쁨으로 채우시는 과정에 우리를 사용하신다는 것을 알아야 합니다. 그래야 다르게 살 수 있습니다. 이것이 왜 복음이고 기쁨이고 찬송인지 알아야 합니다.

우리는 세상에서 근심이나 걱정이 없이 욕먹지 않고 사는 것을 기대합니다. 그러면서 하나님의 약속 가운데 세상의 유혹과 도전 속에서 걷고 있다는 사실을 모릅니다. 우리가 잘 아는 탕자의 비유를 생각해 봅시다. 탕자는 아버지에게 자기가 받을 유산을 미리 달라고 합니다. 그 유산을 가지고 아버지 품을 떠나 허랑방탕하다 돌아오지만 아버지가 탕자를 반갑게 맞이합니다. 탕자는 여태껏 자기 마음대로 살다가 이제부터 죽어나는 겁니다. 자식 교육을 받아야 하기 때문입니다.

하나님이 창조 세계를 다스리는 일에 우리를 동역자로 부르십니다. 이는 하나님이 아담에게 주셨던 약속이고, 예수 안에서 보이신 것이며, 우리를 아직도 구원받아야 할 사람이 많은 세상에 살게 하신 이유입니다. 우리는 여전히 이 기쁨과 영광을 못 누리고 있습니다.

군대를 가면 구보 행군을 합니다. 사병들 중에는 구보하다가 낙오하는 경우가 종종 있습니다. 그러나 장교는 낙오하지 않습니다. 책임 때문에 낙오하지 않는 게 아닙니다. 명예이기 때문에 낙오하지 않습니다. 장교가 되어 소대원들을 이끌고 옆에서 격려하며 낙오자 없이 소대원들을 뛰게 하기 위해, 본인은 사병들보다 더 많이 걷습니다. 그는 앞뒤로 왔다 갔다 하면서 뛰기도 하고 고함도 지르면서 완주합니다. 그의 자랑과 명예는 소대원 모두가 낙오 없이 구보를 마치는 것입니다. 예수 믿는 기쁨이 바로 이런 기쁨이어야 합니다.

> 아버지께서 나를 사랑하신 것 같이 나도 너희를 사랑하였으니 나의 사랑 안에 거하라 내가 아버지의 계명을 지켜 그의 사랑 안에서 거하는 것 같이 너희도 내 계명을 지키면 내 사랑 안에 거하리라 내가 이것을 너희에게 이름은 내 기쁨이 너희 안에 있어 너희 기쁨을 충만하게 하려 함이라 (요 15:9-11)

이와 같은 약속들이 우리의 현실에 어떻게 적용될 수 있을까요? 갈라디아서 5장 16절 이하입니다.

> 내가 이르노니 너희는 성령을 따라 행하라 그리하면 육체의 욕심을 이루지 아니하리라 육체의 소욕은 성령을 거스르고 성령은 육체를 거스르나니 이 둘이 서로 대적함으로 너희가 원하는 것을 하지 못하게 하려 함이니라 (갈 5:16-17)

육체를 좇는지, 성령을 좇는지 어떻게 알 수 있을까요? 그 열매를 보면 압니다. 그런데 재미있게도, 성령이 맺는 것은 열매입니다. '오직 성령의 열매는 사랑과 희락과 화평과 오래 참음과 자비와 양선과 충성과 온유와 절제'(갈 5:22-23)입니다. 육체가 맺는 것은 열매라고 하지 않습니다. '육체의 일은 분명하니 곧 음행과 더러운 것과 호색과 우상 숭배와 주술과 원수 맺는 것과 분쟁과 시기와 분냄과 당 짓는 것과 분열함과 이단과 투기와 술 취함과 방탕함과 또 그와 같은 것들'(갈 5:19-21)입니다. 우리가 무엇을 맺는지 잘 살펴보십시오.

편들어 주는 신앙

신앙을 잘 고수하려던 초기 한국 교회의 진정성은 두려움으로 나타났습니다. 성수주일은 무서운 것이었습니다. 두려움이 필요 없다는 이야기가 아닙니다. 성수주일과 같은 신앙의 원칙들이 너무 단단해서 우리는 겁에 질려 있었습니다. 그때는 기쁨과 자랑뿐 아니라 시행착오와 실수의 필요성을 인정하는 과정을 겪는다고 생각하지 못했습니다. 한 점이라도 흠결이 없기를 바랐기 때문에 아무것도 하지 못했습니다. 늘 무언가 남아 있을까 봐 회개만 했습니다. 그러나 실패하지 않고는 연습을 할 수 없습니다. 연습이 없으면 자라나지 않고 다듬어지지도 않습니다. 이것이 성경이 전하는 가르침입니다.

교회에서 무슨 일을 할 때, 명분은 맞으나 그게 무서울 때가 많습니다. 그런 것들이 교회나 신앙생활을 하는 우리에게 제일 많이 손해를 끼쳤습니다. 이젠 편들어 주어야 합니다. 상대방이 실수했을 때 편을 들 줄 알아야 되고, 상대방이 연약하여 심각한 고민을 할 때 격려해 줘야 합니다. 다른 사람들이 어쩔 수 없이 고된 과정을 겪을 때, 따뜻한 눈으로 바라봐야 합니다. 그리고 우리가 무엇을 하고 있는지 알아야 합니다.

교회에서 장로와 같은 직분자가 되면 대단한 기회를 가진 것입니다. 목사는 말할 것도 없습니다. 반주자도, 성가대도 그렇습니다. 그런 모든 기회와 일상에서 예수를 믿는다는 것이 무엇인지 아는 자와 모르는 자는 다릅니다. "있는 자는 받을 것이요 없는 자는 그 있는 것까지도 빼앗기리라"(막 4:25)를 염두에 두면 좋습니다.

결국 '내 계명을 지키면 내 사랑 안에 거하리라'(요 15:10)라는 말씀은 '예수님이 무엇을 하러 오셨는가? 무엇을 주러 오셨는가? 우리로 어떤 인생을 살라고 하셨는가?'에 대한 이해를 내 안에 받아들이는 것입니다.

열매 맺는 삶, 열매 맺는 존재

순종은 그 자체로 내용이 아닙니다. 예수와 그분의 삶과 그분께서 하신 일을 우리 생애에 담는 것입니다. 이 일이 얼마나 중요한지 마태복음 7장 15절 이하에서 이렇게 전합니다.

> 거짓 선지자들을 삼가라 양의 옷을 입고 너희에게 나아오나 속에는 노략질하는 이리라 그들의 열매로 그들을 알지니 가시나무에서 포도를, 또는 엉겅퀴에서 무화과를 따겠느냐 이와 같이 좋은 나무마다 아름다운 열매를 맺고 못된 나무가 나쁜 열매를 맺나니 좋은 나무가 나쁜 열매를 맺을 수 없고 못된 나무가 아름다운 열매를 맺을 수 없느니라 아름다운 열매를 맺지 아니하는 나무마다 찍혀 불에 던져지느니라 이러므로 그들의 열매로 그들을 알리라 (마 7:15-20)

그렇다면 어떻게 거짓 선지자를 구별할 수 있을까요? 이번 본문과 연결해서 보면, 열매를 보아서 알 수 있습니다. 앞에 나온 마태복음 7장에서도 거짓 선지자의 판별 기준은 열매입니다. 열매는 나무를 증명하는 것, 곧 나무의 정체성을 드러내는 것입니다. 그러므로 "아름다운 열매를 맺지 아니하는 나무마다 찍혀 불에 던져지느니라"(마 7:19)라는 것은 '열매를 맺어라'가 아니라, '아름다운 열매를 맺는 나무가 되어라'라는 의미입니다. 그 열매로 그 나무의 정체를 알 수 있습니다. 그러고 나서 이러한 격한 말씀이 나옵니다.

> 그 날에 많은 사람이 나더러 이르되 주여 주여 우리가 주의 이름으로 선지자 노릇 하며 주의 이름으로 귀신을 쫓아 내며 주의 이름으로 많은 권능을 행하지 아니하였나이까 하리니 그 때에 내가 그들에게 밝히 말하되 내가 너희를 도무지 알지 못하니 불법을 행하는 자들아 내게서 떠나가라 하리라 (마 7:22-23)

정말 무서운 이야기입니다. 명분, 지위, 책임, 권세의 문제가 아닙니다. 우리는 아름다운 나무가 되는 싸움을 해야 합니다. 얼마나 많은 유익을 남기고 얼마나 많은 열매를 맺었는지가 아닙니다. 그런 열매를 맺는 존재여야 합니다. 그것이 주께서 우리에게 베푸신 구원이요, 그 구원이 맺는 부요한 열매입니다. 우리의 하루하루가 그런 기회입니다.

다음에 보자

우리는 하루에 몇 번이나 순종할 수 있까요? 최고 야구선수의 타율은 3할입니다. 열 번 나와서 세 번 안타 치는 것입니다. 우리도 3할이면 됩니다. 하루에 세 번만 하세요. 삼진으로 여러 기회를 놓치고 들어갈 때, 밤낮 얻어터지는 선수는 방망이를 집어던지고 들어가고, 수준 높은 타자들은 '씨익' 웃고 들어간답니다. 다음에 보자는 거겠죠.

매일 실패하는 것에 대해 자폭하지 마십시오. '좋아, 다음에는 내가 더 잘할 거야'로 하루를 사십시오. 그래서 나이가 들면, 나이 든 값을 하시면 됩니다. 겁을 주거나 책망을 하자는 게 아닙니다. 겁주기나 책망은 성경이 약속하는 기쁨과 감사와 명예와 영광으로 부름받은 기독교 신앙을 스스로만 누리지 못하는 게 아니라, 재미없는 한국 교회가 되게 하는 길입니다. 신앙인들이 모였을 때조차 따뜻하지 않고, 너그럽지 않고, 마음이 열려 있지 않다는 소리입니다. 이는 분명 하나님에 대한 반역 행위입니다.

그러니 우리 모두 생각하십시다. 우리가 세상 혹은 교회의 어른이나 신자로 부름받았다면, 절망 속에 하루를 어떻게 살아야 할지 모르는 자들에게 그리고 저주와 비난과 분노밖에 선택할 여지가 없는 사람들에게 용서와 이해와 공감과 격려를 할 수 있어야 합니다. 값싼 구원을 약속하라는 것이 아닙니다. 하나님이 그 작은 일로 세상을 뒤집겠다고 우리에게 맡기셨습니다. 그것이 우리 신자의 삶입니다. 이러한 인생을 살면서 승리하고, 무엇보다 예수 믿는 행복을 스스로 누리기를 바랍니다.

기 도

하나님 아버지, 우리는 복과 사랑과 기쁨과 감사와 찬송으로 부름받은 존재들입니다. 하나님은 우리로 인하여 영광 받으시고 우리로 인하여 세상이 구원받기를 원하십니다. 우리의 인생은 지지고 볶는 것이 끝이 아니며, 분노하고 절망하고 자폭하는 것이 아닙니다. 우리는 책임 있고 명예로운 인생을 살도록 부름받았습니다. 하루를 기적의 날로 기억하는 우리의 인생과 신앙이 되게 하옵소서. 예수님 이름으로 기도합니다. 아멘.

34.
진리의 성령이 오시면

……7 그러나 내가 너희에게 실상을 말하노니 내가 떠나가는 것이 너
희에게 유익이라 내가 떠나가지 아니하면 보혜사가 너희에게로 오시
지 아니할 것이요 가면 내가 그를 너희에게로 보내리니 8 그가 와서 죄
에 대하여, 의에 대하여, 심판에 대하여 세상을 책망하시리라 9 죄에
대하여라 함은 그들이 나를 믿지 아니함이요 10 의에 대하여라 함은
내가 아버지께로 가니 너희가 다시 나를 보지 못함이요 11 심판에 대하
여라 함은 이 세상 임금이 심판을 받았음이라 12 내가 아직도 너희에
게 이를 것이 많으나 지금은 너희가 감당하지 못하리라 13 그러나 진
리의 성령이 오시면 그가 너희를 모든 진리 가운데로 인도하시리니 그
가 스스로 말하지 않고 오직 들은 것을 말하며 장래 일을 너희에게 알
리시리라 …… (요 16:5-15)

우리는 요한복음 16장에서 성령이 오시리라는 예수님의 약속을 마주합니다. 성자 하나님의 오심과 성령 하나님의 오심은 다 성부 하나님이 작정하시고 목적하신 일을 위하여 일어난 것입니다. 그러므로 우리는 우리가 믿는 예수, 그리고 예수를 보내신 아버지 곧 세상의 주인이신 하나님이 우리에게 도대체 무엇을 하시려는지 물음을 가져야 합니다. 하나님은 우리에게 무엇을 채우시려는 것인가? 어떻게 그 일을 하시려는 것인가? 이와 같은 질문이 기독 신앙인들에게 가장 중요한 기본이어야 합니다.

예정된 성령의 오심

성령 하나님이 우리에게 오심은 성자 하나님이 오신 일, 즉 그분이 십자가에 죽으시고 부활하신 일에 이어서 등장합니다. 그리고 이 일들은 전부 원래의 계획이 차질을 빚어서 갑자기 변경되어 등장한 것이 아니라, 처음부터 작정된 일이라고 성경은 주장하고 있습니다.

에베소서 1장을 보면 바로 이 문제, '하나님은 우리에게 무엇을, 어떻게 하시려는 것인가?'에 대한 증언을 음미할 수 있습니다.

> 우리는 그리스도 안에서 그의 은혜의 풍성함을 따라 그의 피로 말미암아 속량 곧 죄 사함을 받았느니라 이는 그가 모든 지혜와 총명을 우리에게 넘치게 하사 그 뜻의 비밀을 우리에게 알리신 것이요 그의 기뻐하심을 따라 그리스도 안에서 때가 찬 경륜을 위하여 예

> 정하신 것이니 하늘에 있는 것이나 땅에 있는 것이 다 그리스도 안에서 통일되게 하려 하심이라 모든 일을 그의 뜻의 결정대로 일하시는 이의 계획을 따라 우리가 예정을 입어 그 안에서 기업이 되었으니 이는 우리가 그리스도 안에서 전부터 바라던 그의 영광의 찬송이 되게 하려 하심이라 그 안에서 너희도 진리의 말씀 곧 너희의 구원의 복음을 듣고 그 안에서 또한 믿어 약속의 성령으로 인치심을 받았으니 이는 우리 기업의 보증이 되사 그 얻으신 것을 속량하시고 그의 영광을 찬송하게 하려 하심이라 (엡 1:7-14)

하나님이 우리로 '그의 영광의 찬송이 되게' 하려는 목적을 가지고 있다고 합니다. 하나님의 영광의 찬송이라는 것은 하나님의 영광이 권력이거나 강요가 아니라, 우리의 기쁜 항복을 받아 내는 것입니다. 하나님의 영광을 찬송하는 것은 우리가 권력에 굴복하여 어쩔 수 없이 하는 일이 아닙니다. 하나님의 영광이 우리의 기쁨이기 때문에 마음 깊은 곳에서 나오는 충만한 찬송을 그분께 바칠 것이라는 약속입니다.

이 일은 에베소서 말씀에서 반복적으로 표현된 것같이, '그의 기뻐하심을 따라', '그리스도 안에서 전부터' 즉 하나님이 창세전에 미리 준비하신 것이라고 나옵니다. 그래서 예수님의 오심은 가장 중요한 전환점입니다. 전환점에서 하나님의 목적을 향한 새로운 국면을 맞이하는 보증과 약속의 절대적 증거가 성령인 셈입니다.

판을 바꾸는 예수의 오심

보증이나 약속 같은 단어들은 한국 교회에서도 자주 사용됩니다. 우리는 성경을 좀 더 깊이 보면서 예수의 오심과 성령의 오심에 담긴 하나님의 뜻에 대해 이해를 높여야 합니다.

예수님의 오심으로 판이 바뀌었습니다. 예수님이 오시기 전에는 죽음 곧 사망이 왕이었습니다. 이는 인류가 하나님을 배신함으로 자초한 죽음의 세계였습니다. 그러나 예수님이 오셔서 죽음을 이기시고 부활 세상을 만드셨습니다. 십자가와 부활은 하나님의 뜻을 이루기 위한 가장 중요한 반전입니다. 구원에 관한, 기독교의 약속에 관한 모든 표현은 '그리스도 안에서' 곧 예수 안에서 이제 판이 바뀐 것을 나타냅니다. 우리는 이 판이 바뀌었다는 것을 꼭 기억해야 합니다. 그래서 우리는 요한복음 15장의 포도나무 비유를 꼼꼼하게 살펴봐야 합니다.

> 나는 포도나무요 너희는 가지라 그가 내 안에, 내가 그 안에 거하면 사람이 열매를 많이 맺나니 나를 떠나서는 너희가 아무 것도 할 수 없음이라 사람이 내 안에 거하지 아니하면 가지처럼 밖에 버려져 마르나니 사람들이 그것을 모아다가 불에 던져 사르느니라 (요 15:5-6)

우리는 이 비유를 '나무에 붙어 있으면 복을 받고, 떨어지면 벌을 받는다. 붙어 있으면 천국에 가고, 떨어지면 지옥에 간다'로 이해하고 있습니다. 하지만 이 말씀은 '이제 내가 승리하는 포도나무가 되었으니, 너희는 나의 가지로서 풍성한 열매를 맺게 되었다'를 설명하는 것입니다. 이 비유에 대한 설명을 분명히 하기 위해 마태복음 13장에 나오는 씨 뿌리는 비유도 앞서 살펴보았습니다.

씨 뿌리는 비유가 하고 싶은 이야기는 길가, 돌밭, 가시떨기에 아무리 좋은 씨를 뿌려도 그곳이 모든 것을 삼켜 무효로 만들 뿐 결실하지 못한다는 점입니다. 어떤 땅은 많은 결실을 하는데, 그 이유는 좋은 땅이기 때문입니다. 우리는 이 비유 역시 '좋은 땅이 되자, 옥토가 되자'고 이해합니다. 그러나 성경은 '이제 비로소 내가 좋은 땅을 만들었으니, 너희는 마음껏 열매를 맺어라'라고 가르치는 것입니다.

성경은 우리에게 길가, 돌밭, 가시떨기를 갈아엎어 좋은 땅이 되라고 하지 않습니다. 예수님이 오셔서 죽음이 운명이던 세상을 뒤집으셨습니다. 그리고 생명이 있고 영광이 가득한 세상을 만드셨습니다. 그 안에서 우리가 마음껏 자라도록 하셨습니다. 그 내용이 요한복음 15장에 나온 포도나무 비유이며, 16장에 나온 성령께서 우리 가운데 오신 이유입니다.

성령께서 우리 가운데 오셔서 좋은 땅에 열매를 맺을 것입니다. 갈라디아서 5장에 나온 바와 같이, 육체의 일이 아니라 성령의 열매로 소개되는 '사랑과 희락과 화평과 오래 참음과 자비와 양선과 충성과 온유와 절제' 같은 것들이 우리에게 만들어질 것입니다. 성경이 이를 선언하고 있습니다.

새 생명과 승리를 약속하는 세계

우리가 사망 아래 있었을 때는 무엇을 하든지 그 끝은 다 허무하게 망하는 것이었습니다. 그러나 지금 우리가 속한 나라, 새로운 세상은 무엇을 하든지 다 승리하는 곳입니다. 로마서 5장을 살펴봅시다.

그러나 이 은사는 그 범죄와 같지 아니하니 곧 한 사람의 범죄를 인하여 많은 사람이 죽었은즉 더욱 하나님의 은혜와 또한 한 사람 예수 그리스도의 은혜로 말미암은 선물은 많은 사람에게 넘쳤느니라 또 이 선물은 범죄한 한 사람으로 말미암은 것과 같지 아니하니 심판은 한 사람으로 말미암아 정죄에 이르렀으나 은사는 많은 범죄로 말미암아 의롭다 하심에 이름이니라 한 사람의 범죄로 말미암아 사망이 그 한 사람을 통하여 왕 노릇 하였은즉 더욱 은혜와 의의 선물을 넘치게 받는 자들은 한 분 예수 그리스도를 통하여 생명 안에서 왕 노릇 하리로다 그런즉 한 범죄로 많은 사람이 정죄에 이른 것 같이 한 의로운 행위로 말미암아 많은 사람이 의롭다 하심을 받아 생명에 이르렀느니라 한 사람이 순종하지 아니함으로 많은 사람이 죄인 된 것 같이 한 사람이 순종하심으로 많은 사람이 의인이 되리라 율법이 들어온 것은 범죄를 더하게 하려 함이라 그러나 죄가 더한 곳에 은혜가 더욱 넘쳤나니 이는 죄가 사망 안에서 왕 노릇 한 것 같이 은혜도 또한 의로 말미암아 왕 노릇 하여 우리 주 예수 그리스도로 말미암아 영생에 이르게 하려 함이라 (롬 5:15-21)

죽음이 왕 노릇 할 때는 이를 벗어날 수 있는 사람은 아무도 없었습니다. 이는 우리의 인생사에서 볼 수 있습니다. 죽지 않는 사람은 없습니다. 성경은 '아담의 불순종이 이런 결과를 만들었다면, 이제 성자 하나님이 이 죽음의 세계를 뒤집어 영생의 세계, 부활의 세계를 만드셨다. 그때 죽음이 왕 노릇 한 것보다 지금 이때 은혜와 승리가 왕 노릇 하는 것이 더 크고 확실한 것이다'라고 대조합니다. 그러므로 우리는 지금 다른 세계에 있습니다.

예수를 믿는다는 것은, 하나님이 사랑하는 자녀들을 영생과 영광과 기쁨이 승리하는 곳으로 데려가시기 위해 그분이 새로 만든 세상에 속했다는 것을 아는 것입니다. 죄악된 세상에서 율법을 받았을 때, 우리는 율법이 잘잘못을 가르는 기준이라고 생각했기 때문에 하나님이 뜻하신 영광으로 이끄시기 위해 우리를 흔들고 있다는 것을 놓쳤습니다. 새로운 영생의 약속들은 잘잘못을 심판하기 위한 것이 아닙니다. 더 나은 곳으로, 더 좋은 곳으로 이끌기 위한 것임을 기억해야 합니다. 우리에게 일어나는 일은 결국 우리의 유익과 승리를 위해 있는 것입니다.

이것이 어떻게 가능합니까? 잘못한 것이 우리를 고쳐 놓기 때문입니다. 잘못한 것이 우리를 후회하게 할 것이고, 더 나은 사람으로 만들 것입니다. 사망이 왕 노릇 할 때는 아무리 잘해도 그 잘한 것이 우리의 운명과 승리와 만족에 아무런 기여를 하지 못했던 것같이, 이제는 우리를 죽이려고 하고, 절망하도록 하며, 자책하도록 하는 것들로 끝나게 두지 않을 것입니다. 우리를 다시 일으켜 세우고 더 생각하게 하며 더 낫게 만들 것입니다.

우리가 알거니와 하나님을 사랑하는 자 곧 그의 뜻대로 부르심을 입은 자들에게는 모든 것이 합력하여 선을 이루느니라 (롬 8:28)

이것이 생명의 세계가 된 것입니다. 율법의 세계와 사망의 세계가 아니라, 새로운 생명과 약속의 세계가 되었습니다. 그 세계는 예수 그리스도의 오심과 그분이 받으신 수난과 죽음과 부활이 만든 세상입니다. 이것이 예수를 믿는다는 의미입니다.

율법과 은혜의 시대

그러나 앞서 말한 것처럼, 우리는 사망 아래 있었을 때나 율법 아래 묶여 있었을 때와 지금이 어떻게 달라졌는지 잘 모릅니다. 율법과 은혜의 시대를 대비하는 고린도후서 3장에서는 율법을 '돌에 써서 새긴 죽게 하는 율법 조문'(고후 3:7)이라고 합니다. 은혜의 법은 '육의 마음 판에 쓴 것'(고후 3:3)이라고 합니다. 또한 '율법 조문은 죽이는 것이요 영은 살리는 것이니라'(고후 3:6)이라고 대비합니다.

'율법 조문은 죽이는 것'이라는 말은, 율법은 '하지 말라'는 명령, 즉 금령이라는 뜻입니다. 그러나 인간들은 그 금령조차 지키지 못했습니다. 아담도 못 지켰고, 이후의 모든 인류가 그 금령을 지킬 수 없었습니다. '살인하지 말라. 간음하지 말라. 거짓말하지 말라' 등을 다 지킬 수가 없었습니다. 그래서 율법은 죽이는 법입니다.

'영은 살리는 것'이라는 말에서 영의 명령은 '하지 말라'가 아니라,

'사랑해라. 용서해라. 기뻐해라'입니다. 세상이 다릅니다. 여기는 이를 못한다고 심판을 받는 것이 아닙니다. 이를 못하는 것은 다만 부족한 것입니다. 그래서 더 해야 합니다. 더 잘하고 더 풍성하고 더 아름답고 더 깊고 놀라운 세상에 들어와 있는 것입니다.

이를 누가 하신다고요? 성령께서 하실 것입니다. 앞에서 성령은 돌에 새긴 법과 어떻게 비교되었습니까? '육의 마음판에 쓴 것'(고후 3:3)이라고 했습니다. 예레미야 31장 31절 이하는 새 언약에 관한 예언입니다. 살펴보겠습니다.

> 여호와의 말씀이니라 보라 날이 이르리니 내가 이스라엘 집과 유다 집에 새 언약을 맺으리라 이 언약은 내가 그들의 조상들의 손을 잡고 애굽 땅에서 인도하여 내던 날에 맺은 것과 같지 아니할 것은 내가 그들의 남편이 되었어도 그들이 내 언약을 깨뜨렸음이라 여호와의 말씀이니라 그러나 그 날 후에 내가 이스라엘 집과 맺을 언약은 이러하니 곧 내가 나의 법을 그들의 속에 두며 그들의 마음에 기록하여 나는 그들의 하나님이 되고 그들은 내 백성이 될 것이라 여호와의 말씀이니라 그들이 다시는 각기 이웃과 형제를 가르쳐 이르기를 너는 여호와를 알라 하지 아니하리니 이는 작은 자로부터 큰 자까지 다 나를 알기 때문이라 내가 그들의 악행을 사하고 다시는 그 죄를 기억하지 아니하리라 여호와의 말씀이니라 (렘 31:31-34)

새 언약은 이렇게 다릅니다. 새 언약은 우리 마음판에 새겨집니다. 우리라는 존재의 가장 중심 곧 근거가 되는 심장에 하나님의 마음을 새기겠다는 것입니다.

넘쳐야 지을 수 있는 웃음

류시화 시인이《사랑하라 한번도 상처받지 않은 것처럼》이라는 시집을 냈습니다. 류시화 시인이 직접 쓴 시들이 아니고 세상에 있는 좋은 시들을 모아 엮은 시집입니다. 그 시집에 〈내가 엄마가 되기 전에는〉이라는 시가 실려 있습니다. 이번에 우리가 다루는 성령의 오심을 이해하기에 참 좋은 시라고 생각합니다. 몇 군데 읽어 드리겠습니다.

내가 엄마가 되기 전에는
……
눈물 어린 눈을 보면서 함께 운 적이 없었다
단순한 웃음에도 그토록 기뻐한 적이 없었다
잠든 아이를 보며 새벽까지 깨어 있었던 적이 없었다

……

그토록 작은 존재가
그토록 많이
내 삶에 영향을 미칠 줄 생각조차 하지 않았었다

내가 누군가를 그토록 사랑하게 될 줄
결코 알지 못했었다

내 자신이 엄마가 되는 것을
그토록 행복하게 여길 줄 미처 알지 못했었다

내 몸 밖에 또 다른 나의 심장을 갖는 것이
어떤 기분일지 몰랐었다

자식이 어떻게 느껴진다고 합니까? '내 몸 밖에 또 다른 나의 심장'을 갖게 되었다고 합니다. 이 느낌이 성령이 오시는 것과 비슷합니다. '하나님이 우리에게 당신의 심장을 박으사 자신 밖에 자신의 또 다른 심장을 보시는 것', 이것이 성령의 오심입니다. 놀랍지 않습니까?

우리는 기독교를 무엇이라고 생각하나요? 우리는 자신의 잘잘못에 사로잡혀서 '하나님이 칭찬해 주시는 일을 하자. 그러지 않거나 잘못하면 하나님께 벌을 받을 거야'라고 생각합니다. 이런 것들은 공포에서 나옵니다. 회개를 끊임없이 하는 것, 잘못을 지우느라고 잘할 틈이 없는 것입니다. 우리의 과거를 지우지 맙시다. 과거가 후회된다면 지금 잘하면 됩니다.

그렇다면 무엇을 하면 좋을까요? 제일 쉬운 것부터 하십시오. 웃으십시오. 그런데 우리는 웃는 것을 잘 못합니다. 왜 못할까요? 상대방이 나를 얕볼까 봐 그렇습니까? 상대방이 아첨하는 것으로 여길까 봐 그렇습니까? 상대방이 오해할까 봐 그렇습니까? 웃는다는 것은 그런 것이 아닙니다. 그냥 서비스가 아닙니다. 아첨이 아닙니다. 넘쳐나는 것입니다. 자신의 존재와 운명에 대해 자신감이 있는 것입니다. 지금 완벽해서 웃는 것이 아닙니다. 소망이 나를 붙잡고 놓지 않는다는 것을 아는 안심, 자신감에서 나오는 웃음입니다.

위대한 자로 대우해 주심

하나님이 우리를 위대한 자로 대우해 주신다는 것을 알지 못하면 감사를 할 수 없습니다. 로마서 8장에서는 이렇게 말합니다.

> 그러므로 이제 그리스도 예수 안에 있는 자에게는 결코 정죄함이 없나니 이는 그리스도 예수 안에 있는 생명의 성령의 법이 죄와 사망의 법에서 너를 해방하였음이라 (롬 8:1-2)

'아무래도 좋다'라고 하는 것은 정말 한심합니다. 하나님은 '어떤 기회가 주어졌는지 해 봐라. 손해 볼 것 없다. 해 봐라'라고 우리에게 요구하십니다. 이것이 신자의 현실이고 인생입니다. 그렇게 살아 보십시오. 우리는 모든 위협과 시험 가운데 있을 수 있습니다. 거기서 우리가 실력이 없어 이기지 못할 것 같은 절망과 슬픔과 비명이 나올 수 있습니다. 그러나 그것이 우리를 키울 것을 믿어야 합니다. 절대 우리를 넘어뜨리지 못하고 우리를 망하게 할 수 없습니다. 성경이 '그리스도 예수 안에 있는 생명의 성령의 법이 죄와 사망의 법에서 너를 해방하였음이라'(롬 8:2)라고 했습니다. 또한 에베소서 4장 22절 이하에도 다음과 같은 말씀이 나옵니다.

> 너희는 유혹의 욕심을 따라 썩어져 가는 구습을 따르는 옛 사람을 벗어 버리고 오직 너희의 심령이 새롭게 되어 하나님을 따라 의와 진리의 거룩함으로 지으심을 받은 새 사람을 입으라 (엡 4:22-24)

새사람이 되는 것은 도덕적이거나 지적인 변화가 아닙니다. 정체성이고 운명입니다. 하나님은 우리가 그러한 현실을 살게 하십니다. '오늘'은 하나님이 우리에게 자신 있게 해 보라고 주신 기회입니다. 우리가 주인공이 되는 날입니다. 하나님이 우리의 삶을 빛나는 기적이 되게 하실 것입니다.

기 도

하나님 아버지, 예수 믿는 것은 굉장한 일입니다. 하나님의 자녀가 되는 것입니다. 이 놀라운 인생을 살아 내고, 우리의 현실을 누리고, 자랑하고, 열매 맺고, 기뻐하고, 감사하게 하옵소서. 예수님 이름으로 기도합니다. 아멘.

35.
죄에 대하여, 의에 대하여, 심판에 대하여

---

7 그러나 내가 너희에게 실상을 말하노니 내가 떠나가는 것이 너희에
게 유익이라 내가 떠나가지 아니하면 보혜사가 너희에게로 오시지 아
니할 것이요 가면 내가 그를 너희에게로 보내리니 8 그가 와서 죄에 대
하여, 의에 대하여, 심판에 대하여 세상을 책망하시리라 9 죄에 대하여
라 함은 그들이 나를 믿지 아니함이요 10 의에 대하여라 함은 내가 아
버지께로 가니 너희가 다시 나를 보지 못함이요 11 심판에 대하여라 함
은 이 세상 임금이 심판을 받았음이라 12 내가 아직도 너희에게 이를
것이 많으나 지금은 너희가 감당하지 못하리라 13 그러나 진리의 성
령이 오시면 그가 너희를 모든 진리 가운데로 인도하시리니 그가 스스
로 말하지 않고 오직 들은 것을 말하며 장래 일을 너희에게 알리시리라
…… (요 16:7-20)

성령께서 오시면 '죄에 대하여, 의에 대하여, 심판에 대하여 세상을 책망하시리니'라고 합니다. 앞서 우리는 성령의 오심에 대해 '하나님이 우리 인간들에게 자신의 심장을 준 것같이 성령을 보내셨다'고 했습니다. 성령이 세상을 책망하시는데, 하늘에 서 계시거나 땅을 흔들지 않으십니다. 성도들의 증언과 고백과 삶을 통해서 세상을 책망하시는 셈입니다.

세상을 책망하시는 성령

'죄에 대하여' 책망하시는 것은 그들이 예수를 믿지 않기 때문입니다. 예수님은 분명히 '그들이 나를 믿지 아니함이요'(요 16:9)라고 하셨는데, 이 세상이 예수를 믿지 않는다는 것은 무슨 말일까요? 하나님이 계신 줄 모르고 역사와 인간과 운명이 도대체 어디로 가는지, 누구 손에 달렸는지 모르는 것입니다. 그래서 세상은 무지합니다.

'의에 대하여' 책망하시는 것은 우리가 예수님을 죽여 이 세상에서 쫓아냈고, 예수님은 아버지께로 갔기 때문입니다. 세상에 예수는 없고 우리만 예수를 아는 제자가 되었습니다. 세상 사람들은 예수님을 모릅니다. 복음서에 소개된 것처럼, 예수님이 이 땅에 오셔서 수많은 기적과 증거를 더 보여 주시면 훨씬 낫지 않았을까 싶지만, 그것으로 사람들은 믿지 않았습니다. 오히려 예수님은 믿지 않는 자들에게 외면당하고 배척받으시면서 아버지의 일을 감당하셨습니다. 이처럼 세상이 알지 못하고 이해하지 못하는 일에 우리를 남겨 두셨습니다. 우리는 이를 성령께서 세상을 책망하는 것으로 압니다.

'심판에 대하여' 책망하시는 것은 이 세상 임금이 심판을 받았기 때문입니다. 이 세상 임금은 '사망'입니다. 하나님은 사망이 운명인 세계, 곧 무엇을 해도 결국에는 헛되고 망하는 세계를 예수 안에서 뒤집어 놓으셨습니다. 이에 대해 성경은 분명히 말합니다.

> 이는 죄가 사망 안에서 왕 노릇 한 것 같이 은혜도 또한 의로 말미암아 왕 노릇 하여 우리 주 예수 그리스도로 말미암아 영생에 이르게 하려 함이라 (롬 5:21)

죄가 무엇인지도 모르고 생각이나 행동도 제대로 할 수 없는 어린아이들에게도 사망이 임한 것같이, 예수를 믿는 자들은 제대로 믿지 못하고 잘 모르고 엉터리로 사는 모든 세상과 인류를 향하여 '지금은 구원의 때다. 내가 너희를 어린아이와 같이 놓아두지 않는다. 내가 너희를 승리하게 할 것이다'고 선언해야 합니다.

하나님 사역의 집행자

우리는 성령께서 오셔서 세상을 책망하시는 일에 하나님의 집행자들입니다. 그것은 폭력이 아니며, 심판도 아니며, 하나의 증언입니다. 에베소서 5장을 살펴봅시다.

> 너희가 전에는 어둠이더니 이제는 주 안에서 빛이라 빛의 자녀들처럼 행하라 빛의 열매는 모든 착함과 의로움과 진실함에 있느니라 주를 기쁘시게 할 것이 무엇인가 시험하여 보라 너희는 열매 없는 어둠의 일에 참여하지 말고 도리어 책망하라 그들이 은밀히 행하는 것들은 말하기도 부끄러운 것들이라 그러나 책망을 받는 모든 것은 빛으로 말미암아 드러나나니 드러나는 것마다 빛이니라 그러므로 이르시기를 잠자는 자여 깨어서 죽은 자들 가운데서 일어나라 그리스도께서 너에게 비추이시리라 하셨느니라 (엡 5:8-14)

우리는 빛입니다. 우리로 인해 세상 사람들은 자신들이 죽음 아래 있고, 절망 아래 있다는 것을 깨닫게 됩니다. 그들은 우리로 인해 도전을 받게 됩니다. 이것이 우리가 해야 할 일이고, 하나님이 성령을 우리에게 보내신 이유입니다.

우리는 이 증언, 이 책임에 대해 매우 비겁한 생각을 자주 합니다. 예수님은 죽음을 이기시고 우리 모두를 구원하셨고 새 세상을 만드셨습니다. 그리고 우리는 평화롭고 정의롭고 걱정할 일이 없는 세상을 요구합니다. 그런 세상은 우리에게 약속된 운명입니다. 그러나 이는 내세로 미루어져 있습니다. 우리는 '왜 하나님은 아들을 십자가에 못 박는 지극한 일을 하시고도, 아직도 죄가 권세를 잡고 있는 것 같고 아직도 실패와 절망이 전부인 것 같은 이 세상에 우리를 살게 하실까?'라고 물어야 합니다.

물론 이것들은 우리에게 고통이고 원망에 불과하지만, 주께서 이 땅에 오신 것이 실수였다든지, 잘못이었다든지, 최선이 아니었다고 말하는 기독교인은 없을 것입니다. 그분이 오셔서 고난을 받으시고 우리 인간의 현실, 가장 밑바닥까지 찾아오신 것은 우리에게는 너무 큰 은혜입니다. 우리는 어느 곳에서든, 어느 경우에서든 절망할 필요가 없습니다. 우리의 못난 것 때문에 스스로 포기해서는 안 된다는 것을 확인할 수 있습니다. 하나님이 그 일을 우리에게 맡기셨기 때문입니다.

우리는 그분의 제자입니다. 예수님은 우리에게 '내가 진실로 진실로 너희에게 이르노니 나를 믿는 자는 내가 하는 일을 그도 할 것이요 또한 그보다 큰 일도 하리니'(요 14:12)라고 말씀하셨습니다. 우리는 성자 하나님이 행하신 성부 하나님의 은혜와 구원과 영광과 약속의 증인들입니다. 말로만 하라는 것이 아니라, 그렇게 '살아 내라'고 하신 약속과 명령 아래 있습니다.

하나님의 성실하심에 참여하는 자

그렇다면, 우리는 앞으로 어떻게 해야 될까요? 세상은 결국 최선이 도덕입니다. 그리고 현실은 실용성입니다. 이해관계보다 더 무서운 것이 없고, 옳고 그른 것 외에 더 이상의 가치는 없습니다. 그러나 예수의 오심은 그런 것과는 비교가 되지 않습니다. 하나님은 우리를 구원하기 위해 오셨습니다. 우리를 사랑하사 베푸신 하나님의 특별한 은혜입니다. 권능입니다. 지혜입니다. 그분의 성실하심입니다. 우리는 그 자리에 참여하는 것입니다.

이 참여는 예수님의 성육신이나 그분이 받으신 고난처럼, 우리의 생애에서도 고난이 고스란히 남아 있는 자리입니다. 놀라운 일이죠. 예수님이 하시는 말씀을 다 이해하지 못했고, 아무도 믿지 않았습니다. 예수님을 믿은 제자들은 자신들이 가진 상상력의 한계를 벗어나 예수님이 십자가를 지시자 다 도망갔습니다. 이처럼 이 세상은 그분을 잘 모릅니다.

그러나 우리는 압니다. 우리는 예수님이 지신 십자가가 부활의 문을 열었다는 것을 아는 자들입니다. 우리는 예수님보다 더 큰 일을 할 것입니다. 승리의 세상을 살 것이라는 약속이 이미 이루어졌습니다. 우리는 그런 운명을 가지고 사는 존재입니다. 로마서 10장을 보면, 이 일은 이미 요구된 일이라는 것을 알 수 있습니다.

> 누구든지 주의 이름을 부르는 자는 구원을 받으리라 그런즉 그들이 믿지 아니하는 이를 어찌 부르리요 듣지도 못한 이를 어찌 믿으리요 전파하는 자가 없이 어찌 들으리요 보내심을 받지 아니하였으면 어찌 전파하리요 기록된 바 아름답도다 좋은 소식을 전하는 자들의 발이여 함과 같으니라 그러나 그들이 다 복음을 순종하지 아니하였도다 이사야가 이르되 주여 우리가 전한 것을 누가 믿었나이까 하였으니 그러므로 믿음은 들음에서 나며 들음은 그리스도의 말씀으로 말미암았느니라 그러나 내가 말하노니 그들이 듣지 아니하였느냐 그렇지 아니하니 그 소리가 온 땅에 퍼졌고 그 말씀이 땅 끝까지 이르렀도다 하였느니라 그러나 내가 말하노니 이스라엘이 알지 못하였느냐 먼저 모세가 이르되 내가 백성 아닌 자로써 너희를 시기하게 하며 미련한 백성으로써 너희를 노엽게 하리

> 라 하였고 이사야는 매우 담대하여 내가 나를 찾지 아니한 자들에게 찾은 바 되고 내게 묻지 아니한 자들에게 나타났노라 말하였고 이스라엘에 대하여 이르되 순종하지 아니하고 거슬러 말하는 백성에게 내가 종일 내 손을 벌렸노라 하였느니라 (롬 10:13-21)

믿음은 어디에서 나옵니까? 예수를 믿으면 구원을 얻습니다. 그런데 믿음은 우리 안에 자생적으로 생산되지 않습니다. 믿음은 밖으로부터 오는 구원이고, 누군가 가서 전해야 합니다. 그래서 하나님이 누군가를 보내십니다. 하나님이 구원과 복을 주기 위하여 누군가를 보내십니다.

그런데 로마서 10장 16절부터 21절까지는 전부 '그러나'로 이어진 문장입니다. '그러나 아무도 믿지 않습니다', '그러나 그들은 듣지 않습니다', '그러나 그들은 알지 못합니다', '그러나 하나님은 계속하십니다.' 이렇게 '그러나' 속에 있습니다.

예수를 믿어 얻는 구원, 하나님의 뜻, 하나님의 목적, 하나님의 정성이 부름받은 자를 통해 전달되지만, 사람들은 그 소식에 반응하지 않습니다. 그런 현실 속에 있는 자들은 하나님을 믿지 않습니다. 그러나 하나님은 포기하지 않으십니다. 하나님은 찾지도 않고 묻지도 않는 자들에게까지 찾아갈 것입니다. 하나님은 역사의 끝날까지 이 일을 하실 것입니다. 우리가 그 일에 붙들려 있습니다. 죽기 5분 전에 믿어 천국은 가고, 살아생전에 세상과 싸울 것 없이 편하게 살기를 바라는 것은 비겁하기 짝이 없는 태도입니다.

하나님의 편애

왜 이런 일이 우리에게 발생하는 것일까요? 고통과 원망을 안고 사는 인생 말고, 하나님의 일하심에 대한 자부심, 명예와 영광에 항복하는 일은 왜 우리에게 생기지 않을까요? 하나님이 예수를 보내시고 성령을 보내시어, 지금도 하나님이 행하시는 일에 중요한 이유가 있다는 사실을 우리는 재삼 기억해야 합니다. 우리에게 익숙하나 우리가 제대로 이해하지 못하는 로마서 3장을 살펴봅시다.

> 모든 사람이 죄를 범하였으매 하나님의 영광에 이르지 못하더니 그리스도 예수 안에 있는 속량으로 말미암아 하나님의 은혜로 값없이 의롭다 하심을 얻은 자 되었느니라 이 예수를 하나님이 그의 피로써 믿음으로 말미암는 화목제물로 세우셨으니 이는 하나님께서 길이 참으시는 중에 전에 지은 죄를 간과하심으로 자기의 의로우심을 나타내려 하심이니 곧 이 때에 자기의 의로우심을 나타내사 자기도 의로우시며 또한 예수 믿는 자를 의롭다 하려 하심이라 (롬 3:23-26)

하나님이 무엇을 하셨다고 합니까? 하나님이 예수를 믿는 믿음으로 우리를 그분의 자녀로, 그분의 영광으로 붙드셨답니다. 이것이 하나님의 의요, 우리에게 허락된 의입니다. 이 '의'에 대해 분명하게 이해할 수 있는 표현은 '의리'입니다. '의리'란 깡패 사회에는 있고, 공적 사회에는 없는 것입니다. 공적 사회는 공정성, 객관성 그리고 원칙밖에 없습니다.

깡패 사회에는 왜 의리가 있을까요? 그들은 쫓기는 자들이고, 그들은 숨어야 하는 자들이기 때문입니다. 그들이 믿을 수 있는 것은 자기들끼리 서로 편들어 주는 것밖에 없습니다. 의리가 무너지면 거기에는 어떤 원칙도 근거도 대접도 있을 수 없습니다. 그래서 의리가 남아 있습니다.

그렇다면, '하나님이 예수 안에서 의리를 지켰다'는 것은 무슨 뜻일까요? 하나님은 당신이 직접 만든 세상을 다스릴 인간을 그분의 형상으로 창조하셨습니다. 그러나 인간은 하나님을 배반했습니다. 하나님은 여기서 객관적이고 공정한 원칙을 적용하지 않으시고 의리를 지키기로 하십니다. 하나님은 자존심을 지키시며 그분의 목적을 기어코 이루십니다. 그것이 인류 역사이고 하나님이 그 아들을 보내신 이유입니다.

아들을 보내셔서 나타내신 의리는 편파적인 것입니다. 아니, 원칙도 없이 편파적으로 하는 게 뭐가 잘하는 겁니까? 아닙니다. 이는 공정과 원칙을 넘어서는 것입니다. 하나님이 도덕성이 없는 것도 아니고, 원칙이 없는 것도 아닙니다. 그 위에 더한 것입니다. 보통 우리가 말하는 은혜입니다. 은혜란 잘하는 사람에게 주는 보상이 아닙니다. 결코 보상을 받을 수 없는 자, 받을 자격이 없는 자에게 주는 하나님의 편애입니다. 하나님은 우리를 결코 외면하시지 않고, 우리를 그냥 놓아두지 않으십니다. 또한 우리를 우상에게 넘기시지 않고, 우리를 사망에게 넘기지 않겠다고 하십니다. 이것이 하나님이 이제까지 인류 역사를 통하여 하신 일입니다.

배신과 거역을 수용하시는 분

생각해 보십시오. 하나님은 아담의 배신과 거역을 수용하십니다. 이 부분이 놀라운 지점입니다. 하나님은 왜 아담의 배신과 거역을 수용하셨을까요? 하나님은 말 잘 듣는 인간을 만드신 것이 아니라, 사랑하고 서로 믿을 대상을 목적하시고 만드신 것입니다.

이는 어떤 차이가 있을까요? 세상이 말하는 최고의 가치인 도덕성과 실용성은 비정합니다. 누구와 친했다가도 이해관계가 깨지면 그만입니다. 원칙과 이해와 이익이 깨져도 관계가 그대로 유지되는 것은 가족뿐입니다. 하나님은 우리에게 자신을 '아버지'라고 부르게 하시고, 그분은 우리를 당신의 자녀라고 부르십니다. 이러한 하나님의 편애가 우리에게 구원이고, 우리의 운명에 작용하여 우리에게 승리와 영광을 약속하는 것입니다.

이를 통해 하나님은 우리에게 무엇을 하라고 하시는 걸까요? 하나님의 의리에 참여하라고 하십니다. 하나님은 우리가 자발적으로 참여하기를 바라십니다. 사랑과 믿음은 대등한 인격적 지위를 가지지 않으면, 다시 말해 자발성이 없으면 성립되지 않습니다. 인간이 자발적 선택을 하려면 자유가 있어야 합니다. 자유는 그걸 쓰는 사람의 마음입니다. 아담은 여기서 실패했습니다. 그러나 예수님은 성공하셨습니다.

이제 하나님은 우리에게 물으십니다. 자발적이지 않고, 하나님을 모르거나 외면하고, 사랑도 믿음도 기쁨도 없는 세상을 보면서, '하나님은 우리에게 무엇을 요구하시고 어떻게 참여시키시고 항복시키시는가?'를 물으십니다. 하나님은 무지한 자들, 비정한 자들 속에서 우리가 선택할 수 있고, 우리가 사랑할 수 있고, 우리가 순종할 수 있는 존재가 되었다는 의리로 우리를 부르셨습니다. 의리를 사용할 수 있는 자리, 이것이 자유입니다.

자유는 선택이 있어야 하고, 선택은 기회가 있어야 합니다. 그리고 자유는 한번 잘하겠다고 생각하면 저절로 결과를 내는 것이 아닙니다. 매 경우마다 실력이 고스란히 드러나는 수많은 경험을 가져야 합니다. 사람이 훌륭해지려면 자발성과 안목을 가져야 합니다. 분별할 수 있는 실력이 생겨야 합니다. 하나님은 그 일을 위하여 길고 긴 인류 역사를 허락하셨습니다. 그리고 우리에게 죽을 것 같은 인생을 허락하셨습니다. 앞서 계속 언급했듯이 우리의 실패는 우리가 일할 기회입니다. '다시는 이렇게 하지 않겠다'고 한 것이 일을 합니다. 모든 것이 우리에게 허락되어 있습니다.

세상은 도덕성이나 논리성이나 이기심 같은 대단한 힘을 가지고 사람들을 승부와 경쟁의 상태로 몰아넣습니다. 이때 교회는 훨씬 더 용서해 주고, 기다려 주고, 사랑해 주고, 푸근하게 반겨 주는 곳이 되어야 합니다. 하지만 교회는 도덕보다 더 높은 종교심을 요구하는 곳으로 긴장감이 꽤 높습니다. 틀리면 안 된다고 생각하기 때문입니다. 그래서 성도들이 교회에 오면 얼어붙은 표정을 짓고 곳곳에 앉아 있습니다. 그러나 성도는 가족과 같습니다. 교회는 용서가 있는 곳입니다. 교회는 기다려 주는 곳입니다. 교회는 편을 들어주는 곳입니다. 하나님이 우리 편을 들고 우리 보고 '전 인류를 향해 하나님의 뜻에 편을 드는 자, 곧 증인으로 하나님의 곁에 서라'고 요구하십니다. 그것이 우리 신자의 현실입니다.

이 현실은 멋있을 수 있는 기회입니다. 해 볼 수 있는 기회입니다. 그러나 아무도 하지 않습니다. 성도가 교회에 오면 반가운 인사도 못 한다고 제가 수없이 이야기했습니다. 웃으라고 했더니 더 못 웃더라고요. 세상 사람들은 웃는 것을 할 수 없습니다. 세상 사람들은 아침과 아양은 떨 수 있어도 웃을 수는 없습니다. 왜 그럴까요? 그들에게는 뒤가 없기 때문입니다. 그들을 지켜 주는 권세, 힘, 편이 없기 때문입니다. 우리에게는 편이 있습니다. 내가 지옥에 가면 지옥까지 찾아오실 우리 하나님이 계십니다.

하나님의 의리에 붙잡혀

그런데 왜 아직도 못 웃습니까? 아직 덜 익어서 그렇습니다. 에베소서 5장을 보면, 앞서 봤던 '너희는 세상의 빛이다. 어둠을 밝혀라. 세상의 등불이 되어라'라고 했던 것이 어디로 넘어가는지 확인할 수 있습니다.

> 그런즉 너희가 어떻게 행할지를 자세히 주의하여 지혜 없는 자 같이 하지 말고 오직 지혜 있는 자 같이 하여 세월을 아끼라 때가 악하니라 그러므로 어리석은 자가 되지 말고 오직 주의 뜻이 무엇인가 이해하라 술 취하지 말라 이는 방탕한 것이니 오직 성령으로 충만함을 받으라 시와 찬송과 신령한 노래들로 서로 화답하며 너희의 마음으로 주께 노래하며 찬송하며 범사에 우리 주 예수 그리스

> 도의 이름으로 항상 아버지 하나님께 감사하며 그리스도를 경외함으로 피차 복종하라 (엡 5:15-21)

감사, 찬송, 성령 충만, 이와 같은 말들을 다 이해하겠습니까? '술 취하지 말라 이는 방탕한 것이니'라는 말씀은 도덕적 이야기가 아닙니다. 성경에 나오는 '방탕'은 허비하는 것입니다. 인생을 헛되이 하지 말고, 기회를 놓치지 말며, 성령 충만하라는 것입니다. 성령 충만하라는 것은 자신만만하거나 진심이 가득 넘치게 살라는 것이 아닙니다.

주께서도 이 땅에 오셔서 언제나 충만하게 일을 하신 것은 아닙니다. 예수님도 '지금 내 마음이 괴로우니 무슨 말을 하리요'(요 12:27)라고 고민을 털어놓으셨습니다. 하지만 이내 다시 '내 아버지여 만일 할 만하시거든 이 잔을 내게서 지나가게 하옵소서. 그러나 나의 원대로 마시옵고 아버지의 원대로 하옵소서'(마 26:39)라고 하십니다. 거기가 갈등을 넘어서는 자리입니다. 예수님이 얼마나 힘들어하셨으면, 기도하실 때 '땀이 땅에 떨어지는 핏방울 같이'(눅 22:44) 되었습니다. 그래서 천사가 와서 그분을 도울 정도였습니다.

우리의 마음이 진정성으로 가득 차서 선을 행하라는 것이 아닙니다. 하나님의 의리에 붙잡혀 하라는 것입니다. 하나님이 하시는 일에는 세상과 비교할 수 없는 명예와 위대함이 있습니다. 그 일에 우리가 참여함으로 그 영광이 우리의 영광이 되는 것입니다. 이 세상에는 이것과 견줄 다른 대안이 없습니다. 성공과 승리와 영광을 견줄 대안이 세상에는 없습니다. 우리가 가진 영광과 명예와 바꿀 수 없습니다. 억지로라도 해야 합니다. 할 것 같은데, 못할 것 같을 겁니다. 맞습니다.

잘 안 됩니다.

그렇다고 도망치지 마십시오. 오늘 해야 할 일을 하십시오. 매일 수많은 기회가 올 것입니다. 그 자리에서 의리를 가진 자가 되십시오. 예수를 믿는다는 고백, '성령이 내 심장이 되었다'는 현실이 무엇인지 기억하고 행하십시오. 그럴 때 하루하루가 기적이 될 것입니다.

기 도

하나님 아버지, 우리의 인생은 놀랍습니다. 영화도, 드라마도, 만화도 아니고 우리 자신의 실존입니다. 그 하루를 살고 있습니다. 다시 한번 힘을 내어 하나님의 사람으로 책임 있는 인생을 살게 하옵소서. 명예와 영광을 누리는 우리 모두가 되게 하옵소서. 예수님 이름으로 기도합니다. 아멘.

36.

내 이름으로 주시리라

---

20 내가 진실로 진실로 너희에게 이르노니 너희는 곡하고 애통하겠으
나 세상은 기뻐하리라 너희는 근심하겠으나 너희 근심이 도리어 기쁨
이 되리라 21 여자가 해산하게 되면 그 때가 이르렀으므로 근심하나
아기를 낳으면 세상에 사람 난 기쁨으로 말미암아 그 고통을 다시 기
억하지 아니하느니라 22 지금은 너희가 근심하나 내가 다시 너희를
보리니 너희 마음이 기쁠 것이요 너희 기쁨을 빼앗을 자가 없으리라
23 그 날에는 너희가 아무 것도 내게 묻지 아니하리라 내가 진실로 진
실로 너희에게 이르노니 너희가 무엇이든지 아버지께 구하는 것을 내
이름으로 주시리라 24 지금까지는 너희가 내 이름으로 아무 것도 구
하지 아니하였으나 구하라 그리하면 받으리니 너희 기쁨이 충만하리
라 (요 16:20-24)

요한복음 16장은 주님이 곧 십자가에 달려 죽으심으로 모든 일을 이루시고 부활할 것이라고 소개합니다. 그리고 기도가 사망을 이기는 그 조건 속에서 "그 날에는 너희가 아무 것도 내게 묻지 아니하리라 내가 진실로 진실로 너희에게 이르노니 너희가 무엇이든지 아버지께 구하는 것을 내 이름으로 주시리라"(요 16:23)라는 말씀이 허락됩니다. 그다음 구절도 "지금까지는 너희가 내 이름으로 아무 것도 구하지 아니하였으나 구하라 그리하면 받으리니 너희 기쁨이 충만하리라"(요 16:24)라고 하시며 예수님이 기도를 하라고 하십니다.

그리스도인의 기도

기도는 기독교 신앙인들에게 너무나 당연한 것입니다. 하지만 기도에는 조건과 근거가 있습니다. 예수님이 사망을 이기십니다. 부활하십니다. 그리고 우리에게 마음껏 구하라고 하십니다. 이처럼 우리에게 세상을 이긴 부활이라는 조건과 근거 속에서 기도하라고 하십니다. 그러나 우리는 언제나 죽음도, 부활도 건너지 않고 현재 우리가 알고 있는 상황 속에서 떼를 쓰는 것으로 기도의 의미를 축소하곤 합니다. 기도를, 간절히 구하면 되는 것이라고 생각할 뿐, 어떤 근거와 내용과 목적 가운데 우리에게 기도가 허락되었는지를 놓치고 있습니다. 이에 대한 것은 요한복음 14, 15, 16장에서 반복적으로 나오는 약속입니다. 요한복음 14장 12절 이하를 보십시다.

> 내가 진실로 진실로 너희에게 이르노니 나를 믿는 자는 내가 하는 일을 그도 할 것이요 또한 그보다 큰 일도 하리니 이는 내가 아버지께로 감이라 너희가 내 이름으로 무엇을 구하든지 내가 행하리니 이는 아버지로 하여금 아들로 말미암아 영광을 받으시게 하려 함이라 내 이름으로 무엇이든지 내게 구하면 내가 행하리라 (요 14:12-14)

무엇이든지 구하는 것이 가능한 이유는 '주께서 하신 일'과 그 연장선에서 '그보다 큰일', 그리고 '아버지의 영광이 드러나는 일'이 연결되어 있기 때문입니다. 막무가내로 매달리는 간절함이나 고통을 없애고 문제를 해결하려는 조건이 전부인 기도는 많이 아쉽니다. 그런 기도는 성경에서 말하는 기도와 꽤 차이가 납니다.

우리가 그러한 이해와 실력 없이 구해도 하나님은 우리를 긍휼히 여겨 주십니다. 하지만 우리가 이를 넘어서지 못하면 그 이상의 일을 하지 못합니다. 소극적이고 부정적인 차원에서 고통을 해소하는 것을 넘어서는 영광, 명예, 위대함 곧 '예수님이 하는 일과 그보다 큰 일'로 소개되는 현실을 살아 볼 엄두를 못 냅니다. 요한복음 15장 7절 이하에도 이와 비슷한 내용이 나옵니다.

> 너희가 내 안에 거하고 내 말이 너희 안에 거하면 무엇이든지 원하는 대로 구하라 그리하면 이루리라 너희가 열매를 많이 맺으면 내 아버지께서 영광을 받으실 것이요 너희는 내 제자가 되리라 (요 15:7-8)

이 기도에 무엇이 붙어 있는지 보십시오. '너희가 내 안에 거하고 내 말이 너희 안에 거하면, 너희가 모든 열매를 맺고 기도 응답을 받을 것이고, 거기에서 아버지께서 영광을 받을 것이다'라고 합니다. 그러나 우리의 기도는 현실적으로 눈앞에 있는 문제를 쉽게 해결하거나, 하나님의 크신 능력이 우리를 안심하게 하거나, 형통하게 하는 것에 붙들려 있습니다. 예수를 믿는다는 조건과 근거가 더 위대한 길을 가기 위해서나 더 위대한 신자의 삶으로 나아가는 것에 대해서는 우리의 이해와 경험이 매우 적습니다.

하늘과 땅의 모든 권세

주님이 이런 약속을 하신 것은 "아버지께서 아들에게 주신 모든 사람에게 영생을 주게 하시려고 만민을 다스리는 권세를 아들에게 주셨음이로소이다"(요 17:2)라는 말씀이 있기 때문입니다. 그리고 예수님이 우리의 기도에 답하실 수 있는 이유는 그가 모든 권세를 쥐고 계시기 때문입니다.

> 예수께서 나아와 말씀하여 이르시되 하늘과 땅의 모든 권세를 내게 주셨으니 그러므로 너희는 가서 모든 민족을 제자로 삼아 아버지와 아들과 성령의 이름으로 세례를 베풀고 내가 너희에게 분부한 모든 것을 가르쳐 지키게 하라 볼지어다 내가 세상 끝날까지 너희와 항상 함께 있으리라 하시니라 (마 28:18-20)

가는 것은 그렇게 급하지 않습니다. 무엇을 근거로, 어떤 목적으로, 어디까지 가라고 하는지가 중요합니다. '모든 민족'에게, '세상 끝날까지'입니다. 이 '모든 민족'과 '세상 끝날까지'는 지리적 차원을 벗어난 것입니다. 이는 우리의 현실입니다. 개개인의 사정, 가정의 현실 등이 '세상 끝날'이고 그곳이 우리가 보냄 받은 곳입니다.

어떤 근거로 가야 합니까? 하늘과 땅의 모든 권세를 가지신 예수님의 명령으로 가는 것입니다. 그분이 가진 권세는 어떻게 얻은 것입니까? 하나님이 모든 사람에게 영생을 주게 하시려고 만민을 다스리는 권세를 아들에게 주신 것입니다.

마태복음 9장에 가면, 예수님이 중풍병자를 고치신 사건이 나옵니다. 사람들이 침상에 누운 중풍병자를 데리고 왔습니다. 예수님은 그 자리에 함께한 사람들, 곧 예수님을 비난하고 반대하는 자들이 '그가 어떻게 하나 보자'는 심산으로 있는 줄 아시고, 중풍병자에게 "작은 자야 안심하라 네 죄 사함을 받았느니라"라고 하셨습니다. 정말 뜻밖의 상황이 벌어진 것입니다.

그러자 어떤 서기관들이 속으로 "이 사람이 어찌 이렇게 말하는가 신성모독이로다 오직 하나님 한 분 외에는 누가 능히 죄를 사하겠느냐"(막 2:7)라고 합니다. 이에 예수님이 그 생각을 아시고 '너희가 어찌하여 마음에 악한 생각을 하느냐 네 죄 사함을 받았느니라 하는 말과 일어나 걸어가라 하는 말 중에 어느 것이 쉽겠느냐'(마 9:4-5)라고 하십니다. 곧바로 예수님은 그들에게 "인자가 세상에서 죄를 사하는 권능이 있는 줄을 너희로 알게 하려 하노라"라고 이르시고, 중풍병자에게 "일어나 네 침상을 가지고 집으로 가라"라고 하십니다.

예수님은 죄를 사하는 권세를 가지고 계십니다. 예수님이 이 땅에 오셔서 행하신 그 권세는 그분을 알아보지 못하는 사람에게 증언하신 것이요, 믿지 않는 자들을 위하여 지신 십자가요, 그들을 승리로 이끌기 위한 부활인 것입니다. 그러므로 이러한 것들이 우리를 어디로 데려가고 있는지를 알아야 합니다.

> 내가 진실로 진실로 너희에게 이르노니 내 말을 듣고 또 나 보내신 이를 믿는 자는 영생을 얻었고 심판에 이르지 아니하나니 사망에서 생명으로 옮겼느니라 진실로 진실로 너희에게 이르노니 죽은 자들이 하나님의 아들의 음성을 들을 때가 오나니 곧 이 때라 듣는 자는 살아나리라 아버지께서 자기 속에 생명이 있음 같이 아들에게도 생명을 주어 그 속에 있게 하셨고 또 인자됨으로 말미암아 심판하는 권한을 주셨느니라 (요 5:24-27)

인자됨으로 말미암아 심판하는 권세를 주셨다고 합니다. 인자됨이란 무엇인가요? 우리를 구원하기 위하여 우리의 자리에 내려오신 것을 말합니다. "하나님이 세상을 이처럼 사랑하사 독생자를 주셨으니 이는 그를 믿는 자마다 멸망하지 않고 영생을 얻게 하려 하심이라"(요 3:16)라는 것은 우리가 가장 잘 외우는 말씀입니다. 그리고 그다음 구절, "하나님이 그 아들을 세상에 보내신 것은 세상을 심판하려 하심이 아니요 그로 말미암아 세상이 구원을 받게 하려 하심이라"(요 3:17)가 나옵니다. 그러므로 인자됨은 곧 우리를 불쌍히 여기시고, 하나님의 창조와 사랑을 완성하시려는 하나님이 구원의 손길을 펴신 것입니다.

그리고 이를 위해 예수님은 심판의 권세, 곧 만민을 다스리시는 권세를 가지신 것입니다.

결국 이 권세에는 벌을 주려는 의도는 거의 없습니다. 꾸중을 위해 언급하시기는 해도, 심판과 정죄라는 것은 그다음 다음의 가치입니다. 가장 우선하는 가치는 사람들을 어떻게 해서든지 살리고, 구원받게 하고, 사망에서 생명으로 옮겨 생명의 꽃을 피우고 열매 맺게 하는 일입니다. 하나님은 그 일을 우리에게 허락하신 것입니다.

사람을 살리는 권세

다음과 같은 문제를 생각해 보십시다. 요한복음 8장에서 서기관들과 바리새인들이 예수님을 고발할 내용을 얻으려고 음행 중에 잡힌 여자를 끌고 와서 "모세는 율법에 이러한 여자를 돌로 치라 명하였거니와 선생은 어떻게 말하겠나이까"라고 물었습니다. 이에 예수님이 "너희 중에 죄 없는 자가 먼저 돌로 치라"라고 하시니, 모두 그 자리를 뜨고 예수님과 여자만 남았습니다. 예수님은 여자에게 "나도 너를 정죄하지 아니하노니 가서 다시는 죄를 범하지 말라"라고 하십니다.

우리는 '다시는 죄를 범하지 말라'라는 말씀이 걸려서 이 문제를 늘 오해합니다. 예수님이 여자를 정죄하지 않은 이유는 또 한 번의 기회를 주는 정도가 아니라 더 나은 인생을 살라고 하신 것입니다. 우리의 인생과 운명은 사망에서 생명으로 바뀌었습니다. 기회를 주셨습니다. 하나님은 그런 자신의 목적과 복을 받으며 사는 삶으로 우리를 불러내셨습니다.

이렇게 하나님께 부름받은 우리가 인상을 쓰고 이 세상을 사는 것은 큰 죄입니다. 우리가 이 자리를 넘지 못하기 때문에, 다른 사람을 정죄해서 자신을 확인하려고 하는 것입니다. 음행 중에 잡힌 여자를 죽임으로써 자기는 죄를 짓지 않았다고 자기 증명을 하는 자리에서 이제는 사람을 살리는 자리로 가야 할 때입니다.

'하늘과 땅의 모든 권세를 내게 주셨으니 그러므로 너희는 가서 모든 민족을 제자로 삼아'(마 28:18-19) 그들에게 생명을 전해야 합니다. 하나님이 당신의 자녀들에게 허락한 약속들을 함께 누리기 위하여, 예수님이 이 땅에 와서 아버지의 뜻을 이룬 그 방식으로, 우리도 부르심을 받은 것입니다. 그런데 이 의미가 축소되어, 우리는 이러한 부르심에 순종하려면 선교사가 되어야 한다고 생각합니다. 마태복음 28장 18-19절은 수행해야 할 임무로 소개된 말씀이 아닙니다. 어떤 정형화된 형식으로 소개된 말씀이 아닙니다. 삶의 전 영역에 걸쳐서 사망이 부패하고 왜곡되고 헛된 것과 달리, 빛을 발하고 생명이 자라고 무르익고 무성한 것으로 보여 주어야 합니다. 우리는 여기를 살아야 합니다.

우리가 여기를 좇아오지 못하면, 예수님을 믿었으나 죽어서 천국 가기까지 그 사이의 삶은 다 필요 없게 됩니다. 다만 매일 혼란과 유혹과 실패가 범벅이 되어 어쩔 줄 몰라 회개 기도를 하는 수밖에 없는 인생이 됩니다. 결국 그런 삶은 사는 게 사는 게 아닙니다.

그러나 복된 삶을 사는 것을 알고 웃으면, 약 먹은 사람 취급을 받습니다. 현실도 모르고 공중에 붕 떠서 천사인 양 사는 게 사는 것일까요? 아닙니다. 그렇지 않습니다. 우리가 겪는 모든 고난과 반대와 박해와 오해와 수치는 다 위대합니다.

모든 예술이 그렇듯이, 예술은 우리의 한계를 깹니다. 평범함으로 만족하려는 타협과 외면과 비겁함을 깹니다. '하루를 제대로 살아라, 오늘 일을 내일로 미루지 마라' 하며 도전합니다. 오늘, 지금을 살아야 합니다. 하루하루가 기회이고 도전인데, 우리는 답을 안 하고 있습니다. 이런 기도를 하라는 것입니다.

예수님이 십자가에서 마지막으로 하신 말씀이 무엇입니까?

> …… 아버지 저들을 사하여 주옵소서 자기들이 하는 것을 알지 못함이니이다…… (눅 23:34)

이 말씀에는 어떤 정죄도, 심판도 없습니다. 그러므로 우리도 믿지 않는 자들을 비난하거나 죄를 밝히고 분노하는 것으로 우리의 생애를 대신하고 있다는 것을 스스로 확인해야 합니다. 이 판국에 누가 잘못하고 어리석게 군 것이 문제가 아닙니다. 우리는 어떤 상황과 조건 속에서도 예수의 이름으로 살 수 있고, 어느 곳이든 할 것이 있는 사람이라는 것을 명심해야 합니다. 무조건 '괜찮아, 다 좋아'라고 하면 안 됩니다.

못 알아듣는 자들 앞에서 살아가신 예수님을 우리의 모범으로 삼는다는 것은 굉장히 어렵습니다. 우리에게 허락된 길은 예수님이라면 아무래도 넉넉히 이기셨겠죠. 그러나 우리는 넉넉하지 않습니다. 넉넉하지 않은 자가 이 길로 부르심을 받아 '해 보라'는 기회를 얻었다는 것만큼은 기억해야 합니다. 그래서 우리는 해 봐야 합니다. 실패하고 불만스럽고 보상이 없더라도 이를 극복해야 합니다.

히브리서 4장에는 이러한 말씀이 나옵니다.

> 그러므로 우리에게 큰 대제사장이 계시니 승천하신 이 곧 하나님의 아들 예수시라 우리가 믿는 도리를 굳게 잡을지어다 우리에게 있는 대제사장은 우리의 연약함을 동정하지 못하실 이가 아니요 모든 일에 우리와 똑같이 시험을 받으신 이로되 죄는 없으시니라 그러므로 우리는 긍휼하심을 받고 때를 따라 돕는 은혜를 얻기 위하여 은혜의 보좌 앞에 담대히 나아갈 것이니라 (히 4:14-16)

하늘에 계신 대제사장은 우리 인생을 체휼하신 분이십니다. 우리의 형편을 아시고 우리의 한계를 아십니다. 그분께 기도하라는 말씀입니다. 히브리서 12장에서도 다음과 같은 말씀이 나옵니다.

> 믿음의 주요 또 온전하게 하시는 이인 예수를 바라보자 …… 너희가 피곤하여 낙심하지 않기 위하여 죄인들이 이같이 자기에게 거역한 일을 참으신 이를 생각하라 …… 내 아들아 주의 징계하심을 경히 여기지 말며 그에게 꾸지람을 받을 때에 낙심하지 말라 (히 12:2-5)

하늘에 있는 우리의 대제사장이 우리의 왕이십니다. 그분이 우리를 지키시기에 우리는 낙심하지 말아야 합니다. 히브리서 12장 6절 이하는 다음과 같은 내용을 전합니다.

> 주께서 그 사랑하시는 자를 징계하시고 그가 받아들이시는 아들마다 채찍질하심이라 하였으니 너희가 참음은 징계를 받기 위함이라 하나님이 아들과 같이 너희를 대우하시나니 어찌 아버지가 징계하지 않는 아들이 있으리요 …… 무릇 징계가 당시에는 즐거워 보이지 않고 슬퍼 보이나 후에 그로 말미암아 연단 받은 자들은 의와 평강의 열매를 맺느니라 (히 12:6-11)

우리에게 부여된 명령과 책임은 승리로만 이어지지 않습니다. 몸부림치는 것도 임무 속에 있다는 것을 알려 줍니다. 이는 성경 곳곳에도 나오고 예수님도 알고 계십니다.

울며불며 다듬고 가는 인생

그렇다면 왜 이러한 권면을 할까요? 왜 그런 길을 요구할까요? 전지전능하신 하나님의 권능으로 쉬운 결말을 내시면, 시간과 경험 속에서 우리가 자라나고, 다듬어지고, 만들어지는 일은 일어날 수 없습니다. 하나님은 우리의 인격과 성품이 자라도록 다듬고 만들려고 하십니다. 우리가 겪고, 후회하고, 고민하고, 돌아서는 시간을 통해 우리를 다듬고 만드십니다.

하나님이 우리 모두를 예수의 제자로 삼으려고 하십니다. 그 길에

투입된 우리는 울며불며 인생과 존재를 다듬으며 가야 합니다. 거꾸러지고 외면하고 타협하고 변명하는 우리의 못난 것들이 우리를 만든다는 사실을 믿어야 합니다. 매일 '낙심하지 마라, 체념하지 마라. 한탄했느냐? 좋다, 내일 다시 하자'가 요구되는 것입니다. 예수님은 우리에게 이를 기도하라고 하십니다. 예수님은 '내 이름으로 내게 기도하라. 내가 모든 권세를 가졌다. 내가 왜 인자로 왔는지 아느냐? 나는 대제사장으로, 모든 백성을 이끌어 하나님 앞에 내가 함께 서기 위하여 인자로 온 것이다. 나는 육신을 입고 이 땅에 왔다. 너희의 생애도 그와 같다. 너희로 인하여 더 많은 이웃이 너희와 함께 하나님 앞에 영광과 존귀로 이끌릴 것이다. 너희 모두 나를 위한 찬양을 부를 인생을 살도록 하자'라고 말씀하시는 것입니다.

그러므로 고린도후서 5장은 기도를 다음과 같이 가르칩니다.

> 우리는 주의 두려우심을 알므로 사람들을 권면하거니와 우리가 하나님 앞에 알리어졌으니 또 너희의 양심에도 알리어지기를 바라노라 우리가 다시 너희에게 자천하는 것이 아니요 오직 우리로 말미암아 자랑할 기회를 너희에게 주어 마음으로 하지 않고 외모로 자랑하는 자들에게 대답하게 하려 하는 것이라 우리가 만일 미쳤어도 하나님을 위한 것이요 정신이 온전하여도 너희를 위한 것이니 그리스도의 사랑이 우리를 강권하시는도다 우리가 생각하건대 한 사람이 모든 사람을 대신하여 죽었은즉 모든 사람이 죽은 것이라 그가 모든 사람을 대신하여 죽으심은 살아 있는 자들로 하여금 다시는 그들 자신을 위하여 살지 않고 오직 그들을 대신하여 죽었다

> 가 다시 살아나신 이를 위하여 살게 하려 함이라 그러므로 우리가 이제부터는 어떤 사람도 육신을 따라 알지 아니하노라 비록 우리가 그리스도도 육신을 따라 알았으나 이제부터는 그같이 알지 아니하노라 그런즉 누구든지 그리스도 안에 있으면 새로운 피조물이라 이전 것은 지나갔으니 보라 새 것이 되었도다 모든 것이 하나님께로서 났으며 그가 그리스도로 말미암아 우리를 자기와 화목하게 하시고 또 우리에게 화목하게 하는 직분을 주셨으니 곧 하나님께서 그리스도 안에 계시사 세상을 자기와 화목하게 하시며 그들의 죄를 그들에게 돌리지 아니하시고 화목하게 하는 말씀을 우리에게 부탁하셨느니라 그러므로 우리가 그리스도를 대신하여 사신이 되어 하나님이 우리를 통하여 너희를 권면하시는 것 같이 그리스도를 대신하여 간청하노니 너희는 하나님과 화목하라 하나님이 죄를 알지도 못하신 이를 우리를 대신하여 죄로 삼으신 것은 우리로 하여금 그 안에서 하나님의 의가 되게 하려 하심이라 (고후 5:11-21)

이것이 기도입니다. 하나님 앞에 이 본문을 가지고 들어가지 않았다면, 그 기도는 아직 성숙하지 않은 것입니다.

우리에게 무슨 기도를 하라는 것입니까? 또한 하나님이 왜 우리를 세상에 남겨 두시고 이 땅에 살게 하신 것입니까? 우리의 성숙과 영광을 위하여, 그리고 하나님이 우리와 함께 일하기로 작정하신 방법으로 세상을 구하기 위하여 우리를 이 세상에 남겨 두셨습니다. 예수님이 음행 중에 잡힌 여자에게 "나도 너를 정죄하지 아니하노니 가서 다시는 죄를 범하지 말라"(요 8:11)라고 하셨습니다. 이 말씀은 죄를 짓고 안 짓고의 문제를 넘어서는 것이었습니다. 우리는 이 말씀이 우리에게 주어진 구원이요, 기회요, 책임이요, 영광인 것을 알아야 합니다. 그래야 기도를 제대로 할 수 있습니다.

우리에게 어려움이 닥칠 때마다 무릎 꿇어 기도하는 것은 맞습니다. 주의 약속은 변함이 없습니다. 우리는 '주께서 아직도 일하고 계십니다. 저는 오늘도 실패했지만, 이 실패가 끝이 아닌 것을 믿습니다. 내일은 오늘보다 낫게 살겠습니다. 힘을 더하소서. 그리고 내 잘못이 다른 사람들에게 시험이 되지 않고, 은혜가 되도록 기적을 행하소서'라고 기도해야 합니다. 그렇지 않다면 다음에 나오는 말씀은 어디다 써 먹을 것입니까?

> 공중의 새를 보라 심지도 않고 거두지도 않고 창고에 모아들이지도 아니하되 너희 하늘 아버지께서 기르시나니 너희는 이것들보다 귀하지 아니하냐 또 너희가 어찌 의복을 위하여 염려하느냐 들의 백합화가 어떻게 자라는가 생각하여 보라 수고도 아니하고 길쌈도 아니하느니라 그러나 내가 너희에게 말하노니 솔로몬의 모든 영광으로도 입은 것이 이 꽃 하나만 같지 못하였느니라 오늘 있다가 내일 아궁이에 던져지는 들풀도 하나님이 이렇게 입히시거든 하물며 너희일까보냐…… (마 6:26-30)

이런 말씀은 왜 하셨을까요? 이러한 삶의 조건과 책임이 지금의 현장과 정황을 만드는 것입니다. 우리는 이 현장에서 도망갈 수 없습니다. 그 자리에서 하십시오. 그 자리가 땅끝이고, 우리가 보내심을 받은 자리이고, 우리가 기도해야 하는 자리이고, 우리가 크는 자리이며, 우리를 인도하시고 함께하시는 하나님이 임재하시는 자리입니다.

기 도

하나님 아버지, 우리의 기도는 하나님의 일하심과 기적이 우리에게 일어나게 합니다. 우리의 삶은 하루하루가 어렵습니다. 하지만 따지고 보면, 우리는 이기심과 무지함에서 벗어나는 길을 걷고 있습니다. 이미 주신 구원과 약속된 영광으로 말미암아, 주의 성실하신 도전과 우리를 매일 붙들어 주심으로 말미암아 우리가 여기까지 와 있습니다. 더 나아가야 합니다. 그곳에서 하나님의 영광과 우리의 찬송이 어우러질 것입니다. 그 인생을 사는 우리가 되게 하옵소서. 예수님 이름으로 기도합니다. 아멘.

37.
아들을 영화롭게 하사

---

1 예수께서 이 말씀을 하시고 눈을 들어 하늘을 우러러 이르시되 아버
지여 때가 이르렀사오니 아들을 영화롭게 하사 아들로 아버지를 영화
롭게 하게 하옵소서 2 아버지께서 아들에게 주신 모든 사람에게 영생
을 주게 하시려고 만민을 다스리는 권세를 아들에게 주셨음이로소이
다 3 영생은 곧 유일하신 참 하나님과 그가 보내신 자 예수 그리스도를
아는 것이니이다 4 아버지께서 내게 하라고 주신 일을 내가 이루어 아
버지를 이 세상에서 영화롭게 하였사오니 5 아버지여 창세 전에 내가
아버지와 함께 가졌던 영화로써 지금도 아버지와 함께 나를 영화롭게
하옵소서 (요 17:1-5)

요한복음 17장은 예수님이 마지막 만찬 후에 제자들을 위하여, 자신이 가야 할 십자가의 길을 위하여, 그 뜻과 내용을 위하여 아버지께 간구하고 제자들에게 설명하는 기도입니다. 17장 초반부는 "아들을 영화롭게 하사 아들로 아버지를 영화롭게 하옵소서"라는 주의 영화로움에 관한 표현이 집중적으로 나옵니다. 17장 중반부는 "아버지께서 나를 세상에 보내신 것 같이 나도 그들을 세상에 보내었고"라는, 삼위일체 사역에 관한 이야기가 나옵니다. 17장 후반부는 "우리가 하나가 된 것 같이 그들도 하나가 되게 하려 함이니이다"라는, 연합에 관한 말씀이 나옵니다. 이는 매우 중요한 기독교 신앙의 본질이고 핵심 내용이기에, 앞으로 세 번에 걸쳐 예수님의 기도를 살펴보겠습니다.

영광의 시작, 십자가의 수난

예수님은 "아버지여 때가 이르렀사오니 아들을 영화롭게 하사 아들로 아버지를 영화롭게 하게 하옵소서"라는 말씀으로 기도를 시작하십니다. 이제 예수님은 죽으실 것입니다. 그것이 아들의 영광이 되고 아버지의 영광이 됩니다. 죽는 것이 아들이 영광 받는 것이요, 그 영광 받는 것이 아버지의 영광이 될 것입니다. 이 영광은 우리가 생각하는 것과는 사뭇 달라서 해석할 엄두가 나지 않습니다.

아들이 십자가에 죽는 것이 아버지께서 주신 영광이라고 합니다. 또한 아들이 십자가에서 수난을 당하심으로 아버지가 영광을 받는다고 합니다. 이는 우리가 기독교 신앙인으로서 두고두고 반복해서 확인하고 또 넓혀 가야 하는 부분입니다.

빌립보서에서 예수의 수난에 대한 해석을 살펴볼 수 있습니다.

> 그는 근본 하나님의 본체시나 하나님과 동등됨을 취할 것으로 여기지 아니하시고 오히려 자기를 비워 종의 형체를 가지사 사람들과 같이 되셨고 사람의 모양으로 나타나사 자기를 낮추시고 죽기까지 복종하셨으니 곧 십자가에 죽으심이라 (빌 2:6-8)

또한 예수의 순종과 비우심과 낮아지심과 죽으심을 다음과 같이 해석하기도 합니다.

> 이러므로 하나님이 그를 지극히 높여 모든 이름 위에 뛰어난 이름을 주사 하늘에 있는 자들과 땅에 있는 자들과 땅 아래에 있는 자들로 모든 무릎을 예수의 이름에 꿇게 하시고 모든 입으로 예수 그리스도를 주라 시인하여 하나님 아버지께 영광을 돌리게 하셨느니라 (빌 2:9-11)

우리가 이를 기억해야 할 것은 하나님이 우리를 위하여 예수님을 극단적 섬김의 상태로 인도하시기 때문입니다. 섬긴다는 것은 섬겨야 할 대상을 위하여 최선을 넘어 극단적인 상황까지 갈 수 있습니다. 예수의 죽음이 그렇습니다. 하나님의 영광은 우리가 원하는 승리나 성공에 있지 않습니다. 자기를 내어 줌에 있습니다. 우리가 자주 들어온 에베소서 1장 3절 이하를 봅시다.

> 찬송하리로다 하나님 곧 우리 주 예수 그리스도의 아버지께서 그리스도 안에서 하늘에 속한 모든 신령한 복을 우리에게 주시되 곧 창세 전에 그리스도 안에서 우리를 택하사 우리로 사랑 안에서 그 앞에 거룩하고 흠이 없게 하시려고 그 기쁘신 뜻대로 우리를 예정하사 예수 그리스도로 말미암아 자기의 아들들이 되게 하셨으니 이는 그가 사랑하시는 자 안에서 우리에게 거저 주시는 바 그의 은혜의 영광을 찬송하게 하려는 것이라 (엡 1:3-6)

이 말씀에서는 우리라는 존재에 대해 '찬송, 신령한 복, 사랑, 거룩, 기쁨, 은혜의 영광, 그의 자녀'와 같은 단어들로 소개하고 있습니다. 이는 하나님이 우리를 향하여 품으신 뜻이기도 합니다.

거룩, 분리가 아닌 참여

이러한 이야기를 하는 이유가 누가복음 7장 36절 이하에 나옵니다.

> 한 바리새인이 예수께 자기와 함께 잡수시기를 청하니 이에 바리새인의 집에 들어가 앉으셨을 때에 그 동네에 죄를 지은 한 여자가 있어 예수께서 바리새인의 집에 앉아 계심을 알고 향유 담은 옥합을 가지고 와서 예수의 뒤로 그 발 곁에 서서 울며 눈물로 그 발을 적시고 자기 머리털로 닦고 그 발에 입맞추고 향유를 부으니 예수를 청한 바리새인이 그것을 보고 마음에 이르되 이 사람이 만일 선

지자라면 자기를 만지는 이 여자가 누구며 어떠한 자 곧 죄인인 줄 을 알았으리라 하거늘 예수께서 대답하여 이르시되 시몬아 내가 네게 이를 말이 있다 하시니 그가 이르되 선생님 말씀하소서 이르시되 빚 주는 사람에게 빚진 자가 둘이 있어 하나는 오백 데나리온을 졌고 하나는 오십 데나리온을 졌는데 갚을 것이 없으므로 둘 다 탕감하여 주었으니 둘 중에 누가 그를 더 사랑하겠느냐 시몬이 대답하여 이르되 내 생각에는 많이 탕감함을 받은 자니이다 이르시되 네 판단이 옳다 하시고 그 여자를 돌아보시며 시몬에게 이르시되 이 여자를 보느냐 내가 네 집에 들어올 때 너는 내게 발 씻을 물도 주지 아니하였으되 이 여자는 눈물로 내 발을 적시고 그 머리털로 닦았으며 너는 내게 입맞추지 아니하였으되 그는 내가 들어올 때로부터 내 발에 입맞추기를 그치지 아니하였으며 너는 내 머리에 감람유도 붓지 아니하였으되 그는 향유를 내 발에 부었느니라 이러므로 내가 네게 말하노니 그의 많은 죄가 사하여졌도다 이는 그의 사랑함이 많음이라 사함을 받은 일이 적은 자는 적게 사랑하느니라 이에 여자에게 이르시되 네 죄 사함을 받았느니라 하시니 함께 앉아 있는 자들이 속으로 말하되 이가 누구이기에 죄도 사하는가 하더라 예수께서 여자에게 이르시되 네 믿음이 너를 구원하였으니 평안히 가라 하시니라 (눅 7:36-50)

요한은 그의 복음서 말미에 “예수께서 행하신 일이 이 외에도 많으니 만일 낱낱이 기록된다면 이 세상이라도 이 기록된 책을 두기에 부족할 줄 아노라”(요 21:25)라고 기록하여, 주님이 수많은 기적을 행하셨음을 증언합니다.

사복음서는 예수님의 행적 중 가장 중요한 내용만 골라서 기록했습니다. 스무 장 안팎의 분량으로 그 내용이 다소 길지 않습니다. 그중에 누가복음은 스물네 장으로 쓰였습니다. 그 가운데 방금 읽은 말씀은 좀 긴 이야기입니다. 한 여자가 예수께 와서 눈물로 그분의 발을 적시고 자기 머리털로 닦고 그분의 발에 입을 맞추고 향유를 부었습니다. 이에 예수님을 초청한 바리새인은 속으로 "이 사람이 만일 선지자라면 자기를 만지는 이 여자가 누구며 어떠한 자 곧 죄인인 줄을 알았으리라"라고 합니다. 우리는 이런 별것 아닌 이야기를 왜 이렇게 길게 소개하는가를 생각해야 합니다.

예수님을 초청한 시몬은 바리새인입니다. 당시 바리새인은 유대인들 중에서 옳고 그른 일에 판단 기준을 갖고 가장 열심히 율법을 따라 하나님을 섬기겠다고 작정하고 실천하던 자들입니다. 그러나 바리새인들은 자신들이 가진 기준이 하나님의 뜻에 맞지 않는다는 것을 모릅니다. 하나님은 거룩하실 뿐 아니라, 우리에게 거룩을 요구하십니다. 그런데 하나님이 우리에게 요구하시는 거룩과 우리가 생각하는 거룩에 대한 책임에는 상당한 거리가 있습니다.

앞에서 소개한 영화 〈대부〉의 에피소드를 다시 한번 생각해 보십시오. 돈 꼴레오네의 저택에서 그의 딸 코니의 결혼식 피로연이 진행되는 동안 돈 꼴레오네의 집무실에서는 비즈니스가 한창입니다. 한 장의사가 그를 찾아와 자기 딸이 처참한 일을 당했다고 말하며 "돈은 얼마든지 드릴 테니 제 딸이 겪은 일에 대한 복수를 해 주십시오"라고 의뢰를 합니다. 그러자 대부 돈 꼴레오네가 이렇게 답합니다.

"당신은 들어올 때 나에게 예를 취하지도 않았고, 내 손에 입을 맞추지도 않았네. 내 손자의 안부도 묻지 않았지. 당신은 돈만 내면 뭐든지 해 주는 자로 나를 대했네. 만일 당신이 내 가족이었다면, 나에게 부탁할 필요도 없었다네. 왜냐하면 당신이 내 가족이라면 당신에게 일어난 일은 곧 내게 일어난 일이기 때문이지." 이 영화의 이야기는 우리에게 많은 것을 시사합니다.

우리는 하나님을 무서운 분으로 생각합니다. 우리는 하나님을, 우리가 잘하면 상을 주시고 못하면 벌을 주시는 분으로 믿고 있습니다. 그래서 우리는 겁에 질려서 신앙생활을 합니다. 틀리지 않고 벌 받지 않으려고 신앙생활을 합니다. 하나님의 거룩하심이 공포로 여겨지기 때문입니다. 틀리지 않고 벌 받지 않으려고 살면, 다 지켜도 보람이 없습니다. 거짓말을 하지 않고 속이지 않고 산 것은 보람이 없습니다. 그 삶은 자신이 잘하고 있다는 것을 확인하기 위해 누군가를 비난하고 정죄해야 합니다. 이웃을 이해하고 사랑할 수 없는 헛된 삶을 삽니다.

이러한 삶을 살고 있는 자들이 바로 바리새인들입니다. 그래서 바리새인 시몬은 "이 사람이 만일 선지자라면 자기를 만지는 이 여자가 누구며 어떠한 자 곧 죄인인 줄을 알았으리라"라고 예수님을 의심합니다. 이를 안 예수님이 바리새인 시몬에게 다음과 같이 이르십니다. 이 부분을 다시 한번 봅시다.

> 이르시되 빚 주는 사람에게 빚진 자가 둘이 있어 하나는 오백 데나리온을 졌고 하나는 오십 데나리온을 졌는데 갚을 것이 없으므로 둘 다 탕감하여 주었으니 둘 중에 누가 그를 더 사랑하겠느냐 시몬

> 이 대답하여 이르되 내 생각에는 많이 탕감함을 받은 자니이다 이르시되 네 판단이 옳다 하시고 그 여자를 돌아보시며 시몬에게 이르시되 시몬에게 이르시되 이 여자를 보느냐 내가 네 집에 들어올 때 너는 내게 발 씻을 물도 주지 아니하였으되 이 여자는 눈물로 내 발을 적시고 그 머리털로 닦았으며 너는 내게 입맞추지 아니하였으되 그는 내가 들어올 때로부터 내 발에 입맞추기를 그치지 아니하였으며 너는 내 머리에 감람유도 붓지 아니하였으되 그는 향유를 내 발에 부었느니라 이러므로 내가 네게 말하노니 그의 많은 죄가 사하여졌도다 이는 그의 사랑함이 많음이라 사함을 받은 일이 적은 자는 적게 사랑하느니라 (눅 7:41-47)

하나님은 잘잘못에는 관심이 없으신 분입니다. 하나님은 '누가 나를 더 사랑하는가?'를 잣대로 삼으십니다.

성경은 '서로 사랑하라 내가 너희를 사랑한 것 같이 너희도 서로 사랑하라'(요 13:34)라고 이야기합니다. 로완 윌리엄스는 거룩에 대해 이렇게 설명합니다.

> 거룩하게 된다는 것은 완벽하게 분리되는 것이 아니라 철저하게 참여하는 일을 뜻합니다.•

우리는 거룩을, 곁에 다가갈 수 없을 만큼 높고 잘난 구별이라고 생각합니다. 그래서 우리는 하나님을 두려워합니다. 그러나 성경은 끊임없이 우리에게 하나님을 '아버지'라고 부르라고 가르칩니다.

> 너희가 아들이므로 하나님이 그 아들의 영을 우리 마음 가운데 보내사 아빠 아버지라 부르게 하셨느니라 (갈 4:6)

하지만 우리는 그렇게 하지 않습니다. 우리는 하나님을, 우리의 잘못을 나열해서 철저히 회개를 해야 간신히 한 번 요구할 수 있는 엄한 아버지로 생각합니다. 우리가 배고플 때 오라고 하시는 하나님이라고 성경이 누누이 가르친다는 것을 꿈도 꾸지 않습니다.

우리가 깨끗이 다 씻고 자격을 갖추어야 하나님을 아버지로 생각할 수 있는 게 아닙니다. 성경은 '은혜롭고 자비롭고 긍휼하신 하나님'이라고 소개하고, 하나님이 "여인이 어찌 그 젖 먹는 자식을 잊겠으며 자기 태에서 난 아들을 긍휼히 여기지 않겠느냐 그들은 혹시 잊을지라도 나는 너를 잊지 아니할 것이라"(사 49:15)라고 하셔도 우리는 믿지 않습니다.

우리는 하나님을 어떻게 생각하는 걸까요? 우리는 하나님을, 누구를 겁주기 위한 폭력의 하나님, 공포의 하나님으로 만들어 놓습니다. 그러고 나서 자신은 불안에 떨고 그 불안을 잠재우기 위해 다른 이에게 시비밖에 걸 줄 모르는 신앙인이 되었습니다. 하나님은 우리에게 '다른 사람에게 시비를 걸어 세상 끝날까지 잘못한 자들을 다 잡아 죽이라'고 하지 않으셨습니다. 이렇게 되면 자신이 제대로 살 수 없습

• 로완 윌리엄스 지음, 김기철 옮김, 《제자가 된다는 것》(복 있는 사람), 87쪽.

니다. 넉넉할 수가 없습니다. 언제나 죄책감과 자책으로 이를 다 씻어 낼 수 없는 자신에 대해 분노하고 절망하면, 누군가에게 타오르는 분노를 터뜨릴 수밖에 없습니다.

너희를 친구라 하였노니

사실 예수님이 하시려는 이야기는 전부 감사와 기쁨으로 연결되어 있습니다. 요한복음 15장 9절 이하입니다.

> 아버지께서 나를 사랑하신 것 같이 나도 너희를 사랑하였으니 나의 사랑 안에 거하라 내가 아버지의 계명을 지켜 그의 사랑 안에 거하는 것 같이 너희도 내 계명을 지키면 내 사랑 안에 거하리라 내가 이것을 너희에게 이름은 내 기쁨이 너희 안에 있어 너희 기쁨을 충만하게 하려 함이라 내 계명은 곧 내가 너희를 사랑한 것 같이 너희도 서로 사랑하라 하는 이것이니라 사람이 친구를 위하여 자기 목숨을 버리면 이보다 더 큰 사랑이 없나니 너희는 내가 명하는 대로 행하면 곧 나의 친구라 이제부터는 너희를 종이라 하지 아니하리니 종은 주인이 하는 것을 알지 못함이라 너희를 친구라 하였노니 내가 내 아버지께 들은 것을 다 너희에게 알게 하였음이라 (요 15:9-15)

우리는 더 이상 종이 아닙니다. 하나님은 우리를 친구라고 하셨습니다. 친구란 서로 의지하는 사이입니다. 바울은 하나님의 사랑에 대해 “자기 아들을 아끼지 아니하시고 우리 모든 사람을 위하여 내 주신 이가 어찌 그 아들과 함께 모든 것을 우리에게 주시지 아니하겠느냐”(롬 8:32)라고 역설합니다. 그러므로 방심하거나 허랑방탕하게 되는 것이 잘못이나 문제가 아니라, 겁을 내는 게 훨씬 더 큰 문제입니다. 우리로서는 좀 뜻밖입니다.

장로교는 장로교의 자랑이 있고, 감리교는 감리교의 자랑이 있고, 천주교는 천주교의 자랑이 있습니다. 그들 나름대로 잘하는 게 있습니다. 각각 서로를 인정하고 봐 줘야 합니다. ‘당신은 이것을 잘하는군요. 나는 이것을 잘합니다’라고 해야 하는데, ‘당신은 이것이 틀렸어’라며 손가락질을 합니다. 그래서 우리는 기쁨도 없고, 감사도 없고, 아무도 반가워하지 않는 존재가 되고 말았습니다.

영광된 임무

우리는 인생을 훨씬 넉넉하게 살 수 있습니다. 아무렇게나 사는 것은 무책임하고, 비겁한 것이며, 도망가거나 외면하는 것입니다. 또한 우리는 열심히 살아야 합니다. 그러나 열심히 살아도 어렵고, 걱정할 것도 많습니다. 요한복음 17장은 그런 삶에 대해 이야기를 하고 있습니다. 우리가 누구인가? 우리가 하나님께 어떤 존재인가? 아버지께서 아들로 영광을 받는다는 것이 무슨 뜻인가?

예수님은 아버지가 그 아들을 죽여 우리를 구원하시겠다는 그 방법이 얼마나 영광된 임무인지 고백하십니다. '아버지께서 가장 중요한 일을 나에게 시키셨다. 나의 죽음은 나의 영광이고, 아버지의 영광이다'라고 하셨습니다. 로마서 8장 14절 이하에 이런 말씀이 나옵니다.

> 무릇 하나님의 영으로 인도함을 받는 사람은 곧 하나님의 아들이라 너희는 다시 무서워하는 종의 영을 받지 아니하고 양자의 영을 받았으므로 우리가 아빠 아버지라고 부르짖느니라 성령이 친히 우리의 영과 더불어 우리가 하나님의 자녀인 것을 증언하시나니 자녀이면 또한 상속자 곧 하나님의 상속자요 그리스도와 함께 한 상속자니 우리가 그와 함께 영광을 받기 위하여 고난도 함께 받아야 할 것이니라 (롬 8:14-17)

섬김에는 고난이 뒤따릅니다. 예수님이 행하신 것처럼 지는 역할을 하기 때문에 고난이 옵니다. 하지만 고난이 예수께 영광이었던 것을 기억한다면, 우리에게도 지는 역할을 맡기셨다는 것은 곧 영광입니다. 우리가 지는 것으로 모든 사람을 영광된 자리로 함께 데리고 오라는 것이 우리의 인생이고 현실입니다. 또한 성경이 말하는 신자의 정체성이고, 운명이고, 책임입니다.

오죽하면 하나님이 우리를 향해 "영접하는 자 곧 그 이름을 믿는 자들에게는 하나님의 자녀가 되는 권세를 주셨으니"(요 1:12)라고 말씀하셨겠습니까? 이 권세는 권력적이지 않습니다. 예수님은 십자가에서 죽는 것이 영광이었고, 아버지의 영광을 드러내는 것이 목적이었습니다. 이처럼 그분이 가진 모든 권세는 그 목적이 영광이었습니다. '하늘과 땅의 모든 권세를 내게 주셨으니 그러므로 너희는 가서 모든 민족을 제자로 삼아 아버지와 아들과 성령의 이름으로 세례를 베풀고 내가 너희에게 분부한 모든 것을 가르쳐 지키게 하라 볼지어다 내가 세상 끝날까지 너희와 항상 함께 있으리라'(마 28:18-20)라고 약속하셨습니다.

그런데 우리는 왜 서로 속이고 살까요? 왜 스스로를 속이고 영광과 기쁨도 없이, 저주와 절망과 분노 속에 사로잡혀 누구를 비난하며 살까요? 죄인을 밝혀 범인을 잡기보다 이 복음을, 이 기쁨을, 이 기적을, 이 웃음을 나누면 됩니다. 지난 한 주 동안 통쾌하게 웃어 본 적 있습니까? 세상의 통쾌함은 누군가를 호되게 잡는 것이지만, 우리의 통쾌함은 '맞아, 이게 복음이야. 이게 신자가 존재하는 가치야'라는 만족에 있습니다.

멸망과 회복의 예언

하나님이 구약에서 하신 무시무시한 약속으로 우리의 신앙에 대한 이해를 확고하게 합시다. 호세아 2장 19절 이하를 봅시다.

> 내가 네게 장가 들어 영원히 살되 공의와 정의와 은총과 긍휼히 여김으로 네게 장가 들며 진실함으로 네게 장가 들리니 네가 여호와를 알리라 (호 2:19-20)

하나님이 이스라엘의 멸망을 예언하십니다. 그들이 다 벌을 받아 쫓겨나고 멸망한다고 하시지만, 그것으로 아직 끝이 아니라고 하십니다. 하나님이 이스라엘을 기필코 다시 회복하고 그분이 약속한 복을 주겠다고 하십니다.

하나님은 우리와 함께 살겠다고 하십니다. 결혼이란 대등한 관계이며 한 몸인 것입니다. 둘을 다시 나눌 수가 없습니다. 아내가 남편이고, 남편이 아내입니다. 책임의 한계를 정하여 분할할 수 없습니다. 기쁨과 슬픔을 함께 느낍니다. 책임을 공감합니다.

우리가 어려워하는 문제를 하나님이 어떤 식으로 해결하시는지 깨닫고, 그분이 우리에게 주시는 기쁨과 소망과 감사와 영광을 우리의 삶에서 누리고, 자랑하고, 소중히 나누기를 바랍니다.

기 도

하나님 아버지, 은혜를 감사합니다. 우리는 하나님의 자녀이고 사랑받는 존재입니다. 우리가 책임 있고 담대하게 기쁨과 거룩과 영광에 대하여 충만한 것들로 세상 앞에 빛으로, 생명으로 살게 하옵소서. 예수님 이름으로 기도합니다. 아멘.

38.

우리와 같이 그들도 하나가 되게 하옵소서

……11 나는 세상에 더 있지 아니하오나 그들은 세상에 있사옵고 나는
아버지께로 가옵나니 거룩하신 아버지여 내게 주신 아버지의 이름으
로 그들을 보전하사 우리와 같이 그들도 하나가 되게 하옵소서 12 내
가 그들과 함께 있을 때에 내게 주신 아버지의 이름으로 그들을 보전
하고 지키었나이다 그 중의 하나도 멸망하지 않고 다만 멸망의 자식
뿐이오니 이는 성경을 응하게 함이니이다 13 지금 내가 아버지께로
가오니 내가 세상에서 이 말을 하옵는 것은 그들로 내 기쁨을 그들 안
에 충만히 가지게 하려 함이니이다 14 내가 아버지의 말씀을 그들에
게 주었사오매 세상이 그들을 미워하였사오니 이는 내가 세상에 속하
지 아니함 같이 그들도 세상에 속하지 아니함으로 인함이니이다……

(요 17:8-19)

요한복음 17장은 예수님이 돌아가시기 전, 마지막 만찬에서 하신 기도가 담긴 말씀입니다. 특히 17장에 나온 예수님의 기도는 대개 '대제사장적 기도'라고 알려져 있습니다. 요한복음 17장에는 아주 중요한 세 가지 내용이 나옵니다. 하나님의 거룩하심에 대해 소개하고, 하나님이 예수와 친밀하게 연합하신 것같이 우리도 성부와 성자와 성령의 연합에 부름받고 있으며, 성부께서 성자를 보내신 것같이 예수님도 우리를 세상에 보내신다는 이 세 가지 주제가 아주 긴밀하게 연결되어 있습니다.

하나님의 거룩하심

하나님의 거룩하심은 본문의 시작 부분에서도 나옵니다.

> 나는 세상에 더 있지 아니하오나 그들은 세상에 있사옵고 나는 아버지께로 가옵나니 거룩하신 아버지여 내게 주신 아버지의 이름으로 그들을 보전하사 우리와 같이 그들도 하나가 되게 하옵소서 (요 17:11)

여기에서 하나님의 거룩하심을 언급한 것은 우리를 부르기 위해서입니다. '거룩하신 아버지여, 그들도 우리와 하나가 되게 하옵소서'라고 연합을 요청하면서, 또는 아버지의 뜻을 드러내면서 거룩하심에 대한 언급을 시작합니다. 이 거룩하심은 나중에 우리를 세상으로 보낼 때에도 동일하게 언급됩니다.

> 그들을 진리로 거룩하게 하옵소서 아버지의 말씀은 진리니이다 아버지께서 나를 세상에 보내신 것 같이 나도 그들을 세상에 보내었고 또 그들을 위하여 내가 나를 거룩하게 하오니 이는 그들도 진리로 거룩함을 얻게 하려 함이니이다 (요 17:17-19)

보내시는 분이 거룩하신 것같이 '우리를 보내시는 일도 거룩하다'고 말씀하십니다. 우리는 대개 '거룩'을 생각하면 제일 먼저 떠오르는 개념이나 이해가 '구별됨'입니다. '거룩하다'고 하면 '세상과 구별되어 있다. 초월적이다'라는 뜻으로 이해합니다. 이때 나오는 '초월'은 도덕성을 넘어서는 완벽함이나 속된 것과 구별되는 천상의 것에 속하는 진리라고 먼저 생각할 것입니다.

그러나 로완 윌리엄스는《제자가 된다는 것》이라는 책에서 거룩의 개념을 다르게 소개합니다. 로완 윌리엄스의 책이 우리나라에 여러 권 번역되었는데, 그의 업적과 가치는 성경에 나오는 용어들을 세상적 개념이 아닌 성경적 개념으로 제대로 이해시킨다는 점입니다. 그는 '거룩'을 '구별'로 보지 않고 '연합', '참여'로 봅니다. 본문에 나오는 예수의 거룩하심과 보냄 받은 자들에게 요구하는 거룩은 모두 이 연합과 보냄, 참여가 묶여 있습니다.

하나님의 거룩하심은 하나님이 우리와 멀리 떨어져 있거나 극명하게 대조되는 간격으로 이해되어서는 안 됩니다. 로완 윌리엄스는 "오히려 가장 거룩하신 분이신 예수께서는 가장 깊이 참여하시고 인간의 경험 가장 깊은 곳으로 들어가십니다"라고 했습니다.• 성경에서는 그분의 거룩이 주께서 찾아오심에서 특징적으로 나타난다고 이야기하는 셈입니다.

물론 차이가 있습니다. 하나님과 인간은 일단 존재론적으로 비교할 수 없습니다. 하나님과 우리 사이에는 서로 가까이할 수 없는 간격이 있습니다. 그러나 요한복음 17장에서 예수님은 '저는 이제 아버지께 갑니다. (예수님은 곧 죽으실 것이기 때문입니다.) 그런데 제가 그들을 보냅니다. 제가 그들을 보내는 것은 아버지께서 저를 보내신 바로 그 방법입니다. 그리고 아버지께서 저를 보내신 뜻입니다. 아버지와 저는 하나입니다. 제가 그들을 보내는 것은 우리가 하나이기 때문입니다. 제가 아버지의 뜻을 이룬 것같이 그들이 맡은 책임은 바로 우리와 그들이 하나 된 증거로, 결과로 가능한 것입니다'라고 풀어내십니다.

이는 신앙이 거룩하고 완벽한 것을 구하는 것과 그에 따른 책임과 임무로 구별된다는 우리의 생각과 다릅니다. 이 세상에 남은 우리의 생애는 예수님의 성육신처럼 하나님의 영광이고 우리의 영광입니다. 예수님이 이 땅에 오셨을 때에는 아버지를 드러내고 그분의 뜻을 행하러 오셨습니다. 말하자면 예수님은 아버지의 거룩한 뜻을 우리에게 연결해 주시기 위해서 오셨습니다. 그래서 우리의 생애와 존재가 거룩한 일을 할 수 있는 것은 하나님과 연합되었기에 가능한 일입니다. 아버지께서 기꺼이 기뻐하심으로 그의 아들을 보내어 영광을 받으신

• 로완 윌리엄스 지음, 김기철 옮김, 《제자가 된다는 것》(복 있는 사람), 88쪽.

것같이, 우리가 받은 위임은 아버지의 영광이요 우리의 영광이라고 예수님이 말씀하셨습니다. 이를 이해하기는 만만치 않습니다.

회복하시고 재창조하시는 거룩

우리의 신앙 이해는 아무래도 세상적 이해나 논리에 더욱 익숙합니다. 그렇기 때문에 우리는 '하나님이 우리에게 할 일을 다 하셨으니, 이제 우리가 하나님께 은혜를 갚자'는 개념을 갖고 있습니다. 그러나 성경은 그런 식으로 이야기하지 않습니다. '씨를 심으면 싹이 난다. 거기에 해가 비치면 자란다. 비가 오면 자란다. 생명이란 그런 거다'라는 식으로 유기적 관계와 질서를 우리에게 가르칩니다. 이 말씀을 보면 이를 더 잘 알 수 있습니다.

> 내가 아버지의 말씀을 그들에게 주었사오매 세상이 그들을 미워하였사오니 이는 내가 세상에 속하지 아니함 같이 그들도 세상에 속하지 아니함으로 인함이니이다 (요 17:14)

그들은 세상에 속하지 않았습니다. 그래서 그들은 거룩해야 합니다. 그들은 세상과 구별되는, 죄와 구별되는 생각을 우선적으로 할 수밖에 없습니다.

> 내가 세상에 속하지 아니함 같이 그들도 세상에 속하지 아니하였

사옵니다 (요 17:16)

그렇다면 예수님이 세상과 구별되는 존재라면, 그분의 성육신은 무엇이란 말입니까? 그분은 죄인을 구하러 세상에 오셨고, 죄인 취급을 받으셨습니다. 우리가 지금 거룩을 로완 윌리엄스에 의해 알게 된 '하나님의 참여, 찾아오심, 동일시하심'이라는 개념에서 보자면, 이런 일들이 세상에 속하지 아니하였다는, 단순히 성속을 구별하는 대조와 달리, 훨씬 적극적인 의미임을 알 수 있습니다. '하나님은 그 아들을 보내신 것같이 우리를 보내셨고, 우리는 세상에서 성자 하나님의 역할을 이어받아, 성삼위 하나님의 교제와 연합 가운데 있는 자의 지위로 대접을 받고 있다'고 여겨야 합니다. 그렇게 생각한다면, 세상의 못 볼 것들과 말이 안 되는 것들에 대해, 하나님이 이를 권능으로 고치고 회복하고 재창조하고 은혜를 베푸시겠다는 뜻으로 세상을 바라볼 수 있습니다.

우리에게 늘 웃으라는 것도 아니고, 늘 낙관적으로 생각하라는 것도 아닙니다. 그런 식의 처세술 같은 캐치프레이즈로 신자 된 삶을 영위하고 힘을 얻으라는 것이 아닙니다. 우리가 전체적 안목 곧 존재와 운명과 세계관에서 이를 하나님의 심판이라고 여긴다면, 세상이 끝날 때 그 과정 속에서 어떻게 하나님이 심판을 완성하시면서 은혜와 영광을 받으시기에 충분히 개입하시고 관여하시며 일하시는지를 발견해야 합니다. 다시 말해 "내가 세상에 속하지 아니함 같이 그들도 세상에 속하지 아니하였사옵니다 그들을 진리로 거룩하게 하옵소서 …… 나도 그들을 세상에 보내었고 …… 이는 우리가 하나가 된 것 같이 그들도 하나가 되게 하려 함이니이다"(요 17:16-22)를 이해해야 합니다. 그중에서도 21절을 보십시오.

> 아버지여, 아버지께서 내 안에, 내가 아버지 안에 있는 것 같이 그들도 다 하나가 되어 우리 안에 있게 하사 세상으로 아버지께서 나를 보내신 것을 믿게 하옵소서 (요 17:21)

그 하나 됨, 곧 아버지와 아들의 연합은 그 아들을 세상에 보내심으로써 이 세상을 하나님과 화목하게 하고, 그분의 사랑과 영광과 기쁨으로 하나 되어 삼위 하나님의 연합과 교제에 신자인 우리를 품으시는 것으로 확대하고 있습니다. 말하자면 주님은 이를 창조이자 재창조이고, 종말이라고 말씀하십니다. 신자 됨이라는 이해가 완전히 다릅니다. 예수님은 낮고 높은 것이 아니라 시작과 과정과 끝이 비로소 함께 눈앞에 펼쳐지는 그런 기도를 하신 것입니다.

삼위일체 하나님에 대한 이해

우리는 삼위일체라는 말을 자주 듣습니다. 하지만 성부 하나님과 성자 하나님과 성령 하나님이 '동등하면서 하나'라는 문제를 이해하는 것에 수많은 신학자들도 어려움을 겪고 있습니다. 우리 같은 신자들에게는 더욱 만만치 않은 문제입니다. 일반 신자들은 그냥 모르겠다며 넘어갑니다. 끝까지 알 필요가 없다고 합니다. 그러나 성경은 하나님이 창조 위에 계시는 초월자이시며, 그 초월자가 성자 하나님으로 실제 세상에, 역사에 들어오셨다고 말씀합니다. 그러므로 이는 '한 분이 하늘에도 계시고, 세상에도 오셨고, 지금 우리 안에서 그 생애를 함께하고 계신다. 이를 한 분이 하셨다는 것이 아니고, 세 분이 각각 독립된 존재로 행하신다'는 것을 의미합니다. 하지만 우리는 이를 여전히 어떻게 묶어야 하는지 모릅니다.

그러나 하나님은 분명히 초월자이시며, 창조자와 심판자이시면서 시간과 육체 속에 들어오셔서 역사를 실제적으로 주관하시는 분이십니다. 또한 성부 하나님이 맡기신 일을 성자 하나님이 실존적 역사 속에서 행하셔서 우리 생애에 걸쳐 우리에게 결과로 나타내 주십니다. 그리고 우리로 하여금 그 역할을 이어받게 하십니다. 다른 표현으로 말하자면, 우리에게 아버지의 유업을 이을 자라고 하십니다. 예수님은 지금 이 동등한 지위를 우리에게 맡기시고, 우리 안에서 일하고 계십니다. 이러한 풍성한 개념을 우리에게 요구하고 계십니다. 이것이 요한복음 17장이 하고 싶은 이야기입니다.

그러므로 예수님이 '아버지가 나를 보냈다'고 말씀하신 것은 굉장한 말씀입니다. 우리는 한 분 하나님이 '내가 이런 생각을 해서 왔고, 내가 지금 너희랑 함께하고 있다'고 말씀하시더라도 충분히 가능한 분이라고 이해할 수 있습니다. 그리고 이를 '하나님이 삼위의 연합이라는 관계와 교제 속에서 일하고 계시다'는 것은 '하나님이 직접 하시면 될 일을 왜 우리에게 맡겨서 우리 인생을 고통스럽게 하십니까?'라는 데 답을 주신 것이기도 합니다.

하나님은 우리에게 '너희가 슬퍼하여 나에게 기도하면 내가 너희에게 답할 것이다. 너희는 눈물과 슬픔이 복이고 기적이고 은혜인 인생을 친히 살아라. 너희가 걷는 걸음과 너희가 하는 모든 기도와 너희가 쉬는 모든 호흡마다 내가 너희와 함께할 것이다. 내가 너희의 비명 섞인 기도를 듣고 너희의 발걸음을 복되게 할 것이다'라고 말씀하신 것입니다.

이는 마치 혼자 노래를 잘하는 것이 아니라 화음을 넣어 중창이 되고 합창이 되는 것과 같습니다. 음악 전문가가 아니더라도 음악을 좋아해서 듣는 사람들은 오케스트라가 좋다는 것을 잘 압니다. 그렇듯이 하나님은 삼위 하나님으로 자신을 풍성하게 거룩하신 분이라고 우리에게 가르칩니다. 우리로 '이 하나 된 것을 즐겨라. 이 하나 된 영광을 누려라'라고 하십니다. 그래서 13절에 이렇게 전합니다.

> 지금 내가 아버지께로 가오니 내가 세상에서 이 말을 하옵는 것은 그들로 내 기쁨을 그들 안에 충만히 가지게 하려 함이니이다 (요 17:13)

예수님이 왜 아버지께 가십니까? 우리는 예수님이 떠나면 손해이고, 그분이 없으면 목자 잃은 양같이 된다고 생각합니다. 하지만 예수님은 그렇게 생각하지 않으셨습니다. '이제 내가 씨를 심었고 싹이 났다. 이제 나는 내 할 일을 했고, 이제 너희가 내 역할을 실제로 해 볼 수 있다. 이렇게 하는 것은 아버지의 거룩하심과 나의 기쁨이 너희 것이 되게 하기 위해서다'라고 하셨습니다. 놀랍지 않습니까?

신자가 된다는 것

우리의 생애는 만만치 않습니다. 만만치 않은 우리의 생애를 성경의 관점대로 보면, 하나님이 그분의 피조물인 인간들에게 주신 하나님의 기쁘신 뜻입니다. 그분의 놀라운 지혜입니다. 우리가 상상할 수 없는 거룩하신 그분의 모습입니다. 이것이 신자가 된다는 뜻입니다. 신자란 주님이 주신 명령을 받은 자로 자신의 인생을 산다는 의미입니다. 주님이 주신 명령은 잘하고 못하고보다 훨씬 더 근본적인 것입니다. 존재론적이고 운명론적이고 정체론적인 것입니다. 이는 하나님의 일하심에 대한 신비로운 문제입니다.

우리는 신앙에 있어서도 그냥 빨리 정답을 외우고 백 점을 받아 주의 나라에 들어가기를 원합니다. 우리는 이 엄청난 드라마를, 신비를 살아 내야 하는 책임을 잘 이해하지 못하기 때문입니다. 우리는 하나님의 영광이 드러나는, 우리도 그 영광을 나누는 자리에 부름받은 신자임을 제대로 이해하지 못합니다. 이는 다음과 같은 문턱을 넘어서지 못하기 때문입니다. 예수를 믿는 것이 처음에는 중요한 문턱이지만, 믿고 난 다음에는 또 다른 문턱, 쉬운 인생을 살기 바라는 문턱이 우리를 늘 넘어뜨립니다. 그러므로 마태복음 28장의 위임이 얼마나 대단한 것인지 인식해야 합니다.

> 그러므로 너희는 가서 모든 민족을 제자로 삼아 아버지와 아들과 성령의 이름으로 세례를 베풀고 내가 너희에게 분부한 모든 것을 가르쳐 지키게 하라…… (마 28:19-20)

회복과 완성으로 가는 영광

예수님은 당신이 행하신 일을 우리에게 이제 행하라고 하십니다. 그런데 우리는 하나님의 목적, 곧 마지막 심판을 공포로 이해합니다. 그런 면에서 대제사장적 기도는 완벽한 절정이자, 대단원입니다. 이는 하나님의 기쁘신 영광이 모든 피조물의 회복과 완성으로 가는 길입니다. 그리고 우리가 그 일에 참여하여 하나님과 하나 되어 그 기쁨과 영광을 나누기를 기도하는 것입니다.

물론 이 일을 꼭 해야 하는 것은 아닙니다. 단지 안 하면 손해이고, 안 하면 바보가 될 뿐입니다. 그래서 이 일들을 수사법으로 말하는 것을 이해해 주십시오. 인생, 곧 자기 삶의 현실을 외면하고 도망가는 것은 배우가 촬영 현장에서 도망가는 것과 같습니다.

제가 고등학교를 다닐 때, 밴드부가 연습하는 모습이 어찌나 보기 좋았던지, 거기에 들어가려고 밴드부를 찾아갔습니다. 저는 음정과 박자를 제대로 못 맞추는 사람이라서, 밴드부 부장이 저를 테스트해 보고 바리톤이라는 악기를 줬습니다. 바리톤은 베이스보다는 조금 높은 저음을 내는 관악기로, 현악기 중에 첼로의 악보로 연주합니다. 아름답고 고운 소리를 내지만 소리가 아주 작습니다. 꿍꽝거리는 브라스밴드에서 바리톤은 아무렇게나 불어도 괜찮은 악기입니다. 밴드부 부장이 그런 악기를 저에게 맡겼습니다. 틀려도 괜찮은 악기를 준 것입니다. 저는 밴드부에서 주로 주전자를 맡아 물을 뜨러 가는 역할을 했습니다. 그걸로 저는 충분히 행복했습니다. 밴드부에서 연주하는 곡 중에 고급한 음악은 없었습니다. 거의 다 행진곡입니다. 4분의

4박자 꿍꽝거리는 군대 행진곡, 닻을 올리는 해병대 행진곡 같은 거친 음악들이지만, 함께하는 기쁨을 그때 저는 알았습니다.

이런 저의 개인적인 기쁨과 함께 역사적 사건을 예로 들겠습니다. 나폴레옹이 유럽을 거의 다 점령했을 때, 유럽의 여러 나라들에게 가장 큰 의문점은 '나폴레옹의 군대는 왜 이렇게 용감한가?'였답니다. 그때까지만 해도 유럽은 귀족과 평민으로 나뉘어 있었습니다. 귀족은 상류 사회 지배층이었고, 평민인 일반 백성들은 하층 노동 계급이자 피지배층이었습니다. 군대도 귀족 가문이면 장교로 가고, 일반 백성은 사병으로 갔습니다. 전쟁 중에 귀족이 특별한 공을 세우면 제대로 된 포상을 받고 진급하지만, 사병은 장교로 진급할 수 없었답니다. 하지만 나폴레옹은 자신이 이끄는 군에서 사병이 공을 세우면 장교로 진급을 시켰답니다. 거기에서 사병들의 사기가 진작되었던 것입니다. '우리도 열심히 하면 제대로 된 대접을 받을 수 있다'는 점이 나폴레옹 군대를 다르게 용감하게 만들었다고 합니다.

우리가 잘 아는 슈만의 가곡 〈두 사람의 척탄병〉에는 '이 몸이 죽은 자리에서도 장검을 차고 일어나 황제를 지키겠다'라는 헌신을 노래한 가사가 담겨 있습니다. 우리 신자들은 '목숨을 걸고'라는 치열함이 진정한 가치와 개념을 대신해 버렸습니다. 금식과 철야 같은 것도 지나간 시대의 것이긴 하지만 여전히 우리의 진정성을 대신하기에 충분히 납득할 수 있는 예입니다. 하지만 그러한 치열함은 그냥 하나의 명분이고 구호이지, 실제 내용은 없고 몸부림치는 것밖에 없는 것으로 우리를 모호하게 만들었습니다. 정작 내용을 써야 할 때는 무엇을, 어떻게 해야 하는지 우리는 제대로 가르침을 받지 못했습니다.

바로 이 설명이 요한복음 17장에 나옵니다. 나폴레옹 군대가 그랬던 것처럼, 하나님은 그 거룩하신 뜻을, 그 높고 놀라운 그분의 창조와 은혜와 권능과 기적과 기쁨과 영광을 우리와 함께 나누자고 하십니다. 그 영광의 자리에 우리를 부르셨고, 그 일에 우리를 부르시며, 그 역할을 우리에게 허락하십니다.

우리가 이 인생을 살아 낸다면, 우리의 고단한 인생이, 우리가 이해하지 못했던 모순들과 원망들이 다 풀릴 것입니다. '마음에 기쁜 순종과 기대를, 우리의 존재와 삶과 이해와 인내와 기쁨을 아무도 빼앗을 수 없다'는 그런 자신감과 순종 속에 살도록 하실 줄 믿습니다.

기 도

하나님 아버지, 우리를 귀히 여기시고, 우리에게 하나님을 아버지라 부르라 하시고, 우리를 당신의 자녀라 하십니다. 그리고 오늘 우리는 '내가 어찌 너희를 잊겠느냐? 내가 내 아들을 주어 부른 너희를, 세상이 어떻게 나와 가를 수 있겠느냐? 내가 너희 인생과 운명을 어찌 호락호락 쉽게 포기하겠느냐? 너희는 내 의지와 기쁨과 소망이니라'라고 하는 주님의 말씀 안에 섰습니다. 그러니 이 자리에서 시작하여 우리의 생애 내내 이 영광과 기쁨과 자랑을 누리는 신앙생활이 되게 하옵소서. 하나님의 자녀라는 이름의 정체성을 가진 명예로운 존재가 되게 하옵소서. 예수님 이름으로 기도합니다. 아멘.

39.
우리가 하나가 된 것같이

…… 21 아버지여, 아버지께서 내 안에, 내가 아버지 안에 있는 것 같이
그들도 다 하나가 되어 우리 안에 있게 하사 세상으로 아버지께서 나를
보내신 것을 믿게 하옵소서 22 내게 주신 영광을 내가 그들에게 주었
사오니 이는 우리가 하나가 된 것 같이 그들도 하나가 되게 하려 함이
니이다 23 곧 내가 그들 안에 있고 아버지께서 내 안에 계시어 그들로
온전함을 이루어 하나가 되게 하려 함은 아버지께서 나를 보내신 것과
또 나를 사랑하심 같이 그들도 사랑하신 것을 세상으로 알게 하려 함이
로소이다 24 아버지여 내게 주신 자도 나 있는 곳에 나와 함께 있어 아
버지께서 창세 전부터 나를 사랑하시므로 내게 주신 나의 영광을 그들
로 보게 하시기를 원하옵나이다 …… (요 17:20-26)

요한복음 17장에 나오는 예수님의 기도는 잡히시던 날 밤, 마지막 만찬 자리에서 하신 기도입니다. 그중에서도 20-26절은 요한복음에서 자주 나온 말씀이 여기에 함축적으로, 절정으로 드러나 있습니다. 그 내용은 예수님이 '아버지께서 나를 보내셨다. 그리고 나는 아버지께서 하라고 하신 일을 다 했다. 하나님은 나를 보내사 영광을 받으셨고, 나는 아버지의 뜻에 순종하여 그 뜻을 이룸으로써 영광을 받게 되었다. 그리고 내가 아버지의 뜻을 받들어 영광을 받은 것같이, 아버지가 나를 보낸 것같이, 나도 너희를 세상에 보낸다. 너희도 가서 아버지의 뜻을 전하고 이 영광에 참여하라'라고 말씀하신 것입니다.

긴밀한 연합의 부르심

'성부 하나님과 성자 하나님의 긴밀한 연합, 그리고 보내심과 보내심을 받은 것'은 영광입니다. 이 영광은 또한 예수의 제자들과 신약 시대 모든 성도에게 주시는 명령이자 약속이기도 합니다. 이 말씀은 예수님이 '아버지께서 나를 보내신 것같이 내가 너희를 보냈다. 그것은 영광된 일이다. 아버지와 내가 하나인 것같이, 너희가 우리와 하나가 되는 일이다. 그것은 영광이며 기쁨이며 또한 사랑의 문제다'라고 하신 것입니다.

이 말씀을 좀 더 깊이 이해하기 위해서는 현실적으로 적용되는 이 말씀의 구체성과 장엄한 내용을 깊이 살펴보아야 합니다. 성자 하나님이 성부 하나님의 보내심을 받아 죄인 된 인류를 구원하시고 하나님의 영광을 나타내신 것같이, 하나님은 그 아들을 보내사 육신으로 시간과 공간 속에서 인생을 살게 하시고, 아들이 십자가에 죽으시는 것으로 아버지의 영광됨을, 그리고 우리를 향한 영광을 이루시는 일을 행하셨습니다.

우리를 보내심과 우리가 보내심을 받는 것과 그 일을 행할 때 성부와 성자의 긴밀한 연합에의 부르심까지, 이 모든 일이 하나님의 은혜와 권능을 약속하고 있습니다.

사랑에 관한 약속

특히 요한복음 17장에서는 '사랑에 관한 약속'을 하고 있습니다. 우리는 사랑이라고 하면, 기쁨과 황홀한 감격들을 당장 떠올릴 텐데, 성경에서 말하는 사랑은 우리의 기대와 쉽게 일치하지 않습니다. 성경이 말하는 사랑은 고린도전서 13장에서 보듯이, 오래 참는 것이요, 믿고 바라고 견디는 것입니다. 이러한 것들이 영광이나 기쁨이라는 단어와 합쳐질 때, 우리는 쉽게 우리의 기대를 만족시킬 것으로 여깁니다. 그래서 우리는 예수를 믿었을 때의 감동, 감격, 환희가 믿은 이후에 왜 그렇게 충만하게 연결되거나 유지되지 않는지 고민합니다. 또한 우리가 이 부르심에 하나 되는 연합과 사랑을 그 내용으로 하고 있는데, 왜 우리의 인생은 고달픈지 고민합니다.

우선, 고린도전서 13장의 '사랑'에 대한 정의가 우리에게 만족스러운 소개나 설명이 아닌 것같이, 여기서 말하는 영광이나 연합도 우리가 바라는 형통이나 감격 같은 것으로 이루어지지 않습니다. 이에 대한 우리의 이해와 믿음이 보다 깊은 차원으로 인도되어야 합니다. 에베소서 5장 22절 이하에 가면 부부에 대한 명령이자, 약속이며 축복인 대목이 나옵니다.

> 아내들이여 자기 남편에게 복종하기를 주께 하듯 하라 이는 남편이 아내의 머리 됨이 그리스도께서 교회의 머리 됨과 같음이니 그가 바로 몸의 구주시니라 그러므로 교회가 그리스도에게 하듯 아내들도 범사에 자기 남편에게 복종할지니라 남편들아 아내 사랑하기를 그리스도께서 교회를 사랑하시고 그 교회를 위하여 자신을 주심 같이 하라 (엡 5:22-25)

저는 늘 이 본문을 가지고 결혼식 주례를 합니다. 성경에 나오는 부부에 대한 축복은 '이런 복을 받을 것이다. 이런 기쁨이 있을 것이다'가 아니라, '복종해라, 사랑해라' 하는 명령으로 시작합니다. 이는 우선적으로 하나님이 결혼에 대한 복을 부부에게 주시고 완벽한 결론에 이를 것이라는 하나님의 목적에 근거하여, 부부에게 이런 명령을 내릴 수 있는 것입니다. 거기서 한 걸음 더 나아가 '결혼생활이 만만치 않을 것이다'라는 예고를 함축하고 있습니다.

결혼생활을 해 보면, '내가 왜 이 사람과 결혼했을까?'라는 생각이 들기 마련입니다. 우리가 즐겨 부르는 가요를 생각해 보십시오. 가요의 가사들은 대부분 슬픈 사랑에 대한 추억이 많습니다. 첫사랑을 잊지 못해서가 아니라, 첫사랑에 성공하지 못했기 때문에 그 추억이 아름답고 가슴 저리게 된 것입니다. 결혼한 사람들은 사랑이 이루어져 결국 부부가 된 것입니다. 그런데 부부로 살다 보면, 시작할 때의 벅찬 기쁨과 환희가 슬슬 소멸되어 나중에 보면 남은 게 없습니다. 그러니까 남편과 아내 사이에는 처음에 사랑으로 가정을 꾸렸으나 부부로 현실을 살면서 그 마음에 기쁘고 추억할 만한 황홀한 것들이 남아 있지 않게 되는 것입니다.

앞서 이야기한 것처럼, 우리 가요에 자주 등장하는, 잊지 못하는 사랑은 환희와 황홀한 추억만 있고, 둘이 함께 살아 보지 않아 아름답게 기억되는 것일 뿐입니다. 하나님이 왜 부부 생활을 하면 황홀하고 감격에 찬 것들을 다 지워지게 하시는지 우리는 생각해야 합니다. 그런데 우리는 사는 게 어렵기 때문에 좋았던 추억들은 다 잊고, 이루지 못한 열정과 환희만 남아 실패한 옛사랑만 추억합니다.

성경은 사랑의 황홀, 그리고 정열과 극한의 기쁨은 시작에 불과하다는 점을 이야기하고 있습니다. 우리는 이제 거기서부터 자라나야 합니다. 결혼생활을 하듯이 말입니다. 연애는 함께 인생을 사는 것이 아닙니다. 말 그대로 데이트를 하는 것입니다. 서로가 최선의 조건을 가지고 나와서 아무 짐이나 부담 없이 즐겁고 기쁜 일만 가지고 연애를 하는 것입니다.

부부가 되어 인생을 살면, 당장 현실이라는 도전에 직면해야 합니다. 먹고살아야 하고 애를 길러야 합니다. 그리고 사회적 책임, 친인척들에 대한 혈육의 책임을 져야 합니다. 사는 일이 버겁기 때문에, 기쁘고 황홀한 배우자가 짐을 지는 일에 있어서는 별로 도움이 되지 않는다는 현실을 직면하게 됩니다. 혼자 사는 것도 힘든데 둘이 살면서 짐을 나누는 것이 아니라, 짐이 두 배가 되는 현실을 겪습니다.

인내하는 실력

하나님은 왜 우리에게 그런 길을 걷게 하실까요? 우리는 그 길에서 비로소 인내를 배웁니다. 감수하는 실력이 생깁니다. 실력이 좋아서 모든 것을 극복하고 흔들리지 않는 해탈의 경지에 이르는 것이 아닙니다. 우리는 그런 자리에 묶여 선택의 여지가 없이 그렇게 40-50년을 살면서 기대도 하지 않았던 속 깊은 사람이 되는 것입니다. 마치 요셉의 생애와 같습니다.

요셉은 감옥에 갇혀 발에 족쇄를 차고 몸에는 쇠사슬이 묶인 채, 오랜 세월을 희망도 없고 의미도 없는 고난의 생애를 삽니다. 선택의 여지가 없었습니다. 그리고 거기에서 자기도 모르는 사이에 한 나라의 책임자 곧 지도자가 됩니다. 그는 백성을 다스릴 수 있는 실력을 원하지 않았습니다. 기대하지도 않았습니다. 그러나 배우고 있는 줄도 몰랐던 실력들을 익히게 됩니다.

예수님은 이를 요한복음 17장에서 가장 핵심되는 기도로 나타내셨습니다. '아버지께서 나를 세상에 보낸 것같이 나도 너희를 세상에 보내노라. 아버지와 내가 하나인 것같이, 너희도 우리와 하나 되기를 원하고, 또 하나 되었기에 너희를 보내노라. 아버지와 내가 긴밀히 연합된 것같이, 나도 너희와 긴밀히 연합되어 내가 너희를 보내는 것이다. 아버지께서 나에게 아버지의 영광을 이루도록 기회를 주신 것같이, 나도 너희에게 나의 영광을 누리도록 너희를 보내는 것이다'라고 하신 기도입니다.

우리가 예수를 믿고, 그 믿음과 헌신과 고백과 약속 가운데 왜 이렇게 힘든 세상을 살아야 하는가? 우리가 하나님께 신앙 고백을 하며 우리의 일생을 헌신하겠다는 각오를 했음에도 불구하고 왜 답이 없는 인생을 살아야 되는가? 이는 하나님 아버지께서 자신의 영광을 아들에게 맡겨 아들로 하여금 아버지의 영광을 이루도록 하셨기 때문입니다. 그 일은 하나님으로부터 도망간 못난 우리를 찾아오시고 우리의 형편에 자신을 동일시하여 우리를 이해하셨기 때문입니다. 또한 그 일은 하나님이 인간의 편을 드시고 인간들과 함께하시면서 자신을 인간의 아버지로 허락하신다는 사실이 무엇인지 우리로 깨닫게 하셨기 때문입니다. 하나님은 이러한 어렵고 긴 인생을 살아 내는 것이 그분의 권능이고 지혜라는 사실을, 그분의 영광을 드러내기 위한 방법이라는 것을 우리가 인생에서 깨닫기를 요구하십니다. 그러므로 성경은 우리가 성자 하나님의 사역을 뒤이어 귀한 현실을 사는 존재이며, 구체적 시간과 공간 속에서 인생을 사는 존재라는 것을 가르칩니다.

영광된 인생의 전개

이러한 성경의 요구가 얼마나 대단한 것인지를 깨닫지 못하면 우리는 그저 안심과 형통 이외에 바랄 것이 없습니다. 그리고 하나님이 그 아들을 보내신 그 깊이와 신비, 놀라운 영광과 사랑에 대해 전혀 알 수 없습니다. 물론 이를 안다고 하여 우리의 생애에 일어나는 힘든 일에 대하여 불평하지 않고 힘들어하지 않게 되지는 않습니다. 힘들지만 영광된 인생이라고 깨달아야 합니다.

요한복음 17장에는 놀라운 이야기들이 많습니다. 13절에 이 기도의 궁극적 목적이 나옵니다.

> 지금 내가 아버지께로 가오니 내가 세상에서 이 말을 하옵는 것은 그들로 내 기쁨을 그들 안에 충만히 가지게 하려 함이니이다 (요 17:13)

이 땅에 오신 예수님이 제자들에게 자주 하시던 말씀, 곧 '내가 아버지께서 기뻐하시는 일을 행하므로 나를 홀로 두지 아니하신다. 나는 아버지의 뜻을 행하는 것이 나의 영광이요 나의 기쁨이다'로 우리를 부르고 계십니다.

우리는 헌신이나 희생이나 위대함과 같은 단어들로 얼버무리지 말아야 합니다. 우리라는 존재와 우리가 가진 조건에 하나님이 그분의 영광과 은혜와 권능을 담으시는 것을, 예수의 성육신에서 본 것같이 우리의 생애가 하나님의 아들의 삶을 잇도록 부름받았기 때문이라고 깨달아야 합니다. 그리하여 하나님은 우리를 성부와 성자와 성령의 긴밀한 연합과 나눔, 그리고 신비한 사랑의 연합으로 부르시고 허락하신다는 점을 깨달아야 합니다.

고린도후서 5장에 가면, 사도 바울이 고린도교회에 보낸 편지에 이 문제에 대한 아주 깊은 해석이 나옵니다.

> 우리는 주의 두려우심을 알므로 사람들을 권면하거니와 우리가 하나님 앞에 알리어졌으니 또 너희의 양심에도 알리어지기를 바라노라 우리가 다시 너희에게 자천하는 것이 아니요 오직 우리로 말미암아 자랑할 기회를 너희에게 주어 마음으로 하지 않고 외모로 자랑하는 자들에게 대답하게 하려 하는 것이라 우리가 만일 미쳤어도 하나님을 위한 것이요 정신이 온전하여도 너희를 위한 것이니 그리스도의 사랑이 우리를 강권하시는도다 우리가 생각하건대 한 사람이 모든 사람을 대신하여 죽었은즉 모든 사람이 죽은 것이라 그가 모든 사람을 대신하여 죽으심은 살아 있는 자들로 하여금 다시는 그들 자신을 위하여 살지 않고 오직 그들을 대신하여 죽었다가 다시 살아나신 이를 위하여 살게 하려 함이라 그러므로 우리가 이제부터는 어떤 사람도 육신을 따라 알지 아니하노라 비록 우리가 그리스도도 육신을 따라 알았으나 이제부터는 그같이 알지 아니하노라 그런즉 누구든지 그리스도 안에 있으면 새로운 피조물이라 이전 것은 지나갔으니 보라 새 것이 되었도다 모든 것이 하나님께로서 났으며 그가 그리스도로 말미암아 우리를 자기와 화목하게 하시고 또 우리에게 화목하게 하는 직분을 주셨으니 곧 하나님께서 그리스도 안에 계시사 세상을 자기와 화목하게 하시며 그들의 죄를 그들에게 돌리지 아니하시고 화목하게 하는 말씀을 우리에게 부탁하셨느니라 (고후 5:11-19)

사도 바울은 고린도교회를 세우고, 그곳의 사람들을 양육하고, 다음 선교지로 떠났습니다. 그 후에 고린도교회에 여러 문제가 생겼다는 소문이 들려오기 시작했습니다. 특히 사도 바울에 대한 오해가 생겼습니다. 바울의 가르침을 왜곡하고 그가 복음을 위한 진정한 하나님의 사도라는 것을 의심하는 일이 벌어졌습니다. 그러자 바울이 고린도교회에 편지를 씁니다.

이 편지에 나온 대로 "그리스도의 사랑이 우리를 강권하시는도다"라는 말씀은 예수께서 '아버지께서 나를 사랑하시고, 나를 보내시어 영광을 받으신 것같이 내가 너희를 보내어 영광되게 할 것이며 너희를 우리의 사랑에 연합한다'라는 마음으로 이야기하는 것과 같습니다. 바울은 이 편지에서 고린도 교인들에게 '나는 옳고 너희가 틀렸다. 너희가 왜 틀렸는지 아느냐?'를 따지려고 말하는 것이 아닙니다. 바울은 자신에 대한 고린도 교인들의 오해와 그들이 복음에서 떠난 이유가, 나중에 교회에 들어온 거짓 교사들 때문이라는 것을 알고 매우 안타깝게 여겼습니다.

여기서 '복음에서 떠났다'는 말은 자기를 증명하기 위해 상대방을 비난하거나 정죄하는 것을 뜻합니다. 복음 안에 있는 자는 주를 믿지 않는 자나 부족한 자나 못난 자에 대해 그리스도 예수께서 하신 것처럼 마음을 열고 받아들이는 입장에 있는 자입니다. 자기를 증명하기 위해 상대를 비난하거나 정죄하는 입장에 서지 않습니다. 그런 곳은 잘못된 자리입니다.

사랑으로 연합된 자

예수님이 우리를 위하여 죽으셨기 때문에, 우리는 죽은 자이고 그리스도로 말미암아 다시 새롭게 태어난 자입니다. 어떻게 다시 태어나고 어떻게 새롭게 되었을까요? 하나님과 연합되었기 때문입니다. 예수께서 이 땅에 육신으로 오셨으나 하나님과 연합되어 있는 것같이, 우리 모두는 하나님과 연합되어 있습니다. 그 연합은 당연히 사랑으로 이루어져 있습니다. 그렇기 때문에 모든 존재를 향하여 마음을 열고 손을 내미는 태도, 인생관, 삶의 자세나 목표를 가져야 합니다. 이 부분에 대해 고린도후서 6장은 이렇게 말씀합니다.

> 고린도인들이여 너희를 향하여 우리의 입이 열리고 우리의 마음이 넓어졌으니 너희가 우리 안에서 좁아진 것이 아니라 오직 너희 심정에서 좁아진 것이니라 내가 자녀에게 말하듯 하노니 보답하는 것으로 너희도 마음을 넓히라 (고후 6:11-13)

이 말씀은 무슨 뜻일까요? '난 맞고 넌 틀리고, 난 잘났고 넌 못났고, 난 믿었고 넌 믿지 않았고'로 나누는 것이 아닙니다. 이 말씀은 '예수를 믿었다면 그리스도의 사랑과 아들을 보내신 아버지의 영광에 참여한 자로서 자신의 생애와 현실을 살아 내야 한다'고 이야기하는 것입니다.

> 그런즉 누구든지 그리스도 안에 있으면 새로운 피조물이라 이전

것은 지나갔으니 보라 새 것이 되었도다 (고후 5:17)

이 말씀은 우리로 하여금 아직도 예수를 모르는 자 앞에 섰을 때, 그가 어떤 조건과 상황에 있든지, 그도 예수만 믿으면 우리와 동등한 자리, 곧 우리가 가진 영광과 사랑과 그리스도의 긴밀한 연합 안에 참여할 수 있다는 것을 알아야 한다고 가르쳐 줍니다. 모든 사람에 대하여, 세상에 대하여, 우리 인생에 대하여, 현실에 대하여, 열린 마음으로 살아야 한다는 가르침입니다.

우리가 현실 속에서 부딪히는 일들이 무엇이든지 간에, 이는 전부 다 하나의 기회입니다. 우리의 현실 속에서 부딪히는 문제가 해결되는 것도 시급하지만, 해결되는 것이 다가 아닙니다. 해결되는 모든 과정, 곧 이를 위해 애타게 기도하고 몸부림치는 모든 것이 기회입니다. 예수님은 수많은 기적을 행했음에도 불구하고, 대적자들이 비난하고 욕하고 거짓 증거를 일삼아 결국 십자가에서 죽음을 맞이하셨습니다. 우리는 예수님의 이러한 행하심이 인류와 역사와 우주를 구원해 낸 하나님의 기적이라는 것을 기억해야 합니다. 그래서 우리의 현실, 실존, 직면하는 모든 환경과 조건이 하나님의 일하심이요, 기회요, 영광이라는 것을 받아들여야 합니다. 이 모든 것이 우리의 생애를 뒤흔들고 있다는 것을 믿기를 바랍니다. 믿고 바라고 견디고 승리하는 신앙 인생이 되기를 바랍니다.

기 도

하나님 아버지, 하나님이 예수 안에서 우리를 부르신 것이 얼마나 굉장한 사건인지를 말씀으로 깨닫습니다. 너무 놀라워 다 이해가 되지 않습니다. 우리의 현실이 이해가 되지 않는 것처럼, 하나님의 부르심과 약속도 너무 커서 더 이해가 되지 않습니다. 그러나 오늘 우리가 사는 인생이 현실인 것처럼, 하나님의 약속도 진리요 운명입니다. 예수를 믿는다는 말이 우리 현실 속에 어떻게 작용하는지, 우리에게 어떻게 큰 힘이 되고 용기가 되는지, 살아 내고 순종하게 하옵소서. 그래서 기쁨과 감사에 참여하는 성도가 되게 하옵소서. 예수님 이름으로 기도합니다. 아멘.

4

그리스도의 수난과 부활

40.

누구를 찾느냐

……4 예수께서 그 당할 일을 다 아시고 나아가 이르시되 너희가 누
구를 찾느냐 5 대답하되 나사렛 예수라 하거늘 이르시되 내가 그니라
하시니라 그를 파는 유다도 그들과 함께 섰더라 6 예수께서 그들에게
내가 그니라 하실 때에 그들이 물러가서 땅에 엎드러지는지라 7 이에
다시 누구를 찾느냐고 물으신대 그들이 말하되 나사렛 예수라 하거늘
8 예수께서 대답하시되 너희에게 내가 그니라 하였으니 나를 찾거든
이 사람들이 가는 것은 용납하라 하시니 9 이는 아버지께서 내게 주
신 자 중에서 하나도 잃지 아니하였사옵나이다 하신 말씀을 응하게 하
려 함이러라 10 이에 시몬 베드로가 칼을 가졌는데 그것을 빼어 대제
사장의 종을 쳐서 오른편 귀를 베어버리니 그 종의 이름은 말고라……

(요 18:1-11)

요한복음 17장에서 우리는 예수님의 죽으심이 가져올 은혜, 복, 영광, 기쁨들을 소개받았습니다. 예수님은 '아버지께서 내 안에, 내가 아버지 안에 있는 것같이 너희도 다 하나가 되어 우리 안에 있다. 아버지께서 나를 보낸 것같이 내가 너희를 보낸다. 내가 아버지의 영광을 드러낸 것같이 너희도 나의 영광을 드러낼 것이다. 이는 아버지께서 나를 사랑한 것같이 아버지가 너희를 사랑하는 것이며, 너희로 인하여 하나님께로 부름받는 모든 사람의 영광과 기쁨이 될 것이다'라고 말씀하셨습니다. 이렇게 성부와 성자와 성령의 연합과 일하심에 우리를 초대하고 있습니다.

긴밀한 연합, 복된 약속, 그리고 어려운 인생

이 엄청난 복들이 쓰인 단어들만 해도 기쁨이고 영광이고 가장 긴밀한 연합이며 복된 약속입니다. 하지만 결국 요한복음 18장에 와서 예수님은 잡히시고 죽으심으로 끝날 것입니다. 여기에서 모든 신자는 신앙적인 어려움이 남습니다.

우리는 죽어서 천국에 간다는 것도 믿고, 하나님이 우리를 사랑하여 그 아들을 보내셨다는 것도 믿으며, 그 아들이 우리를 위해 십자가를 지셨다는 것도 믿습니다. 하지만 예수님이 십자가에 달려 죽으심으로 끝나는 이 사역의 증인이 된다는 것은 우리가 기대하는 보상이 없는 어려운 인생을 살아야 한다는 의미입니다. 그 현실이 신자들에게는 어려움입니다. 게다가 예수를 믿고 난 후에 바로 천국으로 불려

가지 않습니다. 감격과 진심으로 신앙 고백을 했으나 현실 속에서 만족스러운 신앙생활을 할 수 없다는 것 또한 신자인 우리를 두렵게 합니다. 그래서 우리는 믿는 자나 믿지 않는 자나 생활 속에서 동일한 두려움과 걱정 속에 사는 것을 당연시합니다. 그러나 신자가 되어서도 신앙생활의 현실이 만족스럽지 않다는 것은 신자인 우리에게 늘 풀리지 않는 수수께끼 같고 꺼낼 수 없는 어려움이 되곤 합니다.

이 문제 곧 하나님이 우리를 부르셔서 세상에 보내시는 일은, 성자 하나님이 이 세상에 육신을 입고 오셔서 시공간에 잡혀 우리와 동일한 고난과 어려움과 반대와 유혹과 시험과 도전을 그분의 전 생애에 걸쳐 겪으신 일들에서 그 실마리를 찾을 수 있습니다. 예수님은 '내가 아버지의 뜻을 행함으로 기쁨이 충만하고, 아버지께서 나로 인하여 영광을 받으며, 내가 죽는 것이 나에게도 영광이다'라고 하신 말씀으로 우리를 어떻게 부르시고 계신지를 연결해야만 이 문제를 해결할 수 있습니다. 다시 말해, 우리는 이 관계를 알아야 '하나님은 왜 이렇게 일을 하시는지, 예수의 뒤를 이어 세상에 보냄 받은 우리의 현실이 어떻게 영광된 것인지'의 문제를 풀 수 있습니다.

우리는 예수님이 우리 죄를 위하여 대신 속죄양이 되어 죽으셨다는 것은 다 압니다. 우리는 그렇게 외우고 있고 또한 고백하고 있습니다. 그래도 기왕이면 예수님이 로마 황제를 끌어내리시고, 제국의 황제가 되셔서 온 세계에 하나님의 통치를 베푸시고, 잘하는 사람은 보상하고, 잘못하는 사람은 옥에 가두는 그런 쉬운 방법을 택하셨으면 어땠을까요? 이러한 의문은 우리에게는 큰 의혹이고 시험거리로 나타납니다.

존재론적 회개

구약 성경에 이 문제에 대해 우리에게 도움을 주는 사건이 있습니다. 다윗의 밧세바 범죄 사건입니다. 다윗은 훌륭한 하나님의 사람이고 왕이었습니다. 다윗에게 있어서 밧세바 사건은 옥의 티 정도가 아닙니다. 그의 생애 전체를 꺾어 버리고 그의 명성에 먹칠을 하는 중대한 범죄였습니다. 그리고 이에 대한 다윗의 회개가 시편 51편에 자세히 기록되어 있습니다.

이 회개의 시편에는 몇 가지 중요한 고백이 담겨 있습니다. 가장 중요한 것은 이런 고백입니다.

> 내가 죄악 중에 출생하였음이여…… (시 51:5)

이 고백은 '제가 잘못했습니다. 이 죄를 용서해 주십시오'라는 식의 회개가 아닙니다. '저는 본질이 죄밖에 없어서 다른 선택의 여지가 없는 존재입니다'라는 고백입니다. 다시 말해, 다윗의 고백은 보통 우리가 잘못을 회개하여 용서받는 게 아니라, '잘못된 존재이니 어떻게 하면 좋겠습니까?'라고 묻는 것입니다.

그 뒤에 이어 나오는 고백은 이렇습니다.

> 하나님이여 내 속에 정한 마음을 창조하시고…… (시 51:10)

이 간구의 의미는 본질이 죄밖에 없기 때문에 죄를 짓지 않는 것이 최선이지, 선함과 의와 보람과 자랑은 선택할 수 없다는 점입니다. 아예 선택 자체가 불가능합니다. 왜냐하면 선과 의가 그 존재 안에 없기 때문입니다. 이것이 시편 51편에 나온 다윗의 회개입니다. 이를 존재론적 회개라고 합니다. 이 회개는 용서를 받는 게 목적이 아닙니다. 내가 누구인지 아는 회개입니다.

다윗이 하나님께 용서받기 전에, 본질적으로 갖고 있는 존재 자체의 문제를 하나님께 꺼낸 것은 하나님만이 이 문제를 해결할 수 있기 때문입니다. 그래서 다윗은 같은 시편에서 이렇게 고백합니다.

> 하나님께서 구하시는 제사는 상한 심령이라…… (시 51:17)

이미 다윗은 은혜를 받았습니다. 다윗이 하나님은 은혜를 베푸시는 분이요, 죄를 용서하시는 분임을 알지 못한다면 이런 고백을 할 수 없습니다.

우리는 '나는 나쁜 놈입니다. 다시는 안 그러겠습니다'가 회개라고 여깁니다. 하지만 다윗처럼 '나는 나쁜 놈입니다. 맘대로 하세요. 저는 놔두면 또 그럽니다. 저는 다른 건 할 줄 몰라요'를 회개라고는 여기지 않습니다. 그런데 다윗은 이런 회개를 하고 있습니다. '저는 나쁜 놈입니다. 저는 선택의 여지가 없는 놈입니다. 저를 도와주시면 저는 또 죄밖에 지을 게 없습니다. 저를 고쳐 주십시오'라고 기도한 것이 시편 51편입니다.

새로 생겨난 사랑

예수님은 요한복음 13-17장에 나오는 마지막 만찬의 자리에서, 자신의 생애와 그 생애의 의미와 목적으로 인해 우리에게 주어지는 은혜에 대해 이렇게 말씀하셨습니다.

> 새 계명을 너희에게 주노니 서로 사랑하라 내가 너희를 사랑한 것 같이 너희도 서로 사랑하라 (요 13:34)

이 말씀은 새 계명이 여태껏 없다가 어쩌다 덧붙여진 명령이 아니라는 점을 알려 줍니다. 그 전에는 할 수 없었던 명령입니다. 다시 다윗을 예로 들겠습니다. 다윗 안에는 사랑이라는 것이 없습니다. 그는 탐욕이나 욕심은 부릴 수 있지만, 사랑은 할 수 없는 존재였습니다. 이에 대해 예수님이 말씀하시는 것입니다. '너희는 모두 죄인이라서 너희 안에는 선함과 보람과 가치와 영광과 명예라는 것이 일어날 수도 없고 일을 할 수도 없다. 그러나 이제는 할 수 있다. 내가 너희로 그렇게 할 수 있도록 하기 위하여 왔고, 이제 죽노라.' 이 내용이 요한복음 17장에서 완벽하게 절정을 이룹니다.

어떻게요? '아버지께서 나를 사랑하는 것같이 내가 너희를 사랑한다. 내가 아버지께 순종하는 것같이 너희도 나에게 순종할 수 있다. 영광과 승리와 기쁨은 아버지께만 있는 것이고 너희는 만들 수 없다. 그러나 이제 아버지께서 내 안에서, 내가 아버지 안에서 누렸던 평화와 기쁨과 영광을 너희와 함께 누릴 수 있도록 아버지께서 나를 너희에게 보내셨고, 나는 그 일을 이루기 위해 기꺼이 그 뜻을 따라 이제 죽는다'가 된 것입니다. 그러므로 새 계명은 그 전에는 할 수 없었던 것, 선택의 여지가 없었던 것이지만 이제는 새로 생겨난 것입니다.

왜 죽으셔야 하는가

그렇다면, 한 가지 문제가 남습니다. '왜 죽으셔야 하는가?'입니다. 그냥 권능으로 우리에게 새로운 힘을 주시면 되지 '하필, 왜 십자가인가?' 하는 문제가 나타납니다. 여기가 성경이 가르치고 싶어 하는 대목이고, 신자들은 제일 이해하지도 못하고 받아들이기 싫어하는 내용입니다. 한번 살펴봅시다.

다윗이 범한 밧세바 사건은 다윗을 일깨우는 하나님의 방법으로 긴 시간에 걸쳐 일어납니다. 다윗이 밧세바를 데려다가 죄를 범합니다. 그리고 죄를 덮기 위해 밧세바의 남편, 우리아를 전쟁터에서 불러들여 집에 머무르게 합니다. 하지만 다윗의 뜻대로 되지 않습니다. 그러자 다윗은 전쟁터의 지휘를 맡고 있는 요압에게 편지를 써서 우리아 편에 보냅니다. 서신은 우리아를 맹렬한 싸움에 앞세워 두고 부대를 뒤로 빼 그를 죽게 하라는 내용입니다. 요압이 다윗의 명을 따르고 격렬한 전투에 홀로 남은 우리아는 죽고 맙니다.

그러나 다윗은 자기가 무슨 짓을 하고 있는지 모릅니다. 결국 선지자 나단이 다윗을 찾아와 이렇게 이릅니다.

> …… 한 성읍에 두 사람이 있는데 한 사람은 부하고 한 사람은 가난하니 그 부한 사람은 양과 소가 심히 많으나 가난한 사람은 아무것도 없고 자기가 사서 기르는 작은 암양 새끼 한 마리뿐이라 그 암양 새끼는 그와 그의 자식과 함께 자라며 그가 먹는 것을 먹으며 그의 잔으로 마시며 그의 품에 누우므로 그에게는 딸처럼 되었거늘 어떤 행인이 그 부자에게 오매 부자가 자기에게 온 행인을 위하여 자기의 양과 소를 아껴 잡지 아니하고 가난한 사람의 양 새끼를 빼앗아다가 자기에게 온 사람을 위하여 잡았나이다 하니 (삼하 12:1-4)

다윗은 나단의 이 이야기를 듣자마자 분노하며, 그 자리에서 이렇게 말합니다.

> …… 여호와의 살아 계심을 두고 맹세하노니 이 일을 행한 그 사람은 마땅히 죽을 지라 그가 불쌍히 여기지 아니하고 이런 일을 행하였으니 그 양 새끼를 네 배나 갚아 주어야 하리라 한지라 (삼하 12:5-6)

그러자 나단이 다윗에게 단호하게 말을 건넵니다. "당신이 그 사람이라." '당신이 그 사람이라'는 말은 성경에서 촌철살인처럼 등장하곤 합니다.

요한복음 18장에서 예수님이 유다가 군대와 대제사장들과 바리새인들에게서 얻은 아랫사람들에게 "너희가 누구를 찾느냐?"라고 말씀하십니다. 그들이 "나사렛 예수라"라고 답하자, 예수님이 "내가 그니라" 하고 답하십니다.

다윗은 죄를 범하여 범인으로 지목되었지만, 복음서의 예수님은 구원자로 오셨으나 죄인들이 구원자를 향하여 범죄자라고 잡아가겠다고 덤비는 상황입니다. 그 상황에서 예수님은 '그래, 너희가 찾는 이가 나다. 너희 눈에는 내가 범죄자다. 너희의 잘못이 나를 범죄자로 만들었다. 하지만 나는 범죄자인 너희와 그 범죄 행위를 구원하려고 온 자다'를 이 말씀 '내가 그니라'에 담고 있습니다. 절묘하지 않습니까. 이 이야기를 이해할 수 없다면 다른 이야기를 들려드리겠습니다.

당신의 이름은 무엇입니까

모세는 80세에 하나님의 부르심을 받습니다. 호렙산에서 하나님을 만납니다. 모세는 어이가 없습니다. 지난 40년 동안 미디안 광야에서 아무 기미조차 없는 막막한 세월을 보냈습니다. 이제 모세 나이 80세, 아무 희망도 가질 수 없는 때에 하나님이 나타나셔서 그를 부르십니다. 그리고 하나님이 모세에게 "이제 내가 너를 바로에게 보내어 너에게 내 백성 이스라엘 자손을 애굽에서 인도하여 내게 하리라"(출 3:10)라고 하십니다. 모세는 너무 기가 막힙니다. 하고 싶은 말이 얼마나 많았겠습니까? 그러나 딱 하나 묻습니다.

> 모세가 하나님께 아뢰되 내가 이스라엘 자손에게 가서 이르기를 너희의 조상의 하나님이 나를 너희에게 보내셨다 하면 그들이 내

> 게 묻기를 그의 이름이 무엇이냐 하리니 내가 무엇이라고 그들에게 말하리이까 (출 3:13)

'하나님은 왜 일을 이렇게 하시나요?'를 '당신의 이름은 무엇입니까?'라고 표현한 것입니다. 이때 하나님이 모세에게 "나는 스스로 있는 자이니라"라고 하십니다.

요한복음 18장에서 예수님 역시 "내가 그니라"라고 하십니다. 예수님은 다윗의 자리 곧 억울한 자리에 계십니다. 물론 다윗은 억울할 게 없는 사람입니다. 그러나 예수님은 인류의 무지와 거부와 왜곡과 못남 속에 죄인이 되어 그 억울한 '당신이 그 사람입니다'라는 지적을 받는 자리에 서십니다. 그리고 하나님의 '나는 스스로 있는 자니라'라는 권능과 비밀과 목적을 위해 그 자리에 서십니다. 이 둘이 여기서 합쳐집니다.

> 아버지여, 아버지께서 내 안에, 내가 아버지 안에 있는 것 같이 그들도 다 하나가 되어 우리 안에 있게 하사 세상으로 아버지께서 나를 보내신 것을 믿게 하옵소서 내게 주신 영광을 내가 그들에게 주었사오니 이는 우리가 하나 된 것 같이 그들도 하나가 되게 하려 함이니이다 곧 내가 그들 안에 있고 아버지께서 내 안에 계시어 그들로 온전함을 이루어 하나가 되게 하려 함은 아버지께서 나를 보내신 것과 또 나를 사랑하심 같이 그들도 사랑하신 것을 세상으로 알게 하려 함이로소이다 (요 17:21-23)

여기서 묶이는 것입니다.

사랑의 동력

하나님이 우리를 이렇게 부르십니다. 예수를 보내셔서 우리의 문제를 해결하십니다. 어떻게 해결하십니까? 우리의 잘못한 것들을 지우시는 것이 아니라, 우리가 전에는 할 수 없었던 새로운 것을 할 수 있도록 하십니다. 우리가 선과 의와 정의와 희생과 봉사 등과 같은 개념은 갖고 있으나 이를 제대로 수행할 수 없었던 것들을 할 수 있도록 하십니다. 왜 우리는 할 수 없었던 것일까요? 이 모든 것의 동력은 사랑이어야 하기 때문입니다. 사랑이 없는 개념들, 사랑이 없는 소원들, 사랑이 동력이 아닌 진심은 결단코 선과 의일 수 없습니다. 그건 죄가 될 뿐입니다.

다윗이 밧세바 사건에서 보여 주는 바와 같습니다. 다윗은 순수한 정념에 불탔을 것입니다. 순수한 사랑에 이끌렸을 것입니다. 그는 자기가 죄를 짓는다고 생각하지 않았을 것입니다. 이러한 다윗의 모습은 우리가 사는 세상에서 얼마든지 볼 수 있습니다.

인류 역사에서 반복되는 비극은 무엇일까요? 잘하려고 할 때마다 수많은 사람이 죽어 나갔다는 것입니다. 잘하려고 많은 피를 흘려야 했습니다. 우리는 인류 역사에서 많은 싸움과 실패와 후회를 해야 된다는 사실을 알게 됩니다. 인류 역사의 동력은 사랑이 아닙니다. 그저 소원이나 이념에 불과합니다. 또한 인류 역사의 동력은 언제나 질투와 시기와 강제력과 폭력에 불과합니다. 예수님은 이를 바꾸어 놓으셨습니다.

우리는 예수님 때문에 비로소 사랑할 수 있게 되었습니다. 사랑은 어떻게 드러날까요? 우리의 현실과 실존에서 부딪히는 모든 사소하게 반복되는 여러 사건에서 사랑이 동력으로 드러나게 됩니다. 사랑이라는 결정과 행동을 가지고 봉사를 하거나 행사를 하거나 단체를 만드는 것이 아닙니다. 우리가 매일 부딪히는 삶의 현장에서 사랑이 동력이 되는 것을 보아야 합니다.

정직이란 사실을 말하는 것이 전부가 아닙니다. 정직은 사랑을 동력으로 가져야만 정직이 됩니다. 그러므로 정직이란 참다운 인간이 되는 것입니다. 하나님의 형상을 회복하는 것이 정직입니다. 사실을 말해서 책임을 회피하는 것은 정직이라고 하지 않습니다. 필요하면 거짓말을 해야 합니다. 모세 시대 산파들이 거짓으로 고하여 모세를 구합니다. 기생 라합도 거짓으로 고합니다. 그러나 우리는 이를 거짓말이라고 하지 않습니다.

하나님의 뜻을 자신의 최고 목적으로 삼는 것은 하나님을 사랑하지 않고는 일어날 수 없습니다. 하나님이 우리의 힘이 되지 않으면, 그 동력은 우리의 탐욕이 됩니다. 무엇을 우상 숭배라고 할까요? 하나님 외에 다른 신을 섬기는 게 우상 숭배가 아닙니다. 성경은 '탐심은 우상 숭배니라'(골 3:5)라고 말합니다. 무슨 뜻일까요? 내가 결정권을 가지고, 소원은 내 본성대로 하고, 방법과 힘에서만 신에게 도움을 요청하는 것이 우상 숭배입니다.

우리의 인생은 사랑하는 인생으로 바뀝니다. 현실적으로 신자의 인생은 예수께서 오셔서 보이신 그 길을 따라가는 것입니다. 예수님은 시간과 공간에 묶이고 육신에 묶이십니다. 모든 필요에 도움을 주십니다. 그러나 자기가 가야 할 길을 예수님의 도움으로 때우거나 회피하지 못합니다. 예수님은 모든 것을 모든 경우에 담으셨습니다. 죽음에까지 당신을 담으셔서 우리에게 '죽음마저도 뒤집어진다'고 말씀하셨습니다. 그것이 바로 십자가입니다. 그렇기 때문에, 예수님은 우리에게 겁내지 말라고 하십니다.

우리에게 구원을 베푸시는 하나님은 우리가 무엇을 잘하고 있는지, 무엇을 잘못하는지를 심판의 눈으로 보시지 않습니다. 우리가 잘 아는 요한복음 3장 16절 이하의 강조점을 보십시오.

> 하나님이 세상을 이처럼 사랑하사 독생자를 주셨으니 이는 그를 믿는 자마다 멸망하지 않고 영생을 얻게 하려 하심이라 하나님이 그 아들을 세상에 보내신 것은 세상을 심판하려 하심이 아니요 그로 말미암아 세상이 구원을 받게 하려 하심이라 (요 3:16-17)

하나님은 적극적이고 긍정적인 목적을 행하고 계십니다.

그러나 우리가 행하는 신앙은 무섭습니다. 우리는 비난하기 바쁘고, 경쟁하기 바쁘고, 원망하기 바빠서 사랑이 긍정적 동력이 되지 못하고 있습니다. 명분도 있고 주장도 있고 표어도 있지만, 그 모든 것에 사랑을 담을 줄을 모릅니다. 그래서 실제로는 하루도 제대로 신앙생활을 하지 못합니다. 형식과 형태에서 종교성을 가지고 있을 뿐, 그 동력을 잃고 있는 것입니다. 그러니 예수님이 다음과 같이 말씀하신 것을 생각해 보십시오.

> 내가 진실로 진실로 너희에게 이르노니 나를 믿는 자는 내가 하는

일을 그도 할 것이요 또한 그보다 큰 일도 하리니…… (요 14:12)

이 말씀은 정말 놀라운 약속입니다. 우리는 이렇게 세상에 보냄을 받은 자들입니다. 하나님은 우리에게 나라를, 역사를 바꾸라고 하시지 않습니다. 그것은 하나님이 예수 안에서 바꾸어 놓으셨습니다. 이렇게 바꾸신 세상을 우리보고 살아 완성하라고 하십니다. 이는 정치적이지도, 사회적이지도, 권력적이지도 않습니다. 이런 존재론적 정체성에서, 그 내용과 운명에서 다른 존재로 우리는 빛이고 진리이고 생명입니다. 하루를 살 힘이 우리에게 생기면 좋겠습니다.

하나님의 명예로 부름받은 자

욥은 아무런 잘못한 것 없이 어려움을 당합니다. 친구들이 욥에게 찾아와서 "빨리 회개하라"고 화를 돋웁니다. 욥이 친구들에게 "난 회개할 게 없다"고 하자, 친구들은 더 성을 내며 욥에게 말을 건넵니다. "그렇게 말하는 것만 봐도 당신이 잘못한 거요. 당신이 왜 벌을 받겠소? 당신이 잘못을 했으니 벌을 받는 거요. 그러니 빨리 회개하시오." 이에 욥은 "난 못하오. 난 잘못한 게 없소. 난 하나님께 따져 묻고 싶소"라며, '하나님, 우리 계급장 떼고 한번 만나 봅시다'까지 갔습니다.

욥기의 끝을 보니 욥이 옳았습니다. 그러나 욥이 옳았다고 그가 무죄가 되는 것은 아닙니다. 그는 하나님에 의해 창조세계로 불려 나갑니다. 하나님이 욥에게 '네가 아는 세계는 잘못 안 것이 전부였다. 네 자신감도 그것이었다. 너는 잘못한 것이 없다는 것이 전부였다. 나는 너를 그렇게 만들지 않았다. 나는 너를 창조와 생명과 진리와 기적으로 불렀다. 그것이 내 목적이다'라고 하십니다.

결국 욥은 하나님께 항복합니다. 그러고 나서 하나님이 욥에게 행하라고 명하신 일이 무엇입니까? 욥의 세 친구를 위하여 기도하라는 것이었습니다. 욥은 하나님으로부터 사람을 살리는 일을 부여받습니다. 하나님은 사탄과의 싸움에서 욥에게 그분의 명예를 거십니다. 하나님은 '그가 하는 것으로 나는 점수를 받겠다. 어떻게 하나 보자'라고 하시며, 욥에게 자신의 명예를 맡기십니다. 그리고 욥의 싸움을 지켜보십니다.

우리의 생애가 그렇습니다. 하나님이 우리를 당신의 명예로 부르십니다. 그분의 명예를 걸고 우리의 인생을 지켜보십니다. 그리고 힘내라고 응원하십니다. '네가 해라. 네 인생으로 만들어 내라. 네 생애와 네 자신이 되라. 네가 겪는 모든 일과 네가 소원하는 모든 일에 언제나 내가 너와 함께 있겠다. 너는 언제든 내 이름으로 내게 기도할 수 있다. 내가 너의 무슨 기도든지 다 들어주겠다. 걱정하지 말라. 그러니 네가 살아서 스스로 해 봐라. 그것이 내가 세상에 와서 한 일이고, 하나님이 자신을 드러낸 구체적 증거이며, 하나님이 영광을 받으시는 방법이다. 하나님이 그렇게 바라신다. 네 영광이 하나님의 영광이다. 그분이 나를 보내신 이 방법, 이 뜻, 이 목적, 이 내용이 네 안에서 만들어지는 것을 하나님이 기뻐하신다. 하나님의 생각은 기계적으로 조작하고 결과를 만드는 것으로 그치지 않는다. 아버지께서 나를 세상에 보낸 것같이, 나도 너희를 세상에 보낸다. 걱정 마라. 힘을 내

라. 승리해라. 영광을 살아라. 기적을 맛보아라.'

실력이 채워지는 자리

지난 번, 제가 요한복음 17장의 연합을 이야기하면서 부부를 예로 들었습니다. 부부는 처음에 목숨을 건 정열로 시작합니다. '이 사람이 없으면 나 죽겠다'로 시작합니다. 그러고 살다 보면, '그때 내가 왜 그랬지?' 싶을 때가 있습니다. 이는 너무나 뻔한 진리입니다.

원하는 대학에 붙는 날이 제일 감격스러운 법입니다. 모든 일가친척이 모여 축하해 줍니다. 그리고 중국집에 가서 만찬을 합니다. 예전에는 최고의 메뉴가 짜장면, 탕수육이었습니다. 한바탕 잔치를 하고 나서, 그다음부터는 어떻게 됩니까? 학교 가서 고생을 해야죠. 상급학교일수록 더 어렵습니다. 괜히 왔다고요? 손해라고요? 학교 입학통지서는 받고 공부는 안 하겠다고요? 그렇게 생각하는 바보는 아무도 없습니다. 그러나 희한하게도 이 자명한 진리를 예수를 믿는 사람들은 잘 모르는 것 같습니다.

부부로 살면 무엇이 생깁니까? 비로소 남자와 여자가 됩니다. 이는 성을 구별하자는 이야기가 아닙니다. 책임질 줄 아는 어른이 된다는 소리입니다. 자기 자리에서 기쁠 때나 슬플 때나 울면서, 한숨을 쉬면서, 원망을 하면서 지킵니다. 자기 자리를 떠날 수 없습니다. 그것이 실력이기도 하고 운명이기도 합니다. 우리를 훌륭하게 만드시는 하나님의 방법입니다.

마치 요셉이 옥에 갇혔을 때와 같습니다.

그의 발은 차꼬를 차고 그의 몸은 쇠사슬에 매였으니(시 105:18)

그는 어쩔 수 없이 수십 년 동안 수감 생활을 했습니다. 원치 않고 이해할 수 없는 그 과정이 그를 총리라는 한 나라의 지도자로 책임을 질 수 있는 실력을 키웠습니다. 하나님의 일하심은 그토록 놀랍습니다. 이제 우리도 하루하루를 복되고 충실하고 넉넉한 기쁨과 자랑으로 승리하는 인생을 살기를 바랍니다.

기 도

하나님 아버지, 우리의 인생은 예수 그리스도께서 피로 값 주고 사신 인생입니다. 우리는 하나님이 주신 복을 받고, 하나님의 영광이 되고, 그분의 찬송이 되라고 부름받은 인생입니다. 무엇이 겁나겠습니까? 울어야 되는 날도 있고 한숨을 쉬는 날도 있겠지만, 그것은 힘든 것이지 잘못된 것도 아니고 절망적인 것도 아닙니다. 우리가 우리의 자질구레한 나날들을 사랑으로 채우고 쌓아 올리는 기적과 기쁨을 맛보게 하옵소서. 예수 믿는 생애가 얼마나 놀라운지를 각자 경험하고 스스로 확인하는 기쁨이 우리에게 있게 하옵소서. 예수님 이름으로 기도합니다. 아멘.

41.
내가 그니라

1 예수께서 이 말씀을 하시고 제자들과 함께 기드론 시내 건너편으로
나가시니 그 곳에 동산이 있는데 제자들과 함께 들어가시니라 2 그
곳은 가끔 예수께서 제자들과 모이시는 곳이므로 예수를 파는 유다도
그 곳을 알더라 3 유다가 군대와 대제사장들과 바리새인들에게서 얻
은 아랫사람들을 데리고 등과 횃불과 무기를 가지고 그리로 오는지라
4 예수께서 그 당할 일을 다 아시고 나아가 이르시되 너희가 누구를
찾느냐 5 대답하되 나사렛 예수라 하거늘 이르시되 내가 그니라 하시
니라 그를 파는 유다도 그들과 함께 섰더라 6 예수께서 그들에게 내가
그니라 하실 때에 그들이 물러가서 땅에 엎드러지는지라 7 이에 다시
누구를 찾느냐고 물으신대 그들이 말하되 나사렛 예수라 하거늘 ……

(요 18:1-11)

우리는 앞서 이 본문을 요한복음 17장과 연결하여 예수님의 죽으심에 대해 살펴보았습니다. 같은 본문에서 우리가 주목하려는 것은 예수님의 대답입니다. 예수님은 겟세마네 동산에서 마지막으로 기도하시고, 유다를 앞장세워 당신을 잡아 죽이려는 자들과 마주하게 됩니다. 예수님은 당할 일을 이미 아시고 이렇게 말씀하십니다.

> 너희가 누구를 찾느냐 대답하되 나사렛 예수라 하거늘 이르시되 내가 그니라 하시니라 (요 18:4-5)

이에 예수님이 그들에게 '내가 그니라' 하실 때에 그들이 물러가서 땅에 엎드러졌습니다. 곧이어 예수님은 "너희에게 내가 그니라 하였으니 나를 찾거든 이 사람들이 가는 것은 용납하라"라고 하십니다. 주님은 홀로 잡히실 것이고, 제자들은 물러갈 것입니다.

심판대에 선 메시아

예수님이 겟세마네 동산에서 기도하실 때에는 '천사가 하늘로부터 예수께 나타나 힘을 더하더라'(눅 22:43)라고 할 정도로 혼자서 감당하기 힘들어하셨습니다. 그리고 베드로가 대제사장의 종 말고의 오른쪽 귀를 베었을 때, 주님은 '네 칼을 도로 칼집에 꽂으라 칼을 가지는 자는 다 칼로 망하느니라 너는 내가 내 아버지께 구하여 지금 열두 군단 더 되는 천사를 보내시게 할 수 없는 줄로 아느냐'(마 26:52-53)라고 말씀하셨습니다.

이렇게 예수님은 자신이 받을 고난이 힘들다는 것을 아시면서도 권세 곧 권력을 한 번도 사용하지 않으셨습니다. 병자를 고치시고 죽은 자를 살리시며 사람들의 근심을 덜어 기쁨을 주시는 수많은 기적을 행하시면서도 당신이 메시아인 것을 늘 감추셨던 주님이 곧 잡히실 자리에서는 '내가 메시아가 맞다'고 인정하십니다.

다른 복음서에서는 이 상황을 요한복음과 약간 다른 관점에서 기록하고 있습니다. 로완 윌리엄스가 쓴 책, 《심판대에 선 그리스도》를 보면, 사복음서에서 나오는 예수의 재판 과정을 잘 설명하고 있습니다. 우리의 기대와 생각을 뛰어넘는 훨씬 깊은 통찰이 있으므로 꼭 읽어 보기를 권합니다.

마가복음 14장에서는 이 장면이 매우 혼란스럽고 흥분되고 두려움에 찬 모습으로 그려져 있습니다. 대제사장들이 예수님을 잡아다가 심문합니다. 그들은 거짓 증인들을 세워 "우리가 그의 말을 들으니 손으로 지은 이 성전을 내가 헐고 손으로 짓지 아니한 다른 성전을 사흘 동안에 지으리라 하더라"라고 말하게 하지만, 그 증언도 서로 일치하지 않아 예수님을 칠 증거가 되지 못합니다. 그때 대제사장이 예수께 "네가 찬송 받을 이의 아들 그리스도냐"라고 묻습니다. 그러자 예수께서 "내가 그니라"라고 이르십니다.

바다를 잠잠하게 하시고 보리떡 다섯 개와 물고기 두 마리로 5천 명을 먹인 기적을 일으키신 주님은 그때마다 자신이 메시아임을 밝히지 말라고 하셨습니다. 여태껏 자신이 메시아임을 감추셨던 분이 대적자들에게 잡혀 와 무력한 모습을 드러내는 장소에서는 대놓고

'내가 메시아다'라고 답하신 것입니다.

주님이 많은 기적과 권세를 드러내셨을 때 '내가 메시아다'라고 하셨다면, 사람들은 대번에 자신들이 기다리던 메시아가 최고의 권력을 가지고 오셨다고 이해했을 것입니다. 사람들이 생각하는 메시아의 최대치는 '모든 죄인을 심판하고, 정의를 실현하고, 그분의 백성을 평안과 행복으로 이끄는 것'입니다. 이것이 사람들이 생각할 수 있는 구원자, 구세주에 대한 최대의 상상입니다.

그러나 성경은 우리의 기대와 생각을 넘어서게 하기 위해 우리에게 이 사건을 소개하고 있습니다. 실제로 예수님은 이 고난의 자리 곧 심판대 앞에까지 서십니다. 그 자리는 어떤 곳입니까? 우리가 아는 승부의 세계, 권력의 세계, 안심의 세계, 이해와 납득의 항복 등 이런 것들이 전혀 들어올 수 없는 문맥과 정황 속에서 드디어 예수님이 '내가 메시아다'라고 하신 자리입니다.

이는 예수님이 우리에게도 이렇게 도전하신 셈입니다. '하나님이 너희를 사랑하여 그 아들을 보내시고 구원을 베푸셨다는 말이 무슨 의미인지 너희가 알기를 원한다. 그리고 예수의 성육신과 십자가 사건을 통해 하나님의 의도가 무엇인지 너희가 알기를 원한다.'

I am that I am

이러한 일은 성경의 수많은 역사적 증언을 통해 살펴볼 수 있습니다. 우리는 하나님의 일하심과 구원과 예수의 희생을 우리의 이해와 상상에 끊임없이 끼워 맞춤으로써, 욥이 '난 잘못한 것이 없습니다'라고 했던 정도의 세계를 벗어나지 못하고 있습니다. 성경은 우리에게 '하나님께서 잘한 것은 보상해 주시고, 잘못한 것은 벌을 주어야지, 잘못한 것이 없는 나를 왜 들볶으십니까?'라고 항변하는 길을 벗어나라고 계속 도전합니다.

우리는 아브라함이 믿음의 조상이라는 것을 알고 있습니다. 그런데 아브라함이 믿음의 조상이라는 말을 우리는 자주 오해합니다. 로마서 4장에 다음과 같이 나옵니다.

> …… 그가 믿은 바 하나님은 죽은 자를 살리시며 없는 것을 있는 것으로 부르시는 이시니라 (롬 4:17)

우리는 자신의 이해와 편견에 따라 '아브라함은 하나님이 창조와 부활의 하나님이라는 것을 믿었어'라고 생각합니다. 그러나 성경은 아브라함이 아무것도 몰랐지만, '하나님이 아브라함의 믿음에 보상을 하거나 하나님이 하시고자 하는 일을 설득하기 위해서가 아니라, 하나님이 무에서 유를 창조하듯이 죽은 자, 돌아선 자, 아무것도 모르는 자, 거부하는 자를 뒤집어 놓으실 수 있음을 아브라함을 부르신 사건을 통해 우리에게 증명하신다'를 전하고 있습니다.

우리는 인과율에 갇혀 있습니다. '잘해서 상을 받자. 못하면 벌 받는다'를 벗어나지 못하기 때문에, 예수를 믿는다는 것이 지극정성의 싸움이 되었습니다. 그래서 '난 저 사람보다 나은 것 같은데, 왜 내가 벌을 받아야 되나요?'라며 상대적으로 보상이 없는 것과 엉터리가 형통하게 사는 것에 대해 분개하는 자리를 벗어나지 못합니다. 예수님이 무엇 때문에 오셨는지, 성육신이 무엇인지, 그분이 왜 십자가에서 죽으셨는지와 같은 우리의 상상을 벗어나는 일들에 대해 우리의 기대가 잘못되었을 여지를 조금도 양보할 생각이 없습니다.

예수님이 '내가 그니라'라고 하신 대답은 '그렇다. 그게 나다'라는 의미로 답하신 것이 아닙니다. 우리말 성경은 더 이상 이를 표현할 길이 없어서 '내가 그니라'라고 표현하였습니다. 하지만 영어 성경을 보면 아주 묘하게 되어 있습니다.

예수께서 대적자들에게 "너희가 누구를 찾느냐?"라고 물으실 때, 그들은 "나사렛 예수라"라고 답합니다. 그리고 예수님은 어떠한 질문에도 "Yes"라고 답하지 않습니다. 예수님의 대답은 "I am"입니다. 그냥 '나다'입니다. 굉장히 혼란스러운 대답입니다.

모세가 미디안 광야에서 하나님께 했던 질문이 떠오르지 않습니까? 출애굽기 3장에서 모세가 하나님께 이렇게 질문합니다.

> …… 내가 이스라엘 자손에게 가서 이르기를 너희의 조상의 하나님이 나를 너희에게 보내셨다 하면 그들이 내게 묻기를 그의 이름이 무엇이냐 하리니 내가 무엇이라고 그들에게 말하리이까 (출 3:13)

그리고 하나님의 이름을 묻습니다. 하나님이 답하십니다. "I am that I am." 이를 옮기면 "나는 스스로 있는 자이니라"입니다. 이는 '나는 스스로 있는 자이니라. 넌 나에게 물을 것 없다. 물어봐야 소용없다. 나는 하나님으로서 내 기쁨과 복을 너희에게 주기를 원하여 지금 여기에 있다'는 의미로 하나님이 모세에게 답변하신 것처럼 지금 예수님도 그렇게 하고 계신 것입니다.

따지고 보면, 모세는 그 옛날 자기 백성을 위하여 궐기했던 일은 실패하여 남은 것이 없고, 40년 미디안 광야에서 완전히 잊히고 썩어 자기 삶을 체념해 버렸습니다. 모세에게서 뭔가 나올 수 없는 때에, 하나님이 모세에게 '너는 준비가 되었다'는 이유나 조건 없이 그를 부르신 것입니다.

> 여호와께서 이르시되 내가 애굽에 있는 내 백성의 고통을 분명히 보고 그들이 그들의 감독자로 말미암아 부르짖음을 듣고 그 근심을 알고 내가 내려가서 그들을 애굽인의 손에서 건져내고 그들을 그 땅에서 인도하여 아름답고 광대한 땅, 젖과 꿀이 흐르는 땅 곧 가나안 족속, 헷 족속, 아모리 족속, 브리스 족속, 히위 족속, 여부스 족속의 지방에 데려가려 하노라 (출 3:7-8)

이와 같이 앞뒤가 맞지 않는 모세의 생애에 하나님은 찾아와 그에게 이런 임무를 맡기셨습니다. 모세로서는 이런 일을 자신에게 맡기시는 이유를 찾을 수가 없었습니다. 자신의 처지를 봤을 때 이해할 수 없는 때에 하나님이 찾아오신 것입니다. 그 후 모세는 기꺼이 하나님의 백성을 위해 헌신하고 희생하고 인내하고 믿음을 지키는 사람이 됩니다. 이는 모세가 하나님의 일하심에 동참하기로 항복했기 때문이지, 그가 구원의 원인도 아니었고 이스라엘의 구원을 만들어 낸 해결자도 아니었습니다. 이는 매우 놀라운 일입니다.

야곱의 경우도 보십시오. 야곱은 혼신의 힘을 기울여 성공하려고 애쓴 사람입니다. 얍복 나루에서 하나님이 그에게 묻습니다. "네 이름이 무엇이냐." 이와 같은 하나님의 물음에 야곱은 "약탈자(야곱)입니다"라고 답합니다. 약탈자란 남의 것을 빼앗아 내 필요를 채워야 하는 피곤하고 불쌍한 인생을 사는 자입니다. 야곱은 이런 자신의 처지를 고백한 것입니다. 이에 하나님이 이렇게 말씀하셨습니다. "이 녀석아, 넌 내 아들이야. 다시는 너를 약탈자라고 하지 마. 너의 필요는 다 나에게서, 다 내 손에서 나오는 거야. 너는 내 자식이야. 다시는 네 이름을 그런 식으로 부르지 마."

이것이 신자의 정체성이고, 운명입니다. 예수님이 재판정에 서 계시며 우리에게 보여 주시는 모습입니다. 무엇을 보여 주십니까? 예수님이 우리의 무지, 거부, 분노, 못난 것에 함께 서 계신 것을 보여 주십니다. 이 모든 것으로 우리를 구원하십니다. 이것들을 바꿔 놓지도 않으시고 꾸짖지도 않으십니다.

마가복음 14장에서는 예수님이 '내가 그니라'라는 말씀 뒤에 '인자가 권능자의 우편에 앉은 것과 하늘 구름을 타고 오는 것을 너희가 보리라'(막 14:62)를 덧붙이십니다. 그러자 대제사장들이 자기 옷을 찢으며 펄펄 뛰면서 "우리가 어찌 더 증인을 요구하리요 그 신성모독 하는 말을 너희가 들었도다"라고 합니다. 그러면서 그들은 예수를 정죄하고 죽이기로 결정합니다. 그때부터 그들은 예수를 조롱하고 폭행하기 시작합니다. 예수님은 그 못난 것들에 대해 전혀 정죄하지도, 꾸짖지도, 분노하지도, 두고 보자고 항의하지도 않으십니다. 예수님은 순진한 사람들과 진실한 사람들을 구원하러 오신 게 아닙니다. 못난 자들을 구원하러 오셨고, 그러한 자들의 못난 자리까지 구원하십니다.

자기를 부인하며 사는 삶

우리는 여기가 조금 어렵습니다. 생각해 보십시오. 신앙생활을 하면서 가장 어려운 점은 내가 잘하고 싶고 무엇이 옳은지 알고 싶은데, 그게 되지 않는 현실을 맞닥뜨려야 한다는 것입니다.

우리가 제일 많이 하는 신앙 행위는 회개입니다. 회개하여 자신의 잘못을 지워 버리는 것으로 끝내지 말라고 제가 앞서 여러 번 언급했습니다. 그리고 회개한 것으로 자신의 일을 다한 것처럼 굴지 말라고도 당부했습니다. 기도나 믿음 역시 마찬가지입니다. '나는 기도했고 믿음도 가지고 있으니까'라는 이유가 지금을 살아 내는 일을 대신할 수 없습니다.

우리는 지금 당장 믿음의 목적지와 기도의 결과를 원합니다. 하지만 그럴 수 없습니다. 세상은 여전히 예수와 그분을 믿는 자들을 비난합니다. 그 옛날 예수를 조롱하고 채찍질하듯이, 우리 역시 우리를 조롱하고 채찍질하는 현실을 접하고 삽니다. 그런데 이를 깨닫지 못하고 늘 울부짖는 소리로 '하나님, 제가 무엇을 더 해야 평안을 주시겠습니까?'라고 기도하며 도망가려고 하지, 그 자리에 서 있으려고 하지 않습니다. 우리는 '내가 그니라' 하고 서 계신 예수님과, 우리가 극복할 수 없고 해결할 수 없는 원망스러운 현실에 '내가 서 있어야 된다'는 것을 대부분의 신앙생활에서 외면하고 기만합니다.

그렇다면, 우리는 무엇을 해야 한단 말입니까? 예수님이 이 땅에 오셔서 자신이 십자가에 달려 죽을 때 다 도망갈 제자들과 3년 반의 공생애를 보내셔야 했던 것같이, 우리도 하나님이 구원하고자 하시는 인류와 이웃과 함께 지내야 합니다. 예수님이 우리 안에 들어와 사신 것같이, 하나님은 우리보고 그들 속에 들어가 살라고 하십니다. 그들의 못난 것과 몰이해와 무지 속에 들어가되, 그들을 교화하라고 하지 않으십니다. 굴복시키라고 하지 않으십니다.

예수님은 우리에게 '너희만이 빛이다. 너희만이 생명이다. 그들이 너희의 향기를 맡고, 소망을 보게 하라. 유난 떨며 하는 일이 아니다. 내가 아버지와 하나인 것같이, 너희와 내가 하나이고 내가 너희 안에 있어 그들 앞에서 생명과 진리와 운명에 대하여 너희를 통해 증거하겠다. 그러니 너희에게 편한 것만, 문제를 해결하는 것만 하겠다고 피해 다니지 말고 살아 내라'고 하십니다.

마지막 만찬에서 예수님의 제자들 가운데 세베대의 아들 야고보와 요한이 주께 "주의 영광중에서 우리를 하나는 주의 우편에, 하나는 좌편에 앉게 하여 주옵소서"라고 아뢥니다. 그러자 예수님이 다음과 같이 말씀하십니다.

> …… 너희는 너희가 구하는 것을 알지 못하는도다 …… 너희 중에 누구든지 으뜸이 되고자 하는 자는 모든 사람의 종이 되어야 하리라 인자가 온 것은 섬김을 받으려 함이 아니라 도리어 섬기려 하고 자기 목숨을 많은 사람의 대속물로 주려 함이니라 (막 10:38-45)

예수님은 자신이 메시아인 것을 폭력으로 증명하려 하지 않으셨습니다. 그냥 와서 우리와 함께 계셨습니다. 이런 관점에서 우리가 '제자도'라고 알고 있는 마태복음 16장 말씀을 생각해 보십시오.

> 이에 예수께서 제자들에게 이르시되 누구든지 나를 따라 오려거든 자기를 부인하고 자기 십자가를 지고 나를 따를 것이니라 (마 16:24)

이 말씀의 의미를 이해하겠습니까? 자기를 부인해야 합니다. '나 예수 믿는 사람이야'라고 떠들 필요가 없습니다. '하나님, 저것들을 콱 그냥!' 하며 폭력으로 다른 사람들을 쉽게 항복시키려 하는 쉬운 인생을 살라고 하시지 않으셨습니다.

예수님의 옷을 벗겨 홍포를 입히고, 가시관을 엮어 그분의 머리에 씌우고, 갈대를 그분의 오른손에 들리고 그 앞에 무릎을 꿇으며 희롱합니다. '유대인의 왕이여 평안할지어다'라고 하며, 예수께 침을 뱉고 갈대를 빼앗아 그분의 머리를 칩니다. 예수님은 이런 조롱과 폭행 속에 침묵하십니다. 분노도, 보복도, 포기도 하지 않으십니다. 그게 신앙생활입니다. 이것이 신비하고 놀랍고 상상할 수 없는 하나님이 일하시는 방법입니다.

두렵고 떨림으로

우리가 신앙생활을 하면서 불안과 두려움이 없는 순간을 고대하는 것은 기만입니다. 불안과 두려움을 그대로 간직한 채, 하나님이 주신 시간과 장소와 경우 속에 머물러야 합니다. 할 말이 없으면 침묵해야 합니다.

예수님도 겁을 내셨습니다. "아버지여 만일 할 만하시거든 이 잔을 내게서 지나가게 하옵소서"(마 26:39, 막 14:36, 눅 22:42)라고 기도하셨습니다. 이 기도에 대한 하나님의 답변은 나와 있지 않지만, 그다음 예수님의 행동을 보면 짐작해 볼 수 있습니다. 예수님이 가셔야 할 그 자리까지 '더 가자'고 하신 것입니다. 그곳은 하나님이 함께하시는 자리이고, 하나님이 끌어안으시는 자리입니다.

예수님이 지신 십자가, 가장 참혹하고 말이 안 되는 처참한 자리까지도 하나님이 부르신 자리가 되고, 그 자리에 가시는 것으로 하나님은 당신의 영광을 드러내시며, 우리와 함께 기쁨을 나누십니다. 또한 자신을 아버지라고 우리에게 소개하십니다. 그리고 우리에게 이 기쁜 자리, 놀라운 자리에 동참하라고 부르십니다. 그것이 우리 각각의 인생입니다.

그러나 우리는 원망을 하느라고 아무것도 하지 못합니다. 예수님은 스스로를 이렇게 설명하셨습니다. '내가 곧 길이요 진리요 생명이니'(요 14:6). 그러나 길과 진리와 생명으로 오신 예수님은 무력한 모습으로, 오해와 조롱과 폭력을 당하시는 모습으로, 우리와 당신을 묶으십니다. 우리의 생애와 존재를 하나님의 신비한 영광으로 묶으십니다. 빌립보서 2장 2절 이하를 살펴봅시다.

> 마음을 같이하여 같은 사랑을 가지고 뜻을 합하며 한마음을 품어 아무 일에든지 다툼이나 허영으로 하지 말고 오직 겸손한 마음으

> 로 각각 자기보다 남을 낫게 여기고 각각 자기 일을 돌볼뿐더러 또 한 각각 다른 사람들의 일을 돌보아 나의 기쁨을 충만하게 하라 너희 안에 이 마음을 품으라 곧 그리스도 예수의 마음이니 그는 근본 하나님의 본체시나 하나님과 동등됨을 취할 것으로 여기지 아니하시고 오히려 자기를 비워 종의 형체를 가지사 사람들과 같이 되셨고 사람의 모양으로 나타나사 자기를 낮추시고 죽기까지 복종하셨으니 곧 십자가에 죽으심이라 이러므로 하나님이 그를 지극히 높여 모든 이름 위에 뛰어난 이름을 주사 하늘에 있는 자들과 땅에 있는 자들과 땅 아래에 있는 자들로 모든 무릎을 예수의 이름에 꿇게 하시고 모든 입으로 예수 그리스도를 주라 시인하여 하나님 아버지께 영광을 돌리게 하셨느니라 그러므로 나의 사랑하는 자들아 너희가 나 있을 때뿐 아니라 더욱 지금 나 없을 때에도 항상 복종하여 두렵고 떨림으로 너희 구원을 이루라 (빌 2:2-12)

'두렵고 떨림으로'라는 문구가 우리에게는 '진지함과 최선으로'라는 의미로 먼저 다가오지만, 이 본문에서는 문구 그대로 '네 모든 두려움과 불안과 떨리는 경우로'가 되는 것입니다. 신앙생활은 이를 감당할 여력이 생기는 것이 아닙니다. 하나님이 우리가 감당할 수 없는 자리에 우리를 밀어 넣으시는 것입니다. 그 신앙의 자리가 하나님이 일하시는 최고의 기적의 자리가 되는 것입니다.

> 십자가의 도가 멸망하는 자들에게는 미련하는 것이요 구원을 받는 우리에게는 하나님의 능력이라 (고전 1:18)

이것이 우리가 요한복음 17장을 진지하게 살펴본 이유이기도 합니다.

> 아버지여, 아버지께서 내 안에, 내가 아버지 안에 있는 것 같이 그들도 다 하나가 되어 우리 안에 있게 하사 세상으로 아버지께서 나를 보내신 것을 믿게 하옵소서 내게 주신 영광을 내가 그들에게 주었사오니 이는 우리가 하나가 된 것 같이 그들도 하나가 되려 하려 함이니이다 …… 내가 아버지의 이름을 그들에게 알게 하였고 또 알게 하리니 이는 나를 사랑하신 사랑이 그들 안에 있고 나도 그들 안에 있게 하려 함이니이다 (요 17:21-26)

우리는 이런 자리로 부름받고 있습니다. 이 인생을 살며 복되고 자랑스러운 하나님의 자녀들이 되기를 바랍니다.

기 도

하나님 아버지, 은혜를 감사합니다. 우리는 얼마나 신비하고 놀라운 인생을 살고 있을까요? 어느 누가 자신의 인생을 하나님의 자리로, 하나님의 기쁨과 영광을 나누는 자리로 부를 수 있을까요? 우리를 고난의 자리로, 세상이 모르는 무지한 자들 앞에 세우는 그 하나님의 자비와 끝없는 사랑은 무엇일까요? 이 놀라움에 동참한 기쁨과 자랑이 한국 교회를 살리고, 모든 성도의 인생에 복이 되게 하옵소서. 이를 통해 힘과 소망을 되찾게 하옵소서. 예수님 이름으로 기도합니다. 아멘.

42.
대제사장 가야바에게 보내니라

…… 23 예수께서 대답하시되 내가 말을 잘못하였으면 그 잘못한 것
을 증언하라 바른 말을 하였으면 네가 어찌하여 나를 치느냐 하시더
라 24 안나스가 예수를 결박한 그대로 대제사장 가야바에게 보내니라
(요 18:19-24)

57 예수를 잡은 자들이 그를 끌고 대제사장 가야바에게로 가니 거기 서
기관과 장로들이 모여 있더라 58 베드로가 멀찍이 예수를 따라 대제사
장의 집 뜰에까지 가서 그 결말을 보려고 안에 들어가 하인들과 함께
앉아 있더라 …… (마 26:57-68)

복음서에는 예수님이 잡히신 사건이 간단하게 기록되어 있습니다. 하지만 재판 과정과 그 대화들에 담긴 의미는 너무나 깊고 심오합니다. 로완 윌리엄스라는 신학자가 쓴《심판대에 선 그리스도》라는 책을 참조하면 더 깊은 영감과 이해를 얻을 것입니다.

복음서마다 예수님이 재판정에 서신 모습이 다릅니다. 지난번에는 마가복음에서 그 모습을 살펴보았고, 이번에는 마태복음에 나온 모습을 다룰 것입니다. 그다음에는 누가복음, 마지막에는 요한복음을 다룰 것입니다.

가야바 앞에 선 예수님

본문에서는 대제사장 가야바 앞에 선 예수님의 모습이 나옵니다. 가야바는 예수께 '내가 너로 살아 계신 하나님께 맹세하게 하노니 네가 하나님의 아들 그리스도인지 우리에게 말하라'(마 26:63)라고 질문합니다. 그러자 예수님이 '네가 말하였느니라 그러나 내가 너희에게 이르노니 이 후에 인자가 권능의 우편에 앉아 있는 것과 하늘 구름을 타고 오는 것을 너희가 보리라'(마 26:64)라고 하십니다.

'당신이 메시아가 맞는가?'라는 질문에 '그렇다. 그러나 인자가 권능의 우편에 앉은 것과 구름을 타고 오는 것을 너희가 보리라'라는 답을 이어서 보면, 흔히 우리가 대답하는 의미가 아님을 알 수 있습니다. 이 앞에 굉장히 많은 수사가 감추어져 있다는 것을 알 수 있습니다.

다시 말하면, 가야바는 '인자가 권능의 우편에 앉아 있는 것과 하늘 구름을 타고 오는 것'을 원하고 있습니다. 그래서 가야바는 예수께 '네가 메시아라면 왜 이 꼴이냐?'라고 묻는 것이고, 예수님은 '이게 메시아의 진실한 모습이다. 결국에는 네가 원하는 모습을 볼 것이다. 그러나 지금은 아니다'라고 답하신 것입니다.

결국, 가야바의 질문은 무엇을 근거로 하고 있습니까? 가야바가 기대하고 상상한 메시아는 '전지전능한 창조주, 섭리자, 심판자'의 권능을 갖고 이 땅에 임하시는 모습이었습니다. 더불어 메시아가 이 세상의 어떤 권력보다 큰 권세로 임할 것이라고 당연히 믿었습니다. 그런데 온 이스라엘에 소문이 퍼져 수많은 사람들이 메시아라고 따르던 그 주인공의 실제 모습은 정작 초라하기 짝이 없고 무력할 뿐 아니라 지금 재판정에서 심판을 받고 있습니다. 가야바는 이러한 예수님의 모습을 보고 있습니다.

'당신이 정말 메시아인가?'라는 가야바의 질문에, 예수님은 '그렇다. 결국에는 네가 기대하는 모습을 볼 것이다'라고 답할 수밖에 없었었습니다. 이 말을 들은 가야바는 다음과 같이 말합니다.

> …… 자기 옷을 찢으며 이르되 그가 신성모독 하는 말을 하였으니 어찌 더 증인을 요구하리요 (마 26:65)

결국 예수님을 사형에 처하는 판결을 내렸고, 이후에 성경에 기록된 바와 같이, '예수의 얼굴에 침 뱉으며 주먹으로 치고 어떤 사람은 손바닥으로 때리며'(마 26:67) 조롱과 폭행을 일삼습니다.

가야바의 불안과 공포

우리는 이 본문이 너무 익숙해서, 예수님이 이런 무지한 자들과 하나님을 거부하는 악한 세력들에 의해 억울하게 조롱과 폭행을 당하고 돌아가셨다고 생각합니다. 그러나 찬찬히 다시 한번 살펴봅시다. 가야바가 "당신이 메시아인가?"라고 물었을 때, "그렇다"라고 예수님이 대답하시면, 가야바는 "더 물어볼 필요가 없다. 내보내라"고 하면 됩니다. 여기서 '내보내라'는 것은 풀어 주라는 뜻이 아닙니다. 이렇게 무력한 모습으로 재판정까지 와서 '메시아'라고 우기면, 재판관이 '더 물어볼 게 뭐 있냐. 얘들아, 저녁 한 끼 잘해서 드리고 보내 드려라'라고 해야 맞습니다.

그런데 대제사장인 가야바는 분노했습니다. 분노했다는 것은 가야바가 이 질문을 예수님께 드리기 전부터 공포 속에 있었다는 것을 의미합니다. 어떤 공포일까요? 메시아가 왔다는 소문이 들리는데, 그 소문은 메시아에 합당한 소문이었습니다. 예수님은 문둥병자를 고치고, 바다를 잠잠하게 하시고, 오병이어의 기적을 행하시고, 죄인을 용서하시고, 죽은 자를 살리셨기 때문입니다. 요한복음 21장에는 다음과 같이 기록되었습니다.

> 예수께서 행하신 일이 이 외에도 많으니 만일 낱낱이 기록된다면 이 세상이라도 이 기록된 책을 두기에 부족할 줄 아노라 (요 21:25)

예수님이 수많은 기적과 자비를 베푸셨기 때문입니다.

가야바는 당황했을 것입니다. 예수가 하나님이 보내신 참 메시아라면, 자기와 아무 상관 없이 오시면 안 된다고 생각했기 때문입니다. 가야바는 당시 이스라엘의 대제사장입니다. 하나님이 친히 이스라엘을 그분의 백성으로 부르시고, 그들과 함께하시며, 그 백성을 복 주시기 위해 세운 직분이 바로 왕과 제사장입니다. 그런데 제사장인 자기와 아무 관계 없이 메시아가 오셨다면, 가야바로서는 당혹스러울 수밖에 없었을 것입니다. 하나님이 보내신 자라면 자기에게 훈련을 받든가, 함께 논의를 하든가 해서 메시아로 선포되어야 하는데, 그렇지 않으니 말이죠.

가야바 입장에서는 '하나님은 왜 제사장을 세우셨을까? 예수가 메시아라면, 나는 뭐란 말인가? 내 역할은 무엇인가?'라는 여러 불안감과 두려움 속에서 예수님을 잡아 재판정에 세웠을 것입니다. 예수님이 말씀하신 것처럼, 예수를 잡을 때에 하늘에서 천군 천사가 내려올 수도 있고, 하늘에서 커다란 이적이나 영광이 나타나서 자신들이 잘못하고 있다고 꾸짖을 수도 있다는 불안과 공포 속에 조심스럽게 체포 작전을 수행했을 것입니다. 그런데 정작 예수는 아무런 저항도 하지 않고 이 재판정에 무력하게 있을 뿐 아니라 어떠한 물음에 대답도 없는 상황입니다. 별다른 반발이나 저항이나 큰 위협도 되는 것 같지도 않습니다.

그래서 가야바는 마지막으로 확인하기 위해서 묻습니다.

"당신이 정말 하나님이 보낸 메시아요?"

"그렇소. 인자가 권능의 우편에 앉은 것과 구름을 타고 오는 것을 볼 것이요."

예수님은 그렇게 답하신 후에 자신이 권능의 우편에 앉으신 것과 하늘 구름을 타고 오는 것을 보이셔야 했습니다. 그러나 그런 장면은 장차 보이실 것이지, 그 자리에서는 아닙니다. 이런 말은 이 세상 모든 사기꾼이 '내일 네 통장을 열어 봐라. 내일 기도원에 와 봐라'라고 하는 말과 같습니다. 가야바는 예수님의 말씀을 네 정성과 결정을 보여 달라는 사기꾼의 말처럼 여겼을 것입니다. 그래서 가야바는 자신이 메시아에 대한 불안과 공포에 떨었던 그 자체에 분노합니다. '내가 이 거짓말에 그동안 떨었단 말인가?' 결국에는 이 분노가 폭행으로 나온 것입니다.

안심을 위한 자기 주문, 비난

이는 신자들의 현실에서 정말로 공감되는 중요한 부분입니다. 가야바의 입장에서 봤을 때, 하나님이 일을 하신다면 자기와 함께, 자기를 통해서 해야 한다고 믿듯이, 신자인 우리는 현실을 살면서 하나님은 세상이 우리에게 약속하고 위협하는 것보다 더 큰 것으로 복이나 권세나 평안을 주셔야 한다고 믿고 있습니다.

그런데 우리가 살다 보면, 신앙생활 하는 우리보다 신앙생활 하지 않는 사람들이 더 평안하고 형통한 것 같습니다. 우리가 더 고단한 것 같습니다. 우리가 짊어질 짐은 많으며, 그들에게는 그 짐이 없는 것 같습니다. 그래서 우리가 세상 사람들에게 우리가 예수 믿는 사람들이요, 권세자요, 더 큰 약속을 받은 자라는 것을 확인시키기 위해서

할 수 있는 것은 비난밖에 없습니다.

우리의 비난은 '넌 그래 봤자, 지옥에 갈 거야'죠. 거기서 좀 더 나아가면, 현실적으로 어려움이 생길 때 '예수 믿으면 다 해결돼'라고 건넬 뿐입니다. 이는 긍휼과 자비와 은혜를 가르고 나누는 행위인 동시에, '예수 안 믿으면 그런 벌을 받아 마땅한 거야'로 우리를 안심시키는 행동입니다. 이와 같은 생각은 사실, 자기 주문이기도 합니다.

오늘날도 마찬가지입니다. 세상 사람들이 교회에 대해 '당신들은 왜 코로나 방역 수칙을 제대로 지키지 않고 고집을 부리는가? 당신들은 이 사태에 대해서 조금이나마 도움이 되는 행동은 하지 않고, 손해를 끼치는 행동만 하면서 왜 잘났다고 하는가?'라고 묻습니다. 우리도 하나님에게 하고 싶은 말이 있습니다. 교회가 욕먹지 않게 해 달라는 것입니다. '하나님, 교회가 욕을 먹고 있는데, 가만 계실 거예요? 교회에 사람들이 모여도 확진자가 나오지 않고, 안 믿던 사람들도 교회에 오면 코로나가 낫도록 하시면 안 되나요?'가 우리 모두의 소원입니다. 그러나 하나님은 그렇게 하시지 않습니다. 이는 중요한 부분입니다.

괴로우나 저항하지 않으심

예수님은 지금 가야바 앞에 서 있습니다. 그리고 당신이 직접 가야 하는 길에 대해 괴롭고 힘들어하십니다. 그러나 저항하지 않으십니다. 요한복음 12장을 살펴보면, 이 문제와 관련하여 우리의 현실적 신앙생활에 도움 될 내용이 나옵니다.

> 명절에 예배하러 올라온 사람 중에 헬라인 몇이 있는데 그들이 갈릴리 벳새다 사람 빌립에게 가서 청하여 이르되 선생이여 우리가 예수를 뵈옵고자 하나이다 하니 빌립이 안드레에게 가서 말하고 안드레와 빌립이 예수께 가서 여쭈니 예수께서 대답하여 이르시되 인자가 영광을 얻을 때가 왔도다 내가 진실로 진실로 너희에게 이르노니 한 알의 밀이 땅에 떨어져 죽지 아니하면 한 알 그대로 있고 죽으면 많은 열매를 맺느니라 자기의 생명을 사랑하는 자는 잃어버릴 것이요 이 세상에서 자기의 생명을 미워하는 자는 영생하도록 보전하리라 사람이 나를 섬기려면 나를 따르라 나 있는 곳에 나를 섬기는 자도 거기 있으리니 사람이 나를 섬기면 내 아버지께서 그를 귀히 여기시리라 (요 12:20-26)

지당하신 말씀이고, 우리가 충성하고 순종해야 하는 말씀입니다. 그리고 여기에 이렇게 덧붙입니다.

> 지금 내 마음이 괴로우니 무슨 말을 하리요 아버지여 나를 구원하여 이 때를 면하게 하여 주옵소서 그러나 내가 이를 위하여 이 때에 왔나이다 (요 12:27)

이 말씀은 예수님이 아무 고통 없이, 아무 걱정 없이 하시는 말씀이 아닙니다. 이 길을 걷는 것은 예수님조차도 두렵고 고통스러우며 싫습니다. 그러나 이 길을 가셔야 합니다. 이는 아버지께서 원하시는 길이고 방법입니다. 예수님은 그 당시 제자들과 오늘날 우리에게 '한 알의 밀이 땅에 떨어져 죽지 아니하면 한 알 그대로 있고 죽으면 많은 열매를 맺느니라'(요 12:24)라고 가르치십니다.

그러나 우리는 보이는 것으로, 보복으로, 보상으로, 권력으로 우리가 가진 약속과 정체성과 운명을 확보하고 싶어 합니다. 우리는 이 싸움에서 다 걸려 넘어지고 있습니다.

우리는 예수님이 억울하게 누명을 쓰셔서 고난받고 죽으셨다고 단순하게 이야기하면 안 됩니다. 예수님의 고난과 죽음은 하나님의 권능이고 지혜였습니다. 이것이 성경이 말하는 십자가에 대한 정의입니다. 마태복음 16장에서 예수님이 제자들에게 "너희는 나를 누구라 하느냐?"라고 물으십니다. 이 물음에 대한 결론이 24절에 나옵니다.

> 이에 예수께서 제자들에게 이르시되 누구든지 나를 따라오려거든 자기를 부인하고 자기 십자가를 지고 나를 따를 것이니라 (마 16:24)

'자기 부인'이란 우리가 하고 싶은 것을 버리는 것입니다. 자기 자신의 유익을 위한 확보, 자기 자신에 대한 자존감이나 자신감을 버리고 자기 십자가를 지는 것을 말합니다.

우리는 자신감과 우월감을 보상이나 증거로 갖고 싶어 합니다. 그러나 성경은 우리에게 그 자신감과 우월감을 내려놓으라고 합니다. 이는 분명 우리에게 고통스러운 요구이고, 우리가 따르기에 만만치 않은 가르침입니다. 하지만 성경은 이러한 약속이 무엇을 의미하는지를 우리에게 가르쳐 줍니다. 현실적 신앙 실천을 가르쳐 주는 셈입니다.

양과 염소의 비유

예수님이 잡히시기 전에 제자들에게 여러 비유를 들어 말씀하십니다. 그중에 양과 염소에 대한 심판의 비유가 있습니다. 오른편 양은 예수 그리스도를 알아본 자들이고, 왼편 염소는 예수 그리스도를 몰라본 자들입니다.

임금이 오른편에 있는 자들에게 '내가 주릴 때에 너희가 먹을 것을 주었고 목마를 때에 마시게 하였고 나그네 되었을 때에 영접하였고 헐벗었을 때에 옷을 입혔고 병들었을 때에 돌보았고 옥에 갇혔을 때에 와서 보았'(마 25:35-36)다고 했습니다. 이에 그들이 '주여 우리가 어느 때에 주께서 주리신 것을 보고 음식을 대접하였으며 목마르신 것을 보고 마시게 하였나이까 어느 때에 나그네 되신 것을 보고 영접하였으며 헐벗으신 것을 보고 옷 입혔나이까 어느 때에 병드신 것이나 옥에 갇히신 것을 보고 가서 뵈었나이까'(마 25:37-39)라고 물었습니다. 그러자 임금이 '내가 진실로 너희에게 이르되 너희가 여기 내 형제 중에 지극히 작은 자 하나에게 한 것이 곧 내게 한 것이니라'(마 25:40)라고 대답했습니다.

한편 임금이 왼편에 있는 자들에게는 '내가 주릴 때에 너희가 먹을 것을 주지 아니하였고 목마를 때에 마시게 하지 아니하였고 나그네 되었을 때에 영접하지 아니하였고 헐벗었을 때에 옷 입히지 아니하였고 병들었을 때와 옥에 갇혔을 때에 돌보지 아니하였느니라'(마 25:42-43)라고 했습니다. 그들도 묻습니다. "주여 우리가 어느 때에 주께서 주리신 것이나 목마르신 것이나 나그네 되신 것이나 헐벗으신 것이나 병드신 것이나 옥에 갇히신 것을 보고 공양하지 아니하더이까"(마 25:44). 이에 임금이 "내가 진실로 너희에게 이르노니 이 지극히 작은 자 하나에게 하지 아니한 것이 곧 내게 하지 아니한 것이니라"(마 25:45)라고 했습니다.

이 비유는 어떤 뜻일까요? 지극히 작은 자 하나에게 했는지 묻는 것은 곧 그의 마음에 '긍휼과 동정과 인간에 대한 책임이 있는가?'를 물으시는 것입니다. 이는 명분으로 물으시는 것이 아닙니다. 예수님의 생애, 십자가가 가르치는 새 창조, 구원, 하나님 자녀의 영광이라는 것은 하나님이 인류에게 목적하신 것입니다. 사랑과 동정과 섬김이 있는 인간을 만드시려는 목적 말입니다.

아슬아슬한 인생의 자리

사랑은 왜 중요할까요? 사랑의 반대말은 공포입니다. 요한일서 4장에 이런 말씀이 나옵니다.

> 사랑 안에 두려움이 없고 온전한 사랑이 두려움을 내쫓나니 두려움에는 형벌이 있음이라 두려워하는 자는 사랑 안에서 온전히 이루지 못하였느니라 (요일 4:18)

우리의 두려움이 분노를, 우리의 불안함이 비난을 만듭니다. 그래서 우리는 자신의 불안함을 폭력 행사로 표출합니다.

우리가 예수를 믿은 후에 다른 사람에게 폭력과 조롱과 비난밖에 할 수 없다면, 우리는 예수를 못 만난 사람일 수 있습니다. 그러니 다시 생각해 보십시오. 우리가 스스로 약자가 되어 약자와 함께 공감하는 자리에 있다는 것은, 누구에게 보복할 필요가 없고, 보복해서 자신을 확보하는 권세를 가질 필요가 없다는 것을 말합니다. 이를 아는 것은 굉장하고 신비한 신앙의 문턱을 넘어서는 것입니다.

우리가 다른 사람들보다 무언가를 더 가졌기 때문에 나누는 것이 아닙니다. 아슬아슬한 마음 곧 약자의 마음으로 나누는 것입니다. 빌립보서 2장 12절을 봅시다.

> 그러므로 나의 사랑하는 자들아 너희가 나 있을 때뿐 아니라 더욱 지금 나 없을 때에도 항상 복종하여 두렵고 떨림으로 너희 구원을 이루라 (빌 2:12)

여기서 말하는 '두렵고 떨림'은 무엇일까요? 진지한 마음을 '두렵고 떨림'이라고 표현한 것이 아닙니다. 말 그대로 아슬아슬한 상태를 말합니다. 우리 존재가, 자기 정체성과 믿음에 대한 자기 확인이 아슬아슬한 상태입니다. 그 상태가 정상이고 우리의 형편이라고 이야기합니다. 이 얼마나 감사하며 다행입니까?

예수님은 가야바를 폭력으로 굴복시키지 않으셨습니다. 예수님이 오늘 우리에게 '너희는 아슬아슬한 인생을 살 것이다. 거기가 바로 가야바 앞에서 내가 모진 수난을 당한 자리와 똑같다. 그곳은 가야바의 폭력 앞에서 내가 굴복하고 억울하게 고통을 받은 자리가 아니다. 오히려 하나님이 펼쳐 놓은 그분의 넓은 가슴이요, 깊은 권세다'라고 말씀하십니다. 우리는 자신감과 우월감으로 똘똘 뭉친 넉넉한 자리에 있는 자에게 동정을 느껴야 합니다. 아슬아슬한 이곳이 진정한 우리의 자리요, 신앙생활이라는 것을 알고 감사할 수 있어야 합니다.

지금 우리가 사회를 향해 자랑하고 싶은 것, 곧 온 교회가 방역 수칙도 잘 지키고, 기도도 열심히 하여 신비한 하나님의 기적이 교회에서 나타나 코로나를 멈추고 이 나라를 잘 살게 하는 방법으로는 하나님이 일하지 않으시겠답니다.

아무도 알아보지 못하는 자리

하나님이 그렇게 하지 않으시는 이유가 무엇일까요? 요한복음 12장 37절 이하에서 이렇게 이야기합니다.

> 이렇게 많은 표적을 그들 앞에서 행하셨으나 그를 믿지 아니하니 이는 선지자 이사야의 말씀을 이루려 하심이라 이르되 주여 우리에게서 들은 바를 누가 믿었으며 주의 팔이 누구에게 나타났나이까 하였더라 그들이 능히 믿지 못한 것은 이 때문이니 곧 이사야가 다시 일렀으되 그들의 눈을 멀게 하시고 그들의 마음을 완고하게 하셨으니 이는 그들로 하여금 눈으로 보고 마음으로 깨닫고 돌이켜 내게 고침을 받지 못하게 하려 함이라 하였음이더라 이사야가 이렇게 말한 것은 주의 영광을 보고 주를 가리켜 말한 것이라

(요 12:37-41)

앞뒤가 하나도 맞지 않습니다. '주여, 우리가 전한 것을 누가 믿었습니까? 그들의 눈을 멀게 하셨는데 이는 그들이 깨닫고 와서 고침을 받지 못하게 하려 하신 것입니다'라고 합니다. 무엇을 보고 이러한 이야기를 했습니까? '주의 영광' 때문에 그랬다고 합니다.

결국 이런 이야기를 하는 것입니다. 하나님은 구원이 우리의 소원을 들어주는 정도에 불과한 것이 아니기를, 우리가 바라는 행복과 보상으로 끝나지 않기를, 하나님의 영광과 그분의 권능이 완성되는 것을 목적으로 했기 때문에 아무도 못 알아보는 그 자리를 가기를, 세상의 것으로 해결되지 않는 자리로 부름받은 우리이기를, 하나님만이 주실 수 있는 기적으로 채워지는 인생을 살기를, 하나님이 행하시는 기적이 불안하고 걱정스러워 분노하는 가야바와 같이 보복과 폭력으로 확인할 수밖에 없는 존재가 되지 않기를, 예수님의 재판과 죽음에서 드러난 하나님의 일하심을 오늘 우리 자리에서 확인하게 되기를 바라는 것입니다. 그러므로 우리는 주님이 하신 약속을 바랄 뿐입니다.

…… 인자가 권능의 우편에 앉아 있는 것과 하늘 구름을 타고 오는 것을 너희가 보리라 하시니 (마 26:64)

우리의 인생이 이 약속에 있다는 것을 기억하기 바랍니다.

기 도

하나님 아버지, 은혜를 감사합니다. 우리 인생이 부족함과 억울함 속에 있는 것을 이제 말씀을 통하여 확인했습니다. 그리고 우리의 인생이 하나님의 권능과 지혜 속에 있다는 사실을 알게 하시니 감사합니다. 우리의 연약함, 미천함, 아쉬움들이 하나님의 인도하심인 줄 깨닫고, 그 길을 걷게 하옵소서. 믿음의 승리가 있는 인생이 되게 하옵소서. 승리가 우리의 것임을 알게 하옵소서. 예수님 이름으로 기도합니다. 아멘.

43.
진리에 대하여 증언하려 함이로라

……34 예수께서 대답하시되 이는 네가 스스로 하는 말이냐 다른 사람
들이 나에 대하여 네게 한 말이냐 35 빌라도가 대답하되 내가 유대인
이냐 네 나라 사람과 대제사장들이 너를 내게 넘겼으니 네가 무엇을 하
였느냐 36 예수께서 대답하시되 내 나라는 이 세상에 속한 것이 아니
니라 만일 내 나라가 이 세상에 속한 것이었더라면 내 종들이 싸워 나
로 유대인들에게 넘겨지지 않게 하였으리라 이제 내 나라는 여기에 속
한 것이 아니니라 37 빌라도가 이르되 그러면 네가 왕이 아니냐 예수
께서 대답하시되 네 말과 같이 내가 왕이니라 내가 이를 위하여 태어났
으며 이를 위하여 세상에 왔나니 곧 진리에 대하여 증언하려 함이로라
무릇 진리에 속한 자는 내 음성을 듣느니라 하신대 38 빌라도가 이르
되 진리가 무엇이냐 하더라 (요 18:28-38)

요한복음에 나온 이 재판은, 예수님이 대제사장 가야바에게 잡혀가셨다가 그다음에 가야바가 예수님을 빌라도에게 보내어 받게 한 재판입니다. 당시 유대인들에게는 사형 집행권이 없었습니다. 로마의 총독인 빌라도만이 사형 선고와 집행을 할 수 있었기 때문에, 가야바는 예수님을 빌라도에게 보낸 것입니다. 빌라도와 예수님의 대화는 이렇게 이어집니다.

> 빌라도가 이르되 그러면 네가 왕이 아니냐 예수께서 대답하시되 네 말과 같이 내가 왕이니라 내가 이를 위하여 태어났으며 이를 위하여 세상에 왔나니 곧 진리에 대하여 증언하려 함이로라 무릇 진리에 속한 자는 내 음성을 듣느니라 하신대 (요 18:37)

빌라도가 예수께 '당신은 왕이라고 하면서, 왜 이 모양 이 꼴인가?'를 묻는 장면입니다. 빌라도 입장에서 예수께 '무슨 진리가 이 모양이오?'를 묻는 것은 당연한 반응입니다.

누가복음에 나타난 예수님의 재판 장면

우리는 로완 윌리엄스의 도움을 받아 각 복음서가 예수님의 재판 장면을 어떤 관점으로 우리에게 보여 주고 있는지를 살펴보고 있습니다. 앞서 마가복음과 마태복음의 관점에서 살펴보았고, 이번에는 누가복음의 관점에서 살펴보려고 합니다.

누가가 전하는 예수님의 재판 장면은 이렇습니다. 예수님이 처음에는 백성의 장로들 곧 대제사장들과 서기관들 앞에 끌려갔다가 빌라도 앞에 섭니다. 후에 빌라도는 예수님을 헤롯에게 보내고, 헤롯이 다시 빌라도에게 보내서 최후의 판결이 나는 장면이 누가복음 22-23장에 담겨 있습니다.

빌라도가 예수께 한 '네가 그리스도냐? 하나님의 아들이냐? 네가 약속된 구원자냐?'라는 질문에, 예수님이 '그렇다'라고 답하십니다. 앞서 예수님은 '너희가 듣기는 들어도 깨닫지 못할 것이요 보기는 보아도 알지 못하리라'(마 13:14)라고 말씀하셨습니다. 이는 굉장히 중요한 표현으로, 예수님이 씨 뿌리는 비유를 설명하실 때 하신 말씀입니다. 이 말씀은 이사야 6장에 나오는 선지자 이사야가 소명을 받는 장면에서 인용해 온 것입니다.

> …… 누가 우리를 위하여 갈꼬 하시니 그 때에 내가 이르되 내가 여기 있나이다 나를 보내소서 하였더니 여호와께서 이르시되 가서 이 백성에게 이르기를 너희가 듣기는 들어도 깨닫지 못할 것이요 보기는 보아도 알지 못하리라 하여 (사 6:8-9)

이에 덧붙여 하나님은 "그들이 눈으로 보고 귀로 듣고 마음으로 깨닫고 다시 돌아와 고침을 받을까 하노라"(사 6:10)라고 이사야에게 말씀하십니다. 이는 '그들이 알아듣지 못하게 하라'고 하신 것입니다. 이런 하나님의 명을 받은 것이 이사야의 소명이요, 그 예언이 성취되는 것이 예수님의 지금 모습입니다. 진정한 권세와 모든 존재의 주인이신 예수님은 그분의 피조물이요, 그분의 은혜를 입는 자들에게 이제 사형 판결을 받기 위해 조롱과 수모를 받는 재판 자리에 계십니다.

들어도 깨닫지 못하고 보아도 알지 못하는 이 일, 곧 재판정에서 나타난 이 일은 요한복음 18장에서 본 바와 같습니다. 예수님이 빌라도에게 '무릇 진리에 속한 자는 내 음성을 듣느니라'(요 18:37)라고 하시자, 빌라도가 예수께 '진리가 무엇이냐?'라고 묻습니다.

앞서 제가 이 말을 '무슨 진리가 이 모양이냐?'라고 의역한 것같이, 가야바나 빌라도나 헤롯이 알고 있는 진리는 권력입니다. 그러나 하나님이 나타내시려는 진리는 우리가 아는 단어 중에는 구원, 은혜, 영생 같은 것입니다. 이것이 권력과 이렇게 대칭 관계에 서 있다는 것을 이해하지 못하면, 우리는 복음서나 기독교 신앙의 깊은 자리에 들어가지 못합니다.

권력과 구원의 대칭

누가복음은 이 대칭을 굉장히 강조합니다. 누가복음은 예수님이 탄생한 '그 때에 가이사 아구스도가' 다스리고 있었다고 기록하고 있습니다. 로마 황제 아우구스투스 때 그리고 헤롯이 유대의 왕일 때, 예수님이 태어나셨다고 당시 정치 현실과 함께 조명합니다.

예수의 탄생을 기뻐하도록 초청받은 자들은 들에서 양을 치던 목자들입니다. 찬송가의 가사에도 나오는 '양 틈에 자던 목자들'은 한마디로 노숙자들이죠. 그들이 초대를 받아 예수님의 영광을 보지만, 아우구스투스나 헤롯은 이를 모릅니다. 나중에 헤롯은 예수를 죽이기 위해 베들레헴과 그 모든 지경 안에 있는 두 살 이하의 사내아이를 다 죽이라고 명령을 내리기도 합니다.

재판정에서 고스란히 재확인되는 것은 지금의 권세 곧 헤롯과 빌라도가 예수님의 반대편에 서 있다는 사실입니다. 특히 백성의 장로들과 제사장들 즉 가야바, 안나스 등은 예수의 메시아 되심을 부인하고 외면하는 것만이 아니라 파괴하려고까지 합니다.

이러한 대칭이 누가복음에서는 여러 번 비유로 나옵니다. 탕자의 비유만 해도 그렇습니다. 둘째 아들이 아버지에게 재산을 달라고 해서, 아버지가 둘째 아들에게 재산을 나누어 줍니다. 그 아들이 먼 나라에 가 거기서 허랑방탕하여 아버지께 받은 재산을 다 탕진하고 다시 아버지에게 돌아옵니다. 아버지가 돌아온 둘째 아들을 환영하자, 맏아들이 화를 냅니다.

> …… 내가 여러 해 아버지를 섬겨 명을 어김이 없거늘 내게는 염소 새끼라도 주어 나와 내 벗으로 즐기게 하신 일이 없더니 아버지의 살림을 창녀들과 함께 삼켜 버린 이 아들이 돌아오매 이를 위하여 살진 송아지를 잡으셨나이다 (눅 15:29-30)

이 말씀을 잘 보십시오. 놀라운 사실이 담겨 있습니다. 맏아들은 늘 잘했습니다. 그래서 용서를 못합니다. 이것이 굉장한 아이러니이기 때문에, 우리가 꼭 기억해야 합니다.

예수 믿는 사람들의 최고 약점은 자신이 받은 은혜와 믿음이 이상하게 분노로 표출된다는 것을 모른다는 점입니다. 그런 면에서 '예수 천당, 불신 지옥'이라는 말은 대단히 곤란한 표현입니다. '지옥에 가지 말고 천국에 가자'는 의미로 전도하는 것은 옳지만, 그 안에는 '안 믿는 것들은 죽여 주세요'가 포함되어 있습니다. 믿는 자의 자기 확인이 전도로 나타나는 것은 당연합니다. 하지만 그렇게 전도를 하면서 사람들이 자신의 전도를 외면하거나 귀찮게 여긴다는 인상을 주면, '넌 지옥 갈 거야'라는 마음으로 분노를 표출하면서 전도가 우월감이나 자기 확인을 하는 것으로 작용하는 경우가 있습니다.

선한 사마리아인의 예

누가복음에는 이런 상황이 계속 대칭되어 나옵니다. 선한 사마리아인의 비유를 볼까요? 누가복음 10장으로 가 봅시다.

> 어떤 율법교사가 일어나 예수를 시험하여 이르되 선생님 내가 무엇을 하여야 영생을 얻으리까 예수께서 이르시되 율법에 무엇이라 기록되었으며 네가 어떻게 읽느냐 대답하여 이르되 네 마음을 다하며 목숨을 다하며 힘을 다하며 뜻을 다하여 주 너의 하나님을 사랑하고 또한 네 이웃을 네 자신 같이 사랑하라 하였나이다 예수께서 이르시되 네 대답이 옳도다 이를 행하라 그러면 살리라 하시니 그 사람이 자기를 옳게 보이려고 예수께 여짜오되 그러면 내 이웃이 누구니이까 (눅 10:25-29)

예수님과 율법 교사의 이와 같은 대화로 선한 사마리아인의 비유가 시작됩니다.

> 예수께서 대답하여 이르시되 어떤 사람이 예루살렘에서 여리고로 내려가다가 강도를 만나매 강도들이 그 옷을 벗기고 때려 거의 죽은 것을 버리고 갔더라 마침 한 제사장이 그 길로 내려가다가 그를 보고 피하여 지나가고 또 이와 같이 한 레위인도 그 곳에 이르러 그를 보고 피하여 지나가되 어떤 사마리아 사람은 여행하는 중 거기 이르러 그를 보고 불쌍히 여겨 가까이 가서 기름과 포도주를 그 상처에 붓고 싸매고 자기 짐승에 태워 주막으로 데리고 가서 돌보아 주니라 그 이튿날 그가 주막 주인에게 데나리온 둘을 내어 주며 이르되 이 사람을 돌보아 주라 비용이 더 들면 내가 돌아올 때에 갚으리라 하였으니 네 생각에는 이 세 사람 중에 누가 강도 만난 자의 이웃이 되겠느냐 이르되 자비를 베푼 자니이다 예수께서 이르시되 가서 너도 이와 같이 하라 하시니라 (눅 10:30-37)

제사장은 왜 강도 만난 자를 피해 갔을까요? 더 크고 급한 일이 있었겠죠. 레위인도 명분 있는 어떤 일이 있었을 것입니다.

여기에는 중요한 대조가 있습니다. 어디 가서 구호 사업을 하면서 '더 큰 일, 더 중요한 일'이라고 말할 필요는 없습니다. 실제로 우리의 현실 속에 매일 그런 기회, 그런 도전이 있습니다. '멀리 나가서 하지 말고'가 있습니다. 우리에게는 매일 만나는 가족과 출퇴근길이나 일터에서 만나는 사람들이 있습니다. 그런데 우리는 큰 명분 때문에 매일 해야 되는 가장 중요한 일은 놓칠 수 있습니다.

삭개오의 예

누가복음 19장으로 가면, 삭개오가 나옵니다. 삭개오는 세리장이고 부자입니다. 유대인들의 비난과 증오의 대상이죠. 그런 그가 예수님을 보려고 무화과나무에 올라가자 예수님이 그를 부르셨습니다.

> 예수께서 그 곳에 이르사 쳐다 보시고 이르시되 삭개오야 속히 내려오라 내가 오늘 네 집에 유하여야 하겠다 하시니 급히 내려와 즐거워하며 영접하거늘 뭇 사람이 보고 수군거려 이르되 저가 죄인의 집에 유하러 들어갔도다 하더라 삭개오가 서서 주께 여짜오되 주여 보시옵소서 내 소유의 절반을 가난한 자들에게 주겠사오며 만일 누구의 것을 속여 빼앗은 일이 있으면 네 갑절이나 갚겠나이다 예수께서 이르시되 오늘 구원이 이 집에 이르렀으니 이 사람도 아브라함의 자손임이로다 인자가 온 것은 잃어버린 자를 찾아 구원하려 함이니라 (눅 19:5-10)

이 말씀에는 '삭개오가 회개했다'라고 나오지 않습니다. 삭개오는 그저 예수님을 만나 뵙고 싶었습니다. 그가 예수님을 만나자 그 기쁨으로 자신의 잘못을 돌이키고 가난한 사람들에게 은혜를 베풀겠다고 합니다. 그러나 뭇사람은 예수께 '저가 죄인의 집에 유하러 들어갔도다'라고 수군거렸습니다. '이 사람이 정신이 있는 사람이냐'라고 비난을 한 것입니다.

예수를 믿으나 자신의 신앙을 확인하는 방법이 비난밖에 없습니다. 이는 '잘했다, 잘못했다'라는 판가름보다 더 못난 것입니다. 신앙 인생이 가난한 것입니다. 그들은 늘 인상을 쓰고 있습니다. 왜 인상을 씁니까? 인상을 쓰는 이유는 딱 하나, '건들지 마라'입니다. 인류 역사 내내 사회라는 곳, 즉 우리가 겪는 현실이 전하는 메시지는 '건들지 마라'입니다. '나도 너 건드리지 않을게. 너도 나 건드리지 마'입니다.

이에 대해 성경은 무관심이 최고의 죄라는 것을 우리에게 전합니다. 예수를 믿으면서 이웃에 대해 무관심한 것은 정말 큰 죄입니다. 이웃에게 가서 아첨을 하라는 것도 아니고, 그에게 가서 쩔쩔매라는 것도 아닙니다. 우리는 모두 이웃에게 어떤 표정을 지어야 할지 모릅니다. 잘못 웃으면 쉬워 보이잖아요. 그러면 사람들이 달려들어 뜯어 먹을 거 같으니, 만만하게 보여서는 안 되겠죠. 그러나 신자인 우리는 달라야 합니다. 그건 각자 연습을 해야 합니다. 표정과 행동이 달라야 합니다. 말을 하지 않아도 고개를 돌리는 속도와 쳐다보는 눈초리가 다 다릅니다. 보면 다 압니다.

예수 믿는 사람이 좋은 표정 짓는 일을 못하면 안 됩니다. 스스로 생각해야 합니다. 자신의 신앙을 확보하기 위해 모두를 밀어내야만, 누구를 비난해야만 가능하다면, 이는 죽을 짓입니다. 예수를 믿는 게 얼마나 고달플까요? 겁이 나서 자기를 자기 스스로 보호해야 하니 얼마나 힘들겠습니까.

빌라도와 헤롯의 안심

누가복음 22장에서 백성의 장로들 곧 대제사장들과 서기관들이 모여 예수를 공회로 끌고 가서 "네가 그리스도이거든 우리에게 말하라"라고 합니다. 그때 예수님이 "내가 말할지라도 너희가 믿지 아니할 것이요 내가 물어도 너희가 대답하지 아니할 것이니라"라고 말씀하십니다. 이에 누가복음 23장에서는 무리가 예수님을 빌라도에게 보내고 다시 빌라도가 예수님을 헤롯에게 보냅니다.

그 당시 헤롯이 갈릴리의 분봉왕이었습니다. 복음서에서 헤롯의 이름이 두 번 나옵니다. 보통 우리가 아는 헤롯은 예수님이 태어나실 때 다스렸던 헤롯으로, 헤롯 대왕이라고 붙여 부르고, 누가복음 23장에 나오는 헤롯은 헤롯 대왕의 아들입니다. 아버지 헤롯 대왕 때에는 이스라엘 전체를 다스렸지만, 아들이 통치할 때는 권력이 나누어져서 나라 전체가 아니라 지방 한 곳을 다스렸습니다. 지금으로 말하자면 도지사 급으로 격하된 것입니다. 그때 아들 헤롯이 갈릴리 지방을 다스렸습니다. 빌라도는 예수를 재판하다가 그가 갈릴리 출신인 것을 알게 되어 갈릴리 분봉왕인 헤롯에게 보낸 것입니다.

> 헤롯이 예수를 보고 매우 기뻐하니 이는 그의 소문을 들었으므로 보고자 한 지 오래였고 또한 무엇이나 이적 행하심을 볼까 바랐던 연고러라 여러 말로 물으나 아무 말도 대답하지 아니하시니 대제사장들과 서기관들이 서서 힘써 고발하더라 헤롯이 그 군인들과 함께 예수를 업신여기며 희롱하고 빛난 옷을 입혀 빌라도에게 도

> 로 보내니 헤롯과 빌라도가 전에는 원수였으나 당일에 서로 친구가 되니라 (눅 23:8-12)

우리는 이 재판 과정에서 빌라도가 매우 애매하게 처신한 것을 알고 있습니다. 빌라도는 계속 '나는 그에게서 죄를 찾지 못하였노라'(요 19:6, 눅 23:22)라고 하면서도 결국 나중에는 예수님을 모욕하며 채찍질하도록 합니다. 헤롯 역시 예수님을 보기 원했습니다. 예수님의 어떤 이적이라도 볼 수 있을 것이라 생각했으나 정작 예수님은 아무 대답도 하지 않으셨습니다. 헤롯도 결국 예수님을 희롱하고 빛난 옷을 입혀 빌라도에게 도로 보냅니다.

"헤롯과 빌라도가 전에는 원수였으나 당일에 서로 친구가 되니라"(눅 23:12)라고 합니다. 둘이 공통 문제를 푼 것입니다. 헤롯은 유대 왕으로 유대 사람들의 지지를 받아야 하고, 빌라도는 로마의 총독으로 로마 황제의 환심을 사야 합니다. 서로 정치적 이해관계가 다릅니다. 그래서 빌라도와 헤롯은 늘 갈등이 있었습니다. 그런데 둘의 정치적 공통 방해물은 예수였습니다.

유대의 왕인 헤롯에게 예수가 메시아이고 왕이라는 것은 걱정거리였고, 빌라도 역시 예수가 가뜩이나 민족성이 강하고 늘 거역하는 고집 센 유대인들을 선동해서 독립 운동을 펼쳐 모반이나 반란을 일으킬까 걱정이었습니다. 그런데 막상 예수를 만나 보니 예수는 무력합니다. 일단 이러한 예수님의 모습에 그들은 안심했습니다. 둘이 공통으로 서로에게 예수를 보내면서 여태껏 없던 공감대가 형성되어 마음 놓고 친구가 된 것입니다.

권력이 아닌 섬김

성경은, 우리로 하여금 기독교라는 이름으로 혹은 사회봉사의 이름으로 협력할 때에 정치적·사회적 동기를 가지는 것보다는 섬기는 것으로 예수님의 받으시는 고난을 증언하라고 가르칩니다.

예수님은 '네가 예수냐?' '네가 유대인의 왕이냐?'라는 질문에, '그렇다, 진리를 아는 자들이 다 내게로 올 것이다'라고 답하십니다. 그 다음 '진리가 뭐냐?'라는 질문에 예수님은 논쟁을 벌이거나 무슨 증거를 꺼내서 자신이 걸어야 할 길을 면제받거나 쉽게 가기 위해 회피하지 않습니다. 설득하지 않습니다. 그 길은 가는 겁니다. 이것을 끌어안고 가는 겁니다. 그저 묵묵히 섬기는 것입니다.

섬김에 대해서는 주께서 잡히시던 날 마지막 만찬 때 제자들이 예수께 권력을 요청하자 예수님이 가르치신 바 있습니다. 제자들의 청은 이랬습니다. '주의 나라에서 하나는 주의 우편에, 하나는 주의 좌편에 앉게 명하소서'(마 20:21). 이때 예수님이 다음과 같이 말씀하십니다.

> 이르시되 내 좌우편에 앉는 것은 내가 주는 것이 아니라 내 아버지께서 누구를 위하여 예비하셨든지 그들이 얻을 것이니라…… 이방인의 집권자들이 그들을 임의로 주관하고 그 고관들이 그들에게 권세를 부리는 줄을 너희가 알거니와 너희 중에는 그렇지 않아야 하나니 너희 중에 누구든지 크고자 하는 자는 너희를 섬기는 자가 되고 너희 중에 누구든지 으뜸이 되고자 하는 자는 너희의 종이 되

어야 하리라 (마 20:23-27)

섬김은 말로는 쉽지만 정작 행하기는 어렵습니다. 이 세상의 진리와는 역행하는 이야기입니다. 하지만 예수님은 이를 우리에게 행하라고 하십니다. 예수님은 누구를 때려잡거나 어떤 잘못을 심판하심으로써 당신의 나라를 임하게 하시지 않습니다. 말하자면, 예수님은 용서도 인내도 겸손도 구원도 없는 세상에 오셔서 이를 알아보지 못하는 자들을 위하여 그분의 생애를 다 소진할 뿐 아니라 목숨까지 바쳐 자신의 생애를 마무리하십니다.

우리는 목숨을 바친다고 하면, 언제나 비장한 개념으로 이해해서 '결사각오'의 심정으로 두 눈을 부릅뜨고 주먹을 움켜쥐는 일로 생각합니다. 우리 마음에 그렇게 각인되어 있습니다. 하지만 그렇지 않습니다. 결사각오는 그냥 주어진 하루만큼, 예수님이 자신의 생애를 아버지의 뜻을 따라 이렇게 묶이고, 저렇게 끌리며 사는 것과 같습니다. 우리의 생애에서 할 수 있는 일, 이웃을 도울 수 있는 일을 하는 것입니다. 예수님은 이러한 일들을 너무 많이 하셔서 요한은 "예수께서 행하신 일이 이 외에도 많으니 만일 낱낱이 기록된다면 이 세상이라도 이 기록된 책을 두기에 부족할 줄 아노라"(요 21:25)라고 기록했습니다.

앞서 마태복음 13장에서 예수님이 제자들에게 비유로 설명하신 이야기를 다시 한번 봅시다.

이사야의 예언이 그들에게 이루어졌으니 일렀으되 너희가 듣기는 들어도 깨닫지 못할 것이요 보기는 보아도 알지 못하리라 이 백성들의 마음이 완악하여져서 그 귀는 듣기에 둔하고 눈은 감았으니 이는 눈으로 보고 귀로 듣고 마음으로 깨달아 돌이켜 내게 고침을 받을까 두려워함이라 하였느니라 (마 13:14-15)

이 내용은 무엇일까요? 하나님은 우리가 소원하는 문제들을 해결받는 것이 구원인 줄 알까 봐 걱정하십니다. 사실 구원은 이보다 훨씬 큽니다. 걱정할 필요가 없습니다. 예수님이 가신 길을 보고 따라가면 됩니다. 어디서든지 할 수 있습니다. 멀리서 찾을 것 없습니다. 내 주변에 사는 이웃에게 할 수 있습니다.

창조 선물의 수혜자

예수님은 앞서 언급한 삭개오의 고백에 '오늘 구원이 이 집에 이르렀으니 이 사람도 아브라함의 자손임이로다'(눅 19:9)라고 선언하셨습니다. 이 선언의 의미를 잘 새겨 보아야 합니다. 여기서 '아브라함의 자손'이라는 것은 '유대인'이라는 뜻이 아닙니다. 아브라함의 후손은 믿음의 후손입니다. 믿음은 하나님 아버지께서 인류를 향하여 구원을 베풀기 위해 행하신 창조의 선물, 기적, 그리고 하나님의 특별한 새로운 구원을 위한 약속입니다. 우리가 그 수혜자입니다. 그렇기 때문에 우리는 섬기며 살아야 합니다.

앞서 이야기한 대로 성경은 무관심을 가장 큰 죄로 봅니다. 이웃을 인정하지 않는 무관심은 우리가 빛이라는 것을 인정하지 않는 것입니다. 스스로를 가리는 행동입니다. 겁내지 마십시오. 달라지기 위해 호들갑을 떨 필요가 없습니다. 가만 있어도 눈빛이 달라야 합니다. 동작 하나가 달라야 합니다.

영화에서 명장면들을 보면, 연기 잘하는 배우들은 목소리를 높이거나 동작을 크게 하지 않습니다. 안타까운 모습을 보고 막 울면서 비명을 지르며 공감하는 게 아닙니다. 어떤 것도 할 수 없는 표정을 짓는 것이 가장 큰 공감입니다. 그것은 우리 모두 할 수 있습니다. 우리가 이것을 하지 못하는 이유는 그런 것을 보고 배운 적이 없기 때문입니다.

> 우리가 아직 죄인 되었을 때에 그리스도께서 우리를 위하여 죽으심으로 하나님께서 우리에 대한 자기의 사랑을 확증하셨느니라 (롬 5:8)

우리는 예수님에 대해 몰랐습니다. 예수님이 무엇을 하시는지, 왜 오셨는지 우리가 전혀 몰랐을 때에도 그분은 우리의 구원자로 우리에게 오셨습니다. 오시고는 우리를 확 바꾸어 놓지 않으셨습니다. 겁주지 않으셨습니다. 세상 사람들에게 '사는 게 다 그렇지 뭐'라고 말하는 것은 예수 그리스도의 십자가를 모독하는 것입니다. 우리의 삶이 기적이라는 것을 알고 그 삶을 살아 내기를 바랍니다.

기 도

하나님 아버지, 우리 모두 사랑하며 살고, 섬기며 살고, 기다리며 살고, 기도하며 살겠습니다. 그렇게 해서 보상을 받는 것으로 만족하지 않겠습니다. 예수님이 겪으신 것처럼 사람들에게 오해받고 조롱받고 외면당할지 모릅니다. 그럴지라도 고집부리지 않고, 지혜롭고, 온유하고, 끈기 있게 우리의 생애를 귀하게 살아 내겠습니다. 말씀을 주셨으니 살 힘도, 지혜도 주옵소서. 예수님 이름으로 기도합니다. 아멘.

44.
십자가에 못 박게 하소서

---

1 이에 빌라도가 예수를 데려다가 채찍질하더라 2 군인들이 가시나무
로 관을 엮어 그의 머리에 씌우고 자색 옷을 입히고 3 앞에 가서 이르
되 유대인의 왕이여 평안할지어다 하며 손으로 때리더라 4 빌라도가
다시 밖에 나가 말하되 보라 이 사람을 데리고 너희에게 나오나니 이는
내가 그에게서 아무 죄도 찾지 못한 것을 너희로 알게 하려 함이로라 하
더라 5 이에 예수께서 가시관을 쓰고 자색 옷을 입고 나오시니 빌라도
가 그들에게 말하되 보라 이 사람이로다 하매 6 대제사장들과 아랫사
람들이 예수를 보고 소리 질러 이르되 십자가에 못 박으소서 십자가에
못 박으소서 하는지라 빌라도가 이르되 너희가 친히 데려다가 십자가
에 못 박으라 나는 그에게서 죄를 찾지 못하였노라 …… (요 19:1-16)

결국 예수님은 빌라도 법정에서 사형 선고를 받습니다. 빌라도는 끝까지 예수님의 사형 판결에 책임을 지지 않으려고 합니다. 이 문제를 유대인들에게 다시 넘기지만, 유대인들의 주장은 한결같이 '우리에게는 사형 집행권이 없다'는 것이었습니다. 그래서 결국 빌라도는 예수를 십자가에 못 박도록 내어 줍니다.

또한 빌라도는 예수께 '유대인의 왕이 맞는지'를 여러 번 묻습니다. 이에 대한 예수님의 답변을 수긍하지 않으면서도 염려하며, 예수님을 채찍질하고, 군인들에게 예수님을 내어 주어 폭행을 하도록 내버려 두고, 홍포를 입히고 가시관을 씌우는 등 여러모로 방관하는 면을 보여 줍니다.

진리가 무엇이냐

빌라도의 이런 갈팡질팡하는 행보와 예수님의 반응 사이에서 첨예한 갈등을 일으키는 문제는 '예수님이 왕인지 아닌지'보다도 근본적으로 '진리가 무엇인지'에 대한 것이었습니다.

빌라도의 질문은 한결같습니다. "당신이 유대인의 왕인가?" 예수님은 "그렇다"고 대답합니다. 이에 빌라도는 "당신이 왕이라면서 이렇게 아무 힘도, 배경도, 근거도 없이 그런 말을 하는가?"라고 묻습니다. 예수님은 "내 나라는 이 세상에 속하지 않았다"고 답하십니다. 이때 빌라도가 결정적 질문을 합니다. "진리가 무엇이냐?"고 말이죠. 이건 질문이라기보다 일종의 조롱입니다.

빌라도는 세상 권력의 대표자입니다. 그는 세계를 지배하고 있는 로마 황제의 신하로 사형 집행권을 가지고 있습니다. 예수님은 메시아시고 하나님의 아들이시며 유대인의 왕이지만, 빌라도가 가지고 있는 권력, 즉 세상이 증명하고 싶어 하는 권력은 가지고 계시지 않습니다. 이 갈등과 모순이 아주 극명하게 나타나, 예수님과 빌라도 사이의 대조로 우리에게 선명한 이해를 제공합니다.

'진리가 무엇이냐?'는 빌라도의 질문은 '진리는 당연히 힘 위에 서 있다'를 전제하고 있습니다. 세상의 진리는 다 권력에 근거합니다. 그리고 세상의 권력은 다 폭력입니다. 예수님의 주장인 진리는 사랑 위에 서 있습니다. 이를 가르치는 것이 복음서입니다. 기독교가 말하는 주장과 우리에게 제시하는 구원은 다 사랑을 근거로 합니다. 사랑이 핵심인 권위입니다. 세상에서는 권위와 권력이 사실 잘 구별되지 않습니다.

세상은 언제나 옳은 일을 위해 정의를 구현한다지만, 평화를 위해 행복을 약속하면서도 늘 폭력을 동원할 수밖에 없고, 늘 피 흘려 싸우며, 공포를 자아냅니다. 이것이 인류 역사의 증언입니다. 예수님은 똑같은 단어들, 똑같은 우리의 갈증들, 곧 행복과 정의와 평화를 위하여 자신을 내어 주십니다. 그렇게 함으로써 진리란 사랑 위에 서 있고, 그 사랑으로 폭력을 이기고 해결한다고 십자가로 증명하십니다.

그러므로 성경은 진리를 논할 때, 어느 곳에서나 권력과 힘으로 진리를 선언하지 않습니다. 요한일서 4장 18절을 보십시오.

사랑 안에 두려움이 없고 온전한 사랑이 두려움을 내쫓나니 두려

움에는 형벌이 있음이라 두려워하는 자는 사랑 안에서 온전히 이루지 못하였느니라 (요일 4:18)

이는 대단히 중요한 선언입니다. 사랑 안에는 공포가 없습니다. 힘이 없어서 폭력을 주장하지 않는 것이 아닙니다.

빌라도는 이 땅에 오신 예수께 "네가 유대인의 왕이냐?"라고 질문합니다. 이에 예수님은 "네 말과 같이 내가 왕이니라 내가 이를 위하여 태어났으며 이를 위하여 세상에 왔나니 곧 진리에 대하여 증언하려 함이로라"라고 대답하십니다. 그래서 빌라도가 "진리가 무엇이냐?"라고 한 것입니다. 이전에 예수님은 '내가 곧 길이요 진리요 생명이니'(요 14:6)라고 하셨습니다.

예수님의 모든 반응이 이렇게 세상의 주장과 충돌하고 있는 것을 제대로 볼 수 없다면, 우리에게 이 진리는 권력이었다가 권위였다가를 반복하게 됩니다.

권력과 사랑의 대조

우리가 가지고 싶은 진리는 힘입니다. 그 힘은 예수 안에서 경험할 수 있는 죽음을 이기는 사랑이나 공포를 이기는 사랑이 아니라, 사랑으로 권력을 휘두르고 싶은 것입니다. 예수 믿는 사람들이 자신들의 힘을 과시하기 위해 함께 모이면 폭력성을 띠는 경향이 있습니다. 세상의 조건 속에서 우리는 권력에 지기 때문입니다. 예수님도 빌라도 앞에서 죽었던 것처럼 기회를 갖지 못하죠.

이건 굉장히 조심스러운 표현이지만, 우리가 소리 높여 기도할 때나 큰 소리로 찬양하고 눈물을 흘릴 때도 우리 안에 권력의 움직임 같은 것을 잠시 확인할 수 있습니다. 이러한 신앙 행위를 비난하려고 하는 소리가 아닙니다. 이러한 것들이 현실에서 아무런 실력이 되지 않기 때문에 하는 소리입니다. 신자인 우리끼리 모여서 찬송할 수 있고, 통성 기도 할 수 있습니다. 그러나 예수님이 빌라도 앞에서 '내 나라는 이 세상에 속한 것이 아니니라 …… 네 말과 같이 내가 왕이니라 내가 이를 위하여 태어났으며 이를 위하여 세상에 왔나니 곧 진리에 대하여 증언하려 함이로라'(요 18:36-37)라고 하시며 죽어 가신 것처럼, 우리도 예수처럼 현실을 살아 내야 합니다.

마치 우리가 패자 같고 틀린 것 같습니다. 우리는 세상이 알아주지 않는 것 때문에 각각의 현실을 우리의 신앙생활로 연결하지 못해 분하게 여깁니다. 분한 것이 지나면 체념합니다. 그래서 아무도 신앙생활을 하지 않습니다. 다시 말씀드리지만 이런 우리의 모습을 비난하자고 꺼낸 말이 아닙니다. 신앙생활을 할 수 있는 그 수많은 기회를 놓치고 한탄과 원망만 하면, 세상 사람들과 똑같이 결국 이런 결론에 이릅니다. '산다는 게 다 그런 거야. 인생이 다 그렇지 뭐'라고 말이죠. 그러나 그리스도인이 이렇게 말하는 것은 큰 죄를 범하는 것입니다.

여기까지 오는 동안 겪은 진리가 무엇이고, 인생이 무엇이며, 하늘나라의 영광이 무엇인지에 대해 '모든 것이 합력하여 선을 이루는' 접근이 있어야 될 것 아닙니까? 다 보여 줄 수 없는 분한 현실을 예수님이 감내하신 것같이, 우리에게 맡겨진 '볼지어다 내가 세상 끝날까지 너희와 항상 함께 있으리라'(마 28:20)를 감당해야 합니다. 우리는 설명이나 다른 무엇으로 확인할 수 없는, 보복할 수 없고 보상받을 수 없는 인생을 살아야 합니다.

가끔 저의 설교를 듣고 은혜 받았다는 사람들이 와서 "목사님, 좀 더 행복한 설교를 해 주세요"라고 말을 건넵니다. 예수님더러 십자가를 지지 말라는 의미와 비슷한 거죠. 베드로가 예수께 이런 말을 해서 욕을 먹었습니다. 그가 들을 수 있는 최악의 꾸중을 예수께 들었습니다.

> …… 사탄아 내 뒤로 물러 가라 너는 나를 넘어지게 하는 자로다 네가 하나님의 일을 생각하지 아니하고 도리어 사람의 일을 생각하는도다 (마 16:23)

여기에다 각오를 하거나, 자신을 명분과 감동에 붙들어 매는 것들은 다 거짓입니다. 그렇게 해서는 우리가 항복할 수 없고, 제대로 실천할 수 없습니다. 십자가는 하나님이 예수님을 통해 보이신 그분의 권능이고 지혜이며 기적입니다. 우리는 그 기적을 보상받지 못하고 살아야 한다는 사실 때문에, 현실의 삶을 다 거부하며 제대로 살지 않고 있습니다.

'살아 내야 된다. 살 수 있다. 우리가 기적이다. 우리가 예수님의 제자들이다. 그분의 복음을 맡은 자들이다. 우리가 하나님의 약속이고 소망이고 구체적 증거다'를 깨닫는 자리로 우리는 부름받고 붙들려 있습니다. 그런데 사람들은 이것을 안 합니다. 왜 안 합니까? 분하잖아요. '너란 놈이 감히 나한테 내가 누구냐고 물어?'라고 하고 싶잖아요.

그러니까 우리는 예수님이 십자가를 지셨다는 사실을 단지 '저 못난 놈들이 예수님이 어떤 분이신지 못 알아보고 감히 채찍질을 해?'라는 의미로 받아들이는 바람에, 우리가 분노를 쌓아 예수님도 하시지 않았던 행동을 대신해 버립니다. 또한 우리가 하고 싶은 대로 하느라 아무것도 못합니다. 우리가 살아 내야 하는 오늘을 외면하고 있습니다.

보복하지 않는 분

요한복음 1장에서는 예수님에 대해 다음과 같이 증언합니다.

> 말씀이 육신이 되어 우리 가운데 거하시매 우리가 그의 영광을 보니 아버지의 독생자의 영광이요 은혜와 진리가 충만하더라 (요 1:14)

여기에 '진리'라는 단어가 나옵니다. 요한복음 8장 32절에도 "진리를 알지니 진리가 너희를 자유롭게 하리라"라고 하였습니다. 이 말씀에서도 '진리'가 나옵니다.

무엇을 자유롭게 했을까요? 예수님이 마태복음 11장 28절 이하에 이렇게 말씀하셨습니다.

> 수고하고 무거운 짐 진 자들아 다 내게로 오라 내가 너희를 쉬게 하리라 나는 마음이 온유하고 겸손하니 나의 멍에를 메고 내게 배

우라 그리하면 너희 마음이 쉼을 얻으리니 이는 내 멍에는 쉽고 내 짐은 가벼움이라 하시니라 (마 11:28-30)

예수님은 승부를 내러 이 땅에 오지 않으셨습니다. 주님은 보복하러 이 세상에 오지 않으셨습니다. 주의 말씀을 알아듣는 사람들에게 복을, 못 알아듣는 사람들에게 심판을 주러 오지 않으셨습니다. 그분은 이 세상을 구원하러 오셨습니다.

왜 자꾸 '넌 안 믿었고, 난 믿었어. 난 열심히 기도했어. 넌 아니잖아'로 편 가르기를 해서 확인을 하려 합니까? 할 수 있는 신앙, 곧 긍정적 신앙의 기회를 삶에서 놓치기 때문에 부정적으로 확인할 수밖에 없는 것입니다.

누가 "저 요새 힘들어요. 집안에 어려운 일이 있어요. 어쩌면 좋아요?"라고 물으면 뭐라고 합니까? "내가 너 교회 안 나올 때부터 그럴 줄 알았어." 이런 말밖에 할 줄 모릅니다. "얼마나 힘들겠니?"라는 말 한마디를 할 줄 모릅니다.

예수님은 "수고하고 무거운 짐 진 자들아"라고 하시며 우리를 부르셨습니다. 우리가 무엇 때문에 수고하고 힘들었을까요? 승부에 매여 있고, 폭력에 잡혀 있기 때문입니다. 그런데 예수를 믿게 되었습니다. 그럼, 어떡하면 좋을까요? 하나님은 답을 안 주시고, 세상은 계속 으르렁거리는데 무슨 수가 있단 말입니까? 체념하고 사는 수밖에 없습니다. 그러니 우리는 억울할 수밖에 없습니다. 차라리 예수님을 몰랐으면 편하게 죄짓고 사는 건데, 괜히 예수를 믿어서 이러지도 저러지도 못하게 된 것이 원망스럽습니다.

가끔 제가 이런 설교를 하면, 성도 중에 제가 이해할 수 없는 부분에서 눈물을 흘리는 분이 계십니다. 설교자의 의도와 전혀 상관없이, 어느 단어 하나에 그냥 울어 버립니다. '하나님, 내가 바로 그 억울한 사람이에요. 저보고 어쩌라고요'라고 울고서는 속 시원하다고 예배당을 나섭니다. 뭐가 속이 시원하다는 건지, 왜 운 것이 속이 시원한 건지 모르겠습니다. 눈물을 닦고 다음 걸음을 떼어야 합니다. 우리 모두는 여기서 정체되어 있습니다.

그러니 예수님이 빌라도 앞에서 받은 고초, 즉 채찍질 당하고 가시관을 쓰고 홍포를 입는 것 등은 수치와 조롱으로 포장한 폭력을 당하는 것입니다. 결국 폭력은 이런 부끄러운 짓밖에 만들지 못합니다. 예수님은 이러한 폭력을 견딘 것이 아니라 이를 넘어서신 것입니다. 이런 것들이 예수께는 수치도, 고난도, 비극도 되지 않았습니다. 예수님은 하나님의 영광 그리고 우리를 구원하시기 위한 그 내용과 목적을 위해 이 길을 걸어가신 것입니다.

예수님은 위대한 목적지를 향해 가고 계셨기 때문에, 폭우를 맞을 수 있으셨고, 먼지를 뒤집어쓸 수 있으셨습니다. 그런 것들은 예수께 아무 문제가 되지 않으셨습니다. 예수님은 고난을 잘 견디셨습니다. 그리하여 아버지의 영광을 우리 모두의 기쁨으로 만들어 내셨습니다.

무익한 종의 삶

주님은 우리에게 매 순간 "너는 빌라도냐? 내 제자냐?"라고 물으십니다. 우리는 "저는 예수님 제자입니다"라고 대답을 하고서는 그분께 우리의 고난을 보상해 달라고, 우리의 원수를 보복해 달라고 요구합니다.

누가복음 17장에 가 보면, 예수님의 이러한 놀라운 가르침이 나옵니다.

> 예수께서 제자들에게 이르시되 실족하게 하는 것이 없을 수는 없으나 그렇게 하게 하는 자에게는 화로다 그가 이 작은 자 중의 하나를 실족하게 할진대 차라리 연자맷돌이 그 목에 매여 바다에 던져지는 것이 나으리라 너희는 스스로 조심하라 만일 네 형제가 죄를 범하거든 경고하고 회개하거든 용서하라 (눅 17:1-3)

이게 무슨 이야기일까요? 이 이야기가 마태복음에는 이렇게 기록되어 있습니다. 예수님이 한 어린아이를 불러 제자들 가운데 세우시고는 이렇게 말씀하십니다.

> 누구든지 나를 믿는 이 작은 자 중 하나를 실족하게 하면 차라리 연자 맷돌이 그 목에 달려서 깊은 바다에 빠뜨려지는 것이 나으니라 (마 18:6)

여기에 왜 어린아이가 등장할까요? 무력하고, 권력에서 제외되어 있기 때문입니다. 예수님은 '내가 너희에게 만들려고 하는 것은 권력에 근거하지 않는다. 그건 권력이 아니다'라고 이야기하는 대목입니다.

그러니 '누군가 너희에게 잘못을 했을 때, 보복하지 말아라. 그가 용서를 구하면 얼마든지 용서를 해 주어라. 보복하지 말아라'가 되는 것입니다. 말 그대로 무슨 윤리를 제시하는 것이 아닙니다. 세우는 나라의 성격과 본질과 목적이 전혀 다른 것입니다.

이에 제자들이 놀라서 예수께 '우리에게 믿음을 더하소서'(눅 17:5)라고 합니다. 왜 그랬을까요? 제자들도 마음에 이런 적개심과 보복심리가 있었기 때문입니다. 사람들은 예수께 나와 많은 혜택을 입었습니다. 하지만 그런 것들이 제자들에게 권력이 되지 못합니다. 그들이 예수님을 따라다니지만, 사회적·정치적으로 보상을 받지 못합니다. 그래서 제자들도 은근히 그 마음에 '우리는 주님을 믿었고 저 사람들은 믿지 않았는데, 왜 우리가 어렵게 지내야 하나?' 하는 의문을 품었을 것입니다. 제자 야고보와 요한도 사마리아 마을에서 '주여 우리가 불을 명하여 하늘로부터 내려 저들을 멸하라 하기를 원하시나이까'(눅 9:54)라고까지 이야기를 했으니까요. 예수님은 제자들의 '우리에게 믿음을 더하소서'라는 요구에 이렇게 말씀하십니다.

> 주께서 이르시되 너희에게 겨자씨 한 알만한 믿음이 있었더라면 이 뽕나무더러 뿌리가 뽑혀 바다에 심기어라 하였을 것이요 그것이 너희에게 순종하였으리라 너희 중 누구에게 밭을 갈거나 양을 치거나 하는 종이 있어 밭에서 돌아오면 그더러 곧 와 앉아서 먹으라 말할 자가 있느냐 도리어 그더러 내 먹을 것을 준비하고 띠를 띠고 내가 먹고 마시는 동안에 수종들고 너는 그 후에 먹고 마시라 하지 않겠느냐 명한 대로 하였다고 종에게 감사하겠느냐 이와 같

이 너희도 명령 받은 것을 다 행한 후에 이르기를 우리는 무익한 종이라 우리가 하여야 할 일을 한 것뿐이라 할지니라 (눅 17:6-10)

예수님의 놀라운 비유입니다. 종이 밭일을 하고 돌아왔는데, '정말 수고했다. 먼저 밥부터 먹어라'고 할 주인은 없습니다. '야, 수고했다. 내가 배고프니 밥상을 차려라. 그다음에 너도 먹어라'고 할 것입니다. 당연합니다. 종이 수종 들었다고 감사할 주인은 없습니다. 주인이 '수고했다'고 하면 종은 무엇이라고 답합니까? '무익한 종입니다'라고 합니다.

왜 이 비유가 여기서 나오는 것입니까? 여기서 '무익한 종'은 무엇입니까? 종이 '내 할 도리를 다했습니다'라며 자기 맡은 일을 하는 것은 그에게 명예입니다. 이것이 하나님의 공감대입니다. 종은 자기가 맡은 일을 한 것에 대한 보상을 받는 것보다 더 중요한 일이 있습니다. 지금 종으로 사는 자리입니다.

예수님이 제자들에게 '너희는 이제 내가 이룬 이 구원과 복음을 맡을 자들이다. 문제를 해결하고 새 약속을 성취하는 것은 내가 할 것이다. 하지만 이제 너희는 그 일에 종이 되어 너희의 생애과 너희 후손들 앞에 책임을 져야 한다'로 이르십니다.

무익해 보이고 아무것도 아닌 제자들은 후에 다 순교하고 맙니다. 또한 예루살렘 교회는 핍박으로 박살 납니다. '그 길을 가야 한다'가 여기 들어 있습니다. 주님이 제자들에게 맡긴 것같이 오고오는 세대가 땅끝까지 복음을 맡아 전하여, 오늘날 우리 교회에까지 와 있습니다.

놀랍고 위대한 종들

우리가 이 '무익한 종들'입니다. 대단히 놀랍고 위대한 기적이고 영광입니다. 이것이 영광이 아니면, 결국 우리는 계급장을 붙여 위아래 차별을 두어야 하고, 적과 전쟁을 벌여야 합니다. 이 모든 것이 우리에게 문제가 되지 않는, 우리에게 시험이 되지 않는, 우리에게는 관심사일 수 없는 우리의 직분과 책임을 가지고 살라고 합니다. 매 경우마다 '나는 지금 빌라도인가? 예수인가?'를 자문해야 합니다.

로완 윌리엄스의 책에서는 빌라도의 갈팡질팡하는 행보를 잘 풀어 놓았습니다. 빌라도는 유대인들을 향하여 이렇게 말한 것이랍니다. '너희는 왜 이 말도 안 되는 일을 나한테 떠넘기는 건가? 너희가 봐도 말이 되지 않는 것 모르는가? 난 이에 대해 책임지기 싫다. 너희가 하고 싶은 대로 해라. 나는 상관하지 않겠다.' 자기들의 권력과 지위를 유지하는 것 외에, 진정한 진리와 가치와 명예와 영광이라는 것은 그 안에 들어갈 자리가 없습니다. 그래서 예수님이 죽습니다.

부활절에 잘 어울리는, 월터 브루그만이 쓴 《예언자의 기도》라는 책에 실린 기도 한 편 〈이 놀라운 아침에〉•를 읽어드리겠습니다.

견딜 수 없이 긴, 침묵으로 가득 찬 좌절의 밤,
우리는 그 밤을 압니다.
춥고 굶주리며 억눌린 형제들과 자매들은

• 월터 브루그만 지음, 박천규 옮김, 《예언자의 기도》(비아), 31-32쪽.

그런 밤을 더 잘 알겠지요.
주님, 당신 또한 언약궤가 아스돗에 있었던 밤처럼
고독과 치욕으로 가득한 시간을 알고 계십니다.
우리가 당신을 버리려고 했던
무수한 시도 또한 알고 계십니다.
당신께 그 밤이 어땠는지 우리는 알 수 없습니다.
어쩌면 우리와 비슷했을지도 모르겠습니다.
그러나 주님, 밤이 지나고
당신은 아침에 우리를 놀라게 하십니다.
수천 년 전 블레셋 사람들에게 그러하셨듯
우리가 공들인 계획을 무너뜨리시고,
우리가 섬긴 우상들을 산산조각 내시며,
우리의 계획과 욕망을 꺾으십니다.
그렇게 당신은 아침을 여시며
당신 홀로 빛과 영광과 권능 가운데 계십니다.
오늘 우리는 기나긴 밤 한가운데서도
영광 속에 계신 당신을 봅니다.
주님, 오늘 우리의 많고 많은 어둠 가운데
영광의 빛으로 임하소서.
당신의 새로운 날, 부활의 아침으로 우리를 이끄소서.
아멘.

사무엘상 5장 강독, 2000. 3. 2.

기 도

하나님 아버지, 알아도 못하고, 몰라도 못하는 우리의 현실과 신앙 인생을 이 말씀으로 한 걸음 앞으로 나갈 수 있기를 바랍니다. 우리가 이 위대한 시작을 할 수 있도록 허락하여 주옵소서. 우리 모두가 하나님의 기적이자, 성육신을 입고 사망 권세를 이기고 부활을 만드는 증인이요, 구체적 실존으로 자신의 인생을 위대하게 살게 하옵소서. 예수님 이름으로 기도합니다. 아멘.

45.

예수께서 자기의 십자가를 지시고

---

17 그들이 예수를 맡으매 예수께서 자기의 십자가를 지시고 해골(히브
리 말로 골고다)이라 하는 곳에 나가시니 18 그들이 거기서 예수를 십
자가에 못 박을새 다른 두 사람도 그와 함께 좌우편에 못 박으니 예수
는 가운데 있더라 19 빌라도가 패를 써서 십자가 위에 붙이니 나사렛
예수 유대인의 왕이라 기록되었더라 20 예수께서 못 박히신 곳이 성에
서 가까운 고로 많은 유대인이 이 패를 읽는데 히브리와 로마와 헬라
말로 기록되었더라 (요 19:17-20)

이제 예수님이 십자가에 못 박히시고 돌아가십니다. 빌라도는 그분의 십자가 위에 '유대인의 왕'이라고 히브리어와 라틴어와 그리스어로 패를 써서 붙입니다. 이때 유대인의 대제사장들이 빌라도를 찾아와서 '자칭 유대인의 왕'이라고 쓰라고 합니다. 이에 빌라도는 '내가 쓸 것을 썼다'며 고집을 부립니다.

판을 바꾼 예수의 죽으심

하나님의 아들이 인간들의 손에 처참한 죽음을 맞는다는 것은 예수를 믿은 후에 보면 자연스럽고 모순이 없게 여겨집니다. 그러나 찬찬히 다시 생각해 보면 말이 안 되는 일입니다. '어떻게 하나님이 인간의 손에 죽을 수 있단 말인가? 예수님은 왜 죽어야 된다고 말씀하셨는가?' 이것은 굉장히 이상하게 들립니다. 이를 성경이 푸는 대로 제대로 풀지 못하고 이 모순에 담긴 비밀을 모른 채 신앙생활을 하면, '신앙'이라는 것이 사설이나 고집처럼 막무가내 주문이 되고 맙니다. 성경은 예수께서 죽으셨다는 것이 무엇인지를 우리에게 질문하는 셈입니다.

아담이 하나님께 불순종하여 세상에 저주와 죽음이 들어왔습니다. 그러나 예수의 죽으심은 죽을 수밖에 없는 죄인들이 예수 때문에 복과 생명을 받는 새로운 세상을 여는 사건인 것입니다. 즉 판이 바뀐 것입니다. 하나님이 평안과 영광으로 가득하게 창조하신 이 세상이 아담의 불순종으로 저주와 사망 아래 놓이게 된 현실 속에, 예수님이 들어오셔서 하나님이 구원과 은혜와 약속과 영광의 세상으로 바꾸신 것입니다.

'하나님은 세상을 바꾸는 일을 왜 죽음이라는 방법으로 하셨는가?' 라는 질문에 대한 답변은 나중에 이야기합시다. 쉽게 생각하면, 하나님이 불순종한 아담을 없애시고 곧바로 예수님을 보내셔서 제2의 창조를 하면 훨씬 쉬웠을 것입니다. 그런데 불순종으로 저주와 심판, 사망 아래에 놓인 세상을 인류 역사 내내 방치하는 것처럼 내버려 두셨습니다. 하나님은 이 세상을 범죄와 절망과 비극 속에 담으신 후에, 성경적 표현으로는 '때가 차매'(갈 4:4) 예수님을 보내십니다.

이제 우리는 예수님이 죽으시기 전에 있던 사건들, 즉 그 당시의 역사가 무엇이기에 '이제 오셔서 죽음으로 새 세상을 연다'고 하셨는지를 물어야 합니다. 그리고 예수님의 죽음으로 새 세상을 여시려는 하나님의 뜻이 우리가 실제로 경험하는 역사 속에서 어떻게 작동하고 있고, 무엇을 담고 있는지 물어야 합니다.

그리스도인인 우리는 죽음으로 새 세상을 여는 사건에 대해 이해했기 때문에 하나님을 믿은 것이 아닙니다. 우리는 믿게 되면서 하나님이 계신 것을 알았습니다. 그분의 아들 예수 그리스도가 구세주인 것을 아는 것부터 시작했습니다. 이에 우리는 '하나님이 무엇을 하셨고, 인간이 무엇을 했으며, 과거의 역사가 무엇을 증언하고 있고, 예수의 죽음이 어떻게 이 사건의 열쇠가 되는가?'를 역추적하게 되는 것입니다.

믿음과 율법과 은혜로 개입하심

신자인 우리가 볼 때, 하나님의 일하심이 두드러지게 나타난 곳은 이스라엘 역사입니다. 이스라엘 역사에는 아담의 불순종 이후, 온 인류가 죄를 범하고 모두 심판 아래 있었다는 것이 노아 홍수와 바벨탑 사건으로 기록되어 있습니다. 그리고 아브라함이 등장합니다. 아브라함에게 하나님이 하신 일은 '믿음'이라는 그분의 구원 방법을 사용하신 것입니다. 하나님이 모세에게서는 '율법'을, 다윗에게서는 '은혜'를, 그리고 바벨론 포로 사건에서는 심판 아래 있는 인류의 '현실'을 역사를 통해 적나라하게 보여 주십니다.

믿음, 율법, 은혜와 같은 하나님의 새로운 일하심이, 심판으로 마무리되는 이 어쩔 수 없는 인간의 운명 속에서 도대체 어떻게 우리에게 주어질까요? 하나님의 약속들, 곧 하나님의 개입하심과 창조세계에 대한 하나님의 책임 있는 해법이 어떻게 우리에게 주어지는 것일까요? 그것이 예수입니다. 예수가 구원입니다.

예수의 오심과 죽으심은 하나님이 자신을 배반하고 죄를 지어 사망을 자초한 인간의 운명을 방관하지 않으시고, 믿음과 율법과 은혜로 인간의 역사에 개입하셔서 '하나님은 당신의 창조를 기어코 완성하신다. 승리하게 하신다. 하나님의 영광이 승리하는 정도가 아니라 피조물인 인간을 영광의 자리로 이끄신다' 하는 것을 보이시려는 것입니다.

사망을 깨트려 사망을 멸하심

예수의 오심과 죽으심은, 심판밖에 남은 것이 없는 운명에 처한 인류에게 이 앞의 약속들 곧 믿음과 율법과 은혜가 구원이 될 수 있는가에 대한 답입니다. 대표적인 답이 히브리서 2장 14절 이하에 나옵니다.

> 자녀들은 혈과 육에 속하였으매 그도 또한 같은 모양으로 혈과 육을 함께 지니심은 죽음을 통하여 죽음의 세력을 잡은 자 곧 마귀를 멸하시며 또 죽기를 무서워하므로 한평생 매여 종 노릇 하는 모든 자들을 놓아 주려 하심이니 이는 확실히 천사들을 붙들어 주려 하심이 아니요 오직 아브라함의 자손을 붙들어 주려 하심이라 (히 2:14-16)

하나님이 우리를 구원하기 위하여 우리의 자리, 우리의 운명에 그 아들을 보내셨습니다. 사망이 붙들어 놓을 수 없는 분이신 예수님이 우리를 구원하기 위하여 우리의 운명인 사망 속으로 들어오셨습니다. 그리고 우리를 어떻게 구원하셨습니까? 사망을 깨트려 이기신 것입니다. 예수님으로 인해 사망이 우리의 운명이 되지 않고, 우리가 아는 세상에서의 사망이 부활로 가는 문이 되었습니다.

앞서 언급했듯이 예수님의 오심은 하나님이 자신의 뜻을 이루기 위해 초월적 개입으로, 다시 말해 단번의 사건으로 쉽게 결과를 만드신 사건이 아닙니다. 하나님은 긴 시간, 곧 긴 역사를 통해 인간의 정체를, 인간의 도전을, 인간의 시행착오를, 그 실상을 인간들에게 보이시고, 거기에 하나님이 우리를 구원하시겠다는 약속과 개입이 아브라함, 모세, 다윗을 통해 주어지면서 역사 속에서 씨름하는 것같이 보이다가 드디어 예수 안에 이 하나님의 약속이 성취됩니다. 그것이 사망을 깨 버리는 것입니다. 사망은 죗값입니다.

> 죄의 삯은 사망이요 하나님의 은사는 그리스도 예수 우리 주 안에 있는 영생이니라 (롬 6:23)

'죄의 삯이 사망'이라는 것은 하나님의 창조와 복된 지위를 불순종으로 팔아 버린 죄로 인해 저주와 사망이라는 죽을 운명, 그런 세계가 된 것을 말합니다.

> 이는 죄가 사망 안에서 왕 노릇 한 것 같이 은혜도 또한 의로 말미암아 왕 노릇 하여 우리 주 예수 그리스도로 말미암아 영생에 이르게 하려 함이라 (롬 5:21)

예수님 때문에 세상이 바뀝니다. '예수를 믿는다'는 말은 사망이 운명인 자리에서 영생이 운명인 자리로 와 있다는 의미입니다. 앞서 말한 대로 세상의 판이 바뀐 것입니다. 그리고 예수님은 이를 위하여 사망을 깨는 일을 하셨습니다. 사망이 없어지거나 사망이 끝난 것이 아닙니다. 사망이 지나가는 것입니다.

> 사망아 너의 승리가 어디 있느냐 사망아 네가 쏘는 것이 어디 있느냐 (고전 15:55)

사망의 힘은 죄입니다. 그런데 예수님은 죄를 없애 버리십니다. '죄를 없애 버린다'는 것은 무엇입니까? 죄란 율법에 의해서 정의됩니다. 그런데 이제는 율법의 세상이 아니라 은혜의 세상이 되었습니다. 은혜의 세상은 잘했느냐 못했느냐를 따지지 않습니다. 더 이상, 잘하면 복을 받고 못하면 벌을 받는 세상이 아닙니다. 예수 안에서 은혜가 왕 노릇 하여 생명이 더 풍성해지는 곳으로 갑니다. 이 모든 것이 예수님의 죽음으로 이루어졌습니다.

은혜가 왕 노릇 하는 세상

이렇게 이야기하면 우리 마음속에 '그렇다면 아무렇게나 살아도 되는가?' 하는 도덕적 회의가 금방 치고 올라옵니다. 그 세상이 깨졌다는 것입니다. 학교를 생각해 보십시오. 학교에서는 공부를 안 하는 것이 잘못하는 것입니다. 그러나 공부를 안 하는 것이 죽을 짓은 아닙니다. 못난 짓입니다. 학교에서는 60점 이하인 학생을 사형시키는 것이 아니라 유급을 시킬 수 있습니다. 교무실에 잡혀가서 손을 들고 벌을 설 수는 있지만, 사망이라는 것은 없습니다.

우리가 자식을 기를 때도 마찬가지입니다. 못난 자식은 있어도 죽여 버려야 할 자식은 없습니다. 이렇게 세상이 바뀐 것은 예수 그리스도의 죽으심 때문입니다. 죽음이 끝인 자리에 예수님이 함께 들어와 그 막다른 운명을 깨고 그다음 영생으로 가는 문을 만드신 것입니다. 누구를 위하여 만드셨습니까?

> 이는 확실히 천사들을 붙들어 주려 하심이 아니요 오직 아브라함의 자손을 붙들어 주려 하심이라 (히 2:16)

이는 아브라함의 자손을 붙들어 주기 위함입니다. 앞서 하나님은 아브라함에게 이렇게 약속하셨기 때문입니다.

> 내가 너로 큰 민족을 이루고 네게 복을 주어 네 이름을 창대하게 하리니 너는 복이 될지라 너를 축복하는 자에게는 내가 복을 내리고 너를 저주하는 자에게는 내가 저주하리니 땅의 모든 족속이 너로 말미암아 복을 얻을 것이라 하신지라 (창 12:2-3)

여기서부터 세상은 우리와 다른 약속 가운데 있음을 알 수 있습니다. 아브라함의 혈통이나 족속으로 태어나야 하는 것이 아닙니다. 아브라함에게 하신 약속은 우리의 잘잘못으로 결과가 달라지지 않습니다. 로마서 4장에 나온 바와 같이, 아브라함이 믿은 '하나님은 죽은 자를 살리시며 없는 것을 있는 것으로 부르시는' 분이십니다. 하나님은 지금 없었던 것을 만들고 잘못한 것에다가 승리와 영광을 심으시려고 그 아들을 보내 죄와 사망을 없애셨습니다. 은혜가 왕 노릇 하는 세상을 만드셨습니다. 이제 우리보고 힘껏 자라라고 하십니다.

풍성한 열매를 맺게 하기 위하여

우리는 앞서 요한복음 15장에 나오는 예수님의 포도나무 비유에 대해 살펴보았습니다.

> 나는 포도나무요 너희는 가지라 그가 내 안에, 내가 그 안에 거하면 사람이 열매를 많이 맺나니 나를 떠나서는 너희가 아무 것도 할 수 없음이라 사람이 내 안에 거하지 아니하면 가지처럼 밖에 버려져 마르나니 사람들이 그것을 모아다가 불에 던져 사르느니라 (요 15:5-6)

이 말씀은 '붙어 있어라. 떨어지지 마'의 이야기가 아닙니다. 지금 예수님은 우리를 자기에게 묶으심으로 우리에게 '이제 더 많은 열매를 맺어라'라고 하시는 것입니다. '네가 떨어질까 봐 걱정해라'는 없습니다.

그러나 우리는 '내가 붙어 있는지'를 자신의 도덕성과 열심, 능력의 유무 같은 것으로 스스로 확인하느라 실제로 해야 하는 일, 즉 열매 맺고 멋있어지고 훌륭해지는 일은 하지 못합니다. 인사하고 웃는 것부터 해야 합니다. 왜 우리는 웃지 못할까요? 왜 인상을 쓸까요? 겁이 나서 그렇습니다. 자기를 얕볼까 봐, 자기가 꿀리는 것 같아서 그렇습니다. 그런 비겁한 곳에서 나와야 합니다. 우리는 더 자라야 합니다.

잔뜩 심각한 얼굴로 '이거 틀렸어. 저것도 틀렸잖아' 하면서 지적만 하는 것처럼 치사한 것은 없습니다. 왜 진심이 늘 분노가 되느냐 말이죠. 부모가 자녀에게 '아무 걱정 말고 공부 열심히 해'라며 학교에 보냈습니다. 그런데 자녀가 학교는 가지 않고 길거리에서 버스표를 팔고 있으면, 부모 속이 어떻겠어요? 자녀가 '어머님, 우리 집에 조금이라도 도움이 되게 하려고, 제가 책이랑 가방이랑 다 팔아서 여기 돈을 가져왔습니다'라고 하면 어떡합니까. 부모는 자녀를 훌륭해지라고 학교에 보냅니다. 이 말은 예수로 인해 도대체 어떤 세상이 열렸고, 우리가 어떤 사람이고 어떤 지위와 기회와 운명을 받았는지 알아야 한다는 소리입니다.

십자가의 안전망

세상이 우리를 쥐고 흔들 때, 즉 사망이 우리를 쥐고 흔들 때 드러나는 것은 권력과 폭력이었다고 했습니다. 요한복음에 나오는 예수의 죽음에서 우리가 맞닥뜨렸던 인류의 정체는, 가야바나 안나스나 빌라도에게서 보듯 전부 권력 이외에 아무것도 없었습니다. 그 권력은 늘 누구를 해치는 폭력으로 나타납니다. 권력이 선한 것이나 훌륭한 것을 만드는 것을 못 봤습니다. 결국 예수를 죽였으니까요.

그러나 예수님은 무엇을 하셨습니까? 예수님이 한 일은 죽으신 것입니다. 그분의 죽으심으로 우리에게 은혜를 베풀었다면, 그분의 살아나심은 얼마나 더 큰 은혜가 되겠습니까? 이것이 로마서 5장이 우리에게 가르치는 내용입니다. 하지만 우리는 예수님의 죽으심을 기념하며 울 줄만 알지, 오늘 우리의 삶이 죽음을 이기고 우리를 위하여 하늘 보좌 우편에서 기도하시는 그분의 사랑과 권능 아래 있다는 것은 하나도 깨닫지 못하고 있습니다.

늘 잘못한 것을 씻어 내고, 자꾸 회개하느라 시간을 낭비합니다. 우리는 지우려고 하기보다 더 나아가야 합니다. 지금 우리는 마치 운동하러 나가서 운동복 더러워질까 봐 아무런 운동도 안 하고 서 있는 것과 똑같습니다. 얼마나 창피합니까. 그러고 나서 누구 운동복이 더 깨끗한지 비교를 한다고요. 그게 말이 됩니까? 성경이 하는 이야기를 못 알아듣는 것입니다. '우리가 얻은 구원이 은혜다. 영생이다. 복이다' 라고는 외치면서, 그렇게 복된 부르심을 받아 세상에서 살게 된 기회는 등한시합니다. 세상에서 내가 한 번 웃는 것, 내가 한 번 위로하는 것, 내가 한 번 공감해 주는 것이 큰일을 합니다. 예수의 죽으심, 우리를 편들어 주심, 죽음의 자리에까지 동참해 주심이 여기에 들어 있습니다. 우리가 죽음의 자리, 곧 모든 것이 절망이고 모든 것이 헛된 자리에 있어도 하나님은 외면하지 않으시고 동참해 주신다고, 우리가 더 이상 도망갈 자리가 없는 데까지 안전망을 쳐 놓는 것이 바로 십자가의 죽음입니다.

성경의 역설들

성경의 역설들을 보십시오. 세상의 권력과 얼마나 다른지 말이죠. 처녀가 예수를 낳습니다. 이게 무슨 뜻일까요? 낳을 수 없는 아이를 낳았습니다. 하나님은 만들 수 없는 곳에 열매를 맺게 하신다는 것을 알리기 위해 예수를 보내신 것입니다. 시작부터 말이죠. '네가 자격이 있는지는 따지지 않는다. 너희는 모두 예수로 인해 이제부터 내 자녀이고 내 영광이며 내 기쁨이다'라고 선언하십니다. 그러므로 우리는 멋있게 살아야 합니다. 우리의 존재를 귀하게 여기고 살아야 합니다. 그게 얼마나 큰 역설인가요.

출애굽 당시 홍해를 생각해 보십시오. 열 가지 재앙으로 바로를 항복시키고 기껏 애굽에서 나왔는데, 홍해가 가로막고 있습니다. 이스라엘 백성들이 모세에게 "애굽에 매장지가 없어서 당신이 우리를 이끌어 내어 이 광야에서 죽게 하느냐 어찌하여 당신이 우리를 애굽에서 이끌어 내어 우리에게 이같이 하느냐"라고 따졌습니다. 이때 모세가 멋진 말을 합니다.

> …… 너희는 두려워하지 말고 가만히 서서 여호와께서 오늘 너희를 위하여 행하시는 구원을 보라 너희가 오늘 본 애굽 사람을 영원히 다시 보지 아니하리라 (출 14:13)

이스라엘 백성들 앞에서 홍해가 열리자 그 열린 바다가 길이 되어 이스라엘 백성들은 건너고, 뒤를 따라오던 애굽의 병사들은 수장되었습니다. 우리도 마찬가지입니다. 우리 앞에 바다가 있으면 바다가 열릴 것이요, 우리가 광야 길을 걸으면 만나와 메추라기가 내릴 것이요, 반석이 있으면 물이 나올 것입니다.

이러한 것들은 이스라엘 백성에게 늘 그랬듯이, 안심에 불과하지 않은가요? 안심은 무엇입니까? 생각 없이 사는 것입니다. 하지만 인간의 위대함은 생각하고 고민하는 데 있습니다. 본능과 우연의 피상성을 지나, 하나님의 형상이라는 이름으로 주어진 인간의 핵심된 성격과 책임을 드러내는 존재, 그것이 우리입니다. 그런데 우리는 여기를 모두 부인합니다.

요셉의 경우를 보십시오. 요셉은 형들의 미움을 받았습니다. 형들이 요셉을 죽이려다가 애굽 노예 상인에게 팔았습니다. 그런데 이를 계기로 야곱의 가족들이 모두 구원을 얻습니다. 어떻게 이런 반전이 일어날 수 있습니까?

하지만 요셉은 감옥에 갇혀 온갖 고난을 겪습니다. 그의 고난이 무엇을 했겠습니까? 그 고난이 요셉을 위대한 총리로 만듭니다. 요셉이 총리가 되었을 때, 그는 다만 권좌에 앉은 것이 아니라, 문무백관을 다스리고 장로들을 교훈하는 실력을 갖추게 됩니다. 바로 쇠사슬에 묶여 억울한 회한 속에 한숨짓고 있을 때 그 모든 것이 만들어진 것입니다.

우리가 자신에게 일어난 고난을 '내가 이렇게 잘 믿고 있는데, 내 신앙 인생이 왜 고달픈가'라는 시각으로 바라본다면, 성경이 전하는 반전, 역설, 기적, 하나님의 권능과 지혜에 대한 이해는 없는 것입니다. 예수님을 믿었으니까 안 믿는 것보다 좀 더 낫게 해 달라는 것이죠. 어떻게요? 생각하지 않고 신경 쓰지 않게 해 달라는 것입니다.

예수의 죽으심에 담긴 희망

하나님은 구약 내내 '나는 너희 중에 행하여 너희의 하나님이 되고 너희는 내 백성이 될 것'(레 26:12)과 '이 성전을 향하여 기도하거든 주는 계신 곳 하늘에서 들'(왕상 8:42-43)어 주겠다는 것을 약속하셨습니다. 예수님도 직접 '내 이름으로 무엇이든지 내게 구하면 내가 행'(요 14:14)할 것과 '나를 믿는 자는 죽어도 살겠고 무릇 살아서 나를 믿는 자는 영원히 죽지 아니'(요 11:25-26)할 것을 말씀하셨습니다.

예수님의 죽음은 우리에게 경악스럽습니다. '그분이 왜 죽는가? 살아서 도와주셔야지, 왜 비참하고 창피하게 죽으셨는가? 이러면 우리의 인생에 아무런 유익이 없지 않은가?'라고 생각합니다. 그런데 예수님이 무엇을 찢어 놓으셨습니까? 우리의 실패와 시행착오, 우리의 못난 것들, 우리의 사망을 찢고 그 자리가 끝이 안 되게 하셨습니다. 그러니 마음껏 해도 됩니다.

요한복음 16장을 보면, 예수님이 친히 이렇게 약속하십니다.

> 지금 내가 나를 보내신 이에게로 가는데 너희 중에서 나더러 어디로 가는지 묻는 자가 없고 도리어 내가 이 말을 하므로 너희 마음에 근심이 가득하였도다 그러나 내가 너희에게 실상을 말하노니 내가 떠나가는 것이 너희에게 유익이라 내가 떠나가지 아니하면 보혜사가 너희에게로 오시지 아니할 것이요 가면 내가 그를 너희에게로 보내리니 그가 와서 죄에 대하여, 의에 대하여, 심판에 대하여 세상을 책망하시리라 죄에 대하여라 함은 그들이 나를 믿지 아니함이요 의에 대하여라 함은 내가 아버지께로 가니 너희가 다시 나를 보지 못함이요 심판에 대하여라 함은 이 세상 임금이 심판을 받았음이라 (요 16:5-11)

이 세상은 심판을 받았습니다. 이 세상 임금은 사망입니다. 그 사망이 심판을 받았습니다. 사망이 벌을 받은 것이 아니라 사망이 힘과 권력을 잃었습니다. 그리고 성령이 오십니다. 성령이 오셔서 세상을 책망할 것입니다. 성령은 우리를 책망하러 오시는 게 아닙니다. 세상이 거짓되고, 세상이 더 이상 우리의 주인이 아니라고 우리에게 이야기하러 오십니다.

"죄에 대하여라 함은 그들이 나를 믿지 아니함이요"(요 16:9)라고 했습니다. 예수를 믿지 않는 것, 예수를 모르는 것이 죄입니다. 예수에 대해 무지한 것이 죄입니다. 도덕적으로 악한 일을 하는 것이 죄가 아니라, 예수를 모르는 게 죄입니다. 그러면 예수를 모르는 그는 사망이 결론이고 운명일 수밖에 없습니다.

"의에 대하여라 함은 내가 아버지께로 가니 너희가 다시 나를 보지 못함이요"(요 16:10)라고 했습니다. 이 세상이 몰아낸, 정죄하고 심판한 예수님이 아버지께로 갑니다. 세상이 아니라 그분이 옳은 것입니다. 그분이 하나님의 보좌 우편에서 우리를 위하여 기도하십니다. 세상은 그분을 쫓아냈습니다. 그러나 그분은 우리를 위하여 죽으셨고, 하늘 보좌에서 우리와 세상 끝날까지 함께하며 지키기로 약속하시고 일하고 계십니다. 이것이 신자들에게 의입니다.

그리고 심판에 대해서입니다. 세상은 우리에게 더 이상 권력을 가지고 우리를 위협할 수도 없습니다.

어제보다 나은 삶

우리가 어떤 운명과 지위와 기회를 지녔는지 알아야 신앙생활을 할 것 아닙니까? 매번 반복되지만 결코 만만치 않은 하루하루의 삶 속에서 세상 사람들처럼 '매일이 그냥 그렇지 뭐'라는 것에서 우리는 벗어나서, 어제보다 나아야 합니다. 누구와 대화를 마치고 돌아왔다면, 그

다음에 만날 때는 더 나은 말을 해야 합니다. '야, 너 오랜만에 봤는데 몰골이 그게 뭐냐?'라고 할 필요 없습니다. '반갑다. 잘 지냈니? 나도 잘 지내. 너 학창 시절에 꽤 심술을 떨어서 나랑 많이 싸웠는데, 지금 생각해 보니 참 고맙더라'라고 좋은 말을 하십시오. 그게 얼마나 큰 실력을 요구하는지 알아야 합니다.

우리 모두가 '안녕하세요', '반갑습니다'를 못해서 그다음 대화를 할 수 없었습니다. 인사를 못하고 지나가면 다음에는 다시 쳐다볼 수가 없습니다. 어쩌다 눈이라도 마주치면 놀랍니다.

세상은 누군가와 눈을 마주치는 것이 무섭습니다. 사망이 임금이라서 그렇습니다. 오늘이라는 자리에 우리의 책임과 기회와 명예가 있다는 것을 알아야 합니다. 예수의 죽으심이 우리를 어디까지 붙잡고 계신가를 아는 놀라운 위로와 격려와 승리가 있기를 바랍니다.

기 도

하나님 아버지, 우리의 삶은 커다란 기회이고 기적입니다. 하지만 우리는 그 기쁨을 자주 누리지 못합니다. 우리의 어리석음을 이기게 하옵소서. 우리가 그토록 많이 외치는 믿음과 승리, 각오가 지금 필요합니다. 누구에게 내 책임을 벗어던지지 말고 내 삶으로 감당하게 하여 주옵소서. 모든 감사와 자랑이 나의 인생과 나의 존재에 가득하여 만나는 사람들과 풍성한 은혜를 나누는 진실한 신자가 되게 하옵소서. 예수님 이름으로 기도합니다. 아멘.

46.

그 증언이 참이라

…… 31 이 날은 준비일이라 유대인들은 그 안식일이 큰 날이므로 그
안식일에 시체들을 십자가에 두지 아니하려 하여 빌라도에게 그들의
다리를 꺾어 시체를 치워 달라 하니 32 군인들이 가서 예수와 함께 못
박힌 첫째 사람과 또 그 다른 사람의 다리를 꺾고 33 예수께 이르러서
는 이미 죽으신 것을 보고 다리를 꺾지 아니하고 34 그 중 한 군인이 창
으로 옆구리를 찌르니 곧 피와 물이 나오더라 35 이를 본 자가 증언하
였으니 그 증언이 참이라 그가 자기의 말하는 것이 참인 줄 알고 너희
로 믿게 하려 함이니라 36 이 일이 일어난 것은 그 뼈가 하나도 꺾이지
아니하리라 한 성경을 응하게 하려 함이라 37 또 다른 성경에 그들이
그 찌른 자를 보리라 하였느니라 (요 19:28-37)

요한복음 19장 마지막 부분은 예수님의 죽으심에 대해 소개합니다. 예수님의 죽으심은 신자들에게 '우리를 구원하시기 위해 예수님이 자신의 목숨을 바치신 사건'으로 너무 간단하게 각인되어 있습니다. 이러한 표현은 예수님의 죽으심을 증명하거나 드러내고자 하는 성경의 깊이를 자주 방해합니다. 대표적 예로 멜 깁슨 감독의 영화 〈패션 오브 크라이스트〉(The Passion of the Christ)는 예수님의 처절한 수난 장면을 집중 묘사해서 우리의 감동이나 안쓰러움이 그 안에서 희석되고 말았습니다.

참 인간이신 예수

본문에서 예수님의 죽으심에 대해 강조하려는 것은 '그는 참 인간이었다'는 점입니다. 이 말은 어떤 의미에서 당연하면서도 한편으로는 낯설게 들릴 것입니다. '예수님이 인간이었다'고 하면, 금방 '신이었어요'를 동반하지 않으면 못할 말이 되고 맙니다. 그래서 '신이지만 인간이셨어요. 그러므로 신이 인간으로 오셔서 얼마나 고생하셨겠어요?'로 귀착되는 바람에, '그가 참 인간이었다'라는 말이 갖는 의미가 늘 방해받습니다.

본문에서 보다시피, 예수님이 돌아가신 다음 날은 안식일이었습니다. 안식일에 시체를 나무에 다는 것을 꺼리는 유대인들이 빌라도에게 예수님을 포함한 '그들의 다리를 꺾어 시체를 치워 달라'고 요청합니다.

십자가 처형은 오랜 고통을 겪도록 고안한 형벌이기에 사람이 쉽게 죽지 않습니다. 양팔을 밧줄로 묶어 놓고 못을 박고, 다리도 모아서 발판에 대어 묶어 놓고 못질을 했습니다. 십자가에 달린 사람이 힘이 빠져 몸이 늘어지면 숨을 못 쉰답니다. 숨을 쉬려면 허파를 끌어올려야 해서 다리로 버티는데, 그게 최고의 고통이랍니다. 숨을 쉬기 위해 못 박힌 발에 힘을 써서 몸을 추켜세워야 하니, 다리를 꺾어 놓으면 몸을 올릴 수 없기에 금방 질색해서 죽는답니다. 그래서 본문에 "군인들이 가서 예수와 함께 못 박힌 첫째 사람과 그 다른 사람의 다리를 꺾고 예수께 이르러서는 이미 죽으신 것을 보고 다리를 꺾지 아니하고"(요 19:32-33)라고 나온 것입니다. 그러나 확인 사살을 위해 "그 중 한 군인이 창으로 옆구리를 찌르니 곧 피와 물이 나오더라"(요 19:34)라고 기록되어 있습니다.

'예수님이 참 인간이었다. 우리와 똑같다'를 언급하는 것은 존재론이나 신분이나 지위에 관하여 이야기하려는 것이 아니었습니다. 실제로 '한 인간이셨다'는 데에 성경의 초점이 있습니다.

고난으로 순종함을 배워 온전하게 되심

사실 예수님이 참 인간이었다는 것은 굉장히 중요합니다. 앞서 우려했던 바와 같이, 이를 우리가 아는 종교심이나 동정심 같은 것으로 혼동해서는 성경이 전하고자 하는 이야기를 따라가지 못합니다. 예수님의 죽으심은 다른 식으로 표현하자면 이렇습니다.

> 그가 아들이시면서도 받으신 고난으로 순종함을 배워서 온전하게 되셨은즉…… (히 5:8-9)

‘예수님이 도대체 왜 고난을 받아야 했고, 왜 고난으로 순종함을 배워 온전하게 되셨는가?’ 하는 부분입니다.

무엇이 온전하게 되었습니까? 순종함을 배운다는 것은 무슨 뜻입니까? 물론 순종이란 우리의 생각처럼 ‘하라는 대로 하는 것’을 의미하지는 않습니다. 생각해 보십시오. 하나님은 부족하신 것이 없습니다. 그분은 못하실 것도 없습니다. 여기서 순종을 해야 한다는 것은 굳이 하지 않아도 되는 일에 매이는 것, 다시 말해 스스로 고난의 자리에 왔다는 것입니다. 그 고난은 우리가 잘 아는 대로 사람들이 그분을 알아보지 못했고, 그분을 거부하고 모욕하고 조롱했으며, 그분을 폭행하고 결국 죽였다는 점입니다. 이런 것들이 ‘받으신 고난으로 순종함을 배워서’(히 5:8)라는 말씀의 의미입니다.

예수님이 고난을 받음으로 무엇이 온전하게 되었다는 말인가요? 진짜 사람이 되셨다는 것입니다. 예수님이 진짜 사람이 되셨다는 것은 하나님이 우리를 만나셔서 우리와 대화를 하시고, 우리의 진심을 들으시고 이해하시며 편을 드시는 정도가 아닙니다. 그분이 친히 인간이 되셔서 인간이 가진 모든 약점과 말이 안 되는 내용들을 직접 끌어안으셨다는 말입니다. 히브리서 4장에 나오는 방식으로 이야기하면, 그분은 ‘우리의 연약함을 동정하지 못하실 이가 아니요 모든 일에 우리와 똑같이 시험을 받으신 이’(히 4:15)입니다.

그분은 참된 한 인간이 되셨습니다. 자신의 것으로 연약해지신 것이 아닙니다. 자신의 잘못으로 책임질 일이 생긴 것이 아닙니다. 그분은 우리의 연약함과 못난 것들을 자신의 것으로 받아들이셨습니다.

이와 같은 것이 왜 그렇게 중요할까요? 예수님이 우리의 못난 것들 곧 우리의 무지, 왜곡, 폭력, 결국 죽음까지 받아들이심으로, 다시 말해 예수님이 한 인간이 되심으로, 나중에 부활하시고 승천하셔서 하나님 앞에 가셨을 때 예수님은 우리를 고스란히 품에 안고 가시기 때문입니다. 이 말에 의문을 품을 수 있습니다. 하지만 여기에는 이런 이해를 해야만 하는 아주 중요한 내용이 담겨 있습니다. 예를 들면, 빌립보서 2장에서 살펴봅시다.

> 오히려 자기를 비워 종의 형체를 가지사 사람들과 같이 되셨고 사람의 모양으로 나타나사 자기를 낮추시고 죽기까지 복종하셨으니 곧 십자가에 죽으심이라 (빌 2:7-8)

사실 예수님은 죄를 지어 십자가에 달리신 것이 아닙니다. 그런데도 죄인처럼 그 자리에 가신 것은 우리를 다 그분의 품에 끌어안으시려는 것입니다. 우리를 끌어안고 그 자리에 가신 것입니다. 그래서 '세상 죄를 지고 가는 하나님의 어린 양'(요 1:29)이라고 표현한 것입니다.

예수님은 참 인간이 되셔서 본인이 짓지 않은 죄, 자신의 허물이 아닌 고통과 수치를 겪으심으로 모든 일을 다 이루셨습니다. 그렇게 예수님은 하나님 앞에 돌아가심으로 말미암아 자신이 그 자리를 갈 수 있으면, 모든 인류가 그 자리에 갈 수 있다고 선언하시고 그 결과를 이루신 것입니다.

베드로후서 1장에서는 다음과 같이 소개합니다.

> 이로써 그 보배롭고 지극히 큰 약속을 우리에게 주사 이 약속으로 말미암아 너희가 정욕 때문에 세상에서 썩어질 것을 피하여 신성한 성품에 참여하는 자가 되게 하려 하셨느니라 (벧후1:4)

믿음을 조건으로 이야기하는 것이 아닙니다. 예수님이 하신 일은 우리가 이제 하나님의 고귀한 자녀이자 사랑의 대상으로서 믿음의 관계에 들어서게 하신 것이라고 전하는 셈입니다.

임마누엘의 자리

우리가 다 아는 내용을 이렇게 구체적으로 짚어 가며 그 내용을 살피려는 이유는 다음과 같습니다. 인생에서 슬픔과 고난과 억울함을 겪을 때, 우리가 원망하는 것은 '하나님, 제가 예수를 믿는데, 왜 고난을 겪어야 하나요? 왜 나는 힘들게 살아야 하나요? 내가 뭘 잘못했나요?' 입니다. 그럴 때 성경은 '예수님이 그렇게 너희를 끌어안았다. 너희의 회개로 자격이 생겨서 너희의 못난 것을 끌어안은 것이 아니라, 너희가 모를 때 그 일을 행하셨다. 곧 임마누엘이었다'라고 하여 하나님의 자녀가 된 자들이 예수님이 하신 일들을 통하여 인류 역사를 하나님 나라로 만드는 일에 참여하도록 한 것입니다.

> …… 나를 믿는 자는 내가 하는 일을 그도 할 것이요 또한 그보다 큰 일도 하리니…… (요 14:12)

이렇게 우리는 보냄을 받았습니다. 우리가 고난을 받는 것이 우리 잘못은 아닙니다. 그 고난이 이유가 되고, 우리가 그 고난을 만드는 자들 곁에 서 있음으로 우리가 임마누엘이 되는 것입니다.

그저 '예수님, 못난 것들이 못질을 했으니 얼마나 아프셨겠어요?' 하면서 고난이 있는 자리를 도망치지 마십시오. 예수님이 우리를 끌어안아 하나님께 어떻게 데리고 가셨는지, 그 성육신과 십자가 사건이 우리에게서 재현되고 있습니다.

바리새인들이 예수께 "선생님, 율법 중에서 어느 계명이 크니이까" 라고 묻습니다. 이에 예수님이 이렇게 이르셨습니다.

> …… 네 마음을 다하고 목숨을 다하고 뜻을 다하여 주 너의 하나님을 사랑하라 하셨으니 이것이 크고 첫째 되는 계명이요 둘째도 그와 같으니 네 이웃을 네 자신 같이 사랑하라 하셨으니 이 두 계명이 온 율법과 선지자의 강령이니라 (마 22:37-40)

이는 무슨 뜻일까요? 하나님을 사랑하는 것은 설명이 필요 없습니다. 이웃을 어떻게 사랑하라고 하셨나요? '네 이웃이 너에게 잘하느냐 잘못하느냐와 상관없이, 네 이웃은 너 때문에 은혜와 복을 나누는 존재다. 그러니 너는 이웃에게 시비 걸며 싸우지 말고, 그들을 잘라 내지 말고 그들 곁에 가서 고난을 겪어라. 그리고 그들의 이웃이 되어라'라는 말씀입니다.

생각해 보십시오. 하나님의 아들이 아버지의 뜻에 동참하여 이 땅에 오신 것이 성육신입니다. 아버지의 뜻을 이루기 위해, 그분의 형상대로 만든 인류를 구원하시기 위해 사랑과 정성을 가지고 오셔서 괄시받고 모욕을 당하십니다. 우리는 예수님이 누군지 몰랐습니다. 또한 우리가 하는 일을 몰랐습니다. 그러므로 예수님이 하나님께 '아버지여 저들을 사하여 주옵소서 자기들이 하는 것을 알지 못함이니이다'(눅 23:34)라고 이르신 것은 굉장히 의미 있는 말씀입니다. 우리 인생이 이를 반복하고 있습니다. 그리고 하나님이 그 아들을 보내시어 자기 백성을 구원하며 그분의 나라를 만드는 것을, 오고 오는 시대의 자기 백성과 제자들을 통해 일하겠다고 하십니다. 그래서 우리가 이렇게 보냄을 받아 존재하고 있습니다. 우리가 있는 자리가 임마누엘의 자리입니다. 그 자리에 하나님의 역사가 있고, 용서가 있고, 소망이 있고, 명예가 있고, 약속이 있습니다. 우리가 그 일을 납득하지 못할 뿐 아니라 못 알아듣고 있어도 그 역사와 기적은 지속되고 연결되고 열매를 맺고 있습니다.

놀라운 격상

예수님의 죽으심은 인류의 지위와 신분을 놀랍게도 많이 격상하였습니다. 요한복음 17장에서와 같이 "아버지여, 아버지께서 내 안에, 내가 아버지 안에 있는 것 같이 그들도 다 하나가 되어 우리 안에 있게 하사 세상으로 아버지께서 나를 보내신 것을 믿게 하옵소서"(요 17:21)에 우리가 들어가는 것입니다.

자신을 찌른 자들을, 자신을 팔아먹은 자들을, 자신을 모욕한 자들을 예수님은 끌어안으십니다. 인류가 저지른 모든 거짓된 것과 헛된 것을 공감하시고 체휼하시는 예수님 때문에, 우리는 예수님의 형제가 되고 친구가 됩니다. 그분의 부르심을 받으면 우리 옆에 있는 가족과 동료가 함께 은혜를 입습니다. 예수님도 말씀하셨듯, 이제 인류 역사는 하나님과 예수 그리스도에 대해서 아무런 진전이 없어 보입니다. 하지만 하나님은 아무것도 아닌 우리를 통해 '나는 스스로 있는 자'(출 3:14)라고 지금도 말씀하고 계십니다. 고린도후서 4장 11절을 봅시다.

> 우리 살아 있는 자가 항상 예수를 위하여 죽음에 넘겨짐은 예수의 생명이 또한 우리 죽을 육체에 나타나게 하려 함이라 (고후 4:11)

우리가 밤낮 죽음에 넘겨지는 것은 우리가 세상 속에 있기 때문입니다. 세상은 결국 죽음이 폭력이고 권력입니다. 말 그대로 '적자생존, 약육강식'입니다. 그러나 우리는 이러한 문제를 해결하고 답을 내서 세상 사람들을 항복시키지 않습니다. 우리는 그 문제를 겪으면서 예수님이 우리를 용서하신 것같이, 우리가 세상 사람들의 비난을, 저주를 받고 서 있는 것만으로 하나님이 지금 일하신다는 것을 알게 됩니다. 이를 우리 인생에서 알지 못하면 신앙생활을 할 수 없습니다.

우리는 대단한 것을 하지 않아도 됩니다. 그냥 살아 있으면 됩니다.

우리와 관계 맺고 있는 이웃들, 만나는 사람들 앞에서 유난을 떨 필요 없이 가만히 사는 것만으로도 하나님의 일하심이 드러난다는 것을 자신의 생애를 통해 이해해야 합니다.

> 그런즉 사망은 우리 안에서 역사하고 생명은 너희 안에서 역사하느니라 (고후 4:12)

신기하죠? 우리는 이상한 지점에서 은혜를 받습니다. 우리가 모르는 일에서 은혜가 나타납니다. 이를 믿는 것입니다. 사람들이 '예수를 믿는 사람들은 다르더라'라는 말을 합니다. 물론 미운 말을 더 많이 하지요. '왜 믿어? 그냥 병이나 고쳐 달라고 해'라고 빈정대면 그냥 웃어넘기십시오. '그게 말이야'라고 운을 떼서 길게 설명해 봤자 소용없습니다. 그냥 웃으면 됩니다. 어느 날, '야, 네가 믿는 예수님은 도대체 어떤 분이냐?'라고 물어보면, '그런 건 말해 줘도 넌 몰라'라고 복수를 하면 됩니다.

예수님은 33년의 생애를 사시는 가운데 사람들을 만나서 할 수 있는 기적을 다 베푸셨습니다. 그 기적들이 폭력이나 보복이 되지 않았습니다. 또한 자기를 증명하는 데서도 경쟁의 승리로 자신을 설명하지 않으셨습니다. 하나님은 이러한 방식으로 지금도 일하시면서 그분의 나라를 만들어 가고 계십니다.

> 주 예수를 다시 살리신 이가 예수와 함께 우리도 다시 살리사 너희와 함께 그 앞에 서게 하실 줄을 아노라 (고후 4:14)

여기서 '너희'는 누구입니까? 고린도후서에서 언급했으니까 고린도 교인들입니다. 고린도 교인들은 욕을 먹어도 됩니다. 바울은 이들에게 좋은 말을 해 줄 것이 없습니다. 그런데 바울은 "주 예수를 다시 살리신 이가 예수와 함께 우리도 다시 살리사 너희와 함께 그 앞에 서게 하실 줄 아노라"라고 합니다. 여기서 '우리'는 사도와 그의 친구들입니다. 우리는 '너희' 곧 고린도교회의 못난 교우들입니다. 우리는 그런 존재입니다. 하나님은 그렇게 일하십니다.

모세의 생애

이러한 의미를 구약성경에 나오는 인물 속에서 자세히 들여다볼 수 있습니다. 모세의 생애가 그렇습니다. 이스라엘 백성이 애굽의 노예일 때, 모세는 노예의 자식으로 태어납니다. 게다가 당시 애굽에는 유대인 중에 태어난 사내아이는 죽이라고 명이 내려졌을 때입니다. 모세는 그런 최악의 조건, 즉 살아남을 수 없는 조건에서 태어납니다. 더구나 그의 부모는 더 이상 그를 숨기지 못해 결국 버립니다.

막장 드라마를 보면, 꼭 출생의 비밀을 건드립니다. 출생의 비밀이 왜 중요할까요? 막장 드라마에서는 어쨌든 출생이 모든 것을 결정하기 때문입니다. 모세는 노예의 자식으로 태어나 살육의 명령 앞에서 버려집니다. 이후 그는 자기가 뜻한 대로 일이 풀리지 않아 미디안으로 도망을 갑니다. 그리고 그는 잊힙니다. 스스로 자신을 잊고, 백성도 그를 잊고 자신도 백성을 잊습니다. 미디안 광야에서 40년 동안 모든 것을 잊어버리고 삽니다. 잊힌 인생을 살다가 하나님의 부르심을 받습니다. 그도 너무 놀랐을 것입니다.

그러고 나서 모세는 폭력 앞에 섭니다. 바로 앞에 말이죠. 우리는 이 이야기의 결말을 잘 알고 있습니다. 영화 〈십계〉를 보면, 멋있는 모세를 연상할 수 있습니다. 하지만 바로 앞에 선 모세는 사실 주눅 들어 있습니다. 그리고 매일 바로의 궁에서 물러날 때마다 그의 목숨이 위험에 처했을 것입니다. 거지 같은 행색을 한 사람이 궁전에 들어와 왕 앞에서 '내 백성을 놓아 주라'고 큰소리친다고 생각해 보십시오. 그런 위험한 요구를 한 번도 아니고 열 번이나 합니다. 간신히 바로를 이겼으나 홍해가 그와 그의 백성들 앞에 가로막고 있습니다. 백성들이 '우리를 여기서 죽이려고 그 쇼를 했냐?'고 아우성칩니다. 그때 모세가 비로소 이 멋진 대답을 합니다.

> …… 너희는 두려워하지 말고 가만히 서서 여호와께서 오늘 너희를 위하여 행하시는 구원을 보라 너희가 오늘 본 애굽 사람을 영원히 다시 보지 아니하리라 (출 14:13)

모세가 이 말을 하고 홍해를 가르자, 이스라엘 백성들은 홍해를 건넙니다. 그들이 홍해를 건넌 후, 계속 편안한 삶을 누렸나요? 아닙니다. 그들은 그 후에도 수많은 고생을 합니다. 이스라엘 백성은 광야 생활에서도 모세에게 '애굽으로 돌아가자. 왜 우리를 애굽에서 데리고 나왔는가? 이 고생을 시키려고 데리고 나왔는가?'라고 원망의 후렴구를 외칩니다. 오늘날 우리의 원망과 많이 비슷하지요? 우리도 모세와 이스라엘 백성이 감당했던 이러한 짐을 져야 합니다.

이스라엘 백성은 자신들에게 일어난 일이 무엇인지 모릅니다. 그러나 모세는 압니다. 가나안 땅에 들어가야 할 때도 백성들은 '못 들어간다'고 했고, 모세는 '들어가자'고 합니다. 그렇게 옥신각신하다 결국 하나님이 이스라엘 백성에게 광야에서 다 죽으라고 했습니다. 모세도 마지막에 별일 아닌 걸로 하나님이 트집을 잡아 '너도 그들과 함께 죽어라'고 하셨습니다. 왜 그러셨을까요? 모세는 그들의 지도자입니다. 그들 중에 한 사람입니다. 그렇기 때문에 하나님이 '너도 그들과 같이 죽어라' 하신 말씀을 모세는 잘 알아듣습니다.

모든 예수 믿는 사람이 한 번씩 묻는 질문들이 있습니다. 첫 번째 질문은 '하나님은 아담이 범죄할 것을 아셨을까요? 모르셨을까요?'이고, 두 번째 질문은 '가나안에 들어가지 못하고 광야에서 죽은 출애굽한 이스라엘 백성은 천국에 갔을까요? 지옥에 갔을까요?'입니다. 두 번째 질문에 대한 답변은 '천국에 갔다'입니다. 어떻게요? 모세가 같이 죽었잖아요. 모세가 그들 중의 하나가 됨으로써 그 백성 전체가 구원을 받았습니다. 그 백성 전체가 구원받을 수밖에 없습니다. 이러한 일을 예수님이 하신 것입니다.

사랑으로 묶인 자리

우리는 모세가 이스라엘 백성 중의 하나가 됨으로써 얼마나 고생했는지 알아야 합니다. 모세가 호렙산에 올라갔을 때, 이스라엘 백성이 모세를 기다리다가 금송아지를 만든 사건이 있었습니다. 그 사건 때 모세가 백성들 앞에서 무릎 꿇고, 하나님 앞에서 못해 먹겠다고 불평을 합니다. 그래도 모세를 위대한 지도자라고 하는 이유가 무엇입니까? 그 백성을 살려 냈기 때문입니다. 홍해를 가른 것으로 살려 낸 것이 아니라, 40년 동안 그들과 함께 동고동락하며 한숨과 눈물 속에 자기 자리가 있음을 알고 그들과 죽음을 함께한 것으로 이스라엘을 구합니다.

우리는 잘 믿는 자와 믿지 않는 자를 자꾸 나누려고 합니다. 또한 성공한 자와 실패한 자를 나누려고 합니다. 그러나 성경은 그렇게 이야기하지 않습니다. 하나님이 그분의 사랑, 그분의 나라로 우리를 묶으셨습니다. 이것이 하나님 사랑입니다. 모든 이웃을 위하여 하나님이 우리를 보냈습니다. 이것이 이웃 사랑입니다. 그리고 이러한 것이 곧 예수를 믿는 것이요, 신자의 신앙생활입니다. 그 위대한 길을 걷는 우리 모두가 되기를 바랍니다.

기 도

하나님 아버지, 감사합니다. 우리의 현실이 기적이요 신비라는 것을 주 앞에 고백할 수 있게 하옵소서. 주 예수의 뒤를 따라 순종하며 우리의 고단한 인생을 살아 낼 수 있게 하옵소서. 그리하여 우리의 인생이 온전한 하나님의 사랑과 뜻을 이루는 권능의 생애가 되게 하옵소서. 예수님 이름으로 기도합니다. 아멘.

47.
너희가 누구의 죄든지 사하면

---

19 이 날 곧 안식 후 첫날 저녁 때에 제자들이 유대인들을 두려워하여
모인 곳의 문들을 닫았더니 예수께서 오사 가운데 서서 이르시되 너희
에게 평강이 있을지어다 20 이 말씀을 하시고 손과 옆구리를 보이시니
제자들이 주를 보고 기뻐하더라 21 예수께서 또 이르시되 너희에게 평
강이 있을지어다 아버지께서 나를 보내신 것 같이 나도 너희를 보내노
라 22 이 말씀을 하시고 그들을 향하사 숨을 내쉬며 이르시되 성령을
받으라 23 너희가 누구의 죄든지 사하면 사하여질 것이요 누구의 죄든
지 그대로 두면 그대로 있으리라 하시니라 (요 20:19-23)

요한복음 20장은 예수님이 부활하신 사실을 기록하고 있습니다. 예수님의 부활은 기독교 신앙의 가장 중심이고 절정이며 모든 것의 근거가 되는 매우 중요한 사실입니다. 부활이 있음으로 사망을 이기고, 죄에서 구원받고, 영생을 누리며, 영원한 영광의 운명을 부여받기 때문입니다.

그러나 요한복음에서는 예수님의 부활 사건을 놀랍게 다루거나 크게 다루지 않습니다. 부활하신 주를 찬송하고 기뻐하기보다, 그 부활로 말미암아 이루어진 새로운 시대, 새로운 세상에 대한 명령이 핵심 내용으로 등장합니다. 본문에서 언급한 바와 같이, 제자들이 모여 있는 곳에 예수님이 오십니다. 그러시고는 제자들에게 '아버지께서 나를 보내신 것 같이 나도 너희를 보내노라'(요 20:21), '성령을 받으라'(요 20:22), '너희가 누구의 죄든지 사하면 사하여질 것이요 누구의 죄든지 그대로 두면 그대로 있으리라'(요 20:23)라는 놀라운 권세를 허락하십니다.

죄를 사하는 것

한국 교회는 예수님의 부활 사건 하나에만 집중하여 '우리가 죄에서 구원을 받았고 영생을 얻었으며 영원한 복락을 누릴 것'이라는 기본적 복음과 구원의 메시지에는 익숙합니다. 한 예로 '당신은 오늘 죽으면 천국에 가리라는 확신이 있습니까?'라는 질문과 그 대답은 부흥시대의 유명한 고백이었고 자랑이었습니다.

그러나 현실은 이런 확신과 결의에도 불구하고, 고단한 인생을 살아야 한다는 점입니다. 예수님을 믿은 것과 그분의 약속이 이루어지는 종말 사이가 너무 긴 인생을 살아 내야 합니다. 그리고 그 긴 인생이 한 세대에 국한된 것이 아닙니다. 2천 년 기독교 역사 내내 여전히 반복적으로 고난에 찬 신앙생활이 신자들을 뒤흔들고 있습니다.

바로 이 시점에 예수님이 부활하시고, 예수님이 제자들에게 주신 권세 곧 '너희가 누구의 죄든지 사하면 사하여질 것이요 누구의 죄든지 그대로 두면 그대로 있으리라'(요 20:23)라는 것은 놀라운 말씀입니다. 우리가 이 권세를 가지고 있다면, 사실 우리의 현실적인 신앙생활에서도 자책하거나 절망할 필요가 없습니다. 다른 사람의 죄를 사할 수 있다면 스스로의 죄도 고칠 수 있을 것이고, 죄를 지을 일도 없을 것입니다. 그런데 실제로 우리의 신앙생활에서는 이러한 죄의 문제가 끝나지 않습니다. 그래서 이 문제를 매우 중요하게 다룰 수밖에 없습니다.

죄를 사하는 문제는 '성령을 받으라'와 직접 연결되어 있습니다. 성령을 받는다는 것은 오순절 날에 성령께서 임하신 것을 기억나게 합니다. 그렇기 때문에 우리는 성령을 받는 것을 놀랍고 충만하고 복된 측면이 부각된 모습으로 기억하고 있고, 또 그렇게 기대하고 있습니다. 성령의 오심에 대해서는 요한복음 16장에서 이미 예수님이 제자들에게 말씀하셨습니다.

> 그러나 내가 너희에게 실상을 말하노니 내가 떠나가는 것이 너희에게 유익이라 내가 떠나가지 아니하면 보혜사가 너희에게로 오시

> 지 아니할 것이요 가면 내가 그를 너희에게로 보내리니 그가 와서 죄에 대하여, 의에 대하여, 심판에 대하여 세상을 책망하시리라 죄에 대하여라 함은 그들이 나를 믿지 아니함이요 의에 대하여라 함은 내가 아버지께로 가니 너희가 다시 나를 보지 못함이요 심판에 대하여라 함은 이 세상 임금이 심판을 받았음이라 (요 16:7-11)

'이 세상 임금이 심판을 받았다'(요 16:11)라는 말은 어떤 사람의 죄를 사할 수 있고 놔둘 수도 있는 권세가 있다는 권력적 의미로 받아들여집니다. 이는 세상의 임금 곧 세상 권력자의 사망을 뜻합니다. 그런데 세상의 임금이 누구입니까? 사망입니다. 사망이 힘을 잃습니다. 예수님의 부활로 사망이 궁극적 권좌에서 쫓겨나고 부활과 영생이 그 권좌를 차지했습니다.

부활로 인해 모든 성도에게 영생이 주어졌습니다. 성령께서 오셔서 하시는 일은 믿음과 구원을 받은 자들을 사망이 전부라고 믿는 세상 속에 보내셔서 '사망이 끝이 아니고 부활과 영생이 있다'는 것을 각자의 실존과 구체적인 생애를 통해 입증하시는 것입니다. 이것이 죄를 사하는 것이요, 세상 임금의 권세를 책망하는 것입니다. 사망은 죽고 끝나는 것이 아닙니다. 사망은 죗값이고, 죄로 인하여 인간 또는 인생이 소멸되고 부패하고 거짓될 수밖에 없는 것입니다. 이와 반대로 부활은 인생과 실존이 복되고 영광스럽고 명예롭고 승리하는 것입니다. 성령께서 이를 증언하시는 일을 하십니다.

세상을 심판한다는 것은 세상 사람들이 말하는 힘과 권력을 지닌 자로 사는 것을 말합니다. 또한 죄를 사하는 권세는 죄로 인하여 사망의 자리에 있는 우리에게 은혜로 구원이 일어나, 구원받은 자들이 사망을 두려워할 필요 없이 이 세상을 사는 것을 말합니다. 신자의 생애는 절망밖에 가질 수 없는 세상 사람들이 우리에게서 희망을 발견하고, 생명을 보며, 영생을 사는 명예를 목도하게 합니다.

죄 관리 복음의 실체

우리는 요한복음 19장에서 예수님의 죽으심과 관련하여, 모세가 출애굽한 이스라엘 백성들과 함께 광야에서 죽음으로써, 이스라엘 백성이 가나안 입국을 실패한 것으로 그들의 운명이 실패하지 않고 구원에 합류한다는 것을 증언한다고 살펴보았습니다. 또한 우리는 죄와 사망과 소멸과 절망밖에 모르는 자들과 이웃으로 속해 있으면서 세상을 구원한다고 했습니다. 이러한 방식이 성육신이요, 임마누엘이라고도 했습니다. 예수님이 3년의 공생애를 사시기 전에 보통 사람들처럼 평범한 일상을 사신 것같이, 우리도 일상 속에서 하나님 나라의 증인으로 증언할 것이 있을 것입니다.

우리가 죽음을 두려워하지 않는다면, 또한 세상의 권력이 전부가 아니라는 것을 안다면, 우리는 상대편에게 져 줄 수 있습니다. 양육강식이나 적자생존에서 벗어난 인생을 사는 것입니다. 하지만 현실의 우리는 세상의 승부에서 지면 패배한 것이라는 두려움 속에 지냅니다. 더불어 도덕적·윤리적으로 완벽하지 않다는 자괴감이 우리를 괴롭힙니다. 여전히 완벽하지 못한 도덕성이나 윤리성이나 종교성의 틀

바구니에서, 갈등과 불만 속에서 늘 자책하다가 말 뿐입니다. 그래서 '하나님이 일하시는 방식, 곧 메시아나 임마누엘의 신비'를 깨닫지 못한다면, 우리의 신앙은 '죄 관리의 복음'에 그칩니다. 지은 죄를 회개하여 자책할 것이 없는 사람이 되려다가, 오히려 하나님이 우리에게 고난과 조롱과 억울함을 겪는 성육신의 삶을 재현하라고 기회로 주신 인생을 살아 낼 줄 모르게 됩니다.

우리는 예수님이 죄가 없으셨기 때문에, 신의 초월성을 다 내려놓은 육신이더라도 주리고 목마르고 피곤하신 것은 좀 더 감내하기 쉬웠을 거라 생각합니다. 하지만 무한하신 분이 유한한 곳에 들어온 것은 손발을 다 묶고, 입을 봉하고, 귀를 막고, 눈을 가린 것 같은 속박의 생애였을 것입니다.

실제로, 예수님은 고통스러워하셨습니다. 예수님은 나사로가 죽었을 때도 우셨습니다. 겟세마네에서 기도하실 때에는 '내 마음이 매우 고민하여 죽게 되었으니'(마 26:38)라고 말씀하실 정도였습니다. 예수님 정도라면 고난을 넉넉하게 이길 것이라는 우리의 생각과는 전혀 다르게 성경은 말합니다.

예언을 성취하러 오심

그래서 우리는 다시 한번 씨 뿌리는 비유를 살펴볼 필요가 있습니다. 예수님이 바닷가에 앉아 계실 때에 큰 무리가 모였습니다. 예수님은 배에 올라앉으시고 해변에 서 있는 무리를 향해 다음과 같은 말씀을 들려주셨습니다.

> …… 씨를 뿌리는 자가 뿌리러 나가서 뿌릴새 더러는 길 가에 떨어지매 새들이 와서 먹어버렸고 더러는 흙이 얕은 돌밭에 떨어지매 흙이 깊지 아니하므로 곧 싹이 나오나 해가 돋은 후에 타서 뿌리가 없으므로 말랐고 더러는 가시떨기 위에 떨어지매 가시가 자라서 기운을 막았고 더러는 좋은 땅에 떨어지매 어떤 것은 백 배, 어떤 것은 육십 배, 어떤 것은 삼십 배의 결실을 하였느니라 (마 13:3-8)

예수님이 이렇게 비유로 말씀하시자, 제자들이 반론을 제기합니다. "예수님, 그런 쉬운 이야기를 왜 비유로 말씀하십니까? 그냥 최선을 다해 살라고 하시면 될 것을 왜 그렇게 어렵게 이야기하십니까?" 그러자 예수님이 이사야의 예언을 인용하십니다. 선지자 이사야가 높이 들린 보좌에 앉으신 하나님의 영광을 보고, 그분의 음성을 듣습니다.

> …… 내가 누구를 보내며 누가 우리를 위하여 갈꼬 하시니 그 때에 내가 이르되 내가 여기 있나이다 나를 보내소서 하였더니 여호와께서 이르시되 가서 이 백성에게 이르기를 너희가 듣기는 들어도 깨닫지 못할 것이요 보기는 보아도 알지 못하리라 하여 이 백성의 마음을 둔하게 하며 그들의 귀가 막히고 그들의 눈이 감기게 하라 염려하건대 그들이 눈으로 보고 귀로 듣고 마음으로 깨닫고 다시 돌아와 고침을 받을까 하노라 하시기로 (사 6:8-10)

예수님은 이사야가 들었던 말씀과 비슷한 말씀을 하십니다.

> 그러므로 내가 그들에게 비유로 말하는 것은 그들이 보아도 보지 못하며 들어도 듣지 못하며 깨닫지 못함이니라 이사야의 예언이 그들에게 이루어졌으니 일렀으되 너희가 듣기는 들어도 깨닫지 못할 것이요 보기는 보아도 알지 못하리라 이 백성들의 마음이 완악하여져서 그 귀는 듣기에 둔하고 눈은 감았으니 이는 눈으로 보고 귀로 듣고 마음으로 깨달아 돌이켜 내게 고침을 받을까 두려워함이라 하였으니라 (마 13:13-15)

예수님은 씨 뿌리는 비유가 이사야의 예언이 이루어진 비유라고 말씀하십니다. 그리고 예수님은 이 비유를 완성하러 오신 것입니다. 보아도 모르고 들어도 모르기 때문에 예수님이 오신 것입니다. 보아도 모르고 들어도 모르는 그 이야기의 주인공이 바로 예수님입니다.

그게 무엇일까요? 씨 뿌리는 자가 씨를 길가에 뿌리고, 돌밭에 뿌리고, 가시떨기 위에 뿌리면 그 씨는 그냥 다 죽습니다. 그런데 그곳에 열매가, 곧 부활의 첫 열매가 맺히는 것입니다. '밭이 열매를 맺는 게 아니다. 내가 결실할 수 없는 밭에 결실하러 왔다. 그게 바로 좋은 땅이다.' 이것이 예수님이 하신 비유의 메시지입니다.

그러므로 우리의 생애에서 가장 명심해야 할 것은 우리에게 '예수를 믿는다'는 고백이야말로 성령의 첫 번째 열매라는 점입니다. 어느 누구도 성령으로 말미암지 않고는 예수를 주라 고백할 수 없습니다. 우리가 스스로 길가나 돌밭이나 가시떨기라고 여길지라도 '예수는 주'라는 신앙 고백이 있으면, 이는 성령으로 말미암아 고백한 것으로 우리가 하나님의 자녀라는 증거입니다. 그다음에 성경이 하고 싶은 이야기는 '우리가 힘을 합하여 이 열매, 곧 이 결실을 더 풍성히 해야 한다'는 점입니다.

결실하는 인생

그렇다면 왜 첫 결실은 예수님이 하시고, 나머지는 우리보고 하라고 하실까요? 하나님은 우리 자신의 책임, 선택, 헌신을 요구하십니다. 물론 이것은 조건이 아닙니다. 우리는 길가나 돌밭, 가시떨기 같은 모든 여건 속에서 크도록 목적하신 하나님의 자녀들입니다.

기독교 신앙에서 가장 중요한 두 단어를 꼽자면, 믿음과 사랑입니다. 믿음과 사랑은 인격적으로 대등한 관계가 아니고는 성립하지 않습니다. 하나님은 우리에게 선택할 자유를 주시고 책임을 물으십니다. 조건으로 묻지 않으십니다. 그렇게 크라고 하십니다.

아이들은 어떻게 자랍니까? 말 잘 듣고 자라는 아이들은 없습니다. 언제나 말을 듣지 않으면서 자랍니다. 아이들은 싸우면서 크고 아프면서 크고 불순종하면서 큽니다. 완벽한 도덕성과 신앙심을 가지려고 매일 잘못을 지우기 위해 결벽에 붙잡혀 있는 동안에는 우리가 결코 자랄 수 없습니다.

각자의 인생을 사십시오. 돌밭에 피어난 새싹에 열매가 열린 것을 기뻐하십시오. 일상의 많은 기회 속에서 예수 믿는 자의 넉넉함과 포용력과 기적이 작동하는 하루를 힘을 다해 만들어 보십시오. 하루에도 기회는 몇십 번이나 있을 것이고, 그중에 하나 둘을 행하면 됩니다. 인사하는 것, 표정 멋지게 짓는 것부터가 시작입니다. 이를 성경이 요구하고 있습니다.

그런데 우리는 마음에 한 점 부끄러움이나 의심이 없기를 바라며 보상을 바랍니다. 그렇기 때문에 우리는 고난을 당하면 '내게 무슨 잘못이 있는가'를 찾거나, 없는 잘못이라도 지어내서 씻어야 마음이 편합니다. 그리고 하나님께 나아가 우느라 아무것도 하지 못하고 그저 탕진해 버리는 신앙생활을 한단 말이죠.

그래서 우리가 자라지 않는 것입니다. 죄짓지 않는 결로는 아무런 열매가 없습니다. 이 결벽과 완벽을 앞세우느라 자라지 않을 뿐 아니라 이를 감추느라 비난밖에 할 게 없습니다. 그렇기 때문에 죄짓는 사람을 찾아 그의 죄를 들춰냅니다. 정죄하고 저주하고 비난을 합니다. 그것은 부끄러운 일입니다. 누구의 잘못을 지적하는 것은 우리의 임무가 아닙니다.

'너희가 누구의 죄든지 사하면 사하여질 것이요'(요 20:23)라는 말씀은 죄가 없어진다는 말이 아니라, '네가 견뎌라'입니다. '견뎌라. 괜찮다. 죄 사함을 너 스스로에게도 적용하고 네 이웃에게 적용해라'입니다. 예수님이 그렇게 하신 것처럼 말이죠.

예수님이 '아버지 저들을 사하여 주옵소서 자기들이 하는 것을 알지 못함이니이다'(눅 23:34)라고 하셨습니다. 왜 그들은 자신이 하는 것을 모를까요? 그들은 비난하고 보복하는 일에 인생을 소모하고, 또 자기 잘못이 없다는 것을 증명하기 위해 애쓰며, 자기의 완벽함을 만들려고 애쓰는 바람에 하나도 자라지 못한 것입니다. 물론 잘못해도 괜찮다는 것이 아닙니다. 하나님은 잘못한 것도 유익하게 하십니다.

잘못한 것이 우리를 이 자리까지 오게 한 것입니다. 잘한 것은 잘 기억이 나지 않습니다. 잘한 것이 기억나는 사람은 아직 어린 사람입니다. 하수들만 자신이 잘한 이야기를 하고 고수들은 자신이 잘못한 것을 이야기하는 법입니다. 잘못한 것을 이야기하여 자신의 겸손이나 인품을 드러내는 것이 아닙니다. 그런 것은 말할 필요가 없습니다.

생각해 보십시오. '내가 다시는 그 실수를 하지 않겠다. 내가 다시는 그런 바보짓 하지 않겠다'라는 다짐은 세상에서는 이기기 위해 감추어 둡니다. 하지만 우리는 그 모든 것이 나의 유익과 나를 향한 하나님의 진정한 복이라는 것을 알기 때문에, 그 모든 것을 마음에 품어 '길가, 돌밭, 가시떨기에 풍성한 결실을 할 수 있다'고 믿는 것입니다. 그러한 도전이 우리에게 매일 주어집니다.

참여하고 동참하는 거룩

히브리서 6장 1절 이하를 봅시다. 본문에 근거해서 보면 이 말씀을 보는 새로운 눈이 어렵지 않게 열릴 것입니다.

> 그러므로 우리가 그리스도의 도의 초보를 버리고 죽은 행실을 회개함과 하나님께 대한 신앙과 세례들과 안수와 죽은 자의 부활과 영원한 심판에 관한 교훈의 터를 다시 닦지 말고 완전한 데로 나아

> 갈지니라 하나님께서 허락하시면 우리가 이것을 하리라 한 번 빛을 받고 하늘의 은사를 맛보고 성령에 참여한 바 되고 하나님의 선한 말씀과 내세의 능력을 맛보고도 타락한 자들은 다시 새롭게 하여 회개하게 할 수 없나니 이는 그들이 하나님의 아들을 다시 십자가에 못 박아 드러내 놓고 욕되게 함이라 땅이 그 위에 자주 내리는 비를 흡수하여 밭 가는 자들이 쓰기에 합당한 채소를 내면 하나님께 복을 받고 만일 가시와 엉겅퀴를 내면 버림을 당하고 저주함에 가까워 그 마지막은 불사름이 되리라 (히 6:1-8)

이 말씀은 한 번 믿었다가 배교하면 지옥에 간다는 것을 알려 주기 위해 기록된 것이 아닙니다. '너희에게 허락된 인생에서 최선을 다해라. 너희가 어떤 복과 약속 가운데 있는지 알고 명예로운 길을 가라'는 내용입니다.

그 옛날 우리는 '예수 천당, 불신 지옥'이라는 말을 수없이 들었습니다. 맞습니다. 거기에서 출발했습니다. 그런데 더 나아가지를 못합니다. 그다음 역에 가야 하는데, 그러지 못하고 있습니다. '예수 천당, 불신 지옥'도 좋습니다. '오늘 죽어도 천국 가는 확신'도 좋습니다. '땅끝까지 선교사를 보내는 것'도 좋습니다. 하지만 그보다 모든 하나님의 성도는 삶에서 성육신을 재현해야 합니다. 하나님의 구원 사역, 인류의 운명을 만드시는 일에 우리가 동참해야 합니다.

예수님이 "아버지여, 아버지께서 내 안에, 내가 아버지 안에 있는 것 같이 그들도 다 하나가 되어 우리 안에 있게 하사 세상으로 아버지께서 나를 보내신 것을 믿게 하옵소서"(요 17:21)라고 하신 기도처럼 해야 합니다. 우리는 거룩을 '구별됨'이라고 생각합니다. 더러운 것과 성결한 것으로 구별합니다. 그러나 거룩은 구별이 아닙니다. 여기서 거룩은 동참이요, 참여입니다. '아버지께서 나를 거룩하게 보내어 그들과 묶으신 것같이, 나도 그들을 거룩하게 보내어 온 세상 인류를 묶습니다.' 이것이 거룩이요, 거룩한 신앙입니다.

그런데 우리는 그렇게 하지 않고 구별을 짓습니다. 자기의 존재와 인생과 신앙 현실을 납득할 수 없고, 반복되는 좌절과 불만을 이해할 수 없어서 눈을 부릅뜨고 그저 서로에게 무서운 사람이 되고 말았습니다. 제발 여기를 벗어나십시오. 그래서 우리의 삶이 새삼스럽게 넓어지는 경험을 하기 바랍니다.

기 도

하나님 아버지, 우리의 인생은 기회이고, 명예와 영광이며, 우리에게 허락된 운명이요, 하나님의 권능인 것을 깨우쳐 주옵소서. 그렇게 살게 하옵소서. 우리의 인생에 대한 자랑이, 만족이 우리에게 있게 하옵소서. 예수님 이름으로 기도합니다. 아멘.

48.

믿는 자가 되라

……25 다른 제자들이 그에게 이르되 우리가 주를 보았노라 하니 도마
가 이르되 내가 그의 손의 못 자국을 보며 내 손가락을 그 못 자국에 넣
으며 내 손을 그 옆구리에 넣어 보지 않고는 믿지 아니하겠노라 하니라
26 여드레를 지나서 제자들이 다시 집 안에 있을 때에 도마도 함께 있고
문들이 닫혔는데 예수께서 오사 가운데 서서 이르시되 너희에게 평강
이 있을지어다 하시고 27 도마에게 이르시되 네 손가락을 이리 내밀어
내 손을 보고 네 손을 내밀어 내 옆구리에 넣어 보라 그리하여 믿음 없
는 자가 되지 말고 믿는 자가 되라 28 도마가 대답하여 이르되 나의 주
님이시요 나의 하나님이시니이다 29 예수께서 이르시되 너는 나를 본
고로 믿느냐 보지 못하고 믿는 자들은 복되도다 하시니라 (요 20:24-29)

예수님이 부활하시고 제자들을 처음 찾아오셨을 때, 거기 모인 제자 무리에는 도마가 없었습니다. 도마는 다른 제자들이 예수를 만났다는 증언을 듣고도 믿지 못합니다. 그는 다른 제자들에게 '내가 그의 손의 못 자국을 보며 내 손가락을 그 못 자국에 넣으며 내 손을 그 옆구리에 넣어 보지 않고는 믿지 아니하겠노라'(요 20:25)라고 합니다. 그런 고백이 있은 후에 제자들이 모인 또 다른 자리에 도마도 함께 있을 때에 예수님이 나타나셔서 도마를 향해 '네 손가락을 이리 내밀어 내 손을 보고 네 손을 내밀어 내 옆구리에 넣어 보라 그리하여 믿음 없는 자가 되지 말고 믿는 자가 되라'(요 20:27)라고 이르셨습니다. 여기에 우리가 생각하기 쉽지 않은 말씀이 따라붙습니다.

> 예수께서 이르시되 너는 나를 본 고로 믿느냐 보지 못하고 믿는 자들은 복되도다 하시니라 (요 20:29)

실존주의적 신앙, 역사주의적 신앙

사실 우리의 신앙생활에서 예수를 만나는 것보다 더 큰 복은 없을 것입니다. 우리는 형편이 어려울 때 예수님을 만날 수 있다면 모든 문제가 해결될 것이라는 강한 기대를 가지고 있습니다. 이러한 믿음은 실존주의적 신앙이라고 할 수 있습니다.

실존주의적 신앙이 잘못이라는 말은 아닙니다. 이러한 믿음은 인격과 인격의 만남이 표현된 것입니다. 우리는 이런 인격과 인격의 만

남을 부흥 시대에 많이 보았습니다. 어떤 전조도 낌새도 없이 어느 날 갑자기 하나님을 만나고, 자기가 누구인지 알게 되어 운명을 깨닫는 일들이 한국 교회에 정말 넘쳐났습니다. 우리 중에도 그런 경험들이 있을 것이고, 우리 주변에 넘치는 증거들이 교회 역사에 있습니다. 그러나 본문에서 하신 예수님의 말씀을 이해하려면, 실존주의적 신앙만 있는 것이 아니라 역사주의적 신앙도 있다는 것을 이해해야 합니다.

역사주의적 신앙, 곧 역사적 신앙은 예수님이 온 우주 역사와 인류 운명의 주인이 되셔서 시작과 끝을, 그리고 그 과정을 주관하고 인도하시며 진전시키신다는 신앙관입니다. 우리의 신앙은 대개 초월적입니다. 이때 '초월적'이라는 것은 자연을 넘어서는 초월뿐 아니라, 시공간의 초월, 특별히 시간의 초월을 말합니다. 모든 것이 예수님만 만나면 해결되는, 모든 것이 믿음만 가지면 문제가 사라지는, 그렇게 전후 맥락 없이 지극함과 굳센 믿음, 간절함 등과 같은 것들이 사용되는 신앙적 특징이 '초월적'이라는 말에 들어 있습니다.

하지만 본문에서 예수님이 말씀하시는 것은 이런 신앙과 다릅니다. 부활하신 주님을 만난다는 것은 대단한 일입니다. 게다가 처음 만나는 것도 아니고, 예수님의 생전에 그분의 공생애와 죽으심을 함께 한 제자들이 기대와 허탈이 뒤섞인 막막함 가운데 있다가 부활하신 예수님을 만났으니 그 감격은 이루 말할 수 없었을 것입니다. 그런데 예수님은 '보지 못하고 믿는 자들은 복되도다'라고 말씀하십니다.

역사적 예수를 믿는 신앙

역사적 예수를 믿는 신앙은 이런 것입니다. 모든 인류의 보편적 세계관은 자연주의적 세계관입니다. 자연주의적 세계관이란 생로병사의 연속입니다. 부모가 살다 죽고, 내가 살다 죽고, 내 자식들도 살다 죽는 동안에 예수를 믿고 죽어서 천국 가는 것입니다. 부모가 믿고 죽은 것은 무엇이고, 내가 믿고 죽은 것은 무엇이며, 내 자손이 믿고 죽을 것은 무엇인지 물어야 합니다. 또한 과거와 현재와 미래는 무슨 차이나 소용이 있는지 따져 물어야 합니다.

우리가 역사주의적 신앙을 논하려면 '역사란 무엇인가?'를 물어야 합니다. 그런데 우리나 인류가 아는 역사는 제국의 역사나 문명사에 불과합니다. 인간의 발전이나 이상은 그저 다 체념에 불과합니다. 그러나 성경은 그렇게 이야기하지 않습니다. 성경은 인류 역사가 헛되게 반복하는 것이 아니라 전진하고 있다고 가르칩니다.

《성경은 드라마다》라는 책에서 이에 대해 언급하고 있으니 한번 읽어 보기 바랍니다. 이 책에서는 '하나님이 당신의 뜻을 이루기 위해 역사를 어떻게 진전시키고 개입하여 일하시는지'를 드러냅니다. 첫 번째 시대가 창조이고, 두 번째 시대는 타락입니다. 그때도 하나님은 타락한 인간들을 외면하지 않으시고 구원을 약속하셨습니다. 세 번째 시대는 율법입니다. 이스라엘이 율법으로 심판과 정죄에 빠져 결국 몰락하고 전멸하는 역사를 다룹니다. 그러나 구약은 그것으로 끝나지 않았습니다. 예수님은 율법으로 정죄 받은 땅에 오셔서, 그 앞에 약속하셨던 것들을 성취하시고 은혜로 말미암아 구원을 선포하는 구원의 시대를 여셨습니다. 그리고 예수님은 구원을 이루시고 승천하시면서 우리에게 성령과 교회를 남기십니다. 지금은 성령 시대 혹은 교회 시대라고 할 수 있습니다. 우리는 지금 교회 시대에 살고 있습니다. 그 다음은 종말 시대입니다. 새 하늘과 새 땅이 펼쳐질 것입니다.

성령 시대에 사는 자

인류 역사를 시대별로 보면 역사에 일어난 일들과 진전된 일들 속에서 하나님의 일하심을 볼 수 있듯이, 각 성도의 신앙생활에서도 그분의 목적하신 뜻에 따라 역사가 반복적으로 흘러가고 있음을 알 수 있습니다.

앞서 언급했던 인격과 인격의 관계 속에서 확인하는 실존주의적 신앙에서는 치열함과 진실함이 필요할 뿐 아니라 그에 따른 자격과 보상 개념이 강합니다. 그러나 역사주의적 신앙은 '내가 어느 정도의 보상을 받느냐'와 '내가 얼마나 잘하느냐'를 넘어서는 개념으로, '하나님이 창조 세계와 인류 역사를 진전시키신다'는 맥락에서 자신의 위치를 깨닫게 합니다.

우리는 지금 성령 시대, 곧 교회 시대를 살고 있습니다. 이 시대를 앞선 시대와 이어진 하나의 드라마로 본다면, 1부, 2부, 3부, 4부로 진행되는 기승전결이 있습니다. 우리 시대는 어떤 일들이 시작되고, 그 일들이 진행되어 반전을 이루고, 절정에 이르러 결론을 내는 진전된 과정 속에 있습니다. 예수님을 통해 새롭게 된 세상은, 타락으로 더럽

혀진 세상을 회복하겠다는 하나님의 약속을 완성하신 곳입니다. 인간들은 예수님의 회복에 걸맞게 보조를 맞추지 못해 율법 아래 정죄를 받았으나, 그럼에도 불구하고 하나님의 약속은 취소되지 않고 완성되었습니다.

우리는 너무 쉽게, 예수께서 죄와 사망의 권세를 이기고 부활하셨다고 이야기합니다. 이런 이야기도 역사의 흐름 속에서 이해하기보다 실존주의적으로 이해합니다. 그래서 우리는 부활을 환호하고 감사하지만, 신앙이 침체되면 '나는 무엇이고, 하나님은 왜 아무 답도 없으신가'를 반복하여 묻기만 합니다. 그런 여러 개인적인 사정을 지닌 채 우리가 탄 배는 여기까지 와 있습니다. 결국 역사의 배 자체가 되돌아가는 일은 없다는 사실을 알아야 합니다.

그러므로 하나님은 예수님을 보고 믿은 자와 예수님이 구원을 이루어 성령으로 약속하신 새로운 시대를 사는 자의 차이가 얼마나 큰지를 말씀하시는 것입니다. 예수님을 보는 것이 전부가 아닙니다. 예수님을 통해 이루어진 새로운 세상을 봐야 합니다. 우리는 예수님이 이루신 새로운 세상을 살고 있습니다. 우리는 새로운 세상에 살고 있고 하나님은 지금도 일하고 계십니다. 그리고 종말은 올 것입니다. 종말은 무서운 심판이 아니라 우선적으로 하나님이 그분의 창조의 완성을 나타내는 자리이며, 승리와 영광을 마무리 짓는 자리입니다. 우리는 기대를 갖고 이 자리 곧 성령 시대요, 교회 시대를 살고 있음을 알아야 합니다.

은혜 아래 있는 삶

로마서 6장은 예수를 믿는 것을 이런 식으로 이야기합니다.

> 죄가 너희를 주장하지 못하리니 이는 너희가 법 아래에 있지 아니하고 은혜 아래에 있음이라 (롬 6:14)

'은혜 아래'는 말하자면 학교에 다니는 것에 비유해 볼 수 있습니다. 학교에서는 '공부를 잘했다, 못했다'만 있지, '살인을 했다, 안 했다'는 다루지 않습니다. 이처럼 예수님 이후의 세상은 다릅니다. 예수를 믿고 나면 법과 사망 아래 있지 않고 은혜와 기적 속에 있습니다.

우리는 로마서 7장 말미에 나오는 "오호라 나는 곤고한 사람이로다 이 사망의 몸에서 누가 나를 건져내랴"(롬 7:24)라는 비탄에 섞인 현실에도 불구하고, "그러므로 이제 그리스도 예수 안에 있는 자들에게는 결코 정죄함이 없나니 이는 그리스도 예수 안에 있는 생명의 성령의 법이 죄와 사망의 법에서 너를 해방하였음이라"(롬 8:1-2)라는 선언을 듣습니다. 우리는 이러한 시대를 살고 있습니다.

그래서 저는 '그만 회개하라'라고 자주 이야기합니다. 회개를 하는 차원에만 머물지 말라는 의미입니다. 예전에 사방치기 놀이를 할 때, 금을 밟으면 '아웃'을 당합니다. 경기장에서 금 밟는 것은 '아웃'이지만 그렇다고 금을 안 밟고 가만히 서 있으면 땅따먹기를 할 수 없습니다. 우리는 이렇게 다른 세상을 살고 있습니다. 그런데도 금 근처를 서성거리며 밟을까 말까만 고민하고 있습니다. 금 안에, 규율 안에 들어와 마음껏 경기를 해야 합니다. 이것이 우리에게 주어진 것입니다.

교회 시대, 영광의 시대

요한복음 16장에서 예수님이 이렇게 말씀하십니다.

> 지금 내가 나를 보내신 이에게로 가는데 너희 중에서 나더러 어디로 가는지 묻는 자가 없고 도리어 내가 이 말을 하므로 너희 마음에 근심이 가득하였도다 그러나 내가 너희에게 실상을 말하노니 내가 떠나가는 것이 너희에게 유익이라 내가 떠나가지 아니하면 보혜사가 너희에게로 오시지 아니할 것이요 가면 내가 그를 너희에게로 보내리니 그가 와서 죄에 대하여, 의에 대하여, 심판에 대하여 세상을 책망하시리라 죄에 대하여라 함은 그들이 나를 믿지 아니함이요 의에 대하여라 함은 내가 아버지께로 가니 너희가 다시 나를 보지 못함이요 심판에 대하여라 함은 이 세상 임금이 심판을 받았음이라 (요 16:5-11)

예수님은 죄와 사망이 우리에게 힘쓸 수 없다는 것을 아는 자로 살라고 하십니다. 우리는 죄와 사망의 위협과 도전 속에서 이것들과 전혀 상관없는 자로 살아야 합니다. 이는 '아무래도 좋다'와는 다릅니다. 우리의 자리를 똑바로 인식해야 합니다.

예수님의 공생애를 살펴보면 이를 잘 알 수 있습니다. 예수님은 육체 가운데 들어오셨습니다. 무한하신 분이 유한한 몸에 갇혀서 구체적 인간으로 증인이 되셨습니다. 우리가 교회 시대를 산다는 것은 예수님이 이 세상에 오셔서 인류를 구한 것같이, 우리 때문에 우리의 이웃이 구원을 받는 삶을 산다는 의미입니다. 이제 우리는 이런 영광의 시대를 살고 있습니다.

예수님이 제자들과 함께 배 타고 갈릴리 바다를 건너다가 피곤하여 주무십니다. 폭풍이 일자 제자들이 놀라서 예수님을 깨웁니다. "주여 구원하소서 우리가 죽겠나이다." 이에 예수님이 "어찌하여 무서워하느냐 믿음이 작은 자들아"라고 하십니다. 이는 '믿음이 없는 자들아, 내가 있는데 어찌 너희가 죽겠느냐? 내가 누워 있는 이 배가 어찌 침몰하겠느냐?'라고 하신 말씀입니다. 우리는 이렇게 예수님이 호통치시는 시대를 살고 있습니다.

반면 이런 위로의 말씀도 성경에는 정말 많습니다. 한 예로 로마서 8장을 읽어 봅시다.

> 우리가 알거니와 하나님을 사랑하는 자 곧 그의 뜻대로 부르심을 입은 자들에게는 모든 것이 합력하여 선을 이루느니라 (롬 8:28)

우리는 지금 1편, 2편, 3편, 4편, 5편을 지나서 6편에 와 있습니다. 무효로 돌릴 수 없는 자리에 와 있습니다. 그럼에도 불구하고 우리의 특권을 놓친 채, 매일 잘못을 지우거나 안심을 추구하느라, 매일 분노하고 비명을 지르느라 하루를 제대로 살아 내지 못합니다.

성육신의 삶

우리는 성경에서 이런 놀라움을 봅니다. 요셉은 형들에게 미움을 사서 애굽에 노예로 팔려가 무고하게 감옥에 갇힙니다. 그는 족쇄와 쇠사슬에 묶입니다. 그는 아무것도 할 수 없습니다. 후에 바로가 꿈을 꾸자 그 꿈을 해몽하여 애굽의 총리가 되어 세상을 구합니다.

잘 생각해 보십시오. 온 세상을 구할 아무런 조건도, 준비도, 기대도, 상상도 못했던 요셉입니다. 그러나 하나님이 세상을 구할 그분의 사람을 묻어 두셨습니다. 사망 속에, 고통 속에, 분노 속에 묻혀 있었으나 그의 삶은 결단코 헛될 수 없었습니다.

하지만 우리는 실존주의적 신앙관에 더 익숙하지요. 다음 말씀으로 예를 들어 보겠습니다.

> …… 누구든지 나를 따라오려거든 자기를 부인하고 자기 십자가를 지고 나를 따를 것이니라 (마 16:24)

우리는 이 말씀을 당연히 실존주의적으로 받아들일 것입니다. 매일 성경을 몇 장 읽고, 기도를 몇 시간 하고, 전도를 몇 명 하는 것을 구별하는 것이 우리에게 익숙한 신앙의 성장 단계였습니다. 이를 잘 넘어서야 했습니다.

그런데 어떻게 이 단계들을 넘어설 수 있을까요? '자기를 부인한다'는 것은 고집을 꺾고 생각을 버리는 것과 같은 도덕적이거나 헌신적인 준비를 하라는 것이 아닙니다. 자기 부인은 우리가 죄인임을 인정하는 것입니다. 제가 '자기 부인'을 이렇게 정의하면 또다시 회개로 갈 사람들이 있을 것입니다.

그런데 회개는 이러한 뜻입니다. 로마서 3장에서, 예수로 말미암는 구원을 이야기할 때, "모든 사람이 죄를 범하였으매 하나님의 영광에 이르지 못하더니"(롬 3:23)라고 선언합니다. 우리가 만드는 영광은 하나님이 목적하신 영광과는 비교도 안 될 뿐 아니라 전혀 다른 것입니다. 우리가 생각하는 영광, 명예, 행복은 다 무가치합니다. 진정한 가치 있는 것들은 하나님만이 주실 수 있습니다. 이를 위해서는 묶여야 합니다.

예수님이 이 땅에 오셔서 성육신의 삶으로 묶이셨습니다. 그분은 오해받고, 채찍을 맞고, 가시관을 쓰며, 조롱의 대상이 되셨습니다. 그리고 '네가 만일 하나님의 아들이어든 자기를 구원하고 십자가에서 내려오라'(마 27:40)라는 참람한 말까지 들으셨습니다. 예수님은 이를 견디십니다. 이것이 자기 부인입니다.

우리의 생애가 실존주의적 신앙관에 머문다면, '내가 열심히 할 테니 상응하는 보상을 주십시오'라는 소원을 가득 품고 스스로를 괴롭히는 것에 불과합니다. 그다음은 '자기 십자가를 지고 나를 따를 것이니라'(마 16:24)를 사는 삶이어야 하는데 말입니다.

꺾을 수 없는 하나님의 뜻

십자가는 무엇입니까? 치열한 헌신, 희생일까요? 십자가는 순종입니다. 십자가를 지는 것은 곧 순종을 하는 것입니다. 예수님은 '그가 아들이시면서도 받으신 고난으로 순종함을 배워서 온전하게 되셨'(히 5:8-9)습니다. 순종은 하나님의 명을 따르는 것으로, 자신이 잘못한 것까지 포함해서 자신의 자리를 지켜야 하는 것입니다. 잘못했으면 잘하려고 노력하십시오. 그러나 잘못한 것은 잘한 것보다 더 큰 일을 할 수 있습니다. 그 잘못이 일을 합니다.

사울은 스데반을 죽입니다. 그래서 사도 바울이 됩니다. 앞뒤가 안 맞습니다. 바울은 처음부터 예수님의 제자로 들어와야 맞습니다. 그러나 그는 예수와 그의 제자들을 박해하는 자로 시작합니다. 예수 믿는 자들을 잡아들이고, 돌로 쳐 죽입니다. 그렇게 스데반을 죽인 자가 대사도가 됩니다. '그렇게 하면 된다'가 아닙니다. 우리 인생과 우리 시대에 일어나는 어떤 일도 하나님의 뜻을 꺾을 수 없습니다. 그 어떠한 것도 우리에게 손해를 주지 못한다는 역사주의적 믿음을 확보해야 합니다.

에베소서 3장 14절 이하에서는 이런 말씀을 소개합니다.

> 이러므로 내가 하늘과 땅에 있는 각 족속에게 이름을 주신 아버지 앞에 무릎을 꿇고 비노니 그의 영광의 풍성함을 따라 그의 성령으로 말미암아 너희 속사람을 능력으로 강건하게 하시오며 믿음으로 말미암아 그리스도께서 너희 마음에 계시게 하시옵고 너희가 사랑 가운데서 뿌리가 박히고 터가 굳어져서 능히 모든 성도와 함께 지식에 넘치는 그리스도의 사랑을 알고 그 너비와 길이와 높이와 깊이가 어떠함을 깨달아 하나님의 모든 충만하신 것으로 너희에게 충만하게 하시기를 구하노라 (엡 3:14-19)

이 말씀에 나오는 '각 족속에게 이름을 주신'에 우리의 이름을 넣어도 좋습니다. 이 말씀은 하나님이 우리 시대에 우리에게 하시는 일입니다. 그리고 이렇게 덧붙입니다.

> 우리 가운데서 역사하시는 능력대로 우리가 구하거나 생각하는 모든 것에 더 넘치도록 능히 하실 이에게 (엡 3:20)

하나님이 일하고 계십니다. "하나님, 우리가 이렇게 밤낮 울부짖고 있는데, 왜 대답을 안 하세요?"보다 더 넘치도록 하실 이를, '예수를 믿는 모든 신약 시대의 성도들을 교회'라고 부르는 이를 바라봅시다. 우리에게 이런 영광이 함께할 것입니다.

> 교회 안에서와 그리스도 예수 안에서 영광이 대대로 영원무궁하기를 원하노라 아멘 (엡 3:21)

기 도

하나님 아버지, 우리가 사는 시대와 우리의 존재와 우리의 현실이 하나님이 일하시는 큰 권능 아래에 있다는 사실을 믿습니다. 그 인생을 살아 내기 위해 자기를 부인하고 자기 십자가를 지는 위대한 일꾼 되게 하옵소서. 예수님 이름으로 기도합니다. 아멘.

49.

네가 나를 사랑하느냐

---

15 그들이 조반 먹은 후에 예수께서 시몬 베드로에게 이르시되 요한의
아들 시몬아 네가 이 사람들보다 나를 더 사랑하느냐 하시니 이르되 주
님 그러하나이다 내가 주님을 사랑하는 줄 주님께서 아시나이다 이르
시되 내 어린 양을 먹이라 하시고 16 또 두 번째 이르시되 요한의 아들
시몬아 네가 나를 사랑하느냐 하시니 이르되 주님 그러하나이다 내가
주님을 사랑하는 줄 주님께서 아시나이다 이르시되 내 양을 치라 하시
고 17 세 번째 이르시되 요한의 아들 시몬아 네가 나를 사랑하느냐 하
시니 주께서 세 번째 네가 나를 사랑하느냐 하시므로 베드로가 근심하
여 이르되 주님 모든 것을 아시오매 내가 주님을 사랑하는 줄을 주님께
서 아시나이다 예수께서 이르시되 내 양을 먹이라 …… (요 21:15-18)

본문은 부활하신 예수님이 베드로에게 그의 진심을 세 번이나 묻는 유명한 장면입니다. 예수님은 베드로에게 '네가 이 사람들보다 나를 더 사랑하느냐' 혹은 '네가 나를 사랑하느냐'라고 반복하여 물으십니다.

베드로의 실패

이 대화는 명백하게 베드로의 실패를 부각하고 있습니다. 베드로의 회복과 장차 있을 위대한 사명을 위한 새로운 전기를 마련해 주는 대화가 아닙니다. 왜냐하면 예수님이 베드로에게 이 모든 질문을 하신 후에 다음과 같이 말씀하셨기 때문입니다.

> …… 네가 젊어서는 스스로 띠 띠고 원하는 곳으로 다녔거니와 늙어서는 네 팔을 벌리리니 남이 네게 띠 띠우고 원하지 아니하는 곳으로 데려가리라 (요 21:18)

이는 '네가 젊었을 때는 네 마음대로 살았지만 이후에는 다른 사람들에 의해, 그리고 하나님 뜻에 의해 붙잡혀 십자가에서 죽는 인생을 살 것이다'라고 말씀하신 것입니다. 그러므로 우리가 쉽게 생각하는 것처럼, 이 본문을 베드로는 실패했지만 부활하신 예수님이 새로운 기회와 능력을 주셔서 위대한 사도로 삼았다는 대목으로 보기에는 무리가 있습니다.

이 대화의 핵심은 '사랑'이라는 단어보다 '진심'이라는 단어를 쓰면 뜻이 더 분명해집니다. 이 대화에서 '사랑'을 '진심'으로 바꿔 예수님의 질문과 베드로의 대답을 각색해 보면 다음과 같습니다.

식후에 예수님이 베드로에게 묻습니다.

"네가 그때 '다른 사람은 다 주를 버릴지라도 나는 주를 지키겠나이다'라고 한 것은 진심이었느냐?"

"네, 그렇습니다."

"그럼, 지금도 그 진심이 있느냐?"

"네, 그렇습니다."

"뻔뻔스럽구나. 그럼, 네가 말하는 그 진심을 끝까지 지킬 수 있단 말이냐?"

"네, 그렇습니다."

제가 이해를 돕기 위해 '뻔뻔스럽다'라는 단어를 사용했지만, 따지고 보면 베드로는 뻔뻔스러운 것이 아니라 그저 '변명할 여지가 없습니다'라고 솔직히 인정하고 있는 것입니다. '저는 진심이었습니다만, 실력이 모자랐습니다'가 베드로의 세 번의 대답에 깔려 있는 것입니다.

예수님의 질문과 베드로의 대답의 결론은 앞서 말했듯이 '너는 나중에 네가 원하지 않는 자리, 네가 원하지 않는 방법, 네가 원하지 않는 결과를 맞게 될 것이다. 다른 사람이 너를 띠 띠우고 네 손발을 묶고 네 죽음의 자리로 데리고 갈 것이다'입니다.

신자인 우리는 결국 베드로가 순교의 자리에 간다는 것을 위대하고 놀라운 결론이라고 생각할 것입니다. 하지만 이 대화가 무엇을 확인하고 결론으로 끌고 가는지 보십시오. '너는 실패했다. 너는 실력이 없었다. 평생 잊지 마라'와 묶여서 결론으로 가고 있습니다.

'너는 한 번 실패했지만, 이제는 그러지 마라'가 아닙니다. '네 실력으로는 갈 수 없는 곳에 간다는 것을 기억해서 네 모든 실력으로 이 일을 하려고 들지 말고, 실력 없는 것에 내가 영광을 담는다는 것을 알아야 한다'가 되는 것입니다.

이 두 말씀의 의미가 얼마나 다른지 알겠죠? 우리가 기대하는 '너는 실패했지만, 내가 너한테 위대한 일을 맡기겠으니 너는 다시는 실패하지 마라'가 아닙니다. 주님은 베드로에게 '내가 너에게 맡길 일은 네 실력과 네 기대와는 다른 것이 될 것이다. 네가 만드는 것이 아니고 내가 만드는 것이기에, 네 부족함이나 자책 같은 것이 이를 담는데 부족하지 않다는 것을 알아야 한다'라고 말씀하신 셈입니다.

'진심'이라는 것

이제 한국 교회 역사는 130년이 되었습니다. 한국 교회사에서 기독교 신앙의 최고 정수를 담은 표현은 '진심'일 것입니다. 그 진심은 초기 시대에는 '순교'로 나타났고, 이후 부흥 시대에는 '감격'으로 나타났습니다. 우리는 지금도 그 '진심'을 이어받아 이 '진심'이 일하기를 바라고 있습니다.

그러나 '진심'이라는 말은 매우 모호한 단어입니다. 그 자체는 본문이 아닙니다. 본문은 '예수께서 인류를 구원하시고 하나님의 영광을 완성하기 위하여 적절한 때에 오셔서 이 일을 이루셨고, 이후에 교회 시대를 통하여 온 인류에게 이 약속을 이루시고 있다'는 것입니다. 이 본문을 예수님은 당신을 세 번 부인한 베드로에게 담았습니다. 예수님이 그러셨듯이, 그 결과는 세상 사람들의 눈으로 볼 때는 진 것 같고 망한 것 같은 형태로 나타날 것입니다.

이 '진심'과 '본문'은 무엇이 다를까요? 우리가 예수를 믿으면, 사는 내내 막막한 생각이 드는 것은 너무나 당연한 현상입니다. 우리는 '내가 열심히 믿지 않아서 신앙생활이 이렇게 덤덤한가?'라는 생각이 들기도 하고, '내 인생에서 예수를 믿는다는 것을 정말 위대하게 인식해야겠다'는 진심 어린 소원이나 간구, 각오가 간절함으로 표현될 수도 있습니다. 그러나 그렇게 하고도 하나님은 우리를 특별하게 대접하거나 응답해 주지는 않으십니다. 그래서 우리의 신앙은 막막합니다.

우리는 우리의 기대와 논리를 제대로 맞추기 위해, 혹은 우리의 진심에 한 점의 티끌도 남기지 않고 온전하고 순전하게 만들기 위해 발버둥을 칩니다. 옳은 일을 한다는 생각에 간절하고 진지하게 행합니다. 그래서 무흠하고 순도 높은 회개와 각오를 하나님께 드려, 우리가 기대하는 위대한 인생과 기적 같은 신앙생활을 살기를 바라나 답은 없습니다.

우리가 바라는, 티끌 하나 없는 무흠한 마음은 그냥 순백이 되는 것에 불과합니다. 이는 아무 때도 묻지 않은 백지가 되는 것이지, 그것이 무슨 작품이 되는 것도 아니고, 경험이 누적되어 지혜나 분별이 생기는 것도 아닙니다. 우리에게 필요한 것은 이러한 '진심'이 아니라 우리가 갈 수 없는 길에 서 있음을 아는 것입니다.

우리는 이미 율법에서 다 걸립니다. 율법이란, 거짓말해서는 안 되는 것이고, 의리를 지켜야 되는 것이고, 믿음을 지켜야 되는 것이며,

순전한 열심을 가져야 되는 것입니다. 하지만 모든 것에 진심을 만드는 것은 우리의 일이 아닙니다. 하나님은 걸려 넘어질 수밖에 없는 곳에다가 그분의 위대한 뜻과 권능과 과정과 내용을 담으셨습니다. 성경은 '이 보배를 질그릇에 가졌으니'(고후 4:7)라고 합니다. 하나님은 질그릇 같은 몸에 보배를 담으셨습니다.

우리는 여기를 혼동하고 있습니다. 베드로가 아주 좋은 예입니다. '네 실패를 잊지 마라. 그러니 다음에는 잘해라'가 아닙니다. '네 실패가 일을 한다. 내가 도덕적·율법적으로 완벽한 일을 너에게 시키는 것이 아니다. 네 한계와 부족, 자책에 내가 보배를 감추어서 내 일을 할 것이다. 그러므로 너는 걱정 말고 네 인생을 살아라'라고 이르신 것입니다.

우리는 하나의 신앙인으로서 '내가 위대하기는 글렀다'는 조건과 '세상에서 나는 아무것도 아니다. 예수를 믿는데 보상도 받지 못할 뿐 아니라, 마치 있으나 마나 한 실패자의 길로 인도되는 것 같다'는 현실 속에 있습니다. 베드로가 원하는 길과 같은 보상은 우리 역시 없습니다. 단지 세상 사람들이 사는 것처럼 늘 아무것도 아닌 것 같은 자리로 갈 것입니다. 그런 가운데 이제 예수님은 승천하시고, 베드로는 교회에 남겨진 모든 사역의 대표자가 되는 것입니다.

부활의 꽃을 피우는 무덤

마태복음 16장에서 베드로는 예수님의 질문에 이렇게 멋진 답을 합니다. 13절 이하를 봅시다.

> 예수께서 빌립보 가이사랴 지방에 이르러 제자들에게 물어 이르시되 사람들이 인자를 누구라 하느냐 이르되 더러는 세례 요한, 더러는 엘리야, 어떤 이는 예레미야나 선지자 중의 하나라 하나이다. 이르시되 너희는 나를 누구라 하느냐 시몬 베드로가 대답하여 이르되 주는 그리스도시요 살아 계신 하나님의 아들이시니이다 예수께서 대답하여 이르시되 바요나 시몬아 네가 복이 있도다 이를 네게 알게 한 이는 혈육이 아니요 하늘에 계신 내 아버지시니라 또 내가 네게 이르노니 너는 베드로라 내가 이 반석 위에 내 교회를 세우리니 음부의 권세가 이기지 못하리라 내가 천국 열쇠를 네게 주리니 네가 땅에서 무엇이든지 매면 하늘에서도 매일 것이요 네가 땅에서 무엇이든지 풀면 하늘에서도 풀리리라 (마 16:13-19)

베드로가 이런 멋진 말을 하고 예수님은 베드로에게 복을 내리십니다. 그러고 난 후 베드로는 예수께 책망을 듣습니다. 21절 이하를 봅시다.

> 이 때로부터 예수 그리스도께서 자기가 예루살렘에 올라가 장로들과 대제사장들과 서기관들에게 많은 고난을 받고 죽임을 당하고 제삼일에 살아나야 할 것을 제자들에게 비로소 나타내시니 베드로가 예수를 붙들고 항변하여 이르되 주여 그리 마옵소서 이 일이 결코 주께 미치지 아니하리이다 예수께서 돌이키시며 베드로에게 이

> 르시되 사탄아 내 뒤로 물러 가라 너는 나를 넘어지게 하는 자로다 네가 하나님의 일을 생각하지 아니하고 도리어 사람의 일을 생각하는도다 하시고 (마 16:21-23)

이렇게 베드로가 자신의 동료들 앞에서 바보가 된 사건을 우리 모두 알고 있습니다. 하나님이 하고자 하시는 일의 형편이나 모습이나 방법이나 자격 등이 우리의 기대나 생각과 얼마나 다른지 이 베드로의 예를 통해 알 수 있습니다.

예수님은 베드로에게 이 반석 위에 교회를 세우는데, 음부의 권세가 이기지 못하는 권세를 허락하시며 또 천국 열쇠까지 맡기셔서 그가 땅에서 매면 하늘에서도 매이고 땅에서 풀면 하늘에서도 풀리는 권세까지 주십니다. 그런데 잠시 후에 이 일을 맡긴 베드로에게 '사탄'이라고 하셨습니다. 자신이 잘하기는커녕 오히려 주의 일을 방해하는 자 같다는 생각에 '나 같은 것은 예수 믿는 것이 죄야, 나 같은 것은 태어난 것이 죄야'라는 한탄은 세상이 할 수 있는 최선의 진심일텐데, 예수님은 이것을 사탄이라고 꾸짖는 것입니다.

그러나 하나님은 바로 그 실력, 그 수준밖에 되지 못한 세상에 예수를 보내셔서 그분이 지신 십자가로 일을 하셨습니다. 모든 것이 끝나고 모든 것이 망한 것 같은 자리, 곧 무덤에서 부활의 꽃을 피울 수 있다고 하십니다. 그러니 제발 자신의 부족함을 씻어 내는 데 시간을 허비하지 맙시다. 우리의 현재 수준을 가지고 하나님이 일하십니다. 보배를 우리의 생에 심어 놓으셨습니다. 그러니 걱정하지 마십시오.

교회의 자리를 지키는 승리

교회가 부흥해야 하고, 승리해야 할 필요는 없습니다. 그렇게 말하는 것은 그저 우리가 권력을 가져야 하고, 보상을 받아야 하며, 권세를 누려야 한다고 생각하기 때문입니다. 그래서 승리나 부흥 같은 소리를 하는 것입니다.

예수님은 승천하시면서 모든 것을 교회에 일임하셨습니다. 주님이 이루신 일, 곧 모든 인류를 구원하는 역사의 완성을 교회에 맡기셨습니다. 그런데 교회 역사를 보면, 교회는 괜찮았던 때가 거의 없습니다. 교회는 늘 잘못된 길을 갔습니다. 물론 교회가 잘못 간 것은 고쳐야 합니다. 고치지만 또 잘못 고칩니다. 이렇게 잘못 고친 것으로 하나님이 일하신다는 것이 2천 년 교회 역사입니다.

교회는 십자가를 교회의 대표 상징과 정체성으로 내겁니다. 그런데 우리는 이미 십자가가 부활이라는 결론을 알기 때문에, 십자가는 우리에게 승리의 상징입니다. 우리는 승리의 상징으로 십자가를 내겁니다. 그러나 순서상 십자가는 승리와 권력 이전에 서는 자리입니다. 예수님이 십자가를 지시던 당시에는 십자가가 수치요, 치욕이요, 거짓이요, 배반의 상징이었습니다. 기대를 배반하는 것, 그것이 십자가입니다.

베드로나 신자인 우리는 이 십자가의 죽음을 살아야 합니다. 예수님이 처음으로 부활의 문을 열어야 했을 때에는 십자가가 실패요, 절망이었습니다. 하지만 예수님이 부활하신 후에는 그럴 수 없지요. 그런데 예수께서는 우리에게 마치 승리가 없는 것 같은 이 길을 가라고 하실 뿐 아니라 거기서 죽으라고 하십니다.

십자가의 결론을 알고 있는 우리가 십자가를 앞세우면 이때의 십자가는 폭력이 될 수 있습니다. 우리는 '승리해야 된다', '교회가 세상을 이겨야 한다'라고 그동안 배웠습니다. 말은 맞습니다. 그러나 우리가 이 말을 할 때, 세상이 우리를 죽이는 것으로 하나님이 일하신다는 것을 믿습니까? 교회의 그 승리가, 세상이 말하는 힘의 논리에 휩쓸리지 않고 교회의 자리를 지키는 것으로서의 승리라고 말할 수 있습니까? 그 말은 못하죠. 우리가 승리를 말할 때는 이미 '십자가가 부활의 승리'라는 결론을 가지고 미리 권력으로 갖다 쓴 것입니다.

감격을 넘어서

그렇기 때문에 우리는 스스로의 신앙을 점검할 때마다 체념을 하는 것입니다. 신앙생활을 하면서 어려워지고 마음이 불안할 때, 우리가 할 수 있는 신앙 점검은 무엇일까요? 예수님이 베드로에게 약속하신 것을 보면 알 수 있습니다. 그러나 우리는 '예수님이 승천하시면서 교회에 무엇을 남기셨고, 어떻게 하라고 하셨는가?'에 집중하지 않습니다. 그저 우리가 가진 믿음의 순도를 점검하고, 그다음으로 교회의 순도를 점검합니다. '아직도 진심이 있는가? 열정이 있는가?'를 물어봅니다. '우리 교회는 기도가 죽었어', '우리 교회는 사랑이 죽었어'라는 말은 하는 게 아닙니다.

교회는 부흥 시대를 지나왔습니다. 부흥 시대에는 감격을 가르쳤습니다. 하지만 부흥 시대를 보냈다고 감격으로 끝을 내면 안 됩니다. 감격 너머를 살아야 합니다. 우리도 감격이 여러 번 있었습니다. 좋은 학교에 합격한 감격, 아들을 낳은 감격 등 뭐든지 있습니다. 그러나 감격으로 끝인 경우가 있던가요? 그 감격이 다 짐이 되고, 책임이 되었습니다. 감격은 끝이 아닙니다. 그 안에서 우리는 더 커야 합니다.

예수께서 그분의 생애를 기꺼이 십자가 앞에 내놓은 것같이, 하나님의 영광과 뜻을 이룬다는 기쁨, 다시 말해 세상에서 표현할 수 없고 그려 낼 수 없는 이 길을 가는 것에 대한 기쁨이 없으면 안 됩니다. '사람은 하나님께 사랑받는 존재다. 사람은 믿음과 사랑을 나누고 하나가 되어야 한다. 사람은 하나님의 뜻을 이루기 위해 슬픔과 괴로움 가운데 서로 협력해야 할 운명을 가진 존재다'라는, 하나님의 부르심에 대한 기쁨이 있어야 합니다.

하나님은 많은 사람이 필요하지 않으십니다. 더 많은 여론과 공감이 있어야 한다고 말씀하지 않으십니다. 그러므로 우리는 그런 조건에 떠밀려 가지 말고, 각각의 인생을 사는 유일한 존재로서, 하나님의 일하심을 이해하고 그분의 일하시는 방법에 순종하는 기쁨과 영광을 아는 자답게 살아야 합니다.

말과 지혜의 아름다운 것으로 하지 않음

고린도전서 2장 1절 이하에는 다음과 같은 사도 바울의 놀라운 증언이 있습니다.

> 형제들아 내가 너희에게 나아가 하나님의 증거를 전할 때에 말과 지혜의 아름다운 것으로 아니하였나니 내가 너희 중에서 예수 그리스도와 그가 십자가에 못 박히신 것 외에는 아무 것도 알지 아니하기로 작정하였음이라 내가 너희 가운데 거할 때에 약하고 두려워하고 심히 떨었노라 내 말과 내 전도함이 설득력 있는 지혜의 말로 하지 아니하고 다만 성령의 나타나심과 능력으로 하여 너희 믿음이 사람의 지혜에 있지 아니하고 다만 하나님의 능력에 있게 하려 하였노라 (고전 2:1-5)

이 말씀에는 사도 바울의 놀랍고 깊은 고백이 담겨 있습니다. 사도 바울은 고린도 지방에 가서 교회를 세워야 했습니다. 그러나 바울은 그 지방의 사람들이 자신의 말을 알아듣게 할 묘책도 없이 그냥 보냄을 받습니다. 그는 그곳에서 예수께서 우리 인류를 설득하지 못해서 십자가에 죽은 것처럼, 사람들이 예수를 몰라서 십자가에 못 박은 것처럼 자신도 그렇게 될 수 있다고 각오하고 고린도 지방에 들어갑니다.

바울은 그곳에 거할 때 자신의 말이 철학이나 훈계같이 되어서 그들이 자신들의 답으로 채택할까 봐 겁이 났다고 합니다. 바울이 '예수 그리스도와 그가 십자가에 못 박히신 것 외에는 아무 것도 알지 아니하기로 작정하였음이라'(고전 2:2)라고 한 것은 무슨 의미입니까? 바울은 십자가가 모두를 구원하고 모두를 부르고 있다는 것을 믿지만, 복음 전하는 자를 십자가에 처형할 수 있다는 것도 알고 있습니다. 바울을 처형해도 거기에 부활이 꽃필 것이고, 고린도 사람들이 알아들으면 함께 부활 생명을 기뻐할 수도 있습니다. 어느 쪽이든 세상은 십자가를, 예수를, 복음을 이기지 못합니다. 바울이 들어가서 어느 경우를 겪든지 그것은 세상이 받는 보상과는 다를 것입니다. 바울은 이러한 것을 가지고 들어간다고 말합니다.

몰라주는 세상 속에서

우리도 이와 같은 마음으로 우리 인생을 살아야 합니다. 이것이 각각의 인생을 열심히 살아야 하는 이유입니다. 하나님이 어떻게 일을 하시는지 이제 알았다면, 우리는 특별한 일을 해서 자신의 신앙과 존재를 점검할 필요가 없습니다. 각자에게 맡겨진 현실적인 삶의 조건들이 있습니다. 한 집안의 가족이고, 직장 내 구성원이며, 이 시대를 살아가는 사람들입니다.

예수님이 이 땅에 오셨을 때 아무도 그분을 알아보지 못했습니다. "우리가 전한 것을 누가 믿었느냐 여호와의 팔이 누구에게 나타났느냐"(사 53:1)라고 한 말씀처럼, 어느 누구도 예수님을 몰랐습니다. 또한 "우리가 아직 죄인 되었을 때에 그리스도께서 우리를 위하여 죽으심으로 하나님께서 우리에 대한 자기의 사랑을 확증하셨느니라"(롬 5:8)라고 한 말씀처럼, 우리는 예수님이 필요한 줄도 몰랐고 찾지도 않았습니다. 그분이 오셨으나 우리는 몰라봤습니다. 몰라본 정도가 아니라 그분을 십자가에 못 박았습니다. 그런데 우리는 구원을 얻었습니다. 이것이 바로 하나님이 일하시는 방식입니다. 하나님은 우리의 삶에서도 이러한 방식으로 온 인류를 구원하신다는 것을 믿어야 합니다.

그러므로 '내가 누군데, 나를 몰라봐?'라고 하면 안 됩니다. 우리가 알아볼 만큼 되어야 한다는 요구는 없습니다. 다시 생각해 보십시오. 우리는 얼마나 기이하고 놀랍고 굉장한 방법으로 예수를 믿도록 되어 있는 것일까요? 이 기적을 살아 내는 참다운 신앙 인생이 우리 모두에게 있기를 바랍니다.

기 도

하나님 아버지, 우리 인생이 기적이요 우리 인생이 복되다는 것을 다시 한번 확인합니다. 우리는 세상이 말하는 보상에 대한 헛된 기대와 자랑하고 싶은 유혹에 자주 빠집니다. 그러한 조급함을 버리고 제대로 된 순종과 믿음과 감사의 승리가 우리 현실에 가능하다는 것을 아는 인생을 살아 내게 하옵소서. 예수님 이름으로 기도합니다. 아멘.

50.

너는 나를 따르라

---

20 베드로가 돌이켜 예수께서 사랑하시는 그 제자가 따르는 것을 보니
그는 만찬석에서 예수의 품에 의지하여 주님 주님을 파는 자가 누구오
니이까 묻던 자더라 21 이에 베드로가 그를 보고 예수께 여짜오되 주
님 이 사람은 어떻게 되겠사옵나이까 22 예수께서 이르시되 내가 올
때까지 그를 머물게 하고자 할지라도 네게 무슨 상관이냐 너는 나를 따
르라 하시더라 23 이 말씀이 형제들에게 나가서 그 제자는 죽지 아니
하겠다 하였으나 예수의 말씀은 그가 죽지 않겠다 하신 것이 아니라 내
가 올 때까지 그를 머물게 하고자 할지라도 네게 무슨 상관이냐 하신
것이러라 (요 21:20-23)

요한복음의 결론은 다른 복음서들과 같지 않습니다. 다른 복음서, 즉 공관복음서는 예수님의 죽음과 부활이 절정을 이루면서 그분의 죽음과 부활이 가지는 권세와 우리의 책임을 부각합니다. 그리고 우리를 격려하고 그 책임을 선포하는 것으로 결론을 내립니다. 그런데 요한복음은 예수님과 세 제자의 대화로 마무리합니다.

시험 앞에 무릎 꿇은 진심과 결단

예수님과 대화를 나눈 세 제자는 도마, 베드로, 요한입니다. 예수님은 도마에게 '보지 못하고 믿는 자들은 복되도다'(요 20:29)라고 말씀하심으로, 예수님의 성육신과 죽음과 부활 그다음에 펼쳐지는 세상을 책임지고 사는 것이 얼마나 더 큰지를 우리에게 가르쳐 주셨습니다.

그다음으로 예수님은 베드로에게 "네가 이 사람들보다 나를 더 사랑하느냐"와 "내 어린 양을 먹이라", "내 양을 치라", "내 양을 먹이라"라는 세 번의 질문과 권고를 하십니다. 이는 베드로가 예수님을 세 번 부인했던 것을 떠오르게 하는 주님의 물음이기도 합니다. 우리는 이를 보고 대개 베드로의 사도권이 회복되고 그의 남은 삶이 사도로서 큰 임무를 받았다고 이해하고 있습니다. 그러나 제가 이해한 내용은 그보다 좀 더 나아갔습니다. 예수님은 세 번에 걸친 베드로의 부인을 회복하기 위하여 "네가 나를 사랑하느냐?"라고 물으신 것이라기보다, 베드로의 실패를 각인하시고 잊을 수 없도록 못을 박아 고정하시는 듯합니다. 저는 이 대화의 결론을 '너는 나를 부인했었다. 네 진심과 결단이 시험 앞에서 견디지 못했다. 잊지 마라'로 보인다고 해석합니다.

육체에 가시를

그렇게 해석한 이유는 사도 바울의 경우를 보면 금방 이해할 수 있습니다. 사도 바울은 기독교 역사상 최고의 인물입니다. 그는 스데반을 죽이고 나서야 예수께 부름받습니다. 그리고 고린도후서 12장에 나온 바와 같이, 그가 사역을 하는 가운데 이러한 일이 발생했습니다.

> 여러 계시를 받은 것이 지극히 크므로 너무 자만하지 않게 하시려고 내 육체에 가시 곧 사탄의 사자를 주셨으니 이는 나를 쳐서 너무 자만하지 않게 하려 하심이라 이것이 내게서 떠나가게 하기 위하여 내가 세 번 주께 간구하였더니 나에게 이르시기를 내 은혜가 네게 족하도다 이는 내 능력이 약한 데서 온전하여짐이라 하신지라 그러므로 도리어 크게 기뻐함으로 나의 여러 약한 것들에 대하여 자랑하리니 이는 그리스도의 능력이 내게 머물게 하려 함이라 (고후 12:7-9)

'육체에 가시'를 주셨다고 해서 심장병이나 폐결핵과 같은 육체적 질병을 앓았다는 말이 아닙니다. 바울이 '사탄의 사자'라고 표현한 것같이 저항하는 마음, 불만, 분노와 같은 사사건건 튀어나오는 어긋난 생각들이 그를 심하게 괴롭혔던 것으로 상상할 수 있습니다.

그럼에도 불구하고 대사도인 바울이 임무를 수행하기 위해서는 '육체에 가시'가 유익하다고 주께서 말씀하신 셈입니다. 바울도 이를 인정하고 '나의 여러 약한 것들에 대하여 자랑하리니 이는 그리스도의 능력이 내게 머물게 하려 함이라'(고후 12:9)라고 선언할 수 있었습니다. 실제로 그는 선교 여행으로 고린도를 방문했을 때, 처음으로 복음을 전하게 되었습니다. 그곳에는 아는 사람도, 기댈 사람도 없었습니다. 그런 처지에서 '어떻게 복음을 전할 것인가?' 하는 문제에 직면했을 때, 그는 "내가 너희 중에서 예수 그리스도와 그가 십자가에 못 박히신 것 외에는 아무 것도 알지 아니하기로 작정하였음이라"(고전 2:2)라는 해답을 얻었습니다.

'예수 그리스도와 그가 십자가에 못 박히신 것'은 인간적인 눈으로 볼 때는 실패입니다. 예수님은 우리가 초청해서 오시지 않았습니다. 예수님이 이 땅에 오셨음에도 불구하고 우리는 그분을 알아보지 못했습니다. 나중에 예수님이 베푸신 기적들 때문에 큰 무리가 따랐지만, 그들도 주께서 십자가를 지실 때 다 도망가 버렸습니다. 주님은 우리의 기대나 요구에 의해 오신 것도 아니며, 우리가 그에게 기대하고 요청한 것을 다 저버린 실패자요 배신자로 보이는 종말을 맞았습니다. 그리고 부활하셨습니다.

사도 바울이 고린도교회에 가져갔던 유일한 무기는 성육신과 십자가였습니다. 그렇다면 이제 우리는 베드로에 대해서도 달리 생각할 수 있어야 합니다. 베드로가 잘못했지만 하나님 앞에 용서를 받았고 다시 그 사역을 허락받았다고 이해하는 것은, 우리가 신앙생활을 하면서 잘못을 할 때마다 회개하고 새로운 각오를 하며 부단히 칠전팔기의 마음을 가질 수 있다고 얼마든지 적용할 수 있습니다. 하지만 바울에게서 보는 바와 같이, 하나님은 잊을 수 없는 상처를 각인하시고 그에게 일을 맡기셨다는 것을 염두에 두어야 합니다. 바울이 '사탄의 사자'를 품고 일을 해야 했다면, 우리가 신앙생활을 하면서 자신이 제대로 하고 있는 것인지, 도대체 이러한 방법으로 어떤 결과를 기대할 수 있는 것인지에 대해 언제나 불안과 소극적인 생각밖에 들지 않을 것입니다. 이를 도대체 어떻게 해결하라는 것인지 물을 수 있습니다.

사실 우리가 사도 바울이나 요한을 좋아하는 것은, 그 시대를 살지 않는 우리가 예수를 믿고 난 후에 알게 된 기독교 신앙의 위대함 때문입니다. 하지만 우리는 그들이 겪은 일들이 실제로 무엇인지는 심사숙고하지 않습니다. 예수님의 열두 제자들은 거의 다 순교했고, 사도 바울 역시 순교했습니다. 바울의 생애는 고난으로 점철되어 있었습니다. 고린도전서 11장에 나온 바와 같이, 한 인간이 겪었다고는 믿을 수 없는 여러 육체적·민족적·사회적·정치적·국가적 어려움을 겪었습니다.

그렇다면 여기서 우리는 다음과 같은 의문을 갖게 됩니다. 예수님이 베드로에게 "내 어린 양을 먹이라", "내 양을 치라", "내 양을 먹이라"라고 말씀하시며 그에게 사명을 맡기시고, 베드로의 실패를 다시 한번 그에게 새삼스럽게 각인하셨습니다. 이것을 보면서 말하자면 사탄의 사자가 내 안에 있고, 심리적·육체적 장애 속에서 하는 신앙생활에 어떤 기대, 보람이 있겠는가. 우리는 이것을 묻게 됩니다.

실패를 각인하시는 이유

이에 대한 답이 사도 요한에게서 나옵니다. 요한은 복음서에서 사도로서 특별한 지위나 신분이나 사명에 맞는 역할을 하는 장면이 한 번도 나오지 않습니다. 여러 번 나오는 표현은 '그(예수님)가 사랑하시는 자'(요 13:23), '사랑하시는 제자'(요 19:26, 21:7, 20)입니다.

그는 사도들 중에 제일 어렸습니다. 예수님이 골고다에서 십자가에 처형되실 때, 성인 남자들은 그 자리에 들어갈 수 없었습니다. 여자들과 어린아이들만 들어갈 수 있었습니다. 그때 사도 요한은 나이가 어렸기에 십자가까지 갈 수 있었던 것으로 추측됩니다. 십자가에 달리신 예수님이 자신의 어머니와 요한이 곁에 있는 것을 보시고, 어머니에게 '여자여 보소서 아들이니이다'(요 19:26) 하시고, 또 요한에게 '보라 네 어머니라'(요 19:27) 말씀하셨기에, 요한이 평생 마리아를 모셨을 것으로 여겨집니다. 이것이 요한에 대한 설명입니다. 그런 요한을 언제나 '주께서 사랑하시는 제자'로 언급하는 것은, 사랑이라는 것이 능력이나 권력, 이해관계와 전혀 상관없다는 것을 보여 주는 듯합니다.

요한은 왜 그렇게 사랑을 받았을까요? 아마 어려서 철없고 순진해서 사랑을 받았을 것입니다. 그런데 성경은 우리에게 결단코 순진하라고 권면하지 않습니다. 성경은 우리가 실력이 있기를 바랍니다. 바울에게나 베드로에게나 자기 십자가를 지고, 자기를 부인하고, 예수를 좇는 그 막중한 임무와 조건이 부각되어 있는 것만 봐도 그렇습니다.

요한은 복음서 외에도 요한계시록과 요한일·이·삼서를 남깁니다. 요한계시록은 종말에 있을 인류 역사와 하나님의 구원에 대한 대단원의 모습을 그립니다. 요한이 밧모섬에서 이를 종말에 관한 계시로, 묵시로 기록하였습니다. 요한일·이·삼서의 핵심은 '사랑하라'입니다. '하나님은 사랑이시라'(요일 4:16)라며 하나님을 사랑으로 표현합니다. 또한 사랑에는 거짓이 없다, 폭력이 없다고 이야기합니다.

주님이 베드로에게 '너는 실패한 자다. 잊지 마라. 그리고 네가 내 양을 치라'라고 하신 것처럼, 우리 모두가 땅끝까지 보내진, 하나님이 예수 안에서 허락한 구원과 복음의 산 증인입니다. 그러나 우리의 일상은 위대하지 않은 조건 속에서 이루어집니다. 그 속에서 우리는 하나님이 예수 안에 담은 복음을 전해야 할 자로 서 있습니다. 우리가 각오하여 진심을 드리면 형통하고 유능해지는 것이 아니라, 복음을 감당할 만한 실력이 없는 우리의 모습을 계속 유지하는 가운데 복음을 증언해야 하는 모순 속에 삽니다.

그래서 대부분의 성도들은 이러한 신앙생활을 체념합니다. 체념은 그냥 못 견디고 포기하는 것을 말합니다. 여기서 포기한다는 것은 교회에 출석하지 않거나 기본적 신앙생활을 포기하는 것을 의미하지 않습니다. 실제 내가 처한 조건과 상황 속에서 '하나님은 사도 바울이나 베드로에게 일하신 것처럼 나에게도 일하실까?'를 더 이상 생각하지 않기로 한다는 의미입니다. 성도들을 만나도 그런 이야기는 서로 하지 않기로 합니다. 그저 연예인이나 스포츠 소식을 전할 뿐입니다. 좀 더 구체적으로 신앙생활을 이야기하려고 하면, 분명히 넘을 수 없는 장애물이 있습니다. 내가 처한 현실에서 내 실력 발휘를 할 수가 없기 때문입니다. 진심이 없는 것도 아니고, 신앙이 불분명한 것도 아닙니다. 그런데 어떻게 의욕을 확인해야 할지 모릅니다. 그 자리에 사도 요한의 '사랑하라'가 있는 것입니다. 하나님은 사랑이십니다.

> 누구든지 하나님을 사랑하노라 하고 그 형제를 미워하면 이는 거짓말하는 자니 보는 바 그 형제를 사랑하지 아니하는 자는 보지 못하는 바 하나님을 사랑할 수 없느니라 (요일 4:20)

이 말씀을 믿는다면 내 형제를 사랑해야 합니다. 보이는 형제도 사랑하지 못하면서 하나님을 사랑한다는 것은 거짓말입니다.

이것이 어렵습니다. 어떻게 모두를 사랑합니까? 이웃은 거의 다 악당들입니다. 세상 속에서 모르는 사람은 모르는 악당이고, 아는 사람은 아는 악당입니다. 그 가운데 '형제를 사랑하지 않으면 하나님을 사랑하는 것이 아니라'는 도전을 받는 것을 우리는 견딜 수가 없습니다. 그냥 그들을 마주치지 않는 수밖에 없습니다. 그런데 적극적으로 사명을 수행하지 못하면 그 마음에 자신감이 없습니다. 도망가는 일이 계속되어 변명을 하게 되면, 체념이 우리에게 당연한 것으로 받아들여집니다.

오래 참는 사랑을 시작으로

여기에 중요한 이해가 있습니다. 사랑은 처음부터 어마어마하게 하는 게 아닙니다. 고린도전서 13장에 나오는 대로, 사랑은 일단 오래 참는 것입니다. 우리가 이미 하고 있는 것입니다. 모든 원수와 다 싸울 수는 없습니다. 참을 수밖에 없습니다. 그것이 사랑입니다. 그러나 '언젠가는 죽여 버릴 거야'라고 참는 것과 '참는 게 사랑이래' 하면서 참는 것은 이야기가 다릅니다.

오래 참아야 참 사랑으로 갑니다. 고린도전서는 사랑을 이렇게 설명합니다.

> 사랑은 오래 참고 사랑은 온유하며 시기하지 아니하며 사랑은 자랑하지 아니하며 교만하지 아니하며 무례히 행하지 아니하며 자기의 유익을 구하지 아니하며 성내지 아니하며 악한 것을 생각하지 아니하며 불의를 기뻐하지 아니하며 진리와 함께 기뻐하고 (고전 13:4-6)

그리고 아주 중요하게 미래형으로 이렇게 표현합니다.

> 모든 것을 참으며 모든 것을 믿으며 모든 것을 바라며 모든 것을 견디느니라 (고전 13:7)

왜 이렇게 참으라고 합니까? 하나님이 그 아들을 주셨기 때문입니다. 예수님은 자신을 찌른 자들을 위하여 죽으셨습니다. 예수님은 믿는 자들을 위하여 죽으신 게 아니라, 믿지 않고 배신하고 분노하여 그에게 폭력을 행사한 자들을 위하여 죽으셨습니다.

우리는 그렇지 않다고 부정합니다. 하지만 우리 믿음의 선조들도 부정하며 살았고, 오늘날 우리도 그렇게 살아갑니다. 우리가 인생을 살면서 세상의 도전과 시험 앞에서 하는 분노는 '하나님, 왜 우리에게 보복하지 말라고 하십니까? 왜 우리에게 권력을 주지 않으십니까? 왜 우리에게 사랑하고 손해를 보라고 하십니까?'입니다. 우리는 여기를 넘어서기 위해 애써야 합니다.

왜 우리가 이를 넘어서기 위해 애써야 합니까? 우리가 이렇게 적극적으로 노력해야, 즉 보복하거나 폭력을 행사하지 않는 것에서 출발해야 사랑이 가지는 관계, 기쁨, 소망, 감사, 찬송의 자리로 갈 수 있습니다. 그런데 우리는 처음부터 다 무너져 버렸습니다.

천국에서는 누가 큰가

성경이 어떻게 말씀하시는지 한번 생각해 봅시다. 예수님이 가시는 곳마다 무리가 좇아왔습니다. 그곳에 아이들도 당연히 있었습니다. 그때 제자들이 예수께 묻습니다. "천국에서는 누가 큰가요?" 아이들이 낄 틈이 없는 이 질문을 하여 아이들을 몰아냈습니다. 그때 예수님이 한 어린아이를 불러 그들 가운데 세우시고 말씀하셨습니다.

> 누구든지 나를 믿는 이 작은 자 중 하나를 실족하게 하면 차라리 연자 맷돌이 그 목에 달려서 깊은 바다에 빠뜨려지는 것이 나으니라 (마 18:6)

'작은 자'란 누구입니까? 순진한 사람을 말하는 것이 아닙니다. 무력한 자를 의미합니다. 세상 사람들이 폭력을 쓰고 거짓말을 하고 시비를 거는 모든 일에 대해 우리가 첫 번째로 하는 생각은, 우리가 이 세상에 몸담고 사는 이상 정치적·사회적·도덕적·이해관계의 차원을 벗어날 수는 없다는 체념입니다. 그러나 우리는 상대가 비참한 존재라는 것을 이해해야 합니다. 그들은 그것밖에 살 방법이 없는 자들입니다. 우리는 거기에서 한 발 더 나아가야 합니다. '나도 그들과 똑같이 굴 수는 없다'는 자리로 앞서가야 합니다. 이것이 우리가 예수를 믿는 가장 큰 이유입니다. 예수님이 다 아시고, 우리의 결론을 십자가에서 다 해결하셨다는 것을 기억해야 합니다.

이웃과 하나로 묶인 구세주의 운명적 사랑이 아니라면 써먹기 어렵습니다. 이러한 마음을 가지고 마태복음 25장에 나오는 양과 염소의 비유를 살펴보십시오. 오른편에 있는 양들 곧 의인들에게 '내 아버지께 복 받을 자들이여 나아와 창세로부터 너희를 위하여 예비된 나라를 상속받으라 내가 주릴 때에 너희가 먹을 것을 주었고 목마를 때에 마시게 하였고 나그네 되었을 때에 영접하였고 헐벗었을 때에 옷을 입혔고 병들었을 때에 돌보았고 옥에 갇혔을 때에 와서 보았느니라'(마 25:34-36)라고 했습니다. 그때 의인들이 주께 '우리가 어느 때에 주께서 주리신 것을 보고 음식을 대접하였으며 …… 어느 때에 병드신 것이나 옥에 갇히신 것을 보고 가서 뵈었나이까'(마 25:37-39)라고 여쭙습니다. 이에 주께서 그들에게 '내가 진실로 너희에게 이르노니 너희가 여기 내 형제 중에 지극히 작은 자 하나에게 한 것이 곧 내게 한 것이니라'(마 25:40)라고 하십니다.

그 반대도 나옵니다. 왼편에 있는 염소들이 주께 '주여 우리가 어느 때에 주께서 주리신 것이나 목마르신 것이나 나그네 되신 것이나 헐벗으신 것이나 병드신 것이나 옥에 갇히신 것을 보고 공양하지 아니하더이까'(마 25:44)라고 여쭙습니다. 이에 주께서 '내가 진실로 너희에게 이르노니 이 지극히 작은 자 하나에게 하지 아니한 것이 곧 내게 하지 아니한 것이니라'(마 25:45)라고 하십니다.

예수님은 작은 자 곧 어린 자, 이해관계가 없는 자, 적대적인 자, 예수를 찌르고 못 박은 모든 자를 위하여 피 흘려 구원을 이루셨습니다. 주님은 우리에게도 그 사명을 맡기셨습니다. 이 자리에 오지 못하면, 우리는 체념하고 살 수밖에 없습니다. 바울이나 베드로의 위대한 점은 자신들에게 주어진 그 장애를 안고 사역을 했다는 사실입니다.

도전과 훈련의 삶

지금 우리가 주께 요구하는 것은 무엇입니까? 남에게 비난받지 않고, 남에게 굽신거릴 필요 없이, 남보다 더 큰 권력을 가진 상태에서 양보하는 것입니다. 그런데 양보는 가지지 않고 해야 진정한 양보입니다. 이는 우리밖에 할 수 없습니다. 그렇기 때문에 우리는 빛이고 소금입니다. 여기를 이해하지 못한다면, 우리는 신앙생활을 제대로 할 재간이 없습니다.

이것이 매일 부딪히는 우리의 일상입니다. 언제나 원수들과 부딪힙니다. 뉴스에 나오는 기사를 보십시오. 뉴스에 좋은 소식이 나온 적이 있습니까? 신문이나 텔레비전을 보기 싫을 정도입니다. 그러면 어디로 갈까요? 생각을 하지 않아도 되는 자리에 가려고 합니다. 프로 스포츠 경기에서 누가 이겨도 좋다고 하는 것과 똑같은 것입니다. 목숨 걸 필요가 없는 곳으로 도망 다니면 위대한 인생을 살 틈이 없습니다.

이순신이나 슈바이처나 아인슈타인처럼 되는 게 위대한 것이 아닙니다. '한 인간이 증오와 저주를 어떻게 벗어나는가?'를 고민하는 것이 기독교입니다. '어떻게 하나님을 만날 것인가? 어떻게 예수를 믿을 것인가?'를 매일 도전하고 훈련받는 것이 위대한 것입니다. 그 싸움에서 이겨야 합니다.

그럴 때 우리의 신앙생활은 기삿거리나 간증거리가 되는 것이 기쁨이 아니라, 책임 있는 신앙생활에 평안과 기쁨이 있는 줄 알게 됩니다. 그럴 때 내 자식이, 내 부모가, 내 친구가 가장 귀해집니다. 이러한 복된 인생을 먼 나라 이야기로만 배우는 것은 신앙이 아닙니다. 우리에게 심어진 성육신의 삶이 매일매일 기적으로 선사되기를 바랍니다.

기 도

하나님 아버지, 죽고 죽이는 세상에 살리고 사랑하고 기뻐하는 세상을 여셨습니다. 그 속에 우리를 담으셨습니다. 우리는 이 세상에서 복수할 것 많습니다. 그러나 그 칼을 내려놓고 사랑할 수 있게 하옵소서. 스스로를 위해서 그렇게 살게 하옵소서. 우리 자신의 인생을 헛되게 하지 말고, 우리의 인생을 분노 속에 불태우지 말게 하옵소서. 그래서 하나님이 주신 우리 인생과 우리 존재가 하나님의 명예와 영광 속에 들어가는 삶을 살도록 그런 믿음과 기회와 용기와 기적을 주옵소서. 예수님 이름으로 기도합니다. 아멘.

51.
그의 증언이 참된 줄 아노라

---

24 이 일들을 증언하고 이 일들을 기록한 제자가 이 사람이라 우리는
그의 증언이 참된 줄 아노라 25 예수께서 행하신 일이 이 외에도 많으
니 만일 낱낱이 기록된다면 이 세상이라도 이 기록된 책을 두기에 부족
할 줄 아노라 (요 21:24-25)

요한복음의 결론은 우리의 기대와 좀 다릅니다. 요한복음 1장은 놀랍고 경이롭고 찬란한 하나님의 권능과 그분의 주인 되심, 그리고 우리를 향한 섭리와 부르심으로 시작합니다.

> 태초에 말씀이 계시니라 이 말씀이 하나님과 함께 계셨으니 이 말씀은 곧 하나님이시니라 그가 태초에 하나님과 함께 계셨고 만물이 그로 말미암아 지은 바 되었으니 지은 것이 하나도 그가 없이는 된 것이 없느니라 그 안에 생명이 있었으니 이 생명은 사람들의 빛이라 …… 말씀이 육신이 되어 우리 가운데 거하시매 우리가 그의 영광을 보니 아버지의 독생자의 영광이요 은혜와 진리가 충만하더라 (요 1:1-4, 14)

이렇게 시작하고서는 요한복음 내내 예수님이 행하신 일들을 기록하고, 주님이 십자가를 지시고 죽으시고 부활하시고 승천하신 내용을 담았습니다.

우리는 요한복음을 볼 때마다 예수님이 얼마나 큰 권능을 가지셨는지에 주의를 집중하고, 더 많은 기적과 놀라운 증거가 있기를 바랍니다. 그런데 본문에서는 "예수께서 행하신 일이 이 외에도 많으니 만일 낱낱이 기록된다면 이 세상이라도 이 기록된 책을 두기에 부족할 줄 아노라"(요 21:25)라고 했습니다. 이 복음서의 기록으로 '충분하다'고 이야기한 셈입니다. 여기에 기록된 일들이 특별하고 대표적이라는 뜻으로 이해할 수 있습니다. 더 나아가자면 '진정으로 감탄할 만한 결론은 기적이 아니라 다른 데 있다'고 이야기한 것입니다.

우리에게 승계되는 예수의 일

그렇다면 그 다른 것은 무엇일까요? 무엇이 사도 요한으로 하여금 요한복음 시작부터 그분의 웅장함과 권세와 영광에 대한 증거들을 기록하게 한 것일까요? 무엇이 주님이 행하신 수많은 기적, 곧 가나 혼인 잔치에서 물로 포도주를 만드신 것, 중풍병자를 고치신 것, 눈먼 자를 고치신 것, 죽은 나사로를 살리신 것, 폭풍이 이는 바다를 잠잠하게 하신 것 등등보다 더 큰 의미가 있다는 것일까요?

요한복음은 예수님의 오신 결과와 목적이, 결국 우리도 예수님과 같은 일을 하게 하는 것임을 반복하여 소개합니다. 다음과 같은 말씀들이 대표적입니다.

> 내가 진실로 진실로 너희에게 이르노니 나를 믿는 자는 내가 하는 일을 그도 할 것이요 또한 그보다 큰 일도 하리니…… (요 14:12)

> 너희가 누구의 죄든지 사하면 사하여질 것이요 누구의 죄든지 그대로 두면 그대로 있으리라 하시니라 (요 20:23)

마태복음에서는 예수님이 베드로에게 교회를 약속하시고 '내가 천국 열쇠를 네게 주리니 네가 땅에서 무엇이든지 매면 하늘에서도 매일 것이요 네가 땅에서 무엇이든지 풀면 하늘에서도 풀리리라'(마 16:19)라고 말씀하셨습니다. 이처럼 예수님이 하신 일이 우리에게 승계되는 놀라운 약속을 복음서 가운데 확인할 수 있습니다. 이 부분이 예수를 믿는 우리에게 그 신분과 지위와 운명과 영광을 이해하는 데 필수적인 지점이라고 생각됩니다.

하나님의 영광, 연합, 기쁨

요한복음 17장에서는 예수님이 이제 죽음을 앞두시고 우리를 위하여 하나님 아버지께 대제사장적 기도를 하시는 장면이 나옵니다. 그 기도의 핵심은 '우리가 하나가 된 것 같이 그들도 하나가 되게 하려 함이니이다'입니다. 다시 한번 읽어 봅시다.

> 아버지께서 나를 세상에 보내신 것 같이 나도 그들을 세상에 보내었고 또 그들을 위하여 내가 나를 거룩하게 하오니 이는 그들도 진리로 거룩함을 얻게 하려 함이니이다 내가 비옵는 것은 이 사람들만 위함이 아니요 또 그들의 말로 말미암아 나를 믿는 사람들도 위함이니 아버지여, 아버지께서 내 안에, 내가 아버지 안에 있는 것 같이 그들도 다 하나가 되어 우리 안에 있게 하사 세상으로 아버지께서 나를 보내신 것을 믿게 하옵소서 내게 주신 영광을 내가 그들에게 주었사오니 이는 우리가 하나가 된 것 같이 그들도 하나가 되게 하려 함이니이다 곧 내가 그들 안에 있고 아버지께서 내 안에 계시어 그들로 온전함을 이루어 하나가 되게 하려 함은 아버지께서 나를 보내신 것과 또 나를 사랑하심 같이 그들도 사랑하신 것을 세상으로 알게 하려 함이로소이다 아버지여 내게 주신 자도

나 있는 곳에 나와 함께 있어 아버지께서 창세 전부터 나를 사랑하시므로 내게 주신 나의 영광을 그들로 보게 하시기를 원하옵나이다 (요 17:18-24)

예수님이 이 땅에 오셔서 해야 할 일 곧 속죄 사역만 강조되다 보면 그분이 오신 의미가 덜 강조되는 경우가 많습니다. 그런데 예수님의 오심은 일단 오신 것 그 자체로 다 이루어진 것입니다. 주께서 오셔서 하실 일은 실패할 리가 없기 때문에, 그분의 탄생에 천군 천사가 하늘에서 '지극히 높은 곳에서는 하나님께 영광이요 땅에서는 하나님이 기뻐하신 사람들 중에 평화로다'(눅 2:14)라는 찬송을 할 수 있었습니다. 성경은 이렇게 예수님의 오심을 '하나님이 우리와 함께 계시다'(마 1:23)라는 뜻으로 이해했습니다.

그러므로 예수께서 우리와 함께하심으로, 인류 역사는 하나님을 배반한 자리에서 그분과 묶인 세상으로 바뀝니다. 모든 인류의 역사는 하나님의 호의와 긍휼, 자비, 구원, 회복, 영광으로 가게 되어 있습니다.

역사의 끝은 심판과 종말입니다. 심판은 잘못한 것을 벌주는 것보다 죄와 사망을 멸하는 것입니다. 하지만 성경은 예수님을 생명이라고 소개합니다. 생명이란 죽음과 대조되는 정도의 의미가 아닙니다. 존재가 부요하고 풍성하고 충만하고 아름답게 커 가는 것입니다. 다시 말해 '끝이 없는 충만'입니다. 반면에 사망이란 살다가 죽는 것이 아닙니다. 모든 삶이 헛되고 헛되며, 거짓이 끊이지 않을 뿐 아니라 결과가 없는 것이 사망입니다.

이렇게 생명과 사망이 대조되는 가운데 예수님은 아버지께서 기뻐하시는 일을 위해, 곧 우리를 당신의 자녀로 부르시고 사랑하시며 회복하시기 위해 오셨습니다. 이것이 예수께는 영광이요, 기쁨이 되시는 일입니다. 이 모든 것을 믿고 고백하는 성도에게 새로운 지위와 신분이 주어진다고 성경은 이야기하고 있습니다.

다른 존재가 된 우리

그러므로 생각해 봅시다. 예수님이 가나 혼인 잔치에서 기쁨을 만들어 내셨듯이, 음행 중에 잡힌 여자에게 '나도 너를 정죄하지 아니하노니 가서 다시는 죄를 범하지 말라'(요 8:11)라는 용서와 회복의 기회를 주셨듯이, 날 때부터 맹인인 사람의 눈을 뜨게 하셔서 세상과 사물을 볼 수 있게 하셨듯이, 우리도 다른 존재가 되는 것입니다.

우리의 존재가 다른 존재가 된다는 것은 무슨 뜻일까요? "말씀이 육신이 되어 우리 가운데 거하시매 우리가 그의 영광을 보니 아버지의 독생자의 영광이요 은혜와 진리가 충만하더라"(요 1:14)를 우리가 보는 것입니다. 은혜와 진리는 은혜를 받고 진리를 믿는 조건이나 책임이 아닙니다. 우리가 알고 있는 모든 개념들이 바뀌는 것입니다.

우선 행복에 대한 개념이 바뀝니다. 그리고 승리가 바뀌고, 성공이 바뀌고, 의롭다거나 자랑하는 것들이 다 바뀝니다. 예수님의 자랑은 자신을 내주시는 것이었습니다. 이 세상 나라는 아랫사람이 윗사람을 섬기지만, 주의 나라는 윗사람이 아랫사람을 섬깁니다. 하나님 나라는 사랑받는 것이 아니라 사랑하고 섬기는 것이 복이 됩니다. 그곳은 은혜와 진리가 충만합니다.

우리는 놀라운 기적들이 우리 인생에서도 계속 일어나기를 바랍니다. 병이 낫고, 자식들이 잘되고, 사람들 앞에서 큰소리칠 수 있고, 누구를 만나든지 괄시를 받지 않고, 자신의 자존심을 지키고, 걱정할 일이 없는 인생을 사는 것, 사람들에게 존경을 받는 것 등은 다 성육신 속에 들어갈 수 없습니다.

주님은 이 세상에 기꺼이 고난을 받으러 오셨습니다. 이러한 하나님의 뜻을 이루려고 오신 예수님은 그 많은 권능을 행하셨음에도 불구하고 수많은 기적들에 큰 의미를 부여하지 않으셨으며, 자신의 사명을 그러한 힘과 능력으로 해결하지 않으셨습니다. 요한복음의 저자는 이 점을 분명하게 나타냅니다. 메시아에 대한 이사야의 예언을 보면 확실하게 알 수 있습니다.

> 우리가 전한 것을 누가 믿었느냐 여호와의 팔이 누구에게 나타났느냐 그는 주 앞에서 자라나기를 연한 순 같고 마른 땅에서 나온 뿌리 같아서 고운 모양도 없고 풍채도 없은즉 우리가 보기에 흠모할 만한 아름다운 것이 없도다 (사 53:1-2)

이 부분은 우리가 가장 못 견디는 대목 아닌가요? 아무것도 아닌 존재로 살아야 한다는 부분 말입니다. 예수를 믿는다는 고백과 복음서에 기록된 '나를 믿는 자는 내가 하는 일을 그도 할 것이요 또한 그보다 큰 일도 하리니'(요 14:12)라는 말씀이 우리 기대와 상반되는 방향으로 전개된다고 느낄 것입니다.

적대자들은 예수님을 도수장으로 끌려가는 어린양 정도로밖에 취급하지 않았습니다. 그들은 그분이 '징벌을 받아 하나님께 맞으며 고난을 당한다'(사 53:4)고 여겼습니다. 우리 역시 그 자리에 있습니다. 우리가 세상에 나가서 받는 대접은 '예수 믿는다며?'입니다. 괄시와 조롱이 담겨 있습니다. 이는 예수께서 친히 당하신 것입니다. '네가 만일 하나님의 아들이어든 자기를 구원하고 십자가에서 내려오라'(마 27:40)라는 말은 정말 부들부들 떨리는 수치가 담긴 말이죠.

그러나 이런 것들보다 우리가 받은 지위가 얼마나 큽니까? 예수님의 오심으로 세상은 드디어 죄와 사망에서 벗어나게 됩니다. 그뿐 아니라 우리는 하나님의 사랑과 영광의 지위와 신분과 기회와 과정과 운명을 가지게 됩니다. 예수님은 그렇게 오셨습니다. 그렇게 오신 예수님이 우리 손에 죽는 것으로 사망과 폭력까지도 다 구원으로 바뀝니다. '그의 영광을 보니 아버지의 독생자의 영광이요 은혜와 진리가 충만하더라'(요 1:14)입니다.

예수를 믿는다는 고백에서 우리 자신이 어떤 의미인지 깨닫게 되면, 기적이 일어나고 보상을 받는 것들은 다 별게 아니라는 것을 이해할 수 있습니다. 또한 우리가 이 시대로 하나님의 보내심을 받았다면, 하나님은 이 시대에 우리로 말미암아 빛을 비추시고 생명을 베푸시고 은혜와 진리를 베풀고 계시다는 것을 이해할 수 있습니다.

그러나 세상은 우리를 주께서 보내신 자로 대접하지 않습니다. 세상이 예수께 했듯이 말입니다. 그러나 우리는 이미 부활을 보았고, 종말도 이미 보고 있습니다. 그래서 지금 우리는 결론에서 역추적하여 장차 그렇게 될 권세와 우위를 지금 점하고 있어야 한다고, 우리가 힘을 갖고 있어야 한다고 스스로 왜곡하고 있습니다.

위대해질 수 있는 기회, 사랑

그게 무엇이 잘못이냐고 생각한다면, 위대해질 기회는 없어지는 것입니다. 사랑하며 섬기며 용서하는 삶을 살 기회가 사라집니다. 하나님이 예수님을 세상에 보내시면서 자신을 증명하신 그분의 거룩과 권능은 사랑입니다. '하나님은 사랑이시라'라고 증언하듯이 말입니다.

사랑은 이 세상에 있는 다른 것으로 대체할 수 없습니다. 사랑은 쉽지 않습니다. 사랑은 오래 참는 것이기 때문입니다. 왜 사랑이 오래 참는 것으로 시작합니까? 상대방이 완성되기를, 상대방이 복 받기를 바라는 마음으로 참는 것입니다. 우리가 가진 복을 알고 우리에게 허락된 은혜가 상대에게도 작용하기를 소망하고 기다려 주며 기회를 주는 것이 사랑입니다.

우리는 심판을 빨리 도입하려고 합니다. 심판을 도입하려는 이유는 폭력을 행사하기 위함입니다. 폭력을 행사하려는 이유는 내가 지금 만족하고 있지 않기 때문입니다. 모든 성도의 가장 간절한 소원은 '여호와여 어느 때까지니이까'(시 13:1)입니다. 시편 13편은 이스라엘 백성이 역사 내내 울부짖었던 대표적 고난 기도문입니다. 신약 시대의 성도들도 동일한 기도문을 늘 드리고 있습니다. 예수님도 너무 힘든 나머지 이렇게 부르짖으셨습니다.

> …… 엘리 엘리 라마 사박다니 하시니 이는 곧 나의 하나님, 나의 하나님, 어찌하여 나를 버리셨나이까 (마 27:46. 막 15:34)

여기까지 우리를 몰아넣으십니다. 예수님은 겟세마네에서 '내 아버지여 만일 할 만하시거든 이 잔을 내게서 지나가게 하옵소서'(마 26:39)라고 기도하셨습니다. 저는 이 장면을 성부 하나님이 성자 하나님의 요청에 '더 가자'라고 한 장면이라고 해석했습니다.

영화 〈벤허〉에서도 이와 비슷한 장면이 있습니다. 벤허가 노예로 팔려가던 도중에 우물에서 목을 축이고 싶은데, 간수가 "저 놈에게 물을 주지 마"라고 합니다. 그때 예수님이 오셔서 벤허에게 물을 줍니다. 풀어 주시지 않고 말이죠. 풀어 주시지 않을 뿐 아니라 그의 억울함도 해결해 주시지 않고 물을 먹여서 노예로 살게 하십니다.

세상에서 '물을 먹인다'는 게 무슨 뜻인지 아시죠? 말 그대로 예수님은 벤허에게 제대로 물먹이셨습니다. 왜 그런 인생을 살게 하실까요? 벤허로 '복수를 해서는 답이 나오지 않는다'를 알아 가게 하기 위해서입니다. 이것 외에 더 이상의 과정은 없을 것입니다. 인생을 살면서 우리를 좋게 하는 것이 우리의 행복이고 자랑이고 보상이라면, 우리는 예수를 믿는다는 말을 감히 할 수가 없을 것입니다. 그분의 이름을 언급할 수도 없습니다.

하나님과 세상 가치의 충돌

이것이 왜 중요할까요? 그렇게 되면 현실을 행복하게 살 수가 없기 때문입니다. 예수를 믿는다고 고백하고 제일 많이 걸리는 이 결론, 처음부터 고백한 이 '예수를 믿습니다'가 나에게 진정한 힘이 되고 진정한 내용이 되기까기는 많은 과정, 시행착오가 필요합니다.

그 과정에서 우리는 언제나 '예수를 믿었으니 해결해 주십시오'를 먼저 요구합니다. '예수를 믿었으니, 아쉽지 않게 해 주십시오'라고 요구합니다. 예수를 믿는 것마저도 자존심을 채우는 것 외에 다르게 사용할 방도가 없는 것입니다. 이 고백은 가난하고 못난 것입니다. 물론 바람 빠진 풍선같이 흐물흐물 살라는 뜻이 아닙니다. 성질도 부리지 말고, 질서도 없고, 책임도 없이, '좋은 게 좋은 거다'라고 쉽게 이야기하면 안 됩니다.

성경은 우리가 하나님의 사랑의 대상이라고 이야기합니다. 하나님의 거룩하심을 우리에게 요구하고 있습니다. 이는 다만 도덕적 요구가 아닙니다. 하나님의 형상에 걸맞은 인격이 가지는 빛과 진리의 속성과 사랑과 생명에 대한 성령의 성품을 가지라는 굉장히 높은 목적을 이루기 위한 하나님의 의지입니다.

흔히들 우리의 믿음이 '왔다 갔다 한다'고 말합니다. 우리의 믿음이 왔다 갔다 해도, 하나님은 왔다 갔다 하지 않으십니다. 믿음은 하나님의 의지입니다. 믿음 곧 '너는 믿어야 된다'라는 이야기는 '하나님이 일하고 계셔. 하나님은 포기하지 않으셔. 하나님은 타협할 수 없는 분이셔'라고 이야기하는 것입니다.

이를 현실에서 누리고 살아야 합니다. 우리의 현실이 우리에게 요구하는 것은 충돌입니다. 세상 가치와 하나님 가치의 충돌입니다. 고린도후서 6장 1절 이하에 이렇게 나옵니다.

> 우리가 하나님과 함께 일하는 자로서 너희를 권하노니 하나님의 은혜를 헛되이 받지 말라 이르시되 내가 은혜 베풀 때에 너에게 듣고 구원의 날에 너를 도왔다 하셨으니 보라 지금은 은혜 받을 만한 때요 보라 지금은 구원의 날이로다 우리가 이 직분이 비방을 받지 않게 하려고 무엇에든지 아무에게도 거리끼지 않게 하고 오직 모든 일에 하나님의 일꾼으로 자천하여 많이 견디는 것과 환난과 궁핍과 고난과 매 맞음과 갇힘과 난동과 수고로움과 자지 못함과 먹지 못함 가운데서도 깨끗함과 지식과 오래 참음과 자비함과 성령의 감화와 거짓이 없는 사랑과 진리의 말씀과 하나님의 능력으로 의의 무기를 좌우에 가지고 영광과 욕됨으로 그러했으며 악한 이름과 아름다운 이름으로 그러했느니라 우리는 속이는 자 같으나 참되고 무명한 자 같으나 유명한 자요 죽은 자 같으나 보라 우리가 살아 있고 징계를 받는 자 같으나 죽임을 당하지 아니하고 근심하는 자 같으나 항상 기뻐하고 가난한 자 같으나 많은 사람을 부요하게 하고 아무 것도 없는 자 같으나 모든 것을 가진 자로다 (고후 6:1-10)

세상이 왜 우리를 알아보지 못할까요? 우리는 세상이 욕심내는 것으로 우리의 보배를, 우리의 내용을, 우리의 무기를 삼지 않기 때문입니다. 우리가 가진 자랑들은 세상이 몰라봅니다. 세상은 한 번 죽고 말

인생을 사는 것이고, 우리는 영생을 사는 것입니다. 그들은 어차피 죽을 인생을 사는 것이고, 우리는 결국 이길 승리의 인생을 사는 것입니다. 그렇게 소중한 하루를 삽니다. 오늘 하루라는 삶의 현장, 실제 상황에서 우리가 소원하고 믿는 바가 피력될 수 없다면, 그것은 내 것이 아니며, 헛된 것입니다.

지금 해 보라

'죽어서 천국 가면 받을 보상'으로 풀 문제가 아닙니다. 지금 해 보라는 것입니다. 우리는 이 인생으로 부름받았습니다. 그러므로 예수님이 행하신, 성경에 기록되지 않은 수많은 기적을 우리의 인생에서 한 번도 보여 주시지 않는다고 원망하며 산다면, 아주 잘못하고 있는 것입니다. 우리는 이미 기적 속에 살고 있습니다.

말하자면, 우리 자신이 임마누엘입니다. 이 세상에서는 우리가 생명이 되었고, 우리가 하나님의 영광 안에 있으며, 그 영광은 은혜와 진리를 호흡하는 내용입니다. 이것이 우리의 존재입니다. 하나님이 소돔을 멸하려 하실 때, 의인 '십 명으로 말미암아 멸하지 아니하리라'(창 18:32)라고 말씀하신 것같이, 우리는 이 시대와 사회와 이웃과 역사 앞에 하나님께서 일하시는 실제적 증거요, 권능이요, 기적이요, 소망입니다. 그 인생을 이해하는 신앙인으로 하루하루 승리하기를 바랍니다.

기 도

하나님 아버지, 은혜를 감사합니다. 우리에게 큰 권능을 주셨습니다. 그 권능은 아버지의 기쁘신 뜻이요, 예수님이 십자가를 지신 은혜와 진리요, 영광입니다. 이 세상을 살리고 인간을 인간답게 하며 우리 인생을 복되게 하는 참다운 내용이 하나님의 약속과 의지 속에만 있음을 믿습니다. 그 인생을 살게 됐으니 승리하게 하옵소서. 하나님이 보내신 이 세상에서 스스로를 위하여, 이웃을 위하여, 눈멀고 병들고 분노하고 보복하고 자멸하는 이 세대를 위하여, 우리가 이웃의 생명과 소망과 길이 되게 하옵소서. 예수님 이름으로 기도합니다. 아멘.